मार्क्सवादी साहित्य-चिन्तन

इतिहास तथा सिद्धान्त

मार्क्सवादी साहित्य-चिन्तन

इतिहास तथा सिद्धान्त

शिवकुमार मिश्र

TM

वाणी प्रकाशन

वाणी प्रकाशन

'लोगो' वाणी प्रकाशन : मक़बूल फ़िदा हुसेन

वाणी प्रकाशन, 4695, 21-ए, दरियागंज, नयी दिल्ली-110002

वाणी प्रकाशन, अशोक राजपथ (पटना कॉलेज के सामने), पटना (बिहार)

MARXVADI SAHITYA-CHINTAN
Itihas Tatha Siddhant

by Shiv Kumar Mishra

Criticism

ISBN : 978-93-5000-464-7

संस्करण 2010

मूल्य : 595/-

वाणी प्रकाशन

फोन : 0091#11#23273167, फोन व फैक्स 23275710

वेबसाइट : www.vaniprakashan.in

ई-मेल : vaniprakashan@gmail.com

आर.टेक ऑफसेट द्वारा दिल्ली-110095 में मुद्रित

आमुख
(प्रथम संस्करण)

प्रस्तुत पुस्तक मार्क्सवादी साहित्य-चिन्तन को समझने-समझाने की दिशा में एक लघु प्रयास है। यह प्रयास अपने में कितना सार्थक और सफल हो सका है, इसका निर्णय प्रबुद्ध पाठकों पर छोड़ते हुए मैं यहाँ पुस्तक के सम्बन्ध में कुछ स्पष्टीकरण देने तक ही अपने को सीमित रखना चाहूँगा।

इस पुस्तक में मैंने मार्क्सवादी साहित्य-चिन्तन के भारतेतर सन्दर्भों को ही ग्रहण किया है और उन्हीं के बीच से उसकी आकृति को एक व्यवस्था देने की कोशिश की है। ऐसा मैंने इसलिए किया है कि हिन्दी के पाठकों के समक्ष विदेशों के मार्क्सवादी साहित्य-चिन्तन को लेकर सामग्री की जो विरलता है, उसका कुछ दूर तक परिहार हो सके। 'परिशिष्ट' के अन्तर्गत भारतीय साहित्य में आविर्भूत होने वाले प्रगतिशील आन्दोलन एवं हिन्दी के मार्क्सवादी साहित्य-चिन्तन के अपने विशिष्ट तथा मौलिक सन्दर्भों का जो उल्लेख है, वह महज पुस्तक को एक समग्रता देने के लिए है, और मेरी समझ में ऐसा करना आवश्यक भी था। अस्तु—

प्रस्तुत पुस्तक चार खण्डों में विभक्त है। प्रथम खण्ड में मार्क्सवादी दर्शन के आधारभूत तत्त्वों का संक्षेप में उल्लेख है। मार्क्सवादी साहित्य और कला-चिन्तन वस्तुतः साहित्य तथा कला के क्षेत्र में मार्क्सवादी दर्शन का ही प्रतिफलन है, अतः उसके सम्यक् ग्रहण के लिए आवश्यक था कि दर्शन की यह पृष्ठभूमि प्रस्तुत की जाती।

दूसरे खण्ड में मार्क्सवादी साहित्य-चिन्तन का ऐतिहासिक इतिवृत्त प्रस्तुत किया गया है। मार्क्सवादी साहित्य-चिन्तन की आकृति का पाठकों को सहज बोध हो सके, इस हेतु इस खण्ड में भी पृष्ठभूमि के रूप में मार्क्स-पूर्व, समकालीन एवं परवर्ती साहित्य-चिन्तन की संक्षिप्त रूपरेखा प्रस्तुत की गयी है। इस विवचेन में एक प्रकार से पश्चिमी काव्य-चिन्तन के उद्भव से लेकर उसके अद्यावधि समूचे विकास-क्रम को समेटा गया है, ताकि पाठक सहज ही इस तथ्य से अवगत हो सकें कि इस विकास-क्रम के बीच मार्क्सवादी साहित्य-चिन्तन की स्थिति कहाँ पर

और किस रूप में है कि वह भाववादी चिन्तन की प्रतिनिधि दूसरी साहित्य-सरणियों से किन अर्थों में विशिष्ट है, आदि। इस क्रम में यथार्थवादी साहित्य-चिन्तन की प्रस्तुति कुछ विस्तार से हुई है, और उसके अन्तर्गत रूस के बेलिंस्की, चर्निशवस्की तथा द्रोबुल्युबोव-जैसे क्रान्तिकारी-प्रजातन्त्रवादियों के विचार और भी विस्तार से प्रस्तुत किये गये हैं। ऐसा इसीलिए किया गया है, ताकि यह स्पष्ट हो सके कि मार्क्सवादी साहित्य-चिन्तन के आविर्भाव से पूर्व और उसके साथ-साथ भी, समान विचारों की एक दूसरी भूमिका, दूसरे स्रोतों से किस प्रकार सामने आ रही थी और जो मार्क्सवाद-विरोधी न होकर अनेकांश में उसकी सहायक थी। हमारा विचार है कि दूसरे खण्ड का यह सारा विवरण पश्चिमी साहित्य-चिन्तन के क्रम में मार्क्सवादी साहित्य-चिन्तन के वैशिष्ट्य को समझने की दिशा में पाठकों के लिए विशेष उपयोगी सिद्ध होगा।

इस खण्ड में ही मैंने मार्क्सवादी साहित्य-चिन्तन के प्रस्थान-बिन्दु के रूप में 'ए कण्ट्रीब्यूशन टु दी क्रिटीक ऑफ पोलिटिकल इकोनॉमी' कृति की प्रस्तावना में दिये गये मार्क्स के महत्त्वपूर्ण वक्तव्य की व्याख्या है और एक स्वतन्त्र अध्याय के अन्तर्गत मार्क्सवादी साहित्य-चिन्तन की समूची परम्परा का एक ऐतिहासिक विहंगावलोकन किया है। यहाँ यह बता देना जरूरी है कि पुस्तक लिखने के दौरान चाह कर भी कुछ महत्त्वपूर्ण सामग्री मुझे उपलब्ध नहीं हो सकी, अतः उसके अभाव में उपलब्ध सामग्री से ही मुझे काम चलाना पड़ा। सामग्री के इस अभाव के कारण मेरे विवेचन में ऐतिहासिक अनुक्रम-सम्बन्धी जो अस्तव्यस्तता आ गयी है, उसके लिए मैं पाठकों से क्षमाप्रार्थी हूँ। कुछ सामग्री (मसलन चे गुएवारा, एण्टानियो ग्राम्स्की, हरबर्ट मारक्यूस, हो-ची-मिह्न आदि के कुछ महत्त्वपूर्ण निबन्ध) मुझे अब जाकर प्राप्त हो सकी है, जिसका उपयोग मैं सुविधानुसार फिर कभी करूँगा। यह सामग्री मुझे रमेश कुन्तल मेघ के सौजन्य से मिली है। कुन्तल मेघ एक प्रखर मार्क्सवादी विचारक होने के साथ-साथ एक सहृदय इनसान भी हैं। वे मेरे बड़े भाई हैं, अतः आभार-प्रदर्शन की औपचारिकता निभा कर मैं उन्हें नाराज़ नहीं करूँगा।

पुस्तक के तृतीय, चतुर्थ खण्ड सर्वाधिक महत्त्वपूर्ण हैं। तृतीय खण्ड में प्रमुख मार्क्सवादी साहित्य-चिन्तकों के विचार विस्तार से प्रस्तुत किये गये हैं, ताकि उनका निजी प्रदेय स्वतन्त्र रूप से पाठकों के समक्ष स्पष्ट हो सके। इस सिलसिले में जो नाम सामने आये हैं, उनमें से कुछ मार्क्सवादी विद्वानों के बीच विवादास्पद हैं। उनके चुनाव में मेरा दृष्टिकोण मात्र इतना रहा है कि जिज्ञासु पाठकों के समक्ष मार्क्सवादी साहित्य-चिन्तन को तो उसकी विविधता में रखूँ ही, पाठकों को यह मौका भी दूँ कि वे मार्क्सवाद की आधारभूत मान्यताओं के आलोक में खुद भी उनके विचारों को परखें और उनके बारे में अपनी राय कायम करें। उनके बारे में जहाँ तक मेरी अपनी राय का प्रश्न है, एक प्रबुद्ध पाठक की निगाह पुस्तक के

भीतर उसे आसानी से पा लेगी। ट्राटस्की के क्रान्ति-विरोधी चरित्र और उसके विपरीत क्रियाकलापों से भलीभाँति परिचित होते हुए भी मैंने उसके साहित्यिक विचारों को इसीलिए पुस्तक में स्थान दिया कि वे मुझे कुछ मानों में महत्त्वपूर्ण लगे और मेरे मन में आया कि मैं अपने पाठकों को भी उनका ज़ायज़ा लेने दूँ। ट्राटस्की के ये विचार हाशिए के विचार हैं। किन्हीं कारणों से पुस्तक के अन्तर्गत भले ही वे प्रमुखता पा गये हों, मेरे मन में वे उसी स्थान पर हैं जहाँ उन्हें होना चाहिए।

चतुर्थ खण्ड की अहमियत इस बात में है कि इसके अन्तर्गत प्रथम बार मार्क्सवादी साहित्य-चिन्तन की एक समग्र और संश्लिष्ट आकृति प्रस्तुत की गयी है। साहित्य अथवा कला-चिन्तन के आधारभूत प्रश्नों पर मार्क्सवादी दृष्टि क्या है, इसका विवेचन-विश्लेषण यहाँ जम कर हुआ है और निष्कर्षों को प्रतिनिधि विचारकों के कथनों का हवाला देते हुए पुष्ट किया गया है।

पुस्तक के समापन में मार्क्सवादी साहित्य-चिन्तन के महत्त्व को लेकर समग्र रूप से कुछ निष्कर्ष प्रस्तुत किये गये हैं।

पुस्तक के सम्बन्ध में मेरा कोई खास दावा नहीं है। मैंने इतना जरूर चाहा है कि जिज्ञासु पाठक के समक्ष मार्क्सवादी साहित्य-चिन्तन को, उसकी समग्रता में, सारी आवश्यक पृष्ठभूमि के साथ प्रस्तुत करें। यह कार्य मैंने अधिकाधिक वस्तुपरक रुख अपनाते हुए, काफी दूर तक अपने निजी विचारों को दबाकर, सम्पन्न किया है। विवेचन के दौरान मार्क्सवादी-सम्बन्धी प्रामाणिक ग्रन्थों एवं विचारकों के मंतव्यों का आश्रय मुझे प्रायः ही लेना पड़ा है, ताकि विवेच्य विषय की प्रामाणिकता बनी रहे। मेरे अपने विचारों ने चतुर्थ खण्ड तथा 'समापन' में विशेष रूप से सामने आने की कोशिश की है, कारण वहीं उन्हें सामने आने का अवकाश मिला है। मेरी कोशिश फिर भी यही रही है कि उन्हें मूल विवेचन पर हावी न होने दूँ। सफलता-असफलता का निर्णय पाठक करें।

पुस्तक के लेखन के दौरान मैंने जिन लेखकों के ग्रन्थों से प्रत्यक्ष और परोक्ष रूप में सहायता ली है, मैं उन सबके प्रति अपना हार्दिक आभार व्यक्त करता हूँ। ऐसे लेखकों का उल्लेख मैंने पुस्तक के अन्तर्गत किया है।

बहुत कुछ पढ़ने और मनन करने के बाद भी, मैं पूरी तरह आश्वस्त नहीं हो पाया हूँ कि पुस्तक के अन्तर्गत जो कुछ आ सका है, वह पर्याप्त है, अथवा पूरा है। दृष्टिकोण-सम्बन्धी कुछ गलतियाँ और भ्रान्तियाँ भी पुस्तक में होंगी, ऐसा भी मैं मान कर चलता हूँ। इन गलतियों और भ्रान्तियों का निराकरण करने के लिए मैं पूरी तरह प्रस्तुत हूँ। पुस्तक का लेखन समाप्त करने से लेकर अब तक के समय के बीच लगभग दो वर्षों की अवधि बीत चुकी है। मार्क्सवादी दर्शन के नये सिरे से अध्ययन एवं उस पर चलने वाली जीवंत बहसों के क्रम में, इस अवधि में, मेरे विचारों में कुछ परिवर्तन भी हुआ है और कहीं-कहीं तो यह परिवर्तन तात्त्विक

भी है। वैचारिक कशमकश का यह दौर अभी भी पूरी सक्रियता पर है। मेरे आने वाले निबन्ध इस सम्बन्ध में पाठकों को कुछ जानकारी दे सकेंगे, कारण पुस्तक के दूसरे संस्करण में तो समय लगेगा।

मेरे कुछ मित्रों का कहना है कि मार्क्सवादी साहित्य-चिन्तन को इस रूप में, इस विस्तार और व्यवस्था के साथ प्रस्तुत करने वाली यह हिन्दी की पहली पुस्तक है; कि इस पुस्तक में पहली बार इतिहास, दर्शन तथा सिद्धान्त-चर्चा, तीनों स्तरों पर विषय को समूचे विस्तार और आवश्यक पृष्ठभमि के साथ उठाया गया है; कि प्रतिनिधि पुरस्कर्त्ताओं के निजी प्रदेय को भी अपनी संश्लिष्टता और समग्रता के साथ पहली बार प्रस्तुत किया गया है। मित्रों की इन बातों का निर्णय भी मेरे पाठक ही करें। मुझे तो उनकी बातों में स्नेहजन्य अतिशयोक्ति ही दिखाई पड़ती है।

अपनी बात को समाप्त करते हुए मैं अपने पूज्य गुरु आचार्य नन्ददुलारे वाजपेयी के श्री-चरणों में प्रणाम करता हूँ, जिन्होंने मार्क्सवादी दर्शन और चिन्तन के प्रति मेरी आस्था को जानते हुए भी, न केवल मेरे प्रति आत्मीयता बरती, मुझे अपने प्रिय क्षेत्र में कार्य करने के लिए प्रोत्साहित भी किया। अपने वर्तमान विभागाध्यक्ष डॉ. भगीरथ मिश्र के प्रति भी मैं अपनी अकृत्रिम कृतज्ञता व्यक्त करता हूँ जिनके सान्निध्य में भी मुझे स्वतन्त्र चिन्तन की सारी सुविधाएँ प्राप्त हुई हैं। अपने अन्य विभागीय सहयोगियों, मित्रों एवं शुभचिन्तकों का भी आभारी हूँ, जिसे समय-समय पर सहयोग और समर्थन दोनों प्राप्त हुए। मध्य प्रदेश हिन्दी ग्रन्थ अकादमी के निदेशक डॉ. प्रभुदयालु अग्निहोत्री की उदारता के प्रति मैं विशेष रूप से विनत हूँ जिन्होंने मेरे द्वारा बार-बार वादा-खिलाफी किये जाने के बावजूद मुझे पुस्तक समाप्त करने का अवसर दिया।

सबसे अन्त में इतना ही कहना चाहूँगा कि यदि मेरी पुस्तक मेरे जिज्ञासु पाठक के मन में मार्क्सवादी साहित्य-चिन्तन को भलीभाँति समझने की दिशा में एक बेचैनी पैदा कर सकी, तो मैं अपने प्रयत्न को सार्थक समझूँगा।

नवम्बर, वर्ष 1972 —शिवकुमार मिश्र

अपनी बात

सन् 1972, जब यह पुस्तक पहली बार प्रकाश में आयी थी, तब से लेकर समय के वर्तमान-बिन्दु तक अन्तर्राष्ट्रीय और राष्ट्रीय मंच पर अत्यन्त महत्त्वपूर्ण घटनाएँ घट चुकी हैं। इनमें, पुस्तक के विवेच्य विषय से सीधा सम्बन्ध रखने वाली घटना, या कहें घटना-क्रम सोवियत संघ का विघटन तथा रूस एवं पूर्वी यूरोप के देशों में समाजवादी व्यवस्था का अन्त है। सोवियत संघ का विघटन तथा समाजवादी व्यवस्था का यह अन्त कोई आकस्मिक घटना न होकर लम्बे समय से समाजवादी-विश्व में विचार तथा व्यवहार के स्तरों पर हो रहे विचलन का स्वाभाविक प्रतिफल था, जिसके बारे में अब तक काफी कुछ लिखा और कहा जा चुका है। जिस मार्क्सवादी विचार-दर्शन को और उससे उपजे जिस साहित्य और कला-चिन्तन को पुस्तक में मुख्य विषय के रूप में व्याख्यायित और विवेचित किया गया है, सोवियत संघ और समाजवादी व्यवस्था की समाप्ति के बाद न केवल उनकी अहमियत पर प्रश्न-चिह्न लगाए जा रहे हैं, वर्तमान समय-संदर्भों में उनके अप्रासंगिक हो जाने की उद्घोषणाएँ भी की जा रही हैं। विकल्प के रूप में नये-नये दार्शनिक अभिमत, समाज-व्यवस्थाओं के नये रूप एवं साहित्य और कला-चिन्तन की नयी-नयी दिशाएँ भी विज्ञापित और प्रचारित हो रही हैं। अपनी-अपनी खुशफहमी में पूँजीवादी विचारों तथा बुर्जुआ कला-चिन्तन के प्रवक्ता भूल गये हैं कि मार्क्सवाद उस समय भी था जब सोवियत समाजवादी संघ का उदय भी नहीं हुआ था, और मार्क्सवाद आज भी है, जबकि सोवियत संघ विघटित हो चुका है, और रूस तथा पूर्वी यूरोप के देशों में समाजवादी व्यवस्था अतीत बन चुकी है। रही, मार्क्सवाद और उससे उपजे साहित्य और कला-चिन्तन की अहमियत और प्रासंगिकता की बात, वे आज भी उतने ही कारगर, दिशा-निर्देशक, प्रेरक और प्रासंगिक हैं, जितने पहले थे। यही नहीं, सोवियत संघ और समाजवादी व्यवस्था का विघटन हो, अथवा उसके बाद अमरीका के नेतृत्व में उपनिवेशवाद और विश्व पूँजीवाद की, नये और लुभावने मुखौटों में, बदले तौर-तरीकों, किन्तु विश्व-वर्चस्व के खतरनाक मंसूबों के साथ चलने वाली मुहिम, मार्क्सवाद की रोशनी में न केवल उनके कारणों की शिनाख्त की जा सकती है, उन दुष्परिणामों

तथा चुनौतियों से भी निपटा जा सकता है जो इस नये उपनिवेशवाद और सांस्थानिक पूँजीवाद ने, दुनिया, खासतौर से तीसरी दुनिया के कमजोर, पिछड़े हुए और नव-स्वतंत्र देशों के समाजों को बेहद विषम-समाजों में बाँटते हुए, आर्थिक उदारीकरण, मुक्त-व्यापार, बाजार आदि के जरिए फेंकी हैं।

मन में तो था कि पुस्तक का वर्तमान संस्करण उपर्युक्त सारे मुद्दों को समेटते हुए संशोधित-परिवर्द्धित संस्करण होता, परन्तु यह सब समेटने के मायने थे, नये सिरे से पूरी पुस्तक लिखना, जो कब पूरी होती, कहा नहीं जा सकता।

इधर, बेहद लम्बे अन्तराल तक पुस्तक की अनुपलब्धता, इस पूरे दौर मित्रों और प्रबुद्ध पाठकों के पत्रों का ताँता, लगातार बढ़ता हुआ दबाव, इस बात का, कि पुस्तक जैसी है, उसी रूप में पुनर्मुद्रित होकर प्रकाश में आये, पाठकों को सहज ही उपलब्ध हो सके। अन्ततः जो मार्ग सुगम था, उसी पर चलते हुए पुस्तक का यह पुनर्मुद्रित रूप, बिना एक शब्द के भी संशोधन के। बेहद आभारी हूँ, वाणी प्रकाशन के श्री अरुण माहेश्वरी का, जिनके नाते पुस्तक बेहद कम समय में प्रकाशित होकर पाठकों के लिए सुलभ हो सकी। उनके प्रति मेरी अशेष शुभेच्छाएँ।

यदि आयुष्य में कुछ इजाफा हुआ, समय और स्वास्थ्य अनुकूल रहे, तो पुस्तक का आगामी संस्करण उसका संशोधित-परिवर्द्धित संस्करण ही होगा। संप्रति, पुस्तक का यह पुनर्मुद्रित रूप पाठकों को सौंपते हुए अपनी बात समाप्त करता हूँ। सुझावों का स्वागत है।

वल्लभ विद्यानगर —शिवकुमार मिश्र
जुलाई, 2010

विषयानुक्रम

खण्ड : 1

मार्क्सवादी दर्शन

- मार्क्स-पूर्व भाववादी एवं भौतिकवादी दर्शन
- मार्क्सवादी दर्शन और उसके प्रमुख आधार स्तम्भ
- दार्शनिक भौतिकवाद एवं द्वन्द्वात्मक भौतिकवाद
- ऐतिहासिक भौतिकवाद

1

मार्क्स-पूर्व भाववादी एवं भौतिकवादी दर्शन

मार्क्सवाद वह वैज्ञानिक विश्व-दृष्टिकोण (Scientific world-outlook) है, दर्शन के क्षेत्र में द्वन्द्वात्मक भौतिकवाद (Dialectical Materialism) और ऐतिहासिक भौतिकवाद (Historical Materialism) जिसके दो प्रधान आधार-स्तम्भ हैं। मार्क्सवादी दर्शन एक भौतिकवादी दर्शन (Materialist philosophy) है, जो परम्परागत भाववादी दर्शन (Idealistic philosophy) की अमूर्त्त और आध्यात्मिक स्थापनाओं के विरोध में, प्राकृतिक विज्ञानों (Natural Sciences) की नव्यतम निष्पत्तियों और खोजों को आधार बनाते हुए प्रसिद्ध जर्मन दार्शनिक हेगेल (Hegel) की द्वन्द्वात्मक पद्धति (Dialetical Method) को भौतिकवादी चिन्तन के सन्दर्भ में ग्रहण कर, सर्वहारा वर्ग के दर्शन (Philosophy of the proleterlat) के रूप में, 19वीं शताब्दी में जन्मा और पुष्ट हुआ। इसके प्रवर्त्तन का श्रेय सर्वहारा वर्ग के महान् चिन्तक कार्ल मार्क्स और फ्रेडरिक एंगेल्स (Karl Marx and Fredrick Engels) को है। इन्हीं के साथ अभिन्न रूप में जुड़ा एक नाम वी. आई. लेनिन (V. I. Lenin) का है, जिन्हें न केवल मार्क्सवाद के प्रामाणिक व्याख्याता का गौरव प्राप्त है, रूस की अक्टूबर 1917 की सर्वहारा क्रान्ति की सफलता द्वारा जिन्होंने उसकी व्यावहारिकता को निर्भ्रान्त रूप से प्रमाणित किया।

इसके पूर्व कि हम मार्क्सवादी दर्शन के उक्त प्रधान आधार-स्तम्भों का विवेचन करें, हम प्रथमतः उस भाववादी दर्शन की एक संक्षिप्त रूपरेखा प्रस्तुत करना चाहेंगे, जिसके विरोध में भौतिकवादी मार्क्सीय दर्शन का उद्भव हुआ, द्वितीय, मार्क्स-पूर्व भौतिकवादी चिन्तन की परम्परा पर प्रकाश डालना चाहेंगे, मार्क्सवादी दर्शन जिसकी अगली सशक्त और वैज्ञानिक कड़ी है, तृतीय, मार्क्सवादी दार्शनिक भौतिकवाद (Philosophical Meterialism) की प्रधान स्थापनाओं का भी उल्लेख करना चाहेंगे, मार्क्सवादी दर्शन के उक्त दोनों प्रधान आधार-स्तम्भ जिसकी नींव पर खड़े हैं। हमारा यह प्रयास मार्क्सवादी दर्शन की वैज्ञानिक आकृति को स्पष्ट करने के साथ, मार्क्स

और उनके अभिन्न सहयोगी एंगेल्स के चिन्तन की मौलिकता एवं महत्त्व को भी स्पष्ट करेगा, ऐसा हमारा विश्वास है। मार्क्सवादी दर्शन के ब्योरों में जाने के लिए उक्त विवेचन एक आवश्यक पृष्ठभूमि के रूप में उपयोगी साबित होगा।

भाववाद और भौतिकवाद : दो विरोधी दार्शनिक दृष्टियाँ

संसार और उसके मूलभूत प्रश्नों को समझने और उन्हें व्याख्यायित करने के सिलसिले में प्रारम्भ से लेकर आज तक जिन दार्शनिक दृष्टिकोणों का जन्म और विकास हुआ है, एंगेल्स के अनुसार उन्हें प्रधानतः भाववाद और भौतिकवाद, इन दो कोटियों में विभाज़ित किया जा सकता है। वे दोनों दृष्टियाँ जिस मूलभूत समस्या से उलझती और उसे सुलझाने का प्रयास करती हैं, पुनः एंगेल्स के ही शब्दों में "वह अस्तित्व के साथ विचार के, तथा प्रकृति के साथ आत्मा के सम्बन्ध-निर्धारण की समस्या है"[1] इसे दूसरे शब्दों में हम 'भौतिक अस्तित्व के साथ मानव-मन के सम्बन्ध-निर्धारण की समस्या भी कह सकते हैं।'[2] समग्रतः, मूल विवाद यह है कि प्राथमिक कौन है—विचार या अस्तित्व, आत्मा या प्रकृति? विचारकों का जो वर्ग प्रकृति के विपरीत आत्मा की प्राथमिकता को स्वीकार करता है, भाववादी चिन्तन के शिविर से सम्बद्ध है। दूसरा वर्ग, जो आत्मा की अपेक्षा प्रकृति को प्राथमिकता देता है, भौतिकवादी चिन्तन का पुरस्कर्ता है।[3] भौतिकवादी और भाववादी (Materialistic and Idealistic) दार्शनिक दृष्टियों का मूलभूत अन्तर संक्षेप में यही है।

प्रसिद्ध मार्क्सवादी विचारक मारिस कार्नफोर्थ के शब्दों में, "सारे मानवीय चिन्तन के इतिहास में भाववाद और भौतिकवाद (Idealism and Materialism) का लगातार संघर्ष होता रहा है। अपने वार्तालाप 'द सोफिस्ट' में भाववादी दार्शनिक प्लेटो (Plato) ने इस युद्ध को 'दानवों और देवताओं' का युद्ध कहा है। दानवों अर्थात् भौतिकवादियों को वह 'भयानक प्राणी' कहता है, क्योंकि वे 'सभी चीजों को स्वर्ग से नीचे घसीट लाते हैं, अदृश्य से पृथ्वी पर ले आते हैं, और ऐसा लगता है कि वे चट्टानों और बलूत के वृक्षों को पकड़ने का अहद कर चुके हैं, उनको वे पकड़ कर बैठ जाते हैं, और बड़ी हठधर्मी से यह मानते चले जाते हैं कि जिन चीजों को छुआ और पकड़ा जा सकता है, सिर्फ उन्हीं चीजों का अस्तित्व है।' उनके देवता-स्वरूप विरोधी, भाववादी 'अपनी रक्षा ऊँचाई से, अदृश्य लोक से किया करते हैं।'[4] उक्त कथन में प्लेटो के ये विचार भौतिकवादी तथा भाववादी दृष्टिकोणों का अन्तर स्पष्ट करने के साथ, भले ही आलंकारिक शैली में सही, भौतिकवादियों के प्रति भाववादियों की धारणा का परिचय भी देते हैं।

भाववादी दर्शन के विविध रूप

पदार्थ, भूत या प्रकृति के स्थान पर चेतना या आत्मा को प्राथमिक स्वीकार करने

वाली भाववादी चिन्तना का एक सुदीर्घ तथा अत्यन्त सम्पन्न इतिहास है जो मानव सभ्यता के साथ जन्म लेकर अद्यावधि विविध रूपों में गतिशील है। बावजूद इसके कि सृष्टि और उसकी व्याख्या से सम्बन्धित मूलभूत प्रश्नों पर, उनके अन्तिम निष्कर्षों का सारतत्व एक ही है (अर्थात्, भूत या प्रकृति की प्राथमिक सत्ता को स्वीकार न कर आत्मतत्व, चेतना या ईश्वर को सृष्टि का कारण, कर्त्ता और नियंता मानना), जहाँ तक इन निष्कर्षों पर पहुँचाने वाले तथ्यों एवं ब्योरों का प्रश्न है, उनमें मत-वैभिन्य भी है। इस मत-वैभिन्य का प्रधान कारण भिन्न-भिन्न समयों में किये जाने वाले चिन्तन के साथ जुड़ी पूर्ववर्ती स्थापनाओं के खण्डन या परिष्कार की भूमिकाएँ तो हैं ही, ज्ञान के वे विकसित तथा नये क्षितिज भी हैं जो समय-समय पर भिन्न प्रस्थान बिन्दुओं को लेकर उद्घाटित होते रहे हैं। चूँकि भाववादी चिन्तन के समस्त रूप अनिवार्यतः भौतिकवादी चिन्तन का विरोध करते हैं, अतएव, भौतिकवादी दार्शनिक चिन्तन की चर्चा करने से पूर्व आवश्यक हो जाता है कि हम, संक्षेप में ही सही, इन रूपों की आवश्यक बातों से परिचित हों, ताकि एक स्तर पर उनकी सापेक्षता में भौतिकवादी चिन्तन का विशिष्ट स्वरूप उद्घाटित हो सके, दूसरे स्तर पर विवेचना का एक तर्कपूर्ण आधार भी बन सके।

भाववादी दर्शन का एक रूप उस द्वैतवाद (Dualism) में प्रकट होता है, सत्रहवीं शताब्दी के प्रसिद्ध फ्रेंच दार्शनिक देकार्त (Rane Descartes) जिसके प्रमुख पुरस्कर्त्ता हैं। भौतिकवादियों तथा भाववादियों, दोनों से भिन्न, सृष्टि के आधारभूत तत्त्व के रूप में किसी एक प्राथमिक आधार को न मानकर देकार्त समान महत्त्व वाले दो प्राथमिक आधारों को स्वीकार करते हैं। अर्थात् इनके अनुसार भौतिकवादियों का पदार्थ, भूत या प्रकृति और भाववादियों का आत्मा, चेतना या मन, एक दूसरे से एकदम स्वतन्त्र तथा अपनी प्रकृति में एकदम भिन्न होते हुए भी, न केवल समान रूप से महत्त्वपूर्ण हैं, समान रूप से सृष्टि का प्राथमिक आधार भी हैं। वे एक स्तर पर बुद्धि को ज्ञान का साधन मानते हैं, पदार्थ, भूत या प्रकृति की स्वतन्त्र सत्ता को स्वीकार कर उन्हें प्राथमिक आधार के रूप में महत्त्व देते हैं, प्रकृति को किसी परमात्मा की माया न कहकर उसके वस्तुगत अस्तित्व का प्रतिपादन करते हैं, और इस प्रकार पदार्थ तथा प्रकृति सम्बन्धी मान्यताओं को धार्मिक तथा रहस्यवादी प्रपंचों से मुक्त करते हैं, दूसरे स्तर पर, ईश्वर को जगत् का निमित्त-कारण सिद्ध करते हैं तथा उस आत्मतत्व की महिमा गाते हैं जो निर्विकल्प, अतीन्द्रिय, स्वानुभूत तथा अबुद्धिगम्य है। भौतिकवादी विचारकों के अनुसार देकार्त के चिन्तन का पहला स्तर एक क्रान्तिकारी तथा रचनात्मक स्तर है, जिसने अनेक वैज्ञानिकों को भौतिकवाद की दिशा में दूर तक आगे बढ़ने की प्रेरणा दी, जबकि दूसरा स्तर प्रतिगामी स्तर है, जिसने रहस्यवाद को बढ़ावा देकर अनेक प्रकार की भ्रान्तियों के लिए पथ प्रशस्त किया। उदाहरण के लिए 'देकार्त का विचार था कि मस्तिष्क का कार्य केवल चिन्तन

है। उसका सम्बन्ध भौतिक वास्तविकता से नहीं है। दूसरी तरफ प्रकृति का सम्बन्ध चिन्तन से नहीं है, यानी चिन्तन की प्रक्रिया का भौतिक दिमाग से कोई सम्बन्ध नहीं है। इस प्रकार विश्व में एक विचित्र विभाजन हो गया। एक विश्व था मस्तिष्क का और दूसरा विश्व था शरीर का, पदार्थ का।'[5] इस प्रकार विचार को उसके भौतिक आधार से काट देने का परिणाम यह हुआ कि वह अपने में ही एक आत्म-प्रसारित केन्द्र बन गया। बाद में अनेक विचारकों ने इसी आधार पर भौतिक जगत् को मस्तिष्क के विचारों की उपज सिद्ध करते हुए यह भी प्रमाणित कर दिया कि देकार्त का द्वैतवाद वस्तुतः भाववाद ही है।

भाववादी दर्शन के दूसरे रूप अद्वैतवादी (Monist) हैं, अर्थात् उनके अन्तर्गत प्राथमिक आधार के रूप में एक ही तत्त्व को स्वीकार किया गया है। इन अद्वैतवादी रूपों में एक रूप वह है जिसे भौतिकवादी विचारकों ने वस्तुगत (Objective) भाववाद की संज्ञा दी है। इसका एक स्थूल उदाहरण उन लोगों का चिन्तन है जो सृष्टि के कारण, कर्त्ता या नियन्ता के रूप में एक ऐसे परम पुरुष, परमात्मा या ईश्वर की कल्पना करते हैं, जो अपनी बनाई सृष्टि से परे और स्वतन्त्र है। सृष्टि के उद्‌भव के पहले ही इस परम पुरुष या ईश्वर का अस्तित्व था, सृष्टि के कार्य-व्यापार जिसके इंगितों पर ही संचालित होते हैं। इस ईश्वर का ज्ञान भी इन्द्रियातीत है। कहने का तात्पर्य यह कि दार्शनिक विचारधारा के आच्छद में व्यक्त वस्तुतः यह एक प्रकार का धार्मिक मतवाद है, और धर्मप्राण दुनिया में इसी कारण सर्वाधिक प्रचलित भी है। विश्व के सारे धर्म मूलतः इसी प्रकार की विचारधारा का प्रतिपादन करते हैं।

परन्तु भाववादी चिन्तन की इस दिशा को विशुद्ध दार्शनिक भूमि पर प्रस्तुत करने का श्रेय भी कुछ दार्शनिकों को है, जिनमें प्लेटो (Plato), लाइबनिज़ (Leibnitz) तथा हेगेल (Hegel) जैसे प्रख्यात नाम भी हैं। सूक्ष्म आध्यात्मिक चिन्तन इन दार्शनिकों की विशेषता है।

प्लेटो सृष्टि के मूल में प्रत्यय (Idea) की स्थिति को स्वीकार करते हैं, और इस प्रत्यय जगत् को भौतिक जगत् से परे, अपनी वस्तुगत सत्ता से सम्पन्न घोषित करते हैं। भौतिक जगत् उनके विचार से प्रत्यय-जगत् की नकल है। इस नकल में सत् और असत् दोनों का अंश है। सत् का अंश इसलिए है कि सारे पदार्थ प्रयत्नों की नकल हैं। असत् का अंश इसलिए है कि उनमें एकता और स्थिरता का अभाव है। सम्पूर्ण वस्तु जगत् में वे एक विश्वात्मा की क्रिया के दर्शन करते हैं। बुद्धि को नित्य तथा अमर मानते हुए उनका कहना है कि बुद्धि द्वारा ही मनुष्य प्रयत्नों का ज्ञान प्राप्त कर सकता है, अनुभवों द्वारा नहीं, कारण अनुभव केवल दृश्य-जगत् तक ही सीमित रहते हैं, और इस दृश्य-जगत् में कोई भी प्रत्यय अपने विशुद्ध रूप में विद्यमान नहीं होता।'[6] कुल मिलाकर प्लेटो के विचार हमें वस्तु अथवा दृश्य

जगत् से परे स्थित विशुद्ध प्रत्ययों की एक ऐसी वस्तुगत सत्ता की ओर ले जाते हैं, जो इन्द्रियातीत तथा अनुभवातीत है। वस्तुगत या दृश्य जगत् जो हमारे अनुभवों तथा इन्द्रियों द्वारा गम्य है, प्रत्यय-जगत् के समान दिखाई पड़ने के बावजूद इस कारण वास्तविक नहीं है कि वह प्रत्यय-जगत् की नकल मात्र है, और नकल की सामग्री असल की सामग्री से भिन्न होती है।

जर्मन दार्शनिक लाइबिनिज़ भी सृष्टि के कर्त्ता के रूप में ईश्वर को मान्यता देते हैं। सृष्टि का कारण वे चिदणुओं (Monads) को मानते हैं, जो उनके अनुसार 'निरवयव, अविभाज्य, तात्त्विक और चेतन' हैं। इनकी सृष्टि भी ईश्वर ने ही की है जो सम्पूर्ण विश्व में व्याप्त हैं। विश्व में इन चिदणुओं का सामंजस्य दिखाई पड़ता है। इस सामंजस्य का कर्त्ता भी ईश्वर ही है। ईश्वर उनके विचार से पूर्णतम चिदणु है, जिसे उन्होंने 'चिदणुओं का ही चिदणु' (Monad of Monads) कहा है। यह ईश्वर अपनी बनायी हुई चिदणु-सृष्टि से तो परे है ही, सृष्टि का समूचा विकास-क्रम भी उसके द्वारा पूर्व-निर्धारित है। कोई भी चिदणु इस पूर्व-निर्धारित विकास-नियमों का अतिक्रमण नहीं कर सकता। ईश्वर मानव-बुद्धि से भी परे है, इस कारण सृष्टि से भी परे है।'[7] लाइबनिज़ का यह भी कहना है कि यों तो ईश्वर के समक्ष विश्व की असंख्य कल्पनाएँ थीं, परन्तु उन्होंने इसी विश्व को सर्वश्रेष्ठ मानते हुए उसका निर्माण किया, अतः यह विश्व उनकी सर्वोत्तम कृति है। वे चाहते तो इस विश्व से अशुभ तत्त्वों को सर्वथा निःशेष कर केवल शुभ तत्त्व ही रहने देते, परन्तु यह समझकर कि मात्र शुभ तत्त्वों की स्थिति उसके महत्त्व को कम कर देगी, अतः अशुभ तत्त्वों की सापेक्षता में ही शुभ तत्त्व के महत्त्व को स्पष्ट करने के लिए कुछ अशुभ तत्त्व भी उन्होंने रहने दिये। कुल मिलाकर लाइबनिज़ के विचार भी वस्तु जगत् का कारण और कर्त्ता किसी अदृश्य और अति प्राकृतिक सत्ता को स्वीकार करते हैं, फलतः भाववाद का ही अंग है।

जहाँ तक हेगेल का प्रश्न है, भाववादी दार्शनिकों में उन्हें अन्यतम माना जा सकता है। केवल जर्मनी ही नहीं, समूचे यूरोप के दार्शनिक चिन्तन पर उनके विचार दशाब्दियों तक छाए रहे, यहाँ तक कि उन्होंने विरोधियों तक को प्रभावित किया। मार्क्स, एंगेल्स, लेनिन, सबने हेगेल की मेधा को मुक्त कण्ठ से स्वीकृति दी है। परन्तु यहाँ स्मरण रखना चाहिए कि इन्होंने हेगेल की भाववादी चिन्तना को स्वीकार नहीं किया है, वरन् उसके चिन्तन की अन्यतम उपलब्धि उस द्वन्द्ववाद (Dialectics) को खुलकर सराहा है, जिसके विषय में उनका कहना है कि 'उसे जर्मनी के शास्त्रीय दार्शनिक चिन्तन (Classical German Philosophy) की महत्तम उपलब्धि माना जा सकता है।'[8] वस्तुतः यह द्वन्द्वात्मक पद्धति हेगेल के चिन्तन का वह क्रान्तिकारी पक्ष है, जो सृष्टि तथा समाज के विकास-नियमों का वैज्ञानिक अध्ययन करने की एक अभूतपूर्व दृष्टि देता है। हेगेल ने इसका उपयोग

अपनी भाववादी चिन्तना के सन्दर्भ में किया है, जबकि इसके विपरीत उसे भौतिकवादी सन्दर्भों में अपनाकर तथा उसके माध्यम से सृष्टि तथा समाज के विकास-नियमों को वैज्ञानिक व्याख्या कर मार्क्स और एंगेल्स ने अपने उस द्वन्द्वात्मक और ऐतिहासिक-भौतिकवादी चिन्तन का प्रासाद खड़ा किया, समाज तथा दुनिया के बारे में एकदम नये और वैज्ञानिक विश्व-दृष्टिकोण के रूप में भौतिकवादी दार्शनिक चिन्तना के क्षेत्र में जो सर्वाधिक प्रखर एवं अद्वितीय है। हेगेल की इस द्वन्द्वात्मक पद्धति का परिचय एक स्वतन्त्र शीर्षक के अन्तर्गत हम अगले पृष्ठों में देंगे। यहाँ हेगेल के दार्शनिक चिन्तन का संक्षिप्त उल्लेख ही हमारा इष्ट है।

अन्य भाववादी चिन्तकों की भाँति हेगेल भी सृष्टि का कारण एवं नियामक एक अति प्राकृतिक, अमूर्त्त एवं आध्यात्मिक तत्त्व को मानते हैं, जिसे उन्होंने विचार या प्रत्यय की संज्ञा दी है। इस विचार या प्रत्यय (Idea) से हेगेल का आशय उस पूर्ण विचार परम या निरपेक्ष प्रत्यय (Absolute idea) से है, जो ईश्वर या परम तत्त्व का पर्याय है। उनके अनुसार प्रकृति इसी परम प्रत्यय का च्युत रूप (Degraded) है। सम्पूर्ण विश्व इसी परम प्रत्यय का परिणाम है, संसार के सारे पदार्थ उसी की अभिव्यक्ति हैं। यदि किसी की नित्य या शाश्वत सत्ता है, तो इसी परम प्रत्यय की, शेष सब परिवर्तनशील और अस्थायी हैं। यद्यपि हेगेल ने अपने दार्शनिक चिन्तन को बड़े सूक्ष्म तार्किक आधारों पर प्रतिष्ठित किया है, परन्तु फिर भी उसमें कुछ ऐसे अवकाश अवश्य रह गये, जिन्हें लक्ष्य करके ही परवर्ती चिन्तकों ने उसके विरोधाभासों को उजागर किया। वस्तुतः हेगेल की द्वन्द्वात्मक पद्धति ही उसके विरोधियों के हाथों में उसके विचारों को काटने का सर्वाधिक धारदार शस्त्र साबित हुई। भौतिकवादी चिन्तकों ने उसका इस्तेमाल भी किया।

भाववादी दार्शनिक चिन्तन का दूसरा रूप उस आत्मनिष्ठ (Subjective) भाववाद में स्पष्ट होता है जिसके अन्तर्गत अंग्रेज विशप बर्कले (Brkeley), अन्सर्ट (Ernst Mach) उसके रूसी शिष्य बागदानोव (A. Bagadanov) तथा इन सबकी एक लम्बी शिष्य-परम्परा का दार्शनिक चिन्तन आता है। अपने प्रसिद्ध ग्रन्थ 'भौतिकवाद और इन्द्रियानुभव की आलोचना' (Materialism and Empirio-criticism) में लेनिन ने इन सारे इन्द्रियानुभववादियों की खरी आलोचना की है। अगली पंक्तियों में हम संक्षेप में इन इन्द्रियानुभववादियों के विचारों का उल्लेख करेंगे।

बर्कले को अनुभववादी कहा जाता है। उनके अनुसार दृश्य जगत् का अपना कोई वस्तुगत अस्तित्व नहीं है। जो कुछ है, वह हमारा मन अथवा आत्मा है। दृश्य जगत् को अधिक से अधिक मनुष्य के 'विचारों एवं इन्द्रिय-संवेदनों की समष्टि' माना जा सकता है, जिसे उन्होंने collection of Ideas or combination of sensations कहा है। वे पूछते हैं कि दृश्य-जगत् के पदार्थों का क्या अस्तित्व,

यदि उनका प्रत्यक्षण करने वाला हमारा मन अथवा आत्मा न हो? क्या ज्ञाता से स्वतन्त्र किसी भी वस्तु की कल्पना की जा सकती है? दृश्य जगत् के पदार्थ तभी तक सत्य हैं जब तक उन्हें देखने वाली आँखें, उन्हें छूने वाले हाथ, उनका स्पर्श करने वाली एवं गति को परखने वाली त्वचा, सूँघने वाली नाक, रस लेने वाली जिह्वा, तात्पर्य यह कि प्रत्यक्षण करने वाला मन है। उनकी प्रसिद्ध उक्ति है कि अस्तित्व का अर्थ ही ज्ञात होना है (To exist mans to be perceived), ऐसा हो सकता है कि दृश्य जगत् की किसी वस्तु का प्रत्यय अथवा गन्ध हमें न हो। किसी दूसरे का मन भी उसका प्रत्यक्षण (Perception) न कर पावे, परन्तु इससे उस वस्तु का अस्तित्व इस कारण समाप्त न हो जाएगा कि जो सृष्टि का कर्त्ता एवं मनुष्य को प्रत्ययों का दाता है, उसके चिरन्तन मन में उस वस्तु की आकृति अवश्य होगी। एक स्थान पर बर्कले ने पदार्थों तथा उनके संवेदन (objects and sensation) को एक ही घोषित किया है, जिन्हें पृथक् किया ही नहीं जा सकता (The object and the sensation are the same thing and can not therefore be abstracted from each other.)[9] भौतिकवादियों का मज़ाक उड़ाते हुए एक स्थल पर उनका कहना है कि वे जिसे भूत, पदार्थ या matter कहते हैं, वह और कुछ नहीं अस्तित्वहीनता का पर्याय है (You may, if so, it shall seem good, use the word matter in the same sense as other men use nothing).[10] बर्कले के विचारों की आलोचना करते हुए लेनिन ने भी पर्याप्त तीखी टिप्पणियाँ की हैं, और उसके दर्शन को पागलखाने में रहने वालों के योग्य घोषित किया है। दूसरे मार्क्सवादी व्याख्याताओं के अनुसार 'बर्कले के मत को स्वीकार करने के अर्थ हैं कि हम यह स्वीकार करें कि हमारे आस-पास, चारों ओर जो कुछ भी है—वे हमारे माता-पिता हों, दोस्त हों, या कोई अन्य, उनका अपना कोई वस्तुगत और स्वतन्त्र अस्तित्व नहीं है, वे सब हमारे मस्तिष्क के प्रत्यक्षण मात्र हैं। इस सन्दर्भ में वे लेनिन की टिप्पणी को सार्थक स्वीकार करते हैं।'[11]

वस्तुतः बर्कले भौतिकवादी, अनीश्वरवादी तथा सन्देहवादी दार्शनिक मान्यताओं का खण्डन और आत्मवाद तथा ईश्वरवाद का समर्थन करने के संकल्प को लेकर ही दर्शन के क्षेत्र में उतरे थे, यही कारण है कि उन्होंने पूरी शक्ति के साथ अनीश्वरवाद एवं भौतिकवाद का प्रतिकार किया है। उनका दर्शन भी इसीलिए चर्च जैसे धार्मिक संस्थानों एवं उनके अधिष्ठाता पोप का सम्पूर्ण संरक्षण पा सका।

इस स्थल पर हम उस इन्द्रिय प्रत्यक्षवाद (Positivism) का संक्षिप्त उल्लेख करना चाहेंगे, 19वीं शताब्दी के समाप्त होते-होते जिसका एक नया विकास हमें आस्ट्रिया के वैज्ञानिक और दार्शनिक अर्न्स्ट माख़ के नाम पर चली माख़वादी (Machism) विचारधारा में दिखाई पड़ता है। यूँ तो, इन्द्रिय प्रत्यक्षवादी अपने को भाववाद और भौतिकवाद दोनों से ऊपर घोषित करते हैं, परन्तु वस्तुतः वे आत्मनिष्ठ

भाववादी ही हैं। उनके अनुसार दार्शनिक प्रश्नों के समाधान में विज्ञान को घुसेड़ना कदापि युक्तिसंगत नहीं है, विज्ञान को किसी दर्शन की आवश्यकता नहीं है, वह अपना दर्शन स्वयं है। दूसरे, प्रकृति की सत्ता प्राथमिक है या आत्मा की, इस प्रकार के प्रश्न उठाना ही निरर्थक तार्किकता को प्रश्रय देना है, कारण यह प्रश्न ऐसा है जिसका मानवीय चिन्तन, अनुभव अथवा विज्ञान किसी के भी द्वारा समाधान नहीं हो सकता। वह इन सबसे परे है। यदि विचार करना ही है तो ऐसे प्रश्नों पर किया जाय जो मानवीय सीमा के भीतर के हैं। इन्द्रिय प्रत्यक्षवादी इसी सन्दर्भ में इन्द्रियानुभवात्मक तथ्यों की खोज का दावा करते हैं, और प्रतिपादित करते हैं कि चूँकि इन्द्रिय-संवेदन ही सीधे मनुष्य को उपलब्ध रहते हैं, अतः उसका उन्हीं तक सीमित रहना उचित है। वस्तु जगत् को वे मानवीय चेतना या मन से स्वतन्त्र नहीं मानते, और चूँकि भौतिकवादी ऐसा मानते हैं, अतः वे उन पर मानवीय अनुभव क्षेत्र से बाहर प्रयाण करने का आरोप लगाते हैं। मार्क्सवादी विचारकों के अनुसार यह मतवाद वस्तुतः अपने पापों को दूसरों के सिर पर थोपना चाहता है। दूसरे दर्शनों को तो यह तत्त्ववादी (Metaphysical) कहकर नकारने की चेष्टा करता है जब कि यह स्वतः आत्मनिष्ठ भाववादी चिन्तना का तत्त्ववाद (Metaphysics) हैं।[12]

माख़वाद (Machism) का दूसरा नाम 'इन्द्रियानुभव की आलोचना' (Empirio-criticism—The criticism of Experience) भी है। लेनिन के जिस ग्रन्थ का उल्लेख हमने ऊपर किया है, भौतिकवाद के सन्दर्भ में वह इस माख़वाद की ही विस्तार से आलोचना करता है।

माख़वाद प्रकारान्तर से बर्कले के अनुभववाद की ही पुष्टि करता है। कहने को तो वह अपने को भाववाद और भौतिकवाद दोनों को एकांगी आकृति से भिन्न एक स्वतन्त्र सर्वांगपूर्ण दर्शन के रूप में व्याख्यायित करता है, परन्तु वस्तुतः वह उसी आत्मनिष्ठ भाववाद का ही एक अंग है, जो बर्कले के दर्शन का भी सत्य है। बर्कले और माख़ दोनों के लिए संसार की कोई वस्तुगत सत्ता नहीं है। दृश्य जगत् के सारे पदार्थ उनके अनुसार मात्र इन्द्रिय-संवेदनों में ही सीमित हैं, उनकी अलग से कोई वस्तुगत इयत्ता नहीं है। बर्कले उन्हें इन्द्रिय-संवेदनों का समुच्चय (Combinations of Sensations) कहते हैं और माख़ इन्द्रिय-संवेदनों की गड्डमड्ड स्थिति (Complexes of Sensations)। माख़वादी इन इन्द्रिय-संवेदनों को ही विश्व का प्राथमिक 'तत्त्व' (Element) स्वीकार करते हैं, जिन्हें संसार के विषय में चिन्तन करते हुए मनुष्य व्यवस्थित और क्रमबद्ध कर लेता है। स्पष्ट ही माख़वाद की ये मान्यताएँ भौतिकवादी चिन्तना का सीधा विरोध करती हैं, यही कारण है भौतिकवादी चिन्तकों, विशेषकर लेनिन ने उनका विस्तारपूर्वक खण्डन किया है। लेनिन इस तथ्य को स्वीकार करते हैं कि मनुष्य अनुभवों के द्वारा ही विश्व का ज्ञान प्राप्त करता है, परन्तु उनका कथन है कि माख़वाद का प्रस्थान बिन्दु ही

गलत है। भौतिकवादी का प्रस्थान बिन्दु भौतिक वस्तुओं से इन्द्रिय संवेदनों और विचारों की ओर बढ़ना है, जबकि माख़वादी विचार अथवा इन्द्रिय संवेदनों को प्राथमिकता देते हुए वस्तुओं की ओर प्रयाण करते हैं। इस गलत प्रयाण से सीधे यही निष्कर्ष निकलता है कि संसार और कुछ नहीं मेरा अपना विचार या इन्द्रिय-संवेदन ही है, प्रकृति भी कुछ नहीं, मेरे अपने इन्द्रिय-संवेदनों का ही प्रतिरूप है। अर्थात् संसार या प्रकृति का वस्तुगत अस्तित्व है ही नहीं, जो कुछ है, वह मैं हूँ, मेरे विचार अथवा मेरे इन्द्रिय-संवेदन हैं—मनुष्य कृत विश्व और मनुष्य कृत प्रकृति। लेनिन के अनुसार 'यह कोरमकोर सर्वाहवाद (Solipsism) है, जिसका कोई जवाब नहीं।'[13] उनके अनुसार माख़वादियों की यह विचारणा प्राकृतिक विज्ञानों की भी नितान्त विरोधी है। प्राकृतिक विज्ञान इस तथ्य का प्रतिपादन करते हैं कि मनुष्य अथवा चेतना के उद्‌भव के पूर्व भी प्रकृति का अपना अस्तित्व था, जबकि माख़वादी मान्यता के अनुसार विचारों अथवा इन्द्रिय-संवेदनों का ही प्रतिरूप होने के कारण ऐसा सम्भव नहीं है। कहाँ तो मनुष्य, प्राणि मात्र या चेतना के उद्‌भव के न जाने कितना पूर्व प्रकृति के वस्तुगत अस्तित्व की वैज्ञानिक स्थापना, और कहाँ मनुष्यकृत प्रकृति, माख़वादी विचारणा की अवैज्ञानिकता का इससे ठोस प्रमाण और क्या हो सकता है? वे माख़वादियों से प्रश्न करते हैं कि आख़िर जिन अनुभवों को वे इतना महत्त्व देते हैं और जिन्हें वे ज्ञान का स्रोत मानते हैं, उनका सम्बन्ध वस्तु जगत् से ही तो होता है? वस्तु जगत् के स्वतन्त्र अस्तित्व के अभाव में इन अनुभवों का सम्बन्ध इन्द्रिय संवेदनों अथवा प्रत्यक्षण (Perception) आदि से जोड़ना कहाँ तक बुद्धि सम्मत है? उनका कथन है कि यदि माख़वादियों की विचारणा का अनुसरण किया जाय तो मुझ अकेले (I) के अतिरिक्त संसार में शेष मनुष्यों का वस्तुगत अस्तित्व सिद्ध नहीं होगा, वे मेरे मस्तिष्क अथवा मेरे इन्द्रिय-संवेदनों के ही निमित्त ठहरेंगे।[14] कुल मिलाकर संसार तथा प्रकृति की वस्तुगत सत्ता से इनकार करने के कारण माख़ और उसके अनुयायियों की विचारधारा भाववादी दर्शन का ही अंग है।

मार्क्सवादी विचारकों के अनुसार भाववादी दर्शन संसार के बारे में हमें भ्रामक तथा असत्य जानकारी देते हैं। वे किसी न किसी रूप में धर्म और धर्मशास्त्रों की विचारधारा का समर्थन करते हैं। ये धर्म और धर्मशास्त्र यथास्थितिवाद के सबसे बड़े पोषक हैं। इनका आश्रय लेते हुए शोषण मूलक वर्तमान व्यवस्था के हामियों ने परम्परा से जन-सामान्य का शोषण किया है। यह संयोग नहीं है कि प्लेटो से लेकर हेगेल तक, भाववाद के प्रत्येक दार्शनिक ने अपने समय की समाज व्यवस्था अथवा उच्च वर्गों के शासन को आदर्श मानते हुए उनकी वकालत की है, और धर्म तथा धर्मशास्त्रों ने उन्हें संरक्षण दिया है। भाववादी दार्शनिक चिन्तन का यही वर्गीय आधार है। मारिस कार्नफोर्थ ने लिखा है कि 'प्लेटो ने—जो दासों के स्वामी अभिजात

वर्ग के प्रतिनिधि थे, यह सिद्ध किया कि सिर्फ अभिजात वर्ग के व्यक्ति का मस्तिष्क ही, जो ईश्वर के निकटतम होता है, और निरी भौतिक चिन्ताओं से दूर रहता है, विश्व की अन्ततोगत्वा आदर्श व्यवस्था को समझ सकता है, और इसलिए दुनिया पर शासन करने का काम ऐसे ही लोगों को सौंपा जाना चाहिए, क्योंकि वे ही समझ सकते हैं कि सही और भला क्या है?...और हेगेल ने सिद्ध किया कि निरंकुश पर्शियन राज्य, पृथ्वी पर एकतन्त्रीय भाव रूप (एकेश्वर) का अवतार है। भाववादी दर्शन शास्त्र की विचार-प्रणालियाँ अधिकांशतः इस प्रकार की विशद् सैद्धान्तिक विवेचनाएँ सिद्ध हुई हैं जिनसे अपने समय की समाज व्यवस्थाओं को सही ठहराने का प्रयत्न किया गया, यानी वे वर्गीय विचारधाराएँ थीं, शासक वर्ग की वकालत के तौर पर थीं।'[15]

ऊपर के विवेचन में हमने भाववादी दर्शन के कुछ प्रमुख पक्षों और मतों का संक्षिप्त परिचय प्रस्तुत किया है। जैसा कि हमने पहले भी कहा है, भाववादी दर्शन की एक अत्यन्त सुदीर्घ तथा सम्पन्न परम्परा है। सृष्टि तथा उससे सम्बद्ध मूलभूत प्रश्नों पर इतने कोणों तथा इतने विस्तार से विचार किया गया है कि जिसकी कोई सीमा नहीं है। हमने तो कुछ प्रमुख मतों और उनके पुरस्कर्त्ताओं की कुछ ऐसी विशेष बातों तक, वह भी अत्यन्त संक्षेप में, अपने को सीमित रखा है, अगले पृष्ठों में भौतिकवादी मार्क्सीय दर्शन का स्वरूप स्पष्ट करते समय, जो पाठक को एक नजर में भाववादी तथा भौतिकवादी दार्शनिक चिन्तना के बीच के मूलभूत अन्तर दृष्टिगोचर करा दें। अब हम मार्क्सवादी विचारकों के अनुसार भाववादी चिन्तन की महत्तम उपलब्धि, हेगेल की उस द्वन्द्वात्मक पद्धति का संक्षिप्त परिचय प्रस्तुत करेंगे, मार्क्स तथा एंगेल्स ने अपने द्वन्द्वात्मक तथा ऐतिहासिक भौतिकवादी दर्शन के निर्माण में जिसकी मूलभूत प्रेरणा तथा सक्रियता को (भले ही पैरों के बल खड़ा करके)[16] स्वीकार किया है।

हेगेल का द्वन्द्ववाद

केवल मार्क्स और एंगेल्स के अनुसार ही नहीं, दर्शन के क्षेत्र में चिन्तन करने वाले अधिकांश आधुनिक विचारकों के अनुसार हेगेलीय द्वन्द्ववाद विकास का सबसे अधिक व्यापक, अन्तर्वस्तु पूर्ण और गम्भीर सिद्धान्त है। यही कारण है कि दार्शनिक, हेगेल के दर्शन को प्रत्यक्ष या विचार के विकासवाद नाम से सम्बोधित करते हैं। लेनिन ने भी हेगेल के भाववादी चिन्तन की आलोचना की है, परन्तु उन्होंने भी इस तथ्य पर ज़ोर दिया है कि हेगेल के द्वन्द्ववाद को सुरक्षित रख उसका उपयोग करना चाहिए। हेगेल की सबसे बड़ी देन है द्वन्द्ववाद के प्रमुख नियमों तथा संवर्गों की स्थापना और उनकी विशद् व्याख्या। चिन्तन और ज्ञान की समस्याओं का अध्ययन कर हेगेल ने जो प्रस्थापनाएँ कीं, उनकी बदौलत आगे चलकर मूलतत्त्व और घटना,

सामान्य और विशेष, अनिवार्यता और संयोग, स्वतन्त्रता और विवशता जैसे दर्शन के संवर्गों को ठीक-ठीक निश्चित किया जा सका। उसने द्वन्द्ववाद की अन्य समस्याओं की भी विशद् व्याख्या की जिससे बाद में ज्ञान के द्वन्द्वात्मक भौतिकवादी सिद्धान्त का विकास करने में बहुत मदद मिली। यहाँ पर विशेष रूप से उल्लेखनीय है कि हेगेल ने निश्चित रूप से यह विचार प्रकट किया कि संसार में द्वन्द्वात्मक सम्बन्ध तथा परस्पर निर्भरता सर्वत्र व्याप्त है।[17]

हेगेल के द्वन्द्ववाद के तीन प्रमुख आयाम हैं—(1) प्रतिपक्षों की एकता और संघर्ष का नियम, (2) मात्रा के गुण में संक्रमण का नियम और (3) निषेध के निषेध का नियम। विकास की अवधारणा का मूलाधार इन्हीं तीन नियमों में देखा जा सकता है।[18]

हेगेल निषेध या असंगति (Negation or Contradiction) को विकास की प्रेरक शक्ति को स्वीकार करते हैं—समूचा विश्व इसी कारण अवस्थित और सक्रिय है। उन्हें 'विश्व का प्राण' माना जा सकता है। उनके अनुसार संसार की प्रत्येक वस्तु विरोधी धर्मों को अपने भीतर निहित किये होती है। ये विरोधी धर्म ही विकास को गति देते हैं और उसे सम्भव बनाते हैं। यह विकास त्रिस्तरीय आयामों पर आधारित होता है, जिसे हेगेल ने पक्ष (Thesis), प्रतिपक्ष (Anti-thesis) तथा संश्लेष (Synthesis) के द्वारा व्याख्यायित किया है। पक्ष में ही प्रतिपक्ष निहित रहता है, फलस्वरूप असंगति के कारण तीसरी स्थिति संश्लेष या समन्वय के रूप में स्पष्ट होती है। संश्लेष की स्थिति आ जाने के पश्चात् पुनः अन्तर्विरोध जन्म लेते हैं—और पक्ष-प्रतिपक्ष तथा संश्लेष का क्रम फिर चलता है और तब तक चलता रहता है जब तक अपूर्णता की स्थिति समाप्त न होकर पूर्ण प्रत्यय या परम प्रत्यय की स्थिति नहीं आ जाती। हेगेल इस समूचे विकास का लक्ष्य विश्वात्मा की प्राप्ति मानते हैं, और यही उनके द्वन्द्ववादी चिन्तन का भाववादी आधार है। यहाँ यह स्मरण रखना चाहिए कि समन्वय या संश्लेष की स्थिति आ जाने पर प्रारम्भिक पक्ष और प्रारम्भिक प्रतिपक्ष विनष्ट नहीं हो जाते, वस्तुतः अपने विरोध को खोकर दोनों इस समन्वय या संश्लेष का अंग बन जाते हैं। कहने की आवश्यकता नहीं कि इस तीसरी स्थिति में विकास का जो रूप सामने आता है, वह प्रथम दो की तुलना में उन्नत होता है। यही मात्रा का परिमाण का गुण में संक्रमित होना है। इसी प्रकार इस त्रिस्तरीय क्रमिकता में होने वाला प्रत्येक विकास पूर्व की अवस्थाओं से उन्नत होता है। मार्क्स और एंगेल्स ने हेगेलीय द्वन्द्ववाद की इन स्थापनाओं को निःसंकोच रूप से स्वीकार किया है। मार्क्स ने अपने 'पूँजी' (Capital) नामक ग्रन्थ में लिखा है कि 'हेगेल के हाथों में द्वन्द्ववाद पर रहस्य का आवरण पड़ जाता है, लेकिन इसके बावजूद यह सही है कि हेगेल ने ही सबसे पहले विस्तृत और सचेत ढंग से यह बताया था कि अपने सामान्य रूप में द्वन्द्ववाद किस प्रकार कार्य करता है।'[19]

समग्रतः जर्मन भाववादी दर्शन ही नहीं, सम्पूर्ण भाववादी दर्शन के क्षेत्र में हेगेल की देन अत्यन्त महत्त्वपूर्ण है। देकार्ते की ही भाँति उसके भी दो पक्ष हैं–एक रचनात्मक और क्रान्तिकारी पक्ष, दूसरा प्रतिगामी पक्ष। मार्क्सवादी विचारकों के अनुसार 'द्वन्द्ववाद की पद्धति उसके चिन्तन के पहले पक्ष की प्रमाण है, जबकि उसका भाववादी रूढ़िवादी आधार दूसरे पक्ष से सम्बन्ध रखता है।'[20] जैसा कि हम अगले पृष्ठों में स्पष्ट करेंगे, मार्क्स तथा एंगेल्स ने अपने भौतिकवादी चिन्तन की नींव के रूप में हेगेल की द्वन्द्वात्मक पद्धति को जहाँ एक रचनात्मक और क्रान्तिकारी पद्धति मानते हुए स्वीकार किया, वहाँ उसके समूचे भाववादी सन्दर्भ की आलोचना भी की। अस्तु–

भाववादी दर्शन के कतिपय प्रमुख अंगों एवं हेगेलीय द्वन्द्ववाद के इस संक्षिप्त परिचय के पश्चात् अब हम मार्क्स-पूर्व यूरोप की भौतिकवादी चिन्तन-परम्परा, मार्क्सीय-दार्शनिक भौतिकवाद एवं मार्क्सीय द्वन्द्ववाद की संक्षिप्त रूपरेखा प्रस्तुत करेंगे। जिस प्रकार मार्क्सवादी दर्शन की एक मूलवर्ती प्रेरणा के रूप में, पिछले पृष्ठों में हमने हेगेल के द्वन्द्ववाद का एक स्वतन्त्र शीर्षक के अन्तर्गत परिचय दिया, उसी प्रकार मार्क्सीय भौतिकवादी चिन्तना के निर्माण में एक महत्त्वपूर्ण भूमिका निभाने वाले फायरबाख़ (Feuerbach) के भौतिकवादी चिन्तन को भी हम स्वतन्त्र शीर्षक के अन्तर्गत प्रस्तुत करेंगे।

मार्क्स-पूर्व भौतिकवादी चिन्तन का संक्षिप्त इतिवृत्त

भाववादी चिन्तन की भाँति पश्चिम में (विशेषकर यूरोप में) भौतिकवादी चिन्तन की भी एक अत्यन्त सशक्त और सुदीर्घ परम्परा विद्यमान है। यह परम्परा लगभग ढाई हजार वर्षों के समय को अपनी परिधि में समेटे हुए है, मार्क्सवादी दार्शनिक भौतिकवादी चिन्तन जिसकी सर्वाधिक समर्थ और वैज्ञानिक उपलब्धि है। जहाँ तक प्राचीन युग के भौतिकवादी चिन्तन का प्रश्न है, विज्ञान के जन्म के अभाव में वह वैज्ञानिक दृष्टि तथा विज्ञान सम्मत तथ्यों से उतना परिपुष्ट नहीं है, जितना परवर्ती, विशेषकर सत्रहवीं शताब्दी के बाद का, भौतिकवादी चिन्तन, परन्तु दैनन्दिन जीवन के ठोस अनुभवों तथा अपने समय की उस वस्तुनिष्ठ दृष्टि का एक दृढ़ सम्बल उसे अवश्य प्राप्त है, जिसने कालान्तर में विज्ञान के जन्म के साथ, उसके विकास में अपनी मूल्यवान सहायता प्रदान की है। प्राचीन युग के भौतिकवादी चिन्तकों में प्राचीन यूनानी दर्शन के संस्थापक, थेल्स, अनाक्सीमांडर अनाक्सी मेनस, हेराक्लाइटस, अनाक्सा गोरस, ल्यूसिप्पस, डेमाक्राइटस, एपीक्यूरस, तथा प्रसिद्ध रोमन दार्शनिक टाइटस ल्यूक्रेशियस कारुस आदि का नाम ले सकते हैं। इन चिन्तकों में सर्वप्रथम हेराक्लाइटस का उल्लेख आवश्यक है जिसके विचारों में द्वन्द्ववाद की एक प्रारम्भिक भूमिका हमें प्राप्त होती है। द्वन्द्ववाद विकास के जिस अन्तर्विरोधी आधार अर्थात् प्रतिपक्षों के संघर्ष और एक प्रतिपक्ष के दूसरे में अन्तरण की बात करता है, हेराक्लाइटस ने सर्वप्रथम इस तथ्य की ओर संकेत किया था। लेनिन के अनुसार

'द्वन्द्वात्मक भौतिकवाद के सिद्धान्तों के प्रारम्भिक रूप की (यह) एक बहुत अच्छी व्याख्या है।'[21] इसके उपरान्त दूसरा उल्लेखनीय नाम डेमाक्राइटस का है जिसने परमाणुओं को समस्त सत्ता का उद्गम मानते हुए उनकी सतत गतिशीलता तथा उसी के परिणामस्वरूप प्रत्येक वस्तु का उद्भव एवं अन्त स्वीकार किया। उसकी यह भी मान्यता थी कि बाह्य जगत् के पदार्थों का सारवर्ती और स्पष्ट ज्ञान प्राप्त करने का एकमात्र माध्यम बुद्धि है। डेमाक्राइटस की इन स्थापनाओं ने भौतिकवादी चिन्तन को और भी परिपक्व किया। किन्तु उसके अनन्तर प्राचीन युग के कदाचित् सबसे बड़े और कट्टर अनीश्वरवादी भौतिकवादी चिन्तन ल्यूक्रेशियस ने तो जैसे प्राचीन धार्मिक विश्वासों को जड़ से ही हिला दिया। ल्यूक्रेशियस ने स्थापना दी कि प्रकृति का विकास किसी अतिप्राकृतिक, दैवी शक्ति का मुखापेक्षी न होकर स्वतः उसके अन्तर्गत निहित नियमों द्वारा ही होता है। दूसरे, उसने जोर देकर इस तथ्य का प्रतिपादन किया कि देवताओं ने धरती और मनुष्य का निर्माण नहीं किया, वरन् मनुष्य ही देवताओं का कर्त्ता है। कहना न होगा कि ल्यूक्रेशियस के ये विचार उस युग के सन्दर्भों को देखते हुए अत्यधिक क्रान्तिकारी थे।

इस प्रकार प्राचीन युग के भौतिकवादी चिन्तकों ने अनेक क्षेत्रों में परवर्ती भौतिकवादी चिन्तकों के समक्ष नये क्षितिज उद्घाटित किये। श्री इ. ख्ल्याविच के अनुसार 'दर्शन के इतिहास में प्राचीन भौतिकवाद का महत्त्व इस बात में है कि उसने जगत् की भौतिकता और मानव-चेतना से उसके स्वतन्त्र अस्तित्व को स्वीकार किया, और इसलिए भी कि उसने जगत् के मूल आदि भौतिक तत्त्व की खोज की। परमाणुवाद के सिद्धान्त में हम उसकी एक महान् उपलब्धि देख सकते हैं।'[22]

परन्तु प्राचीन युग के इन भौतिकवादियों के चिन्तन की अपनी कुछ सीमाएँ भी थीं। प्रथमतः 'उनके दार्शनिक मत आमतौर से असाधारण प्रतिभा सम्पन्न व्यक्तियों के अटकल मात्र थे, जो संसार के प्रत्यक्ष ज्ञान की उपज थे। उनके विचार वैज्ञानिक तौर पर पर्याप्त रूप में प्रमाणित नहीं हुए थे, क्योंकि उस सुदूर युग में विज्ञान स्वयं ही अभी प्रथम डग भर रहा था।'[23] यही कारण है कि मार्क्सवादी विचारकों ने इन दार्शनिकों को स्वतःस्फूर्त भौतिकवाद (Spontaneous Materialism) का नाम दिया है 'जिसमें यथार्थ के प्रति एक निर्व्याज द्वन्द्वात्मक दृष्टिकोण निहित था।'[24]

15वीं शताब्दी में औद्योगिक विकास के फलस्वरूप पश्चिमी यूरोप के देशों में एक नये पूँजीपति वर्ग के उद्भव ने एक नई पूँजीवादी उत्पादन प्रणाली को जन्म दिया, फलतः भौतिकवादी चिन्तना का भी तीव्र गति से विकास हुआ जिसे इस 'पूँजीपति वर्ग ने चतुरतापूर्वक सामन्तवाद और चर्च के विरुद्ध संघर्ष में अपना बौद्धिक अस्त्र बनाया।'[25]

इस काल के भौतिकवादी चिन्तकों में निकोलस कोपरनिकस, जियोर्डानो बूनो, तथा गैलीलियो गैलीली का नाम विशेष रूप से उल्लेखनीय है। कोपरनिकस के

महत्त्व का प्रतिपादन करते हुए एंगेल्स ने धर्म के शिकंजों से विज्ञान की मुक्ति का श्रेय उसे दिया है। कोपरनिकस ने सूर्य को ब्रह्माण्ड का केन्द्र माना और पृथ्वी को सौरमण्डल का ही एक ग्रह स्वीकार किया। परन्तु बाद को इटली के भौतिकवादी विचारक ब्रूनो ने यह मान्यता प्रस्तुत की कि सूर्य ब्रह्माण्ड का नहीं, सौरमण्डल का केन्द्र है और पृथ्वी उसके चारों ओर घूमती है। संसार को परिवर्तनशील घोषित करते हुए उसकी सतत गतिशीलता को उसकी प्रकृति बताया। चर्च की मान्यताओं का विरोध ब्रूनो ने इतनी निर्ममता से किया कि पादरी वर्ग तिलमिला उठा। वर्षों तक कारावास भोगने के पश्चात् अन्ततः उसे जिन्दा जला दिया गया। धार्मिक मान्यताओं पर चोट करने वालों में गैलीलियो गैलीली का योगदान भी महत्त्वपूर्ण रहा।

17वीं और 18वीं शताब्दी में विज्ञान के जन्म के साथ एक नये युग का प्रवेश होता है। इस युग में भौतिकवादी चिन्तन को नया संबल और नयी दृष्टि प्राप्त हुई, फलतः प्रकृति तथा उसकी नाना प्रक्रियाओं को समझने-समझाने के अधिक ठोस तथा सारगर्भित प्रयास प्रारम्भ हुए। इस सन्दर्भ में यह ध्यान रखना आवश्यक है कि सत्रहवीं और अठारहवीं शताब्दी का भौतिकवादी चिन्तन मूलतः आधिभौतिक (Metaphysical) और यान्त्रिक (Mechanical) ही रहा, जिसका प्रधान कारण प्राकृतिक विज्ञानों के सन्दर्भ में विकसित आधिभौतिक दृष्टि एवं यान्त्रिकी (Mechanics) का विकास है। फ्रांसिस बेकन (Francis Bacon), टामस हाब्स (Thomas Hobbes), रेन देकार्त (Rene Deceartes), बैनीडिटो स्पिनोज़ा (B. Spinoza), जूलियन-ला-मेत्री (Julian-La-Mettric), डेनिस दिदरो (Denis Diderot), क्लाद आद्रियन (Claude Adrien), पाल होबाख़ (Paul Holbach) इस युग के प्रमुख भौतिकवादी चिन्तक हैं। इनके अतिरिक्त इस युग की भौतिकवादी चिन्तना के विकास में आइज़क न्यूटन जैसे वैज्ञानिकों का योगदान भी कम महत्त्वपूर्ण नहीं है, जिनकी वैज्ञानिक स्थापनाओं का सन्दर्भ उसके लिए सबसे बड़ा आधार बना। जान टोलैण्ड (John Toland) और जोसेफ प्रीस्टले (Joseph Priesteley) इन दो विचारकों का उल्लेख भी उक्त भौतिकवादी विचारकों की पंक्ति में होना चाहिए।

फ्रांसिस बेकन ने प्रयोग (Experiment) को ज्ञान (Knowledge) का आधार घोषित करते हुए ज्ञान को एक महती शक्ति (Power) के रूप में मान्यता दी। इस प्रकार विज्ञान के एक नये चरण का सूत्रपात हुआ। बेकन ने संसार के वस्तुगत अस्तित्व को भी पूरी तरह स्वीकार किया, साथ ही पदार्थ की गुणात्मक विविधता का भी स्पष्ट शब्दों में प्रतिपादन किया। विज्ञान की शक्ति को पहचानते हुए ही उसने, प्रकृति की शक्तियों को वशीभूत करने में मानव की सहायता में ही, उसकी चरितार्थता देखी। बेकन को विज्ञान के ज्ञान की आगमनीय (Inductive) विधि का जनक कहा गया है। विज्ञान द्वारा विकसित ज्ञान के नये आलोक में ही टामस

हाब्स ने ईश्वर को सहज भावना, श्रद्धा या विश्वास की वस्तु कहते हुए विज्ञान से उसके किसी भी प्रकार के सम्बन्ध से इनकार किया। देकार्त के द्वैतवादी चिन्तन पर भाववादी दर्शन के अपने विवेचनक्रम में हम प्रकाश डाल चुके हैं। देकार्त के इस द्वैतवाद का खण्डन किया स्पिनोज़ा ने, जिसने अपने चिन्तन में प्रकृति की केन्द्रीयता सूचित की और उसे ही आधारभूत तत्त्व के रूप में स्वीकार किया। उसने इस प्राचीन भौतिकवादी मान्यता को और भी स्पष्ट किया कि किस प्रकार प्रकृति अपने भीतर निहित कारणों से ही गतिशील रहती है। उन्होंने यह भी स्पष्ट किया कि प्रकृति स्वतः अपना कारण है, उसका कोई कर्त्ता नहीं है। यद्यपि अपने चिन्तन में स्पिनोज़ा ने जिस आधारभूत तत्त्व या द्रव्य की चर्चा की है, उसे अन्ततः ईश्वर संज्ञा से अभिहित किया है, परन्तु स्मरण रखना चाहिए कि ईश्वर-सम्बन्धी उसकी यह परिकल्पना ईसाइयों और यहूदियों के ईश्वर से एकदम भिन्न है। हमारे कहने का तात्पर्य यह है कि बावजूद ईश्वर या विश्वात्मा की चर्चा करने के, स्पिनोज़ा के चिन्तन ने भौतिकवाद के अनुकूल अनेक तथ्यों का प्रतिपादन किया, जिनका अपने चिन्तन के विकास में परवर्ती भौतिकवादियों ने उपयोग भी किया।

यान्त्रिकी तथा गणित के क्षेत्र में होने वाली इस युग की अभूतपूर्व प्रगति ने भौतिकवाद के परवर्ती विचारकों के चिन्तन में अपनी विशेष केन्द्रीयता सूचित की। अब पदार्थ (Matter) तथा गति (Motion) के स्वरूप को समझने में नये दृष्टिकोणों से सहायता ली गयी। मार्क्सवादी विचारकों ने इस काल के भौतिकवादी चिन्तन की इस नयी प्रगति को स्वीकार किया है, साथ ही यान्त्रिकी के प्रभाववश उसमें सहज ही समाविष्ट हो जाने वाली अनेक सीमाओं की ओर भी इशारा किया है। भौतिकवादी चिन्तन के इतिहास में भौतिकवादी चिन्तन का यह रूप इसी कारण यान्त्रिक भौतिकवाद के नाम से विख्यात है।

सामाजिक-राजनीतिक प्रश्नों पर भाववादी चिन्तन की सीमाओं में बँधे रहने के बावजूद दार्शनिक क्षेत्र में दिदरो ने 18वीं शताब्दी के फ्रांसीसी भौतिकवादियों का नेतृत्व किया। उसने न केवल प्रकृति की ठोस वस्तुगत सत्ता स्वीकार की, उसे निरन्तर परिवर्तनशील भी माना। अन्य विचारकों के चिन्तन के मूल विषय भी प्रायः समान ही रहे, गो, प्रकृति, भूत तथा गति-विषयक उनकी धारणाओं में थोड़ा-बहुत अन्तर अवश्य दिखाई पड़ा, जो इस युग की भौतिकवादी चिन्तना की सक्रियता का प्रमाण है।

जैसा कि एंगेल्स ने कहा है, 18वीं शताब्दी के इन भौतिकवादी विचारकों के चिन्तन में अनेक महत्त्वपूर्ण वैज्ञानिक सूत्रों की संस्थिति है। सच पूछा जाय, तो विज्ञान की परवर्ती कतिपय महत्त्वपूर्ण स्थापनाओं के पूर्ववर्ती संकेत भी हमें उनके चिन्तन में प्राप्त होते हैं। फिर भी, यान्त्रिकी तथा अधिभूतवादी दृष्टि ने उनके चिन्तन को इस हद तक प्रभावित किया कि उसकी अनेक सीमाएँ भी उभरकर

सामने आ गयीं। एंगेल्स ने प्रसिद्ध भौतिकवादी चिन्तक लुडविग फायरबाख़ पर लिखी अपनी पुस्तक में इन सीमाओं पर विस्तार से प्रकाश डाला है।

उनके अनुसार इन भौतिकवादी विचारकों का चिन्तन मूलतः यान्त्रिक ही रहा, जिसका प्रधान कारण यह है कि उनके समय में यान्त्रिकी को छोड़कर प्राकृतिक विज्ञान के अन्य क्षेत्र पूर्णतः विकसित न हो पाये थे, फलतः उन्होंने प्रकृति के रासायनिक तथा कार्बनिक स्वरूपों की प्रक्रियाओं का अध्ययन करते हुए यान्त्रिकी के मानदण्ड ही लागू किये।

द्वितीय, भू तथा भूगर्भ विज्ञान-सम्बन्धी खोजों के अभाव में प्रकृति सम्बन्धी इनके दृष्टिकोण में ऐतिहासिक सृष्टि का अभाव रहा। विकास सम्बन्धी उनकी अवधारणा की मूलभूत सीमा उनकी इस समझ में देखी जा सकती है कि सतत परिवर्तनशील प्रकृति की गत्यात्मकता गुणात्मक परिणतियों की सूचक न होकर, कोल्हू के बैल की तरह, एक ही चक्राकार रास्ते पर, बार-बार, समान परिणामों को जन्म देती हुई आवर्तित-प्रत्यावर्तित होती रहती है।

तृतीय इतिहास के विकास की इनकी परख का आधार भी अनैतिहासिक ही रहा। इतिहास की अन्तर्वर्ती शक्तियों को ये नहीं समझ सके। यही कारण है कि सामाजिक जीवन के नाना प्रश्नों पर इनका दृष्टिकोण भाववादी ही बना रहा। सामाजिक जीवन के भौतिक आधार से इनका यह अपरिचय कुछ इस प्रकार के निष्कर्षों का वाहक बना गोया सामाजिक जीवन में निचले रूपों से उच्चतर रूपों में होने वाला विकास उसके भौतिक आधार में होने वाले परिवर्तनों का सूचक न होकर ज्ञान की प्रगति तथा सामाजिक मान्यताओं एवं विचारों में होने वाले परिवर्तनों का सूचक हो। इसके अतिरिक्त ये विचारक सामाजिक जीवन में होने वाले किसी भी संभाव्य परिवर्तन के लिए जन सामान्य की क्रान्तिकारी भूमिका का महत्त्व भी नहीं पहचान सके।[26]

उक्त सीमाओं का काफी अंश तक परिहार हुआ, 19वीं शताब्दी के मार्क्स पूर्व भौतिकवादी चिन्तन में, जिसके पुरस्कर्त्ताओं में जर्मन दार्शनिक लुडविग फायरबाख़ तथा रूस के अलेक्जेण्डर हर्जन (Alexender Herzen), विसेरियों बेलिंस्की (Vissarion Bellinsky), निकोलाई चर्निशवस्की (Nikoloi Chernishvsky) तथा निकोलाई दोब्रोल्युबोव (Nikoloi Dobrolubov) का नाम विशेष उल्लेखनीय है। इन विचारकों के चिन्तन को मार्क्स-पूर्व भौतिकवादी चिन्तन का सर्वाधिक विकसित चरण कहा जा सकता है।

चिन्तन के क्षेत्र में इन रूसी क्रान्तिकारी-लोकतन्त्रवादियों (Russian Revolutionary Democrats) की एक बहुत बड़ी देन द्वन्द्वात्मक और ऐतिहासिक भौतिकवाद से उनके निकट के परिचय के कारण संसार तथा समाज दोनों के ही विकास-नियमों की सही जानकारी में एवं उनसे सम्बन्धित प्रश्नों की व्याख्या तथा उन्हें बदलने के प्रयास में देखी जा सकती है। इन विचारकों ने प्रथम बार क्रान्तिकारी

सामाजिक परिवर्तन में जनसामान्य की भूमिका को समझा और प्रतिपादित किया। संसार के भौतिक आधार के बारे में उनके दृष्टिकोण एकदम साफ थे। संसार की भौतिक एकता पर भी उनका अटल विश्वास था। वे इस तथ्य के प्रति भी पूर्णतः आश्वस्त थे कि समूचा प्राकृतिक विकास वस्तुगत रूप में मनुष्य की इच्छा-अनिच्छा से स्वतन्त्र होता है। अपने ग्रन्थों एवं निबन्धों में उन्होंने बड़े ही साफ तरीके से अपने इन विचारों को प्रकट किया है, जो भाववादी दार्शनिक मान्यताओं के भ्रम जाल को काटते हुए, जार के एकतन्त्रीय शासन से विक्षुब्ध जनसामान्य को बौद्धिक एवं सामाजिक जीवन में एक क्रान्तिकारी उठान के साथ खड़ा कर सकते थे दूर तक सहायक हुए। लेनिन ने हर्जन और चर्निशवस्की के बारे में अपना मत प्रकट करते हुए कहा है कि 'जहाँ हर्जन द्वन्द्वात्मक भौतिकवादी मान्यताओं के एकदम करीब पहुँचते हुए ऐतिहासिक भौतिकवाद के द्वार पर रुक गये थे, वहाँ चर्निशवस्की भी वर्ग संघर्ष के तथ्य को दूर तक आत्मसात कर चुके थे।'[27] कुछेक विचारकों का कथन तो यहाँ तक है कि यदि मार्क्स और एंगेल्स का उद्भव भी हुआ होता तो भी उक्त विचारकों के माध्यम से रूस का क्रान्तिकारी समाज-चिन्तन कमोबेश उन्हीं परिणामों को स्पष्ट करता, जो मार्क्स और एंगेल्स के क्रान्तिकारी दर्शन के कारण वहाँ सम्भव हुए। इस कथन में अतिशयोक्ति का अंश अवश्य है, परन्तु इससे इन क्रान्तिकारी लोकतन्त्रवादियों के प्रगतिशील भौतिकवादी चिन्तन की प्रखरता को तो समझा ही जा सकता है। उक्त कथन में अतिशयोक्ति इस कारण है जहाँ संसार तथा सामाजिक जीवन के कुछ मूलभूत प्रश्नों पर इन विचारकों की दृष्टि बड़ी साफ थी, वहाँ कुछ मूलभूत मुद्दे ऐसे भी थे, कि जहाँ ये विचारक या तो भाववादी ढलानों में उतर गये या फिर अपने द्वन्द्ववादी चिन्तन को ठोस वस्तुगत परिस्थितियों में लागू करने में असमर्थ रहे। उदाहरण के लिए उनका समाज-दर्शन अधिकतर कल्पनामूलक ही बना रहा। अपने देश के सर्वहारा वर्ग की वास्तविक आकृति को पहचानने में असमर्थ वे यही सोचते रहे कि रूस में समाजवाद किसान कम्यूनों की राह से गुजरते हुए आएगा। सामन्तवादी व्यवस्था की तुलना में पूँजीवादी व्यवस्था के प्रगतिशील रूप को न पहचान पाने के कारण ही उनके विचारों में वह त्रुटि घर कर गयी। इसके अतिरिक्त जैसा कि वि. अफनास्येव ने कहा है—'वे भौतिकवादी डायलैक्टिक्स (Dialectics) को प्रकृति, समाज और चिन्तन को अधिशासित करने वाले सामान्यतम नियमों का विज्ञान नहीं बना सके।...भौतिक उत्पादन को उन्होंने भारी महत्त्व तो प्रदान किया, परन्तु समाज के जीवन में वे उसके निर्णायक महत्त्व को महसूस नहीं कर सके।'[28]

फिर भी, कुल मिलाकर, रूस में एक क्रान्तिकारी भौतिकवादी चिन्तना को तेजी से विकसित करने और इस प्रकार अपने ही देश के भाववादी चिन्तकों से टक्कर लेते हुए भावी समाजवादी व्यवस्था के लिए ज़मीन तैयार करने में इन विचारकों का महत्त्वपूर्ण योगदान है।

फायरबाख़ का भौतिकवादी चिन्तन

रूसी क्रान्तिकारी लोकतन्त्रवादियों के विचारों को संक्षेप में प्रस्तुत करने के पश्चात् अब हम जर्मन दार्शनिक फायरबाख़ के भौतिकवादी चिन्तन का एक संक्षिप्त परिचय प्रस्तुत करेंगे, अपनी भौतिकवादी स्थापनाओं के क्रम में मार्क्स ने जिसका बार-बार उल्लेख किया है। दर्शन के क्षेत्र में फायरबाख़ की पहली महत्त्वपूर्ण देन यह थी कि हेगेल के समर्थ भाववादी चिन्तन से अभिभूत जर्मनी में उन्होंने पुनः भौतिकवादी चिन्तन को प्रतिष्ठित किया। यह कार्य उन्होंने लगभग उसी क्षमता तथा बौद्धिक धरातल पर सम्पन्न किया जो हेगेलीय दर्शन का अंग थी, और यही कारण है कि उनके विचार जर्मनी के बौद्धिक वर्ग द्वारा स्वीकृत भी हुए।

एंगेल्स के अनुसार, फायरबाख़ भौतिकवादी दर्शन की सीमा में हेगेलीय दर्शन की पगडंडियों में होते हुए पहुँचे हैं, जबकि इस सीमा पर पहुँच कर अन्ततः उन्होंने न केवल हेगेलीय चिन्तन से अपने को एकदम मुक्त किया, अपनी दार्शनिक स्थापनाओं द्वारा हेगेलीय चिन्तन का खण्डन भी किया। हेगेल के 'परम प्रत्यय' (Absolute idea) को उन्होंने पूर्णतः अस्वीकार किया, तथा इस तथ्य की स्थापना की कि जिस वस्तु जगत् में हम रहते हैं, वह सत्य है, उसका कर्त्ता कोई अति-प्राकृतिक, परम-पुरुष या परम प्रत्यय नहीं है। प्रकृति की वस्तुगत सत्ता तथा उसकी सतत परिवर्तनशीलता का दृढ़ता से प्रतिपादन करते हुए उन्होंने उसे प्राथमिक स्थान दिया और चेतना का इसी प्रकृति द्वारा, विकास की एक खास अवस्था में, निर्मित मस्तिष्क की उपज कहा। मन को पदार्थ की उच्चतम अवस्था सिद्ध करते हुए उन्होंने निर्भ्रान्त रूप से पदार्थ, पदार्थ जगत्, प्रकृति आदि की स्वतन्त्र भौतिक सत्ता एवं सर्वोपरि महत्त्व की उद्घोषणा की। परन्तु एंगेल्स का कथन है कि भौतिकवाद की इतनी सुस्पष्ट और वैज्ञानिक व्याख्या के बावजूद फायरबाख़ भौतिकवाद नाम से सम्बद्ध अपने कुछ पूर्वाग्रहों को नहीं छोड़ पाये,[29] 'जो स्पष्टतः भौतिकवाद-सम्बन्धी उनकी उस समझ के परिणाम थे, जिसे उन्होंने जाने-अनजाने 18वीं शताब्दी के यान्त्रिक भौतिकवाद को सामान्य भौतिकवादी चिन्तना से गड्डमड्ड करते हुए, अपने मस्तिष्क का अंग बना लिया था।'[30] बावजूद इसके एंगेल्स ने इस गलत समझ का दोषी फायरबाख़ को न ठहराकर तत्कालीन जर्मनी की उन परिस्थितियों को ठहराया है, जिनके कारण ही अपनी प्रकाण्ड मेधा के बावजूद उन्हें ग्रामीण जीवन के एकान्त में रहने के लिए विवश होना पड़ा जबकि दर्शन के प्रधान पीठ उन लोगों के द्वारा आक्रान्त रहे, जो तुलना में फायरबाख़ की बौद्धिक क्षमता के समक्ष लगभग अमहत्त्वपूर्ण थे। इस एकान्तवास के कारण ही फायरबाख़ प्राकृतिक विज्ञानों की उन नयी उपलब्धियों एवं उनके सन्दर्भ में विकसित भौतिकवाद की उस जीवन्त आकृति से पूरी तरह परिचित न हो पाये, जो यान्त्रिक भौतिकवाद की सीमाओं से मुक्त उसकी विकासशील सही आकृति थी।[31] यही नहीं, इस अलगाव के फलस्वरूप ही फायरबाख़

सामाजिक जीवन के विज्ञान को समाज के भौतिक आधारों से जोड़ते हुए, उसका पुनर्निर्माण नहीं कर सके। उनका समाज-दर्शन कमोबेश भाववादी सीमाओं में ही घिरा रहा।

फायरबाख़ के चिन्तन की यह भाववादी भूमिका उस समय और भी स्पष्ट हो जाती है, जब हम उनके धर्म और नीतिशास्त्र सम्बन्धी विचारों का अध्ययन करते हैं। वहाँ फायरबाख़ धर्म के उन्मूलन की नहीं, उसके परिष्कार की बात, उसे पूर्ण बनाने की बात करते हैं, यहाँ तक कि वे यह भी चाहते हैं कि दर्शन को धर्म में अन्तर्भूत कर दिया जाना चाहिए। धर्म, फायरबाख़ के लिए हृदय की वस्तु तो बनता ही है, वे उसे मनुष्य के हृदय के एक सूत्र में पिरोने वाली शक्ति के रूप में स्वीकार करते हैं, उसे प्रेम और स्नेह आलम्बन मानने लगते हैं।[32] कहने का तात्पर्य यह कि धर्म और नीतिशास्त्र सम्बन्धी फायरबाख़ के विचार उनकी सम्पूर्ण भौतिकवादी चिन्तना के बावजूद, उनके चिन्तन के उस सघन भाववादी स्वरूप को स्पष्ट करते हैं, जिसके कारण ही वे भौतिकवादी विचारक होते हुए भी, अपनी भौतिकवादी चिन्तना को उसकी आवश्यक वैज्ञानिक परिणतियों तक नहीं पहुँचा सके, उनका सारा भौतिकवादी चिन्तन अधिभूतवादी (Metaphysical) बनकर रह गया।

मार्क्स और एंगेल्स ने फायरबाख़ के दार्शनिक चिन्तन की इन असंगतियों एवं विरोधाभासों को पूरी तरह विश्लेषित किया है तथा उनके कारणों और परिणामों को सजगतापूर्वक परखते हुए ही उस पर अपना अन्तिम अभिमत दिया है। अपने दर्शन की द्वन्द्वात्मक तथा ऐतिहासिक भौतिकवादी स्थापनाओं को प्रस्तुत करते हुए उनका स्पष्ट कथन है कि उन्होंने फायरबाख़ के चिन्तन के भाववादी 'छिलके' का पूरी तरह तिरस्कार करते हुए केवल उसका 'आन्तरिक (भौतिकवादी) गूदा' ही ग्रहण किया है।[33] ग्रहण की गयी इस वस्तु को भी उन्होंने अपने चिन्तन में ज्यों का त्यों स्थान न देकर, अपनी वैज्ञानिक प्रतिभा के आलोक में नव्यतम वैज्ञानिक निष्पत्तियों के साथ उसे जोड़कर ही स्वीकार किया है।

इस सबके बावजूद कहा जा सकता है कि मार्क्सवादी दर्शन के मूल में यदि एक स्तर पर हेगेलीय द्वन्द्ववाद की आधारभूत भूमिका है, तो दूसरे स्तर पर फायरबाख़ के भौतिकवादी चिन्तन की भी वही सक्रियता है। मार्क्स और एंगेल्स का विशिष्ट प्रदेय इस पूँजी को स्वीकार कर उसे अपनी मौलिक प्रतिभा के द्वारा एक सार्थक और वैज्ञानिक, विश्व-दर्शन और समाज-दर्शन के रूप में ढालने और विश्व तथा समाज दोनों के आकांक्षित, क्रान्तिकारी परिवर्तन का माध्यम बनाने में है।

मार्क्स-पूर्व भौतिकवादी चिन्तन; उपलब्धि एवं सीमा

ऊपर के पृष्ठों में हमने मार्क्स-पूर्व भौतिकवादी चिन्तन-परम्परा का संक्षिप्त इतिवृत्त प्रस्तुत किया है। यद्यपि परिचय के इस क्रम में भौतिकवादी चिन्तकों की उपलब्धियों

एवं सीमाओं पर हम प्रकाश डालते रहे हैं, परन्तु मार्क्सीय दार्शनिक भौतिकवाद और उसके प्रधान आधार-स्तम्भों का विवेचन प्रारम्भ करने के पूर्व, एक बार समग्र रूप में इन उपलब्धियों एवं सीमाओं को सूत्रबद्ध करना आवश्यक प्रतीत होता है, ताकि एक सरसरी दृष्टि डालने पर ही हम मार्क्स-पूर्व भौतिकवादी चिन्तन की आकृति से परिचित हो सकें।

जहाँ तक उपलब्धियों का प्रश्न है, उन्हें हम निम्नलिखित प्रकार से सूत्रबद्ध कर सकते हैं—

(क) वस्तु-जगत् के सम्बन्ध में हमारी समझ का विस्तार एवं उसके सम्बन्ध में इस निश्चित धारणा का प्रतिपादन कि वह हमारी इच्छा-अनिच्छा से परे स्वतन्त्र रूप में स्थित है।

(ख) इस भ्रान्त धारणा का निराकरण कि सृष्टि का कर्त्ता कोई अति प्राकृतिक, दैवी, परम पुरुष, परम प्रत्यय या ईश्वर है। इस स्थापना के परिणामस्वरूप मानव बुद्धि अध्यात्म एवं धर्म के रूढ़िगत विचारों से मुक्त हुई।

(ग) पदार्थ एवं आत्मा में पदार्थ को प्राथमिक महत्त्व दिया गया और विज्ञान के आधार पर प्रमाणित भी किया गया। इस सन्दर्भ में परमाणुवाद का सिद्धान्त भौतिकवादी चिन्तन की एक महत्त्वपूर्ण उपलब्धि माना जा सकता है।

(घ) चिन्तन की द्वन्द्वात्मक पद्धति का ग्रहण, और उसके सन्दर्भ में सृष्टि तथा प्रकृति के आधारभूत विकास-नियमों को पहचानने का प्रयास।

(ङ) एंगेल्स के अनुसार 17वीं शताब्दी के अंग्रेज तथा फ्रांसीसी भौतिकवादियों ने 'संसार की संसार द्वारा ही व्याख्या' करने का आग्रह किया और ब्योरेवार उपपत्ति का कार्य भविष्य के प्राकृतिक विज्ञान के लिए छोड़ दिया।[34]

(च) ई. ख्ल्याबिच के अनुसार 'परवर्ती काल में भौतिकवादियों ने अस्तित्व की सामान्य समस्याओं की, और वस्तु संरचना, भौतिक गुणों और अस्तित्व के रूपों से सम्बन्धित अनेक प्रश्नों की भी, विशद् व्याख्या की। उन्होंने आकाश तथा समय, भूत तथा गति के सम्बन्ध आदि की समस्याओं को अपने ढंग से उठाया और हल किया! भौतिकवादी सिद्धान्तों में प्रकृति की द्वन्द्ववादी धारणा के तत्त्व, एक नये वैज्ञानिक आधार पर प्रकट होने लगे।'[35]

मार्क्स-पूर्व भौतिकवादी चिन्तन की सीमाओं को इस प्रकार समझा जा सकता है—

(क) यह भौतिकवादी चिन्तन भी अधिकांशतः यान्त्रिक था, जिसका प्रधान कारण इस युग में यान्त्रिकी का विकास माना जा सकता है। इस सम्बन्ध में विस्तारपूर्वक हम पिछले पृष्ठों में लिख चुके हैं।

(ख) आधिभौतिक दृष्टिकोण का प्रभाव भी उसमें पर्याप्त मात्रा में दिखाई पड़ता है, जिसके मूल में विज्ञान की महत्त्वपूर्ण खोजों का अभाव (जो कालान्तर

में सामने आयीं) एवं जो खोजें हुईं, उनसे तत्कालीन अनेक विचारकों का अपरिचय है।

(ग) इस युग के भौतिकवादी चिन्तक अपने चिन्तन का उपयोग इतिहास तथा सामाजिक जीवन के विश्लेषण में न कर सके, फलतः जहाँ दार्शनिक प्रश्नों पर वे भौतिकवादी रहे, वहाँ सामाजिक जीवन के प्रश्नों पर भाववादी सीमाओं में ही बँधकर रह गये।

(घ) इन चिन्तकों की एक महत्त्वपूर्ण सीमा इस बात में भी देखी जा सकती है कि उन्होंने सामाजिक जीवन में होने वाले परिवर्तनों का कारण समाज के भौतिक आधार में होने वाले परिवर्तनों में न मानकर, ज्ञान के विस्तार, महान् पुरुषों के वैयक्तिक प्रयासों एवं मानव-विचारों तथा मानव-चिन्तन की प्रगति में माना। सामाजिक परिवर्तनों को लाने में जनता की भी कोई क्रान्तिकारी भूमिका हो सकती है, इस तथ्य को भी वे पहचान न सके। द्वन्द्वात्मक पद्धति का ग्रहण उन्होंने अवश्य किया, परन्तु उसे न तो वैज्ञानिक आधार प्रदान कर सके, न उसके आधार पर सृष्टि तथा समाज-विकास के कुछ सामान्य सिद्धान्त निरूपित कर सके और न ही चिन्तन के समग्र आयामों में उसे लागू ही कर सके।

इन अभावों की पूर्ति हुई मार्क्स और एंगेल्स द्वारा प्रतिपादित दार्शनिक भौतिकवाद (Philosophical Materialism) में एवं उसके उन दो प्रधान आधार-स्तम्भों में, जिन्हें द्वन्द्वात्मक और ऐतिहासिक भौतिकवाद के नाम से पुकारा जाता है।

सन्दर्भ

1. Refer—Karl Marx—Selected Works, Vol. I, Lawrence and Wishart Ltd. London.
   Reprinted-1945. Engels on Ludwig Feuerbach, pp. 430. ('The relation of thinking to being the relation of spirit to nature'...)
2. Refer—Fundamentals of Marxism-Leninism.Second Impression. Foreign Languages Publishing House, Moscow, 1961, pp. 24-25.
3. "Those who asserted the primacy of spirit to nature...comprised the camp of Idealism. The others who regarded nature as primary belong to the various schools of materialism."—Engels-Karl Max—Selected Works—Vol. I, *Ibid.*, p. 431.
4. देखिए—मार्क्सवादी दर्शन, पीपुल्स बुक हाउस, लखनऊ, प्रथम संस्करण, जून 1961, पृष्ठ 67-68।
5. ओमप्रकाश आर्य—'मार्क्सवाद और मूल दार्शनिक प्रश्न', प्रथम संस्करण, पृ. 123।
6. पश्चिमी दर्शन, डॉ. दीवानचन्द्र, पृ. 30, 33।
7. पाश्चात्य दर्शन, डॉ. चन्द्रधर शर्मा, पृ. 128-129।
8. Refer V. I. Lenin—Selected Works, Vol. XI, International Publishers New York, 1943, p. 16.

9. Refer—Selected Works of V. I. Lenin, Materialism and Empirio-criticism, page 94. International Publishers, New York, 1943.
10. *Ibid.*, p. 95.
11. Fundamentals of Marxism Leninism, p. 48. F.L.P.H. Moscow, 1961.
12. Refer–Fundamentals of Marxism Leninism, p. 49.
13. Refer–V. I. Lenin, Slelected Works–I. P. New York, 1943, Vol. XI, p. 109.
14. Refer—Selected Works of V. I. Lenin. I.P. New York– 1943. Materialism and Empirio-criticism, p. 110. Vol. XI.
15. मार्क्सवादी दर्शन, पीपुल्स बुक हाउस, लखनऊ, प्रथम संस्करण, पृ. 721।
16. "As Marx Said, Hegel's Dialectics was 'standing on its head'. To be correctly conceived, Dialectics had to be put on its feet. This marx and Engels did..." Fundamentals of Marxism, Leninism Moscow, 1961, p. 68.
17. दर्शन के इतिहास की रूपरेखा, ई. ख्ल्याबिच, प्रगति प्रकाशन, मास्को, पृ. 84।
18. दर्शन के इतिहास की रूपरेखा, ई. ख्ल्याबिच, प्रगति प्रकाशन, मास्को, पृ. 84।
19. हिन्दी संस्करण–प्रगति प्रकाशन, मास्को, 1965, खण्ड-1, पृ. 20।
20. दर्शन के इतिहास की रूपरेखा–ई. ख्ल्याबिच, प्रगति प्रकाशन, मास्को, पृ. 85।
21. Selected works—XXXVIII, p. 349.
22. दर्शन के इतिहास की रूपरेखा, पृ. 35।
23. वि. अफनास्येव, मार्क्सवादी दर्शन, पी. पी. एच., प्रा. लि., दिल्ली, पृ. 25, सितम्बर 1967।
24-25. वही, पृ. 25-26।
26. Selected Works, Marx and Engels, Vol. I, Lawrence and Wishart Ltd. London, 1945, p. 436-438.
27. Lenin—Collected Works—XVIII, p. 26.
28. मार्क्सवादी दर्शन, पी. पी. एच., प्रा. लि., 1967, पृ. 39।
29. "To me materialism is the foundation of the edifice of human essence and knowledge, but to me it is not what it is to the physiologist, to the natural scientist in the narrower sense...and necessarily so indeed from their standpoint and profession, the building itself. Backwards, I fully agree with the materialists; but not forwards".
Quoted from—Marx and Engels—Selected Works. Vol. I, Lawrence and Wishart Ltd. London, 1945. On Ludwig Feurebauch by F. Engels—p. 435.
30. F. Engels—On Ludwig Feurebauch—*Ibid.*, p. 438.
31. F. Engels—On Ludwig Feurebauch—*Ibid.*, p. 439.
32. *Ibid.*, p. 442.
33. "As a matter of fact Marx and Engels took from Feurebauch's materialism its 'inner Kernel', developed it into a scientific theory of materialism and cast aside its idealistic and religious-ethical incumbrances"—J. Stalin—Dialectical and Historial Materialism.—F. L. P. H., Moscow, 1952, p. 6.
34. एंगेल्स–Dialectics of Nature.
35. दर्शन के इतिहास की रूपरेखा, पृ. 95।

2

मार्क्स और एंगेल्स; दार्शनिक भौतिकवाद

भौतिकवादी चिन्तन की परम्परा में मार्क्स और एंगेल्स के वैचारिक योगदान का महत्त्व इस बात में है कि उन्होंने उसे यान्त्रिक तथा आधिभौतिक सीमाओं से उबारकर एक प्रगतिशील वैज्ञानिक दर्शन के सन्दर्भ में नया अर्थ तथा नयी प्राणवत्ता प्रदान की। भौतिकवादी चिन्तन के कई उलझे हुए मुद्दों का स्पष्टीकरण करते हुए मार्क्स तथा एंगेल्स ने उसकी सुस्पष्ट आकृति प्रस्तुत की, और इस प्रकार स्वतः उन अनेक प्रकार के अनर्गल आरोपों का तिरस्कार हो गया जो इस सुस्पष्ट आकृति के अभाव में पूर्ववर्ती चिन्तकों द्वारा जाने-अनजाने उक्त चिन्तन पर मढ़ दिये जाते थे।

पदार्थ या भूत

उन्होंने पदार्थ, भूत या matter सम्बन्धी अपनी वैज्ञानिक धारणा को विस्तार से स्पष्ट किया। पदार्थ या भूत को प्राथमिक तत्त्व मानते हुए उन्होंने चेतना को पदार्थ या भूत का एक विश्लेषण गुण (property) सिद्ध किया। उन्होंने स्पष्ट किया कि किस प्रकार विकास की एक निश्चित अवस्था पर पहुँच कर पदार्थ या भूत-तत्त्व मस्तिष्क के रूप में विकसित हुआ और चेतना से संयुक्त हुआ। प्रकृति उनके अनुसार भूत तत्त्व की समष्टि है। भूत-तत्त्व से अपना आशय स्पष्ट करते हुए उन्होंने उस सम्पूर्ण वस्तुगत सत्ता को पदार्थ या भूत कहा जो हमारे मस्तिष्क अथवा हमारी इच्छाशक्ति से स्वतन्त्र अपना पृथक् अस्तित्व रखती है, जिसके विकास के अपने नियम हैं, जिसकी अपनी स्वतन्त्र गतिविधियाँ हैं। यह वस्तुगत सत्ता अपने अनन्त रूपों में विद्यमान है। मनुष्य अपनी ज्ञानेन्द्रियों द्वारा उसका ज्ञान प्राप्त करता है, उससे परिचित होता है। उदाहरण के लिए सौर मण्डल अपने अनन्त रूपों को लिये यह समूचा भू-मण्डल सौर मण्डल उसके सूर्य, चन्द्र, ग्रह, नक्षत्र, नदियाँ, सागर आदि आदि वस्तुगत सत्ता के सारे ज्ञात और अज्ञात रूप, सब पदार्थ या भूत तत्त्व के अन्तर्गत आते हैं। एक वाक्य में कहना चाहें तो कह सकते हैं कि मानवीय

मस्तिष्क से स्वतन्त्र और परे, जो कुछ भी उसके बाहर अपने निजी अधिकार एवं कारणों से स्थित है, और मानवीय मस्तिष्क द्वारा विविध ज्ञानेन्द्रियों की सहायता से जाना जाता है, या जाना जा सकता है, पदार्थ तत्त्व है। पदार्थ सम्बन्धी यह दृष्टिकोण हमारे समक्ष इस सत्य को उद्घाटित करता है कि चेतना और कुछ नहीं, इसी बाह्य जगत् का प्रतिबिम्ब है। संसार एक वस्तुगत सच्चाई है और 'मूँदहु आँख कतहुँ कछु नाहीं' वाली स्थिति नहीं है। पदार्थ की यह वस्तुगत सत्ता कभी नष्ट नहीं होती। उसका कोई आदि और अन्त भी नहीं है। किसी भी मानवीय प्रयास के द्वारा तो उसका निर्माण ही किया जा सकता है और न ही उसे निःशेष किया जा सकता है। उसका रूप बदला जा सकता है, परन्तु उसे चाहकर भी हम विनष्ट नहीं कर सकते। अनन्त रूपों में, अनन्त स्थितियों में वह सदैव और सतत विद्यमान रहता है, साथ ही सतत विद्यमान रहेगा भी। इस पदार्थ तत्त्व की एक मूलभूत विशेषता यह भी है कि यह कभी स्थिर अवस्था में नहीं रहता, परिवर्तन की किसी न किसी प्रक्रिया से हर क्षण गुज़रता रहता है।

पदार्थ या भूत सम्बन्धी यह दृष्टिकोण भूत जगत् की अनेकता को स्वीकार करता है, और सारी अनेकता के बीच भौतिक जगत् की एकता को प्रमाणित करता है। एंगेल्स का कथन है कि 'संसार की वास्तविक एकता का आधार और कुछ नहीं, उसकी भौतिकता है।'[1] दर्शन तथा प्राकृतिक विज्ञान का लम्बा विकास-क्रम इस मान्यता को प्रमाणित करता है, और जैसे-जैसे भौतिकी का विकास होता जा रहा है, तथा नये-नये वैज्ञानिक तथ्य हमारे समक्ष उद्घाटित होते जा रहे हैं, यह एकता और भी प्रमाणित होती जा रही है। इस प्रकार अब तक की यह मान्यता कि इस ठोस वस्तु जगत् के अलावा भी कोई संसार है, गलत साबित हुई है।

पदार्थ और गति

हम ऊपर कह चुके हैं कि पदार्थ या भूत-तत्त्व कभी निष्क्रिय अवस्था में नहीं रहता, सतत गतिशीलता उसकी प्रकृति है। एंगेल्स का कथन है कि 'गति पदार्थ के अस्तित्व की एक विधि है। न तो बिना गति के कहीं और कभी पदार्थ का अस्तित्व रहा है, और न ही रहेगा। वस्तुतः बिना गति के पदार्थ का अस्तित्व सम्भव नहीं है, और न ही बिना पदार्थ के गति के अस्तित्व की कल्पना की जा सकती है।'[2] पूर्ण विराम या पूर्ण विश्राम की स्थिति पदार्थ के सन्दर्भ में एकदम अकल्पनीय है, जैसा कि कहा गया है, 'अधिक ये अधिक सापेक्षिक विराम की स्थिति ही, वहाँ सम्भव हो सकती है। इस सतत गतिशीलता के फलस्वरूप ही परिवर्तन की नाना स्थितियाँ तथा नाना प्रक्रियाएँ सामने आती हैं। यहाँ इस तथ्य को भी समझ लेना आवश्यक है कि परिवर्तन का अर्थ पदार्थ, भूत अथवा प्रकृति का एक ही दिशा में अथवा एक ही स्थिति में गतिशील होना नहीं है, इस गति के अनन्त रूप हैं—पदार्थ का

विकसित रूप, उसका परिवर्तित रूप, नये तत्त्वों से संयुक्त उसका उच्चस्तरीय रूप—सब इस गतिशीलता के उदाहरण तथा साक्षी हैं। गतिशीलता ही सत्य है। कोई भी वस्तु पूर्ण और शाश्वत नहीं है, केवल गति ही पूर्ण और शाश्वत है।'[3] यही नहीं, गति के सारे रूप परस्पर अन्तर्ग्रथित होते हैं, वे कभी भी एक दूसरे से निरपेक्ष या स्वतन्त्र नहीं होते। गतिशीलता की यह अन्तर्ग्रथित स्थिति सदैव रूपान्तरण की भूमिका से गुज़रती है, फलतः गति के सरल तथा निम्नस्तरीय रूप, उच्च तथा अपेक्षाकृत जटिल रूपों का स्थान लेते रहते हैं और भी, उसका निम्नस्तरीय रूप उच्चस्तरीय रूपों में परिणत भले हो जाय, उसके उच्चस्तरीय रूप निम्नस्तरीय रूपों में कभी नहीं बदले जा सकते।[4]

दिक् और काल

जिस प्रकार गति (motion) पदार्थ (matter) के अस्तित्व की एक विधि (mode of existence) है, उसी प्रकार दिक् या देश (space) भी पदार्थ के अस्तित्व की सार्वत्रिक या सार्वभौमिक (universal) विधि है। सारे भौतिक रूप और सारी भौतिक प्रक्रियाएँ इस विराट् दिक् में ही अपना कोई न कोई निश्चित स्थान रखती हैं।[5] न तो भूत-तत्त्व विहीन दिक् की कल्पना की जा सकती है और न दिक् विहीन पदार्थ या भूत-तत्त्व की। भूत-तत्त्व की किसी एक इकाई या किसी एक आकार और सम्पूर्ण भूत-जगत् में एक ही विशिष्ट अन्तर है, और वह यह कि जहाँ किसी वस्तुगत इकाई या आकार का अपना एक निश्चित अथ और इति है, वहाँ भूत-जगत् का न तो कोई प्रारम्भ है और न अन्त। उसे आदि और अन्त विहीन कहा जा सकता है।

दिक् की भाँति काल तत्त्व (Time) भी भूत या पदार्थ के अस्तित्व की सार्वत्रिक या सार्वभौमिक विधि है। सृष्टि का प्रत्येक भौतिक तत्त्व, उसकी प्रत्येक भौतिक प्रक्रिया, यहाँ तक कि सम्पूर्ण भौतिक जगत् काल के अन्तर्गत ही स्थित है। जिस प्रकार दिक् तत्त्व के सन्दर्भ में हमने अभी कहा था कि भूत की कोई एक इकाई या आकार और सम्पूर्ण भूत जगत् में एक विशिष्ट अन्तर यह है कि जहाँ इकाई या आकार का अपना अथ और इति है, वहाँ सम्पूर्ण भूत जगत् अथ और इति विहीन है, उसी प्रकार काल तत्त्व के सन्दर्भ में भी हम कह सकते हैं कि प्रकृति का कोई एक कण, उसकी कोई एक इकाई या आकार तथा सम्पूर्ण प्रकृतिसत्ता का भी यह विशिष्ट अन्तर है कि गतिशीलता या परिवर्तनशीलता की प्रक्रिया में जहाँ किसी एक कण, इकाई या आकार का अपना कोई न कोई अतीत, वर्तमान या भविष्य होता है (अर्थात् वह एक निश्चित कालावधि में सीमित होता है), वहाँ सम्पूर्ण प्रकृति सत्ता शाश्वत, अनादि और अनन्त है।[6]

ये दिक् तथा काल भी निरपेक्ष न होकर परस्पर अन्तर्ग्रथित हैं तथा गतिशील भूत-तत्त्व से इनका बिलगाव एक क्षण के लिए भी सम्भव नहीं है।[7] ये दिक् तथा

काल तत्त्व पूर्ण और परम (absolute) हैं। सब कुछ इनके भीतर स्थित है, इनके बाहर कुछ भी और किसी का भी अस्तित्व नहीं है।[8] यद्यपि इमेनुअल कांट (Immanuel Kant) जैसे कुछ भाववादी दार्शनिकों ने मानव चेतना से स्वतन्त्र दिक् और काल तत्त्व की वस्तुगत सत्ता को स्वीकार नहीं किया है, परन्तु विज्ञान की स्थापनाएँ इस प्रकार की मान्यताओं को स्वतः खण्डित कर देती हैं।[9] विज्ञान की इस स्थापना को, कि मनुष्य और मानवीय चेतना के उद्भव के पूर्व की सृष्टि, (पृथ्वी, प्रकृति) का अपना वस्तुगत अस्तित्व था, मान लेने पर दिक् और काल की मानव चेतना से स्वतन्त्र वस्तुगत सत्ता इस कारण प्रमाणित हो जाती है कि दिक् और काल तत्त्व के बाहर किसी का वस्तुगत अस्तित्व सम्भव नहीं है। यदि वस्तु-जगत् का मानव-चेतना से स्वतन्त्र अपना वस्तुगत अस्तित्व है तो, दिक् और काल तत्त्व भी मानव-चेतना से स्वतन्त्र अपना वस्तुगत अस्तित्व रखते हैं।[10] इस तथ्य से यह निष्कर्ष भी निकलता है कि दिक् और काल तत्त्व तथा भूत-जगत् के बाहर स्वतन्त्र रूप से ऐसे किसी कर्त्ता की स्थिति सम्भव नहीं है, जिसे धर्म शास्त्रों में ईश्वर कहा गया है। जो कुछ भी है, वह दिक् तथा काल तत्त्व के भीतर है।[11] रहा, प्रकृति के उद्भव का प्रश्न तो इसके सम्बन्ध में कहा जा चुका है कि वह अपना कारण स्वयं है।

चेतना, पदार्थ का ही एक गुण

मार्क्स और एंगेल्स द्वारा प्रतिपादित दार्शनिक भौतिकवाद के अन्तर्गत भूत या पदार्थ तत्त्व को प्राथमिक तथा चेतना को गौण माना गया है। ऐसा इसीलिए है कि दार्शनिक भौतिकवाद के ये पुरस्कर्त्ता चेतना को भूत या पदार्थ से परे और स्वतन्त्र कोई वस्तुगत सत्ता नहीं मानते, वरन् उसे पदार्थ या भूत का ही एक विशेष गुण, मन या मस्तिष्क की एक विशेष क्रिया मानते हैं। वे हमें इस तथ्य से परिचित कराते हैं कि मन (Mind) और कुछ नहीं पदार्थ या भूत का ही एक विकसित रूप है, और मस्तिष्क एक अवयव विशेष, जो सोचने-विचारने की क्रिया सम्पादित करता है। इस प्रकार के निष्कर्षों का मूल कारण प्राकृतिक विज्ञान की वह स्थापना है जो मनुष्य, मन या चेतना की उत्पत्ति से न जाने कितना पहले प्रकृति या भूत-तत्त्व के वस्तुगत अस्तित्व को प्रमाणित करती है। ड्यूहरिंग (Duhring) के मत का खण्डन करते हुए एंगेल्स ने अपने ग्रन्थ 'एण्टी ड्यूहरिंग (Anti-Duhring) में कहा है कि 'विचार या चेतना मानव मस्तिष्क की उपज हैं, और मनुष्य प्रकृति की उपज; ऐसी स्थिति में यह निष्कर्ष कि मानव मस्तिष्क की उपज विचार या चेतना अन्तिम विश्लेषण में प्रकृति की ही उपज ठहरती हैं, शेष प्रकृति का निषेध नहीं करती, वरन् उसकी संगति में ही है।'[12] इसी प्रकार फायरबाख़ के चिन्तन पर विचार करते हुए फायरबाख़ पर लिखे अपने ग्रन्थ में भी उनका कथन है कि—'यह भौतिक और इन्द्रियों द्वारा बोधगम्य जगत् ही, जिसका हम अंग हैं, एकमात्र वास्तविकता है।...हमारी चेतना या

सोचने-विचारने की क्रिया, वह कितना भी अतीन्द्रिय क्यों न प्रतीत हो, मानव-शरीर के ही एक भौतिक अवयव मस्तिष्क की उपज है। पदार्थ या भूत मन की उपज नहीं है, वरन् यह मन ही पदार्थ या भूत की सर्वोच्च उपज है। शुद्ध भौतिकवाद यही है।'[13] दार्शनिक भौतिकवाद की यह भी स्थापना है कि मनुष्य के मानसिक जीवन, उसके सोचने-विचारने की क्रिया का निर्धारण एक सामाजिक प्राणी के रूप में उसके श्रम से सम्बद्ध है। चार्ल्स डारविन (Charles Darwin) का विकासवाद का सिद्धान्त (Theory of Evolution) इसे पूरी तरह प्रमाणित करता है। एक तथ्य और, जिसका उल्लेख इस सन्दर्भ में अनिवार्य है, वह यह कि चेतना या विचार मानव-मन से निःसृत उसका कोई पृथक् अंश नहीं है। विचार हो या चेतना, या समूची मानसिक क्रिया, ये सब मानव-मस्तिष्क (पदार्थ का ही एक रूप) के विशेष गुण हैं, पदार्थ का कोई स्वतन्त्र रूप नहीं। चेतना या विचार को पदार्थ का एक विशेष गुण या क्षमता न मानकर, उसका स्वतन्त्र अंग मानना, एक बहुत बड़ी भ्रान्ति है। लेनिन के अनुसार मानव मस्तिष्क अथवा पदार्थ से स्वतन्त्र, चेतना का वस्तुगत अस्तित्व स्वीकार करना, एक गलत कदम, भौतिकवाद और भाववाद को गड्डमड्ड कर देने वाला एक गलत कदम होगा।[14] यह तो पदार्थ और विचार को एक कर देना होगा।[15]

दार्शनिक भौतिकवाद; एक प्रगतिशील तथा वैज्ञानिक जीवन-दृष्टि

भौतिकवादी चिन्तन की समूची परम्परा के दौरान सामने आये निष्कर्षों एवं दार्शनिक भौतिकवाद की स्थापनाओं को समग्र रूप से लेते हुए मार्क्स और मार्क्सवाद के व्याख्याताओं ने, भाववाद के विपरीत अपने दर्शन को प्रगतिशील और वैज्ञानिक दर्शन की संज्ञा दी है, जो उनके अनुसार संसार को उसके वस्तुगत रूप में ही देखता, परखता और स्वीकार करता है। मारिस कार्नफोर्थ के अनुसार—'वह पुराना प्रश्न जिसे दार्शनिक लोग पूछा करते थे—अर्थात् वास्तविकता का अन्तिम स्वरूप क्या है—भौतिकवादी दृष्टिकोण के बाद निरर्थक हो जाता है। इसके बजाय दर्शन शास्त्र का काम हो जाता है, विज्ञान के साथ घनिष्ठ सम्बन्ध स्थापित करना, और वैज्ञानिक विचारधारा के मूलभूत सिद्धान्तों के बारे में जिज्ञासा करना, और उनका स्पष्टीकरण करना, और यह देखना कि इन्हें मानवता को भलाई के लिए कैसे सर्वोत्तम ढंग से लागू किया जा सकता है।'[16] मार्क्सवादी विचारकों के अनुसार उक्त सन्दर्भों में ही भौतिकवादी दर्शन के पुरस्कर्त्ताओं ने अपने चिन्तन को वह रूप प्रदान किया है जो मनुष्य की समझ पर पड़े आध्यात्मिक, अस्पष्टता-जनित भाववादी चिन्तन के समूचे आवरण को छिन्न-भिन्न करता हुआ उसे विभिन्न दार्शनिक समस्याओं के सार्थक और सही समाधान के लिए वैज्ञानिक दृष्टि देता है। भौतिकवादी दर्शन, भाववाद की भाँति, संसार तथा प्रकृति के अन्तिम तथा शाश्वत सत्य को पा लेने

का दावा नहीं करता, वह यह भी दावा नहीं करता कि उसने सृष्टि तथा प्रकृति के विषय की एक विशेष अन्तर्दृष्टि उद्‌घाटित की है। झूठ-मूठ के दावों के बजाय मनुष्य से उसका केवल इतना कहना है कि वह जो कुछ जान-समझ सकता है, उसे बड़े कठिन उपायों द्वारा जाना-समझा जाना चाहिए। वह मनुष्य को सावधान करता है कि 'अन्तिम या शाश्वत सत्य' जैसी बात महज एक असत्य बात है, क्योंकि प्रयोगों तथा वैज्ञानिक खोजबीन के बाद भी ऐसा बहुत कुछ रह गया है, और रह जायगा, जो आगे भी अन्वेषण और अनुसन्धान की माँग करेगा। सच्चे विज्ञान को कभी 'अन्तिम या शाश्वत' सत्य जानने में दिलचस्पी नहीं होती। भौतिकवाद मनुष्य से संसार की प्रकृति के बारे में किसी निश्चित सिद्धान्त को अपनाने का आग्रह नहीं करता, उसका आग्रह केवल इतना है कि 'जिन्दगी जिन प्रश्नों को हमारे सामने पेश करती है, उनके प्रति एक निश्चित रुख अख्तियार किया जाय। इसका अर्थ है कि ऐसी वस्तु का अस्तित्व स्वीकार न किया जाय जिसके सही-गलत होने की जाँच नहीं की जा सकती, और ऐसी हर बात का, जिसमें हमें दिलचस्पी है, भौतिक संसार में उसके अन्य वस्तुओं से सम्बन्धों को देखकर (अन्य किसी ढंग से नहीं) स्पष्टीकरण करने और कारण बताने की कोशिश की जाय।'[17]

भौतिकवादी दर्शन मनुष्य के समक्ष इस तथ्य को उजागर करता है कि वास्तविक सुख-शान्ति जिसे हर मनुष्य पाना चाहता है, इसी लोक की वस्तु है, और उसे इसी लोक में, सार्थक मानवीय प्रयत्नों द्वारा उपलब्ध किया जा सकता है, कि परम्परागत धार्मिक प्रतिष्ठानों (चर्च आदि) की यह सीख कि सच्ची सुख-शान्ति इस लोक से परे, दूसरे लोक में ही सम्भव है, झूठी और सार्थक मानवीय प्रयत्नों को बरगलाने वाली है। उसका सुविचारित और सुप्रतिपादित वैज्ञानिक निष्कर्ष है कि दूसरे लोक में सुख और शान्ति पाने वाली बात धार्मिक प्रतिष्ठानों के स्वामी सत्ताधारी वर्ग द्वारा महज़ इस कारण प्रचारित की जाती है ताकि मनुष्य इस लोक में उसके द्वारा चलाये गये समूचे शोषण चक्र को एक दैवी विधान के रूप में स्वीकार करता रहे, उसके द्वारा होने वाले अपने शोषण तथा उत्पीड़न को पूर्व जन्म का फल समझे, और उस शोषण तथा उस पर आधारित समाज-व्यवस्था को नियति मानकर, समाप्त करने और बदलने के बजाय, इस लोक से उदासीन होकर, परलोक में सुख-शान्ति पाने के प्रयास में ही अपनी सारी शक्ति और क्षमता को निःशेष कर दे।

भाववादी दर्शन के विपरीत दार्शनिक भौतिकवाद यह प्रतिपादित करता है कि मनुष्य धरती पर जन्मा कोई अभिशप्त प्राणी न होकर प्रकृति की सर्वोत्तम कृति है। उसमें इतनी मेधा तथा क्षमता है कि वह प्रकृति की नाना शक्तियों को अपने वश में करते हुए, अपनी सुख-ममृद्धि के लिए उनका इस्तेमाल करे, एक ऐसी समाज-व्यवस्था को जन्म दे, जिसके अन्तर्गत वह आत्मसम्मान के साथ जी सके।

मानवीय व्यक्तित्व, मानवीय मेधा, मानवीय क्षमता एवं ज्ञान की निरभ्र, वैज्ञानिक आकृति के प्रति आस्था, दार्शनिक भौतिकवाद की वे सारभूत विशेषताएँ हैं, जो उसे मात्र संसार को व्याख्यायित करने वाले दर्शन के रूप में ही नहीं, संसार तथा समाज को बदलने वाले दर्शन के रूप में भी प्रतिष्ठापित करती हैं।

भाववादी चिन्तक, दार्शनिक भौतिकवाद की इस प्रशस्त, वैज्ञानिक तथा मानवीय आकृति के बावजूद जड़वादी तथा नास्तिकतावाद का दर्शन कहकर उसकी निन्दा करते हैं। उसे अनैतिक और स्थूल भी घोषित किया जाता है। इस प्रकार के सारे आरोप दार्शनिक भौतिकवाद की सही आकृति के प्रति या तो आरोपकर्त्ताओं के अपरिचय का परिणाम हैं, या फिर वे उद्देश्य-गर्भित (motivated) हैं। मार्क्सवादी विचारकों के अनुसार दार्शनिक भौतिकवाद नहीं, भाववादी दर्शन एक निराशावादी-नियतिवादी दृष्टिकोण को प्रस्तुत करने वाला दर्शन है, जो मनुष्य को अपने व्यक्तित्व के प्रति आस्था तथा विश्वास प्रदान करने के बजाय, उसकी शक्ति तथा क्षमता का तिरस्कार करता है। विज्ञान सम्मत तथ्यों के प्रति आँखें बन्द कर वह उस सत्य पर परदा डालने का उपक्रम करता है, जो संसार समाज तथा मानव-जीवन का सही सत्य है। इस बात का सबसे बड़ा प्रमाण और क्या हो सकता है कि जिस वस्तु-जगत् को उसके अनन्त रूपों और अनन्त मुद्राओं में हम अपने आस-पास, चारों ओर देखते तथा अनुभव करते हैं, उसे असत्य, असार तथा माया घोषित कर, वह एक ऐसे काल्पनिक जगत् को सच्चा तथा सारमय बताता है, जिसका कोई अस्तित्व नहीं है। दार्शनिक भौतिकवाद की विज्ञान-सम्मत स्थापनाओं के विपरीत 'ईश्वर', 'आत्मा', तथा 'परम तत्त्व', जैसी अति प्राकृतिक सत्ताओं को स्वीकार कर, उन्हें सृष्टि, मानव-जीवन तथा मानव-समाज का नियन्ता मानकर भाववादी दर्शन यथास्थितिवाद को प्रश्रय देता है। वह उस विवेक को अवरुद्ध भी करता है जो संसार तथा समाज को समझने की एक नयी दृष्टि देकर जन सामान्य को शोषणमूलक यथास्थितिवाद के विरुद्ध विद्रोह करने, और परिणामतः एक नयी व्यवस्था की स्थापना के लिए प्रेरित करता है।

कुल मिलाकर भाववादी दर्शन विभ्रमों की प्रणाली के अतिरिक्त कुछ नहीं है। उसके सम्पूर्ण निष्कर्ष, सिवा इसके कि हमें वस्तु-जगत् और उसकी समस्याओं से हटाकर एक आध्यात्मिक, अस्पष्टता-जनित जगत् के बियाबान में गुमराह कर दें, और कुछ नहीं करते। दार्शनिक भौतिकवाद के पक्ष और भाववादी दर्शन के विपक्ष में भौतिकवादी चिन्तकों के अभिमत का यह सारभूत, संक्षिप्त रूप है।

इस विवेचन के उपरान्त अब हम मार्क्सवादी दर्शन के प्रधान आधार-स्तम्भों द्वन्द्वात्मक और ऐतिहासिक भौतिकवाद की मूलभूत स्थापनाओं की चर्चा करेंगे। परन्तु मुख्य विवेचन-भूमि पर कदम रखने के पूर्व मार्क्सीय द्वन्द्ववाद की संक्षिप्त आकृति का स्पष्टीकरण जरूरी है।

सन्दर्भ

1. "The unity of the world does not consist in its being...the real unity of the world consists in its materiality and this is proved...by a long and protracted development of philosophy and Natural Science."

—Engels—Anti-Duhring.

2. "Motion is the mode of existence of matter. Never anywhere has there been matter without motion, nor can there be...Matter without motion is just as unthinkable as motion without matter."—*Ibid*
3. "As a mode of existence of matter, motion embraces all the processes and changes taking place in the universe. Among these changes, a specially important part is played by the processes of development of matter, the passage of matter from one state to another, higher state, marked by new features and properties. There are no permanently fixed, ossified things in the world, only things undergoing change, processes. This means that no where is there absolute rest, a state that would preclude motion. There is only relative rest...only motion is absolute, without exception.

   —Fundamentals of Marxism-Leninism, F. L. P. H. Moscow—1961—p. 35.
4. Fundamentals of marxism-Leninism F. L. P. H. Moscow—1961, p. 35.
5. All bodies, including man himself, and all material processes taking place in the objectively existing world, occupy a definite place in space.—*Ibid.*, p. 37
6. Fundamentals of Marxism-Leninism—F. L. P. H. Moscow—1961, p. 38.
7. *Ibid*, p. 38—Also refer—V. I. Lenin, Selected Works.—Vol, XI. I. P. New York—1943. "There is nothing in the world, but matter in motion, and matter in motion can not move otherwise than in space and time."—p. 236.
8. The basic forms of all beings are space and time and existence out of time is just as gross an absurdity as existence out of space.

—Engels—Anti-duhring.

9. Refer V. I. Lenin—*Ibid.*, p. 35.
10. देखिये—मार्क्सवादी दर्शन—वि. अफनास्येव—पृ. 70.
11. Fundamentals of Marxism-Leninism—pp. 38-39.
12. '...thought and consiousness...they are the products of human brain, and that man himself is a product of nature, which has been developed

in and along with its environment; whence it is self-evident that the products of the human brain, being in the last analysis, also products of nature, do not contradict the rest of the nature, but are in correspondence with it.'

—Selected Works—Vol. I. Lawrence and Wishart, London, 1945, p. 25.

13. The meterial, sensuously perceptible world to which we ourselves belong, is the only reality...our consciousness and thinking, however suprasensuous, they may seem, are the products of a meterial, bodily organ-the brain. Matter is not a product of mind but mind itself is merely the highest product of matter.
—Refer—V. I. Lenin.Selected Works. Vol. XI. I. P. N. 1943, p. 152.
14. "To say that thought is material is to made a false step, a step towards confusing materialism and Idealism."—Materialism and Empiriocriticism.
15. Fundamentals of Marxism– Leninism—F. L. P. H. Moscow, 1961, p. 44.
16. मार्क्सवादी दर्शन–पीपुल्स बुक हाउस, लखनऊ, प्रथम संस्करण, जून 1961, पृ. 73-74.
17. मार्क्सवादी दर्शन–पीपुल्स बुक हाउस, लखनऊ, प्रथम संस्करण 1961, पृ. 73-74।

3

मार्क्सवादी दर्शन और उसके प्रमुख आधार स्तम्भ

(अ) दार्शनिक भौतिकवाद एवं द्वन्द्वात्मक भौतिकवाद

द्वन्द्ववाद; मार्क्सीय सन्दर्भ

पिछले पृष्ठों में हेगेल के द्वन्द्ववाद का परिचय देते हुए हम कह चुके हैं कि मार्क्स तथा एंगेल्स ने उसे सृष्टि तथा समाज के विकास-नियमों का अध्ययन करने वाली एक सर्वोत्कृष्ट पद्धति के रूप में मान्यता दी थी। हम यह भी सूचित कर चुके हैं कि मार्क्स और एंगेल्स ने अपने वैज्ञानिक अध्ययन के हेतु उसे ज्यों का त्यों स्वीकार नहीं किया, वरन् उसके भाववादी आवरण को उतार कर, विज्ञान के नव्यतम सन्दर्भों से उसे जोड़ा, उसे एक भौतिकवादी अध्ययन-पद्धति के रूप में प्रतिष्ठित किया।[1] इसी सन्दर्भ में मार्क्स का कथन विचारणीय है कि "मेरी द्वन्द्वात्मक पद्धति हेगेलियन पद्धति से भिन्न नहीं, उसकी प्रत्यक्ष विरोधी भी है। हेगेल के लिए विचार-प्रक्रिया, जिसे उसने idea या प्रत्यय कहा है, वस्तु-जगत् की स्रष्टा (Demyurgos) है, और वस्तु-जगत् उस idea या प्रत्यय का बाह्य प्रतिबिम्ब, जब कि मेरे लिए idea या प्रत्यय और कुछ नहीं, मानवीय मस्तिष्क द्वारा प्रतिबिम्बित भौतिक जगत् का ही प्रतिरूप है।"[2] मार्क्स के इसी प्रयत्न को लक्ष्य कर उनके कथन का आधार लेते हुए कहा गया है कि हेगेल की द्वन्द्वात्मक पद्धति वस्तुतः सिर के बल खड़ी थी, जिसे मार्क्स ने पैरों के बल खड़ा किया। अस्तु–

मार्क्स के अर्थ में द्वन्द्ववाद और कुछ नहीं 'बाह्य जगत् तथा मानवीय विचारों से सम्बन्धित गति के सामान्य नियमों का विज्ञान है।'[3]

'ड्यूहरिंग के मत का खण्डन' (Anti-Duhring) नामक अपने ग्रन्थ में द्वन्द्ववाद को और भी स्पष्ट करते हुए एंगेल्स ने लिखा है, कि "प्रकृति द्वन्द्ववाद की परख के लिए वास्तविक कसौटी है, प्राकृतिक विज्ञान के क्षेत्र में होने वाली नाना खोजों ने जिसके लिए प्रभूत सामग्री प्रदान की है। उसने अन्ततः इसे सिद्ध कर दिया है कि प्रकृति की विकास-प्रक्रिया अधिभूतवादी (Metaphysical) नहीं, द्वन्द्ववादी

(Dialectical) है।"[4] लडविग फायरबाख़ पर लिखते हुए उनका पुनः कहना है कि यह तथ्य आज इतना सर्व स्वीकृत हो चुका है कि उसे काटा नहीं जा सकता, कि "दुनिया को तैयारशुदा (ready-made) वस्तुओं के भण्डार के रूप में नहीं, प्रक्रियाओं के भण्डार के रूप में समझना चाहिए, जिसमें बाहरी रूप में स्थिर दिखाई देने वाली वस्तुएँ—अस्तित्व में आने और मिट जाने की बेरोक तब्दीलियों से लगातार गुजरती रहती हैं।"[5] इसके अर्थ हैं कि 'कुछ भी अन्तिम और शाश्वत नहीं है, सब कुछ अस्थायी और परिवर्तनशील है। होने और समाप्त होने का एक अविच्छेद्य क्रम, निम्न रूपों से उच्चतर रूपों में संक्रमित होने की अबाध प्रक्रिया, चलती ही रहती है। द्वन्द्ववादी दर्शन भी विचार करने वाले मस्तिष्क में इस प्रक्रिया के मूर्त्त होने के अलावा और कुछ नहीं है।'[6] अधिक स्पष्ट रूप से कहना चाहें तो मारिस कार्नफोर्थ के शब्दों में कह सकते हैं कि "द्वन्द्वात्मक पद्धति का अर्थ है, ऐसी अन्वेषण पद्धति जो चीज़ों को उनकी गतिशीलता और परिवर्तनों के रूप में और उनके पारस्परिक सम्बन्धों और घात-प्रतिघातों के रूप में देखकर छानबीन करे। यह इस बात की विरोधी है कि बिना यह देखे कि चीज़ें कैसे बदलती हैं, और दूसरी चीजों के साथ उनकी प्रतिक्रिया कैसी होती है, चीजों के बारे में कोई नतीजा निकाल लिया जाय। इस पद्धति का आधार यह है कि अगर हम चीजों को एक खास अवस्था में स्थिर मान लें—बिना यह विचार किये कि वे उस अवस्था में कैसे आयीं, और कैसे उससे बाहर निकल सकती हैं, और अगर हम चीज़ों को खुद उन्हें अकेली मान कर, दूसरी चीज़ों से उन्हें अलग जानकर, उन पर विचार करें, तो यह अवांछनीय विचार-प्रणाली होगी, जिससे निश्चय ही भ्रम पैदा करने वाले नतीजे निकलेंगे। इस तरह के निष्कर्षों को आधिभौतिक निष्कर्ष कहा जा सकता है और इसी अर्थ में आधिभूतवाद (Metaphysics) से द्वन्द्ववाद (Dialectics) बिलकुल उल्टा है।"[7]

समग्रतः लेनिन के शब्दों में, द्वन्द्ववाद के कुछ विशेष महत्त्वपूर्ण मुद्दे इस प्रकार हैं—'विकास जो एक ही दिशा में अपने क्रम को दुहराता प्रतीत होता है, जबकि वस्तुतः उसका यह आवर्तन-प्रत्यावर्तन सदैव एक उच्च धरातल की ओर होता है (निषेध का निषेध); विकास, जो सीधी लकीर में न होकर घुमावदार तरीके से होता है; विकास, जिसके क्रम में छलाँग, दुर्गतियाँ, क्रान्तियाँ आती हैं; विकास, जिसकी निरन्तरता व्याघातों द्वारा खण्डित होती है, जो परिमाण से गुण में रूपान्तरित होता है; विकास, जिसमें विरोधी तत्त्वों की असंगतियाँ परस्पर टकराती हैं, जिसमें प्रक्रियाओं के प्रत्येक पक्ष परस्पर अन्तर्ग्रथित और एक दूसरे पर आधारित रहते हैं, और अन्ततः विकास; जिसमें परस्पर सम्बद्ध सभी पक्ष गति की एक नियमानुशासित, समान तथा सार्वत्रिक प्रक्रिया को सूचित करते हैं, द्वन्द्ववाद के कुछ ऐसे विशिष्ट मुद्दे हैं, जो उसे विकास के अब तक के सर्वाधिक सम्पन्न सिद्धान्त के रूप में प्रतिष्ठापित करते हैं।'[8]

अगली पंक्तियों में अब हम इस द्वन्द्ववाद पर आधारित मार्क्सवादी दर्शन के प्रधान आधारस्तम्भों—द्वन्द्वात्मक भौतिकवाद और ऐतिहासिक भौतिकवाद की विवेचना करेंगे।

द्वन्द्वात्मक भौतिकवाद : सार्वभौम सम्पर्क के सिद्धान्त के रूप में

मारिस कार्नफोर्थ के अनुसार 'द्वन्द्ववाद की शुरुआत ही यह समझना है कि कैसे वस्तुएँ और प्रक्रियाएँ (Things and Phenomeons) अनिवार्य रूप से परस्पर सम्बद्ध होती हैं।' यह संसार, जैसा कि एंगेल्स ने लिखा है, तैयार-शुदा वस्तुओं का भण्डार न होकर प्रक्रियाओं का भण्डार है, और ये प्रक्रियाएँ अपने स्वरूप में अनन्त विविधता से पूर्ण हैं। यह विविधता अपने में कितनी व्यापक क्यों न हो, एक बात जो पहली ही नजर में स्पष्ट होती है, वह यह कि ये समस्त प्रक्रियाएँ किन्हीं न किन्हीं निश्चित एवं स्थायी सम्बन्धों में बँधी रहती हैं। कोई भी प्रक्रिया अपने में पूर्ण निरपेक्ष या स्वतन्त्र नहीं है। संसार का समूचा क्रम कुछ निश्चित नियमों में बँधा हुआ ही अपनी गतिशीलता का परिचय देता है। प्रक्रियाओं की यह परस्पर सम्बद्धता, निश्चित नियमों में बँधा संसार का यह गति चक्र, मानव की अपनी इच्छा या मस्तिष्क से पूर्णतः स्वतन्त्र है। यही नहीं, सृष्टि की प्रत्येक वस्तु तथा प्रत्येक क्रिया, दूसरी वस्तुओं तथा क्रियाओं को एक स्तर पर प्रभावित करती है, दूसरे स्तर पर उनसे प्रभावित भी होती है। हम संसार की किसी वस्तु अथवा प्रक्रिया के बारे में असली जानकारी तभी प्राप्त कर सकते हैं जब हम उसके सारे पहलुओं एवं सम्बन्धों का अनुशीलन करें। इसी सन्दर्भ में वि. अफनास्येव का कथन है कि **'एक अखण्ड, अन्तस्सम्बन्धित समग्रता के रूप में विश्व का अध्ययन करना, चीजों के सार्वत्रिक अन्तस्सम्बन्धों की छानबीन करना, मार्क्सवादी द्वन्द्ववाद का अत्यन्त महत्त्वपूर्ण लक्ष्य है।'**[9] दूसरी बात यह कि चूँकि 'भौतिक जगत् की वस्तुएँ एवं व्यापार नाना प्रकार के हैं, इस कारण उनके अन्तस्सम्बन्ध और परस्पर सम्बन्ध भी नाना प्रकार के हैं। मार्क्सवादी द्वन्द्ववाद सबका नहीं, बल्कि उनके आम अन्तस्सम्बन्धों का ही अध्ययन करता है।'[10] वस्तु-जगत् के नियमों की जानकारी के हेतु इन सारे आम अन्तस्सम्बन्धों का उद्घाटन निहायत जरूरी है।

द्वन्द्वात्मक भौतिकवाद : विकास के सिद्धान्त के रूप में

पिछले पृष्ठों में हम यह बता चुके हैं कि द्वन्द्वात्मक भौतिकवाद विश्व को सतत परिवर्तनशील एवं गतिमान मानकर ही उसका अध्ययन और विवेचन करता है। **जितना सत्य विश्व की यह सतत गतिशीलता एवं परिवर्तनशीलता है, उतना ही सत्य यह तथ्य भी है कि विश्व सतत विकासशील भी है, गति, परिवर्तन और विकास सृष्टि के अन्तर्निहित नियम हैं जिन्हें कोई रोक नहीं सकता।**

विश्व की इस सतत गतिशीलता एवं विकासशीलता का अध्ययन करते समय

भ्रमवश कुछ लोग गति और विकास को समानार्थी मान लेते हैं। जैसा कि श्री जी. कुर्सानोव (G. Kursanov) द्वारा सम्पादित ग्रन्थ 'द्वन्द्वात्मक भौतिकवाद के आधारभूत सिद्धान्त' (Fundamentals of Dialectical Materialism) में कहा गया है, कि 'जहाँ तक सारतत्त्व का प्रश्न है, दोनों में कुछ बातें समान हैं, परन्तु उनमें अन्तर भी है। गति सामान्य तथ्य के रूप में ही परिवर्तन की ओर इंगित करती है, विश्व में होने वाले समस्त परिवर्तनों को सूचित नहीं करती, जबकि विकास गति का एक निश्चित दिशा में सक्रिय होने वाला रूप है। यह गति का उच्चस्तरीय रूप है जो विकास की वास्तविक दिशा निर्धारित करता है। विकास के अर्थ पुराने का निषेध और नये का प्रस्तुतीकरण है, और यही तथ्य विकास को अन्तर्विरोधी और द्वन्द्वात्मक रूप में प्रतिष्ठित करता है।'[11] जहाँ तक नये और पुराने का प्रश्न है, यह जान लेना चाहिए कि 'मार्क्सवादी द्वन्द्ववाद हर नये व्यापार अथवा हर उस चीज को जो नूतन होने का दावा करती है, सचमुच नया नहीं मान लेता। नया वह है जो प्रगतिशील है, और जीवन-क्षम है, जो निरन्तर बढ़ता और विकास करता है।...नया अजेय क्यों होता है ? नये की अजेयता का कारण सर्वोपरि यह है कि वह स्वयं यथार्थ के विकास-क्रम से उद्भूत होता है और वस्तुगत अवस्थाओं के सर्वाधिक अनुरूप होता है।'[12]

कार्य-करण-सम्बन्ध और अन्तःक्रिया

विकास के सही स्वरूप को इंगित करने के पश्चात् अब हम पुनः सार्वभौम सम्पर्क के सिद्धान्त के रूप में द्वन्द्वात्मक भौतिकवाद के कुछ खास पहलुओं पर दृष्टिपात करेंगे। हम कह चुके हैं कि भौतिक जगत् की वस्तुओं तथा व्यापारों के अन्तस्सम्बन्ध तथा परस्पर-सम्बन्ध नाना प्रकार के हैं। इनमें सर्वाधिक लोकप्रिय और जाना-माना एक सम्बन्ध-कार्य-कारण सम्बन्ध है।

'कोई व्यापार या परस्पर क्रियाशील व्यापारों का समूह जो ऐसे ही अन्य व्यापारों या व्यापारों के समूह से पहले आता है। और उसे पैदा करता है, कारण कहलाता है। कारण की क्रिया से जो व्यापार प्रकट होता है, उसे कार्य कहते हैं।'[13] जैसा कि इस विवेचन से स्पष्ट है प्रत्येक कार्य के मूल में कारण निहित होता है। परन्तु इसे कोई अनिवार्य नियम मान लेना भ्रान्ति होगी। उदाहरण के लिए रात के पश्चात् दिन आता है, परन्तु रात-दिन का कारण नहीं है। रात और दिन पृथ्वी के अपनी धुरी में सतत घूमते रहने के क्रम में आते-जाते हैं। कहने का तात्पर्य यह कि 'दो व्यापारों की कारण सम्बन्धी निर्भरता तब होती है जब उनमें से एक न केवल दूसरे से पहले आता है, बल्कि प्रत्यक्ष रूप में उस दूसरे का जनक भी होता है।'[14]

इतना निश्चित है कि कार्य सदैव किसी न किसी कारण का ही परिणाम होता है। यदि कारण है तो कार्य निश्चित रूप से सामने आयेगा, बशर्ते कोई दूसरा कारण बीच में उत्पन्न होकर उस कार्य को न रोक दे। सारी परिस्थितियों का अध्ययन

कर हम इस व्याघात के कारणों की जानकारी प्राप्त कर सकते हैं। इससे यह भी स्पष्ट हो जायगा कि कारण का कार्य के रूप में सामने आना अनिवार्य है, यदि बीच में व्याघात आता है तो वह अस्थायी है, उसे कोई नियम या सिद्धान्त नहीं माना जा सकता।

कार्य-कारण का सम्बन्ध सबसे अमिट और सार्वत्रिक सम्बन्ध है, परन्तु जैसा कि लेनिन ने कहा है—वह सार्वत्रिक सम्बन्धों का एक छोटा-सा हिस्सा मात्र है। वस्तुतः सामान्य कार्य-कारण सम्बन्धों से कहीं अधिक महत्त्वपूर्ण प्रकृति और समाज में प्रक्रियाओं की अन्तस्सम्बद्धता है। सर्वप्रथम हम प्रकृति तथा सृष्टि के व्यापारों की अन्तःक्रिया का अध्ययन करेंगे।

प्रकृति का ही उदाहरण लें तो वह एक इकाई न होकर नाना प्रकार की प्रक्रियाओं, तत्त्वों आदि की समष्टि है। प्रकृति के ये सारे अंग किसी न किसी रूप में परस्पर अन्तर्ग्रन्थित और सम्बद्ध हैं, जिनमें नाना प्रकार की क्रियाएँ और अन्तःक्रियाएँ (Interactions) निरन्तर घटित होती रहती हैं। ये अन्तःक्रियाएँ हमें उस तथ्य की जानकारी देती हैं कि प्रथमतः किसी भी वस्तु का अध्ययन करने के लिए हमें उसकी निरपेक्षता में न देखकर समग्रता में देखना चाहिए, कारण तभी हम उस वस्तु के सही स्वरूप से परिचित हो सकते हैं। दूसरे, कार्य-कारण-सम्बन्ध जैसी अनिवार्य स्थिति को भी हमें सतही तौर से समझ और स्वीकार कर आगे नहीं बढ़ना चाहिए, वरन् उन अन्तःक्रियाओं का भी बारीक अध्ययन करना चाहिए जो इस सम्बन्ध को जटिल रूप में प्रस्तुत करती हैं। प्रकृति के क्षेत्र में ही घटने वाले उदाहरण लें तो स्पष्ट होगा कि एक प्रक्रिया जो किसी कारण का कार्य है, किसी दूसरे कार्य के लिए कारण भी बन जाया करती है। सूर्य के ताप के कारण नदियों और सागर आदि का जल भाप बनकर बादलों का निर्माण करता है, बदले में वही बादल पुनः वर्षा की सृष्टि कर नदियों, सरोवरों आदि को जल से भर देते हैं। ऐसा भी होता है कि कभी-कभी अन्तःक्रियाओं के क्रम में जो कार्य है, वह कारण का रूप धारण कर लेता है और कारण कार्य का। सामाजिक जीवन का उदाहरण लें तो स्पष्ट होगा कि किसी वस्तु की अधिक माँग उस वस्तु के अधिक उत्पादन का कारण बनती है, बाद में उत्पादन की वृद्धि उस वस्तु की माँग में भी वृद्धि करती है। यहाँ माँग उत्पादन को प्रभावित करती है, और उत्पादन माँग को। कारण और कार्य का स्थानान्तरण स्पष्ट है।

कार्य-कारण-सम्बन्ध और अन्तःक्रियाओं का यह स्वरूप हमें प्रकृति, संसार तथा समाज का अध्ययन करने और सही निष्कर्षों तक पहुँचने में सहायता देता है। परन्तु ऐसा तभी सम्भव है जब हम द्वन्द्वात्मक भौतिकवादी सन्दर्भों में उन्हें देखें और परखें।

नियम

कार्य-कारण-सम्बन्धों और अन्तःक्रियाओं द्वारा उत्पन्न इन सम्बन्धों के सूक्ष्मतम

स्तरों के इस परिचय के उपरान्त अब हम द्वन्द्वात्मक भौतिकवाद की नियम-सम्बन्धी धारणा की चर्चा करेंगे।

जहाँ तक नियमों का सम्बन्ध है, वे वस्तु-जगत् के विकास के स्वतः उसी में अन्तर्निहित नियम हैं। भाववादी मान्यता की भाँति द्वन्द्वात्मक भौतिकवाद नियमों को किसी परम सत्ता की सृष्टि नहीं मानता। इसके विपरीत उसकी मान्यता है कि इनका स्वरूप वस्तुगत होता है। मनुष्य इन नियमों की सृष्टि नहीं कर सकता कारण वे मनुष्य के मस्तिष्क एवं इच्छा-अनिच्छा से स्वतन्त्र क्रियाशील रहते हैं। इन नियमों को मिटाना भी मनुष्य के वश में नहीं है। मनुष्य अधिक से अधिक इनकी जानकारी प्राप्त कर सकता है, साथ ही अपने तथा शेष संसार के हित में इस जानकारी का उपयोग कर सकता है। उदाहरण के लिए हम भूकम्प की सृष्टि तथा उसकी समाप्ति अवश्य नहीं कर सकते परन्तु धरती के गर्भ में होने वाली हलचलों के कारणों और नियमों की जानकारी प्राप्त कर उससे अपनी तथा समाज की रक्षा का उपाय अवश्य कर सकते हैं। वस्तु-जगत् में अन्तर्निहित नियमों के विरुद्ध कार्य करना भी मनुष्य की नासमझी का परिणाम है, जिसका परिणाम असफलता में भी प्रकट होता है।

जहाँ तक नियम-सम्बन्धी द्वन्द्वात्मक भौतिकवाद की सैद्धान्तिक धारणा का प्रश्न है वह नियम को 'वस्तुओं अथवा वस्तुओं के पार्श्वों का सम्बन्ध अथवा अन्तस्सम्बन्ध' मानती है। हर प्रकार का अन्तस्सम्बन्ध नियम नहीं होता। 'नियम केवल टिकाऊ, पुनरावृत्त अन्तस्सम्बन्ध ही होता है जो किसी एक वस्तु या वस्तुओं के छोटे से समूह में निहित न होकर वस्तुओं और व्यापारों के विराट् पुंज में निहित होता है।'[15] दूसरी बात, कि 'नियम सभी आवर्त अन्तस्सम्बन्धों का प्रतिनिधित्व नहीं करता, बल्कि केवल उन अन्तस्सम्बन्धों का करता है जो आवश्यक और सारभूत स्वरूप वाले हैं।'[16] इन नियमों की जानकारी मनुष्य को भविष्य से परिचित कराती है। कुल मिलाकर 'नियम भौतिक जगत् के व्यापारों के मध्य एक सारभूत और आवश्यक, आम और आवर्त अन्तस्सम्बन्ध है, जो घटनाओं का एक निश्चित क्रम उत्पन्न करता है।'[17]

विपरीतों की एकता और संघर्ष का नियम

विपरीतों की एकता और संघर्ष का नियम लेनिन के मतानुसार द्वन्द्ववाद का सार तत्त्व (Essence of dialectics) है। यही नहीं, चूँकि यह नियम हमें वस्तु जगत् की समूची प्रक्रियाओं में होने वाले विकास और गति के वस्तुगत और मूल स्रोत से परिचित कराता है, इस कारण द्वन्द्ववाद के दूसरे सारे नियमों की तुलना में, जो इस पर आधृत हैं, अधिक महत्त्वपूर्ण भी है।

सबसे पहले हम 'विपरीतों (opposites) और 'विपरीतों की एकता' (unity of the opposites) से द्वन्द्वात्मक भौतिकवाद का क्या आशय है, इसे समझेंगे।

'विपरीत किसी वस्तु के वे आन्तरिक पहलू, प्रवृत्तियाँ या शक्तियाँ हैं, जो परस्पर

निषेधक होने के साथ ही साथ एक दूसरे को पूर्व-मान्य भी करते हैं। इन पहलुओं के अविच्छेद अन्तस्सम्बन्ध से ही विपरीतों की एकता बनती है।

संसार में कोई भी ऐसी वस्तु या व्यापार नहीं है, जिसे विपरीतों में न बाँटा जा सके। सजीव शरीर रचना हो, या मानसिक कार्य कलाप, ज्ञान की प्रक्रिया हो या विग्रहपूर्ण वर्ग समाज, जैसा कहा गया, सृष्टि के प्रत्येक कार्य-व्यापार तथा वस्तु में विपरीतों की स्थिति होती है। एक सामान्य उदाहरण लें जिससे प्रायः सब लोग परिचित होंगे और विपरीतों की एकता को स्पष्ट करते समय जिसे अनेक विद्वानों ने प्रयुक्त किया है। यह है सामान्य चुम्बक का उदाहरण। प्रत्येक व्यक्ति जानता है कि चुम्बक में उत्तरी ध्रुव और दक्षिणी ध्रुव होते हैं, जो एक स्तर पर एक दूसरे का निषेध करते हैं, परन्तु दूसरे स्तर पर परस्पर सम्बद्ध भी हैं। चुम्बक का चुम्बकत्व विरोधी तत्त्वों की इसी एकता में है। दूसरा उदाहरण हम पूँजीवादी समाज का लें जिसमें पूँजीपति वर्ग और सर्वहारा वर्ग की अनिवार्य स्थिति होती है, जो एक-दूसरे के विपरीत होने के बावजूद परस्पर सम्बद्ध हैं। एक शोषण करता है, दूसरा शोषित होता है, परन्तु एक के बिना दूसरे की स्थिति सम्भव नहीं। पूँजीवादी व्यवस्था की स्थिति भी विरोधों की इसी एकता में निहित है जैसा कि हम पहले के उद्धरण में दिखा आये हैं; ये विपरीत परस्पर निषेधक होने के साथ-साथ एक दूसरे को पूर्वमान्य भी करते हैं। एंगेल्स के अनुसार 'अन्तर्विरोध के एक पक्ष के बिना दूसरे पक्ष का होना उसी तरह असम्भव है जिस तरह से सेब को आधा खा चुकने के पश्चात् हाथ में पूरे सेब का होना असम्भव है।'

विपरीतों की इस एकता को स्पष्ट करने के पश्चात् अब हम विपरीतों के संघर्ष का स्वरूप स्पष्ट करेंगे, जो किसी भी विकास का मूल स्रोत है। इस संघर्ष का कारण विपरीतों में निहित अन्तर्विरोध (contradictions) हैं जो विपरीतों को शान्तिपूर्ण ढंग से नहीं रहने देते, उन्हें संघर्ष के लिए प्रेरित करते हैं। प्रत्येक विकास के मूल में निहित विपरीतों का संघर्ष इन अन्तर्विरोधों का ही परिणाम है। वस्तुतः विकास का सामान्य अर्थ ही यह है कि कोई वस्तु एक ही समय में वही वस्तु होती है और साथ ही नहीं भी होती। उसकी निश्चितता वही रहती है। परन्तु साथ-साथ वह बदलती भी है और अलग भी हो जाती है।[18] हर विकासशील वस्तु अपने भीतर अपने प्रतिपक्ष को भी समाहित किये हुए होती है, जो इसे पूर्व स्थिति में नहीं रहने देता। पक्ष और प्रतिपक्ष का पारस्परिक संघर्ष भीतर ही भीतर चलता रहता है, और तब तक चलता है जब तक अन्तर्विरोध शान्त नहीं हो जाते और वस्तु एक नये गुणात्मक विकास को सूचित नहीं करने लगती। इस गुणात्मक विकास की स्थिति में आने के उपरान्त वस्तु में निहित अन्तर्विरोध पुनः पक्ष और प्रतिपक्ष को सक्रिय करते हैं, और पुनः संघर्ष होता है, जब तक कि वस्तु पुनः एक नये गुणात्मक विकास को नहीं सूचित करने लगती। यही क्रम चलता रहता है। सृष्टि का समूचा

विकास-क्रम अन्तर्विरोधों और विपरीतों के इसी संघर्ष का परिणाम है, जो सतत चलता रहता है। इसी तथ्य को लक्ष्य कर लेनिन ने विकास को विपरीतों का संघर्ष कहा है। विपरीतों का यह संघर्ष उनकी एकता के महत्त्व को कम नहीं करता, कारण 'विपरीतों की एकता संघर्ष की आवश्यक शर्त है, क्योंकि यह वहीं होता है जहाँ किसी वस्तु या व्यापार के अन्दर विपरीत पक्ष विद्यमान रहते हैं।'[19] इस सन्दर्भ में इतना अवश्य जान लेना चाहिए कि विपरीतों की एकता जहाँ सापेक्ष, अस्थायी एवं सशर्त (conditional) होती है, वहाँ उनका संघर्ष स्थायी और परम रहता है। जिस प्रकार गति और विराम परम सत्य हैं, उसी प्रकार संघर्ष भी।

आधिभौतिक दृष्टिकोण के विपरीत, जो विकास को किन्हीं बाहरी शक्तियों से परिचालित मानता है, द्वन्द्ववादी दृष्टि विकास के मूल में, वस्तु में निहित विपरीतों की एकता तथा संघर्ष को स्वीकृति देती है। इस द्वन्द्ववादी दृष्टिकोण का आधार लेकर ही हम वस्तु-जगत् के विकास का सही मानों में अध्ययन कर सकते हैं।

अन्तर्विरोध

मारिस कार्नफोर्थ के शब्दों में "जब किसी व्यवस्था में ऐसी प्रक्रियाएँ होती हैं कि एक खास सीमा के बाद उनके जारी रहने से वह अन्दरूनी सम्बन्ध खण्डित हो जायेंगे जिन पर कि वह व्यवस्था टिकी हुई है, तो यह कहा जायगा कि उस व्यवस्था में एक अन्दरूनी अन्तर्विरोध है।...ऐसे अन्तर्विरोधों का क्या अर्थ होता है? उनका अर्थ होता है कि या तो उस अन्तर्विरोध को पैदा करने वाली प्रक्रिया जारी रहेगी—जिस स्थिति में वह व्यवस्था देर-सबेर बुनियादी रूप में बदल जायगी या उसका अस्तित्व न रहेगा, या फिर उस व्यवस्था के अन्दरूनी सम्बन्ध ज्यों के त्यों सुदृढ़ रहेंगे जिस स्थिति में उस प्रक्रिया का जारी रहना रोक दिया गया है, या उसे थामे रखा गया है।

"अतएव अन्तर्विरोध की मौजूदगी का अर्थ है कि कुछ तनाव या ज़ोर, किसी प्रकार का संघर्ष या खींचतान जिसमें प्रश्न यह है कि वह व्यवस्था कायम रहेगी या उसमें कोई बुनियादी परिवर्तन होगा या ख़त्म हो जायगी। सम्बन्धित व्यवस्था के अन्तर्गत आसपास की परिस्थितियों से उसके सम्बन्धों और घात-प्रतिघातों के अन्दर, कोई ऐसा तत्त्व होता है जो परिवर्तन के लिए प्रयत्नशील है, और कोई ऐसा तत्त्व है जो उस परिवर्तन का प्रतिरोध कर रहा है, यानी कोई नयी चीज़ उदय हो रही है और कोई पुरानी चीज़ उसके मुकाबले डटी रहने की कोशिश कर रही है।"[20]

मारिस कार्नफोर्थ का इतना लम्बा उद्धरण देने के मूल में हमारा उद्देश्य यही है कि विकास के मूल स्रोत के रूप में अन्तर्विरोधों की उस अहमियत और उनके स्वरूप को पूरी तरह समझ लिया जाय, द्वन्द्वात्मक भौतिकवादी दृष्टिकोण जिसे पूरी साफगोई के साथ प्रस्तुत करता है। जैसा कहा गया कि ये अन्तर्विरोध, किसी व्यवस्था, वस्तु या प्रक्रिया में स्वभावतः और अनिवार्यतः अन्तर्निहित होते हैं, तथा इनका

उद्भव, विकास और शमन भी सदैव सतत रूप से होता रहता है। विकास की जो भी नयी स्थिति सामने आती है, वह पिछले अन्तर्विरोधों के शमन का परिणाम होती है परन्तु कालान्तर में पुनः अन्तर्विरोध जन्म लेते हैं, पुष्ट होते हैं और शमन होते-होते विकास की एक दूसरी नयी स्थिति का कारण बनते हैं। जैसा अभी कहा जा चुका है कि यह क्रम निरन्तर चलता रहता है।

यद्यपि ये अन्तर्विरोध अनेक प्रकार के होते हैं परन्तु द्वन्द्वात्मक भौतिकवाद सबसे आम अन्तर्विरोधों का ही अध्ययन करता है। इनमें से एक समूह वह है जिसे आन्तरिक और बाह्य अन्तर्विरोध (Internal and External Contradictions) निर्मित करते हैं। ये अन्तर्विरोध प्रत्येक प्रक्रिया में विद्यमान रहते हैं, कारण कोई भी वस्तु, प्रक्रिया या व्यवस्था हो उसके अन्तर्गत अगणित अन्तःक्रियाएँ होती रहती हैं। इसके साथ-साथ प्रत्येक प्रक्रिया का अपना एक बाहरी परिवेश या पर्यावरण भी होता है। यही कारण है कि किसी प्रक्रिया के विकास का अध्ययन करने के लिए यह देखना पड़ता है कि उक्त प्रक्रिया में मुख्य और नियामक अन्तर्विरोध कौन-सा है? जहाँ तक विकास के मूल स्रोत का प्रश्न है, आन्तरिक अन्तर्विरोध ही मुख्य होते हैं। इसके अर्थ यह नहीं हैं कि विकास में बाह्य अन्तर्विरोधों की कोई सक्रिय भूमिका नहीं होती। बाह्य अन्तर्विरोधों की भूमिका नाना प्रकार की हुआ करती है, और ये अन्तर्विरोध प्रायः ही विकास के आवश्यक पूर्व-उपकरण हुआ करते हैं।...बाह्य अन्तर्विरोध विकास में सुगमता ला सकते हैं, या उसमें बाधा डाल सकते हैं, वे उसे विभिन्न रंग या रूप प्रदान कर सकते हैं, पर आम तौर से वे किसी प्रक्रिया के अथवा पूरे विकास के पथ को निर्धारित करने में असमर्थ होते हैं।[21] कुल मिलाकर आन्तरिक और बाह्य अन्तर्विरोधों की परस्पर क्रिया का समुचित अध्ययन किये बिना किसी विकास की सही जानकारी प्राप्त करना कठिन होगा, हमें असफलता ही मिलेगी।

अन्तर्विरोधों का एक अन्य समूह वैमनस्यपूर्ण और वैमनस्यरहित (Antogonistic and Non-Antogonistic) अन्तर्विरोधों का है। उन सामाजिक समूहों और वर्गों के बीच के अन्तर्विरोध जिनके आधारभूत स्वार्थ नितान्त विरोधी होते हैं, वैमनस्यपूर्ण अन्तर्विरोध कहलाते हैं, उदाहरण के लिए शोषक वर्ग के बीच के अन्तर्विरोध। इन अन्तर्विरोधों की मुख्य विशेषता यह होती है कि वे उस सामाजिक व्यवस्था के ढाँचे के अन्दर, जिसकी विशेषता के वे नमूने होते हैं, समन्वित नहीं हो सकते। अधिक गहरे और अधिक तीव्र होते जाने के साथ-साथ इन वैमनस्यपूर्ण अन्तर्विरोधों के फलस्वरूप भारी टक्करें होती हैं, संघर्ष उठ खड़े होते हैं। इनके समाधान का एक मात्र तरीका सामाजिक क्रान्ति है।[22] वर्गबद्ध समाज में पूँजीपति और सर्वहारा वर्ग के बीच के अन्तर्विरोधों को स्वीकार न करना वास्तविकता को झुठलाना और सत्य से आँखें मूँदना है। जब तक शोषण पर आधारित समाज व्यवस्था की स्थिति रहेगी,

वैमनस्यपूर्ण अन्तर्विरोध भी रहेंगे।[23] शोषण पर आधारित समाज व्यवस्था की समाप्ति के साथ ये अन्तर्विरोध मिट जायेंगे, परन्तु यह समझना भूल होगी कि समाजवादी व्यवस्था अन्तर्विरोधों से रहित होगी। जैसा कि लेनिन ने कहा है—वैमनस्य और अन्तर्विरोध एक ही चीज नहीं हैं। समाजवादी व्यवस्था के अन्तर्गत वैमनस्य तिरोहित हो जायगा परन्तु अन्तर्विरोध बने रहेंगे।[24]

वैमनस्यरहित अन्तर्विरोध उन सामाजिक समूहों और वर्गों के अन्तर्विरोध हैं जिनके हित एक दूसरे के विरोधी नहीं हैं। ये अन्तर्विरोध वर्गों की सत्ता समाप्त होने के बाद भी रहते हैं, कारण अन्तर्विरोधों की सृष्टि वर्गों के कारण ही नहीं होती, वे सामाजिक जीवन के विविध पक्षों के बीच भी उभरते रहते हैं। इन अन्तर्विरोधों से जूझकर और उनका निराकरण करते हुए ही सामाजिक जीवन विकसित होता है, और होता रहेगा। बिना इन अन्तर्विरोधों के विकास सम्भव नहीं है, अतः इन्हें स्वीकार करके ही आगे बढ़ना चाहिए।

अन्तर्विरोधों का एक तीसरा प्रकार बुनियादी और गैर बुनियादी अन्तर्विरोधों का है। विकास में निर्णायक भूमिका अदा करने वाले अन्तर्विरोध बुनियादी अन्तर्विरोध कहलाते हैं। इन अन्तर्विरोधों का सम्बन्ध विकास को सामने लाने वाली नयी शक्तियों से होता है। उदाहरण के लिए वर्तमान युग का बुनियादी अन्तर्विरोध समाजवाद और साम्राज्यवाद के बीच का अन्तर्विरोध है। एक का सम्बन्ध उभरती हुई नयी शक्तियों से है, दूसरे का मृतप्राय पुरानी शक्तियों से। बिना इस अन्तर्विरोध को पहचाने मनुष्य आज के युग में अपनी निर्णायक भूमिका अदा नहीं कर सकता।

कुल मिलाकर 'आन्तरिक और बाह्य', वैमनस्यपूर्ण और वैमनस्यरहित, बुनियादी और गैर-बुनियादी अन्तर्विरोधों के बीच कोई पक्की सीमारेखाएँ नहीं हैं। दरअसल वे एक-दूसरे से गुँथे हुए हैं, एक-दूसरे में सन्तरित हो जाया करते हैं और विकास में भिन्न-भिन्न भूमिकाएँ अदा करते हैं। इसलिए हर अन्तर्विरोध के प्रति अलग-अलग रुख अपनाना चाहिए। ऐसा, उन अवस्थाओं का जिनमें वह प्रकट होता है, और उस भूमिका का जो वह अदा करता है, लेखा लेते हुए किया जाना चाहिए।'[25]

परिमाणात्मक (Quantitative) से गुणात्मक (Qualitative) परिवर्तन में सन्तरण का नियम

यह नियम द्वन्द्ववाद के आधारभूत नियमों में से एक है, तथा यह बताता है कि विकास का तरीका या ढंग कैसा होता है। इसके पहले कि हम इस नियम का स्पष्टीकरण करें, संक्षेप में गुण, परिमाण तथा मान (measure) जैसे शब्दों से परिचित हो जाना चाहिए, जो सामान्य अर्थों की तुलना में यहाँ अपना दार्शनिक अर्थ रखते हैं।

गुण वस्तुओं की आन्तरिक निश्चितता का बोधक शब्द है, जो यह बताता है कि कोई वस्तु वस्तुतः क्या है, और दूसरी वस्तुओं से वह किस बात में विशिष्ट

है। वस्तुओं की पहचान हम उसके गुणों द्वारा ही कर सकते हैं।

परिमाण वस्तुओं की उस निश्चितता का बोधक शब्द है जिसका सम्बन्ध किसी वस्तु के आकार, प्रकार, भार या आयतन आदि का बोध होता है। इसे हम बाह्य निश्चितता का बोधक शब्द मान सकते हैं।

विकास की प्रक्रिया में किसी वस्तु के गुणात्मक तथा परिमाणात्मक पक्ष अपनी अलग-अलग महत्त्वपूर्ण भूमिका अदा करते हैं। गुण और परिमाण दोनों में एक एका होता है, कारण इनका सम्बन्ध एक ही वस्तु के दो पक्षों से होता है। जब कोई वस्तु या प्रक्रिया अपना आन्तरिक गुण धर्म छोड़ देती है तो उसमें परिवर्तन हो जाता है, वह वस्तु पहले जैसी नहीं रह जाती, किसी दूसरी वस्तु में बदल जाती है। इसके विपरीत निश्चित सीमा में होने वाला परिमाणात्मक परिवर्तन वस्तु में कोई आधारभूत अन्तर प्रस्तुत नहीं करता, कारण उसके आन्तरिक गुण-धर्म ज्यों के त्यों रहते हैं।

गुण और परिमाण के बीच की एकता को मान (Measure) कहते हैं। मान वह निश्चित सीमारेखा है, जिसके अन्तर्गत वस्तु ज्यों की त्यों बनी रहती है। इस मान में व्यतिक्रम आते ही वस्तु का स्वरूप बदल जाता है।

परिमाणात्मक परिवर्तन गैर-जरूरी, उद्भवमूलक होते हैं, जो एक निश्चित सीमा तक किसी प्रक्रिया की आन्तरिक विशेषताओं पर कोई प्रभाव नहीं छोड़ते, उसमें कोई आधारभूत और क्रान्तिकारी परिवर्तन नहीं करते, जबकि गुणात्मक परिवर्तन आधारभूत परिवर्तन के उत्तरदायी होते हैं, फलतः कोई वस्तु या प्रक्रिया पहले से नितान्त भिन्न हो जाती है।

यहाँ इस बात को ध्यान में रखना चाहिए कि इन परिमाणात्मक और गुणात्मक परिवर्तनों के बीच गहरे स्तर पर एक घनिष्ठ सम्बन्ध होता है। विकास के क्रम में परिमाणात्मक परिवर्तन गुणात्मक परिवर्तनों की सृष्टि करते हैं। जैसा कि मार्क्स ने कहा है—"केवल परिमाणात्मक भेद भी एक खास बिन्दु से आने-जाने पर गुणात्मक परिवर्तन बन जाते हैं।"[26] इस प्रकार कहा जा सकता है कि "परिमाणात्मक से गुणात्मक परिवर्तनों में सन्तरण भौतिक जगत् के विकास का सार्वत्रिक नियम है।"[27] विश्व की समूची विकास-प्रक्रिया में हम इस नियम की सक्रियता देख सकते हैं। मारिस कार्नफोर्थ इस नियम को स्पष्ट करते हुए कहते हैं, कि "कोई भी वांछित गुणात्मक परिवर्तन लाने के लिए यह जानना हमेशा आवश्यक होता है कि उसके लिए कौन से परिमाणात्मक परिवर्तनों की आवश्यकता है। धातु विशेषज्ञों को अपनी भट्ठियों के ताप को नियमित बनाना होता है, रसायन शास्त्रियों को अपने रसायन उचित अनुपात में मिलाने होते हैं, और जो लोग सामाजिक परिवर्तन लाना चाहते हैं, उन्हें उसके लिए संगठनों को बनाना और मजबूत करना पड़ता है...।"[28]

"मानवता का समूचा इतिहास आधारभूत गुणात्मक उथल-पुथलों का इतिहास

है, जिसके मूल में पूर्ववर्ती परिमाणात्मक परिवर्तनों की भूमिका निहित है। ये आधारभूत उथल-पुथलें जिनमें एक व्यवस्था से दूसरी व्यवस्था, एक सामाजिक वर्ग से दूसरे सामाजिक वर्गों की भूमिकाएँ सामने आयी हैं, सामाजिक क्रान्ति का रूप लिए रही हैं। एक पुरानी व्यवस्था से नयी व्यवस्था में होने वाला क्रान्तिकारी परिवर्तन, मनुष्य के इतिहास की सर्वाधिक महत्त्वपूर्ण द्वन्द्वात्मक क्रमबद्धता है।"[29]

विकास की प्रक्रिया में परिमाणात्मक परिवर्तनों का स्वरूप तो अपेक्षाकृत धीमा होता है, परन्तु गुणात्मक परिवर्तन, क्रम को भंग करते हुए छलाँगों (Leap) के रूप में होता है। "क्रम भंग या छलाँग किसी वस्तु में आमूल, गुणात्मक परिवर्तन की मंजिल है। यह वह क्षण का काल होता है जब पुराना नये गुण में बदल जाता है। छिपे हुए, धीमे परिमाणात्मक परिवर्तनों के विपरीत छलाँग किसी वस्तु के गुण में कमोबेश खुला, अपेक्षाकृत तेज परिवर्तन है। उस वक्त भी, जबकि गुणात्मक कायापलट क्रमिक सन्तरण का रूप धारण कर लेते हैं, यह परिवर्तन अपेक्षाकृत तेज ढंग से हुआ करता है।"[30] विकास की प्रक्रिया में इसीलिए गुणात्मक परिवर्तन या छलाँग का इतना महत्त्व है। मार्क्सवादी, द्वन्द्वात्मकता के विपरीत परिमाणात्मक परिवर्तनों को महत्त्व देते हैं। उनके लिए विकास एक अविरामता है, जिसमें छलाँग की कोई स्थिति नहीं। यह दृष्टिकोण उसी प्रकार भ्रान्तिपूर्ण है जिस प्रकार विकास को महज छलाँग या क्रमभंग के रूप में ही देखना।

समग्रतः, भौतिक जगत् की सभी वस्तुओं एवं व्यापारों में परिमाण और गुण की निश्चित स्थिति, परिमाण और गुण की परस्पर सम्बद्धता, विकास की प्रक्रिया में क्रमिक परिमाणात्मक परिवर्तनों का मौलिक गुणात्मक परिवर्तनों में सन्तरण, फलस्वरूप छलाँग के रूप में पुराने और मरणशील के स्थान पर नूतन और जीवन्त का आविर्भाव, परिमाणात्मक परिवर्तनों से गुणात्मक परिवर्तनों में सन्तरण सम्बन्धी मार्क्सवादी-द्वन्द्ववादी नियम के आधारभूत तत्त्व हैं। पूँजीवादी व्यवस्था से समाजवादी व्यवस्था और समाजवाद से साम्यवाद में होने वाला विकास छलाँग के रूप में अभिव्यक्त होने वाले गुणात्मक परिवर्तन का ही सूचक है। विकास का अध्ययन करने वाले प्रत्येक व्यक्ति के लिए इसी कारण इस नियम की समझदारी आवश्यक है।

निषेध के निषेध का नियम

भौतिक जगत् में विकास की जो प्रक्रिया हमें परिलक्षित होती है, वह यह सूचित करती है कि संसार की कोई भी वस्तु स्थिर नहीं है। भौतिक जगत् की सत्ता अवश्य शाश्वत है, परन्तु वह सतत परिवर्तनशील है। यहाँ किसी वस्तु का उद्‌भव होता है, विकास होता है, और फिर वह नष्ट हो जाती है, या दूसरे रूपों में परिवर्तित हो जाती है यह क्रम अबाध गति से चलता रहता है। नये का आविर्भाव होता है, पुरातन की सत्ता नहीं रह जाती। सामाजिक जीवन का ही उदाहरण लें तो देखेंगे

कि यहाँ भी प्राचीन या पुरातन रूप नये रूपों को स्थान देते रहते हैं। हमारे देखते-देखते कोई एक रूप विकसित होता हुआ अन्ततः पुराना पड़ जाता है, और नये रूप को स्थान दे देता है। हेगेलीय द्वन्द्ववाद में पुराने रूप की परिसमाप्ति पर नये रूप के उद्भव को निषेध कहा गया है। मार्क्स और एंगेल्स ने हेगेल के भाववादी दर्शन में परिकल्पित इस निषेध शब्द को भौतिकवादी सन्दर्भों में ग्रहण कर नये ढंग से विश्लेषित किया। मार्क्स के अनुसार "किसी भी क्षेत्र में तब तक कोई विकास नहीं हो सकता जब तक कि वह अपने अस्तित्व के पुराने रूपों का निषेध न करे।" सामाजिक विकास का ही उदाहरण लें तो आदिम साम्यवादी अवस्था से लेकर समाजवादी अवस्था तक का अब तक का विकास नये रूपों द्वारा पुराने रूपों के निषेध का ही प्रमाण प्रस्तुत करता है। निषेध की प्रक्रिया का विवेचन करते हुए मार्क्स और एंगेल्स ने बताया है कि इसके मूल में द्वन्द्वात्मक भौतिकवाद के दूसरे नियम सक्रिय रहते हैं—अर्थात् अन्तर्विरोधों का नियम परिमाणात्मक परिवर्तनों से गुणात्मक परिवर्तनों में सन्तरण का नियम आदि आदि, जो यह सूचित करते हैं कि विकास की प्रक्रिया में निषेध कोई ऊपर से थोपी हुई स्थिति नहीं है, वरन् यह वस्तु के भीतर से स्वतः विकसित होती है, जबकि विभिन्न आन्तरिक अन्तर्विरोध सक्रिय होकर पुराने रूप को अभिभूत करते हुए नये को जन्म दे देते हैं। नये रूप में स्थानान्तरित होते ही अन्तर्विरोध अपना समाधान पा जाते हैं। बाद में यही प्रक्रिया पुनः प्रारम्भ हो जाती है।

निषेध की इस प्रक्रिया को आधिभौतिक विचारधारा और उससे प्रभावित लोग गलत ढंग से प्रस्तुत करते रहे हैं। उनके मतानुसार निषेध पुराने का समूल रूप से विनष्ट होकर नये रूप में आ जाना है। मार्क्सवादी द्वन्द्ववाद इस धारणा का कड़ा विरोध करता है। उसके अनुसार निषेध का अर्थ 'पुराने' के समूल विनाश के पश्चात् उद्भूत होने वाला 'नया' नहीं है, वरन् वह 'नया' है जो 'पुराने' के अन्तर्गत निहित विधेयात्मक तत्त्वों को स्वीकार करते हुए एवं क्षयी तथा मरणशील तत्त्वों का परित्याग करते हुए उद्भूत हुआ है। कहने का तात्पर्य यह है कि जो नया तत्त्व उद्भूत हुआ है वह पुराने के समूल विनाश पर टिका न होकर अपने मौलिक गुणों के अतिरिक्त पुराने के विधेयात्मक तत्त्वों को भी अपने भीतर समाहित किये हुए है। स्पष्ट है कि अधिभूतवादी धारणा और उससे प्रभावित लोग अपनी भ्रान्त व्याख्या के परिणामस्वरूप विकास के क्रम में प्राचीन के महत्त्व को एकदम नकार देते हैं। इसका अर्थ यह हुआ कि मनुष्य की प्राचीन संस्कृति में जो कुछ भी श्रेष्ठ और सुन्दर है, उसका कोई मूल्य नहीं। इसके विपरीत मार्क्सवादी धारणा विकास को उसके सही सन्दर्भों में ग्रहण करती है। उसके अनुसार हर नये विकास के अन्तर्गत पुरातन के श्रेष्ठ और सुन्दर पक्ष निहित होते हैं। कोई भी नया विकास पुरातन के इन विधेयात्मक पक्षों को नकार कर सामने नहीं आता, वरन् उन्हें कायम रखता है। लेनिन ने इस बात को स्पष्ट करते हुए कहा था कि समाजवादी व्यवस्था के अन्तर्गत सर्वहारा संस्कृति का निर्माण हवा में नहीं होगा, वरन् अतीत में जो कुछ श्रेष्ठ और

सुन्दर है, उसे लेते हुए होगा। यह धारणा हर नये विकास को क्रमागत भूमिकाओं से जोड़ती है, और इस प्रकार मानव की सामाजिक और सांस्कृतिक परम्परा की कड़ी को बनाये रखती है। इसके विपरीत आधिभौतिक धारणा परम्परा से किसी नये विकास का सम्बन्ध ही तोड़ देती है। यहाँ यह तथ्य भी स्पष्ट हो जाना चाहिए कि मार्क्सवादी धारणा के अन्तर्गत पुराने के अंश ज्यों का त्यों स्वीकृत नहीं होते, और न ही नये विकास में उनकी स्थिति अलग-अलग रहती है। वस्तुतः होता यह है कि पुराने के वे ही अंश स्वीकार किये जाते हैं, जो सचमुच विधेयात्मक होते हैं (इसका निर्णय वैज्ञानिक दृष्टि करती है) और तदुपरान्त वे नये अंश में दूध पानी की तरह घुलकर उसी की प्रकृति का अभिन्न अंग बन जाते हैं।

निषेध के निषेध का यह नियम इस तथ्य को भी प्रमाणित करता है कि विकास का चरित्र प्रगतिशील होता है। चूँकि विकास परम्परा के सम्पूर्ण श्रेष्ठ तत्त्वों को अपने भीतर समाहित किये होता है, इस कारण हर अगला विकास अपने स्वरूप में प्रगतिशील, निम्न अवस्था से उच्च अवस्था में होने वाला विकास है। विकास की गति प्रतिगामी नहीं, प्रगतिशील होती है। सामाजिक जीवन में आने वाली हर नयी अवस्था पिछली अवस्थाओं की तुलना में प्रगतिशील रहती है।

द्वन्द्वात्मक भौतिकवाद के ये कुछ आधारभूत पक्ष हैं। मार्क्सवादी दार्शनिक चिन्तन का सारतत्त्व इनमें निहित है। संसार तथा समाज को समझने और व्याख्यायित करने के क्रम में इनकी जानकारी अपरिहार्य है।

इसके पूर्व कि हम मार्क्सवादी दर्शन के दूसरे आधारभूत स्तम्भ-ऐतिहासिक भौतिकवाद की चर्चा करें, मार्क्सवादी द्वन्द्ववाद के कुछ अन्य पहलुओं पर विचार कर लेना आवश्यक है। अगली पंक्तियों में हम द्वन्द्वात्मक भौतिकवाद के अन्तर्गत ज्ञान के सिद्धान्त की चर्चा करेंगे।

ज्ञान का सिद्धान्त

ज्ञान के सम्बन्ध में द्वन्द्वात्मक भौतिकवादी धारणा पूर्ववर्ती भाववादी तथा अधिभूतवादी धारणाओं के विपरीत संसार को एक नये ढंग से समझने और ग्रहण करने पर बल देती है। मार्क्सवादी द्वन्द्ववाद के अनुसार वस्तु-जगत् और उसके नियमों का मानव मस्तिष्क में सक्रिय और सोद्देश्य प्रतिबिम्ब ही ज्ञान है। यह वस्तु-जगत् ही मानवीय ज्ञान का कारण और स्रोत है। वस्तु-जगत् की प्रतिच्छाया ही मानव-मस्तिष्क पर पड़ती है और उसे चिन्तन के लिए प्रेरित करती है। वस्तु-जगत् से मनुष्य का सम्पर्क ही अनुभवों की सृष्टि करता है। इन तथ्यों के बावजूद यह समझ लेना अनिवार्य है कि मस्तिष्क मात्र एक दर्पण नहीं है, जिसमें निष्क्रिय रूप से वस्तु-जगत् का प्रतिबिम्ब उभरा करता है अथवा वस्तु-जगत् ही प्रत्येक क्षण उसे प्रभावित किया करता है। वस्तुतः बोध की प्रक्रिया इतनी सरल नहीं है। जैसा कि लेनिन ने कहा

है, बोध की प्रक्रिया पर्याप्त जटिल है। बाह्य जगत् की वस्तुओं, रूपों और व्यापारों को देखकर और अनुभव कर हम प्रभावित अवश्य होते हैं, हमारे मस्तिष्क पर इन तमाम रूपों और व्यापारों का प्रतिबिम्ब भी पड़ता है, उसमें प्रतिक्रिया भी होती है, परन्तु यह सारा कार्य एकतरफा नहीं होता। बाह्य जगत् यदि हमारे मस्तिष्क को प्रभावित और उद्वेलित करता है, तो बदले में मानव-मस्तिष्क भी वस्तु-जगत् की क्रियाओं, रूपों और व्यापारों पर अपना प्रभाव छोड़ता है। द्वन्द्ववाद के सन्दर्भ में ही हम इस जटिल प्रक्रिया की जानकारी प्राप्त कर सकते हैं। अस्तु–

मार्क्सवादी द्वन्द्ववाद की ज्ञान-सम्बन्धी प्रथम आधारभूत उपपत्ति यह है कि ज्ञान का आधार और उसका स्रोत यह अनन्त रूपात्मक, अनन्त व्यापारों वाला वस्तु-जगत् है। यह उपपत्ति पिछली दार्शनिक मान्यताओं से इस अर्थ में विशिष्ट है कि इसके अन्तर्गत संसार की वस्तुगत सत्ता को तो स्वीकार ही किया गया है, उसे सर्वथा ज्ञेय भी माना गया है। वस्तुगत यथार्थ को ज्ञान के स्रोत के रूप में इतनी स्पष्ट स्वीकृति इसके पूर्व कभी न मिली थी। इसके विपरीत भाववादी दार्शनिक वस्तुगत यथार्थ की अवहेलना कर ज्ञान को किसी परम आत्मा या चेतना की धरोहर मानते थे। भाववादी दार्शनिकों के ज्ञान-सम्बन्धी रहस्यवादी विचार का खण्डन मार्क्स-पूर्व भौतिकवादियों ने किया जिन्होंने प्रथम बार वस्तु-जगत् या वस्तुगत यथार्थ को ज्ञान का स्रोत मानते हुए संसार को पूरी तरह ज्ञेय घोषित किया। परन्तु इन यान्त्रिक भौतिकवादियों की सबसे बड़ी सीमा यह रही कि उन्होंने मस्तिष्क को मात्र एक निष्क्रिय वस्तु स्वीकार किया जो निश्चेष्ट रूप से बाह्य जगत् की वस्तुओं, व्यापारों आदि से प्रभावित होता रहता हो। दूसरे, इन भौतिकवादियों ने ज्ञान के सिद्धान्त में व्यवहार का एकदम निरादर किया, जो मार्क्सवादी द्वन्द्ववाद के ज्ञान-सम्बन्धी चिन्तन की दूसरी महत्त्वपूर्ण उपपत्ति है। जैसा कि 'मार्क्सवादी दर्शन' पुस्तक के लेखक वि. अफनास्येव का कथन है, 'ज्ञान के मार्क्सवादी सिद्धान्त का भौतिक निरालापन इस बात में है कि वह संज्ञान की प्रक्रिया को व्यवहार पर, जनता के भौतिक उत्पादन-सम्बन्धी कार्यकलाप पर आधारित करता है।' इस कार्य के सिलसिले में ही मनुष्य वस्तु-जगत् के रूपों और व्यापारों के सम्पर्क में आता है, और उनका संज्ञान प्राप्त करता है। लेनिन के अनुसार 'जीवन का, व्यवहार का दृष्टिबिन्दु ज्ञान के सिद्धान्त में प्रथम और मौलिक होना चाहिए, और यह हमें अनिवार्यतः भौतिकवाद के निकट पहुँचा देता है।'

व्यवहार

जहाँ तक व्यवहार का प्रश्न है, मार्क्सवाद के अन्तर्गत भौतिक उत्पादन तथा श्रम को उसकी नींव माना गया है। व्यवहार व्यक्तिगत नहीं, सामूहिक होता है। सम्पूर्ण सामाजिक-राजनीतिक क्रियाकलाप इसके अन्तर्गत आते हैं। व्यवहार को ज्ञान का आधार भी माना गया है। व्यवहार के क्रम में ही मानव को ज्ञान की उपलब्धि होती

है। व्यवहार के क्रम में मानव प्रकृति-प्रदत्त वस्तुओं के सम्पर्क में आता है, उनसे प्रभावित होता है, उन्हें प्रभावित करता है, और सर्वथा नयी वस्तुओं की सृष्टि भी करता है। ये नयी वस्तुएँ मनुष्य अपने उपयोग के लिए रचता है। ज्ञान के विकास के क्रम में, सभ्यता के विकास की कहानी, मनुष्य की इसी व्यवहारगत रचनात्मक क्षमता की कहानी है। मार्क्सवाद के अन्तर्गत व्यवहार को ज्ञान का लक्ष्य भी माना गया है। प्राप्त ज्ञान को व्यवहार में बदलने की कोशिश मनुष्य सतत करता है, जिससे अगली पीढ़ियाँ लाभान्वित होती हैं।

मार्क्सवादी द्वन्द्ववाद जिस एक बात पर सर्वाधिक जोर देता है, वह है सिद्धान्त और व्यवहार की एकता। कोरे सिद्धान्त जब तक व्यवहार में नहीं बदले जाते, अनुपयोगी और निरर्थक हो जाते हैं। इसी प्रकार बिना सिद्धान्त के व्यवहार का कोई रूप सामने नहीं आ सकता। वस्तुतः सिद्धान्त और व्यवहार दोनों अन्योन्याश्रित हैं। दोनों एक दूसरे को प्रभावित करते हैं और एक दूसरे से प्रभावित होते हैं। सिद्धान्त और व्यवहार की यह एकता मार्क्सवादी द्वन्द्ववाद की आधारभूत सीख है।

सत्य

ज्ञान की भाँति मार्क्सवादी द्वन्द्ववाद सत्य की भी वस्तुगत सत्ता को स्वीकार करता है। भाववादी चिन्तक सत्य को वस्तुगत न मानकर व्यक्ति के मन में स्थित मानते हैं। मार्क्सवादी द्वन्द्ववाद इस स्थापना का विरोध करता है। सत्य क्या है? मार्क्सवाद के अनुसार सत्य वह ज्ञान है जो वस्तुगत रूप में स्थित इस बाह्य जगत् का सही प्रतिबिम्ब मन पर उतारता हो। मनुष्य की अपनी इच्छा पर निर्भर न रह कर 'सत्य की अन्तर्वस्तु उन वस्तुगत प्रक्रियाओं द्वारा पूर्णतया निर्धारित होती है, जिनको वह प्रतिबिम्बित करता है।'

मनुष्य का ज्ञान यथार्थ के साथ कितना और कैसा मेल खाता है, इस आधार पर सत्य के दो रूप हो जाते हैं—परम सत्य और सापेक्ष सत्य। यथार्थ के 'परम सटीक प्रतिबिम्ब' को परम सत्य कहते हैं और यथार्थ के साथ ज्ञान का पूर्णतया मेल खाना सापेक्ष सत्य कहलाता है। विकास के हर क्रम में मनुष्य का ज्ञान सापेक्ष ही हुआ करता है, फलतः वह सापेक्ष सत्य ही प्राप्त कर पाता है। परन्तु परम सत्य की प्राप्ति भी असम्भव नहीं है। जब संसार की कोई वस्तु अज्ञेय नहीं है, तो परम सत्य ही कैसे अज्ञेय रह सकता है? यह अवश्य है कि परम सत्य तक एकबारगी ही नहीं पहुँचा जा सकता, वह सापेक्ष सत्यों का कुल योग है। शनै-शनैः ही मनुष्य उसके निकट पहुँचता है, और ज्ञान की प्रगति के साथ वह परम सत्य का संज्ञान भी प्राप्त करता है। लेनिन के अनुसार, "मानव-चिन्तन अपनी प्रकृति से ही परम सत्य प्रदान करने में समर्थ होता है और प्रदान भी करता है। यह परम सत्य सापेक्ष सत्यों के कुल योग से बना होता है। विज्ञान के विकास का हर पग परम सत्य के

योग में नये कण मिलाता है, पर हर वैज्ञानिक प्रस्थापना के सत्य की सीमाएँ सापेक्ष होती हैं। वे ज्ञान की वृद्धि के साथ कभी बढ़ती और कभी घटती रहती हैं।"[31]

ज्ञान की ही भाँति मार्क्सवाद सत्य की वास्तविक कसौटी भी व्यवहार को ही स्वीकार करता है। व्यावहारिक रूप से सिद्ध हो जाने पर ही सत्य प्रतिष्ठित होता है।

संक्षेप में द्वन्द्वात्मक भौतिकवाद के ये ही कुछ आधारभूत नियम और परिकल्पनाएँ हैं। संक्षिप्त और आवश्यक विवेचन के नाते कुछ महत्त्वपूर्ण विषयों को हमने छोड़ भी दिया है, परन्तु उनसे हमारे इस उद्देश्य की किंचित् क्षति नहीं होती कि द्वन्द्वात्मक भौतिकवाद की आधारभूत समझ पाठकों को मिल सके। द्वन्द्वात्मक भौतिकवाद की यह समझ इसलिए जरूरी है ताकि मार्क्सवादी साहित्य या कला-चिन्तन जैसी वस्तु को भी सम्यक् रूप से समझा जा सके। स्पष्ट हो जाना चाहिए कि दर्शन की इस समझ के अभाव में मार्क्सवादी कला-चिन्तन जैसी वस्तु की सही समझ इस कारण मुश्किल है कि साहित्य तथा कला-चिन्तन के क्षेत्र में वस्तुतः वह इसी दार्शनिक समझ का प्रतिफलन है।

अब हम संक्षेप में मार्क्सवादी दर्शन के दूसरे आधारभूत स्तम्भ ऐतिहासिक-भौतिकवाद को चर्चा करेंगे, जिसे हम मार्क्सवाद का समाज-दर्शन कह सकते हैं। मार्क्सवादी साहित्य या कला-चिन्तन के सम्यक् ग्रहण के लिए ऐतिहासिक भौतिकवाद की वैज्ञानिक आकृति का सम्यक् बोध इसलिए जरूरी है कि यही वह उत्स है, मार्क्सवादी साहित्य-चिन्तन या कला-चिन्तन-सम्बन्धी स्थापनाएँ जहाँ से निःसृत हुई हैं।

(आ) ऐतिहासिक भौतिकवाद

ऐतिहासिक भौतिकवाद को लेकर उन लोगों तक के मन में कुछ भ्रान्तियाँ पायी जाती हैं जो अपने को मार्क्सवादी दर्शन का जानकार कहते हैं। उदाहरण के लिए, कुछ लोगों का विचार है कि ऐतिहासिक भौतिकवाद मार्क्सवादी दर्शन का अविच्छेद्य अंग न होकर मार्क्सवादी दर्शन से स्वतन्त्र रूप में विकसित एक समाजशास्त्रीय दृष्टिकोण मात्र है। इस प्रकार का अभिमत ऐतिहासिक भौतिकवाद को मार्क्सवादी दर्शन से अलगाकर उसे एक समाजशास्त्रीय धारणा के रूप में बदल देता है, और यह बात न केवल मार्क्सवादी दर्शन की बुनियादी समझ का अभाव घोषित करती है, मार्क्सवाद की इतिहास दृष्टि को भी नकारती है।

स्पष्ट है कि ऐतिहासिक भौतिकवाद मार्क्सवादी दर्शन के भौतिकवादी और द्वन्द्ववादी दृष्टिकोण को सामाजिक जीवन के अध्ययन के लिए लागू करता है। दार्शनिक भौतिकवाद तब तक अधूरा है, जब तक ऐतिहासिक भौतिकवाद अपने निष्कर्षों से उसे पूर्ण न करे। ऐतिहासिक भौतिकवाद मार्क्सवाद का वह समाज दर्शन है, जो विज्ञान होने के साथ-साथ मार्क्सवादी दर्शन से भी अनिवार्यतः अनुस्यूत है। द्वन्द्वात्मक भौतिकवाद के नियम सामाजिक जीवन के अध्ययन के क्रम में

ऐतिहासिक भौतिकवाद के द्वारा ही अपनी सटीकता साबित करते हैं। बिना एक के दूसरा पूर्ण नहीं, और बिना दूसरे के पहले का कोई अस्तित्व नहीं।

एक दूसरी भ्रान्ति भी है। ऐतिहासिक भौतिकवाद सामाजिक जीवन के क्षेत्र में द्वन्द्वात्मक भौतिकवादी नियमों का प्रतिफलन है, इस बात से कुछ लोग यह निष्कर्ष निकालते हैं, गोया मार्क्स और एंगेल्स ने पहले द्वन्द्वात्मक भौतिकवाद के नियमों की प्रतिष्ठा की और बाद को उन्हें सामाजिक जीवन के क्षेत्र में लागू कर दिया। इससे सीधा-सीधा यह भी निष्कर्ष निकला कि द्वन्द्वात्मक भौतिकवाद ऐतिहासिक भौतिकवाद की तुलना में पहले बनाया गया सिद्धान्त है। यह और इस प्रकार के अन्य तमाम निष्कर्ष भी न केवल गलत हैं, मार्क्सवादी दर्शन को विकृत करने का काम भी करते हैं। अस्तु–

बहुत साफ तरीके से इस बात को समझ लेना चाहिए कि मार्क्स और एंगेल्स ने सम्पूर्ण मार्क्सवादी दर्शन को एक अविभक्त इकाई के रूप में प्रस्तुत किया था। दूसरे शब्दों में कहना चाहें तो कह सकते हैं कि उनके समग्र, अन्तर्ग्रन्थित चिन्तन के क्रम में मार्क्सवादी दर्शन के उक्त दोनों प्रधान आधार-स्तम्भों का स्वरूप एक साथ ही सामने आया था। इन दोनों को किसी भी सूरत में अलगाया नहीं जा सकता, और अलगाने का अर्थ, जैसा कि हम पहले ही कह चुके हैं, मार्क्सवादी दर्शन का विकृतीकरण होगा। एकदम निर्भ्रान्त रूप में इस तथ्य को समझ लेना चाहिए कि 'द्वन्द्वात्मक भौतिकवाद के बिना ऐतिहासिक भौतिकवाद की कल्पना भी नहीं की जा सकती और ऐतिहासिक भौतिकवाद के बिना द्वन्द्वात्मक भौतिकवाद की स्थिति असम्भव है।'[32]

ऐतिहासिक भौतिकवाद की विषय-वस्तु

यदि हम प्रारम्भ से लेकर आज तक के सामाजिक जीवन के विकास का अध्ययन करें तो पायेंगे कि सामाजिक जीवन का यह इतिहास बड़ी-बड़ी उथल-पुथलों, बड़े-बड़े परिवर्तनों और बड़ी ही पेचीदा, जटिल एवं संश्लिष्ट गतिविधियों को लेकर सामने आने वाला इतिहास है। इस समूचे दौर में बड़े-बड़े साम्राज्य ढहे हैं, नये साम्राज्यों का अस्तित्व सामने आया है, क्रान्ति और युद्धों का एक सिलसिला जारी रहा है। पुरानी समाज-व्यवस्थाएँ मिटी हैं और उनके स्थान पर नयी समाज-व्यवस्थाओं का जन्म हुआ है। मनुष्य और मनुष्य के पारस्परिक सम्बन्धों में भी न जाने कितनी फेरबदल हुई है। ये सारी बातें हमें यह कहने को प्रेरित करती हैं कि सामाजिक जीवन का समूचा इतिहास आश्चर्यजनक और महान् परिवर्तनों का इतिहास है।

प्रश्न उठता है कि क्या इस सारी उथल-पुथल और परिवर्तन के पीछे कोई नियम रहे हैं, अथवा यह सब आकस्मिक रूप में घटित हुआ है? यदि नियम रहे हैं तो क्या उनकी कोई वस्तुगत सत्ता है, और क्या उन्हें जाना-समझा भी जा सकता

है? इन तमाम सामाजिक परिवर्तनों के मूल में कौन-सी शक्तियाँ सक्रिय रही हैं? ये परिवर्तन क्यों होते हैं? उन्हें कौन परिचालित करता है? इन सारे परिवर्तनों में मानव-समाज की भी कोई भूमिका रही है, और यदि रही है, तो वह क्यों है? यदि मानव-समाज की कोई महत्त्वपूर्ण भूमिका नहीं रही है तो क्या वह इन परिवर्तनों का एक निष्क्रिय, तटस्थ और मूक दर्शन मात्र रहा है, क्या परिवर्तनों के दबावों को भोगना या सहना ही मनुष्य की नियति रही है, अथवा है?

ये तथा इस प्रकार के तमाम दीगर प्रश्न हैं जो समाज-विकास में रुचि रखने वाले मनुष्य को प्रारम्भ से ही अपनी ओर आकर्षित करते रहते हैं। बड़े-बड़े विद्वानों, विचारकों, तथा मनीषियों ने शताब्दियों से इन प्रश्नों के उत्तरों को खोजने की कोशिश की है, और आज भी वे अपनी इस कोशिश में लगे हुए हैं। अर्थशास्त्र, राजनीतिशास्त्र, नृतत्त्वशास्त्र जैसे तमाम विषयों का उद्भव वस्तुतः इन प्रश्नों के हल खोजने के क्रम में ही हुआ है, और कहने की आवश्यकता नहीं कि इन सारे विषयों ने हमें तमाम प्रश्नों के समाधान तक पहुँचने में काफी मदद की है। परन्तु बावजूद इस सबके यह कहना पड़ता है कि इन सारे शास्त्रों और विज्ञानों में कोई भी ऐसा नहीं है जो उक्त प्रश्नों का सही हल खोज सकता और उनके बारे में मनुष्य की समझ को निर्भ्रान्त कर सकता। इसका प्रधान कारण यह है कि ये सारे शास्त्र और विज्ञान सामाजिक जीवन के समूचे विकास को समग्रता में न देखकर अंशतः देखने के आदी रहे हैं, फलतः उनके द्वारा प्रस्तुत किये गये समाधान भी आंशिक होकर रहे गये हैं। हर एक की प्रक्रिया तथा प्रस्थान बिन्दु भी भिन्न रहे हैं, फलतः सब मिलजुल कर भी कोई निर्भ्रान्त निष्कर्ष प्रस्तुत नहीं कर पाते। दूसरे ये शास्त्र और विज्ञान सामाजिक क्षेत्र के विकास को नियन्त्रित करने वाले विशिष्ट नियमों को तो अपने अध्ययन की परिधि में लेते हैं, परन्तु उन सामान्य नियमों की ओर नहीं देखते, सामाजिक विकास में जिनकी अपनी महत्त्वपूर्ण भूमिका होती है। ये सामान्य नियम ही समाज के सभी क्षेत्रों को एक सूत्र में बाँधने वाले होते हैं, अतः बिना इनका अध्ययन किये विभिन्न सामाजिक व्यापारों तथा समग्र सामाजिक विकास को वैज्ञानिक तरीके से समझ पाना असम्भव है।

एक अन्य प्रश्न भी है। चूँकि समाज में भौतिक और अभौतिक दोनों प्रकार के व्यापार घटित होते हैं, अतएव यह भी जरूरी है कि इन व्यापारों को प्रेरक सामाजिक वास्तविकता और सामाजिक चेतना के बीच के सम्बन्ध-सूत्र को खोज कर उसका अध्ययन किया जाय। इस अध्ययन के द्वारा ही हम सामाजिक विकास की प्रेरक शक्तियों के स्वरूप को परख सकते हैं, और इसी के द्वारा हमारा अध्ययन वैज्ञानिक भी बन सकता है। कुल मिलाकर, सामाजिक वास्तविकता और सामाजिक चेतना के बीच का 'सम्बन्ध किस प्रकार का है, जब तक इस प्रश्न का समाधान न कर लिया जाय तब तक किसी भी सामाजिक व्यापार को समझने और परखने की कोई

वैज्ञानिक विधि निकाली नहीं जा सकती...। और इस प्रश्न का समाधान तभी सम्भव है जब हमारे पास एक ऐसा सामान्य सिद्धान्त हो, जिसकी रोशनी में, और एक ऐसी प्रणाली हो, जिसकी मदद से, समाज के जीवन-व्यापार को समझा जा सके। यह सिद्धान्त और यह प्रणाली हमें ऐतिहासिक भौतिकवाद से मिली है। ऐतिहासिक भौतिकवाद तक ऐसा दार्शनिक विज्ञान है, जो सामाजिक चेतना तथा सामाजिक वास्तविकता के सम्बन्ध का, तथा सामाजिक विकास के सबसे सामान्य नियमों और उसकी प्रेरक शक्तियों का निरूपण करता है। वह समाज के वैज्ञानिक संज्ञान और उनकी पुनर्रचना का सामान्य सिद्धान्त तथा प्रणाली, दोनों है।'[33]

यहाँ हमें इस तथ्य को भी पूरी तरह समझ लेना चाहिए कि सामाजिक जीवन की विकास-प्रक्रियाओं की समझ बहुत आसान भी नहीं है। उसकी तुलना में प्रकृति के विकास-नियमों तथा विकास-प्रक्रियाओं का अध्ययन अधिक सरल है।

उदाहरण के लिए प्रकृति के क्षेत्र में होने वाला विकास एक निश्चित क्रम की सूचना देता है, और यह क्रम जब तक कि कोई दूसरा प्राकृतिक कारण उसे अवरुद्ध न कर दे, सतत चला करता है। दूसरे, प्रकृति के विकास-नियम निर्वैयक्तिक और अचेतन (Impersonal and unconscious) शक्तियों द्वारा परिचालित होते हैं। इसके विपरीत सामाजिक जीवन के क्षेत्र में होने वाला विकास ऐसी किसी निश्चित क्रमिकता अथवा तारतम्य में बँधा नहीं होता। दूसरे, सामाजिक विकास की प्रेरक शक्तियाँ भी निर्वैयक्तिक और अचेतन नहीं हैं। यहाँ हमारा साबका मनुष्यों से पड़ता है, जो मस्तिष्क से युक्त, चेतनशील प्राणी हैं, और जिनके हर कार्य का कोई न कोई लक्ष्य या उद्देश्य होता है। इस आधार पर एंगेल्स के शब्दों में हम यह कह सकते हैं कि सामाजिक जीवन का विकास प्रकृति के विकास की तुलना से अनिवार्यतः भिन्न है।[34] ऊपर-ऊपर से हमें ऐसा लग सकता है कि यदि मनुष्यों के उद्देश्यों, प्रवृत्तियों आदि को लक्ष्य किया जाय तो सामाजिक जीवन के इस पेचीदे विकास-क्रम की कुंजी हमें मिल जायगी, परन्तु प्रश्न उठता है कि विशाल जनसंख्या वाले इस विश्व के कितने मनुष्यों के स्वभाव, गुण, प्रवृत्तियों आदि का अध्ययन हम करेंगे? और उसके उपरान्त भी क्या हम इस स्थिति में होंगे कि कह सकें कि हमारे निष्कर्ष सामाजिक जीवन की समूची विकास-प्रक्रिया का रहस्य उजागर कर देते हैं? जाहिर है कि विश्व के मानवों के स्वभाव तो भिन्न हैं ही, उनकी प्रवृत्तियाँ, इरादे तथा कार्य भी भिन्न-भिन्न होते हैं। एक का स्वार्थ दूसरे से टकराता है और कभी-कभी तो ऐसा है कि मनुष्यों से भिन्न और विरोधी स्वभावों, उद्देश्यों और कार्यों की टकराहट महान् ऐतिहासिक संक्रान्ति उपस्थित कर देती है, इतिहास को एक ऐसी दिशा की ओर मोड़ देती है जिसकी कल्पना तक उन मनुष्यों ने न की थी। फिर सवाल यह भी है कि किसी खास मौके पर कोई व्यक्ति कोई खास आचरण ही क्यों करता है, उससे भिन्न आचरण क्यों नहीं करता? ये सारे प्रश्न इतने जटिल

तथा संश्लिष्ट हैं कि मात्र सरलीकरण की प्रक्रिया हमारा साथ नहीं देती। व्यक्ति के सजग, सचेष्ट कार्यों एवं सामाजिक जीवन के प्रवाह की अपनी निजी दिशा का यह अन्तर्विरोध ही है जो सारे मामले को उलझा देता है और इसे ही प्रकृति के प्रति आधिभौतिक एवं सामाजिक जीवन के विकास-क्रम के बारे में भावनावादी रुख रखने वाले पूर्ववर्ती समाजशास्त्री एवं अन्य विचारक लक्ष्य नहीं कर सके। या तो उनके निष्कर्ष इस भ्रान्त धारणा के चक्कर में फँस कर रह गये कि मानव चेतना ही इतिहास का निर्देशन करती है, या वे इस गलत विचार के कायल हो गये कि महान सम्राटों या सत्ताधारियों की वैयक्तिक रुझानें ही इतिहास या समाज में महान्, क्रान्तिकारी मोड़ ला लेती हैं। ये विचारक सामाजिक व्यापारों को नियन्त्रित करने वाले वस्तुनिष्ठ नियमों को न तो देख ही सके और न समझ ही सके। दूसरे, इनमें से तमाम विचारक केवल मानव जाति के अतीत और वर्तमान की ही छानबीन करते रहे, उन्होंने उसके भविष्य की ओर दृष्टिपात नहीं किया। जिन्होंने भविष्य की ओर दृष्टिपात भी किया वे भी कल्पनापरक समाजवाद (utopian socialism) के दायरे में चक्कर लगा कर रह गये। उन्होंने भावी समाज की एक मनोरम रूपरेखा तो प्रस्तुत की, परन्तु उस नयी रचनात्मक शक्ति को नहीं देख सके जो वस्तुतः एक नये समाज की रचना कर सकती थी। उनका भाववादी दृष्टिकोण ही यहाँ उनके आड़े आया।

सर्वप्रथम मार्क्स और एंगेल्स ने द्वन्द्वात्मक भौतिकवादी नियमों को महत्त्व देकर, और उन्हें सामाजिक जीवन के विकास-क्रम के अध्ययन के सिलसिले में लागू कर, इस गुत्थी को सुलझाया। सामाजिक विज्ञान के क्षेत्र से भाववाद को निष्कासित करके, समाज-विकास के वैज्ञानिक अध्ययन के लिए उन्होंने एक प्रशस्त तथा निर्भ्रान्त पथ का निर्देश किया, ऐतिहासिक भौतिकवाद उनके इसी वैज्ञानिक सामाजिक-दार्शनिक चिन्तन का सुपरिणाम है।

हम कह चुके हैं कि ऐतिहासिक भौतिकवाद समाज और उसके विकास नियमों का अध्ययन करता है। दूसरे सामाजिक विज्ञानों से उसका महत्त्व इस बात में है कि वह सामाजिक विकास के सर्वसामान्य नियमों का ही अध्ययन करता है। श्री. वि. अफनास्येव के शब्दों में ऐतिहासिक भौतिकवाद की अध्ययन सामग्री निम्नलिखित विषयों को अपनी परिधि में लेती है।

ऐतिहासिक भौतिकवाद प्रथमतः 'ऐतिहासिक विकास की महत्त्वपूर्ण आम समस्याओं को लेता है। जैसे सामाजिक अस्तित्व और सामाजिक चेतना का सम्बन्ध, जनता के जीवन में भौतिक उत्पादन का महत्त्व, सामाजिक भावनाओं और तत्सम्बद्ध संस्थाओं की उत्पत्ति और भूमिका। ऐतिहासिक भौतिकवाद हमें यह समझने में समर्थ बनाता है कि इतिहास में जनगण या व्यक्ति क्या भूमिका अदा करते हैं, वर्ग एवं वर्ग-संघर्ष का उदय कैसे हुआ, राज्य का कैसे आविर्भाव हुआ, सामाजिक

क्रान्तियाँ क्यों होती हैं, और ऐतिहासिक प्रक्रिया में उनका महत्त्व क्या है? इसी तरह वह सामाजिक विकास की अन्य अनेक समस्याओं को सुलझाता है।

'ऐतिहासिक भौतिकवाद जिन नियमों का अध्ययन करता है, उन सभी का क्रिया-क्षेत्र एक नहीं है। कुछ नियम सभी दौरों में क्रियाशील रहते हैं और कुछ समाज के विकास के केवल खास दौरों में ही क्रियाशील रहते हैं। प्रथम कोटि में सामाजिक चेतना के सन्दर्भ में सामाजिक अस्तित्व की निर्धारक भूमिका का नियम और समाज के विकास में उत्पादन-पद्धति की निर्धारक भूमिका का नियम है। दूसरी कोटि में वर्ग-संघर्ष का नियम है जो केवल विरोधी वर्गों में विभक्त समाजों में क्रियाशील होता है।

'ऐतिहासिक भौतिकवाद उन तत्सम्बद्ध परिकल्पनाओं अथवा धारणाओं का भी विशदीकरण करता है जो सामाजिक विकास के सर्वसामान्य एवं सारभूत पहलुओं को प्रतिबिम्बित करते हैं। इनमें आते हैं–'सामाजिक अस्तित्व', 'सामाज़िक चेतना', 'उत्पादन-पद्धति', 'आधार' और 'ऊपरी ढाँचा'। ऐतिहासिक भौतिकवाद के नियमों और परिकल्पनाओं का कुल जोड़ ही सामाजिक विकास की ऐक्यबद्ध एवं संगत तस्वीर पेश करता है।

'ऐतिहासिक भौतिकवाद का ज्ञान हमें सामाजिक व्यापारों की गुत्थी को सुलझाने में तो मदद देता ही है, साथ ही वह सामाजिक जीवन को प्रभावित करने, मेहनतकश जनता के हित में उसे रूपान्तरित करने में भी हमें समर्थ बनाता है। सामाजिक विकास के नियमों के आधार पर यथार्थ को रूपान्तरित करने का अर्थ है, मानव जाति के प्रगतिशील विकास की ऐतिहासिक अनिवार्यता को अमली जामा पहनाना। इस विकास की प्रक्रिया में मानव-जाति सच्ची स्वतन्त्रता प्राप्त करती है।'[35]

श्री. वि. अफनास्येव के इस लम्बे उद्धरण को देने के मूल में हमारा आशय ऐतिहासिक भौतिकवाद की विषय-वस्तु का एक संक्षिप्त, किन्तु प्रामाणिक लेखा प्रस्तुत करना था। इसके आधार पर हम उक्त विषयों में से कुछ प्रमुख बातों पर ऐतिहासिक-भौतिकवादी मान्यताओं को निम्नलिखित रूप में प्रस्तुत कर सकते हैं।

सर्वप्रथम तो हमें इस तथ्य को समझ लेना चाहिए कि प्रकृति के विकास की भाँति सामाजिक जीवन का विकास भी ठोस वस्तुगत नियमों पर आधारित होता है। इन नियमों को भली-भाँति समझा जा सकता है, और इनके आधार पर सामाजिक विकास की भावी गतिविधियों का अनुमान और आकलन भी किया जा सकता है। प्रकृति के विकास-नियमों के विपरीत सामाजिक जीवन का विकास-क्रम और उसके नियम संश्लिष्ट और जटिल अवश्य होते हैं, परन्तु उनकी संचालिका शक्ति भी इसी ठोस, वस्तुगत सामाजिक जीवन के भीतर निहित होती है, अतः उसे पहचाना जा सकता है। कोई भी अतिमानवीय, अतिप्राकृतिक सत्ता, सामाजिक जीवन के विकास-क्रम को संचालित नहीं करती। वह विशुद्ध वस्तुगत व्यापार है, और मानवीय बुद्धि की पहुँच की सीमा के भीतर है।

दूसरे, मार्क्स-पूर्व समाजशास्त्रियों का यह मत कि विचार ही विश्व पर शासन करते हैं, और इन विचारों को स्रष्टा विशिष्ट व्यक्ति, राजे-महाराजे, प्रख्यात ऐतिहासिक व्यक्ति, विशिष्ट विद्वान्, आदि होते हैं, भ्रामक है। ऐतिहासिक भौतिकवाद हमें यह बतलाता है कि इतिहास के नियामक और निर्माता महापुरुष नहीं, आम मेहनतकश जनता होती है। सामाजिक जीवन के और इतिहास के विकास में निर्णायक भूमिका इसी जनसामान्य की होती है। जनसामान्य अपने इस इतिहास को निरंकुश तरीके से नहीं, पिछली शताब्दियों से उत्तराधिकार में प्राप्त वस्तुपरक भौतिक परिस्थितियों के आधार पर निर्मित करता है। मार्क्सवाद के अनुसार 'जनता' अथवा 'जनसामान्य' के अन्तर्गत वे लोग आते हैं, जो श्रम करते हैं, और वैमनस्यपूर्ण वर्ग-समाज में जो शोषित होते हैं।

जनसामान्य को महत्त्व देने का अर्थ यह नहीं है कि इतिहास के निर्माण में मार्क्सवाद व्यक्ति की भूमिका को सर्वथा नकार देता है। मार्क्सवाद की यह मान्यता अवश्य है कि व्यक्ति अपनी इच्छा से इतिहास के वस्तुगत प्रवाह को बदल नहीं सकता, परन्तु इसके साथ-साथ वह यह भी स्वीकार करता है कि अब तक का इतिहास 'सक्रिय व्यक्तियों' के कार्यों से ही बना हुआ है। इतिहास में इन व्यक्तियों की भूमिका जनता को संगठित करने की, उसके सामने महत्त्वपूर्ण कार्यक्रम प्रस्तुत कर, उसे संघर्ष के लिए प्रेरित करने की होती है।

ऐतिहासिक भौतिकवाद की बुनियादी मान्यता है कि मनुष्य का सामाजिक अस्तित्व ही उसकी सामाजिक चेतना को तय करता है। इसके विपरीत जो लोग सामाजिक चेतना को प्रमुखता देते हुए सामाजिक अस्तित्व को गौण मानते हैं, वे भाववाद के शिकार हैं, और इसीलिए उनकी मान्यता भ्रामक है। मार्क्स की उक्त मान्यता का सीधा-सादा निष्कर्ष यह है कि प्रकृति की ही भाँति, समाज में भी, अस्तित्व, या भौतिक जीवन ही प्रमुख है, और वही निर्णायक तत्त्व भी है। अस्तित्व अथवा भौतिक जीवन से तात्पर्य व्यक्ति के अस्तित्व या भौतिक जीवन से नहीं, समाज के अस्तित्व तथा उसके भौतिक जीवन से है। सामाजिक चेतना, राजनीति और विधि-सम्बन्धी सिद्धान्तों, धार्मिक, दार्शनिक तथा नैतिक विचारों का, जो किसी समाज में प्रचलित होते हैं, कुल जोड़ है। इनके अलावा उसके अन्तर्गत सामाजिक विज्ञान, कला तथा सामाजिक, मनोविज्ञान जैसी बातें भी आती हैं। इसके विपरीत, 'सामाजिक अस्तित्व' के अन्तर्गत अपनी सारी जटिलताओं तथा अन्तर्विरोधों के साथ समाज का भौतिक जीवन मूर्त्त होता है।

समाज के भौतिक जीवन से मार्क्स का क्या तात्पर्य था, इसे हम निम्नलिखित पंक्तियों में स्पष्ट करेंगे। मार्क्स और एंगेल्स के अनुसार यह समाज का भौतिक जीवन ही है, जो समाज की समूची आकृति, उसके समूचे ढाँचे, उसके विचारों तथा संस्थाओं का नियमन करता है।

उत्पादन पद्धति, समाज के जीवन का भौतिक आधार

उत्पादन पद्धति के अन्तर्गत हम उत्पादक शक्तियों और उत्पादन सम्बन्धों की चर्चा करेंगे। ऐसा इसलिए कि समाज के भौतिक जीवन का सर्वप्रथम उपादान वह श्रम है, जो कि मनुष्य अपनी बुनियादी जरूरतें पूरी करने, जैसे, भोजन, वस्त्र और आवास, तथा अपने आराम की अन्य वस्तुओं को तैयार करने में खर्च करता है। इस श्रम पर ही मनुष्य और समाज का अस्तित्व टिका हुआ है। उत्पादन की इस प्रक्रिया में भौगोलिक परिवेश तथा जनसंख्या प्राकृतिक-भौतिक पूर्व उपादानों का काम करती हैं। सामाजिक विकास इन प्राकृतिक-भौतिक परिस्थितियों से सदैव प्रभावित होता है, जो ये ऐतिहासिक प्रक्रिया का मूलाधार अवश्य मानी जा सकतीं। पशुओं और अन्य जीव-जन्तुओं के विपरीत जो प्रकृति के साथ एक प्रकार का निष्क्रियता-जनित तादात्म्य स्थापित करते हैं, मनुष्य अपने परिवेश को प्रभावित करने का प्रयास करता है, और जो वस्तुएँ उसे प्रकृति ने दी हैं, उन्हीं से, अथवा उनके अलावा अपने जीवन के लिए उपयोगी नयी वस्तुओं का निर्माण करता है। ज़ाहिर है कि इस काम में श्रम की भूमिका सर्वप्रमुख होती है।

पिछली पीढ़ियों द्वारा उत्तराधिकार में प्राप्त श्रम के साधनों, औजारों आदि का इस्तेमाल करते हुए मनुष्य उनमें संशोधन करते हुए अपेक्षाकृत अधिक विकसित साधन निर्मित करता है। वह यह सारा कार्य अपनी विकसित होती हुई प्रतिभा, क्षमता एवं अनुभवों के आधार पर शनैः-शनैः करता है। लकड़ी के हल तथा इससे भी प्राचीन साधनों की तुलना में ट्रैक्टर का विकास इसी सीढ़ी-दर-सीढ़ी होने वाले मानवीय प्रतिभा एवं क्षमता के विकास की कहानी है।

परन्तु उत्पादन के साधन अथवा औजार तब तक अपना अर्थ नहीं रखते जब तक कि उन्हें मानव का सहयोग न मिले, उसके श्रम में दक्ष हाथ, उनका इस्तेमाल न करें। इसीलिए यदि हम कहें कि **उत्पादन के औजार एवं श्रम तथा उत्पादन की प्रक्रिया में लगे हुए मनुष्य मिलजुल कर उत्पादक शक्तियों का निर्माण करते हैं तो सही होगा।** दूसरे शब्दों में कहना चाहें तो कह सकते हैं कि उत्पादन की शक्तियाँ अथवा उत्पादक शक्तियाँ उत्पादन के साधनों, और सर्वोपरि श्रम के सभी औजारों, जिन्हें मनुष्य ने तैयार किया है, और उन लोगों का जो भौतिक सम्पदा पैदा करते हैं, कुल योग होती हैं। श्रमजीवी मनुष्य इनमें सबसे अधिक महत्त्वपूर्ण है।

उत्पादक शक्तियों के उक्त स्पष्टीकरण के पश्चात् अब हम उत्पादन-सम्बन्धों की चर्चा करेंगे। उत्पादन किसी एक व्यक्ति का काम न होकर समुदाय के सहयोग की अपेक्षा रखता है। उसका स्वरूप सामाजिक होता है। मनुष्य चाहे या न चाहे **उत्पादन की प्रक्रिया के दौरान उसे दूसरे मनुष्यों के सम्पर्क में आना ही पड़ता है, और सब मिलजुल कर ही उत्पादन को सम्भव बनाते हैं।** हर किसी का अपना श्रम सामाजिक श्रम का ही एक अंग होता है। **उत्पादन के क्रम में मनुष्य और**

मनुष्य के बीच के ये सम्बन्ध ही उत्पादन-सम्बन्ध कहलाते हैं। विविध युगों में इन सम्बन्धों का स्तर बदलता भी रहता है। समाज-विकास की एक खास अवस्था में इन सम्बन्धों का स्तर यहाँ तक बदलता है कि ये उत्पादकों के बीच के ही सम्बन्ध न होकर उत्पादकों तथा उन व्यक्तियों के बीच के सम्बन्ध बन जाते हैं जो उत्पादन में सीधे हिस्सा न लेकर केवल उत्पादन के साधनों के स्वामी होते हैं। यहीं से वर्ग और वर्ग-सम्बन्धों की शुरुआत होती है। पूँजीवादी समाज व्यवस्था में ऐसा ही होता है। पूँजीपति स्वयं काम न करके उत्पादन के साधनों के स्वामी होते हैं, जो दूसरों का श्रम खरीदकर मुनाफा कमाते हैं।

ये उत्पादन-सम्बन्ध मानवीय चेतना से स्वतन्त्र अपना भौतिक आधार रखते हैं।

उत्पादन की शक्तियों और उत्पादन-सम्बन्धों के बीच एकता को उत्पादन पद्धति के अन्तर्गत भली-भाँति अभिव्यक्ति मिली है।

अब तक का समाज-विकास का इतिहास, ऐतिहासिक भौतिकवादी मान्यताओं के सन्दर्भ में पाँच प्रकार की उत्पादन-पद्धतियों का परिचय देता है। ये हैं क्रमशः आदिम समाज, दास समाज, सामन्ती समाज, पूँजीवादी समाज और समाजवादी समाज। इनमें हर अगली समाज व्यवस्था पिछली की अपेक्षा प्रगतिशील रही है। और कालान्तर में स्वयं अन्तर्विरोध ग्रस्त और क्षयी होते हुए अगली समाज व्यवस्था के लिए मार्ग देती रही है। ऐतिहासिक भौतिकवाद समाज-विकास की इन पाँचों अवस्थाओं का विस्तृत विश्लेषण करता है।

आधार और ऊपरी ढाँचा

जैसा कि एंगेल्स का कथन है, मनुष्य की बुनियादी आवश्यकता भोजन, वस्त्र और आवास की होती है। इसके पूर्व कि वह विज्ञान, कला, धर्म, दर्शन और राजनीति में गति प्राप्त करे, उसे अपने अस्तित्व (सामाजिक अस्तित्व) को बनाये रखने के लिए भोजन, वस्त्र और आवास की जरूरत होती है। अपनी इन बुनियादी आवश्यकताओं की पूर्ति के लिए ही **मनुष्य श्रम करता है। इस आधार पर ही उनका कहना है कि 'तत्काल आवश्यक जीविका के भौतिक साधनों का उत्पादन और फलतः एक विशेष जन द्वारा विशेष युग में उपलब्ध आर्थिक विकास की मात्रा वह आधार (Basis) है,** जिसके सहारे उसकी राज्य संस्थाओं, कानूनी अवधारणाओं, कला और यहाँ तक कि धर्म-सम्बन्धी विचारों का विकास हुआ है, और फलतः जिनकी रोशनी में ही उन्हें समझा जा सकता है, न कि, जैसा कि अब तक होता आया है, उल्टे उनकी रोशनी में आर्थिक आधार को।'[36] आर्थिक आधार ही बुनियादी आधार है, और उसके सहारे खड़े होने वाले धर्म, दर्शन, राजनीति, कला आदि ऊपरी ढाँचे का निर्माण करते हैं। आर्थिक आधार में तब्दीली समूचे

ऊपरी ढाँचे को प्रभावित करती है, गो ऊपरी ढाँचा भी आर्थिक धरातल पर अपनी छाप छोड़ता है। आगे हम इस पहलू की विशद् विवेचना करेंगे।

ऐतिहासिक भौतिकवाद की विषयवस्तु बहुत व्यापक है। उसके विस्तार में जाने का इरादा हम नहीं कर रहे। हम केवल वहीं तक सीमित रहना चाहते हैं, जहाँ तक हमारा विवेचन मार्क्सवादी दर्शन की आधारभूत मान्यताओं को इस प्रकार पेश कर सके, कि उसके साहित्य और कला-चिन्तन को समझने के क्रम में वे पृष्ठभूमि का काम कर सकें।

हमें आशा है कि हमारा उक्त विवेचन पाठकों को इस प्रकार की पृष्ठभूमि प्रदान करेगा।

समग्रतः, हम इतना कह सकने की स्थिति में हैं कि मार्क्स और एंगेल्स ने अपनी दार्शनिक मान्यताओं के आधार पर प्रथम बार संसार, समाज तथा प्रकृति के विकास-क्रम को परखकर एक वैज्ञानिक दर्शन की नींव डाली जिसने हमें विश्व को समझने और परखने की एक ऐसी दृष्टि दी जो भावनावादी, रहस्यवादी, अध्यात्मवादी कुहासे को चीरते हुए संगत निष्कर्षों तक हमें पहुँचा सकने में समर्थ है। इस वैज्ञानिक विश्व-दृष्टिकोण ने न केवल मानव-जीवन को समझने वरन् उसे बदलने की दिशा की ओर भी हमें प्रेरित किया। इसे उसकी श्रेष्ठतम उपलब्धि के रूप में स्वीकार किया जायगा।

सन्दर्भ

1. "Marx and I were pretty well the only people to rescue conscious dialectics (from the destruction of Idealism, including Hegelianism) and apply in the materialist conception of nature...".
—Engels-Anti-During
2. "My dialectic method is not only different from the Hegelian but is its direct opposite. To Hegel, the life-process of the human brain is the process of thinking, which under the name of the 'The idea' he even transforms into an independent subject, is the demiurgos of the real world, and the real world is only the external, phenomenal form of 'the idea'. With me on the contrary, the ideal is nothing else, than the material world, reflected by the human mind the translation into forms of thought" Selected Works. Karl Marx and F. Engels.
3. Thus according to Marx, Dialectors is "The Science of the General laws of motion-both of the external world and of human thought."
—V. I. Lenin—Selected Works, VoI. XI I.P.N. 1943, p. 17.
4. V. I. Lenin, Selected Works, Vol. XI-I.P.N. 1943, p. 16.
5. The great basic thought that the world is not to be comprehended as a complex of ready-made things, put as a complex of processes, in which the things apparently stable, no less than their mind-in

our heads, the concepts, go through an uninterupted change of coming into being and passing away.

—Engels—Ludwig Feurebauch, Chapter-IV.

6. "For it, nothing is final, absolute, sacred. It reveals the transitory character of everything and in every things, nothing can endure before it except the uninterupted process of becoming and or passing away, of endless ascederncy from the lower to the higher. And dialectical philosophy itself is nothing more than the mere reflection of this process in the thinking brain." —*Ibid.*
7. मार्क्सवाद दर्शन–पीपुल्स बुक हाउस, लखनऊ, प्रथम संस्करण, पृ. 6-7।
8. A development that semingly repeats the stages already passed, but repeats them otherwise, on a higher basis (Negation of negation) a development, so to speak, in spirals, not in a straight line; a development, by leaps, catastrophies, revolutions;—breaks in continuity;—the transformation of quantity into quality; the inner impulses to development imparted by the contradictions, and conflict of the various forces and tendencies acting on a given body, or within a given phenomeon, or within a given society, the interdependence, and the closest and indissoluble connection of all sides of every phenomeon, a connection that provides a uniform, law-governed, universal process of motion, such are some of the features of dialectics as a richer doctrine of devlopment.

   —Selected Works. Vol. XI. p. 17-18.
9. मार्क्सवादी दर्शन–ऊपर उद्धृत, पृ. 93।
10. वही।
11. Progress Publishers Moscow.1967, p. 123.
12. मार्क्सवादी दर्शन–वि. अफनास्येव, पृ. 90।
13. वही, पृ. 144।
14. वही, पृ. 144।
15. वही, पृ. 93-94।
16. Fundamentals of Marxism-Leninism, Moscow, p. 94.
17. मार्क्सवादी दर्शन, पृ. 98।
18. वही, पृ. 43-44।
19. वि. अफनास्येव, मार्क्सवादी दर्शन, पृ. 102।
20. वही, पृ. 103।
21. Refer—Fundamentals of Marxism-Leninism, p. 98.
22. *Ibid*, p. 98.
23. वि. अफनास्येव, मार्क्सवादी दर्शन, पृ. 106-107।
24. पूँजी–मास्को-खण्ड 1, 1959 : पृ. 309।
25. वि. अफनास्येव, मार्क्सवादी दर्शन, पृ. 112।
26. मार्क्सवादी दर्शन, पृ. 42।

27. Fundamentals of Dialectical materialism p. 163.
28. वि. अफनास्येव–मार्क्सवादी दर्शन, पृ. 144।
29. लेनिन, संगृहीत रचनाएँ, खण्ड 14, पृ. 135।
30. "Dialectical and Historical materialism are closely interconnected; Historical materialism is unthinkable without Dialectical materialism just as Dialectical materialism is impossible without Historical materialism."—The Laws of Social Development
—G. Glezermen, Foreign Languages publishing House, Moscow, p. 16.
31. व. पोदोसेतनिक अ. स्पीर्किन, ऐतिहासिक भौतिकवाद पर एक दृष्टि, प्रगति प्रकाशन, मास्को, पृ. 7-8।
32. "In one point, the history of the development of society proves to be essentially different from that of nature. In nature... these are only blind, unconscious agencies, acting upon one another. In the history of society, on the othr hand, the actors are all endowed with consciousness, are men, acting with deliberation or passion, working towards definite goals; nothing happens without a conscious purpose, without an intended aim."
—Quoted from M. Cornforth, Historical Materialism, p. 26.
33. उदाहरण के लिए पाल हेनरी होलबाख़ के अनुसार–'एक पूरी लड़ाई छेड़ देने और लाखों आदमियों को मौत के घाट उतार देने के लिए, फौजी किलों को ढहा देने और शहरों को धूल में मिला देने के लिए, सैकड़ों राष्ट्रों को गरीबी और मुसीबत में डाल देने और अकाल और बीमारी फैलाने के लिए और लम्बी सदियों तक बर्बादी, कहर और आफतों का सिलसिला कायम रखने के लिए किसी उन्मत्त और कट्टर आदमी के पित्त में खटास बढ़ जाना, किसी विजेता की धमनी का खून गर्म हो उठना, किसी बादशाह की बदहजमी या किसी औरत की मौज या सनक की काफी वजह हो सकती है।'
–व. पोदोसेतनिक तथा अ. स्पीर्किन 'ऐतिहासिक भौतिकवाद पर एक दृष्टि', पुस्तक से उद्धृत, पृ. 9।
34. मार्क्सवादी दर्शन, पृ. 183-184।
35. मार्क्स-एंगेल्स संकलित रचनाएँ, खण्ड 2, मास्को, 1958, पृ. 167।

खण्ड : 2

मार्क्सवादी साहित्य-चिन्तन; पृष्ठभूमि तथा इतिहास

- मार्क्स-पूर्व साहित्य-चिन्तन
- परवर्ती कला-चिन्तन
- मार्क्सवादी साहित्य-चिन्तन का प्रस्थान-बिन्दु
- मार्क्सवादी साहित्य-चिन्तन की परम्परा

1

मार्क्स-पूर्व साहित्य-चिन्तन

साहित्य-चिन्तन के मार्क्सवादी दृष्टिकोण के उदय से पूर्व पश्चिमी साहित्य-चिन्तन किन सरणियों पर गतिशील होता रहा, सहस्रों वर्षों की इस यात्रा के दौर में उसकी क्या निष्पत्तियाँ रहीं, साहित्य तथा कलाओं के सम्बन्ध में मनुष्य की समझ को उसने किस सीमा तक विकसित और पुष्ट किया, इन सारी बातों का अत्यन्त संक्षिप्त विवेचन ही यहाँ हमारा साध्य है। यह विवेचन हम यहाँ इस कारण प्रस्तुत नहीं कर रहे कि पाठकों को पश्चिमी साहित्य-चिन्तन के विकास से परिचित कराएँ, इस प्रयास में हमारा उद्देश्य मात्र इतना ही है कि मार्क्स-पूर्व साहित्य-चिन्तन की इस पृष्ठभूमि में, अगले अध्यायों में हमारे विवेच्य विषय मार्क्सवादी साहित्य-चिन्तन को प्रथमतः एक अनुक्रम मिल सके, द्वितीय, मार्क्सवाद की अपनी खास साहित्यिक चिन्तन-सरणि का वैशिष्ट्य उद्घाटित हो सके। पाश्चात्य साहित्य-चिन्तन की एक अत्यन्त समृद्ध परम्परा रही है, सहस्रों वर्षों के क्रम में जिसने अनेक उतार-चढ़ाव देखे हैं। साहित्य-चिन्तन की इस समूची परम्परा से मार्क्सवादी साहित्य-चिन्तन की तुलना भी हम नहीं करना चाहते (गो, अगले अध्यायों में मार्क्सवादी साहित्य-चिन्तन का विधिवत् विश्लेषण करने के क्रम में तुलना के अनेक प्रसंग आप से आप सामने आएँगे), इस विवेचन के सन्दर्भ में हमारा तीसरा लक्ष्य यह है कि पाश्चात्य साहित्य-चिन्तन के इस विकास-क्रम का उल्लेख करते हुए हम यह भी प्रदर्शित कर सकें कि भाववाद और वस्तुवाद (Idealism and Materialism) का जो द्वन्द्व दर्शन के क्षेत्र में सहस्राब्दियों तक चला, उसका रूप साहित्य-चिन्तन के क्षेत्र में क्या और कैसा रहा, किस प्रकार साहित्य-चिन्तन के आदर्शवादी-भाववादी पैमानों का अतिक्रमण करते हुए मार्क्सवादी साहित्य-चिन्तन के रूप में अन्ततः पश्चिम में वस्तुवादी साहित्य-चिन्तन की एक सर्वथा नयी सरणि विकसित हुई, और साहित्य तथा कला-विवेचन के सिलसिले में उसका अपना मौलिक योगदान क्या रहा? यही कुछ मुद्दे हैं जिन्हें स्पष्ट करने के लिए मार्क्स-पूर्व साहित्य-चिन्तन के स्वरूप पर एक विहंगम दृष्टि डालने की आवश्यकता

हमें प्रतीत हुई, और हमारे विचार से मार्क्सवादी साहित्य-चिन्तन की मौलिक आकृति को भली-भाँति स्पष्ट करने के लिए यह जरूरी भी था। अस्तु–

प्राचीन युग, यूनानी काव्य-चिन्तक–1

पश्चिमी काव्य-चिन्तन की परम्परा का प्रारम्भ प्राचीन युग के यूनानी काव्य-चिन्तकों से होता है। इन यूनानी काव्य-चिन्तकों में प्लेटो, अरिस्टाटल तथा लांजाइनस का नाम विशेष रूप से उल्लेखनीय है। प्लेटो (Plato) को यूनानी काव्य-चिन्तन का आदि-पुरुष माना जा सकता है। यह प्लेटो के महत्त्व की ही स्वीकृति है कि उसके उद्भव के सहस्राब्दियों के बाद तक का पश्चिमी काव्य-चिन्तन उसके विचारों की मूलवर्ती प्रेरणा को नजरअन्दाज नहीं कर सका।

यूँ, प्लेटो से पूर्व भी अव्यवस्थित रूप में प्राचीन यूनान में रचना और रचनाकार-सम्बन्धी कतिपय धारणाएँ बनने लगी थीं, जिनका श्रेय रचनाकारों तथा विद्वानों की एक लम्बी पंक्ति को है। इन रचनाकारों तथा विद्वानों में हम मुख्यतः सोक्रेटीज (सुकरात), प्रोतोगोरस, गोर्गिनस, इसोक्रेतीज जैसे सोफिस्टों (Sophists) एवं वक्तृत्व-कला-विशेषज्ञों तथा होमर, हीसिएड, एस्किलेस, सोफोक्लीज तथा यूरोपीडीज़ जैसे महाकवियों एवं नाटककारों की गणना कर सकते हैं। यूनान में यह मान्यता होमर (Homer) से काफी पहले व्याप्त थी कि कवि एवं गायक ईश्वरीय प्रेरणा से काव्य-रचना करते हैं, और उनमें लोगों को आनन्दानुभूत करने की अलौकिक शक्ति निहित होती है। उक्त रचनाकारों के महाकाव्यों एवं नाटकों को देखने-सुनने के उपरान्त लोगों की इस धारणा को भी बल मिला कि कवि केवल लोकानुरंजन ही नहीं करता, उसकी रचनाओं में नैतिक तत्त्वों तथा गहन जीवन सत्यों की भी अभिव्यक्ति होती है, और वह लोकरंजक होने के साथ-साथ लोक-शिक्षक भी है। कहने का तात्पर्य यह कि लोकानुरंजन के साथ-साथ नैतिक परिष्कार का आदर्श भी प्लेटो आदि विचारकों के पहले ही यूनान में विद्यमान था और महज़ नैत्रिक आधारों पर किसी रचना या रचनाकार की प्रशंसा या निन्दा करने की परम्परा भी वहाँ पहले से ही चली आ रही थी।

प्लेटो ने अपने काव्य-चिन्तन में अपने पूर्व व्याप्त काव्य-चिन्तन के उक्त बिखरे सूत्रों को सँजोते हुए उन पर तो अपना अभिमत दिया ही है, काव्य-चिन्तन के नये सूत्रों को भी अधिक व्यवस्थित और साफ तरीके से उपस्थित किया है।

काव्य-सम्बन्धी प्लेटो के विचारों को प्रधानतः उसके संवादों फीड्रस (Pheadrus) और आयोन (Ion) तथा उसके ग्रन्थ 'रिपब्लिक' में देखा जा सकता है, कारण उसने इस विषय पर अलग से ऐसी कोई पुस्तक नहीं लिखी जहाँ उनका एकत्र रूप हमें प्राप्त हो सके।

अपने काव्य-चिन्तन में प्लेटो ने इस परम्परागत मान्यता की पुष्टि की है कि

कवि दैवी प्रेरणा से काव्य-रचना करता है। कला की अधिष्ठात्री देवियाँ उसके मन पर इस कदर अधिकार जमा लेती हैं कि वह आपे में न रहकर अपना विवेक खोता हुआ उन्माद की स्थिति में पहुँच जाता है, और इस स्थिति में अपनी कल्पना द्वारा जीवन-सत्यों का साक्षात्कार करते हुए उन्हें अपनी रचना में व्यक्त करता है। प्लेटो की दूसरी महत्त्वपूर्ण निष्पत्ति समस्त काव्य तथा कलाओं को अनुकृति मूलक मानने से सम्बन्धित है। उसका कहना था कि काव्य तथा कलाएँ दृश्य-जगत् की अनुकृति होती हैं। प्लेटो की तीसरी महत्त्वपूर्ण मान्यता काव्य-रचना को बौद्धिक व्यापार न समझकर भावात्मक व्यापार के रूप में स्वीकृति देना है। उसके अनुसार रचना का प्रभाव भी पाठक या श्रोता पर भावात्मक ही होता है। काव्य की प्रभाव क्षमता का प्लेटो ने बड़े ही सशक्त ढंग से प्रतिपादन किया है और इस प्रभावक्षमता के मूल में काव्य से प्राप्त होने वाले आनन्द को ही मुख्य माना है। इन मान्यताओं के अतिरिक्त कलाओं का उदार तथा उपयोगी कलाओं के रूप में वर्गीकरण, कविता का गीत, नाटक और महाकाव्य के रूप में विभाजन तथा उसकी व्याख्या भी उसने विस्तार से की है।

द्रष्टव्य है कि अपने ग्रन्थ 'रिपब्लिक' में प्लेटो ने काव्य-सम्बन्धी अपनी मूलभूत व्याख्या पर अपनी जो प्रतिक्रिया व्यक्त की है, वह उसकी मूलभूत मान्यताओं का विरोध करती हुई प्रतीत होती है। यहाँ प्लेटो का कहना है कि चूँकि कवि दैवी प्रेरणा से उन्माद की अवस्था में काव्य-रचना करता है, इस कारण वह मूलतः एक उन्मादी व्यक्ति है, और श्रोताओं को भी उन्माद की स्थिति तक पहुँचाने का जिम्मेदार है। उसके काव्य में उदात्त चरित्रों के साथ-साथ निम्न कोटि के चरित्रों का चित्रण भी होता है, अतः उसे नैतिकता का हामी भी नहीं माना जा सकता। नैतिक वह तभी होगा जब उसके काव्य में केवल श्रेष्ठ चरित्रों का ही चित्रण हो। यही नहीं, अनुभूति मूलक होने के नाते कवि की रचना सत्य के निकट भी नहीं मानी जा सकती। चूँकि यह दृश्य-जगत् भाव-सत्य की अनुकृति है, और कविता इस दृश्य-जगत् की अनुकृति होती है, अतः अनुकृति की अनुकृति होने के कारण सत्य होना तो अलग, वह सत्य से दो गुना दूर होती है।

कवि के भावाविष्ट मनोजगत् पर टिप्पणी करते हुए 'रिपब्लिक' में उसका कहना है कि चूँकि कवि स्वतः एक विशिष्ट प्रकार के भावात्मक प्रभाव में, बौद्धिक चेतना से शून्य होकर रचना करता है, और श्रोताओं को भी इसी स्तर पर प्रभावित करता है। अतः केवल कवि ही नहीं, श्रोता भी उन्मादी हो जाते हैं, और इस आधार पर कवि को, समाज को भी गैर जिम्मेदार बनाने का दोषी माना जाना चाहिए। केवल इसी आधार पर प्लेटो ने कवि को 'आदर्श प्रजातन्त्र' से बहिष्कृत कर देने की बात भी कही है।

प्लेटो की ये प्रतिक्रियाएँ सचमुच विचारोत्तेजक हैं और गो कि ये उसकी मूलभूत मान्यताओं को नकारती हैं, फिर भी उनका महत्त्व है। अगले काव्य-चिन्तन के

लिए वे विचार एवं तर्क की नयी जमीन तैयार करती हैं। पश्चिमी काव्य-चिन्तन में आगे के लम्बे समय तक इन पर चर्चा हुई है, और नये-नये निष्कर्ष सामने आये हैं।

अरस्तू (अरिस्टाटल) का काव्य-चिन्तन प्लेटो के काव्य-चिन्तन का न केवल अतिक्रमण करता है, उसका विरोध भी करता है। परन्तु अरस्तू (Aristotle) ने अपने गुरु की मान्यताओं का सीधा विरोध नहीं किया, वरन् काव्य और काव्य-रचना के मौलिक प्रश्नों पर अपनी नयी मान्यताएँ प्रस्तुत करते हुए उसने प्लेटो के काव्य-चिन्तन को काटा।

प्लेटो ने काव्य को 'अनुकरण का अनुकरण' कहकर सत्य से दो-गुना दूर बताया था, अरस्तू ने यह तो स्वीकार किया कि काव्य ही नहीं, अन्य कलाएँ भी अनुकरण मूलक होती हैं, परन्तु यह अनुकरण कोई हेय बात नहीं है। अरस्तू के व्याख्याकार प्रो. बूचर के अनुसार अनुकरण शब्द से अरस्तू ने जो आशय ग्रहण किया है, वह संकीर्ण न होकर बहुत व्यापक है। प्लेटो ने अनुकरण को मात्र नकल के रूप में स्वीकार किया था जबकि अरस्तू के यहाँ अनुकरण का अर्थ 'पुनः सृजन' लिया गया है। इस मान्यता के अनुसार कवि बाह्य जगत् के अनुभवों एवं संवेदनाओं के आधार पर मूल वस्तु का पुनः सृजन करता है, और कहने की आवश्यकता नहीं कि प्लेटो के विपरीत अरस्तू का यह मत काव्य-रचना के महत्त्व और गरिमा का द्योतक है।

अरस्तू का एक महत्त्वपूर्ण प्रदेय काव्य-रचना को एक स्वतन्त्र व्यापार के रूप में प्रतिष्ठित करना भी है। प्लेटो ने काव्य-रचना के साथ नैतिकता का आधारभूत सम्बन्ध स्थापित किया था, अरस्तू ने नैतिकता को अस्वीकार न करते हुए भी काव्य को मूलतः सौन्दर्य की वस्तु माना। उसने यह अवश्य प्रतिपादित किया कि नैतिक मानों की संगति ही काव्य परिष्कृत प्रकार के आनन्द का विधायक हो सकता है, परन्तु यह भी कहा कि कवि का एक सफल शिक्षक होना ही पर्याप्त नहीं है, उसे अच्छा कलाकार भी होना चाहिए।

प्लेटो ने कवि को भावात्मक प्रवाह में रचना करने के कारण उन्मादी, गैर जिम्मेदार एवं समाज को भी गैरजिम्मेदार बनाने वाला घोषित किया था। अरस्तू ने अपने प्रसिद्ध 'विरेचन के सिद्धान्त' (Catharsis) का प्रतिपादन कर प्लेटो की उक्त मान्यता का भी खण्डन प्रस्तुत किया। ट्रेजेडी (Tragedy) अथवा दुखान्त नाटक से मिलने वाले आनन्द की व्याख्या करते हुए उसने स्पष्ट किया कि ट्रेजेडी में प्रदर्शित करुणा, दुःख एवं भय के भाव दर्शकों के मानसिक अवसाद का शमन करके उसके मानस को एक अत्यन्त शान्त एवं निर्मल स्थिति में पहुँचा देते हैं। इस स्थिति पर पहुँचकर दर्शक को एक अत्यन्त गहन प्रकार का आत्मिक सन्तोष अथवा आनन्द प्राप्त होता है। इस प्रकार दर्शक के मानसिक विकारों का विरेचन कर दुःखान्त नाटक अपने लक्ष्य की प्राप्ति करता है। अरस्तू का यह सिद्धान्त रचना या रचनाकार के गैरजिम्मेदार स्वरूप का निषेध करता है।

इन मान्यताओं के अतिरिक्त अरस्तू ने कविता और इतिहास का अन्तर स्पष्ट करते हुए कहा कि इतिहास घटित हो चुके तथ्यों का वर्णन करता है, जबकि कविता उन तथ्यों एवं घटनाओं के वर्णन को अपना लक्ष्य बनाती है, जो घटित हो सकती हैं। इतिहास का सम्बन्ध विशेष से है, जबकि कविता का सामान्य या सार्वभौम (universal) से। अरस्तू का यह मत भी काव्य के महत्त्व का प्रतिष्ठापक है।

अरस्तू का अधिकांश कार्य व्यावहारिक साहित्य-समीक्षा के क्षेत्र का है, जिसके अन्तर्गत कलाओं का विभाजन तथा वर्गीकरण, महाकाव्य, नाटक आदि की विस्तृत व्याख्या एवं नियम-निर्देश, उनके शैली-शिल्प आदि का विवेचन, आदि बातें आती हैं। यह सत्य है कि व्यावहारिक क्षेत्र में किया गया अरस्तू का यह कार्य आगे के समीक्षकों के लिए मूलाधार बनकर प्रस्तुत हुआ, परन्तु इतना तो स्पष्ट है कि प्लेटो की भाँति अरस्तू का काव्य-चिन्तन मौलिक स्थापनाओं को उतना सामने नहीं लाया, जितना विवेचन और विश्लेषण को। अधिकांशतः तो उसने प्लेटो द्वारा निर्मित जमीन पर ही कार्य किया। उसके चिन्तन की मौलिकता प्लेटो की मान्यताओं के उसके द्वारा विश्लेषण में ही देखी जा सकती है। महाकाव्य एवं दुःखान्त नाटक का उसका स्वरूप-विवेचन भी अत्यन्त विशद् है।

प्लेटो और अरस्तू जैसे यूनानी काव्य-चिन्तन के आदि आचार्यों ने काव्य और काव्य-निर्माण सम्बन्धी अपने विचारों से पश्चिमी साहित्य-चिन्तन को एक सुदृढ़ आधार प्रदान किया, और जैसा कि हम कह चुके हैं, अगली शताब्दियों तक उनके विचारों की प्रमुखता बनी रही। यूनानी काव्य-चिन्तन में तीसरा नाम जिसे हम प्लेटो और अरस्तू के पश्चात् विश्वास के साथ ले सकते हैं लौंजाइनस या लौंजाइनस (Longinus) का है। लौंजाइनस ने कवि और उसकी कविता की गरिमा को पूरी शक्ति से एक बार पुनः प्रतिष्ठित किया और उनके महत्त्व को इस कारण स्वीकृति दी कि वे पाठक या दर्शक को एक अलौकिक आनन्द भावना से अभिभूत कर अत्यन्त दिव्य मानसिक स्थिति में पहुँचा देते हैं। उसके अनुसार कवि या उसकी कविता के महत्त्व-निरूपण का एक मात्र मानदण्ड यही है। यदि उनमें यह क्षमता नहीं है तो महज शिक्षा से कोई लाभ नहीं। दर्शक या श्रोता को दिव्य आनन्दानुभूति तक पहुँचा देने का गुण कविता में अन्तर्निहित भावों एवं विचारों की महानता तथा उदात्तता से ही आता है। उदात्तता से अपना आशय स्पष्ट करते हुए उसका कहना है—'अभिव्यंजना की श्रेष्ठता और विशिष्टता का नाम उदात्तता है, जिसके कारण महानतम् कवि और इतिहास वेत्ता गौरव प्राप्त कर अमर यश के भागी बने हैं। श्रोताओं में केवल प्रत्यय या आनन्द प्रदान करना ही उदात्त तत्त्व का कार्य नहीं, अपितु किसी मन्त्र-शक्ति की भाँति उन्हें आप में से ऊँचे उठाकर आनन्दातिरेक की अवस्था को पहुँचा देना है। निस्सन्देह जो हममें आश्चर्य की भावना उत्पन्न करता है, वह हमें मन्त्र मुग्ध कर देता है, और यह भाव हमेशा, केवल प्रत्यय और

आनन्द पैदा करने वाले भाव से कहीं बढ़कर होता है। क्योंकि हमारे विश्वास प्रायः हमारे अपने नियन्त्रण में रहते हैं, जबकि उदात्त तत्त्व के प्रभाव में अपरिमिति शक्ति होती है और श्रोताओं के मन को वह मुग्ध कर देती है। ...उचित समय में प्रयुक्त उदात्त तत्त्व की झलक विद्युत की चमक की भाँति प्रत्येक वस्तु को अपने समक्ष छितरा देती है, तथा एक ही प्रहार में वक्ता की समस्त शक्ति को खोल कर रख देती है।'[1]

अपने प्रसिद्ध ग्रन्थ-'पेरि इप्सुस' अथवा 'On the sublime' या 'काव्य में उदात्त तत्त्व' में उसने जिस उदात्त तत्त्व को काव्य के सर्वोच्च प्रतिमान के रूप में मान्यता दी है, उसके पाँच स्रोतों का उल्लेख किया है। ये हैं क्रमशः (1) विचारों की भव्यता (The power of forming great conception), (2) अनुप्राणित भावों की उत्कटता (Inspired and vehement passion), (3) अलंकारों की योजना (Formation of figure), (4) उदात्त शब्द-शिल्प (Noble diction) और (5) गरिमामय वाक्य-विन्यास (Dignified and Elevated composition)। इन पाँचों स्रोतों में से प्रथम दो का सम्बन्ध कविता के अन्तरंग पक्ष तथा शेष तीन का उसके बहिरंग पक्ष अर्थात् कला-शिल्प से है। अपने ग्रन्थ में लौंजाइनस ने इन पाँचों स्रोतों का विशद् विवेचन किया है।

लौंजाइनस यूनान का प्रथम समीक्षक है जिसके चिन्तन में शास्त्रवाद (classicism) के श्रेष्ठ तत्त्वों के साथ-साथ भावी स्वच्छन्दतावाद (Romanticism) के भी तत्त्व समन्वित हैं। निश्चय ही लौंजाइनस ने काव्य के शैली तत्त्व पर सर्वाधिक बल दिया है, जो उसके विचार से काव्य या भाषा का बाहरी परिधान न होकर उसकी आत्मा है। भावों तथा विचारों से महान् रचयिता की शैली उदात्त होगी ही, ऐसी उसकी मान्यता है। काव्यास्वाद की समस्या का समाधान प्रस्तुत करते हुए उसने ऐसे सहृदय की रुचि को आदर्श माना है जो निरन्तर काव्य-बोध से परिष्कृत हो चुकी हो।

इस प्रकार लौंजाइनस ने भले ही प्लेटो और अरस्तू की भाँति काव्य-चिन्तन के विस्तार को न समेटा हो, उसने काव्य के सर्वोच्च प्रतिमान के रूप में उदात्त तत्त्व की प्रतिष्ठा कर कवि एवं कविता दोनों को गौरव प्रदान किया। कालान्तर में लौंजाइनस को काव्य-चिन्तन की स्वच्छन्दतावादी परम्परा के आदि प्रवर्त्तक के रूप में मान्यता दी गयी।

यूनानी काव्य-चिन्तन को समग्र रूप से लेने पर इतना तो स्पष्ट होता ही है कि उसके अन्तर्गत काव्य एवं काव्य-रचना के अनेक महत्त्वपूर्ण पक्षों पर प्रकाश डाला गया है। सैद्धान्तिक और व्यावहारिक दोनों भूमियों पर साहित्य-चिन्तन की परम्परा का सूत्रपात करने वाले इन यूनानी काव्य-चिन्तकों का दृष्टिकोण मूलतः भाववादी दृष्टिकोण है, जिसकी अपनी सीमाएँ हैं, परन्तु फिर भी, काव्य-चिन्तन की शुरुआत करने और काव्य एवं काव्य-रचना-सम्बन्धी अनेक मौलिक समस्याओं से जूझने और उनके सम्बन्ध में एक सुचिन्तित विचार-सरणि को प्रस्तुत करने के कारण उनका महत्त्व असंदिग्ध है।

प्राचीन युग, लातीनी काव्य-चिन्तक–2

प्राचीन युग का लातीनी काव्य-चिन्तन यूनानी काव्य-चिन्तन की तुलना में न तो किसी मौलिक प्रदेश का ही अधिकारी है, और न ही यूनानी काव्य-चिन्तन की परम्परा को बहुत सम्पन्न ही करता है। वस्तुतः प्राचीन युग के रोमी (Roman) विद्वान् यूनान की काव्य-चिन्तन की परम्परा को विकसित करने के स्थान पर भाषण कला और अलंकार-शास्त्र-सम्बन्धी परम्परा को विकसित करने में अधिक दत्त चित्त रहे। सिसरो (Cicero), होरेस (Horace) और क्विंटीलियन (Quintilian) ऐसे तीन उल्लेखनीय व्यक्तित्व हैं, जिन्होंने मुख्यतः और मूलतः भाषण-कला और अलंकार शास्त्र पर विचार करने के क्रम में जब-तब काव्य या साहित्य के अन्तरंग को भी छूने का प्रयास किया है, गो इस सम्बन्ध में कोई उल्लेखनीय देन वे नहीं दे सके हैं।

सिसरो का सारा ध्यान वक्तृत्व-कला पर ही केन्द्रित रहा, और इसी क्रम में उसने वक्तृत्व-कला और कविता के निकट-सम्बन्धों की चर्चा की। वक्तृत्व-कला-सम्बन्धी उसके विचार भी प्रायः अरस्तू के ही विचारों का अनुसरण करते हैं।

सिसरो की तुलना में होरेस ने काव्य-सम्बन्धी प्रश्नों को अधिक विस्तार से उठाया है, गो, यूनानी काव्य-चिन्तकों और यूनानी साहित्य की छाप उसके मानस पर भी अमिट रूप से अंकित थी। इस सम्बन्ध में उसका 'काव्य-कला' अथवा 'आर्स पोएतिक' (Ars Poetica) ग्रन्थ विशेष रूप से उल्लेखनीय है। अपने इस ग्रन्थ में उसने कवियों से विषय के चुनाव में विशेष सावधानी बरतने और उसे पूरा महत्त्व देने का आग्रह किया है। यदि विषय का चुनाव कवि ने सुचिन्तित ढंग से किया है, तो फिर उपयुक्त भाषा में उसका निर्वाह कर ले जाने में कवि को विशेष कठिनाई न होगी। होरेस के अनुसार वही कविता श्रेष्ठ है जो आकार्षक होने के साथ-साथ पाठकों को प्रभावित करने में भी समर्थ हो। काव्य के प्रयोजन के सम्बन्ध में होरेस की प्रसिद्ध उक्ति है कि 'कविता का उद्देश्य या तो शिक्षा देना है, या आनन्द प्रदान करना, या दोनों का समन्वय'। होरेस का अधिकांश काव्य-विवेचन कविता के रूप-पक्ष से सम्बन्धित है, जहाँ वह रीतिवादियों की भाँति शब्द-विन्यास, वाक्य-विन्यास, रचना-शिल्प आदि की ही विशेष चर्चा करता है। होरेस के काव्य-चिन्तन की एक विशेषता इस बात में देखी जा सकती है कि उसने काव्य-रचना को पिछले काव्य-चिन्तकों की भाँति एक भावात्मक व्यापार के रूप में न देखकर बौद्धिक-व्यापार माना। उसने यह भी प्रतिपादित किया कि चूँकि समय के साथ-साथ कवि ने अपने जीवनानुभव भी परिवर्तित होते रहते हैं, अतः आवश्यक है कि रचना की प्रत्येक स्थिति में उसकी भाषा भी परिवर्तनशील होती रहे। उसने कवियों से आग्रह किया कि वे भाषा के बदलते हुए तेवर के प्रति सजग रहें, नये शब्दों का प्रयोग करें, और पुराने तथा प्रचलित शब्दों को भी नये रूपों में प्रस्तुत करें। कुल मिलाकर, यद्यपि होरेस के विचार अधिकांशतः यूनानी रीतिवादियों या शास्त्रवादियों

का ही अनुसरण करते हैं, फिर भी उनके महत्त्व का यह प्रमाण है कि आगे के समीक्षकों द्वारा अरस्तू के पश्चात् उन्हें भी सर्वाधिक महत्त्व प्रदान किया गया।

होरेस की ही भाँति क्विंटीलियन ने भी रीतिवाद के दायरे में ही कविता के रूप-पक्ष को अपने विचार का विषय बनाया है। वक्तृत्व-कला के साथ-साथ उसने लोगों से साहित्य का अध्ययन करने का भी आग्रह किया है। सर्वाधिक ध्यान उसने कविता के शैली-पक्ष को दिया, और शैली को बार-बार माँजने का आग्रह किया है। शब्दों के चयन का सारा जोर इसी कारण है, ताकि शैली अधिकाधिक प्रभविष्णु बन सके। कुल मिलाकर, क्विंटीलियन की देन का भी अधिकांश रीतिवाद या शास्त्रवाद की चौहद्दी में यूनानी रीतिवाद का ही उपस्थापन है। काव्य के अन्तरंग तथा काव्य-रचना के मौलिक प्रश्नों को उठाने की जरूरत उसने नहीं समझी।

रोम के काव्य-चिन्तकों का यह प्रदेय प्राचीन काव्य-चिन्तन में यूनानी काव्य-चिन्तन के आगे कोई नयी कड़ी नहीं जोड़ता। इस बीच रोम में वर्जिल (Virgil) के उदय ने अवश्य महाकवि के रूप में एक महान् प्रतिभा प्राप्त की, जिसकी ख्याति अपने समय का अतिक्रमण कर आगे भी गयी, परन्तु काव्य-चिन्तन के क्षेत्र में परम्परा का अनुसरण ही अधिक हुआ।

मध्य युग

यूनान तथा रोम के प्राचीन युग के इस काव्य-चिन्तन के पश्चात् पश्चिमी साहित्य-चिन्तन के क्षेत्र में लगभग एक हजार वर्ष तक कोई उल्लेखनीय काव्य-चिन्तक अथवा रचनाकार उत्पन्न नहीं हुआ। यही कारण है कि इस मध्ययुग (लगभग 5वीं शताब्दी से लगभग 15वीं शताब्दी तक) को समीक्षकों ने अन्धकार युग के नाम से सम्बोधित किया है।

इस समूची अवधि में यूरोप संकीर्ण कैथोलिक मतवाद की घुटनभरी अनुभूतियों से आच्छादित रहा। ग्रीक सभ्यता की लौकिक जीवन-प्रवृत्तियों के साथ नये ईसाई धर्म की संगति नहीं बैठ सकी, कारण यह ईसाई धर्म मूलतः वैराग्योन्मुखी एवं निवृत्ति-प्रधान था। ईसाइयत के छाते ही कैथोलिक चर्च एवं पादरी-पुरोहितों का प्रभुत्व बढ़ा, फलतः नये-नये फतवे दिये जाने लगे। लोक-कलाएँ, संगीत, नाटक, सभी की उपेक्षा हुई और एक कड़े धार्मिक अनुशासन में पूरे जन-समाज को चलने के लिए बाध्य किया गया। लौकिक जीवन-सुखों की तुलना में सामान्य जन की वृत्ति को पारलौकिक भूमिकाओं की ओर मोड़ने की यह कोशिश साहित्य, कला, संगीत आदि कलाओं तथा इनसे सम्बद्ध चिन्तन के विकास में सबसे बड़ी बाधा बनी। इन्हीं स्थितियों का परिणाम है कि लगभग 1 हजार वर्ष तक यूरोपीय साहित्य तथा कला, रचना एवं चिन्तन, किसी भी क्षेत्र में महत्त्वपूर्ण उपलब्धियों से वंचित रही। धार्मिक-कला और धार्मिक साहित्य के नाम पर जो कुछ रचा गया वह

जन-सामान्य की आशाओं-आकांक्षाओं का प्रतीक न बनकर पादरी-पुरोहित वर्ग की आकांक्षाओं का प्रतीक बन कर रह गया।

एक संकीर्ण धार्मिक मतवाद के बोझ में दबी जनसामान्य की आकांक्षाओं को वास्तविक प्रतिनिधित्व मिला, 13वीं शताब्दी के अन्त में आविर्भूत दांते (Dante) के कृतित्व में, 'डिवाइन कॉमेडी' (Divine Comedia) नामक दांते का महाकाव्य वस्तुतः जनता की दमित आकांक्षाओं का पावन विस्फोट था, जिसने इस समूचे अन्धकार-युग में एक महत् ज्योति-स्तम्भ के रूप में अपना प्रकाश विकीर्ण किया। दांते का यह महाकाव्य जहाँ एक स्तर पर संकीर्ण ईसाइयत के प्रति जनता के विक्षोभ को वाणी देता है, वहीं ईसाई धर्म की सच्ची मानव-चेतना को एक सशक्त अभिव्यक्ति भी प्रदान करता है। पादरियों-पुरोहितों द्वारा संरक्षण प्राप्त लेटिन भाषा में अपने महाकाव्य की रचना न कर दांते ने उसे जनता की 'इतालवी' (Italian) बोली में रचा और बावजूद इसके, अपनी कृति में महत् विचारों को सशक्त अभिव्यक्ति देने में भी समर्थ हो सके। निकोलेट और एकासिन नामक प्रेमी-प्रेमिका से सम्बद्ध उस किंवदन्ती को, जिसमें प्रेमी स्वर्ग और अपनी प्रेमिका के बीच प्रेमिका का चुनाव कर, नर्क में रहना पसन्द करता है, इस कृति में वास्तविक सार्थकता मिली और इसके माध्यम से दांते ने जनता की लोकोन्मुखी, प्रवृत्तिमूलक चेतना का उद्घोष किया। दांते की इस कृति ने वस्तुतः अन्धकार के पश्चात् यूरोप में एक नये प्रकाश-युग को सम्भव बनाया।

दांते ने अपनी रचना के द्वारा यह प्रतिपादित किया कि विषय का महान् एवं गम्भीर होना बहुत आवश्यक है। दूसरी आवश्यकता है विषय की महनीयता के अनुरूप भाषा के भी उदात्त एवं प्रभावी होने की। दांते के काव्य ने इसका आदर्श भी प्रस्तुत किया। जनता की मातृभाषा को महत्त्व देकर दांते ने एक नयी परम्परा का सूत्रपात भी किया।

दांते के अलावा, जैसा कि हम कह चुके हैं, इस समूची अवधि गें अन्य कोई उल्लेखनीय रचनाकार एवं विचारक उत्पन्न नहीं हुआ। पन्द्रहवीं शताब्दी के लगभग, नये औद्योगिक विकास के सन्दर्भ में यूरोप में एक नये पुनर्जागरण के युग का प्रादुर्भाव हुआ और उसके साथ ही रचना एवं चिन्तन की टूटती हुई परम्परा पुनः व्यवस्थित रूप से आगे बढ़ चली।

आधुनिक युग का सूत्रपात; पुनर्जागरण का काल

मध्य युग के अन्धकार के पश्चात् पशिचम का काव्य-चिन्तन एक बारगी तो आधुनिक युग की प्रकाश किरणों से युक्त नहीं हुआ, परन्तु आधुनिक युग के प्रकाश को बटोरने के लिए उसने उसकी देहलीज पर अपने कदम जरूर रख दिये। इस संक्रमण-काल को इसलिए विद्वानों ने नवजागरण के काल की संज्ञा दी है। पुनर्जागरण

अथवा इस नवजागरण के काल का काव्य-चिन्तन, सच पूछा जाय तो आधुनिक युग का काव्य-चिन्तन तो नहीं, हाँ, अन्धकार युग के आधुनिक युग में सन्तरण का सूचक अवश्य है। सही अर्थों में यह पश्चिमी काव्य-चिन्तन में आधुनिक युग के सूत्रपात का द्योतक है, जिसके कई कारण हैं।

सर्वप्रथम, मध्ययुगीन धार्मिक संकीर्णता एवं पारलौकिक तथ्यों के प्रति एकनिष्ठ श्रद्धा के स्थान पर इस काल में धार्मिक संकीर्णता से ऊपर उठकर मानववादी भूमियों में प्रवेश करने का प्रयास दृष्टिगोचर होता है। द्वितीय, पारलौकिक आदर्शों के विपरीत यह युग लोकोन्मुखी चेतना का निदर्शक है। दांते तथा शेक्सपियर के साहित्य का अध्ययन ही पारलौकिक आदर्शों से लोकोन्मुखी भूमिकाओं में पदार्पण के हमारे उक्त तथ्य को प्रमाणित कर देता है। यही नहीं, जैसा कि हम कह चुके हैं, विज्ञान के नये आविष्कारों तथा औद्योगिकता के उद्भव ने भी मध्ययुगीन मानसिक जड़ता को दूर करने में काफी मदद की। पादरियों-पुरोहितों के कथन अब वेद-वाक्य के रूप में स्वीकार न किये जाकर विज्ञान के नये आविष्कारों के सन्दर्भ में परखे जाने लगे। धार्मिक संकीर्णता का परदा हटते ही एक प्रशस्त मानवीय दृष्टिकोण का आविर्भाव हुआ और रचना तथा चिन्तन दोनों के सामने सम्भावनाओं एवं उपलब्धियों के नये द्वार उद्घाटित हुए।

नवजागरण के इस काल की प्रमुख विशेषता यूनानी एवं लातीनी विचारकों की प्राचीन युग की मान्यताओं का मंथन एवं उन पर नये-नये भाष्य प्रस्तुत करने में देखी जा सकती है। यह कार्य इटली और फ्रांस में काफी जम कर हुआ। सर्वाधिक मंथन अरस्तू की 'पोएतिक्स' का हुआ, फलतः अनेक महत्त्वपूर्ण निष्कर्ष सामने आये।

सन् 1580 ई. के आसपास समीक्षक एवं काव्य-चिन्तक के रूप में, इंग्लैण्ड में सर फिलिप सिडनी (Philip Sydney) के उदय के साथ काव्य-चिन्तन के क्षेत्र में प्रथम बार कुछ नये विचारों से हमारा साक्षात्कार होता है। सन् 1595 ई. में सिडनी का 'कविता की वकालत' (An apology for Poetry) शीर्षक निबन्ध प्रकाशित हुआ, जो 'The defence of Poetry' के नाम से प्रथम बार प्रकाशित हो चुका था। जैसा कि निबन्ध के शीर्षक से स्पष्ट है, उसके अन्तर्गत सिडनी ने कविता पर लगाये गये अब तक के आरोपों का उत्तर देते हुए उनके समर्थन का प्रयास किया है। ये आरोप मूलतः उन प्यूरिटन लोगों द्वारा लगाये गये थे जो कविता को असत्य और अनाचार फैलाने वाली वस्तु मानते थे। इन आरोपों का उत्तर देते हुए सिडनी ने कविता को ज्ञान का स्रोत घोषित किया। काव्य की प्राचीनता का उल्लेख करते हुए उसने कहा कि वह आदि काल से रची जा रही है, और मनुष्य को सभ्य और सुसंस्कृत बनाने में उसका प्रधान योग रहा है। कविता के प्रभाव का जिक्र करते हुए उसने तर्क दिया कि उसमें मानवों को ही नहीं, पशु-पक्षियों तक को प्रभावित करने की अद्भुत शक्ति निहित होती है। कविता के नैतिक स्वरूप

को प्रतिपादित करते हुए उसने यह मत व्यक्त किया कि सीधे तो नहीं, परन्तु प्रकारान्तर से कविता मानव की नैतिकता को भी उजागर करती है, और साधारण एवं सपाट नैतिक उपदेशों से कहीं अधिक प्रभावशाली होती है। यदि कविता सच्ची कविता है, तो ऐसा करना उसकी प्रकृति में निहित होता है। सिडनी की सबसे महत्त्वपूर्ण देन प्लेटो एवं अरस्तू के अनुकृति-सिद्धान्त की नयी व्याख्या है। प्लेटो और अरस्तू की भाँति उसने भी कविता को अनुकरण मूलक माना है, यद्यपि अपनी नयी व्याख्या के साथ। प्लेटो की मान्यता को काटते हुए अनुकरण के आशय को जीवन की यथा तथ्यता के विपरीत जीवन की सम्भावनाओं का अनुकरण घोषित करते हुए, यूँ तो अरस्तू ने ही कविता के महत्त्व का आख्यान कर दिया था, परन्तु सिडनी ने आगे जाकर इस अनुकरण को और भी व्यापक अर्थ प्रदान किया। उसने अनुकरण से सर्वथा नये सृजन का अर्थ ग्रहण किया और कहा कि कवि अपनी कृति में वास्तविक जीवन की नकल नहीं करता, वह एक नये जीवन और नये संसार की ही रचना करता है। यह नया जीवन वास्तविक जीवन की तुलना में आदर्श जीवन होता है, वास्तविक संसार की क्षुद्रताएँ एवं निरूपता यहाँ नहीं रहती। यही नहीं, कविता तो दर्शन तथा इतिहास से भी श्रेष्ठ है। वह संसार की समस्त विद्याओं की अधिपति है और मानव को एक स्वर्णिम भविष्य की ओर ले जाने वाली है। प्लेटो की काव्य-विषयक मान्यताओं के सम्बन्ध में स्पष्टीकरण करते हुए उसने यह कहा कि प्लेटो द्वारा की गयी काव्य एवं कवि की आलोचना, श्रेष्ठ कविता और श्रेष्ठ कवि की आलोचना न होकर दूषित और गिरी हुई कविता तथा कवि की आलोचना है, और इस नाते वह ठीक है।

यह सही है कि सिडनी द्वारा की जाने वाली कविता की वकालत बौद्धिक आधारों पर प्रतिष्ठित न होकर भावोच्छ्वास पूर्ण है, परन्तु कविता के सम्बन्ध में प्यूरिटनों द्वारा लगाये गये अबौद्धिक प्रकार के आरोपों का जवाब देने के लिए यही पद्धति ठीक थी। वैसे, सिडनी का काव्य-चिन्तन अधिकांशतः प्लेटो और अरस्तू की काव्य-विषयक मान्यताओं का ही समर्थन करता है। समय के अनुरूप उसने उनकी नयी व्याख्या जरूर की है।

सिडनी के पश्चात् इंग्लैण्ड में बेन जानसन (Ben Johnson) के विचारों ने भी कविता के सम्बन्ध में फैलायी गयी अनेक भ्रान्तियों का निराकरण किया। बेन जानसन ने काव्य-रचना में प्रतिभा की आवश्यकता पर बल देते हुए एक स्तर पर उसके अभाव से कविता के निर्जीव हो जाने की बात कही, तो दूसरे स्तर पर उसके अतिरेक के खतरों के प्रति भी लोगों को सावधान किया। संयम, अनुशासन, प्राचीन श्रेष्ठ कवियों की रचनाओं के पठन-पाठन, एवं निरन्तर अभ्यास की आवश्यकता भी उसने प्रतिपादित की। कुल मिलाकर, उसने किसी नये और मौलिक चिन्तन की प्रतिष्ठा अवश्य नहीं की, परन्तु रचना-शैली के परिष्कार एवं परिमार्जन से सम्बन्धित उसके निर्देश अवश्य महत्त्वपूर्ण हैं।

नव्य शास्त्रवाद

पश्चिमी साहित्य-चिन्तन के क्षेत्र में पुनर्जागरण के काल के पश्चात् नव्यशास्त्रीय (Neo-classical) युग का प्रवेश होता है, जिसने लगभग 100 वर्षों से भी अधिक समय तक पश्चिमी साहित्य-चिन्तन का नेतृत्व किया। इंग्लैण्ड के अतिरिक्त फ्रांस तथा इटली आदि देशों में भी समीक्षकों की एक ऐसी पंक्ति दिखाई पड़ी जिसने पुनर्जागरण काल में जन्मे अत्यधिक उत्साह को नियन्त्रित कर एक बार पुनः प्राचीन मान्यताओं तथा नियमों के अनुशासन में ही कार्य करने के महत्त्व को प्रतिष्ठित किया। इंग्लैण्ड में बेन जानसन (जिसका उल्लेख हम ऊपर कर चुके हैं) तथा फ्रांस में बुअलो को इन नव्यशास्त्रवादी चिन्तन का अग्रदूत माना जा सकता है। इन समीक्षकों तथा इनके समकालीन दूसरे समीक्षकों ने प्रायः वही मान्यताएँ दुहरायीं या उन्हें ही संशोधित रूप में प्रस्तुत किया जो प्लेटो, अरस्तू और होरेस आदि के द्वारा काफी पहले प्रतिपादित की जा चुकी थीं। यह सही है कि नव्यशास्त्रवादी विचारकों ने पुनर्जागरण काल में जन्मे अतिरिक्त उत्साह, नियमों की सर्वथा अवमानना, प्राचीन मान्यताओं का सर्वथा विरोध जैसी प्रवृत्तियों पर अंकुश लगाकर साहित्य रचना और चिन्तन के क्षेत्र में क्रमशः फैलने वाली एक सम्भावित अराजकता को रोका, परन्तु यह भी उतना ही सही है कि उन्होंने एक बार पुनः साहित्य रचना तथा चिन्तन को कुछ बनी-बनायी चौहद्दियों में बाँधकर उनके स्वाभाविक विकास को भी अवरुद्ध कर दिया। नियमों के कठोरतापूर्वक पालन के उनके आग्रह तथा आनन्द से अधिक नैतिक शिक्षा को ही काव्य का प्रयोजन मानने की उनकी वृत्ति का सीधा परिणाम यह निकला कि साहित्य-रचना मात्र नियमों में जकड़ कर रह गयी। आन्तरिक ऊर्जा के स्थान पर बाह्य परिष्कार तक ही सीमित होने का दूसरा नतीजा यह निकला कि एक अत्यन्त कृत्रिम प्रकार की रूढ़िवादी शैली का विकास हुआ। छन्द के नियम कठोर हो गये। भाषा भी किन्हीं जीवित सम्भावनाओं से रहित महज आडम्बर एवं शब्द-जाल का पर्याय बनकर रह गयी। साहित्य-रचना और साहित्य-चिन्तन दोनों ही जीवन की गहरी भूमिकाओं से विच्छिन्न होकर जीवन की सतह का ही स्पर्श कर सकने में अपनी सार्थकता समझने लगे।

आधुनिक युग

नये चिन्तन का उद्भव, जान ड्राइडनर तथा अन्य

नव्यशास्त्रवादी चिन्तन की पिटी-पिटाई पद्धति के विरोध में सत्रहवीं शताब्दी में ही इंग्लैण्ड के जान ड्राइडन (John Dryden) जैसे महान् समीक्षक की आवाज हमें सुनाई पड़ी। यह आवाज एक सर्वथा नये चिन्तन को प्रतिष्ठा देने वाली आवाज अवश्य नहीं थी, और इसमें पुरातन आदर्शों एवं मान्यताओं के लिए भी काफी गुंजाइश

थी, फिर भी इसमें लीक से हटकर नयी दिशाओं में सोचने और समझने की प्रेरणा देने वाले अनेक तत्त्व थे। वस्तुतः नयी चिन्तना से युक्त इन तत्त्वों ने ही ड्राइडन को नव्यशास्त्रीय युग के एक ऐसे महत्वपूर्ण चिन्तक का गौरव दिया जिसमें अपने युग और उसकी मान्यताओं का अतिक्रमण कर सकने की क्षमता थी।

काव्य-चिन्तन को ड्राइडन की सबसे बड़ी देन परम्परा को समुचित महत्त्व देते हुए भी नयी दिशाओं का उद्घाटन है। उसने अपने चिन्तन में वस्तुतः परम्परा और आधुनिकता का समन्वय ही किया है। परम्परा को एकमात्र आदर्श मान लेने का उसने कड़ा विरोध किया, और इस विरोध की जमीन पर खड़े होकर ही घोषित किया कि यूनान और रोम का पुराना साहित्य ही एकमात्र आदर्श साहित्य नहीं है, और न ही यूनान तथा रोम का प्राचीन काव्य-चिन्तन एकमात्र आदर्श प्रतिमान। इसके विपरीत शेक्सपियर, फ्लेचर और बेन जानसन के नाटकों का हवाला देते हुए कहा कि जीवन की बढ़ती हुई प्रगति, मानव-चरित्र के विकास तथा समय के बदलते हुए तकाजों को इन नाटकों में कहीं गहरी और सटीक अभिव्यक्ति मिली है, अतः हमें कोरमकोर प्राचीन साहित्य के सन्दर्भ में न सोचकर, इन कृतियों के सन्दर्भ में रचना एवं चिन्तन के नये प्रतिमानों की स्थापना करना चाहिए। कहना न होगा कि शास्त्रवाद की रूढ़ियों में बँधे एक युग में इस प्रकार की बात करना बहुत साहस का काम था। ड्राइडन ने इस प्रकार सिद्ध किया कि समय और समाज के साथ-साथ साहित्य के रूप और शैली आदि में भी परिवर्तन होता है, और इस परिवर्तन को देखना और समझना बहुत अनिवार्य है। प्रकारान्तर से उसने इस तथ्य को प्रतिपादित किया कि रचनाकार अपनी कृति में अपने युग को अभिव्यक्त करता है, और साहित्य कोई स्थिर अथवा जड़ वस्तु न होकर एक विकासशील सत्ता है। समकालीन रचना और चिन्तन पर ड्राइडन के इन विचारों का बड़ा असर पड़ा। ड्राइडन ने कला को अनुकरण की वस्तु तो माना, परन्तु इसके साथ यह भी प्रतिपादित किया कि वह प्रकृति या जीवन का कोरा यान्त्रिक अनुकरण नहीं है। कवि अपनी अनुभूति और कल्पना के सहारे मूल वस्तु को निखार कर प्रस्तुत करता है, जो उस वस्तु के सतही यथार्थ से अधिक आकर्षक होती है। इस प्रकार कवि मात्र अनुकरणकर्त्ता न होकर सही रचनाकार होने का गौरव प्राप्त करता है। ड्राइडन ने अपने काव्य-चिन्तन में कल्पना को अत्यधिक महत्त्व प्रदान किया है। कल्पना, उसके अनुसार कवि को मानव-स्वभाव से अन्तरंग रूप में परिचित कर उसके भीतर निहित सत्य को उद्घाटित करने की क्षमता प्रदान करती है। कल्पना का एक अन्य महत्त्वपूर्ण कार्य बिम्ब-निर्माण भी है और इस क्षमता के सहारे वह जीवन के मनोरम रूपों को प्रस्तुत करने में भी समर्थ होती है। यही कल्पना शक्ति कवि को नयी-नयी दिशाओं में सृजन की प्रेरणा देती है। इसे नियमों में नहीं बाँधा जा सकता। कल्पना तत्त्व को महत्त्व देकर ड्राइडन ने एक प्रकार से परवर्ती स्वच्छन्दतावादी काव्य-चिन्तन के लिए नयी जमीन तोड़ने का कार्य किया है।

काव्य के प्रयोजन को लेकर भी ड्राइडन ने परम्परागत भूमि से हटते हुए अपने विचार स्पष्ट किये। उसके पहले तक प्रायः यह माना जाता रहा था कि काव्य का प्रयोजन आनन्द तथा नैतिक शिक्षा प्रदान करना है। ड्राइडन ने जोर देकर इस तथ्य का प्रतिपादन किया कि काव्य का प्रधान लक्ष्य आनन्द प्रदान करना ही है, नैतिक शिक्षा जैसी सारी बातें गौण महत्त्व की हैं। आनन्द तत्त्व को व्याख्यायित करते हुए उसने उसे सस्ते प्रकार का आनन्द न मानकर असामान्य आनन्द अथवा आत्मिक आह्लाद माना। इस असामान्य आनन्द की भूमिका तक पाठक को पहुँचाना ही कविता का वास्तविक धर्म है। इस आनन्द की सृष्टि करके ही कविता शिक्षाप्रद होती है, अलग से नहीं। कहने का तात्पर्य यह कि ड्राइडन ने काव्य से शिक्षा तत्त्व को बहिष्कृत नहीं किया, वरन् आनन्द तत्त्व के भीतर ही उसे मान्यता देकर कविता को नीति तथा उपदेश की सँकरी पगडंडियों पर जाने से बचा लिया।

ड्राइडन के पश्चात् काव्य-चिन्तन के क्षेत्र में इंग्लैण्ड के तीन अन्य व्यक्तियों के नाम उल्लेखनीय हैं। ये हैं एडीसन, पोप तथा डॉ. जानसन। एडीसन की देन बहुत मौलिक न होते हुए भी कल्पना तत्त्व के उसके विश्लेषण के कारण महत्त्वपूर्ण है। कल्पना को 'इन्द्रिय गोचर सुखात्मक संवेदना' मानते हुए उसने उसके तीन प्रकार निरूपित किये। दृश्य-जगत् के पदार्थों को देखकर मन में जिस सहज प्रसन्नता का उद्रेक होता है, कल्पना का यह प्रथम रूप है। कल्पना के दूसरे रूप का सम्बन्ध स्मृति से है, जो देखे हुए पदार्थों के अभाव में भी मन में एकत्र उनके संस्कारों को पुनः मानस-प्रत्यक्ष करती है। कल्पना का तीसरा रूप मन में एकत्र विभिन्न संस्कारों के मिश्रण द्वारा एक नये ही रूप के उद्भव से है। एडीसन द्वारा किया गया कल्पना तत्त्व का यह विश्लेषण बहुत मौलिक न होते हुए भी इस कारण महत्त्वपूर्ण है कि उसने अपने समय तक विकसित मनोविज्ञान का सहारा लेकर कम से कम कल्पना तत्त्व जैसे सूक्ष्म विषय को विश्लेषित करने का प्रयास किया।

पोप (Alexander Pope) के समीक्षा-कार्य का महत्त्व उसके द्वारा रचित 'एसे ऑन क्रिटिसिज्म' (Essay on criticism) ग्रन्थ को लेकर है। इस ग्रन्थ में उसने समीक्षा-सम्बन्धी विस्तृत चर्चा करते हुए समीक्षा तथा समीक्षक के गुण-दोषों पर प्रकाश डाला है। डॉ. जानसन (Samuel Johnson) को अपने युग के 'साहित्यिक डिक्टेटर' की संज्ञा दी गयी है। अपने निबन्धों द्वारा उन्होंने भी समीक्षा-कार्य का विस्तृत विश्लेषण करते हुए समीक्षा के मानदण्डों में सन्तुलन लाने का प्रयास किया। जानसन ने काव्य-रचना में मौलिकता के प्रश्न को विशेष रूप में उठाया, कारण, उनका दृढ़ विचार था कि अनुकरण कभी महान् कला को जन्म नहीं दे सकता। काव्य के प्रयोजन को लेकर जानसन ने आनन्द तत्त्व और शिक्षा तत्त्व की समन्वित उपस्थिति पर जोर दिया। कविता में सामान्य मानव-सत्य की व्यंजना का महत्त्व दर्शाते हुए उसने प्रतिपादित किया कि जो रचना काल की कसौटी पर खरी उतर

जाये, वह श्रेष्ठ रचना है।

समग्रतः, पोप और डॉक्टर जानसन आदि ने प्राचीन काव्यादर्शों को एकदम नहीं छोड़ा, फिर भी अपनी मान्यताओं में उन्होंने नव्यशास्त्रवाद की रूढ़ियों का भी अतिक्रमण करने की कोशिश की। उनके विचारों ने कुछ ऐसे संकेत भी प्रस्तुत किये, जो आगे चलकर स्वच्छन्दतावादी काव्य-चिन्तन के उद्भव में सहायक बने।

आधुनिक युग; स्वच्छन्दतावादी काव्य-चिन्तन; जर्मन स्वच्छन्दतावादी चिन्तक

नव्यशास्त्रवाद की रूढ़ियों से काव्य-चिन्तन को मुक्त कर उसे एकदम नयी दिशाओं में गतिशील करने का श्रेय स्वच्छन्दतावादी काव्य-चिन्तन को है, जिसमें सर्वप्रथम जर्मनी के काव्य एवं कला-चिन्तकों का उल्लेख आवश्यक है।

जर्मनी के इन कला-चिन्तकों को न तो विशुद्ध रोमांटिक कला-चिन्तक माना जा सकता है, और न ही उन्हें नव्यशास्त्रवाद का समर्थक कहा जा सकता है। इनका चिन्तन स्वच्छन्दतावाद की उस आकृति का भी पुरस्कर्ता नहीं है, जो फ्रांस की सन् 1789 की प्रसिद्ध राज्यक्रान्ति के पश्चात् इंग्लैण्ड जैसे देश में ब्लेक, कालरिज और वर्ड्सवर्थ जैसे कवियों द्वारा निर्मित हुई। वस्तुतः जर्मनी का स्वच्छन्दतावादी चिन्तन इंग्लैण्ड के स्वच्छन्दतावादी चिन्तन से तत्त्वतः भिन्न है। जर्मनी के ये कला-चिन्तक उस प्राचीन यूनानी काव्य तथा नाटकों आदि से बहुत प्रभावित थे, सामान्यतः जिन्हें शास्त्रवादी कहा जाता है। इनके विचार अनेक भूमियों पर शास्त्रवादी कला-मान्यताओं से अपनी निकटता सूचित करते हैं, यद्यपि यह भी सत्य है कि इन्होंने नव्य-शास्त्रवाद की रूढ़ियों का विरोध करते हुए अपने चिन्तन में ऐसे सूत्र भी प्रस्तुत किये हैं, जिन्हें स्वच्छन्दतावाद के अन्तर्गत स्वीकार किया जा सकता है। सच पूछा जाय तो इन कला-चिन्तकों का चिन्तन प्राचीन शास्त्रवाद आधुनिक स्वच्छन्दतावाद का एक प्रकार से समन्वय प्रस्तुत करता है। काव्य एवं कला-चिन्तन के क्षेत्र में इसे एक महत्त्वपूर्ण तथ्य के रूप में स्वीकार किया जा सकता है।

विंकलमैन (Winckelmann) 18वीं शती का वह जर्मन कला-चिन्तक है जो यूनानी मूर्ति और चित्रकला से बेहद प्रभावित था। यूनान की इन कलाओं में जो बात उसे सर्वाधिक आकर्षक एवं प्रभावशाली प्रतीत हुई थी, वह उनकी सरलता तथा भव्यता थी। इस सरलता तथा भव्यता को विंकलमैन एक आदर्श के रूप में स्वीकार करता था। प्राचीन यूनानी मूर्तिकला में प्राप्त आंगिक सौन्दर्य पर तो वह मुग्ध था और अपनी पुस्तक 'प्राचीनों की चित्रकला एवं मूर्तिकला का अनुकरण' में उसने यूनानी मूर्तिकारों की मुक्त कंठ से प्रशंसा की है। प्राचीन कला के प्रति विंकलमैन के इस उत्कट अनुराग को देखकर ही अनेक समीक्षक उसकी स्वच्छन्दतावादी विचारणा पर सन्देह प्रकट करते हैं। जहाँ तक वास्तविकता का प्रश्न है, यह स्वीकार

करते हुए भी कि विंकलमैन की दृष्टि में कला की मुख्य समस्या उसके बाह्य रूप की समस्या थी, हमें यह कहने में कोई संकोच नहीं है कि उसने बाह्य रूप को प्रमुखता देते हुए भी अन्तरात्मा के सौन्दर्य की उपेक्षा नहीं की। वस्तुतः उसने बाह्य रूप तथा आन्तरिक रूप के साम्य और समन्वय पर ही बल दिया है। इसे हम शरीर और आत्मा के पूर्ण सामंजस्य के रूप में स्वीकार कर सकते हैं, और वस्तुतः यही वह सूत्र है जो विंकलमैन को पूरी तरह शास्त्रवाद की परिधि में जाने से रोक देता है, साथ ही उसे स्वच्छन्दतावाद के भी निकट ला देता है। जहाँ तक शास्त्रवाद का प्रश्न है, विंकलमैन ने कोरी रूढ़ियों और यान्त्रिक नियमबद्धता जैसी किसी संकीर्णता का समर्थन करते हुए केवल शास्त्रवादी (classical) कला के मूलभूत गुणों को ही प्रतिष्ठित करने का प्रयास किया है, जो उसके विचार से किसी भी श्रेष्ठ कला का अंग बन सकते थे।

विंकलमैन के पश्चात् जर्मनी के प्रसिद्ध कवि, विचारक एवं नाटककार लेसिंग (Gotthold Lessing) का उल्लेख आवश्यक है, जिसके चिन्तन की परिधि विंकलमैन की तुलना में पर्याप्त व्यापक है। जहाँ विंकलमैन ने प्रधानतः अपना कला-चिन्तन मूर्ति एवं चित्रकला के अध्ययन तक ही सीमित रखा है, वहाँ लेसिंग ने इनके अतिरिक्त साहित्य एवं काव्य की भी विस्तृत चर्चा की है, और इन क्षेत्रों में अपनी कतिपय मौलिक स्थापनाएँ भी दी हैं।

कला-चिन्तन की लेसिंग की सबसे बड़ी देन इस भ्रम का निराकरण है कि अनुकृति मूलक होने के कारण सारी कलाएँ विभिन्न माध्यमों से एक ही वास्तविकता का अंकन करती हैं, फलतः उनमें कोई अन्तर नहीं है। अपने विवेचन द्वारा उसने इस प्राचीन मान्यता का (प्लूटार्क की मान्यता का) भी खण्डन किया है कि 'चित्र मूक कविता है, और कविता मुखर चित्र'। अपने प्रसिद्ध निबन्ध लाओकून में उसने विभिन्न कलाओं के पारस्परिक सम्बन्धों, अभिव्यक्ति माध्यमों, प्रभाव आदि की विस्तार से चर्चा करते हुए सिद्ध किया कि इन कलाओं में साम्य उतना नहीं है, जितना कि अन्तर है। सबकी रचना-प्रक्रिया एवं सम्प्रेषण-पद्धति भिन्न है, अतः उन्हें एक ही वास्तविकता का अंकन करने वाली मानकर, उनकी एकता का प्रतिपादन करना गलत होगा। उदाहरण के लिए कविता और चित्रकला को ही लिया जाय। जहाँ कविता की रचना काल-सन्दर्भ में होती है, वहाँ चित्र की रचना देश-सन्दर्भ में और यह अन्तर एक मौलिक अन्तर है, जो इन दोनों को एक दूसरे से भिन्न स्तर पर प्रतिष्ठित करता है। प्रत्येक कलाकार अपने माध्यम का प्रयोग विशिष्ट ढंग से करते हुए ही अपनी रचना को प्रभावशाली बनाने का उपक्रम करता है। कोई भी रचना तब तक सार्थक या श्रेष्ठ नहीं मानी जा सकती, जब तक वह दर्शक, श्रोता या पाठक को प्रभावित न करे, और यह प्रभाव उसमें तभी आ सकता है, जबकि कलाकार अपने मूल मानसिक भावों को अपने कला-माध्यम द्वारा दर्शक, श्रोता या

पाठक तक पूरी तरह सम्प्रेषित करने में समर्थ हो। कहने का तात्पर्य यह कि लेसिंग के लिए कला की मुख्य समस्या केवल अभिव्यंजना की समस्या ही नहीं, सम्प्रेष्य अभिव्यंजना की समस्या थी। सम्प्रेषणीयता पर उसने बहुत अधिक बल दिया है। अभिव्यंजना और सम्प्रेषणीयता की इस समन्वित भूमिका पर बल देने के कारण ही लेसिंग बहुत कुछ स्वच्छन्दतावादी आदर्शों का पुरस्कर्त्ता बन जाता है, गो यूनानी कला से प्रभावित होने के कारण कला के आंगिक सौन्दर्य या बाह्य सौन्दर्य पर भी उसकी आसक्ति कम नहीं थी। इस प्रकार से देखा जाय तो लेसिंग ने अपने विचारों में प्राचीन एवं नवीन या शास्त्रवादी एवं स्वच्छन्दतावादी मान्यताओं का समन्वय प्रस्तुत किया है। कला को मानसिक अभिव्यंजना मानते हुए जहाँ एक स्तर पर उसने अपने स्वच्छन्दतावादी चिन्तन को प्रस्तुत किया है, वहीं इस मानसिक अभिव्यंजना के लिए बाह्य सौन्दर्य या आंगिक संगति की अपेक्षा बताकर अपनी शास्त्रवादी रुझान भी स्पष्ट कर दी है।

अपने कला-विवेचन में लेसिंग ने दूसरी कलाओं की तुलना में कविता को सर्वोपरि महत्त्व दिया है। कविता में वह कोरे यान्त्रिक अथवा कृत्रिम संकेतों को अपनाने का विरोधी था। इसके स्थान पर उसने स्वाभाविकता पर विशेष बल दिया है।

जर्मनी के इन कला-चिन्तकों में शिलर और गेटे, ये दो नाम भी विशेष उल्लेखनीय हैं, कला-चिन्तन को जिनकी देन भी महत्त्वपूर्ण है।

शिलर (Schiller) और गेटे (Goethe) दोनों समकालीन थे, और काव्य-विषयक मान्यताओं को लेकर दोनों में पर्याप्त विवाद भी चला था। 'सरल तथा भावपूर्ण कविता' शीर्षक अपने प्रसिद्ध निबन्ध में यूनान की प्राचीन कविता तथा समकालीन यूरोपीय कविता की तुलना करते हुए शिलर ने जहाँ प्राचीन यूनानी कविता को सरल कविता की संज्ञा दी, वहाँ समकालीन कविता को भावपूर्ण कहा। यह विभाजन उसने मूलतः प्रकृति को केन्द्र में रखकर किया। उसके अनुसार प्रकृति से सीधा सम्पर्क होने के कारण यूनानी कविता सरल बन सकी है, जबकि समकालीन कवि प्रकृति के प्रति जिज्ञासु तो है, परन्तु उससे संपृक्त न होने के कारण भावपूर्ण कविता लिखता है। गेटे की कविता को इसी आधार पर शिलर ने सरल कविता कहा कि वह शास्त्रवादी मान्यताओं के निकट है। गेटे ने शिलर की मान्यताओं का विरोध उनमें निहित अन्तर्विरोधों को स्पष्ट करते हुए किया है। उसने शिलर के विभाजन को इस आधार पर अस्वीकार किया है कि कविता को 'सरल' तथा 'भावपूर्ण' जैसी कोटियों में बाँटना ही गलत है, कारण यह आवश्यक नहीं है कि जो कविता सरल हो, वह भावपूर्ण भी न हो, और जो भावपूर्ण हो वह सरल न कही जा सके। उसने विस्तार से शास्त्रवादी तथा स्वच्छन्दतावादी धारणाओं का विवेचन करते हुए कहा है कि शास्त्रवाद तथा स्वच्छन्दतावाद का निर्णय मात्र प्राचीन तथा नवीन को केन्द्र में रखकर करना गलत है। जहाँ तक उसकी अपनी मान्यता का प्रश्न है, वह इन दोनों प्रकार के दृष्टिकोणों के बीच एक प्रकार के समन्वय का हिमायती था। प्राचीन

या शास्त्रवादी कविता के प्रति उसके मन में एक आसक्ति थी। शास्त्रवादी काव्य उसके लिए स्वस्थ मनोवृत्तियों वाला काव्य था, जबकि स्वच्छन्दतावादी काव्य को उसने 'रुग्ण' काव्य की संज्ञा दी है। एकरमैन से वार्तालाप करते हुए उसने अपने विचारों को इस प्रकार स्पष्ट किया है—'क्लासिक को मैं स्वस्थ तथा रोमांटिक को रुग्ण मानता हूँ।...अधिकांश आधुनिक रचनाएँ रोमांटिक हैं, इसलिए नहीं कि वे नयी हैं, बल्कि इसलिए कि वे दुर्बल, कुण्ठित तथा रुग्ण हैं। पुरानी कृतियाँ क्लासिक हैं, पुरानी होने के कारण नहीं, वरन् इसलिए कि वे प्राणवान्, चिरनवीन, आनन्दप्रद तथा स्वस्थ हैं।' उसने आग्रह किया है कि इन विशेषताओं के आधार पर ही हमें क्लासिक और रोमांटिक का भेद करना चाहिए, कारण तब हम भ्रान्ति से बचे रहेंगे। इस दृष्टिकोण से विचार करने पर उक्त गुणों से युक्त कोई नयी रचना भी उसी अर्थ में क्लासिक रचना कहला सकती है, जिस अर्थ में उक्त गुणों से रहित कोई प्राचीन रचना भी क्लासिक नहीं कहला सकती। कहने का तात्पर्य यह कि कोई रचना किन्हीं खास गुणों की उपस्थिति अथवा अभाव में ही क्लासिक या रोमांटिक बनती है, अपने पुरानेपन या आधुनिक होने के नाते नहीं। दूसरे, हमें इस बात पर भी ध्यान देना चाहिए कि कौन सी कविता के भीतर कौन सी मनोवृत्ति निहित है। गेटे के अनुसार क्लासिक रचना एक स्वस्थ मानस की उपज होती है, जब कि रोमांटिक रचना के पीछे रुग्ण मानस सक्रिय होता है। श्रेष्ठ कविता का पक्षपाती होने के नाते ही उसने स्वच्छन्दतावादियों को सलाह दी है कि वे अधिक से अधिक वस्तुनिष्ठ हों, और वास्तविक जीव से ही प्रेरणा लेकर काव्य की रचना करें। शास्त्रवादियों से उसका आग्रह नवीन जीवन के प्रति सहानुभूतिपूर्ण रुख अपनाने का है। गेटे के समन्वयवादी दृष्टिकोण को उसके इन विचारों के मूल में स्पष्टतः देखा जा सकता है। क्लासिक और रोमांटिक को लेकर निरर्थक वितंडावाद करने वालों से वह सहमत नहीं था, इसलिए ही उसने बड़े स्पष्ट शब्दों में अपनी मान्यताएँ व्यक्त कीं।

व्यक्तित्व को भी गेटे ने विशेष महत्त्व देते हुए उसे काव्य एवं कला का सर्वस्व माना है। किसी प्रखर तथा मेधावी व्यक्तित्व द्वारा रची गयी कृति स्वभावतः श्रेष्ठ होगी, और पाठक को उसके सही आस्वादन के लिए अपनी बौद्धिक क्षमताओं को उसी स्तर पर ले जाना पड़ेगा। रचनाकारों के समक्ष यथार्थ जीवन की विविधता और सम्पन्नता का उदाहरण प्रस्तुत करते हुए उसने इस बात पर जोर दिया है कि यही वह स्रोत हैं जहाँ से रचनाकार रचना के लिए विषय तथा प्रेरणाएँ ग्रहण कर सकता हैं। कोई भी विषय अकाव्यात्मक नहीं है, यदि रचनाकार में क्षमता है कि वह काव्य के स्तर पर उसका सही प्रयोग कर सके। काव्यात्मक और अकाव्यात्मक विषय जैसा विभाजन भी सर्वथा कृत्रिम और भ्रान्त मनोदृष्टि का सूचक है। कवि की वास्तविक अनुभूति में पगा कोई भी विषय अभिव्यंजनागत क्षमता के आधार पर महान् कला की संज्ञा प्राप्त कर सकता है, यदि यह संस्थिति कला के समस्त

सन्दर्भों का आधार लिये हुए है। दूसरे शब्दों में, कृति का गठन इतना कलापूर्ण और उसमें निहित शिक्षा का तत्त्व इतना प्रच्छन्न होना चाहिए कि पाठक कृति का आस्वादन करने के क्रम में आप से आप उसके नैतिक तत्त्व को भी हृदयंगम कर ले।

कुल मिलाकर, गेटे की काव्यगत मान्यताएँ अनेक प्रकार की भ्रान्तियों को दूर कर कविता के विषय में एक स्वस्थ तथा सन्तुलित दृष्टिकोण प्रस्तुत करती हैं। प्राचीन युग के श्रेष्ठ रचनाकारों एवं उनकी कृतियों पर उसकी विराट् आस्था थी, और उसने अपने समय के रचनाकारों से प्राचीनों की इस महत्त्वपूर्ण विरासत को श्रद्धा के साथ स्वीकार करने की सिफारिश की है। उसने उसी रचनाकार-व्यक्तित्व को महत्त्व दिया है जो क्षुद्र तथा दुर्बल विचारों से अलग, जीवन की महत् सम्भावनाओं को परख सकने की क्षमता रखने वाला आस्थावान व्यक्तित्व हो।

आधुनिक युग

19वीं शताब्दी–इंग्लैण्ड का स्वच्छन्दतावादी चिन्तन

प्रस्तुत पंक्तियों में इंग्लैण्ड के 19वीं शती के जिस स्वच्छन्दतावादी चिन्तन का हम जिक्र करने जा रहे हैं, हम स्पष्ट कर चुके हैं कि वह स्वच्छन्दतावादी चिन्तन जर्मनी के उस स्वच्छन्दतावादी चिन्तन से तत्त्वतः भिन्न है, जिसका उल्लेख अभी हमने किया है। इंग्लैण्ड का स्वच्छन्दतावादी चिन्तन उस नयी सामाजिक एवं मानसिक क्रान्ति का प्रतिनिधित्व करता है, जो फ्रांस की 1789 की प्रसिद्ध राज्य क्रान्ति के पश्चात् फ्रांस और तत्पश्चात् इंग्लैण्ड आदि देशों में सर्वथा नये जीवन मूल्यों को लेकर उदित हुई। इस क्रान्ति के जनक फ्रांस में रूसो (Rousseau) आदि विचारकों के वे विचार थे जिन्होंने सामन्तवादी व्यवस्था के विरोध में मनुष्य की स्वतन्त्रता का नारा देते हुए फ्रांस ही नहीं, इंग्लैण्ड तथा यूरोप के अनेक देशों में प्रजातन्त्र के नये युग का सूत्रपात किया, उस समस्त पुरातन जीवन-मूल्यों का विरोध किया जो सदियों से मनुष्यता के स्वस्थ विकास को अवरुद्ध किये हुए थे। स्वतन्त्रता, समानता और बन्धुत्व (Liberty, Equality and Fraternity) के महान् उद्देश्यों से परिचालित इस क्रान्ति ने न केवल सामाजिक जीवन में परिवर्तन उपस्थित किये, साहित्य और कला-मूल्यों को भी प्रभावित किया, फलतः सामाजिक जीवन में प्रजातान्त्रिक व्यवस्था के प्रारम्भ के साथ साहित्यिक क्षेत्र में उस नये आन्दोलन का शुभारम्भ हुआ जिसे स्वच्छन्दतावादी आन्दोलन के रूप में जाना और समझा जाता है। इस नये परिवर्तनों ने सामाजिक जीवन के क्षेत्र में जहाँ मानव-स्वातन्त्र्य, समानता और बन्धुत्व जैसे नये जीवन-मूल्यों की प्रतिष्ठा करते हुए रूढ़िबद्ध सामन्तीय जीवन-पद्धति तथा विचारधारा की घोषणा की, वहाँ साहित्य एवं कला के क्षेत्र में पुरातन शास्त्रवादी तथा नव्यशास्त्रवादी यान्त्रिकता एवं नियमबद्धता की अवमानना

करते हुए व्यक्ति की अन्तःप्रेरणा को शीर्ष स्थान प्रदान किया, बाह्य नियमों के स्थान पर अनुभूति को साहित्य एवं कला के केन्द्रीय तत्त्व के रूप में मान्यता दी, प्रकृति के प्रति एक अत्यन्त आत्मीय दृष्टिकोण अपनाने की सिफारिश करते हुए, मानव-व्यक्तित्व की गरिमा को उसकी सम्पूर्ण सम्भावनाओं के साथ प्रतिष्ठित किया। इस मानसिक उन्मुक्ति के सन्दर्भ में स्वाभाविक था कि स्वच्छन्दतावाद के अन्तर्गत कल्पना तत्त्व को साहित्य या कला के मेरुदण्ड के रूप में स्वीकार किया जाता और ऐसा ही हुआ भी।

यह सत्य है कि कालान्तर में पूँजीवादी समाज-व्यवस्था के उदय के साथ स्वच्छन्दतावाद के सन्दर्भ में जन्मे आदर्श जीवन-मूल्य महज भ्रम साबित हुए और स्वच्छन्दतावादी साहित्य तथा कला वायवी एवं अमूर्त बनकर जीवन से दूर होती गयी, फिर भी स्वच्छन्दतावादी युग के उद्भव के साथ साहित्य तथा जीवन के क्षेत्र में जो क्रान्तिकारी परिवर्तन—भले ही एक समय विशेष में प्रस्तुत हुए, और जिन्होंने उस समय विशेष में युग जीवन तथा उसकी कला-चेतना का नेतृत्व किया, उनके ऐतिहासिक महत्त्व को स्वीकार करना पड़ेगा। स्वच्छन्दतावादी के साथ जन्मे उक्त नये जीवन-मूल्यों तथा कला-मूल्यों को 19वीं शती इंग्लैण्ड के काव्य-चिन्तन एवं काव्य-सर्जना में अपने सम्पूर्ण उन्मेष के साथ देखा जा सकता है।

इस सम्बन्ध में सर्वप्रथम हम विलियम ब्लेक (William Blake) का उल्लेख करेंगे, जिसने साहित्य एवं कला के समस्त प्राचीन बन्धनों की अवमानना करते हुए, अन्तरात्मा के अनुशासन को प्राथमिकता दी। कला-सृजन को उसने दैवी-प्रेरणा के रूप में स्वीकार किया और इस बात पर बल दिया कि कल्पना शक्ति के सहारे रूपायित होने वाला रचनाकार की आत्मा का अपना सत्य ही वास्तविक काव्य हो सकता है। अनुभूति की प्राथमिकता को महत्त्व देते हुए उसने किसी भी प्रकार के आरोपित बन्धनों एवं निर्देशों की अवहेलना को सच्ची कविता और सच्चे कवि का वास्तविक धर्म घोषित किया। ब्लेक के चिन्तन की ये उपलब्धियाँ स्वच्छन्दतावादी चिन्तन का स्वरूप स्पष्ट करने में सहायक बनीं, गो, यह भी सत्य है कि उसकी उत्कट रहस्यवादिता ने अनेक अर्थों में स्वच्छन्दतावादी चिन्तना को अस्पष्ट और धुँधला भी बनाया। रहस्य-बोध को ही कला-सृजन का पर्याय मानते हुए उसने रहस्यानुभूति और कल्पना, कलाकार के आत्मिक सत्य और शाश्वत सत्य को एकाकार करते हुए कुछ इस तरह के गड्डमड्ड विचार प्रस्तुत किये कि आगे के स्वच्छन्दतावादी काव्य-चिन्तकों को बहुत सूझ-बूझ के साथ स्वच्छन्दतावाद के मौलिक तत्त्वों को अलगाना पड़ा।

विलियम वर्ड्सवर्थ और कॉलरिज स्वच्छन्दतावादी काव्य-चिन्तन के वे पुरस्कर्ता हैं, जो उसके सर्वश्रेष्ठ प्रतिनिधि माने जा सकते हैं। प्राचीन यूनान के काव्यादर्श को अमान्य ठहराते हुए वर्ड्सवर्थ (Wordsworth) ने भी ब्लेक की ही भाँति अनुभूति की केन्द्रीयता स्वीकार की। परन्तु जहाँ ब्लेक ने काव्य-रचना के मूल में अलौकिक अथवा दैवी प्रेरणा की भूमिका का आख्यान किया था, वहाँ वर्ड्सवर्थ ने भावप्रवण

अथवा भावोच्छ्वास को ही काव्य-सर्जना का मूल माना। इस सम्बन्ध में काव्य की उत्पत्ति-सम्बन्धी वर्ड्सवर्थ का यह मत कि 'काव्य शक्तिशाली भावोद्वेगों की अकृत्रिम या स्वतः स्फूर्त अभिव्यंजना है।' (Poetry is the spontaneous over-flow of powerful feelings) विशेष ध्यान देने योग्य है। काव्य सम्बन्धी अपनी इस मान्यता में स्पष्टतः वर्ड्सवर्थ ने स्वाभाविक अभिव्यंजना पर बल दिया है—स्वाभाविकता और सरलता काव्य विषयों की, और अभिव्यंजना की भी। प्रकृति के साथ अपनी अकृत्रिम एवं उत्कट सम्पृक्ति के आधार पर वर्ड्सवर्थ ने यह भी घोषित किया कि ग्राम्य जीवन ही वह जीवन है, जहाँ कवि अकृत्रिम-भाव-संवेदनाएँ प्राप्त कर सकता है, अतएव उसे ग्राम्य जीवन और ग्राम्य चरित्रों से ही काव्य-रचना की प्रेरणा लेनी चाहिए और अपने काव्य में उन्हीं का चित्रण करना चाहिए। यही नहीं, भाषा, छन्द एवं शिल्प के अन्य उपकरण भी उसे ग्राम्य अथवा वन्य जीवन के बीच से चुनने चाहिए। दैनिक बोलचाल की भाषा, अलंकरण-रहित शिल्प एवं सरल-सहज शैली को ही उसने आदर्श स्वीकार किया। मात्र बौद्धिक चिन्तन को अनपेक्षित मानते हुए उसने चिन्तन को भाव प्रवणता के भीतर ही स्थान दिया। कुल मिलाकर वर्ड्सवर्थ का आग्रह सरल, सहज, भाव प्रवण कविता का आग्रह है, जिसके लिए उसने प्रकृति तथा ग्राम्य जीवन को आदर्श माना है। वर्ड्सवर्थ के इन विचारों का अतिवाद वहाँ देख पड़ता है, जहाँ वह सरलता, सहजता और अकृत्रिम अभिव्यक्ति के लिए महज ग्राम्य जीवन या वन्य-जीवन तक ही अपने को सीमित कर लेता है। वैसे सरलता, सहजता तथा अकृत्रिम अभिव्यक्ति पर बल देकर उसने काव्य-रचना को नियमों के उस आरोपित बोझ से मुक्ति दी, जो शास्त्रवादी और नव्यशास्त्रवादी युग में उसके ऊपर लाद दिये गये थे। वर्ड्सवर्थ के काव्य-सम्बन्धी ये विचार 'लिरिकल बैलेड्स' (Lyrical Ballads) शीर्षक उसकी प्रसिद्ध काव्य कृति की भूमिका में देखे जा सकते हैं।

कॉलरिज (Coleridge) का काव्य-चिन्तन स्वच्छन्दतावादी काव्य-तत्त्वों के स्पष्टीकरण के सन्दर्भ में और भी महत्त्वपूर्ण है। 'बायग्राफिया लिटरेरिया' शीर्षक उसकी कृति में हमें उसका काव्य-चिन्तन पूरे विस्तार के साथ उपलब्ध होता है। अन्य स्वच्छन्दतावादी काव्य-चिन्तकों की भाँति कॉलरिज ने भी कविता के अन्तर्गत सहजता, सरलता तथा अकृत्रिमता को महत्त्व प्रदान किया है। कविता के अन्तर्गत अनुभूति की केन्द्रीयता भी उसने स्वीकार की है। परन्तु कॉलरिज ने कोरे भावोच्छ्वास को अस्वीकार करते हुए कविता के भीतर भावना एवं चिन्तन की संश्लिष्ट उपस्थिति को महत्त्व दिया है। चिन्तन के बिना कविता में गरिमा नहीं आती, ऐसा उसका विचार था। कल्पना तत्त्व को भी कॉलरिज ने अपनी पूरी स्वीकृति देते हुए उसका विस्तार से विवेचन किया है। कल्पना को उसने ईश्वर का पर्याय तक कहा है, जो जड़ और चेतन, प्रकृति तथा मन के बीच वास्तविक सम्बन्ध-सूत्र स्थापित करती है। परन्तु कल्पना शक्ति की अद्वितीयता का आख्यान करते हुए भी उसने निरीक्षण

पर जोर दिया है। वस्तु-जगत् का सम्यक् निरीक्षण ही कल्पना शक्ति को उसके वास्तविक उत्कर्ष पर पहुँचाता है। कविता और गद्य के बीच का अन्तर निर्देशित करते हुए उसने शब्दों के चुनाव और उनकी स्थिति को ही निर्णायक माना है। शब्दों का अपना विशेष क्रम ही कविता को गद्य से पृथक् इयत्ता प्रदान करता है। कविता का साध्य एक विशेष और अलौकिक आनन्दानुभूति है, जबकि गद्य हमें सत्य की प्रतीति कराता है। सत्य की व्यंजना कविता भी करती है, परन्तु अपनी विशेष पद्धति के द्वारा। जहाँ तक आनन्दानुभूति का प्रश्न है, कॉलरिज ने कोरे आनन्द को स्वीकार न करते हुए उस आनन्द को मान्यता दी है, जो सौन्दर्यमूलक हो। सौन्दर्य ही कविता का प्राणतत्त्व है और यह सौन्दर्य आनन्द का भी विधायक होता है। कुल मिलाकर कॉलरिज़ ने कविता के रूप तत्त्व और उसकी कल्पनाशक्ति पर जम कर विचार किया है। जैसा कि हम कह चुके हैं, स्वच्छन्दतावादी काव्यादर्शों को कॉलरिज़ के चिन्तन में पूर्ण अभिव्यक्ति मिली है।

स्वच्छन्दतावादी काव्य-चिन्तन के पुरस्कर्त्ताओं में कवि-चिन्तक शेली (P.B.Shelley) का उल्लेख भी आवश्यक है। शेली वस्तुतः चिन्तक न होकर एक अद्भुत भावप्रवण विचारक था। उसका एक-एक वाक्य सीधे उसकी आत्मा की आवाज को ध्वनित करता है। 'कविता की वकालत' शीर्षक अपने निबन्ध में उसने टामस लव पीकक के इस आरोप का जोरदार खण्डन किया है कि कविता का युग बीत गया है। परन्तु सिडनी की ही भाँति शेली का निबन्ध भी भावोच्छ्वास से पूर्ण है। शेली ने कविता के अन्तर्गत कल्पनाशक्ति को सर्वाधिक महत्त्व देते हुए यहाँ तक कहा है कि कल्पना शक्ति द्वारा कवि सब कुछ कर सकता है। कल्पना की तरंगें कवि के हृदय को वीणा के तारों की भाँति झंकृत कर देती हैं और इस प्रकार जिस कविता का उद्भव होता है, वह आयास रहित, सच्ची कविता होती है। आयास रहित कविता ही कविता है, उसी में उस सौन्दर्य के दर्शन किये जा सकते हैं जो कवि के हृदय में स्थित रहता है। कल्पना द्वारा यह सौन्दर्य कविता में उद्घाटित होता है, जिसकी बराबरी नहीं की जा सकती। कवि को शेली ने 'प्राफेट' (Prophet) तथा 'संसार का नियामक' कहा है। इस प्रकार कविता और कवि की गरिमा को शेली के विचारों में बड़ी ही सशक्त अभिव्यक्ति मिली है।

आलोचकों ने शेली के इन विचारों में अनेक सीमाएँ देखी हैं। उदाहरण के लिए प्रतिभा और कल्पनाशक्ति को ही सब कुछ मानते हुए उसने कविता के अन्तर्गत चिन्तन पक्ष की उपेक्षा की है। दूसरे, आयास रहित कविता को ही वास्तविक कविता कहकर उसने कवि-कर्म की भी अवहेलना की है। वस्तुतः शेली एक अत्यन्त सहृदय, भावप्रवण एवं मुक्त कवि था। इसी हेतु उसने कविता की विवेचना करते हुए अपनी भावप्रवणता को ही प्रधान रूप से अभिव्यक्त किया है। परन्तु इन कमियों के बावजूद इतना अवश्य कहा जा सकता है कि शेली के क्रान्तिकारी विचारों ने, जो आत्मा

की आवाज थे, अपने समय के काव्य-चिन्तन को काफी हद तक प्रभावित किया था। उसका काव्य उसके अपने विचारों का ही मूर्त रूप है।

स्वच्छन्दतावादी काव्य-चिन्तन के इन पुरस्कर्त्ताओं की देन कई अर्थों में विशिष्ट है। यद्यपि इन काव्य-चिन्तकों का प्रदेय मूलतः इनके स्वच्छ हृदय से निःसृत अतिशय भावोच्छ्वास पूर्ण उक्तियों का ही प्रतिरूप है, और शास्त्रवाद तथा नव्यशास्त्रवाद की भाँति एक दूसरे प्रकार के अतिवाद की सृष्टि करता है, फिर भी शास्त्रवाद तथा नव्यशास्त्रवाद की अनपेक्षित रूढ़ियों से कविता तथा काव्य-चिन्तन को मुक्त करने का श्रेय भी इन्हीं को है। इनके विचार युगीन जीवन-सन्दर्भों के साथ भले ही न्याय न कर पाये हों, नव्यशास्त्रवादी तथा शास्त्रवादी मान्यताओं का विरोध उस समय की एक ऐतिहासिक आवश्यकता थी, जिसे उन्होंने समझा और तदनुकूल कार्य किया। इनकी अपनी सीमाएँ काव्य तथा काव्य-चिन्तन को अमूर्तता तथा अलौकिकता की ओर गतिशील करने में देखी जा सकती हैं। कल्पनाशक्ति को एक अद्भुत, अलौकिक कवि-क्षमता के रूप में प्रतिष्ठित करते हुए उसकी जिस हद तक दार्शनिक तथा भावोच्छ्वास पूर्ण आकृति का निर्माण इन्होंने किया, उसका परिणाम यह निकला कि इनकी कविता मानवीय तथा लौकिक जीवन के यथार्थ-सम्बन्धों से उतना ही कटती हुई अधिकांशतः वायवी हो उठी। वास्तविक जीवन का स्पन्दन उसमें उतनी ही सीमा तक विरल हो गया। कृत्रिम रूढ़ियों का तिरस्कार कर इन्होंने जहाँ एक स्तर पर कविता को बन्धन मुक्त किया, वहाँ दूसरे स्तर पर अराजकता तथा अनुशासनहीनता का एक अतिवाद भी विकसित किया। आनन्द, सौन्दर्य, जैसे कविता के तत्त्व इन लोगों के चिन्तन में इस सीमा तक अमूर्त तथा अलौकिक हो उठे कि उन्हें मानवीय जीवन में पहचानना तक मुश्किल हो उठा, पकड़ पाना तो दूर की बात। कुल मिलाकर, अपनी समूची निश्छल तथा ईमानदार चेष्टा के बावजूद ये चिन्तक चिन्तन के धरातल पर कविता को युग-जीवन का नेतृत्व नहीं दिला सके। रचना के स्तर पर भी इनके काव्य में युग-जीवन अपनी अभिव्यक्ति न पा सका। इन अभावों की पूर्ति कुछ सीमा तक उस यथार्थवादी साहित्य-चिन्तन में देख पड़ी, जो स्वच्छन्दतावादी काव्य-चिन्तन के साथ-साथ ही हमारे दृष्टि पथ में आया।

आधुनिक युग; यथार्थवादी साहित्य-चिन्तन

19वीं शताब्दी जहाँ स्वच्छन्दतावादी काव्य-चिन्तन के उद्भव और विकास की दृष्टि से महत्त्वपूर्ण है, वहाँ यथार्थवादी साहित्य-चिन्तन को जन्म देने और विकसित करने का श्रेय भी उसको है। वस्तुतः 19वीं शताब्दी में जिस समय काव्य-रचना के क्षेत्र में स्वच्छन्दतावाद का बोलबाला था, उस समय भी, बल्कि उसके पूर्व से भी उपन्यास तथा नाटक जैसी गद्य-विधाओं के क्षेत्र में यथार्थवादी मान्यताएँ प्रश्रय पा रही थीं। इन यथार्थवादी मान्यताओं को सामने लाने में उन वैज्ञानिक आविष्कारों का बहुत

हाथ है, जो 19वीं शताब्दी में एक के बाद एक जीवन और जगत् के रहस्यों को हमारे समक्ष खोलते गये और जिनके कारण न केवल पश्चिम में औद्योगीकरण की एक अन्तहीन प्रक्रिया का जन्म हुआ, लोगों को चिन्तन-प्रणाली तथा जीवन और जगत् को देखने तथा समझने के दृष्टिकोण में भी क्रान्तिकारी परिवर्तन हुए। औद्योगीकरण की प्रक्रिया में ही नये सामाजिक सम्बन्धों की एक शृंखला सामने आयी, एक नयी पूँजीवादी व्यवस्था का ढाँचा भी खड़ा हुआ। युग जीवन में होने वाले इन परिवर्तनों ने एक नये जटिल तथा बौद्धिक परिवेश में काव्य-रचना की लोकप्रियता को कम करते हुए गद्य-विधाओं को महत्त्व दिया और इसी क्रम में उपन्यास इस नये और उभरते हुए जीवन का प्रतिनिधि साहित्य-रूप बना। डार्विन के विकासवाद के सिद्धान्त ने जीवन तथा मनुष्य के सम्बन्ध में चली आती हुई आदर्शवादी-रोमानी धारणा को इतना गहरा धक्का दिया कि लोग मनुष्य तथा जीवन को यथार्थवाद के दर्पण में देखने के लिए विवश हो गये। भावोच्छ्वास पूर्ण तथा कल्पनाशील उक्तियों का स्थान बौद्धिक चिन्तन ने ग्रहण किया तथा संसार की प्रत्येक वस्तु में अलौकिकता तथा अतीन्द्रिय सौन्दर्य खोजने वाली आँखें भौतिक तथा लौकिक जीवन-सन्दर्भों में ही मनुष्य तथा जीवन की भली-बुरी आकृति देखने के लिए विवश हुईं। साहित्य-चिन्तन तथा कला-रचना के यथार्थपरक दृष्टिकोण का विकास हुआ जिसकी परम्परा 19वीं शताब्दी का अतिक्रमण कर बीसवीं शताब्दी में भी निर्बाध गति से चलती रही। गो, इस बीसवीं शताब्दी में युग-जीवन में ही निहित दूसरी परिस्थितियों के दबाव वश यथार्थवाद-विरोधी कतिपय कला-दृष्टियाँ भी सामने आयीं, परन्तु मुख्यतः और मूलतः इस युग के साहित्य-चिन्तन तथा साहित्य निर्माण में यथार्थवादी दृष्टिकोण की ही प्रबलता रही। 19वीं शताब्दी के यथार्थवादी साहित्य एवं कला-चिन्तन को एवं उसके आधार पर होने वाले साहित्य और कला-निर्माण को जन्म देने तथा विकसित करने वालों में सेंट ब्यूव, तेन, बेलिंस्की, कार्ल मार्क्स, चर्निशवस्की, मेथ्यू आरनाल्ड, जान रस्किन तथा तोल्सतोय जैसे चिन्तकों एवं रचनाकारों का नाम विशेष उल्लेखनीय है। इन सब में कार्ल मार्क्स का नाम इस कारण सबसे विशिष्ट है कि उनके चिन्तन ने विश्व में जीवन, समाज तथा संसार को देखने, सोचने तथा समझने की एक ऐसी दृष्टि की प्रतिष्ठा की, जिसने चले आते हुए क्रम को बदल कर एक नये और क्रान्तिकारी विश्व-दृष्टिकोण को प्रत्यक्ष किया और इसका रचनात्मक परिणाम जीवन के प्रत्येक क्षेत्र में दिखाई पड़ा। साहित्य एवं कला-चिन्तन के क्षेत्र में भी मार्क्सीय दृष्टिकोण ने एक महान् क्रान्ति सम्पादित की, जिसका विस्तृत पर्यवेक्षण ही हमारी प्रस्तुत पुस्तक का साध्य है। अगली पंक्तियों में हम, साहित्य एवं कला-चिन्तन के मार्क्सवादी दृष्टिकोण को फिलहाल छोड़ते हुए ऊपर उल्लिखित उन विचारकों एवं रचनाकारों की उपलब्धियों पर संक्षिप्त चर्चा करेंगे, जिन्होंने स्वच्छन्दतावाद से भिन्न नये यथार्थवादी

साहित्य-चिन्तन को हमारे समक्ष प्रत्यक्ष किया, फलतः उस चिन्तन-पद्धति को विकास की स्थितियों तक पहुँचाया जिसके क्रम में ही मार्क्सवादी साहित्य-चिन्तन, उसका सर्वाधिक सशक्त तथा मौलिक अंग बनकर सामने आया।

फ्रेंच-विचारक सेंट ब्यूव (Sainte Beuve) को पूरी तरह यथार्थवादी साहित्य-चिन्तक तो नहीं माना जा सकता परन्तु 19वीं शताब्दी की वैज्ञानिक दृष्टि को उसके साहित्य-चिन्तन में स्पष्टतः अभिव्यक्ति मिली है। अपने समय के जीव-विज्ञान से प्रभावित होकर उसने साहित्य की परीक्षा भी एक जीव शास्त्री के दृष्टिकोण से की है। 'जैसा वृक्ष होगा, वैसा ही फल होगा' इस मूलभूत जीव शास्त्रीय मान्यता को केन्द्र में रखकर ही उसने साहित्य के सम्बन्ध में अपने विचार व्यक्त किये हैं। साहित्य एवं साहित्यकार के बारे में कोई अन्तिम निर्णय देने से अधिक महत्त्वपूर्ण उसके लिए यह तथ्य है कि पहले उन्हें अच्छी तरह जाना और समझा जाय। और यह कार्य तब तक नहीं हो सकता जब तक कि साहित्यकार के व्यक्तित्व का सर्वांगीण अध्ययन न किया जाय। व्यक्तित्व के इस अध्ययन के माने हैं, साहित्यकार की जीवनी का विस्तृत अध्ययन, और इस जीवनी के अन्तर्गत उसने साहित्यकार के जन्म, उसकी शिक्षा-दीक्षा, उसके माता-पिता, परिजन, इष्ट-मित्रों, उसके पारिवारिक, सामाजिक कार्यकलापों, उसके प्रेम, विवाह, उसकी आर्थिक स्थिति, आदि आदि सारी बातों को महत्त्व दिया। उसने स्पष्टतः इस तथ्य को स्वीकार किया है कि उसका साहित्य-सम्बन्धी दृष्टिकोण एक वनस्पतिशास्त्री का दृष्टिकोण है, और साहित्यकार के मन तथा व्यक्तित्व का उसका अध्ययन एक प्रकृतिवादी का अध्ययन है। उसका यह दृढ़ मत था कि बिना साहित्यकार के जीवन चरित्र के इस व्यापक अध्ययन के, साहित्य पर कोई सही बात नहीं कही जा सकती। इन सारी बातों के सम्यक् अध्ययन के पश्चात् ही किसी रचनाकार की कृति का वैशिष्ट्य निरूपित किया जा सकता है। रचना को जानने के लिए उस रचना के निर्माता व्यक्ति को जानना अनिवार्य है, जैसा वह व्यक्ति होगा, वैसी ही उसकी रचना होगी। संक्षेप में सेंट ब्यूव की मान्यता का सार यही है।

अपनी इस मूलभूत मान्यता के अतिरिक्त अपनी एक पुस्तक 'क्लासिक क्या है,' में उसने क्लासिक की विशेषताओं का भी बड़ा सुन्दर निरूपण किया है, और इस सन्दर्भ में क्लासिक सम्बन्धी गेटे की मान्यताओं को महत्त्व देते हुए कहा है कि केवल प्राचीन महत्त्वपूर्ण रचनाएँ ही क्लासिक नहीं हैं, क्लासिक हर वह रचना है जो मानव-मन को समृद्ध करती है, जो गहनतम नैतिक सत्यों का एक ऐसी शैली में उद्‌घाटन कर करती है, जिसे युग-विशेष में बाँधा न जा सकता हो।

कुल मिलाकर सेंट ब्यूव की प्रमुख देन यही मानी जा सकती है कि उसने महज साहित्यिक कृति तक ही अपने को सीमित न रखकर, उसके रचनाकार व्यक्ति के निजी, पारिवारिक तथा सामाजिक जीवन को प्रमुख माना और इसे ही साहित्यिक निर्णय करते समय केन्द्रीयता प्रदान की। उसकी इस निष्पत्ति का आगे की यथार्थवादी

और मार्क्सवादी आलोचना पद्धति में अधिक सन्तुलित एवं वैज्ञानिक पद्धति से उपयोग किया गया।

सेंट ब्यूव ने जहाँ साहित्य को समझने के पूर्व साहित्यकार-व्यक्ति को समझने पर बल दिया, वहाँ उसी के एक समानधर्मा एच. तेन (H. Taine) ने साहित्यकार-व्यक्ति से अधिक उसकी जाति और वंश-परम्परा की खोज को आवश्यक माना। तेन के अनुसार बिना साहित्यकार-व्यक्ति की जाति, उसके इतिहास, उसकी वंश परम्परा, उसके आसपास के सामाजिक वातावरण, उसकी सांस्कृतिक पीठिका आदि का अध्ययन किये, उसकी रचना के सम्बन्ध में निर्णय नहीं दिया जा सकता। यही नहीं, उसने उन भौगोलिक कारणों को भी लगभग इतना ही महत्त्व प्रदान किया जिनके बीच किसी व्यक्ति, उसकी जाति और उसके इतिहास का पल्लवन होता है। जिस युग-विशेष और जिस व्यक्ति-विशेष की कोई कृति है, उस युग और उस व्यक्ति के सम्पूर्ण बाह्य परिवेश को समझकर ही हम उस कृति को समझ सकते हैं। तेन के ये विचार उन भूमिकाओं को भी अपने भीतर निहित कर लेते हैं, जो हमें सेंट ब्यूव के विचारों में नहीं मिलतीं। सेंट ब्यूव और तेन के विचारों का सम्मिलित रूप अपने में एक पूर्ण पद्धति का निर्माण अवश्य करता है, जिसका सार यही है कि साहित्य या साहित्यकार को समझने और उन पर कुछ कहने के पूर्व उनके समूचे अन्तरंग और बहिरंग की विस्तृत जानकारी अपेक्षित है। व्यक्ति के अन्तर्बाह्य को बिना समझे, युग के समूचे सामाजिक-सांस्कृतिक, ऐतिहासिक-भौगोलिक परिवेश को जाने, कृति या कृतिकार को नहीं जाना जा सकता। यथार्थवादी तथा मार्क्सवादी साहित्य-चिन्तन में तेन के विचारों को भी अधिक व्यवस्थित, अधिक वैज्ञानिक एवं अधिक सन्तुलित रूप में देखा जा सकता है।

इसके पूर्व कि हम बेलिंस्की और चर्निशवस्की जैसे रूसी साहित्य-चिन्तकों का उल्लेख करें, हम मैथ्यू आरनाल्ड, जान रस्किन तथा लियो तोल्सतोय की मान्यताओं का जिक्र करना चाहेंगे, यथार्थवादी साहित्य-चिन्तन के विकास में जिनका महत्त्वपूर्ण योग है।

मैथ्यू आरनाल्ड (Mathew Arnold) की प्रसिद्धि जितनी एक आलोचक के रूप में है, कवि के रूप में भी वह उतना ही ख्यात है। अपने विचारों में अन्तर्विरोधों, अव्यावहारिकताओं एवं कतिपय रूढ़ियों के होते हुए भी उसने साहित्य और आलोचना-सम्बन्धी कुछ ऐसे महत्त्वपूर्ण निर्देश भी दिये हैं, जो उसके युग में तो मान्य हुए ही, आज भी जिनका महत्त्व है। विज्ञान के बढ़ते हुए युग में, जबकि आलोचक कविता को निरर्थक तक कहने लगे थे, उसने कविता के महत्त्व की प्रतिष्ठा की, उसे मानव-मूल्यों का स्रोत और संरक्षक कहा, विज्ञान के बावजूद और विज्ञान के बीच उसका महत्त्व प्रतिष्ठित किया। कविता का सम्बन्ध उच्चकोटि की नैतिकता से जोड़ते हुए उसने उसकी सार्वकालिक आवश्यकता का प्रतिपादन किया।

कविता को जीवन की व्याख्या मानते हुए उसने रचनाकारों को ही नहीं, आलोचकों को भी उनके कार्य के सिलसिले में एक नयी दिशा दी। आरनाल्ड की इस मान्यता का तत्कालीन रचनाकारों एवं समीक्षकों पर बहुत प्रभाव पड़ा और इसे कविता की समझ के सिलसिले में एक महत्त्वपूर्ण और अभिनव निष्पत्ति माना गया। उसने आलोचकों के सामाजिक दायित्व का विस्तार से प्रतिपादन करते हुए उन्हें अपने निजी मन्तव्यों एवं निर्णयों के प्रति सावधान किया। किसी समाज, युग अथवा जीवन में जो कुछ उदात्त और श्रेष्ठ है, आलोचक का दायित्व है कि उसे परखे और प्रचारित करे, एक ऐसे उदात्त वातावरण के निर्माण में सहायक बने, जो रचनाकार को रचना की वास्तविक प्रेरणा प्रदान कर सके। आलोचक का दायित्व यह भी है कि वह विश्व के महान् रचनाकारों के साहित्य का अध्ययन कर उसमें निहित शाश्वत गुणों को उद्‌घाटित करे और इस प्रकार न केवल समाज को एक नयी दिशा दे, उसकी रुचियों का परिष्कार भी करे। काव्य या साहित्य का प्रयोजन उसने उच्चकोटि की नैतिकता तथा आह्लाद की सृष्टि माना। आरनाल्ड की ये मान्यताएँ समीक्षा जगत् में लगभग आधी शताब्दी तक मान्य रहीं।

यूँ, आरनाल्ड का समाज तथा संस्कृति-विषयक चिन्तन भाववादी दर्शन की सीमाओं से आक्रान्त है, उसके काव्य-सम्बन्धी विचार भी अरस्तू का ही अनुसरण करते हैं, प्राचीनों पर उसको श्रद्धा अतिवाद के स्तर तक पहुँच जाती है, तथा आलोचक की पूर्ण निष्पक्षता जैसी उसकी बातें अव्यावहारिक भी हैं, परन्तु बावजूद इन सीमाओं के अपनी मान्यताओं द्वारा साहित्य और युग-जीवन की घनिष्ठता को प्रतिपादित कर तथा रचनाकार एवं समीक्षकों को उनके सामाजिक दायित्व के प्रति सजग कर उसने एक नया मार्ग प्रशस्त किया। ईसाइयत के श्रेष्ठ गुणों पर आधारित उसका मानवतावादी दृष्टिकोण भी उसे लोक जीवन के साथ जुड़ने और उसका महत्त्व प्रतिपादित करने में सहायक बना, जो उस युग के पूँजीवादी चिन्तन को देखते हुए एक महत्त्वपूर्ण उपलब्धि थी।

जान रस्किन (John Ruskin) की गणना ऐसे कला-चिन्तकों में की जानी चाहिए जो कला-सम्बन्धी अपने उपयोगितावादी दृष्टिकोण के कारण ही यथार्थवादी कला-चिन्तकों की परम्परा में आते हैं। कला को ईश्वरीय विभूति मानना, उसे एक दिव्य आनन्दानुभूति का सर्जक कहना, मूलतः भाववादी आस्था की बातें हैं, परन्तु औद्योगिक युग की पूँजीवादी नैतिकता के स्थान पर एक सहज मानवीय नैतिकता का पक्ष लेना, पूँजीवाद के कला-विरोध की आलोचना करते हुए कला को ही सामाजिक और नैतिक अभ्युत्थान का माध्यम मानना, वे तथ्य हैं जो रस्किन को तत्कालीन सन्दर्भों में एक प्रगतिशील विचारक का महत्त्व देते हैं। नैतिकता का हामी प्लेटो भी था और इस दृष्टि से रस्किन उससे सदृशता स्थापित करता है, परन्तु जहाँ प्लेटो ने कला को एक उन्मादी व्यक्ति की रचना मानते हुए अनैतिक कहा था

और कलाकार को समाज से बहिष्कृत कर देने की बात की थी, वहाँ नैतिकता का पक्ष ग्रहण करते हुए रस्किन ने कला और कलाकार को ही उसका विधायक माना और समाज के लिए उनकी स्थिति अनिवार्य घोषित की। रस्किन का यह दृष्टिकोण ही उसे प्लेटो से भिन्न भूमि पर प्रतिष्ठित कर देता है। श्रेष्ठ कला कभी अनैतिक नहीं हो सकती, वरन् वह समाज में महत् सम्भावनाओं की सृष्टि करती है, रस्किन के चिन्तन का केन्द्रीय विचार यही है। कलाकार के लिए भी वह उदात्त चरित्र को आवश्यक मानता है, और कहता है कि उत्कृष्ट गुणों और उत्कृष्ट चरित्र से युक्त कलाकार श्रेष्ठ एवं समाज के लिए हितकारी कला की ही सृष्टि करेगा। रस्किन ने स्पष्टतः कहा है कि औद्योगिक प्रगति के साथ खण्ड-खण्ड होते हुए मानवीय जीवन तथा मानव समाज की रक्षा यदि हो सकती है तो 'शिव तत्त्व' को प्रश्रय देने वाली उदात्त कला के द्वारा ही। कला का प्रयोजन केवल मनोरंजन नहीं है, उसका मूल प्रयोजन नैतिक उपदेशों के द्वारा समाज का अंभ्युत्थान है। ये बातें ऊपर से स्थूल लग सकती हैं परन्तु तत्कालीन सन्दर्भों में आवश्यक थीं, और रस्किन ने बिना किसी हिचक के इनका प्रतिपादन किया। जीवन की बढ़ती हुई कृत्रिमता को लक्ष्य करते हुए उसने गहराई के साथ इस तथ्य को अनुभव किया कि जब तक श्रेष्ठ कला के माध्यम से मानवीय संवेदनाओं को एक बार पुनः सहज प्राकृतिक जीवन से नहीं जोड़ा जाता तब तक इस कृत्रिमता का प्रतिकार नहीं हो सकता।

कला-सम्बन्धी उपयोगितावादी चिन्तन के इसी क्रम में रूस के महान् कलाकार और चिन्तक लियो तोल्सतोय (LeoTolstoy) का उल्लेख भी आवश्यक है, ईसाइयत के धर्म प्रधान दृष्टिकोण पर आधारित जिनका कला-सम्बन्धी चिन्तन भी कला को जीवन के साथ घनिष्ठ रूप से जोड़ता है। तोल्सतोय के कला-सम्बन्धी विचार हमें उसकी 'कला क्या है' (What is Art) कृति में अपने समूचे वैशिष्ट्य के साथ उपलब्ध होते हैं। इस कृति में उन्होंने कला-सम्बन्धी तमाम प्रश्नों को इतने मौलिक रूप में उठाया है, तथा इतने मौलिक और सुस्पष्ट ढंग से उनका समाधान किया है, कि पुस्तक की भूमिका लेखक एलमेर मौदे के अनुसार कदाचित् ही किसी दूसरे विचारक ने कला-सम्बन्धी इतने मौलिक और सुस्पष्ट विचार व्यक्त किये हों।

तोल्सतोय के धर्म-प्रधान दृष्टिकोण के कारण एक स्तर पर, और उनके अत्यन्त निश्छल और ईमानदार यथार्थबोध के कारण दूसरे स्तर पर, उनके समूचे चिन्तन में एक प्रकार का अन्तर्द्वन्द्व-सा लक्षित होता है, परन्तु उनके रचनाकार-विचारक की यह ईमानदारी ही है कि अभिव्यक्ति के स्तर पर, चिन्तन के निर्णयात्मक क्षणों में, अन्तर्द्वन्द्व जनित अस्पष्टता को एकदम दूर करते हुए उन्होंने जो कुछ कहा है, अन्तर की पूर्ण निष्ठा के साथ कहा है, किसी भी प्रकार के पूर्वाग्रह से बच कर कहा है। तभी उनके विचार इस सीमा तक स्पष्ट और ग्राह्य हो सके हैं।

उनके उदार और मानवतावादी धर्म-बोध ने उन्हें विश्व-मानवता के साथ जोड़ा

है, और तभी उन्होंने जो कुछ लिखा और कहा है, वह किसी वर्ग-विशेष को लक्ष्य करके नहीं, समूची मानवता के लिए लक्ष्य करके कहा है। साहित्य हो या कला, उनके विचार से, उनकी सार्थकता उनकी मानवतावादी आकृति में ही है। जो कला समस्त मानवता का मंगल करने वाली हो, वही वास्तविक कला है, वही वास्तविक साहित्य है।

अपने इन्हीं विचारों के सन्दर्भ में तोल्सतोय ने अपने समय की कला को जन सामान्य की कला न कहकर उच्च वर्गों की कला कहा, जो मात्र अनैतिकता और विकृति को प्रश्रय देती है। धनी लोगों के लिए रची जाने वाली इस कला को उन्होंने वेश्यावृत्ति का पर्याय माना। उनके अनुसार इससे बड़ी विडम्बना और क्या हो सकती है कि जिस कला के सृजन में लाखों साधारण जनों का श्रम खर्च हो, प्रभूत धन का अपव्यय हो, वह मात्र थोड़े से सुविधा-भोगी, धनी-मानी व्यक्तियों तक ही सीमित होकर रह जाय। तोल्सतोय अपने समय के वैज्ञानिक आविष्कारों से भी बहुत खिन्न थे। उनका विचार था कि विज्ञान का विकास भी अन्ततः समाज के धनी-मानी व्यक्तियों के सुखों और आकांक्षाओं की ही पूर्ति कर रहा है। उसने समूचे मानव-जीवन में एक प्रकार की विकृति उत्पन्न कर दी है। लोगों में कृत्रिम आकांक्षाएँ उत्पन्न कर वह उनकी कृत्रिम प्रकार की पूर्ति के साधन जुटा रहा है, फलतः चारों ओर एक अशान्ति व्याप्त हो रही है। मानवता के लिए हितकारी साधनों को जुटाने के बजाय वह मानवता के विनाश के लिए ही नाना प्रकार के उपकरणों की सृष्टि कर रहा है। ऐसे विज्ञान की वे कोई भी जरूरत स्वीकार नहीं करते थे। उन्होंने बड़े ही स्पष्ट शब्दों में विज्ञान के इस मानवघाती रूप की भर्त्सना की है।

सार्वत्रिक विकृति के बढ़ते हुए प्रसार से क्षुब्ध होकर ही उन्होंने कला के प्रश्न को सर्वथा नये सन्दर्भों में प्रस्तुत किया। वे जीवन के सर्वांगीण विकास के हिमायती थे, और इस विकास में कला को एक महत्त्वपूर्ण साधन के रूप में उन्होंने स्वीकृति दी है। कला-सम्बन्धी चली आती हुई धारणाओं का विरोध उन्होंने यह कह कर किया कि उसका साध्य न सौन्दर्य-सृष्टि है, और न ही किसी प्रकार की लौकिक या अलौकिक आनन्दानुभूति, मनोरंजन तो उसका साध्य हो ही नहीं सकता। उनके अनुसार श्रेष्ठ और सच्ची कला का साध्य यदि कुछ हो सकता है तो वह लोक मंगल ही हो सकता है। लोक मंगल को साध्य मानकर ही कोई कला अपने को चरितार्थ कर सकती है। कला-सम्बन्धी पिछली परिभाषाओं को अस्वीकार करते हुए उन्होंने उसे मानव जीवन की एक अवस्था माना और उसकी सार्थकता इस बात में देखी कि वह मानव और मानव के बीच सम्पर्क का साधन बने। मनुष्य और मनुष्य को जोड़ने वाली कला ही सच्ची कला है, उसे इसी रूप में देखना और समझना चाहिए।

कला या साहित्य के मूल तत्त्व भाव होते हैं, और ये भाव संक्रामक होते हैं। सच्ची और श्रेष्ठ कला के अन्तर्गत मात्र इन भावों की अभिव्यक्ति पर्याप्त नहीं होती, अभिव्यक्ति तभी सार्थक कही जायगी जब वह मूल भावों का दूसरों में सम्प्रेषण

कर सके। दूसरे लोगों में भी समान भाव उत्पन्न कर उन्हें उसी मनःस्थिति में पहुँचा देना, जो, कलाकार की है, किसी कला की वास्तविक उपलब्धि है। तोल्सतोय द्वारा प्रतिपादित यही कला की संक्रामकता का सिद्धान्त (Theory of Infection) है। इसे ही हम कला की प्रेषणीयता के सिद्धान्त (Theory of Communication) के रूप में स्वीकार कर सकते हैं। उत्कृष्ट भावों के प्रेषण द्वारा लोकमंगल की साधना का यह सिद्धान्त तोल्सतोय की एक नयी उपलब्धि माना जा सकता है। इसी बिन्दु से तोल्सतोय ने कला और कलाकार के सामाजिक दायित्व को सिद्ध किया। जहाँ तक लोकमंगल के साधक उत्कृष्ट भावों का प्रश्न है, उनका स्रोत तोल्सतोय ने जन-जीवन को माना और स्पष्ट रूप से कहा कि सामान्य जनता के बीच से ही इस प्रकार के भावों की उपलब्धि सम्भव है, और इसीलिए उन्होंने कलाकार से जनता के सामान्य जीवन-प्रवाह से जुड़ने और उसमें घुल-मिल जाने की बात कही। उच्चवर्गों के जीवन में इस प्रकार के भावों की प्राप्ति सम्भव नहीं, यह कहकर उन्होंने जन-जीवन के प्रति अपनी अकृत्रिम और गहरी संवेदना का परिचय दिया।

धर्म को भी तोल्सतोय ने बहुत व्यापक स्तर पर ग्रहण किया है। सच्ची धार्मिक भावना को भी उन्होंने लोकमंगल को साधक माना है। उनके अनुसार सच्ची धर्म भावना मनुष्य के दृष्टिकोण को उदार बनाकर उसे विश्व-मानवता से जोड़ती है। विश्व-बन्धुत्व की उपलब्धि करके ही कोई व्यक्ति धर्मप्राण कहला सकता है। कला-सम्बन्धी अपने चिन्तन में तोल्सतोय ने जिस धर्म-भावना को आधार बनाया है, वह ऐसी ही व्यापक और उदात्त धर्म-भावना है।

अपने से पूर्ववर्ती कला-सिद्धान्तों की चर्चा करते हुए तोल्सतोय ने उन्हें अपूर्ण और एकांगी माना है। मात्र 'सत्य', शिव' और 'सुन्दर' में से किसी एक को साध्य मानने वाला कला-सिद्धान्त नहीं हो सकता। कला का पूर्ण सिद्धान्त वही होगा जिसमें सत्य, शिव और सुन्दर तत्त्वों की एकत्र उपस्थिति हो। इस सम्बन्ध में उनका कथन है कि 'पूर्ण कलाकृति वह होगी जिसकी विचार-वस्तु सब व्यक्तियों के लिए महत्त्वपूर्ण और सार्थक होगी, और इसीलिए नैतिक होगी। अभिव्यक्ति सबके लिए बिलकुल स्पष्ट और बोध-गम्य होगी, इसीलिए सुन्दर होगी। अपनी रचना के साथ कलाकार का सम्बन्ध पूर्णतः निष्ठापूर्ण और मार्मिक होगा, और इसीलिए सत्य भी।'

इस प्रकार तोल्सतोय ने न केवल महत्त्वपूर्ण और अभिनव विचारवस्तु के महत्त्व को प्रतिपादित किया है, उसकी अभिव्यक्ति के बोधगम्य होने पर भी जोर दिया है। यह अभिव्यक्ति भी बोधगम्य तभी होगी जब कलाकार का रचना के साथ आत्मिक सम्बन्ध होगा अर्थात् जब कलाकार यह महसूस करने लगेगा कि अभिव्यक्ति उसके लिए एक अनिवार्यता बन गयी है।

सत् और असत्, नैतिक और अनैतिक शब्दों की व्याख्या भी उन्होंने धार्मिक या साम्प्रदायिक दृष्टिकोण से न करके मानवतावादी दृष्टिकोण से की है। सत्य

और नैतिक उनके लिए वह है जो मानव और मानव के बीच प्रेम का विधायक हो। असत् और अनैतिक वह है जो उनमें विघटन और फूट उत्पन्न करे।

कुल मिलाकर, तोल्सतोय के कला-सम्बन्धी विचार अपने समय को देखते हुए तो मौलिक और गम्भीर थे ही, आज भी उनका महत्त्व कम नहीं हुआ है। कला के सामाजिक दायित्व की बात करके, कला को लोकमंगल और विश्वबन्धुत्व के साथ जोड़कर, कला को मानव और मानव के बीच सम्पर्क स्थापित करने का सशक्त माध्यम मानकर, उसकी सार्थकता को भावों की सम्प्रेषणीयता और प्रभविष्णुता में स्वीकार कर तथा मात्र सुविधा भोगी वर्गों की मनोरंजन करने वाली वेश्या के पद से हटाते हुए उसे सामान्य जन की आशाओं-आकांक्षाओं में ही जीवन्त और सप्राण घोषित कर, उन्होंने अपने मानवतावादी, प्रगतिशील दृष्टिकोण का परिचय दिया है। यही उनके उपयोगितावादी कला-चिन्तन का महत्त्व है। तोल्सतोय के इन विचारों के साथ धर्म और अध्यात्म का आग्रह भी जुड़ा है, सत् और नैतिकता की भूमिकाएँ भी संलग्न हैं, इस कारण कुछ असंगतियाँ भी आ गयी हैं, परन्तु जैसा कि हम प्रारम्भ में कह चुके हैं, उनके ये आग्रह पूर्वाग्रहों की कोटि तक नहीं पहुँचे हैं, और यदि इन असंगतियों को विस्मृत कर उन्हें विशुद्ध मानवतावादी भूमि पर ग्रहण किया जाता तो उनमें कला-सम्बन्धी कुछ इतने मौलिक और महत्त्वपूर्ण निष्कर्ष प्राप्त हैं, जो तोल्सतोय को एक महान् कला चिन्तन के रूप में स्थापित करते हैं।

यथार्थवादी आलोचना की इस चर्चा का अन्त करते हुए हम बेलिंस्की, चर्निशवस्की, तथा दाब्रोल्यूबोव जैसे उन रूसी साहित्य चिन्तकों के विचारों का उल्लेख करना चाहेंगे जिन्हें रूस में यथार्थवादी कला-चिन्तन को प्रतिष्ठा देने का श्रेय प्राप्त है। बेलिंस्की का उद्भव मार्क्स से पूर्व हुआ था तथा शेष मार्क्स और एंगेल्स के समकालीन थे। कहा जाता है कि मार्क्स और एंगेल्स के विचारों ने साहित्यिक और सामाजिक जीवन में जिस क्रान्तिकारी युग-प्रवर्त्तन को सम्भव बनाया, इस युग-प्रवर्त्तन को उक्त रूसी विचारकों के चिन्तन के द्वारा एक अन्य द्वार से भी प्रतिष्ठा मिल रही थी। यही कारण है कि न केवल लेनिन, आगे के मार्क्सवादी विचारकों ने भी उक्त रूसी चिन्तकों के प्रदेय को मुक्त कंठ से स्वीकार किया है, और उन्हें रूस में क्रान्तिकारी विचारकों का सशक्त पुरस्कर्त्ता घोषित किया है। इस क्रम में सबसे पहला नाम विस्सारियन ग्रिगोरियेविच बेलिंस्की का है।

वी.जी. बेलिंस्की (V. G. Belinsky) प्रारम्भ में हेगेल के भाववादी चिन्तन से बहुत प्रभावित थे। उनके प्रारम्भिक निबन्धों में हेगेल के भाववादी चिन्तन की छाप को स्पष्टतः देखा जा सकता है। कालान्तर में उन्हें जर्मन आदर्शवाद और हेगेल के भाववादी चिन्तन की असंगतियों का गहरा बोध हुआ और सन् 1840 तक आते-आते उन्होंने उसके प्रतिक्रियावादी रूप को भली-भाँति समझ लिया। 1 मार्च, सन् 1841 को बोटकिन को लिखे गये उनके पत्र में उनके इस बदले हुए बोध को पूरी तरह

परखा जा सकता है, जिसके अन्तर्गत उन्होंने स्पष्ट शब्दों में हेगेलीय दर्शन के कोरे और निष्प्रभ भाववाद पर कड़ी चोट की है।

बेलिंस्की को जार-शासन की अत्याचार और अनाचार मूलक नीतियों का तीखा बोध था। दास-प्रथा और सामन्तवादी व्यवस्था को वे अपने अन्तर्मन से घृणा करते थे। अपनी इस घृणा को उन्होंने न केवल अपने निबन्धों में अभिव्यक्ति दी है, 'दमित्री कालिनिन' नामक अपने प्रारम्भिक नाटक में भी उन्होंने उसकी अत्यन्त तीखी आलोचना प्रस्तुत की है।

बेलिंस्की के पूर्व रूस में फ्रांस और जर्मनी के कला-चिन्तन को ही प्रमुखता प्राप्त थी। बेलिंस्की ने अपने कला-चिन्तन की इस परम्परा को तोड़ते हुए रूसी कला-चिन्तन को न केवल एक नयी दृष्टि दी, एक नयी चिन्तन-परम्धरा का सूत्रपात भी किया।

जाहिर है कि बेलिंस्की के कला-चिन्तन में कला और जीवन के बीच अत्यन्त घनिष्ठ सम्बन्धों का प्रतिपादन किया गया है। अपने कला-सम्बन्धी विचारों को व्यक्त करते हुए वे कहते हैं कि 'कुछ लोगों का मत है कि वे तमाम बौद्धिक गतिविधियाँ, जो लेखनी द्वारा व्यक्त होती हैं, अपने समूचे विस्तार के साथ राष्ट्रीय साहित्य में समाविष्ट होती हैं।...कुछ अन्य लोग साहित्य को अनेक सुन्दर कृतियों का, जैसा कि फ्रांस में कहते हैं, साहित्यिक नफासतों का, संग्रह समझते हैं।... लेकिन एक तीसरा मत भी है, जो इन दोनों में से किसी से भी मेल नहीं खाता। इस मत का दावा है कि साहित्य ऐसी कलात्मक कृतियों का समुच्चय है जो मुक्त प्रेरणा तथा लोगों के जमकर (लेकिन आपस में बिना तालमेल के) किये गये प्रयासों की देन होता है—ऐसे लोगों के प्रयासों की देन—जो कला के लिए जन्म लेते और केवल कला के लिए जीते हैं, कला के बाहर जो अपना कोई अस्तित्व नहीं रखते तथा जो अपनी सुन्दर कृतियों में उस जनता की आत्मा को पूर्णतया व्यक्त तथा मूर्त करते हैं, जिसके बीच वे जन्म लेते और शिक्षा-दीक्षा प्राप्त करते हैं, जिसका वे जीवन जीते हैं, और जिसकी साँस लेते हैं। उस जनता के जीवन को उनकी रचनात्मक कृतियों में, उनके अन्तरतम की गहराइयों और धड़कनों के साथ, घनिष्ठतम रूप में अभिव्यक्ति मिलती है। ऐसे साहित्य के इतिहास में छलाँगें न होती हैं, और न हो ही सकती हैं। उल्टे, उसमें हर चीज स्वाभाविक, प्रकृत और क्रमबद्ध होती है। ऐसा साहित्य, एक साथ और एकबारगी फ्रेंच और जर्मन, आंग्ल और इतालवी नहीं हो सका।'[2]

बेलिंस्की के विचारों के इस लम्बे उद्धरण द्वारा उनकी कला और साहित्य सम्बन्धी मूलभूत दृष्टि को बड़ी स्पष्टता के साथ परखा जा सकता है।

यह सही है कि बेलिंस्की साहित्य या कला की सार्थकता उसके सर्वप्रथम साहित्य या कला होने में ही समझते थे, परन्तु यह भी उतना ही सही है कि वे कला या साहित्य की उसी आकृति को मान्यता देते थे जिसकी जड़ें सामान्य जनता या लोक जीवन में गहराई से जमी हों। जीवन के स्पंदनों से शून्य कला या साहित्य को

उनके यहाँ कतई मान्यता प्राप्त न थी। कला या साहित्य की श्रेष्ठता का प्रतिमान भी उनका यही था कि उसके अन्तर्गत समाज और जीवन किसी अन्तरंगता के साथ प्रतिबिम्बित हुए हैं। श्रेष्ठ कला उनके विचार से देश और काल की सीमाओं का अतिक्रमण करने वाली होती है, वह सम्पूर्ण मानवता तथा सम्पूर्ण विश्व की विरासत होती है। इसके पहले कि कोई श्रेष्ठ कलाकार या श्रेष्ठ रचनाकार होने का दावा करे, उसे यह सोच लेना चाहिए कि वह कितनी अन्तरंगता तथा कितनी निश्छलता के साथ सामान्य जन-जीवन से जुड़ सका है, कितनी विविधता एवं कितनी आत्मीयता के साथ उस जीवन को अपनी कृति में रूपायित कर सका है।

बेलिंस्की साहित्य को 'समाज का दर्पण' मानने वाली विचारधारा के समर्थक नहीं थे। उनका दृढ़ मत था कि फ्रांस के लोगों की यह उक्ति उनके अपने देश के साहित्य के सन्दर्भ में अवश्य सच मानी जा सकती है, कारण किसी भी अन्य जाति का जीवन अपने सम्पूर्ण निखार के साथ उस देश की सोसाइटी में व्यक्त नहीं हुआ है, जबकि फ्रांस के साथ ऐसा निर्विवाद रूप से कहा जा सकता है। जहाँ तक अन्य देशों—उदाहरणार्थ जर्मनी आदि का प्रश्न है, वहाँ का जीवन उनकी सोसाइटी में नहीं, जनसामान्य में प्रतिबिम्बित हुआ है। अतः वहाँ साहित्य समाज का नहीं, वरन् 'जनता का दर्पण' है, 'जातीय आत्मा का दर्पण' है। इस तरह बेलिंस्की इस निष्कर्ष पर पहुँचे थे कि चूँकि समाज रो आशय प्रायः सम्भ्रान्त और पढ़े-लिखे लोगों के समाज से ही लिया जाता है, अतएव साहित्य यदि किसी का दर्पण हो सकता है तो समाज का नहीं, वरन् उसे 'अनिवार्यतः जाति के आन्तरिक जीवन का दर्पण और उसका प्रतीक होना चाहिए।' इस मान्यता के बावजूद वे इस मत के थे कि यह भी साहित्य की व्याख्या नहीं है, उसके अत्यन्त आवश्यक गुणों में से एक जरूर है।

बेलिंस्की इस तथ्य से परिचित थे कि विशुद्ध सामाजिकता का नारा रचनाकारों को स्थूल दिशाओं की ओर अग्रसर करते हुए साहित्य की व्यापकता और सम्पूर्णता को क्षतिग्रस्त कर सकता है, यही कारण है कि उन्होंने साहित्य को एक ऐसी इकाई के रूप में मान्यता दी जो एक साथ मनुष्य के भौतिक और आध्यात्मिक जीवन का स्पर्श करे इन दोनों स्तरों पर उसे तुष्टि प्रदान करे। कला के उद्देश्य के बारे में अपना मत व्यक्त करते हुए उनका कथन है कि—'कला का उद्देश्य है चित्रित करना, शब्दों, ध्वनियों, रेखाओं और रंगों में प्रकृति के सार्वभौम जीवन को पुनः मूर्त करना। यही कला की एकमात्र और चिरन्तन विषयवस्तु है। कवि को प्रेरणा प्रकृति की रचनात्मक शक्तियों का प्रतिबिम्ब है। इसलिए कवि को, अन्य सबसे बढ़कर, प्रकृति का, भौतिक और आध्यात्मिक दोनों रूपों में अध्ययन करना चाहिए। प्रकृति के प्रति उसके हृदय में प्रेम हो, संवेदनशीलता हो। अन्य सबसे बढ़कर उसकी आत्मा शुद्ध और पवित्र हो।...केवल ऐसे ही लोग स्वर्ग के राज्य के वारिस होंगे, कारण यह कि मस्तिष्क और हृदय के सामंजस्य में ही मानव सर्वोच्च पूर्णता प्राप्त करता है।'[3]

बेलिंस्की के ये विचार साहित्य या कला-सम्बन्धी उनके व्यापक दृष्टिकोण के परिचायक हैं। आदर्श के प्रति, मानवीय गुणों एवं उत्कृष्ट जीवन-मूल्यों के प्रति बेलिंस्की की यह आस्था इसीलिए एकांगी नहीं बन पायी है कि उन्होंने रचनाकार से यह आग्रह भी किया है कि जीवन के सत् पक्ष के साथ-साथ वह उसके असत् पक्ष को भी देखे और अपनी कृति में चित्रित करे। मानव-चरित्र के उज्ज्वल पक्षों के साथ-साथ अधम पक्षों का भी उद्घाटन करे। बायरन और शिलर की तुलना में इसीलिए बेलिंस्की ने शेक्सपियर को महत्त्व दिया है कि उसकी कृतियों में 'समूचे दोजख, समूची धरती और समूचे स्वर्ग' को छाना गया है, मानव के श्रेष्ठ चारित्रिक गुणों के साथ-साथ, उसकी दुर्बलताओं एवं उसकी पशुता को भी उभारा गया है।

जिस प्रकार बेलिंस्की ने कला को सर्वप्रथम कला के ही रूप में स्वीकार करते हुए 'कलात्मक पूर्णता' के प्रति अपना आग्रह व्यक्त किया है, वास्तविकता के चित्रण के प्रति भी उनका आग्रह इतना ही है। उनके अनुसार–'वास्तविकता, आधुनिक जगत् का चरम सूत्र और नारा है। तथ्यों में, अर्थों में, विश्वासों में, मानसिक निष्कर्षों में, वास्तविकता–हर चीज़ और हर जगह में वास्तविकता, ही हमारे युग का पहला और अन्तिम स्वर है।'[4] रचनाकार की वास्तविक क्षमता उन्होंने इस बात में देखी है कि वह यथार्थ को कितनी मज़बूती से पकड़कर उसका शक्तिशाली चित्रण करता है, उसमें जीवन की साँस फूँकता है।

सतही उद्देश्यपरकता बेलिंस्की को प्रिय न थी। कला के मूल में भाव की प्रधानता स्वीकार करते हुए निश्छल और सहज भावाभिव्यक्ति को ही वे कला का धर्म मानते थे। इसी प्रकार कला के अन्तर्गत आरोपित उद्देश्यपरकता भी उन्हें ग्राह्य न थी। इस सम्बन्ध में उनका कहना था कि काव्य का अपने से बाहर, अन्य कोई उद्देश्य नहीं होता। जब तक कवि अपनी कल्पना की क्षणिक जोत का अनुसरण करता है, वह नैतिक रहता है, और कवि रहता है। किन्तु जैसे ही वह किसी उद्देश्य को किसी विषयवस्तु को अपने सामने खड़ा करता है, दार्शनिक, विचारक, नीतिकार बन जाता है। तब उसका जादू मुझ पर नहीं चलता। उसकी मोहिनी शक्ति लुप्त हो जाती है। इसके बाद उससे केवल तभी सहानुभूति होती है, जब वह सच्ची प्रतिभा का धनी और सराहनीय लक्ष्य का अनुगामी होता है।

बेलिंस्की का कला-चिन्तन तत्कालीन सन्दर्भों में कितना प्रगतिशील और यथार्थोन्मुख था, इसे उनके उक्त विचार पूरी तरह प्रमाणित करते हैं। युग की समस्याओं और जीवन के यथार्थ पक्षों के साथ साहित्य या कला की अमिटता की बात, उस युग के लिए एक नये प्रवर्त्तन की द्योतक थी। यही नहीं, कला की सार्थकता की कसौटी लोकजीवन तथा सामान्य जनता के अन्तरंग जीवन के साथ उसके जुड़ने को मानकर, एवं कला के अन्तर्गत वास्तविकता को उसके भले-बुरे सारे पक्षों के साथ उजागर करने की बात कहकर बेलिंस्की ने रूस में उस कला-चिन्तन की

शुरुआत की जिसकी वैज्ञानिक परिणति मार्क्सवादी कला-चिन्तन में हुई। गोगल (Gogol) को लिखे गये अपने प्रसिद्ध पत्र में उन्होंने धर्म तथा अपने समय की अन्यायपूर्ण समाज-व्यवस्था पर जो प्रहार किया था, वह उनकी मूलभूत क्रान्तिकारी प्रगतिशील दृष्टि का उद्घाटन करता है। यह वह पत्र था जिसे आगे आने वाले लम्बे समय तक क्रान्तिकारियों के घोषणा-पत्र के रूप में स्वीकार किया जाता रहा।

हम पहले ही कह चुके हैं कि बेलिंस्की साहित्य तथा कला के अन्तर्गत विश्व-मानवता की मूर्ति देखना चाहते थे। कलाकार या रचनाकार की चरितार्थता उसके विश्व-दृष्टिकोण से मुक्त होने में मानते थे। उनके इन प्रशस्त विचारों के द्वारा भी उनके कला-चिन्तन की उदात्त आकृति को परखा जा सकता है।

कवि की सम्पूर्ण कला इस बात में निहित है कि वह पाठक को एक ऐसी दृष्टि प्रदान करे जिससे वह समूची प्रकृति को नक्शे पर बने विश्व की भाँति, लघु आकार में, छोटी अनुकृति के रूप में देख सके, ऐसी संवेदनशीलता प्रदान करे, जिससे वह उस श्वास का अनुभव कर सके, जो विश्व में व्याप्त है, और वह जोत जगाये, जो आत्मा को गरमाती है। सौन्दर्य का आनन्द है, क्षण भर के लिए अपने अहं को भूल जाना, प्रकृति के सार्वभौम जीवन के साथ सजीव संवेदन का अनुभव करना। कवि की कृति अगर ऊँचे मस्तिष्क तथा उत्कट भावना की देन है, यदि वह मुक्त तथा स्वतःस्फूर्त रूप में उसकी आत्मा से निःसृत है, तो वह इस ऊँचे लक्ष्य को प्राप्त करने में सदा सफल होगा।[5]

बेलिंस्की का चिन्तन, जैसा कि स्पष्ट है, हेगेलीय भाववाद और आदर्शवाद की सीमाओं से क्रमशः मुक्त होते हुए लोकोन्मुखी भूमिकाओं में गतिशील होता है। परन्तु इस लोकोन्मुखता के बावजूद उसे आदर्शवादी-अध्यात्मवादी भूमिकाओं से एकदम मुक्त नहीं कहा जा सकता। उसकी तुलना में चर्निशवस्की का चिन्तन प्रारम्भ से ही हेगेलीय भाववाद से मुक्त, सतत क्रान्तिकारी भूमिकाओं की ओर अग्रसर होने वाला चिन्तन है। जिस भौतिकवादी दृष्टिकोण की प्रतिष्ठा का श्रेय कार्ल मार्क्स तथा फ्रेडरिक एंगेल्स को है, इसे संयोग ही माना जायगा कि सामाजिक जीवन तथा कलात्मक चिन्तन के क्षेत्र में उस भौतिकवादी दृष्टिकोण का अद्भुत समाहार हमें चर्निशवस्की के विचारों में प्राप्त होता है।

चर्निशवस्की (N. G. Chernyshvsky) का समूचा जीवन अपने क्रान्तिकारी दृष्टिकोण के लिए प्रतिक्रियावादी-अनाचारमूलक शक्तियों से लड़ने वाले एक सेनानी का जीवन है। यातनाओं तथा दमन के बावजूद, निर्वासन के दण्ड को भोगते हुए भी, चर्निशवस्की का एक क्षण के लिए भी प्रतिगामी शक्तियों के समक्ष आत्मसमर्पण न करना उसकी अकुण्ठित तथा अदम्य क्रान्तिकारी चेतना की उस आकृति का परिचायक है, जो उसे न केवल अपने समय के क्रान्तिकारी-जनतन्त्रवादियों (Revolutionary Democrates) की अगली पंक्ति में प्रतिष्ठित करती है, आगे

के क्रान्तिकारी विचारकों और चिन्तकों के लिए एक महत्त्वपूर्ण प्रेरणा-स्रोत बनने का गौरव भी प्रदान करती है।

कला-चिन्तन के साथ-साथ चर्निशवस्की की अर्थशास्त्र तथा दर्शनशास्त्र में भी समान गति थी। अर्थशास्त्र-सम्बन्धी अपने फुटकल लेखों के अतिरिक्त उसने 'मिल के अनुसार अर्थशास्त्र की रूपरेखा' नामक एक वृहत् निबन्ध लिखकर अर्थशास्त्र के बुर्जुआ विचारकों की मान्यताओं का जिस विद्वत्ता से प्रतिवाद किया, उसे पढ़कर कार्ल मार्क्स जैसे युग द्रष्टा विचारक तक ने उसकी भरपूर प्रशंसा की थी। अपनी 'एसेज़ ऑफ पोलिटिकल इकोनॉमी' (Essays of Political Economy) कृति में कार्ल मार्क्स ने स्पष्टतः लिखा कि 'चर्निशवस्की ने बुर्जुआ पोलिटिकल इकोनॉमी का दिवालियापन जिस प्रकार स्पष्ट किया है, वह उसे एक प्रखर विचारक के रूप में हमारे समक्ष प्रस्तुत करता है।' पश्चिमी देशों में चर्निशवस्की के प्रति सहानुभूति और संवेदना उत्पन्न करने के लिए मार्क्स ने यह भी निश्चय किया था कि वे उनके व्यक्तित्व और जीवन के सम्बन्ध में कुछ अन्य सामग्री प्रकाशित करने की भी इच्छा रखते हैं। अपने एक पत्र में उन्होंने चर्निशवस्की को रूस के एक महान् विद्वान् और समीक्षक की संज्ञा दी थी। मार्क्स ही नहीं, उनके सहयोगी फ्रेडरिक एंगेल्स के मतानुसार भी, चर्निशवस्की रूस के उन 'महान् चिन्तकों' में थे, जिनके ऋण को भुलाया नहीं जा सकता। ज़ारशाही के दमनचक्र का शिकार होकर अपने जेल-जीवन में उन्होंने 'क्या करें' (What is to be done) शीर्षक एक सामाजिक दार्शनिक उपन्यास की भी रचना की, जिसके बारे में कहा जाता है कि रूसी क्रान्तिकारियों की अनेक पीढ़ियों ने उससे प्रेरणा ग्रहण की, और वह उनके बीच अतिशय लोकप्रिय हुआ। लेनिन की पत्नी मैडम क्रुप्सकाया (Nadezhda Krupskaya) ने लेनिन-सम्बन्धी अपने संस्मरणों में लिखा है कि लेनिन चर्निशवस्की के व्यक्तित्व और कृतित्व से न केवल प्रभावित थे, उन्हें अत्यन्त सम्मान की दृष्टि से देखते थे। चर्निशवस्की के क्रान्तिकारी संघर्ष ने उनके मन पर अपनी अमिट छाप छोड़ी थी। चर्निशवस्की, लेनिन के मत से 'एक महान् चिन्तक और दार्शनिक थे जिन्होंने सन् 1850 से लेकर अपनी मृत्यु तक दार्शनिक भौतिकवाद के प्रति अपनी निष्कम्प निष्ठा को सूचित किया।'[6] चर्निशवस्की के उपन्यास के सम्बन्ध में मेन्शेविक वेलिंटिनोव (Valentinov) की विपरीत टिप्पणी के जवाब में लेनिन ने कहा था, कि 'यह उपन्यास है जिसने हजारों नवयुवकों को क्रान्ति में दीक्षित किया है। इससे न केवल मेरे भाई को वरन् मुझे भी क्रान्ति की ओर खींचा है। मार्क्स, एंगेल्स तथा प्लेखानोव के कृतित्व से परिचित होने के पूर्व, मेरे ऊपर केवल चर्निशवस्की के कृतित्व का ही जादू था, और उसकी शुरुआत इस उपन्यास को पढ़कर ही हुई...आदि आदि।'[7]

चर्निशवस्की के सम्बन्ध में मार्क्सवादी चिन्तन के प्रतिष्ठापकों के ये विचार उनके क्रान्तिकारी चिन्तन के महत्त्व को पूरी तरह उजागर कर देते हैं।

चर्निशवस्की के कला-सम्बन्धी विचार हमें उनके 'कला का वास्तविकता के साथ सौन्दर्यशास्त्रीय सम्बन्ध' (Aesthetic relations of Art to Reality) शीर्षक वृहत् शोध-निबन्ध में प्राप्त होते हैं। इस कृति में उन्होंने विशुद्ध भौतिकवादी दृष्टि से सौन्दर्यशास्त्र के विविध पहलुओं की चर्चा करते हुए अपने नितान्त मौलिक निष्कर्ष प्रस्तुत किये हैं।

चर्निशवस्की के अनुसार 'कला का मूल उद्देश्य जीवन में मानव की दिलचस्पी की हर चीज को पुनः मूर्त्त करना है।' कला के प्रति प्रेम रखते हुए भी चर्निशवस्की वास्तविकता के सन्दर्भ में ही उसके मूल्यांकन के हिमायती थे। वे कला के अन्ध-भक्त नहीं थे। अपने चिन्तन के इसी बिन्दु से उन्होंने 'कला को वास्तविकता की घटिया प्रतिकृति' कहा है। वास्तविक जीवन जितना सुन्दर है, कला के अन्तर्गत वह सौन्दर्य नहीं आ सकता, ऐसा उनका विचार था। वे 'कला कला के लिए' सिद्धान्त के कट्टर विरोधी थे। कला का जीवन से, वास्तविकता से, वे अभिन्न सम्बन्ध स्वीकार करते थे। कला और जीवन के सम्बन्धों की चर्चा करते हुए उनका कहना है कि 'कला का जीवन के साथ सम्बन्ध वैसा ही होता है, जैसा कि इतिहास का। उनकी विषयवस्तु में केवल इतना ही अन्तर होता है कि इतिहास जहाँ सामाजिक जीवन का वर्णन करता है, वहाँ कला व्यक्तिगत जीवन का चित्रण करती है।...इतिहास का ध्यान, अन्य सभी विज्ञानों की भाँति, दृश्यों की सुस्पष्टता और बोधगम्यता पर केन्द्रित रहता है, जब कि कला विवरणों की सजीव पूर्णता को अपना लक्ष्य-बिन्दु बनाती है—आदि-आदि।'[8]

कला के स्वरूप-विवेचन के उपरान्त चर्निशवस्की अपना ध्यान उसकी विषयवस्तु को निर्मित करने वाले तत्त्वों की ओर ले जाते हैं और उन्हें 'सुन्दर' और 'दिव्य' नामों से सम्बोधित करते हैं। 'सुन्दर' और 'दिव्य' तत्त्वों की प्रचलित परिभाषाओं का चर्निशवस्की ने जमकर विरोध किया है, जिसका प्रमुख कारण उन परिभाषाओं का विज्ञान के तत्कालीन विकास से मेल न खाना एवं प्रकारान्तर से भाववादी सिद्धान्तों की पुष्टि करना है। चर्निशवस्की के अनुसार यदि इन प्रचलित परिभाषाओं को स्वीकार कर लिया जाय तो उसका अर्थ यह होगा कि कला की स्थिति यथार्थ से ऊँची है, जबकि यह स्थापना कतई सही नहीं है।

सबसे पहले चर्निशवस्की ने 'सुन्दर' तत्त्व की मीमांसा की है, और इस सिलसिले में उसके सम्बन्ध में प्रचलित इन भाववादी मान्यताओं को अमान्य ठहराया है कि 'सुन्दर भाव और छवि के बीच एकता का रूप है' या कि 'सुन्दर सर्वव्यापी भाव की एक विशिष्ट अभिव्यंजना है।' 'सुन्दर' तत्त्व की भौतिकवादी व्याख्या के क्रम में वे इस निष्कर्ष पर पहुँचे हैं कि 'सुन्दर ही जीवन है। सुन्दर वह वस्तु है जिसमें जीवन को हम उस रूप में देखते हैं जिस रूप में हमारी मान्यताओं के अनुरूप उसे होना चाहिए, सुन्दर वह पदार्थ है, जो जीवन को व्यक्त करता है, अथवा हमें उसकी याद दिलाता है।'[9]

प्रकृति के क्षेत्र में सुन्दर वे उसे मानते हैं जो 'हमें मानव और मानवीय सौन्दर्य की याद दिलाता है। ऐसी दशा में, प्रत्यक्ष ही, जब हम सुन्दर का अस्तित्व मानव के जीवन में मानते हैं, तब प्रकृति के बारे में इससे भिन्न बात कैसे कही जा सकती है। अब प्रश्न रहा यह कि सुन्दर जीवन के बीच इस सम्बन्ध को मानव अपनी सहज अन्तःवृत्ति के द्वारा अनुभव करता है, अथवा सचेत रूप में, तो कहने की आवश्यकता नहीं, वह इसे अधिकतर अपनी सहज अन्तःवृत्ति के द्वारा ही अनुभव करता है।'[10]

इस स्थल पर चर्निशवस्की ने कल्पना सम्बन्धी भौतिकवादी और भाववादी दृष्टि का अन्तर स्पष्ट किया है। उनका कथन है कि यदि हम यह मान लेते हैं कि 'सुन्दर परम भाव की वैयक्तिक रूप में पूर्ण अभिव्यंजना है' तो इसका अर्थ यह होगा कि वास्तविक पदार्थों में सौन्दर्य की कोई स्थिति नहीं। क्योंकि भाव या विचार किसी एक वस्तु में अपने को पूर्णतः चरितार्थ करने की अपेक्षा समूचे विश्व में ही अपनी पूर्ण अभिव्यक्ति प्राप्त करते हैं, अतः हमें यह भी मानना पड़ेगा कि वास्तविकता में सौन्दर्य का समावेश हम अपनी कल्पना के द्वारा करते हैं, वास्तविकता अपने में सुन्दर नहीं होती। इसी क्रम से विचार करते हुए हम और भी गलत निष्कर्षों की ओर बढ़ते जाएँगे, उदाहरण के लिए यह कि सौन्दर्य कल्पना की वस्तु है, 'सुन्दर का क्षेत्र कल्पना का क्षेत्र है,' और 'इसीलिए कला, जो कल्पना की अभिलाषाओं को चरितार्थ करती है, वास्तविकता से ऊँचा स्थान रखती है'—आदि-आदि। ऐसी स्थिति में आवश्यक है कि 'सुन्दर' के सम्बन्ध में सही दृष्टिकोण को स्पष्ट किया जाय, और यहीं पर वे कहते हैं, चूँकि सुन्दर ही जीवन है, अतः 'सच्चा सौन्दर्य वास्तविकता का सौन्दर्य है, और यह कि कला जैसा कि हम विश्वास करते हैं, किसी भी ऐसी चीज की रचना नहीं कर सकती जो वास्तविक जगत् के सौन्दर्य से होड़ ले सके।'[11]

जहाँ तक 'दिव्य' तत्त्व का प्रश्न है, उसके सम्बन्ध में भी भाववादियों की यह धारणा कि 'दिव्य वह है जिसमें स्वरूप पर भाव का प्राधान्य होता है', या कि 'दिव्य वह है जो हममें अनन्तता की भावना को चेतन करता है,' भ्रामक है। चर्निशवस्की उक्त मान्यताओं का विरोध करते हुए इस सम्बन्ध में अपनी भौतिकवादी मान्यता को इस प्रकार व्यक्त करते हैं—

'दिव्य वह है जो हमें हर चीज़ से बड़ा मालूम होता है, जिससे हम उसकी तुलना करते हैं।'[12] भाववादी सौन्दर्यशास्त्र सुन्दर की ही भाँति दिव्य की स्थिति को भी वास्तविकता में नहीं मानता, और यहाँ भी उसके अनुसार कल्पना ही वह तत्त्व है जो वास्तविकता में उसका समावेश करती है। चर्निशवस्की इस भाववादी निष्पत्ति का खण्डन करते हुए अपना मत इस प्रकार देते हैं—'हमारी धारणा के अनुसार सुन्दर और दिव्य वस्तुतः प्रकृति और मानवीय जीवन में निवास करते हैं।...सुन्दर वह है जिसमें हम उस जीवन की झलक देखते हैं जो जीवन की हमारी कल्पना या

मान्यताओं के अनुकूल होता है, और दिव्य वह है जो उन पदार्थों से बड़ा होता है, जिनसे कि हम उसकी तुलना करते हैं। इस प्रकार वास्तविकता में सुन्दर और दिव्य के अस्तित्व के साथ मानव के व्यक्तिगत विचारों का अन्तर्विरोध भी यहाँ खत्म हो जाता है।'[13]

इसी क्रम में सौन्दर्यशास्त्र की एक अन्य समस्या 'दुःखान्त' के विषय में भी चर्निशवस्की ने उस भाववादी भूमिका का खण्डन करते हुए जो उसे नियतिवाद के साथ बाँध देती है, अपनी परिभाषा प्रस्तुत की है, और दुःखान्त उसे कहा है जो 'मानव के जीवन में भीषण है... ।'[14]

कहने की आवश्यकता नहीं कि अपने चिन्तन के इन सूत्रों के द्वारा चर्निशवस्की ने सौन्दर्यशास्त्र की बुनियादी समस्याओं का समाधान प्रस्तुत किया है। उनके सूत्र परम्परागत भाववादी निष्पत्तियों के कुहासे को चीरते हुए प्रथम बार वैज्ञानिक ढंग से, ऐसे भौतिकवादी और मानवीय निष्कर्ष प्रस्तुत करते हैं, जो इस सम्बन्ध में अगले चिन्तन के लिए नये द्वार उद्घाटित करते हैं।

वास्तविकता को अपने चिन्तन में पूर्ण स्वीकृति देते हुए उन्होंने उसे ही सर्वोपरि स्थान दिया है। कुछ कला-प्रेमी उनके विचारों में कला की अवमानना भी पा सकते हैं, ऐसे कला-प्रेमी से चर्निशवस्की का निवेदन है कि यदि कला की तुलना में जीवित वास्तविकता को ऊँचा मानना कला के महत्त्व को गिराना है, तो यह बात सर्वथा गलत है। 'कला को अन्ध भटैती से मुक्त करना कला को नीचे गिराना नहीं है। विज्ञान वास्तविकता से श्रेष्ठ और उससे ऊँचा होने का दावा नहीं करता, न ही वास्तविकता से ऊँचा न हो पाने में उसे कुछ लाज लगती है। कला को भी ठीक उसी प्रकार वास्तविकता से ऊँचा होने का दावा नहीं करना चाहिए। ऐसा न करना उसके लिए जरा भी लज्जा की बात नहीं होगी, उसे नीचे नहीं गिरना पड़ेगा। विज्ञान बिना किसी संकोच के स्वीकार करता है कि उसकी कार्य वास्तविकता को समझना या समझाना, और तदनन्तर मानव के लिए उसका उपयोग करना है। कला को भी यह स्वीकार करने में कोई लज्जा नहीं मालूम होनी चाहिए कि उसका लक्ष्य यथाशक्ति बहुमूल्य वास्तविकता की पुनर्रचना और उसकी व्याख्या द्वारा मानव को जगत् के पूर्ण सौन्दर्योपयोग का अवसर प्रदान करना है, और ऐसे अवसरों का अभाव होने पर भी वह उनकी पूर्ति करती है।'[15]

स्पष्ट है कि चर्निशवस्की ने यहाँ कला की अवमानना नहीं की है, जैसा कि आभासित होता है, उन्होंने केवल वास्तविक जीवन की तुलना में उसको सापेक्षिक स्थिति का ही निर्देश किया है। कला की जीवन के लिए कितनी आवश्यकता है, इसे वे स्वीकार करते हैं। उनके मत से 'कला के क्षेत्र, सौन्दर्यानुभूति की दृष्टि से, सौन्दर्य के क्षेत्र तक ही सीमित नहीं हैं, स्वरूप की पूर्णता और आन्तरिक सौन्दर्य में ही उसकी इतिश्री नहीं है। कला का लक्ष्य उस हर चीज का सृजन करना है, जो

मानव के लिए रुचिकर हो सकती है।'[16] कला के विषय में उनके ये शब्द भी विचारणीय हैं कि 'जीवन का पुनः अंकन कला की सामान्य विशिष्टता है, और इसी में उसकी चरितार्थता निहित है। कला-कृतियाँ बहुधा एक अन्य उद्देश्य का भी साधन करती हैं। जीवन की व्याख्या करने और जीवन के घटना-प्रवाह पर अपना अभिमत प्रकट करने के उद्देश्य का।'[17]

कुल मिलाकर कला, कलागत सौन्दर्य, तथा कला और वास्तविकता के सम्बन्ध सूत्रों को चर्निशवस्की द्वारा की गयी व्याख्या उनकी भौतिकवादी दृष्टि को पूर्णतः प्रत्यक्ष करती है। भाववादी साहित्य-दृष्टि को नकारते हुए उन्हें सर्वप्रथम सौन्दर्यशास्त्र की भौतिकवादी व्याख्या प्रस्तुत करने का श्रेय प्राप्त है। वे न तो कला या साहित्य को सतही मनोरंजन की वस्तु मानते हैं और न ही किसी अलौकिक या दिव्य आनन्द का सर्जक, कला या साहित्य की सार्थकता और चरितार्थता उनके लिए जीवन के पुनः अंकन में और उसके द्वारा जीवन की ऐसी व्याख्या करने में है, जो मनुष्य को रुचिकर हो। कलात्मक सौन्दर्य से उद्भूत आनन्द भी उनके लिए जीवन में साक्षात् अनुभव होने वाले आनन्द के ही समकक्ष है। चर्निशवस्की के ये विचार एक उलझे हुए चिन्तक के विचार हैं, जो जीवन में बड़ी वास्तविकता से सुन्दर, अन्य किसी सत्ता को नहीं मानता।

चर्निशवस्की ने काव्य, उपन्यास, नाटक आदि के सन्दर्भ में प्रायः उठने वाली चरित्र-चित्रण-सम्बन्धी व्यक्ति-चरित्र तथा टाइप-चरित्र, जैसी समस्या पर भी विचार किया है, और इस सम्बन्ध में उठने या उठाये जाने वाले बहुत से विवाद को व्यर्थ बताया है। इस बारे में उनका मूल अभिमत यह है कि 'कवि के लिए केवल यह आवश्यक है कि वह वास्तविक व्यक्ति के चरित्र के तत्त्व को पकड़ने में समर्थ हो, पैनी दृष्टि से वह उसके अन्तर को देख सके, और इसी में कवि की प्रतिभा निहित है। इसके अलावा कवि की प्रतिभा इस बात में है कि वह समझे और अपनी सहज चेतना से अनुभव करे कि अमुक पात्र अमुक परिस्थितियों में किस प्रकार का आचरण करेगा, अथवा किस प्रकार बोलेगा। तीसरे, पात्र-विशेष को चित्रित करने की—उसी रूप में उसे अंकित करने की जिसमें कि उसे देखा या जाना है—क्षमता का होना भी आवश्यक है। कवि की प्रतिभा का सम्भवतः यह सबसे विशिष्ट और प्रमुख गुण है। पात्र को समझना, उसे हृदयंगम करना, या सहज चेतना द्वारा अपने अनुभव में उतारना, और जो कुछ उसने समझा या अनुभव किया है, उसे व्यक्त करने में समर्थ होना, इसी में कवि का कृतित्व निहित है।'[18]

समग्रतः चर्निशवस्की की कलागत मान्यताएँ यथार्थवादी कला-चिन्तन की एक विशिष्ट उपलब्धि कही जा सकती हैं। मार्क्सवादी कला-चिन्तन की पृष्ठभूमि के रूप में भी उनका विशेष महत्त्व है, कारण मार्क्सवादी कला-चिन्तन में चर्निशवस्की की कला-दृष्टि के अनेक सूत्रों को अधिक वैज्ञानिक सन्दर्भों में देखा, परखा गया है।

चर्निशवस्की के अतिरिक्त दोब्रोल्युबोव की गणना भी यथार्थवादी कला-चिन्तकों की प्रथम पंक्ति में ही की जानी चाहिए, कारण उनके विचार भी कला-सम्बन्धी भौतिकवादी दृष्टि को समान स्पष्टता के साथ अभिव्यक्त करते हैं।

साहित्य अथवा कला-सम्बन्धी प्रश्नों पर दोब्रोल्युबोव (Dobrolubov) ने उतनी व्यापकता और गहराई से विचार नहीं किया जो हम चर्निशवस्की के चिन्तन में पाते हैं, परन्तु जहाँ तक निष्कर्षों के खरेपन एवं दृष्टिकोण की सफाई की बात है, दोब्रोल्युबोव का कला-चिन्तन पूरी तरह से महत्त्वपूर्ण है।

कला या साहित्य की प्रभाव-क्षमता को दोब्रोल्युबोव ने पूरी स्वीकृति दी है। उनके अनुसार एक सच्चा कलाकार जीवन में, मानव-हृदय में गहराई से प्रवेश करते हुए ऐसे तथ्यों को खोजने और उन्हें सबके समक्ष रखने में समर्थ होता है, जो न केवल समूची मानव-जाति के लिए प्रेरक होते हैं, मनुष्य तथा जीवन के सम्बन्ध में हमें एक ऐसी समझ भी देते हैं, जो इसके पूर्व हमें प्राप्त न हो सकी थी। ऐसे लेखक 'युग-विशेष में मानव-चेतना के एक उच्चतर स्तर का प्रतिनिधित्व' करते हैं, और 'इतिहास के उन नेताओं की पाँतों में स्थान प्राप्त करते हैं', 'जिन्हें मानव-जाति को अपनी सप्राण शक्ति तथा प्रकृत वृत्तियों का अत्यन्त सुस्पष्टता के साथ भान कराने का श्रेय प्राप्त है।' शेक्सपियर को उन्होंने ऐसी ही प्रतिभा का धनी माना है।

इसके विपरीत कुछ सामान्य लेखक भी होते हैं, जिनके लिए दोब्रोल्युबोव का कथन है कि 'उनके लिए यही बहुत है कि वे सहायक भूमिका का निर्वाह करें... किन्हीं खास तथा निश्चित लक्ष्यों तक अपने आपको सीमित रखें, जनता की चेतना को उन आविष्कारों से अवगत कराएँ जिन्हें मानव-जाति के अग्रणी नेताओं ने उपलब्ध किया है। वे लोगों को उन चीजों से अवगत कराएँ जो उनके भीतर अभी अस्पष्ट और अनिश्चित रूप में मौजूद हैं।'[19]

दोब्रोल्युबोव साहित्य का मुख्य कार्य 'जीवन की प्रक्रिया को स्पष्ट करना'[20] मानते हैं, और इस नाते उसके अन्तर्गत 'सच्चाई के गुण की अनिवार्यतः अपेक्षा करते हैं।'[21] जीवन के तथ्यों को लेखक द्वारा अत्यन्त सचाई के साथ कृति में प्रस्तुत किया जाना चाहिए, कारण इसके अभाव में न केवल कृति अमहत्त्वपूर्ण हो जाती है, वह हानिकर भी हो जाती है। इसके लिए उनका सुझाव है कि 'ऐतिहासिक प्रकृति की कृतियों में सत्य तथ्यों के रूप में प्रकट होना चाहिए जबकि कथा-साहित्य में जहाँ घटनाएँ काल्पनिक होती हैं, तथ्यात्मक सत्य का स्थान युक्तियुक्त सत्य ग्रहण कर लेता है, अर्थात् ऐसा सत्य जो बुद्धिगत सम्भावना के अन्तर्गत और जीवन के वास्तविक प्रवाह के अनुकूल हो।'[22]

सच्चाई के जिस गुण की माँग यहाँ दोब्रोल्युबोव ने की है, उसके साथ-साथ उनका यह भी कहना है, कि मात्र यही गुण किसी लेखक या साहित्यिक कृति की महत्ता के लिए पर्याप्त नहीं है। साहित्यिक कृति के महत्त्व का वास्तविक आकलन

इस बात से होता है कि उसके रचयिता के विचार कहाँ तक व्यापक हैं, उसकी समझ कहाँ तक सही है, और जीवन को सुस्पष्ट रूप में अंकित करने की उसमें कितनी क्षमता है? इसके लिए हमें उन लेखकों में जो लोगों की प्रकृत आशाओं-आकांक्षाओं के प्रतिनिधि होते हैं, और उन लेखकों में 'जो विभिन्न प्रकार की कृत्रिम कृतियों तथा माँगों के ढोल बनते हैं' भेद करने की जरूरत पड़ती है। साहित्य में सच्चे लेखकों की तुलना में ऐसे लेखकों का वही स्थान है जो विज्ञान के क्षेत्र में सच्चे पदार्थ-विज्ञानियों की तुलना में ज्योतिषियों तथा कीमियागरों का होता है।

आलोचकों से दोब्रोल्युबोव का कहना है कि 'यदि तुम किसी सजीव कवि से मुझे प्रभावित करना चाहते हो, यदि तुम चाहते हो कि मुझमें सौन्दर्य के प्रति प्रेम की भावना जाग्रत हो, तो इतनी दक्षता प्राप्त करो कि सौन्दर्य के सामान्य अर्थ को, जीवन की आत्मा को, पकड़ने और अंकित करने में समर्थ हो सको। जब तुम ऐसा कर सकोगे, तभी तुम अपना लक्ष्य प्राप्त करने में सफल होगे।'[23] यही बात सत्य पर भी लागू होती है। 'सत्य की उपलब्धि सूक्ष्म द्वन्द्वात्मक चिन्तन या सही ढंग से निरूपित युक्तियों के द्वारा नहीं वरन् विवेच्य विषय के जीवित सत्य के उद्घाटन द्वारा की जा सकती है। घटना-विशेष के चित्रण को, अन्य घटनाओं के बीच उसके स्थान को, उसके अर्थ और जीवन के सामान्य क्रम में उसके महत्त्व को, प्रकट करने में यदि आप समर्थ होते हैं, तो विवेच्य विषय के बारे में उचित राय कायम करने में आप जितनी सहायता देंगे, उतनी, सच मानिए, लाख युक्तियों का सहारा लेने पर भी नहीं दे सकते।'[24]

साहित्य या काव्य के 'सत्य' पर विचार करते हुए दोब्रोल्युबोव का कथन है कि 'लेखक अथवा कलाकार की सफलता उसके द्वारा चित्रित छवियों की सच्चाई में निहित है...उच्चतम चिन्तन का सजीव छवियों में उन्मुक्त रूपान्तर, और इसी के साथ-साथ जीवन के प्रत्येक, यहाँ तक कि अत्यन्त वैयक्तिक तथा आकस्मिक तथ्यों के सामान्य, ऊँचे, अर्थ की पूर्ण समझ ही, हमारा वह आदर्श है, जिसमें विज्ञान और कविता एक दूसरे के साथ मिलकर पूर्णतया एकाकार हो जाते हैं, एक ऐसा आदर्श जिस तक अभी कोई नहीं पहुँच सका।'[25]

यथार्थवादी कला-चिन्तन के ये कुछ प्रमुख पुरस्कर्त्ता हैं जिनकी सर्वोच्च उपलब्धि कला तथा मानव जीवन के बीच घनिष्ठ सम्बन्धों के प्रतिपादन, सामाजिक जीवन के संस्कार में कला तथा साहित्य की वास्तविक गरिमा के आलेखन एवं साहित्य तथा कला के विषय में एक नयी भौतिकवादी समझ के विकास में देखी जा सकती है। ये विचारक अपने समय के सामाजिक जीवन के प्रति न केवल जागरूक थे, उसके स्वस्थ विकास में कला तथा साहित्य की सक्रियता के भी हिमायती थे। ये वे चिन्तक थे, मानवीय जीवन-भूमिकाओं से भिन्न कला और साहित्य की किसी भी आकृति के प्रति जिनकी निष्ठा नहीं थी। कला मानवीय जीवन को सम्पन्न

बनाये, जीवन और जगत् के प्रति मनुष्य की समझ को विकसित करे, मानव और मानव के बीच सहज और स्वस्थ सम्बन्ध-सूत्रों को स्थापित करे, जीवन के प्रति मनुष्य के मन में आस्था उत्पन्न करे, मानव-मन की रिक्तता को भर कर उसके अन्तरंग और बहिरंग में एक ऐसा सन्तुलन स्थापित करे ताकि मनुष्य सही अर्थों में जीवन जी सके—ये कुछ बातें हैं जिनकी ओर इनका सारा कला-चिन्तन अग्रसर हुआ है। मार्क्सवादी कला-चिन्तन में एक अत्यन्त प्रखर वैज्ञानिक दर्शन के सन्दर्भ में इन्हीं बातों को अधिक व्यवस्थित और अधिक वैज्ञानिक रूप में प्रस्तुत किया गया है, साथ ही इन्हीं लीकों पर कुछ ऐसी मौलिक उद्भावनाएँ भी की गयी हैं, जो समाज, तथा मानव-जीवन की वैज्ञानिक समझ के अभाव में पिछले विचारकों द्वारा सामने नहीं आ सकी थीं। इसी सन्दर्भ में मार्क्सवादी दर्शन की भाँति मार्क्सवादी कला-चिन्तन की भी सार्थकता केवल जीवन साहित्य या कला को समझने और उनकी व्याख्या करने में ही नहीं, एक क्रान्तिकारी गन्तव्य की ओर ले जाते हुए उन्हें आमूलतः बदल देने में देखी जा सकती है।

इसके पूर्व कि हम मार्क्सवादी कला-चिन्तन के क्षेत्र में प्रवेश करें, अगले पृष्ठों में हम, अत्यन्त संक्षेप में, कला-चिन्तन की कतिपय उन सरणियों पर भी प्रकाश डालना आवश्यक समझते हैं, जिनका विकास मार्क्सवादी कला-चिन्तन के समानान्तर 19वीं और बीसवीं शताब्दी में हुआ, तथा जो मार्क्सवादी कला-चिन्तन से मूलतः भिन्न भी हैं। मार्क्स-पूर्व साहित्य-चिन्तन की चर्चा के साथ-साथ यह चर्चा भी इस कारण आवश्यक है, ताकि इनके सम्मिलित परिप्रेक्ष्य में मार्क्सवादी कला-चिन्तन को उसके समूचे वैशिष्ट्य के साथ देखा जा सके।

सन्दर्भ

1. 'ऑन दी सब्लाइम', डब्ल्यू. हेमिल्टन फैइ, पृ. 125, 'पाश्चात्य समीक्षा दर्शन', डॉ. जगदीश जैन—से उधृत, पृ. 49।
2. दर्शन, साहित्य और आलोचना, अनु. नरोत्तम नागर, पी. पब्लिशिंग हाउस, पृ. 11-12, अक्टूबर 1958।
3. दर्शन, साहित्य और आलोचना, अनु. नरोत्तम नागर, पी. पब्लिशिंग हाउस, पृ. 16।
4. वही, पृ. 200।
5. वही, पृ. 19।
6. देखिए—लेनिन-ऑन लिटरेचर एण्ड आर्ट, प्रगति प्रकाशन, मास्को, पृ. 239।
7. वही।
8. देखिए—दर्शन, साहित्य और आलोचना—अनु. नरोत्तम नागर, पृ. 167।
9. वही, पृ. 168।
10. वही, पृ. 173।
11. देखिए—दर्शन, साहित्य और आलोचना, अनु. नरोत्तम नागर, पृ. 171।

12. वही।
13. वही, पृ. 172।
14. वही।
15. वही, पृ. 173।
16. वही, पृ. 178।
17. वही।
18. वही, पृ. 166।
19. वही, पृ. 237।
20. वही, पृ. 238।
21. वही।
22. वही।
23. वही, पृ. 242।
24. वही।
25. वही, पृ. 244।

2
परवर्ती कला-चिन्तन

मार्क्सवादी कला-चिन्तन के समानान्तर उद्‌भव होने वाली और उसके साथ-साथ 19वीं और बीसवीं शताब्दी में गतिशील कला-दृष्टियों की अत्यन्त संक्षिप्त चर्चा ही यहाँ हमारा इष्ट है। ये कला-दृष्टियाँ मार्क्सवादी कला-चिन्तन की सीधी प्रतिक्रिया में उत्पन्न नहीं हुईं, परन्तु प्रकारान्तर से ये मार्क्सवादी कला-चिन्तन के विपरीत कला-सम्बन्धी अपनी निजी मान्यताएँ प्रस्तुत करती हैं, जिन्हें मार्क्सवादी कला-चिन्तन का विरोधी माना जा सकता है। इस सम्बन्ध में 'कला-कला के लिए' अर्थात् कलावादी सिद्धान्त को हम सबसे पहले लेंगे, 19वीं शताब्दी के उत्तरार्द्ध में जन्म लेकर जो बीसवीं शताब्दी में भी सक्रिय रहा है।

कला कला के लिए; कलावादी चिन्तन

जेम्स ह्विस्लर, एडगर एलेन पो, वाल्टर पेटर, आस्कर वाइल्ड, ए. सी. ब्रेडले तथा वेनेदेतो क्रोचे, जैसे कला-चिन्तकों एवं सौन्दर्यशास्त्रियों की गणना इस मतवाद के पुरस्कर्त्ताओं में की जा सकती है।

इस कलावादी चिन्तन के उद्‌भव का स्रोत प्रथम तो कला और जीवन के घनिष्ठ सम्बन्ध को प्रतिपादित करने वाली यथार्थवादी कला-दृष्टि के प्रति उत्पन्न होने वाली विरोधी प्रतिक्रिया में, और द्वितीय, उन मध्ययुगीन मान्यताओं में देखा जा सकता है, जिनके अनुसार कला का प्रयोजन आनन्द एवं सौन्दर्य जैसे तत्त्वों को स्वीकार किया गया था। बाद में कांट जैसे दार्शनिकों ने सौन्दर्य तत्त्व की व्याख्या करते हुए जब उसे आत्मा एवं मन के भीतर स्थित मानते हुए उसके बाह्य अस्तित्व पर प्रश्नचिह्न लगा दिया, तो इस कलावादी चिन्तन को और भी बल मिला। क्रमशः ऐसे विचारक सामने आते गये जिन्होंने कला और शिक्षा, कला और जीवन तथा कला और नैतिकता जैसी समस्याओं को अमहत्त्वपूर्ण मानते हुए कला को इनसे निरपेक्ष और स्वतन्त्र सिद्ध कर कलावादी सिद्धान्त की नींव रखी।

प्रसिद्ध चित्रकार-विचारक जेम्स ह्विस्लर ने कला का नैतिकता से कोई सम्बन्ध न मानते हुए उसे अपने में स्वयं-सम्पूर्ण घोषित किया। 'सुन्दर' की खोज को ही उसने कला का शाश्वत धर्म स्वीकार किया।

प्रसिद्ध अमेरिकी कवि और विचारक एडगर एलेन पो (Edgar Alen Poe) ने 'आनन्द' तत्त्व को प्रमुख मानते हुए उसे सौन्दर्यमूलक घोषित किया। सौन्दर्य की साधना एवं सौन्दर्य के चिन्तन द्वारा विशुद्ध, निर्विकल्प एवं आत्मा को तृप्त कर देने वाले आनन्द की उपलब्धि ही कविता की सही उपलब्धि है। इसके अलावा कविता को दूसरी दिशाओं में भटकने की कोई आवश्यकता नहीं। उसने कविता का सम्बन्ध सत्य और नैतिकता जैसे तत्त्वों से जोड़ने वालों का कड़ा विरोध किया, और इस प्रकार की कविता को भ्रष्ट कविता की संज्ञा देते हुए 'कविता कविता के लिए' का नारा बुलन्द किया।

वाल्टर पेटर (Walter Pater) ने इस कलावादी चिन्तन को और भी दृढ़ आधार-भूमि प्रदान की। अपनी 'शैली' (Style) शीर्षक रचना में काव्य या कला के अन्तरंग को स्वीकृति देते हुए उसने सर्वाधिक महत्त्व शैली अर्थात् कला के बाह्यांग को दिया, और उसमें ही कला या काव्य की आत्मा का प्रतिबिम्ब देखने की बात की। जहाँ तक कला या काव्य की विषयवस्तु का प्रश्न है, पेटर ने उसे नगण्य मानते हुए यह कहा कि विषयवस्तु का क्षेत्र तो अपार है, किन्तु शैली का गुण सब में नहीं होता। उत्कृष्ट शैली सामान्य से सामान्य विषय को भी महत्त्वपूर्ण बना देती है, अतः किसी भी कलाकार के लिए सार्थक एवं समर्थ शैली की साधना ही एकमात्र साधना है, या हो सकती है। कला को रस्किन के विपरीत स्वामिनी का पद देते हुए पेटर ने यह घोषित किया कि कला किन्हीं भी नैतिक आदर्शों का अनुसरण नहीं करती, वरन् स्वतः नैतिकता ही कला की अनुचर होती है। कला की आत्म भावना की अभिव्यक्ति मानते हुए पेटर ने यह भी कहा है कि सच्ची कला अथवा आदर्श कला वही हो सकती है जिसके अन्तर्गत विषयवस्तु और रूप विधान परस्पर एकाकार हो उठें। समर्थ कला हमें भावाविष्ट कर, अपनी अप्रतिहत एवं तीव्र सौन्दर्यानुभूति द्वारा आनन्दातिरेक की ऐसी स्थिति पर पहुँचा देती है जहाँ हमारे लिए और कुछ सत्य नहीं रह जाता।

पेटर ने कलाकार की शब्द-साधना को भी बहुत महत्त्व दिया है, और इसके लिए कठोर अध्यवसाय को आवश्यक बताया है। कलाकार की शब्द-साधना उसे अभिव्यक्ति की ऐसी सक्षम भाषा प्रदान करती है कि उसके सहारे वह जटिल से जटिल विषय को भी निर्भ्रान्त रूप में प्रस्तुत कर देता है। पेटर के अनुसार कलाकार 'शब्दों का प्रेमी' होता है और शब्दों की निरन्तर छानबीन के क्रम में ही उसकी भाषा साधना चलती है। शैली की समस्या को पेटर ने उपयुक्त शब्द, उपयुक्त रूपक, उपयुक्त वाक्य, उपयुक्त भाषा पा सकने की समस्या ही माना है,

और यदि कलाकार इस उपलब्धि से युक्त हो गया तो फिर स्वभावतः ऐसी शैली का स्वामी हो जाता है, जो उसके सम्पूर्ण व्यक्तित्व, उसकी सम्पूर्ण अन्तरंगता का प्रतिबिम्ब निखरे हुए रूप में सबके समक्ष प्रस्तुत कर देती है। कुल मिलाकर सही शैली अथवा अभिव्यक्ति के सही माध्यम (भाषा, शब्द आदि) की उपलब्धि को ही पेटर ने सर्वाधिक महत्त्व दिया है, और इन्हीं की गलियों से गुज़रते हुए उसने स्वतः कला या काव्य की आत्मा को पहचानने की कोशिश की है।

कलावादी चिन्तन के क्षेत्र में आस्कर वाइल्ड (Oscar Wilde) का नाम भी अत्यन्त महत्त्वपूर्ण है। सौन्दर्य के उत्कट उपासक वाइल्ड ने कला और जीवन की समस्या पर विचार करते हुए कला को सर्वोच्च वास्तविकता के रूप में स्वीकार किया है, जबकि जीवन उसके लिए कल्पना का एक प्रकार मात्र है। उसके विचार से कला जीवन का नहीं, वरन् जीवन कला का अनुकरण करता है। जीवन के विषय में सब कुछ विस्मृत कर देना ही एक सच्चे कलाकार की निशानी है।

वाइल्ड उन मान्यताओं का भी विरोधी है, जो कला का सम्बन्ध उपदेश, सुधार या नैतिकता से जोड़ती हैं। नैतिकता और कला का कोई सम्बन्ध नहीं है, ऐसा उसका विचार था। किसी भी कलाकृति की परख के लिए हम देखते हैं कि वह अच्छी तरह लिखी गयी है, या अच्छी तरह नहीं लिखी गयी है। इससे भिन्न उसे नैतिकता के किसी प्रतिमान पर जाँचना गलत होगा। यदि कृति में सौन्दर्य तत्त्व की स्थिति है, वह सुन्दरतापूर्वक लिखी गयी है, तो कलाकार का सबसे बड़ा सुख और सन्तोष यही होना चाहिए। उसकी मान्यता है कि जब तक कोई वस्तु हमारे लिए उपयोगी या आवश्यक बनी रहती है, या हम पर किसी भी रूप में दुःखद या सुखद प्रभाव डालती है, उस समय तक वह कला के समुचित सीमा-क्षेत्र से बाहर बनी रहती है। इसी कारण कलाकारों से उसका कथन है कि कला की विषयवस्तु के बारे में उन्हें प्रायः उदासीन ही बने रहना चाहिए, क्योंकि सुन्दर वस्तुएँ केवल वे ही हैं, जिनका हमसे कोई सरोकार नहीं।

वाइल्ड के अतिरिक्त अपने में ही कला को साध्य मानने वालों में ए. सी. ब्रेडले का नाम भी महत्त्वपूर्ण है। ऑक्सफोर्ड विश्वविद्यालय में अंग्रेजी साहित्य के प्रोफेसर-रूप में दिये गये उसके कुछ महत्त्वपूर्ण भाषणों का संग्रह 'ऑक्सफोर्ड लेक्चर्स ऑन पोएट्री' (Oxford lectures on Poetry) के रूप में प्रकाशित है, जिसमें उसके कलावादी चिन्तन को समग्रता में देखा जा सकता है। ब्रेडले (A. C. Bradley) के विचार से कोई भी श्रेष्ठ कविता असंख्य संकेतों से युक्त रहती है। 'कवि हमारे समक्ष कोई बात प्रस्तुत करता है, लेकिन उसमें सबका रहस्य सन्निहित होता है। वह वही कहता है जो उसका अभिप्राय होता है, लेकिन उससे ऐसी बात का संकेत मिलता हुआ प्रतीत होता है, जो उससे दूर है, अथवा वह किसी ऐसे असीम तक फैल जाना चाहता है जो असीम उसमें केन्द्रित है। वह कुछ ऐसी बात है जिसका हम अनुभव करते हैं। वह केवल हमारी कल्पना को ही

सन्तोष प्रदान नहीं करता, लेकिन हमारे सम्पूर्णत्व को सन्तोष देता है। वह एक ऐसी वस्तु है जो हमारे अन्दर भी है, और बाहर भी, जो सर्वत्र है, किसी स्वप्न के अंशों को जोड़ती हुई प्रतीत होती है, उसका कोई अंश सत्य सिद्ध होता है, और कोई अंश हृदय में धड़कन और कम्पन उत्पन्न करता है।'[1]

कलावादी चिन्तन की एक अत्यन्त सशक्त अभिव्यक्ति हमें इटली के प्रख्यात सौन्दर्यशास्त्री बेनेडेटो क्रोचे (Benedetto Croce) के चिन्तन में मिलती है, जिसे 'अभिव्यंजनावाद' (Expressionism) का जनक कहा गया है। अभिव्यंजना और कला को अभिन्न मानते हुए उसने दोनों का एकत्व अपने इस प्रसिद्ध कथन द्वारा व्यक्त किया है कि "All art is Expression, therefore all Expression is Art." क्रोचे मूलतः एक आत्मवादी विचारक और सौन्दर्यशास्त्री के रूप में हमारे समक्ष आता है, जिसने काव्य को एक ऐसी शक्ति के रूप में स्वीकार किया है जो संसार में व्याप्त अशान्ति, असत्य, अनीति, विग्रह, छल, प्रपंच, सबका अतिक्रमण कर मनुष्य को प्रेम और अध्यात्म के सच्चे सम्बन्ध-सूत्र में पिरो सकती है।

क्रोचे का कला-सिद्धान्त मूलतः एक आत्मवादी या भाववादी कला-सिद्धान्त है, पाश्चात्य कला-चिन्तन के क्षेत्र में जिसकी बहुत अधिक चर्चा हुई है। उसके अन्तर्गत कला को मूलतः एक मानस-व्यापार के रूप में प्रतिष्ठा मिली है। क्रोचे ने मन के व्यापार को प्रधानतः दो भागों में विभाजित किया है, जिन्हें धारणा और बिम्ब-निर्माण कह सकते हैं। कला का सम्बन्ध इस दूसरे व्यापार से है। मानवात्मा को भी क्रोचे ने प्रधानतः दो प्रकार की क्रियाएँ मानी हैं—सैद्धान्तिक और व्यावहारिक। सैद्धान्तिक क्रिया के भी उसने दो विभाग किये हैं, एक जिसका सम्बन्ध सहज ज्ञान से है, दूसरी, जो तर्क पर आधारित है। इसे दूसरे शब्दों में हम यों कह सकते हैं कि संसार के पदार्थों का हमारा ज्ञान या तो शुद्ध प्रातिभ-ज्ञान, सहज ज्ञान या अन्तःप्रेरणा पर आधारित होता है, या फिर तर्क, विचार और बुद्धि पर आधारित। क्रोचे ने प्रातिभ-ज्ञान, सहज ज्ञान, स्वयं प्रकाश्य ज्ञान या अन्तःप्रेरणा पर आधारित ज्ञान (Intution) को सार रूप-ज्ञान कहा है, और उसे ही काव्य या कला की वस्तु माना है। काव्य या कला में अन्तःप्रेरणा के अतिरिक्त कुछ नहीं है, यह अन्तःप्रेरणा ही उसका सर्वस्व है। कवि या कलाकार अपनी अन्तःप्रेरणा द्वारा ही कलासृजन में प्रवृत्त होता है, और अपनी कल्पना का आश्रय लेकर वस्तुतः उसे ही अभिव्यंजित करता है। इसी अर्थ में उसने अभिव्यंजना की काव्य या कला को संज्ञा दी है, और उसका कला-सिद्धान्त अभिव्यंजनावाद कहलाया है।

क्रोचे ने सहज प्रज्ञा (अन्तःप्रेरणा), अभिव्यंजना, रूप और सौन्दर्य सबको एक स्वीकार किया है। उसके अनुसार इनमें कोई अन्तर नहीं है। उसके अनुसार 'सौन्दर्य की परिभाषा हम सफल अभिव्यंजना या अधिक अच्छे रूप में केवल अभिव्यंजना कहकर कर सकते हैं, क्योंकि अभिव्यंजना जब सफल नहीं होती, तब वह अभिव्यंजना ही नहीं है।'

जहाँ तक अभिव्यंजना शब्द से क्रोचे के वास्तविक आशय का प्रश्न है, अभिव्यंजना को उसने विशुद्ध मनोमय माना है। शाब्दिक अभिव्यंजना जैसी कोई बात उसने इस कारण स्वीकार नहीं की है कि अभिव्यंजना केवल शब्दों द्वारा ही नहीं, रंगों, रेखाओं और ध्वनियों द्वारा भी होती है। अभिव्यंजना के ये प्रकार (वे इनमें से कोई भी हों) बाह्य अभिव्यक्ति की अपेक्षा नहीं रखते। वास्तविक अभिव्यंजना तो मन की वस्तु है, और वह मन के भीतर ही हो जाती है। बाह्य अभिव्यंजना, इस वास्तविक अथवा मनोमय अभिव्यंजना से भिन्न वस्तु है, जिसके लिए कलाकार बाध्य नहीं है। वह चाहे तो अपनी अन्तःप्रेरणा को बाह्य अभिव्यक्ति दे या न दे। यह सब कला या काव्य का अनिवार्य धर्म नहीं है।

कुल मिलाकर, क्रोचे के अभिव्यंजनावाद का यही निचोड़ है। क्रोचे के इस मत पर अनेक आक्षेप किये गये हैं, जिनका उसने उत्तर भी दिया है। फिर भी, ऐसा बहुत कुछ शेष रह जाता है, जो अनुत्तरित है। कला को विशुद्ध मानसिक व्यापार मानकर, उसका सम्बन्ध सहज ज्ञान या अन्तःप्रेरणा से जोड़कर, कला की अभिव्यक्ति को मूलतः मन के भीतर ही समाप्त हो जाने वाली प्रतिपादित कर उसने न केवल प्रेषणीयता का ही तिरस्कार किया है, काव्य या कला का सम्बन्ध बाहरी जीवन या जगत् से काट दिया है। अपने स्पष्टीकरण में बाह्य संसार को मन का ही विवर्त कहकर उसने अपने भाववादी चिन्तन को पूरी तरह स्पष्ट कर दिया है। सारी कविता या कला मन के भीतर से ही उत्पन्न होकर मन के भीतर ही अभिव्यंजित हो जाती है, और यही उसकी चरितार्थता है, क्रोचे के कला-चिन्तन की यह वह भूमिका है जो उसे एक ऐसी दहलीज़ पर खड़ा कर देती है, जिसके आगे कुछ नहीं, बाहरी जीवन या संसार सब कुछ जिसके लिए निरर्थक हैं। यद्यपि गौण रूप से क्रोचे ने इस बाहरी जीवन या संसार से काव्य या कला का एक सम्बन्ध स्थापित किया है, परन्तु प्रकारान्तर से पुष्टि अपने ऊपरी विचारों की ही की है।

'कला कला के लिए' अथवा कलावादी चिन्तन के अतिरिक्त बीसवीं शती में काव्य और कला-सम्बन्धी दूसरे मतवाद भी सामने आये, जिनके विषय में भी संक्षिप्त विचार करना आवश्यक है।

मनोवैज्ञानिक मूल्यवाद; आई. ए. रिचर्ड्स

सुप्रसिद्ध काव्य-समीक्षक आई. ए. रिचर्ड्स की गणना उन विचारकों में की जानी चाहिए जिन्होंने बीसवीं शती के वैज्ञानिक युग के सन्दर्भ में अपनी काव्य-समीक्षा को वैज्ञानिक भूमियों पर ही आगे बढ़ाया है, और मनोविज्ञान का आधार ग्रहण करते हुए विज्ञान के युग में भी काव्य या कला की उपयोगिता प्रमाणित की है। आई. ए. रिचर्ड्स के काव्य-चिन्तन को मनोवैज्ञानिक मूल्यवाद की संज्ञा दी गयी

है, जो उचित ही है।

कलावादियों की भाँति रिचर्ड्स काव्य या कला को सामाजिक जीवन से तटस्थ नहीं मानते, और न वे काव्य या कला को अपने में कोई निरपेक्ष या स्वतन्त्र सत्ता ही स्वीकार करते हैं। वे मानव-जीवन के लिए कविता या कला की उपयोगिता स्वीकार करते हैं, गो यह अवश्य है कि उपयोगिता सम्बन्धी उनके विचार नीतिवादियों से पृथक्, मनोवैज्ञानिक आधारों पर स्थित हैं।

अपने समय के तथा पूर्ववर्ती सौन्दर्य-सिद्धान्तों की विवेचना करते हुए उन्होंने मनोवैज्ञानिक भूमि पर अपना यह मत प्रतिपादित किया है कि सौन्दर्यानुभूति जैसी किसी विशिष्ट अनुभूति की स्थिति मानव-मन में नहीं होती, और न ही काव्य में सौन्दर्य-तत्त्व जैसी कोई विशिष्ट वस्तु होती है, जिसके कारण काव्य विशेष प्रभावशाली या प्रेषणीय बन जाता हो। वस्तुतः काव्यानुभूति जीवन की अन्य सामान्य अनुभूतियों की ही तरह है, और कविता या कला हमें सौन्दर्य तत्त्व की स्थिति के कारण नहीं, अपने में व्यक्त अनुभवों और उन अनुभवों में निहित मूल्यों के कारण प्रभावित करती है। सौन्दर्य कोई विशिष्ट भाव नहीं, वह मानसिक आवेगों के सन्तुलन और सामंजस्य का ही दूसरा नाम है, कविता या कला का आनन्द भी कोई लोकोत्तर आनन्द न होकर सामान्य जीवनानुभूतियों से प्राप्त होने वाला आनन्द ही है। कुल मिलाकर 'साहित्य की उपयोगिता अन्य वस्तुओं जैसी ही है, उसका कोई स्वतन्त्र क्षेत्र नहीं।'

रिचर्ड्स ने भाषा के वैज्ञानिक और भावाविष्ट प्रयोगों में अन्तर करते हुए कविता का सम्बन्ध दूसरे से माना है। उनके अनुसार 'कविता का सम्बन्ध किसी सीमित या प्रत्यक्ष निर्देश से नहीं है। वह किसी चीज का निर्देश नहीं करती, उसे ऐसा कोई निर्देश नहीं करना चाहिए। उसका एक भिन्न तथा उतना ही महत्त्वपूर्ण उद्देश्य है—जीवनप्रद सामग्री के साथ जीवनदायिनी शब्दावली का प्रयोग। कविता का कार्य होता है, अथवा होना चाहिए अनुभूति के उपयुक्त मनोभाव को प्रस्तुत करना।'

कविता के सत्य तथा विज्ञान के सत्य में भी रिचर्ड्स ने अन्तर किया है, और काव्य-सत्य को मूलतः मिथ्या स्वीकार किया है। अपने मिथ्यात्व के बावजूद 'काव्य सत्य' की उपयोगिता इस कारण होती है कि वह हमारे मस्तिष्क का संघटन करता है, और उसके कारण ही हमारी प्रवृत्तियाँ एक व्यवस्थित रूप ग्रहण करती हैं।

जैसा हम कह चुके हैं, रिचर्ड्स ने काव्य और नीति के सम्बन्ध को स्वीकार किया है, परन्तु नीति की उनकी व्याख्या नीतिवादियों के समान न होकर मनोवैज्ञानिक आधारों पर प्रतिष्ठित है। नीति के स्थान पर उन्होंने मूल्यों (values) की चर्चा की है। समस्त मानवीय वृत्तियों को वे दो वर्गों में विभाजित करते हैं—अनुरति (Appetency) और विरति (Aversion) या प्रवृत्ति और निवृत्ति। प्रवृत्ति या 'प्राप्ति चेष्टा' को तुष्ट करने वाली किसी भी वस्तु को वे मूल्यवान् स्वीकार करते हैं, और चूँकि ऐसा सम्भव नहीं है कि सम्पूर्ण मानवीय प्रवृत्तियों की तुष्टि हो सके, अतः वे

हर वस्तु को मूल्यवान् मानते हैं जो दूसरी महत्त्वपूर्ण प्रवृत्तियों को कुण्ठित किये बिना किसी प्रवृत्ति को तुष्ट करे। सर्वाधिक मूल्यवान् मनःस्थितियों के विषय में उनका कहना है कि 'ये मनःस्थितियाँ वे हैं जिनमें क्रियाकलाप का अत्यन्त विशद् और व्यापक समन्वय तथा न्यूनतम ह्रास, द्वन्द्व, बुभुक्षा तथा नियन्त्रण रहता है। सामान्यतः मनःस्थितियाँ उसी हद तक मूल्यवान् होती हैं जिस हद तक वे अपव्यय और विफलता को कम करने की ओर उन्मुख रहती हैं।'

कविता और जीवन के पारस्परिक सम्बन्धों को स्वीकार करते हुए रिचर्ड्स ने कलाकार का यह कर्त्तव्य माना है कि वह उन समस्त अनुभूतियों को अपनी कृति में एक स्थायी रूप दे, जो उसकी दृष्टि में सबसे अधिक संग्रह करने योग्य हों। किसी भी मूल्यवान् कृति में व्यक्त अनुभूतियाँ उन सारे आवेगों को एक ऐसे सामंजस्य में प्रस्तुत करती हैं, जो लोगों के मन में प्रायः अस्त-व्यस्त होते हैं।

साहित्य रिचर्ड्स की दृष्टि में अपने में ही अपना साध्य नहीं है। वह एक सार्वजनीन वस्तु है। प्रेषणीयता उसका आवश्यक गुण है। कलाकार भले ही प्रेषणीयता के इस तत्त्व के प्रति सजग न हो, यदि उसकी कृति मूल्यों से युक्त है, वह प्रेषणीय होगी ही। रिचर्ड्स के अनुसार जिसे साहित्य का भाव पक्ष कहा जाता है, मूल्यों की स्थिति उसी में होती है, अतः साहित्य या काव्य में महत्त्व भाव-पक्ष का ही है।

कुल मिलाकर, रिचर्ड्स का काव्य-चिन्तन कलावादियों से भिन्न काव्य और कला को मानव-जीवन से जोड़ने वाला चिन्तन है। अपनी इस मान्यता को रिचर्ड्स ने विशुद्ध मनोवैज्ञानिक आधार पर प्रतिष्ठित किया है, अतः उसमें सामान्य जीवनवादियों की-सी स्थूलता नहीं है। सबसे अधिक चर्चा उन्होंने मूल्यों की, और उन मूल्यों की मनोवैज्ञानिक व्याख्या से सम्बन्धित की है, और इन मूल्यों से युक्त, आवेगों को व्यवस्थित करने वाले, अनुभूतियों का उत्तम संघटन प्रस्तुत करने वाले, दूसरी महत्त्वपूर्ण अनुभूतियों को कम से कम क्षति पहुँचाते हुए अधिक से अधिक अनुभूतियों को तुष्ट करने वाले तथा मन से स्वस्थ और सन्तुलित औसत मनुष्यों के बीच सम्पर्क-सूत्र कायम करके उन्हें आनन्द प्रदान करने वाले काव्य या कला को ही जीवन के लिए आवश्यक, जीवन से सम्बन्धित तथा शिवत्व का पुरस्कर्त्ता माना है। कल्पना तत्त्व को महत्त्व न देने के कारण रिचर्ड्स के मत की आलोचना भी हुई है, उन्हें काव्य तत्त्व का पारखी कम, मनोविज्ञान या विज्ञान में ही दिलचस्पी लेने वाला कहा गया है, फिर भी इतना निर्विवाद है कि बीसवीं शती के काव्य-चिन्तकों में उनका स्थान अग्रगण्य है।

रिचर्ड्स का काव्य-चिन्तन मूलतः उस मनोविज्ञान की देन है, जिसके स्रष्टाओं में फ्रायड, एडलर, युंग जैसे मनोविज्ञान-वेत्ताओं का नाम शीर्ष पर है। रिचर्ड्स ही नहीं, बीसवीं शती के कला-सृजन की अनेक धाराओं पर इस मनोविज्ञान की गहरी छाप है, यहाँ तक कि अनेक महत्त्वपूर्ण काव्य और कला आन्दोलनों को जन्म देने का श्रेय भी उन्हें प्राप्त है। बीसवीं शती के काव्य-चिन्तन का एक महत्त्वपूर्ण अंश भी फ्रायड तथा अन्य मनोविज्ञान शास्त्रियों के विचारों का ऋणी है। कला और

साहित्य के मूल्यांकन और विश्लेषण की एक सर्वथा नयी पद्धति भी इस मनोविज्ञान का आधार लेकर ही इस शताब्दी में पनपी है। अतः इसके पूर्व कि मनोविज्ञान से प्रभावित कला-चिन्तन अथवा बीसवीं शती के मनोवैज्ञानिक कला-चिन्तन के विविध रूपों का संक्षिप्त परिचय दिया जाय, यह आवश्यक है कि फ्रायड तथा अन्य मनोविज्ञान शास्त्रियों के विचारों का संक्षिप्त उल्लेख करते हुए हम उनसे परिचित हो लें। यहाँ यह भी ध्यान में रखना आवश्यक है कि जिस मार्क्सवादी कला-चिन्तन का विस्तृत अनुशीलन हम अगले पृष्ठों में करेंगे, मनोवैज्ञानिक कला-चिन्तन या मनोविश्लेषणवादी कला-चिन्तन की निष्पत्तियाँ सीधे उसके विरोध में हैं। मार्क्सवादी कला-चिन्तन जहाँ इस अनन्त रूपात्मक, इन्द्रियगोचर वस्तु-जगत् को एकमात्र सत्य सत्ता स्वीकार कर उसके बारे में हमारी समझ को साफ करने, उसे बदलने में सक्रिय मानवीय प्रयत्नों को समर्थन देने में ही कला तथा साहित्य की चरितार्थता मानता है, वहाँ मनोवैज्ञानिक चिन्तन बाह्य जगत् के प्रति निरपेक्ष होकर मानव-मन को ही आत्यन्तिक स्वीकार करते हुए मनोजगत् के विश्लेषण को ही एकमात्र सार्थकता प्रदान करता है।

मनोविज्ञान का उद्भव; फ्रायड, एडलर और युंग

मनोविज्ञान के प्रवर्त्तकों में फ्रायड का स्थान सर्वोपरि है। व्यक्ति-मानस के विवेचन और विश्लेषण द्वारा उसने मनुष्य के व्यक्तित्व उसके क्रियाकलापों आदि के विषय में एक सर्वथा नयी समझ का सूत्रपात किया जिसके फलस्वरूप इन बातों से सम्बन्धित हमारी प्रचलित धारणाओं और विश्वासों को एक नया आलोक प्राप्त हुआ। फ्रायड का मानस-विश्लेषण यों पर्याप्त व्यापक और विवादास्पद है, परन्तु मानव-मन जैसी निगूढ़ सत्ता की उसके द्वारा की जाने वाली छानबीन, उसकी एक-एक रहस्य-रेखा का उसके द्वारा होने वाला उद्घाटन अपनी समस्त विवादास्पद भूमिकाओं के बावजूद मानवीय क्रियाकलापों से सम्बन्धित जीवन के प्रत्येक क्षेत्र में अत्यन्त दूरवर्ती परिणामों का जनक बना, साहित्य और कला के सम्बन्ध में भी एक सर्वथा भिन्न और नये दृष्टिकोण का विकास हुआ।

फ्रायड ने मानस के क्रियाकलापों के अधिकांश को उसके अवचेतन रूप की देन माना और चेतन मन को मात्र अल्पांश का ही श्रेय दिया। समस्त कला-सृजन के मूल में उसने कलाकार की दमित एवं कुण्ठित काम-वृत्तियों की स्थिति स्वीकार की। उसके अनुसार ये वृत्तियाँ विविध प्रकार की बाह्यवर्जनाओं के कारण कलाकार के अचेतन मन में दबी पड़ी रहती हैं और अवसर आने पर उसकी कला के माध्यम से अपने निकास का मार्ग खोजती हैं। व्यक्ति के जीवन की अधिकांश कार्य-प्रेरणाओं का उद्भव यही अवचेतन या अचेतन मन होता है। समस्त कला अवचेतन अथवा अचेतन में दबी इन्हीं कुण्ठित एवं दमित कामवृत्तियों का विस्फोट होती है। इन दमित एवं कुण्ठित काम-वृत्तियों की स्थिति वस्तुतः प्रत्येक मनुष्य के मानस में

होती है। अपनी जिन इच्छाओं अथवा वासनाओं को वह समाज के भय अथवा अन्य वर्जनाओं के कारण अभिव्यक्त नहीं कर पाता, ये सब उसके अवचेतन या अचेतन मन में एकत्र होती रहती हैं, और विविध प्रकार के मानसिक रोगों तथा विकृतियों को जन्म देती हैं। कलाकार के पास कला का माध्यम होता है, अतः वह अपनी इन दमित वृत्तियों को अपनी कला के माध्यम से उदात्त रूप में प्रस्तुत करने का प्रयत्न करता है। कतिपय विशिष्ट कला-कृतियों का विश्लेषण कर फ्रायड ने अपने इस कथन को प्रमाणित किया है।

फ्रायडीय मनोविश्लेषण की एक अन्य महत्त्वपूर्ण उपलब्धि उसका स्वप्न-सिद्धान्त है। वस्तुतः फ्रायड ने मनोव्याधि, स्वप्न, दिवास्वप्न, कला, साहित्य, सबको समान स्रोत से उत्पन्न होने वाला स्वीकार किया है, और यह स्रोत है, अवचेतन में स्थित अतृप्त काम-वासनाएँ। स्वप्न, उसके अनुसार एक ऐसी इच्छापूर्ति भर है, जिसका चेतन मन द्वारा दमन किया गया हो। जो दमित एवं कुण्ठित इच्छाएँ अवचेतन में निष्क्रिय पड़ी रहती हैं, मनुष्य की सुप्तावस्था में वे चुपचाप एक-एक करके बाहर निकलने का प्रयास करती हैं। कभी-कभी तो ये बिलकुल नग्न रूप में निकलती हैं, कभी अर्द्धनग्न रूप में और बहुधा ये वेश बदलकर निकलती हैं। स्वप्नों का प्रतीकात्मक होना इसका प्रमाण है। चूँकि मनुष्य इन स्वप्नों के वास्तविक रूप को एक सीमा तक पहचानता है, यही कारण है कि उनके छद्म रूप को उसकी अतिशय असामाजिक भूमिका के कारण वह लोगों के समक्ष स्पष्ट करने में हिचकता है, और प्रायः नहीं स्पष्ट करता।

कलाकार अपनी प्रतिभा एवं योग्यता के बल पर अपनी अतृप्त बारानाओं को ऐसा छद्म रूप देने में समर्थ होता है, जो समाज की दृष्टि में ग्रहण करने योग्य हो, और प्रायः वह ऐसा ही करता है। यही दमित काम-वासनाओं का उदात्तीकरण है, और समस्त कला इसका उदाहरण है। कलाकार की रचना लोगों को इसी कारण सौन्दर्य और आनन्द प्रदान करती है कि वे उस कला के अन्तर्गत अपनी स्वतः की दमित-वासनाओं की सौन्दर्यपूर्ण अभिव्यक्ति देखते हैं। कला के रूप में अपनी दमित वासनाओं को अभिव्यक्त कर कलाकार-व्यक्ति तो सन्तोष और हलकेपन का अनुभव करता ही है, उस कला में अपनी दमित वासनाओं की सौन्दर्यपूर्ण समाज द्वारा मान्य अभिव्यक्ति देखकर वे लोग भी सन्तोष और हलकेपन का अनुभव करते हैं, किसी भी कला-जन्य प्रतिभा के अभाव में, समाज के भय से जो अपनी वासनाओं की ऐसी अभिव्यक्ति कर सकने में असमर्थ हैं। कला, फ्रायड के मतानुसार, इसी अर्थ में आत्मोपचार का साधन है।

मनुष्य की मनोव्याधि का निदान पाने के लिए मनोविश्लेषक प्रायः एक विशेष पद्धति का प्रयोग करते हैं, जिसे 'फ्री एसोसिएशन' की पद्धति कहा जाता है। इस पद्धति के अनुसार मनुष्य को पूर्ण विश्राम की अवस्था में बिठाकर उससे उन सभी विचारों को, उसी क्रम से, निर्बाध रूप में व्यक्त करने को कहा जाता है,

जिस क्रम से वे उसके मानस में उठते हैं। स्वाभाविक है कि ये विचार सुसम्बद्ध नहीं होंगे, परन्तु मनोविश्लेषक इन असम्बद्ध विचारों का विश्लेषण करके, उसके माध्यम से मनुष्य की मनोव्याधि का पता लगा लेते हैं। कला के अन्तर्गत भी कतिपय रचनाओं द्वारा इस पद्धति का प्रयोग किया गया है।

फ्रायड के अतिरिक्त एडलर और कार्ल युंग जैसे दूसरे मनोविश्लेषण शास्त्रियों ने भी मानस का विश्लेषण करते हुए महत्त्वपूर्ण निष्कर्ष दिये हैं।

एडलर के अनुसार कला का मूल दमित कामवृत्तियों में न होकर एक प्रकार के हीनता भाव (Inferiority Complex) में है। कलाकार सामाजिक दृष्टि से एक दुर्बल तथा अनुपयोगी प्राणी होता है। अपनी सामाजिक अनुपयोगिता की यह अनुभूति उसे सदा ही त्रास दिया करती है। इसके फलस्वरूप ही वह कला-सृजन में प्रवृत्त होता है, और इस प्रकार समाज में अपनी उपयोगिता को प्रमाणित करने का प्रयास करता है। एडलर के मत से, कला इस प्रकार एक क्षतिपूर्ति है, जिसका सम्बन्ध हीनता भाव से है।

कार्ल युंग कला के मूल में एक प्रकार का द्वन्द्व स्वीकार करते हैं, जो एक स्तर पर उसे अपनी वैयक्तिक आकांक्षाओं की तुष्टि के लिए उत्प्रेरित करता है, और दूसरे स्तर पर उसे समस्त मानवता की अभिलाषाओं की पूर्ति के हेतु सृजन के लिए ललकारता है। इस द्वन्द्व के फलस्वरूप वह जो कुछ रचता है, उसमें प्रायः उसकी वैयक्तिक आकांक्षाएँ उपेक्षित रह जाती हैं। इसका परिणाम यह होता है कि व्यक्ति के रूप में वह सदा ही पीड़ित और दुःखी बना रहता है।

युंग कला के मूल में व्यक्ति के अचेतन की स्थिति को स्वीकार न कर 'सामूहिक अचेतन' की बात करते हैं, जिसका सम्बन्ध प्राणिमात्र से है। चेतना इसी सामूहिक अचेतन का फल है। यह सामूहिक अचेतन कलाकार व्यक्ति को एक ऐसी उद्दाम सृजन-प्रेरणा से परिचालित करता है, जो कलाकार-व्यक्ति के मन की आकांक्षाओं का प्रतिरूप सम्पूर्ण प्राणि-मात्र की आकांक्षाओं को तृप्ति प्रदान कर सके।

मनोविज्ञान वेत्ताओं के इन निष्कर्षों ने, जैसा कि हम कह चुके हैं, मानव-मन के अज्ञात रहस्यों का तो उद्‌घाटन किया ही, कला तथा साहित्य के क्षेत्र में महत्त्वपूर्ण आन्दोलनों की नींव डाली। वस्तु-जगत् के यथार्थ के अलावा मानस के यथार्थ-जगत् की चर्चा प्रारम्भ हुई और मन के इस 'यथार्थ' को प्रस्तुत करने वाले नये-नये कला-रूप सामने आये।

अतियथार्थवाद

फ्रायडीय मनोविज्ञान की मान्यताओं को चरितार्थ करते हुए साहित्य तथा कला-विषयक जो आन्दोलन यूरोप में प्रथम महायुद्ध के पश्चात् आविर्भूत हुए, उनमें अति यथार्थवादी आन्दोलन प्रमुख था। सन् 1924 और 1930 के दो घोषणा-पत्रों में इसको स्पष्ट किया गया तथा सन् 1936 में लंदन में हुई अति-यथार्थवादी चित्रों

की एक प्रदर्शनी ने इसकी पूरी आकृति स्पष्ट कर दी। आन्द्रे ब्रेतों (Andre Breton) तथा पॉल एलुअर (Paul Eluard) फ्रांस में अतियथार्थवादी (Surrealist) आन्दोलन के पुरस्कर्त्ता थे। अतियथार्थवादी आन्दोलन के पूर्व भी तर्कसंगत लेखन की प्रतिक्रिया में त्रिस्तान जारा (Tristan-Zara) ने दादावाद (Dadaism) जैसे आन्दोलन का प्रणयन किया था जिसे कला-समीक्षकों ने उपेक्षा की वस्तु समझा था, परन्तु जब उसी की एक अधिक सशक्त अभिव्यक्ति अतियथार्थवाद के रूप में हुई तब कला-समीक्षकों का ध्यान उस ओर गया और अनेक प्रतिक्रियाएँ सामने आयीं।

अपने एक निबन्ध में आन्द्रे ब्रेतों ने अतियथार्थवादी मनोवृत्ति का विवेचन करते हुए उसका सम्बन्ध मनोविज्ञान की फ्री-एसोसिएशन जैसी पद्धति से जोड़ा है। उसने लिखा है कि जो सत्य हम इस प्रक्रिया का उपयोग कर मरीजों से प्राप्त करते हैं, उन्हें क्यों न स्वतः अपने से प्राप्त किया जाय, अर्थात् बुद्धि तथा विवेक के नियन्त्रण से परे, स्पष्ट होने वाला स्वगत कथन। इस प्रक्रिया के द्वारा—अतियथार्थवाद की जो रूप-रेखा सामने आयी, उसे यों स्पष्ट किया गया—'एक विशुद्ध आत्मिक स्वतःक्रिया जिसके द्वारा विचारों के वास्तविक क्रम को मौलिक, लिखित या अन्य किसी रूप में प्रकट किया जाता है। विचारों का श्रुत लेखन, जो बुद्धि के नियन्त्रण से मुक्त हो, तथा अन्य सौन्दर्यात्मक तथा नीतिपरक पूर्वाग्रहों से विलग हो।' प्रसिद्ध कला-समीक्षक हर्बर्ट रीड के शब्दों में—'मनुष्य हिमशैल की तरह समय के प्रवाह में बह रहा है, उसका थोड़ा-सा अंश ही चेतन के स्तर के ऊपर है। अतियथार्थवादी कवि या चित्रकार का लक्ष्य होता है अचेतन में डूबे हुए अंश के कतिपय आयामों और लक्षणों को प्रकट करना, और इस कारण वह स्वप्नों के और स्वप्न-सदृश मानसिक अवस्थाओं के, विशिष्ट बिम्ब-विधान का प्रयोग करता है।'[2] आंद्रे ब्रेतों ने उक्त विचार की पुष्टि इस प्रकार की है—'आधुनिक काल में मानस-जीवन का एक ऐसा पक्ष उद्घाटित हुआ है जिसके बारे में लोगों की यह धारणा थी कि उसका हमारे साथ कोई संबंध नहीं है। मेरी समझ में तो हमारे मानस-जीवन का वही सबसे अधिक महत्त्वपूर्ण पक्ष है। इस अनुरांधानों का सारा श्रेय फ्रायड को है आदि आदि।'[3]

कहने का तात्पर्य यह है कि मन के चेतन और अवचेतन स्तरों में अतियथार्थवादियों ने अवचेतन को प्रधान माना। अवचेतन के स्तर पर की गयी अतीन्द्रिय यथार्थ की अभिव्यक्ति को ही उन्होंने अपनी कला का प्रधान लक्ष्य घोषित किया। उनके लिए कला-जगत् और स्वप्न-जगत् एक हो गये, चेतन और अचेतन की सीमा रेखाएँ मिट गयीं। बुद्धि अथवा विवेक के नियन्त्रण से परे, असंगत एवं विशृंखल मानसिक गतिविधियों की प्रतीकात्मक अभिव्यक्ति उनकी कला की प्रधान विशेषता बन गयी। स्वतःचालित लेखन (Automatic writing) का आदर्श सामने रखकर अतियथार्थवादी कलाकारों एवं लेखकों ने अवचेतन के यथार्थ का जो प्रस्तुतीकरण अपनी कृतियों में किया, समस्त प्रकार के नैतिक और

सौन्दर्य-सम्बन्धी मूल्यों का तिरस्कार करने के कारण अन्ततः वह यूरोप की जागरूक और स्वस्थ कला-चेतना को ग्राह्य न हुआ। अन्ततः यूरोपीय कला तथा साहित्य जगत् पर अपने कुछ गहरे निशान छोड़कर यह आन्दोलन पृष्ठभूमि में चला गया।

प्रतीकवाद

प्रतीकवाद (Symbolism) का जन्म 100 वर्ष पूर्व फ्रांस में प्रकृतिवाद (Naturalism) के विरुद्ध रोमांटिक प्रतिक्रिया के रूप में हुआ था। 19वीं शताब्दी के मध्य में विज्ञान के नये आविष्कार प्रकाश में आये। डारविन तथा स्पेंसर के सिद्धान्तों ने मनुष्य के प्रति उस महती धारणा में महान् परिवर्तन उपस्थित कर दिया, जो स्वच्छन्दतावाद के समय से चली आ रही थी। स्वच्छन्दतावाद ने मनुष्य को जिस गौरवपूर्ण, उच्च पद पर प्रतिष्ठित किया था, इन नये वैज्ञानिक आविष्कारों तथा डारविन के विकासवाद के सिद्धान्त ने उसे उस आसन से नीचे उतारकर एक सामान्य तथा अत्यन्त लघु-प्राणी के रूप में प्रतिष्ठित कर दिया, उसे पशु का विकसित रूप घोषित किया। मनुष्य के प्रति इस बदली हुई धारणा ने प्रकृतवाद नामक विचारधारा को जन्म दिया, और प्रकृतवादी कृतियों में मनुष्य को अपनी मूल वृत्तियों से प्रेरित प्रायः पशुवत् आचरण करते हुए चित्रित किया गया। एमिली ज़ोला (Emile Zola) के उपन्यासों में इस विचारधारा को एक सशक्त अभिव्यक्ति मिली। किन्तु चूँकि प्रतिक्रिया का दौर अभी पूरी तरह समाप्त न हुआ था, अतः एक दूसरी प्रतिक्रिया हुई, प्रकृतिवाद के विरुद्ध। यह एक रोमांटिक प्रतिक्रिया थी, और प्रतीकवाद के रूप में उसने अपनी अभिव्यक्ति की। जिस यथार्थवाद एवं प्रकृतिवाद ने एक समय स्वच्छन्दतावाद को पीछे फेंक दिया था, वह स्वच्छन्दतावादी प्रवृत्ति एक बार पुनः विजयी हुई।

वस्तुतः प्रतीकवाद के तत्त्व काफी पहले से अंग्रेज़ी कविता में विद्यमान थे। परन्तु आन्दोलन के साथ उसका जो रूप फ्रांस में स्पष्ट हुआ, उसमें कुछ ऐसी विशेषताएँ थीं, जिन्होंने कालान्तर में उसे अंग्रेज़ी कविता से भिन्न धरातल पर प्रतिष्ठित किया। मेलार्मे (Mallarme), वेलरी (Paul Valery), वर्ले (Paul Verlaine), रिम्बो (A. Rimbaud) आदि फ्रांस के प्रतीकवादी काव्य के वे सुदृढ़ आधार-स्तम्भ हैं, जिन्होंने प्रतीकवाद को एक खास स्तर तक उठाया, और उसे इतना समर्थ बनाया कि वह दूसरे देशों की कविता पर अपना प्रभाव डाल सके। इस प्रतीकवादी कविता को एक निश्चित अर्थ देने में फ्रांसीसी कवि बोदलेयर (Charles Baudelaire) तथा अमेरिकन कवि एडगर एलेन पो (Edgar Allan Poe) का योग सर्वाधिक उल्लेखनीय है। यों अंग्रेज़ कवि टी. एस. इलियट (T. S. Eliot) तथा अमेरिकी कवि एज़रा पाउण्ड (Ezra Pound) पर भी प्रतीकवाद के गहरे निशान देखे जा सकते हैं।

प्रतीकवादियों ने अपनी रचनाओं में एक आदर्श सौन्दर्य लोक की सृष्टि की, जिसे रहस्यवादी आवरणों से उन्होंने इस प्रकार ढँका कि उसकी विशिष्ट सत्ता हो गयी। प्रतीकवादियों की मान्यता थी कि अनुभूति का प्रत्येक क्षण दूसरे क्षण से

सर्वथा भिन्न होता है तथा एक नयी विशेषता से युक्त रहता है। परम्परागत भाषा तथा उपमान उसे उस रूप में अभिव्यक्त नहीं कर सकते जिस रूप में वह उपस्थित होता है। यथावत् अभिव्यक्ति के लिए आवश्यक है कि कवि एक ऐसी विशिष्ट भाषा की खोज करे, जो उसके व्यक्तित्व को, उसकी भावनाओं और अनुभूतियों को, उस क्षण-विशेष के सन्दर्भ में, वास्तविक रूप में व्यक्त कर सके। निश्चित रूप से यह कार्य, प्रत्यक्ष और अभिधामूलक कथनों से नहीं हो सकता, फलतः कवि के लिए अनिवार्य हो जाता है कि वह ऐसे प्रतीकों का आश्रय ग्रहण करे, जो उसके अभिप्रेत अर्थ को सही रूपों में व्यक्त करने की क्षमता रखते हों, ऐसे चित्रों का गुम्फन करे, जो उसकी अतीन्द्रिय अनुभूतियों का सही आभास दे सकें। यही कारण है कि प्रतीकवादी कवि अपनी कविता में बिम्बों तथा चित्रों की एक भीड़-सी एकत्र कर देता है। बहुत से विद्वानों के अनुसार बिम्बों की यह भीड़ तथा उपमाओं आदि का यह मिश्रण प्रतीकवाद की अपनी विशिष्टता है जो निश्चित रूप से दुरूहता को भी जन्म देती है। प्रतीकवादी कवि के अनुसार उसका कथ्य उसके भावोन्मेष का प्रतीक बनकर कविता में उपस्थित होना चाहिए। अभिधात्मक उक्तियों की अपेक्षा उसके लिए ध्वनियों, बिम्बों तथा संकेतों का अधिक महत्त्व है। बाह्य प्रकृति भी उसके लिए विशेष महत्त्वपूर्ण नहीं, उसका लक्ष्य आन्तरिक अनुभूतियों को संगीत की संगति में सटीक प्रतीकों द्वारा प्रस्तुत करना होता है। चूँकि उसकी अनुभूतियाँ सामान्य नहीं हैं, वे रहस्यात्मक तथा अतीन्द्रिय हैं, अतः अभिव्यक्ति का स्तर भी उनके समान ही उदात्त कोटि का होना चाहिए। प्रतीकवादी, विवरणों को महत्त्व नहीं देते, अपनी अनुभूतियों को सांकेतिक भाषा में व्यक्त करना ही उन्हें प्रिय है। यही कारण है कि सामान्य प्रतीकों की अपेक्षा वे संकेतधर्मी प्रतीकों का प्रयोग करते हैं। मेलार्मे का तो इस सम्बन्ध में स्पष्ट कथन है कि वही कविता श्रेष्ठ होती है, जो अनुभूति का संकेत मात्र देकर रह जाय, उसका शनैः-शनैः उद्‌घाटन करे, अनुभूति के स्पष्ट कथन का अर्थ है—कविता के तीन-चौथाई सौन्दर्य को नष्ट कर देना।

प्रतीकवाद के खिलाफ जागरूक विद्वानों का सबसे बड़ा आरोप उसकी आत्मोन्मुखी दृष्टि है। अपने व्यक्तिगत कल्पना एवं सौन्दर्य लोक में इस सीमा तक रम जाना कि शेष संसार की सत्ता ही कवि के लिए न रहे, एक ऐसी मनोवृत्ति है जो प्रतीकवाद को असामाजिक भी बना देती है। बाह्य जगत् कवि के लिए असत्य हो जाय, और उसका अपना कल्पना जगत् सत्य प्रतीत हो, यह कोरा पलायनवाद है। अतएव, अपनी कतिपय खास किस्म की उपलब्धियों के बावजूद अपने आत्मकेन्द्रित जीवन-दर्शन, अपनी अतिशय कल्पनाशीलता, बाह्य वास्तविकताओं से कतई निरपेक्ष मन के रहस्यलोकों में संचरण एवं शिल्पगत अस्पष्टता एवं दुरूहता के कारण प्रतीकवादी आन्दोलन भी युग की सजग काव्य चेतना के द्वारा दीर्घ काल तक प्रश्रय न पा सका, उसे भी पृष्ठभूमि में चले जाना पड़ा।

प्रभाववाद एवं बिम्बवाद

प्रभाववाद (Impressionism) मूलतः चित्रकला से सम्बन्ध रखने वाला एक आन्दोलन है, कालान्तर में जिसकी व्याप्ति साहित्य के क्षेत्र में भी हुई। इसका उद्भव फ्रांस में 19वीं शताब्दी के अन्तिम चरणों में हुआ। कला-सम्बन्धी परम्पराओं और रूढ़ियों का विरोध करते हुए इसके पुरस्कर्त्ताओं ने प्रकृति को एक नये ढंग से देखने और चित्रित करने का आग्रह किया। स्वच्छन्दतावाद का विरोध करते हुए उन्होंने कला में व्यक्तिगत प्रतिक्रियाओं के चित्रण पर बल दिया। उन्होंने प्रभाववादी कला को नागर कला के रूप में सम्बोधित किया, जो संसार को एक नगरवासी की आँख से देखती है, उनकी मान्यता थी कि सृष्टि के सारे कार्य-व्यापार संक्रमणशील एवं सतत प्रवहमान हैं। काल स्वयं स्थिर न होकर सतत गतिशील है। निरन्तर प्रवहमान समय का हर व्यापार उसी प्रकार है, जिस प्रकार सतत बहने वाली नदी की लहरें। एक बार जो लहर निकल गयी उसे दुबारा नहीं पकड़ा जा सकता। ऐसी स्थिति में प्रभाववादी रचनाकार का लक्ष्य होना चाहिए कि निरन्तर प्रवाहमान समय में बहने वाली अनुभव-राशि में से किसी एक अनुभव-क्षण को पकड़ कर वह उसे अपनी रचना में मूर्त्त करे, और उसे अमरता प्रदान करे। दूसरे शब्दों में क्षणभंगुर अनुभव की किसी विशेष स्थिति का कला में ऐसा रूपायन कि वह शाश्वत हो उठे, प्रभाववादी कला की सार्थकता है। प्रभाववाद में इस प्रकार क्षण के महत्त्व को सर्वोपरि माना गया है, क्षण के सत्य को शेष सत्य की तुलना में 'एकमात्र सत्य' के रूप में स्वीकार किया गया है। कला-सृजन में ही नहीं, कला-समीक्षा में भी प्रभाववाद को ग्रहण करने वाले अनेक समीक्षक यूरोप में हुए हैं, जिन्होंने कृति के वस्तुपरक मूल्यांकन के स्थान पर अपनी वैयक्तिक प्रतिक्रियाओं को प्रतिमान के रूप में स्वीकार कर कला या साहित्य की समीक्षा की है। स्पष्ट है कि इस प्रकार की समीक्षा जो मात्र वैयक्तिक प्रतिक्रियाओं पर आधारित हो, कृति की बात न करके समीक्षक की अपनी मनःस्थिति को ही प्रस्तुत करे, मूल्यवान समीक्षा न होगी, और यही कारण है कि कालान्तर में टी. एस. इलियट, एज़रा पाउण्ड तथा बिम्बवादियों ने प्रभाववादी रचनाकारों और समीक्षकों की पर्याप्त आलोचना की, जिसका परिणाम यह हुआ कि किसी समय जो प्रभाववादी आन्दोलन अपने भीतर, कला, साहित्य और दर्शन की अनेक परम्पराओं को समाहित करने की बात करता था, शीघ्र ही अपना प्रभाव खोकर पृष्ठभूमि में चला गया।

बिम्बवाद (Imagism) के प्रवर्त्तक टी. ई. ह्यूम (T. E. Hulme) का विचार था कि प्रत्येक युग अपने बदले हुए दृष्टिकोण के कारण एक नये काव्य-रूप की अपेक्षा रखता है, जिसके माध्यम से वह अपने को अभिव्यक्त कर सके। नये काव्य रूप की इस युगानुरूप खोज में ह्यूम को जिस प्रकार की कविताओं को जन्म देने की प्रेरणा दी, कालान्तर में वे ही बिम्बवाद की नींव डालने वाली सिद्ध हुईं। ह्यूम के विचारों से प्रभावित होकर शीघ्र ही अनेक समसामयिक कवि उसके अनुयायी बन गये, जिनमें एज़रा पाउण्ड, रिचर्ड एलडिंग्टन, तथा एफ. एस. फिंलट

प्रमुख हैं। सन् 1914 में एज़रा पाउण्ड के नेतृत्व में बिम्बवादी कवियों की कविताओं का एक संग्रह (Des Imagists) नाम से प्रकाशित हुआ जिसमें उक्त कवियों के अतिरिक्त कुछ अन्य कवियों की रचनाएँ भी संगृहीत थीं। इस प्रकार बिम्बवादी काव्यान्दोलन को एक दृढ़ आधार प्राप्त हुआ और वह बह निकला।

ह्यूम स्वच्छन्दतावाद के विरोध में शास्त्रीय कविता का हिमायती था। सन् 1915 में प्रकाशित 'Some Imagist poets' नामक संग्रह में बिम्बवादियों ने अपनी काव्यगत मान्यताओं को स्पष्ट किया। उनका विचार था कि कविता की रचना में कम से कम शब्दों का प्रयोग होना चाहिए। उसमें सामान्य भाषा को प्रश्रय मिलना चाहिए। शब्द भी ऐसे जो अपनी अर्थ-शुद्धता में अनुपम और सटीक हों, बिलकुल सही हों, न लगभग सही और न अलंकारिक। यही नहीं बिम्बवादियों ने कठिन किन्तु स्पष्ट कविता का पक्ष लिया। कसे हुए शैली-शिल्प को महत्त्व देते हुए उन्होंने कविता के अन्तर्गत पुरानी लय का बहिष्कार करने और नयी लय के समावेश को भी आवश्यक बताया।

कविता के क्षेत्र में यह बिम्बवादी आन्दोलन भी अधिक जीवित न रहा। इस आन्दोलन का वास्तविक प्रसार-काल 1909 ई. से 1919 तक माना जा सकता है। बिम्बवादी आन्दोलन के ह्रास का प्रमुख कारण प्रतीकवाद की भाँति उसका बाह्य वास्तविकताओं से कट कर आत्मकेन्द्रित हो जाना था।

एज़रा पाउण्ड तथा टी. एस. इलियट

बीसवीं शती के कला चिन्तन की कतिपय प्रमुख दिशाओं का स्पष्टीकरण हमने पिछले पृष्ठों में किया है। विभिन्न साहित्य एवं कला-आन्दोलनों के साथ-साथ इस अवधि में कुछ ऐसे साहित्य-चिन्तक भी सक्रिय रहे हैं, जिनका प्रभाव अपने समय की साहित्य सर्जना एवं साहित्य-चिन्तन पर दूरवर्ती रहा है। आई. ए. रिचर्ड्स के साहित्यिक आदर्शों पर हम विचार कर चुके हैं, यहाँ हम एज़रा पाउण्ड तथा टी. एस. इलियट के साहित्य-चिन्तन की कुछ मूलभूत बातों का ज़िक्र करेंगे।

एज़रा पाउण्ड का कथन है कि कविता को गद्य के रूप में लिखा जाना चाहिए, उसमें एक अच्छे गद्य की सरलता एवं कठोरता का समावेश होना चाहिए। सार्थक लय, विषयवस्तु तथा अभिव्यक्ति को एकतानता, निरर्थक शब्द-विन्यास तथा अलंकृति का बहिष्कार, सार्थक, सटीक भाषा, पाउण्ड की काव्य-रचना सम्बन्धी अन्य मान्यताएँ, जिनका समकालीन रचनाकारों एवं साहित्य-चिन्तकों पर प्रभाव पड़ा। इलियट स्वतः प्रारम्भ में पाउण्ड के विचारों से प्रभावित हुआ था।

जहाँ तक टी. एस. इलियट (T. S. Eliot) का प्रश्न है, उसके साहित्य-चिन्तन का क्षेत्र अत्यन्त व्यापक है। साहित्य के अन्तर्गत उसने अपने को शास्त्रवादी (Classicist) घोषित किया है, यद्यपि समकालीन साहित्य-आन्दोलनों, प्रतीकवाद, बिम्बवाद एवं

प्रभाववाद आदि की छाप भी उसकी साहित्य-सर्जना एवं चिन्तन पर देख पड़ती है।

स्वच्छन्दतावाद के विरोध में इलियट ने शास्त्रवादी मान्यताओं का समर्थन किया है? यद्यपि शास्त्रवाद को उसने नये अर्थ से भी सम्पन्न किया है। शास्त्रीय कविता से उसने प्रौढ़ एवं परिपक्व कविता का आशय ग्रहण किया है—एक ऐसी कविता जो प्रौढ़ मानस की उपज हो, जो ऐतिहासिक चेतना से दीप्त हो, जिसमें पूर्ववर्ती श्रेष्ठ साहित्यिक-परम्पराओं का स्पन्दन व्याप्त हो। शैली एवं भाषा की परिष्कृति को भी इलियट ने श्रेष्ठ कविता के लिए आवश्यक माना है। वर्जिल को आदर्श क्लासिक कवि स्वीकार करते हुए उसने प्रतिभा को किसी भी रचना के लिए आत्यन्तिक माना है। आधुनिक जीवन के स्पन्दनों को भी इलियट के विचारों में पूर्ण स्वीकृति मिली है; ऐतिहासिक चेतना या इतिहास-बोध से उसका आशय ही यही है कि कवि इतिहास को अतीत में ही न देखकर वर्तमान में देखे और उसे वर्तमान से जोड़े, और परम्परा को भी एक मृत विरासत के रूप में स्वीकार न कर उसे एक जीवन्त वास्तविकता में परिणत करे। काव्य-समीक्षा के क्षेत्र में इलियट ने रुचि-परिष्कार की बात को पर्याप्त महत्त्व दिया है। समीक्षक का यह दायित्व है कि कलाकृति की व्याख्या के साथ वह अपनी समीक्षा द्वारा अपने समय की कलागत रुचियों को भी निर्देशित करे, उनका संस्कार करे। रचनाकार के लिए उसने रचना के साथ-साथ समीक्षक का धर्म अपनाने की भी सलाह दी है, कारण उसका विचार है समीक्षा-बुद्धि से युक्त रचनाकार ही श्रेष्ठ रचनाकार बनने की क्षमता रखते हैं।

इलियट ने कविता के अन्तर्गत व्यक्तित्व के तिरोभाव को आवश्यक माना है। उसके अनुसार कविता आत्माभिव्यक्ति न होकर मनोभावों का पुनः सृजन होती है। 'कविता व्यक्तित्व की अभिव्यक्ति नहीं, व्यक्तित्व से पलायन है', इलियट की यह प्रसिद्ध उक्ति सूचित करती है कि उसके लिए कवि और काव्य के बीच स्वच्छन्दतावादियों का सम्बन्ध मान्य न था। इसीलिए मनोभावों के वेग के स्थान पर उसने कलात्मक प्रक्रिया के वेग को स्वीकार किया है। काव्यगत दुरूहता के कारणों का विवेचन करते हुए उसने उस दुरूहता को अपना समर्थन दिया है। कुल मिलाकर इलियट के काव्य-सम्बन्धी विचार पर्याप्त मौलिक हैं। उनमें अन्तर्विरोध एवं असंगतियाँ भी हैं, फिर भी उन्होंने एक पूरे युग की काव्य-सर्जना एवं काव्य-चिन्तन को प्रभावित किया है, जो उनके महत्त्व का निदर्शक है।

जैसा कि हम कह चुके हैं, बीसवीं शताब्दी का काव्य-चिन्तन अत्यन्त व्यापक एवं विस्तृत भूमिकाओं का स्पर्श करता है। वह एक स्वतन्त्र ग्रन्थ का ही विषय नहीं, अनेक स्वतन्त्र ग्रन्थों की अपेक्षा रखता है। मार्क्सवादी साहित्य-चिन्तन के वैशिष्ट्य को चित्रित करने के हेतु एक पृष्ठभूमि के रूप में हमने उसका एक खाका मात्र ही प्रस्तुत करने की चेष्टा की है। इस विवेचन का अन्त करते हुए हम बीसवीं शताब्दी के साहित्य-चिन्तन को दूर तक प्रभावित करने वाली अस्तित्ववादी विचारधारा

पर कुछ चर्चा करना चाहेंगे, मार्क्सवादी साहित्य-चिन्तन एवं दृष्टिकोण के विरोध में जिसकी सक्रियता को स्पष्टतः परखा जा सकता है।

अस्तित्ववाद

अस्तित्ववाद मूलतः बीसवीं शताब्दी में लोकप्रियता प्राप्त करने वाली एक भाववादी, आत्मोन्मुखी दार्शनिक विचारधारा है, जिसके स्रोत पिछली शताब्दियों में भी उपलब्ध होते हैं। युद्धोत्तर फ्रांस में प्रमुख दार्शनिक तथा लेखक ज्याँ पाल सार्त्र (Jean Paul Sartre) ने अपनी व्याख्याओं के द्वारा इसे लोकप्रिय बनाया और वर्तमान समय में वही इसका एकमात्र प्रामाणिक व्याख्याता माना जाता है। वर्तमान समय में इस विचारधारा की लोकप्रियता का प्रमुख कारण आज भी वह पूँजीवादी व्यवस्था है जिसने विषम से विषमतर परिस्थितियों में मनुष्य को जकड़ते हुए उसे ऐसी तमाम समस्याओं का भोक्ता बना दिया है, अस्तित्ववाद जिनकी चर्चा करता है, और जिनके सम्बन्ध में वह मनुष्य को नयी दृष्टि देने का दावा भी करता है।

अस्तित्ववादी दो प्रकार के होते हैं–आस्तिक और नास्तिक। कर्केगार्ड (19वीं शती) कार्ल येस्पर्स, ग्रेबील मार्शल आस्तिक अस्तित्ववादियों की कोटि में आते हैं, जबकि प्रो. हैडिगर के साथ ज्याँ पाल सार्त्र नास्तिक अस्तित्ववादियों का प्रतिनिधित्व करते हैं। आस्तिक अस्तित्ववादी ईश्वर की सत्ता पर विश्वास करते हैं, जबकि नास्तिकों का विश्वास उस पर नहीं है। जैसा कि सार्त्र ने स्वतः कहा है, दृष्टिकोण के इस अन्तर के बावजूद दोनों में आधारभूत एकता इस मान्यता को लेकर है कि 'अस्तित्व सार से पूर्ववर्ती है' (Existence precedes Essence).

स्पष्ट ही, अस्तित्ववादी विचारधारा का आधारभूत तत्त्व मनुष्य का अस्तित्व है। यह मनुष्य भी इस विचारधारा के अनुसार सर्वोपरि एवं 'चरम परम' (Transcendental) है। सार्त्र के अनुसार 'यदि ईश्वर की सत्ता नहीं है तो कम से कम एक सत्ता अवश्य ऐसी है जिसमें अस्तित्व सार से पूर्ववर्ती है। यह सत्ता ऐसी है कि किसी अवधारणा द्वारा उसकी परिभाषा की जा सके, उससे पहले ही उसका अस्तित्व होता है, और यह सत्ता है, मानव; हैडिगर के शब्दों में मानवीय सत्य।' मनुष्य का अर्थ है स्वातन्त्र्य, जैसा वह अपने को बनाएगा, वह वैसा ही होगा। उसके अतिरिक्त कुछ नहीं हो सकता। सार्त्र इसीलिए आवश्यक समझते हैं कि प्रत्येक मनुष्य को इस मूलभूत सत्य के प्रति सजग किया जाय। उसे यह बताया जाय कि उसके अस्तित्व का उत्तरदायी और कोई नहीं, केवल वही है–वह केवल अपने अकेले के लिए ही उत्तरदायी नहीं, सब मनुष्यों के लिए उत्तरदायी है। इसी क्रम में आगे सार्त्र का कहना है कि यदि हम यह स्वीकार कर लेते हैं कि 'हम एक साथ ही विद्यमान भी हैं और अपनी मूर्ति का विधान भी करते हैं, तो वह मूर्ति सबके लिए और हमारे सम्पूर्ण युग के लिए संगत है। अतः जितना कि हमने

अनुमान किया हो, उसकी अपेक्षा हमारा दायित्व कहीं अधिक होता है, क्योंकि इस दायित्व में मानव मात्र का प्रश्न निहित है।' '...मैं अपने लिए उत्तरदायी हूँ तथा अन्य प्रत्येक व्यक्ति के लिए भी। मैं अपनी इच्छा के अनुरूप मनुष्य की मूर्ति बनाता हूँ। अपने स्वरूप का चयन करते हुए मैं मनुष्य मात्र का चयन करता हूँ।'

अस्तित्ववादी दृष्टिकोण की इस व्याख्या के सिलसिले में जो उसने 'Existentialism and Humanism' शीर्षक अपनी पुस्तिका में संगृहीत अपने भाषण में की है, उसने पीड़ा, निराशा, एकाकीपन जैसे प्रश्नों को भी उठाया है और उनके सम्बन्ध में अस्तित्ववादी दृष्टिकोण स्पष्ट किया है। अस्तित्ववादियों की मान्यता है कि इस निरर्थक संसार में मनुष्य को बिना अपनी इच्छा के ही आना पड़ा है। उसे वस्तुतः इस संसार में अकेला फेंक दिया गया है, जहाँ अपने अतिरिक्त उसका कोई सहायक नहीं है। वह इस संसार में अकेले ही जीने के लिए बाध्य है, यही उसके ज़ीवन की सबसे बड़ी विडम्बना है। उसे ही अपना मार्ग चुनना है, अपनी नियति बनाना है, और अपने अस्तित्व की रक्षा करना है। उसकी पीड़ा, अकेलेपन और निराशा का यही अस्तित्ववादी सन्दर्भ है। सार्त्र का कहना है कि जो लोग अस्तित्ववाद को निराशा का दर्शन कहते हैं, वे सही नहीं हैं। आस्तिक अपने लिए ईश्वर का आश्रय खोज लेता है, परन्तु नास्तिक ईश्वर की सत्ता का निषेध करते हुए जानबूझ कर अपने उत्तरदायित्व को स्वतः ओढ़ता है। अपने से अलग उसके लिए कुछ नहीं है, यह भावना उसे एकाकीपन की अनुभूति अवश्य देती है, परन्तु चूँकि यह उसकी अपनी वरण की हुई स्थिति है, इस कारण दूसरों की तुलना में वह अपने प्रति अधिक सजग एवं सचेष्ट रहता है। 'अस्तित्ववाद मनुष्य को नैराश्य में डुबाने का प्रयास कतई नहीं है। किन्तु यदि कोई मसीही धर्मावलम्बियों के समान अविश्वास की प्रत्येक प्रवृत्ति को नैराश्य कहता है तो इसका अर्थ यह है कि इस शब्द का अपने मूल अर्थ में प्रयोग नहीं किया जा रहा। अस्तित्ववाद में इतनी अधिक नास्तिकता नहीं कि वह सिद्ध करने में ही अपने को खपा दे कि ईश्वर की सत्ता नहीं है। वह तो बल्कि यह घोषणा करता है कि यदि ईश्वर की सत्ता है भी, तो भी उससे कुछ अन्तर नहीं होता। यही हमारा दृष्टिकोण है। मतलब यह नहीं कि हम विश्वास करते हैं कि ईश्वर है, बल्कि हम सोचते हैं कि ईश्वर की सत्ता का प्रश्न हमारी समस्या है ही नहीं। इस अर्थ में अस्तित्ववाद आशावादी है, कर्म का सिद्धान्त है।'

सार्त्र द्वारा स्पष्ट की गयी अस्तित्ववादी विचारधारा की उक्त सारी निष्पत्तियों के बावजूद यह कहा जा सकता है कि अस्तित्ववाद एक असामाजिक दार्शनिक दृष्टिकोण है, जिसमें मनुष्य को अपने कार्यों के लिए मात्र स्वतः के समक्ष उत्तरदायी बताकर समाज जैसी किसी भी संस्था की अवमानना की गयी है। यही नहीं अस्तित्ववाद के अन्तर्गत वस्तु-जगत् को निरर्थक एवं अतार्किक कहा गया है, उसे एक ऐसी पहेली बताया गया है बुद्धि और तर्क का जिसमें कोई स्थान नहीं।

संसार का अस्तित्व मात्र मनुष्य के अपने अस्तित्व पर ही निर्भर है। इस प्रकार की उक्तियाँ अस्तित्ववादी विचारणा को वस्तु-जगत् की वास्तविकता से अलग एक घोर, एकान्तिक विचारणा के रूप में बदल देती हैं। अस्तित्ववादी मानव स्वभाव एवं चरित्र के विषय में कितने ही प्रशस्त दावे करें, उनका मानव एक ऐसा निरीह प्राणी है, जो बिना अपनी इच्छा के इस संसार में फेंक दिया गया है (Thrown into being) तथा जो निरन्तर मृत्यु का आतंक भोगते हुए जीने के लिए बाध्य है। मृत्यु के इस आतंक को अस्तित्ववादी बरकरार रखना चाहते हैं।

सच पूछा जाय तो अस्तित्ववादी विचारणा वर्तमान पूँजीवादी व्यवस्था के अभिशापों को भोगने वाले मनुष्य की पीड़ा को उसके वास्तविक सन्दर्भों में न देखकर, एक दार्शनिक आवरण में प्रस्तुत करती है। वह मनुष्य को यह बताने का प्रयास करती है कि उसकी पीड़ा तथा एकाकीपन के लिए व्यवस्था जिम्मेदार नहीं, उसकी नियति जिम्मेदार है, अन्यथा अनचाहे ही उसे एक अनर्गल संसार में क्यों फेंक दिया गया होता।

विज्ञान समस्त वस्तु-जगत् की वास्तविकता का निषेध कर, वस्तु-जगत् को मात्र मानव-अस्तित्व और मानव-संवेदनाओं पर निर्भर बताकर अस्तित्ववाद अवैज्ञानिक भी हो उठता है।

समग्रतः अस्तित्ववाद एक नितान्त व्यक्तिवादी विचारणा है, जो मनुष्य और उसके अस्तित्व से सम्बद्ध सार्थक समस्याओं को युगीन आर्थिक-सामाजिक सन्दर्भों में विश्लेषित न कर, और उन्हीं में से उसके समाधानों को न खोजकर, उन्हें दर्शन की अबूझ पहेली बना देती है, और इस प्रकार यथास्थितिवाद को प्रश्रय देकर पूँजीवादी व्यवस्था के पोषकों के हाथ मजबूत करती है।

साहित्य तथा कला-सर्जना के क्षेत्र में उसकी जो मिसालें मिलती हैं, उनमें मनुष्य के अत्यन्त दुर्बल एवं निरीह रूप के दर्शन होते हैं। कर्म की किसी भी जीवन्त प्रेरणा के अभाव में अभिशापग्रस्त वह, मौत की छाया में पीड़ित और संत्रस्त ही दिखाई देता है। यही कारण है कि जागरूक कला-चिन्तकों ने इसे एक प्रतिगामी, यहाँ तक कि प्रतिक्रियावादी विचारणा कहकर लांछित किया है।

बीसवीं शताब्दी के साहित्य और कला-चिन्तन की प्रमुख दिशाओं का यह विवेचन, जैसा कि हम कह चुके हैं, हमारे मूल विवेचन की पृष्ठभूमि मात्र है। हमारा विश्वास है कि इसके सन्दर्भ में मार्क्सवादी साहित्य एवं कला-चिन्तन का हमारा अगला विवेचन अपने समग्र वैशिष्ट्य के साथ अपना परिचय दे सकेगा।

सन्दर्भ

1. Oxford Lectures on Poetry, A. C. Bradley, p. 26.
2. Herbert Reed : Art Now.
3. What Surrealism : Tr. by David गैसकायन 1936।

3

मार्क्सवादी साहित्य-चिन्तन का प्रस्थान-बिन्दु

मार्क्सवादी दर्शन को उसके समग्र वैशिष्ट्य के साथ समझने के लिए मार्क्स पूर्व दार्शनिक चिन्तनाओं से परिचय पा लेने के उपरान्त तथा मार्क्सवादी दर्शन से प्रत्यक्षतः उद्भूत मार्क्सवादी साहित्य-चिन्तन को उसकी समग्रता में प्रस्तुत करने के पूर्व मार्क्स से पहले के, उसके समकालीन एवं उसके बाद के साहित्य-चिन्तन की विविध दिशाओं का उल्लेख करने के पश्चात् अब हम इस स्थिति में आ गये हैं कि मार्क्सवादी साहित्य-चिन्तन के क्षेत्र में निश्चिन्त होकर प्रवेश कर सकें। मार्क्सवादी साहित्य-चिन्तन की अपनी एक विकासशील परम्परा है, जिसमें मार्क्स के समय से लेकर अद्यावधि नयी कड़ियाँ जुड़ती रही हैं। चिन्तन के क्रम में समय-समय पर न केवल महत्त्वपूर्ण मौलिक निष्कर्ष सामने आते रहे हैं, पूर्ववर्ती निष्कर्षों के पर्यालोचन द्वारा उसकी विस्तृत व्याख्याएँ भी होती रही हैं। यही कारण है कि मार्क्सवादी दर्शन की भाँति मार्क्सवादी साहित्य-चिन्तन भी, एक स्थिर अथवा जड़ वस्तु न बनकर एक जीवन्त और गतिशील वास्तविकता के रूप में अपना परिचय दे सका है। मार्क्सवादी साहित्य-चिन्तन की इस जीवन्त परम्परा का उल्लेख एवं विवेचन-विश्लेषण हम आगामी अध्यायों में विस्तार-पूर्वक करेंगे। सम्प्रति, हमारा उद्देश्य कतिपय ऐसे विचार-सूत्रों को प्रस्तुत करना है, जिन्हें हम मार्क्सवादी साहित्य-चिन्तन का प्रस्थान-बिन्दु कह सकते हैं।

यह स्पष्ट है कि मार्क्सवादी दर्शन के प्रवर्त्तक-पुरस्कर्त्ता मार्क्स और एंगेल्स ने साहित्य-चिन्तन अथवा सौन्दर्यशास्त्र पर अलग से कोई ग्रन्थ नहीं लिखा; साहित्य अथवा कला के विषय में उन्होंने जो कुछ कहा है, या तो प्रसंगवश कहा है या फिर किसी लेखक अथवा उसकी कृति के विषय में लिखे गये पत्रों अथवा पूछे गये प्रश्नों के उत्तर के रूप में कहा है। वस्तुतः साहित्य और कलाओं को अपने में एक कतई स्वतन्त्र सत्ता न मानते हुए इन मनीषियों ने जीवन के दूसरे अहम सवालों पर विचार करने के क्रम में, उन्हीं के एक अंग के रूप में साहित्य एवं कलाओं की

चर्चा की है। संसार तथा समाज को जानने, समझने, विश्लेषित करने और अन्ततः उसे बदलने की आवश्यकता प्रतिपादित करने वाला उनका दार्शनिक चिन्तन ही वह स्रोत है जो हमें जीवन के अन्य बुनियादी सवालों के साथ-साथ साहित्य तथा कला के बारे में भी एक नयी समझ और नयी दृष्टि देता है। यदि हम पश्चिमी विद्वान् राबर्ट ट्यूकर (Robert Tucker) का ही मत लें तो उसके अनुसार 'ज्ञान की ऐसी कोई महत्त्वपूर्ण शाखा नहीं है, जो मार्क्सवादी चिन्तन-व्यवस्था की अन्तर्ग्रन्थित समग्रता का अंग न बन सकती हो।'[1] दूसरे शब्दों में कहा जा सकता है कि मनुष्य-जीवन का ऐसा कोई पहलू नहीं है, जो उसके माध्यम से प्रकाशित न होता हो, अथवा जो उसके आलोक में विश्लेषित न किया जा सके। जैसा कि हम इंगित कर चुके हैं, मनुष्य के दीर्घकालीन सामाजिक जीवन के विकास-क्रम में सामने आने वाली साहित्य एवं कला-निर्माण जैसी विशिष्ट उपलब्धियाँ भी इस कथन का अपवाद नहीं हैं। अस्तु–

मार्क्सवादी साहित्य और कला-चिन्तन सम्बन्धी अपनी चर्चा का प्रारम्भ हम कतिपय ऐसी स्थापनाओं के उल्लेख द्वारा करेंगे, जो मार्क्सवादी साहित्य-चिन्तन की आधार-भूत पीठिका के रूप में स्वीकार की जा सकती हैं, साथ ही अपनी व्याप्ति में इतनी प्रशस्त हैं कि उनके माध्यम से साहित्य और कला-सम्बन्धी मार्क्सवादी समझ के अनेक पहलुओं को जाना और पहचाना जा सकता है।

'ए कण्ट्रीब्यूशन टू दी क्रिटीक ऑफ पोलिटिकल इकोनॉमी' कृति की प्रस्तावना

इस सन्दर्भ में 'ए कण्ट्रीब्यूशन टू दी क्रिटीक ऑफ पोलिटिकल इकोनॉमी' (A contribution to the critique of Political Economy) कृति की प्रस्तावना का वह अंश द्रष्टव्य है, जिसके अन्तर्गत मार्क्स ने साहित्य एवं कला के उद्भव तथा उनकी प्रकृति की ओर प्रकारान्तर से प्रकाश डाला है। मार्क्स के अनुसार 'सामाजिक जीवन की उत्पादन-प्रक्रिया में मनुष्य ऐसे सुनिश्चित सम्बन्धों की स्थापना करते हैं, जो अपरिहार्य हैं। इन सम्बन्धों का योग अथवा सम्पूर्णता ही समाज के आर्थिक धरातल का निर्माण करती है–उसका वह सही आधार बनाती है, जिस पर एक न्यायिक तथा राजनीतिक बाह्य संरचना खड़ी होती है, और सामाजिक चेतना के सुनिश्चित रूप जिसके साथ सामंजस्य स्थापित करते हैं। सामान्यतः भौतिक जीवन की उत्पादन-विधि ही हमारे सामाजिक, राजनीतिक और बौद्धिक जीवन की प्रक्रिया को अनुकूलित करती है। मनुष्य की चेतना उसके अस्तित्व का निर्धारण नहीं करती, बल्कि उसका सामाजिक अस्तित्व ही उसकी चेतना का निर्धारण करता है।'[2] इसी क्रम में कुछ आगे चलकर मार्क्स कहते हैं–'समाज के आर्थिक आधार में परिवर्तन के साथ सम्पूर्ण विशाल बाह्य संरचना भी कमोबेश उसी तेजी के साथ रूपान्तरित हो जाती है। इस प्रकार के रूपान्तरों पर विचार करते समय उत्पादन की आर्थिक

स्थितियों, जिन्हें प्राकृतिक-बिज्ञान की सूक्ष्मता के साथ निर्धारित किया जा सकता है, और न्यायिक, राजनीतिक, धार्मिक, कलात्मक या दार्शनिक रूपों के बीच, जिनमें मनुष्य इस संघर्ष के प्रति सचेत रहता है, और उसमें विजय प्राप्त करना चाहता है, फर्क करना आवश्यक है।'[3]

साहित्य एवं कला-सम्बन्धी मार्क्सवादी दृष्टिकोण को सूचित करने वाले आधारभूत कथन के रूप में मार्क्स का यह मन्तव्य प्रायः ही उद्धृत किया जाता है। वस्तुतः इस मन्तव्य में मार्क्सवादी साहित्य-चिन्तन के अनेक सूत्र अन्तर्ग्रन्थित हैं, जिनको लेकर परवर्ती मार्क्सवादी विचारकों एवं साहित्य-चिन्तकों ने मार्क्सवादी साहित्य-चिन्तन के एक भरे-पूरे प्रासाद का निर्माण किया है। उदाहरण के लिए सर्वप्रथम इस मन्तव्य में मार्क्स ने राजनीति, धर्म, दर्शन आदि की ही भाँति साहित्य एवं कला को भी विचारधारा का एक रूप स्वीकार किया है। दूसरे, उन्होंने इस बात को भी पूरी स्पष्टता के साथ कहा है कि विचारधारा के अन्य रूपों की ही भाँति साहित्य एवं कला भी समाज के भौतिक धरातल से ही उद्भूत तथा नियत हैं। तीसरे, उनके मत से आर्थिक एवं भौतिक धरातल में परिवर्तन होते ही समूची बाह्य-संरचना भी कमोबेश उसी तेजी के साथ रूपान्तरित हो जाती है। चौथे, इस प्रकार के रूपान्तरों पर विचार करते हुए उत्पादन के आर्थिक ढाँचे तथा राजनीतिक, धार्मिक एवं दार्शनिक तथा कलात्मक रूपों के बीच फर्क करने की आवश्यकता है, और पाँचवें, सामाजिक-भौतिक जीवन के विकास में, विशेष रूप से समाज के अन्तर्गत क्रान्तिकारी चेतना के विकास में, विचारधारा के विभिन्न रूपों—जिनमें साहित्य एवं कला भी शामिल हैं, का महत्त्वपूर्ण योग होता है।

मार्क्सवादी साहित्य-चिन्तन की ये आधारभूत स्थापनाएँ हैं, और कहने की आवश्यकता नहीं कि इनकी सहायता से साहित्य एवं कला के उद्भव, उनके सामाजिक आधार, सामाजिक जीवन के साथ उनके घनिष्ठ अन्तःसम्बन्धों, सामाजिक जीवन के विकास और उसके क्रान्तिकारी परिवर्तन में उनके योग, साहित्य एवं कला की प्रयोजनीयता, आर्थिक एवं भौतिक धरातल में आकांक्षित क्रान्तिकारी रूपान्तर के फलस्वरूप आकार ग्रहण करने वाली उसकी मुक्त, प्रसन्न आकृति, आदि अनेक प्रश्नों की व्याख्या की जा सकती है। इन व्याख्याओं एवं विवेचनों की समष्टि तथा इनके सिलसिले में साहित्य एवं कला की बुनियादी भूमिका से सम्बन्ध रखने वाले कतिपय दीगर महत्त्वपूर्ण प्रश्न मिलजुल कर मार्क्सवादी साहित्य एवं कला-चिन्तन का निर्माण करते हैं।

हम यह पहले ही इंगित कर चुके हैं कि मार्क्स और एंगेल्स मूलतः साहित्य एवं कला-चिन्तक नहीं थे। साहित्य एवं कला-विश्लेषण के रूप में हमें उनसे जो भी प्राप्त हुआ है, वह व्यापक सामाजिक जीवन की बहुमुखी पड़ताल के अंग-रूप में ही प्राप्त हुआ है। एक अत्यन्त व्यस्त और भरे-पूरे जीवन की जटिलताओं मे

उलझे रहने के कारण उन्हें इतना अवकाश न था कि वे अपनी प्रत्येक दार्शनिक, सामाजिक और सांस्कृतिक स्थापना को विस्तारपूर्वक विश्लेषित कर सकते। यह जिम्मेदारी परवर्ती मार्क्सवादी विचारकों पर पड़ी है और इसमें सन्देह नहीं कि उनके द्वारा इस जिम्मेदारी का निर्वाह प्रायः ही सफलतापूर्वक किया गया है। ऐसी स्थिति में सवाल बीच-बीच में उठने वाले उन विवादों एवं भ्रान्तियों में ही उलझ जाने का नहीं है जो इन स्थापनाओं की व्याख्या एवं विश्लेषण के क्रम में जब तब सामने आ गयी हैं और आती रही हैं, मुख्य सवाल उन विवादों एवं भ्रान्तियों के बीच से गुजरते हुए कला और साहित्य-सम्बन्धी सही मार्क्सवादी दृष्टिकोण को स्पष्ट करने का है।

जहाँ तक विवादों एवं भ्रान्तियों का प्रश्न है, मार्क्सवादी एवं गैर-मार्क्सवादी विचारक, दोनों ही उनके लिए जिम्मेदार हैं। जहाँ मार्क्सवादी साहित्य-चिन्तकों में से कुछ ने मार्क्स की मूल स्थापनाओं का अतिशय सरलीकरण करते हुए बहुत कुछ यान्त्रिक निष्कर्षों को जन्म दिया है, जहाँ गैर-मार्क्सवादी विचारकों ने उन स्थापनाओं के मूल में निहित द्वन्द्वात्मक तथा ऐतिहासिक समझ को ग्रहण न कर सकने के कारण मार्क्सवाद साहित्य-चिन्तन पर गैर-साहित्यिक होने-जैसे सतही आरोप लगाये हैं। जाहिर है कि प्रत्येक प्रकार की वस्तुस्थिति में दोष मूल स्थापनाओं का न होकर उनकी भ्रामक व्याख्याओं तथा उनसे सम्बद्ध सही समझ के अभाव का है।

अगले अध्यायों में हमारा मुख्य प्रयास विवादों एवं भ्रान्तियों के मूल में निहित असंगतियों को स्पष्ट करते हुए मार्क्सवादी साहित्य-चिन्तन को व्यवस्थित रूप में स्पष्ट करना होगा।

सन्दर्भ

1. Refer—(Marx in changing perspective)—Introductin. 'Philosophy and Myth in Karl Marx', p. 22.
2. "In the social production which men carry on, they enter into definite relations that are indispensable and indespendent of their will; these relations of production correspond to a definite stage of development of their material forces of production, the sum total of these relations of production constitutes the economic structure of society—the real foundation on which rises a legal and political superstructure and to which correspond definite forms of social consciousness. The mode of production in material life determines the social, political and intellectual life processes in general. It is not consciousness of men that determines their being, but on the contrary, their social being, that determines their consciousness."

   —Literature and Art—K. Marx and F. Engels. Current Book House, Bombay-1. 1956, p. 1.
3. *Ibid.*, p. 1.

4

मार्क्सवादी साहित्य-चिन्तन की परम्परा; एक विहंगावलोकन

इसके पूर्व कि हम मार्क्सवादी साहित्य अथवा कला-चिन्तन के प्रधान पुरस्कर्त्ताओं के निजी प्रदेय का परिचय दें, और उसके आधार पर मार्क्सवादी कला-चिन्तन के प्रधान सूत्रों का चयन करके उसकी एक सुव्यवस्थित आकृति को पाठकों के समक्ष प्रस्तुत करें, हम मार्क्सवादी साहित्य अथवा कला-चिन्तन की उस सुदीर्घ परम्परा का एक विहंगावलोकन आवश्यक समझते हैं, जिसके अन्तर्गत मार्क्स और एंगेल्स से लेकर अद्यावधि तक के उन समस्त विचारकों एवं साहित्य-चिन्तकों का योगदान सम्मिलित है, जिन्होंने मार्क्सवादी दृष्टिकोण के सन्दर्भ में साहित्य एवं कला के मूल प्रश्नों पर विचार किया है, और इस प्रकार मार्क्सवादी साहित्य और कला-चिन्तन की एक सुव्यवस्थित आकृति को सम्भव बनाया है। कहने की आवश्यकता नहीं कि मार्क्सवादी साहित्य-चिन्तन की इस परम्परा के निर्माण में कई प्रकार के विचारकों एवं साहित्य-चिन्तकों की उपलब्धियाँ सम्मिलित हैं। इसके अन्तर्गत हम सर्वप्रथम उन विचारकों के योगदान की चर्चा करेंगे, जो मूलतः दार्शनिक-राजनीतिक चिन्तक हैं, एवं साहित्य तथा कला-विवेचन से प्रत्यक्षतः जिनका सम्बन्ध नहीं है। ये वे दार्शनिक-राजनीतिक विचारक एवं नेता हैं, जिन्होंने जीवन के अन्य बुनियादी प्रश्नों की सैद्धान्तिक चर्चा के क्रम में, प्रसंगतः, साहित्य एवं कला से सम्बन्धित सैद्धान्तिक एवं व्यावहारिक प्रश्नों को उठाया है, या फिर मूलतः साहित्य और कला के क्षेत्र में कार्य करने वाले रचनाकार विचारकों के लिए आगे बढ़कर कुछ ऐसे निर्देश दिये हैं, उनके विचार से जो उन्हें अपने कार्य के दौरान एक सही रास्ता अपनाने एवं साहित्य और कला-सम्बन्धी उनकी समझ को एक सही मार्क्सवादी आधार देने में अपरिहार्य हैं। ये विचारक न केवल मार्क्सवाद के प्रामाणिक व्याख्याताओं के रूप में ही मान्य रहे हैं, मार्क्सवाद की सैद्धान्तिक निष्पत्तियों को व्यावहारिक रूप में लागू करने, और इस प्रकार उनकी चरितार्थता को प्रमाणित करने में भी जिनका

योग सर्वविदित रहा है। यही कारण है कि मूलतः साहित्य और कला के क्षेत्र में कार्य करने वालों ने इनके चिन्तन और निर्देशों को गम्भीरतापूर्वक ग्रहण करते हुए अपने साहित्यिक एवं कलात्मक निर्माण तथा तत्सम्बन्धी अपने चिन्तन को नयी दिशाएँ दी हैं। यह सही है कि इस प्रकार के विचारकों में से कुछ का चिन्तन एवं निर्देश, तथा उनके आधार पर सामने आने वाला साहित्य एवं कला निर्माण, समय-समय पर प्रश्नचिह्नों की परिधि में भी आया है, उसे अतिवादी (मार्क्सवाद की राजनीतिक शब्दावली में कुत्सित समाजशास्त्रीय) भी घोषित किया गया है, परन्तु बावजूद इस सबके, मार्क्सवादी साहित्य-चिन्तन की परम्परा के अन्तर्गत, एक अतिवादी दृष्टिकोण के रूप में ही सही, उसका स्थान सुनिश्चित है।

समग्रतः मार्क्सवादी साहित्य एवं कला-चिन्तन के पुरस्कर्त्ता दार्शनिक-राजनीतिक विचारकों एवं नेताओं के अन्तर्गत मार्क्स और एंगेल्स के अतिरिक्त (जो वस्तुतः मार्क्सवादी विचार-दर्शन के प्रणेता हैं) लेनिन (जिन्हें सर्वप्रथम मार्क्सवादी दर्शन को व्यावहारिक रूप देने का श्रेय प्राप्त है), स्तालिन, ट्राटस्की, ख्रुश्चोव तथा माओत्से-तुंग आदि की गणना की जा सकती है। रूस और चीन के अतिरिक्त कतिपय अन्य देशों के भी साम्यवादी नेताओं ने जब-तब अपने देश के साहित्यकारों एवं कलाकारों के समक्ष साहित्य एवं कला-निर्माण-सम्बन्धी निर्देश प्रस्तुत किये हैं, परन्तु उनके निर्देशों का समाहार उपर्युक्त विचारकों एवं नेताओं के चिन्तन के अन्तर्गत हो जाता है, अतएव उनकी अलग से चर्चा करने की कोई आवश्यकता नहीं है।

मार्क्सवादी साहित्य एवं कला-चिन्तन की परम्परा के अन्तर्गत सबसे प्रमुख योगदान उन लोगों का है, जो मूलतः साहित्य एवं कला के क्षेत्र में कार्य करने वाले लोग हैं, और जिन्होंने मार्क्सवादी विचारधारा के सन्दर्भ में साहित्य एवं कला के मूलभूत प्रश्नों पर विचार किया है, और इस प्रकार एक सुव्यवस्थित मार्क्सवादी सौन्दर्यशास्त्र की नींव रखी है। ऐसे लोगों में प्रथमतः, वे साहित्य-चिन्तक हैं, जिन्होंने प्रधान रूप से सैद्धान्तिक एवं व्यावहारिक आलोचना के क्षेत्र को सम्पन्न किया है, द्वितीय, वे रचनाकार तथा लेखक हैं, जिन्होंने रचनात्मक निर्माण के द्वारा एक स्तर पर, मार्क्सवाद के साहित्य तथा कला-सम्बन्धी दृष्टिकोण की पुष्टि की है, दूसरे स्तर पर चिन्तन के क्षेत्र में भी कुछ अत्यन्त मूल्यवान् निष्कर्ष प्रस्तुत किये हैं। कहने की आवश्यकता नहीं कि इन रचनाकारों तथा विचारकों का सम्बन्ध किसी एक देश-विशेष से न होकर दुनिया के तमाम देशों से है, जो इस तथ्य का परिचायक है कि मार्क्सवादी विचारधारा ने समूचे विश्व के बुद्धिजीवियों को अपनी ओर आकर्षित किया, फलतः समूचे विश्व में साहित्य रचना तथा साहित्य-चिन्तन की एक नयी परम्परा का सूत्रपात हुआ। विभिन्न देशों के इन कला-मर्मज्ञों एवं सर्जकों में जी. वी. प्लेखानोव, ए. बी. लूनाचरस्की, मैक्सिम गोर्की, इलिया एहरेनबुर्ग जैसे रूसी बुद्धिजीवियों के साथ इंग्लैण्ड के क्रिस्तोफर काडवेल, राल्फ फाक्स, जार्ज थाम्पसन,

अमेरिका के हावर्ड फास्ट, वी. जे. जेरोम, एडमण्ड विल्सन, हंगरी के जार्ज लूकाच, आस्ट्रिया के अर्न्स्ट फिशर, फ्रांस के रोजर गेरेउदी, चीनी के चाऊ यांग आदि-आदि की गणना की जा सकती है। ये मात्र थोड़े से प्रतिनिधि नाम हैं, परन्तु जैसा कि हमने इंगित किया, इन देशों तथा दूसरे देशों में भी ऐसे अन्य अनेक रचनाकार और विचारक सक्रिय रहे हैं, और हैं, जिन्होंने अपने लेखन और चिन्तन से मार्क्सवादी साहित्य-चिन्तन की परम्परा को सम्पन्न बनाया है। अपने विवेचन के दौरान हम यथास्थान उनका उल्लेख करेंगे।

चूँकि हमारे विवेचन का अगला खण्ड मार्क्सवादी साहित्य-चिन्तन के प्रमुख पुरस्कर्त्ताओं के निजी प्रदेय के आकलन से सम्बन्धित है, अतः सम्प्रति हम प्रतिनिधि साहित्य-चिन्तकों एवं विचारकों के योगदान पर इंगित मात्र करते हुए केवल उन्हीं लोगों की कुछ विशेष चर्चा करेंगे, जिनकी चर्चा हम अगले खण्ड में न कर सकेंगे।

प्रवर्त्तक-विचारक, मार्क्स और एंगेल्स

मार्क्सवादी साहित्य-चिन्तन का मूल स्रोत हमें मार्क्सवादी विचार-दर्शन के प्रणेता मार्क्स और एंगेल्स के विचारों में उपलब्ध होता है। जीवन के अन्य बुनियादी सवालों के साथ जब-तब उन्होंने साहित्य एवं कला-सम्बन्धी प्रश्नों पर भी अपने महत्त्वपूर्ण विचार प्रस्तुत किये हैं। मार्क्सवादी साहित्य-चिन्तन के मूल स्रोत 'ए कण्ट्रीब्यूशन टु दी क्रिटीक ऑफ पोलिटिकल इकोनॉमी' (A contribution to the critique of Political Economy) पुस्तक की भूमिका में व्यक्त मार्क्स के विचारों का उल्लेख हम पीछे कर चुके हैं। ये विचार तथा मार्क्स और एंगेल्स के दूसरे स्रोतों से उपलब्ध विचारों की सम्मिलित भूमिका ही मार्क्सवादी कला-चिन्तन का प्रस्थान-बिन्दु तथा इस परम्परा को आगे बढ़ाने वालों के लिए मूल प्रेरणा-स्रोत बनी है। हम यथासमय मार्क्स और एंगेल्स के इन विचारों का विस्तृत परिचय देंगे।

राजनीतिक-दार्शनिक विचारक

मार्क्स और एंगेलस के विचारदर्शन को सर्वप्रथम व्यावहारिक रूप प्रदान करने का श्रेय रूस के महानतम नेता एवं विचारक वो. आई. लेनिन को है। लेनिन ने रूस में सर्वप्रथम विश्व के प्रथम समाजवादी गणतन्त्र की नींव रखी। वे जीवन भर मार्क्स के बुनियादी निष्कर्षों को व्यावहारिक स्तर पर सफल बनाने के लिए संघर्षरत रहे। सन् 1917 की रूसी क्रान्ति उनकी जीवन भर की साधना की सफल परिणति मानी जा सकती है। रूस में समाजवाद की स्थापना के पश्चात् उनके समक्ष मुख्य समस्या, विश्व को साम्राज्यवादी तथा पूँजीवादी शक्तियों से इस समाजवाद के संरक्षण की उपस्थिति हुई और वे अपने शेष जीवन भर इस महान् दायित्व को पूरा करने में लगे रहे। उन्होंने इस नवनिर्मित समाजवादी गणतन्त्र को अपना सुदृढ़ आधार प्रदान

कर दिया कि वह आमामी सारे संकटों को झेलता हुआ न केवल एक सर्वाधिक विकसित राष्ट्र के रूप में अपने अस्तित्व का परिचय दे सके, विश्व के दूसरे राष्ट्रों को भी साम्राज्यवादी तथा पूँजीवादी दासता से मुक्त होकर समाजवाद की दिशा में आगे बढ़ने की सक्रिय प्रेरणा प्रदान कर सके। सन् 1924 में लेनिन का देहान्त हुआ और कहने की आवश्यकता नहीं कि क्रान्ति के पहले की ही भाँति क्रान्ति के बाद का भी उनका जीवन अत्यन्त भरा-पूरा तथा व्यस्त रहा। साहित्य एवं कला जैसे विषयों पर न तो वे बहुत विस्तार के साथ सोच ही सके और न ही लिख सके। प्रसंगतः पत्राचार के क्रम में, साक्षात्कारों के अवसर पर, नये सोवियत समाजवादी गणतन्त्र की भावी विकास-दिशाओं की चर्चा करते समय, जब-तब उन्होंने साहित्य एवं कला-सम्बन्धी प्रश्नों को भी उठाया और उन पर अपने गम्भीर मन्तव्य प्रस्तुत किये। इस सम्बन्ध में उनकी एक महत्त्वपूर्ण उपलब्धि रूस के महान् लेखक तोल्सतोय के व्यक्तित्व तथा कृतित्व के मूल्यांकन से सम्बन्धित है, जो न केवल लेनिन की पैनी दृष्टि एवं साहित्य-मर्मज्ञता का प्रमाण है, वह इस बात का भी एक आदर्श नमूना प्रस्तुत करती है कि किसी साहित्यिक अथवा कलात्मक कृति के मूल्यांकन का सही मार्क्सवादी आधार क्या हो सकता है? लेनिन के साहित्य एवं कला-सम्बन्धी कतिपय विचारों को लेकर कुछ विवाद भी उठे हैं, जिन पर हम यथासमय प्रकाश डालेंगे। सम्प्रति हम इतना ही कहना चाहेंगे कि रूस के समाजवादी गणतन्त्र और उसकी क्रान्तिकारी पार्टी (साम्यवादी दल) के प्रति लेखकों तथा कलाकारों से पूरी निष्ठा की माँग करते हुए भी उन्होंने कला तथा साहित्य को अनावश्यक अंकुशों से मुक्त रखने की सदैव कोशिश की। इस सम्बन्ध में एक विशिष्ट प्रसंग का जिक्र हम आवश्यक समझते हैं। एक बार जब श्री. ए. बी. लूनाचरस्की ने पार्टी की एक पत्रिका का कार्यभार गोर्की को सौंपने की इच्छा लेनिन से प्रकट की, लेनिन का उत्तर था कि 'यदि कोई व्यक्ति किसी दूसरे महत्त्वपूर्ण कार्य में व्यस्त है, तो यह कदापि उचित नहीं है कि उसे उस काम से हटाकर गौण महत्त्व के कार्यों में लगाया जाय।'[1] यह मात्र एक उदाहरण है। ऐसे अनेक उदाहरण हैं जहाँ लेनिन ने साहित्य एवं कला-सम्बन्धी प्रश्नों पर निर्णय देने में खुद को अक्षम मानकर विशेषज्ञों को ही इन विषयों में प्रमुखता दी। अपने लेनिन पर लिखे एक निबन्ध में लूनाचरस्की ने इन प्रसंगों की चर्चा की है।'[2] समग्रतः लेनिन का दृष्टिकोण, बावजूद पार्टी के प्रति समर्पित होते हुए भी, एक प्रशस्त दृष्टिकोण था। साहित्य एवं कला-सम्बन्धी उनके मन्तव्यों की चर्चा हम आगे करेंगे।

लेनिन की मृत्यु के पश्चात् सोवियत रूस को समाजवाद की दिशा में आगे बढ़ाने का दायित्व उनके उत्तराधिकारी जे. वी. स्तालिन (J. V. Stalin) पर आया। लेनिन की तुलना में स्तालिन का व्यक्तित्व, उसकी कार्य-पद्धति, विभिन्न समस्याओं के विषय में उसका सोचने-समझने का तरीका, सब कुछ बहुत भिन्न था। नवीन सोवियत गणतन्त्र के अनेक आन्तरिक एवं बाह्य संकटों से ग्रस्त होने के कारण

उसने अपना सारा ध्यान उसको सुरक्षित और मजबूत करने में लगाया। इस कार्य के लिए पार्टी और प्रशासन का शक्तिशाली और प्रमुख होना आवश्यक था। फलतः स्तालिन के युग में न केवल विचार-स्वातन्त्र्य को सीमित किया गया, उसका अतिक्रमण करने वालों के प्रति कठोरता भी बरती गयी—साहित्यकार और कलाकार भी जिससे अछूते न रहे। प्रशासनिक तथा राजनीतिक समस्याओं में ही आकंठ डूबे रहने के कारण स्तालिन को साहित्य एवं कला-जैसी समस्याओं पर न तो गम्भीरतापूर्वक विचार करने का अवसर ही मिला और न ही, इन विषयों में उसकी खास दिलचस्पी ही थी। लेनिन के प्रसिद्ध लेख 'पार्टी संगठन और पार्टी साहित्य' (Party Organisation and Party Literature) को सोवियत साहित्य-लेखन और चिन्तन की एकमात्र कसौटी मानते हुए उसने उस पर शब्दशः अमल किया। अपने इस निबन्ध में लेनिन ने कहा था कि 'साहित्य की सार्थकता इसी बात में है कि वह व्यापक पार्टी-तन्त्र का पुर्ज़ा बन जाय',[3] फलतः स्तालिन-युग में साहित्य और कला-सम्बन्धी ऐसे ही निर्देश भी दिये गये। साहित्य एवं कला जैसे प्रश्नों को जीवन के दूसरे बड़े और बुनियादी प्रश्नों का अंग मानते हुए उन पर गम्भीरतापूर्वक विचार करना, उनकी विशिष्ट प्रभाव-क्षमता को स्वीकार कर जीवन को सुखी और सम्पन्न बनाने के लिए, संघर्षरत सर्वहारा वर्ग के हाथों में एक शक्तिशाली अस्त्र के रूप में कारगर तरीके से उनका उपयोग करना, एक बात है, और साहित्य एवं कला-सम्बन्धी प्रश्नों को तमाम आम राजनीतिक और प्रशासनिक मसलों की ही तरह निपटा देना और उनकी अपनी प्रकृति की उपेक्षा कर उन्हें पार्टी-मशीनरी या किसी भी मशीनरी के पुर्जों के रूप में बदल देना, बिलकुल दूसरी बात। लेनिन के उक्त निबन्ध की वास्तविकता का उद्घाटन हम यथासमय करेंगे, परन्तु स्तालिन के युग में यही हुआ कि साहित्य एवं कलाएँ पार्टी-हित और पार्टी-दृष्टिकोण के साथ अत्यन्त अस्वाभाविक और जड़ रूप में बाँध दी गयी। 'समाजवादी यथार्थवाद' का चित्रण साहित्य एवं कलाओं में अनिवार्य माना गया, और उसकी वही रूपरेखा प्रामाणिक घोषित की गयी जो पार्टी-तन्त्र तथा पार्टी की केन्द्रीय समिति के मन्त्री जदानोव (Zhadanov) को मान्य हो। दल, साहित्य एवं कलाओं का संरक्षक ही न रहकर नियामक हो गया। स्तालिन तथा जदानोव द्वारा साहित्य एवं कला-सम्बन्धी प्रश्नों पर दिये गये निर्देशों को उनके भाषणों तथा पार्टी के प्रस्तावों में स्पष्टतः देखा जा सकता है।[4]

कहने की आवश्यकता नहीं कि इन निर्देशों के फलस्वरूप सोवियत साहित्य स्वाभाविक विकास में गतिरोध उपस्थित हुए, यद्यपि समय-समय पर कुछ जीवन्त कृतियाँ भी प्रकाश में आयीं।

समग्रतः, स्तालिन-जदानोव युग का साहित्य-चिन्तन मार्क्सवादी-साहित्य-चिन्तन कम, पार्टी का साहित्य-पार्टी का साहित्य-चिन्तन अधिक रहा, और इसी कारण सीमा बद्ध भी हो गया। साहित्य एवं कलाओं की सार्थकता पार्टी के प्रचार में मानी

गयी। स्तालिन ने रचनाकारों एवं कलाकारों की 'मानवात्मा का शिल्पी' जरूर कहा, परन्तु यह अधिकतर कहने भर की ही बात रही।

स्तालिन-जदानोव-युग में साहित्य एवं कलाओं के सम्बन्ध में जो सीमित और संकीर्ण निर्देश दिये गये, अनेक कारणों से उनका सशक्त प्रतिवाद भी न हो सका। सन् 1963 में जनता के बीच भाषण देते हुए, स्तालिन-युग के प्रखर आलोचक, रूस के तत्कालीन प्रधानमन्त्री श्री ख्रुश्चोव से जब एक श्रोता ने प्रश्न किया कि 'जिस समय स्तालिन-युग में भाँति-भाँति के अतिवाद चल रहे थे, तब आपने उनका प्रतिवाद क्यों नहीं किया?' प्रश्नकर्त्ता की ओर मुड़ते हुए श्री ख्रुश्चोव ने पूछा—'उपर्युक्त प्रश्न मुझसे किसने किया है?' जब प्रश्नकर्त्ता की दिशा से कोई उत्तर नहीं आया तो उन्होंने कहा—'आपके प्रश्न का उत्तर यही है।'[5]

यह एक विशिष्ट प्रसंग है, 'जो स्तालितन-जदानोव' युग की भूमिका का स्पष्ट परिचय देता है। रूस के साहित्य चिन्तन पर, और उसके प्रभाव-क्षेत्र में आने वाले विश्व के दूसरे देशों के साहित्य-चिन्तन पर इस युग ने जो निशान अंकित किये हैं, वे आज भी किसी न किसी रूप में, किसी न किसी मात्रा में, कहीं न कहीं देखे जा सकते हैं, गो, तब से बोल्गा में बहुत-सा पानी बह चुका है।

इस क्रम में, हम स्तालिन के पश्चात् सत्ता-संघर्ष में उनके प्रमुख प्रतिद्वन्द्वी तथा बाद में रूस से निष्कासित, ट्राटस्की (Leon Trotsky) की चर्चा करेंगे। ट्राटस्की की राजनीतिक चिन्ताधारा भले ही स्तालिन की तुलना में, तत्कालीन परिस्थितियों में, मार्क्सवाद तथा क्रान्ति-विरोधी हो, परन्तु उसका साहित्य-चिन्तन, साहित्य तथा कला-सम्बन्धी उसकी गहरी तथा साफ समझ का परिचायक है। 'साहित्य और क्रान्ति' (Literature and Revolution) शीर्षक उसकी कृति में उसके साहित्य तथा कला सम्बन्धी विचार विस्तार से अभिव्यक्त हुए हैं। हम यथासमय उनका परिचय देंगे।

स्तालिन की मृत्यु के उपरान्त रूस की समाजवादी शासन व्यवस्था के सूत्र जिन लोगों के हाथ में आये, एक निकिता ख्रुश्चोव को छोड़कर, साहित्य एवं कलाओं के प्रति किसी ने भी विशेष दिलचस्पी नहीं दिखायी। निकिता ख्रुश्चोव की गणना भी लेनिन जैसे साहित्य एवं कला-मर्मज्ञ नेताओं में नहीं की जा सकती, किन्तु अन्य नेताओं और उनमें यह अन्तर अवश्य रहा कि जहाँ दूसरे नेतागण प्रशासनिक-राजनीतिक क्रिया-कलापों के दौरान, पार्टी अधिवेशनों में, जब-तब साहित्य एवं कलाओं के विषय में औपचारिक वक्तव्य देने तक ही सीमित रहे,[6] वहाँ ख्रुश्चोव ने अनेक औपचारिक-अनौपचारिक कार्यक्रमों के दौरान, अधिक अवसरों पर, साहित्य एवं कला-सम्बन्धी चर्चाएँ कीं, और अपने खुले व्यक्तित्व के अनुरूप अपने मन्तव्य अधिक खुलेपन के साथ, उनमें अपने व्यक्तित्व की पूरी छाप अंकित करते हुए व्यक्त किये।

सच पूछा जाय तो स्तालिन-जदानोव युग की अतिवादी भूमिकाओं पर सबसे

कठोर प्रहार रूसी साम्यवादी दल की बीसवीं कांग्रेस में ख्रुश्चोच (Nikita Khruschov) ने ही किया। स्तालिन पर व्यक्तित्व पूजा करवाने का दोष मढ़ते हुए उन्होंने इस अधिवेशन में अपनी जो रिपोर्ट प्रस्तुत की, उसके इतने दूरवर्ती परिणाम हुए कि समूचा विश्व साम्यवादी आन्दोलन ही दो टुकड़ों में बँट गया। इनमें से एक का नेतृत्व ख्रुश्चोव की नयी नीतियों के पोषक रूस के हाथ में रहा, और दूसरे के शीर्ष पर जनवादी चीन को प्रतिष्ठा मिली। हमारा उद्देश्य यहाँ इस प्रश्न के विस्तार में जाने का नहीं है, परन्तु इतना हम अवश्य कहना चाहेंगे कि ख्रुश्चोव के समय से रूस में एक युग का प्रारम्भ अवश्य हुआ, जो स्तालिन-युग की तुलना में सामूहिक नेतृत्व के युग के रूप में जाना जाता है। साहित्य एवं कला-सम्बन्धी मंच पर भी कुछ परिवर्तन दिखायी पड़े, गो, चिन्तन की भूमिका पर कोई बहुत गहरे निष्कर्ष सामने नहीं आ सके।

ख्रुश्चोव ने भी स्पष्ट शब्दों में 'साहित्य और कला का मुख्य दायित्व साम्यवादी लक्ष्यों की पूर्ति की दिशा में, पार्टी का साथ देना माना।[7] पार्टी को जनता का वास्तविक तथा एकमात्र प्रतिनिधि घोषित करते हुए उन्होंने पार्टी के आदर्शों के प्रति रचनाकार या लेखक की सम्पृक्ति को, जनता के प्रति उसकी सम्पृक्ति का पर्याय घोषित किया।[8] विचारधारा के संघर्ष में उन्होंने लेखकों तथा कलाकारों को पार्टी के मित्रों तथा सहायकों का दर्जा दिया।[9] सोवियत लेखकों तथा कलाकारों से समाजवादी यथार्थवाद के पक्ष का अनुगमन करने का आग्रह करते हुए उन्होंने यह चाहा कि वे सोवियत समाज तथा सोवियत जनता के जीवन के रचनात्मक और विधेयात्मक पक्षों पर ही अपनी दृष्टि विशेष रूप से केन्द्रित करें। इस जीवन में जो कुछ श्रेष्ठ तथा उज्ज्वल है, उसे पूरी प्रमुखता तथा क्षमता के साथ उभारें[10] एवं अभावों तथा कमजोरियों का चित्रण यदि करें, तो इस प्रकार करें कि उनके प्रति पाठक के मन में वितृष्णा के भाव उत्पन्न हों, और वे उनका उन्मूलन करने के लिए तत्पर हों।[11] उन लेखकों को उन्होंने गैर जिम्मेदार और एकांगी भूमिका का लेखक घोषित किया जिनकी दृष्टि सोवियत के अन्धकारपूर्ण पक्षों को ही टटोलने और चित्रित करने में अपनी सार्थकता देखती है।

ख्रुश्चोव ने साहित्य में पक्षधरता (Partisanship) को शीर्ष महत्त्व प्रदान करते हुए साहित्यकारों तथा कलाकारों को पश्चिम की बुर्जुआ कलाभिरुचियों के प्रति सावधान किया, और ऐसी अभिरुचियों को न केवल पतनोन्मुख कहा, वरन् स्पष्ट रूप से उन्हें प्रतिगामी तथा प्रतिक्रियावादी भी घोषित किया।[12] इस सम्बन्ध में अमूर्त्त कला के प्रति उनका रोष अपने पूरे व्यंग्य के साथ फूटा है।[13] रचनाकार की स्वतन्त्रता को महत्त्व देते हुए भी ख्रुश्चोव ने ऐसी स्वतन्त्रता की माँग को गैरजिम्मेदार कहा जो सोवियत जीवन के एकांगी पक्षों को ही, रुचिपूर्वक उद्‌घाटित करने में अपनी सार्थकता देखती हो।[14] समाजवादी यथार्थवादी के आदर्श को उन्होंने साहित्य तथा

कला के लिए आवश्यक बताते हुए रचनाकारों से आग्रह किया कि उन आदर्शों को ही अपनी रचनाओं में मूर्त्त करने के लिए वे सक्रिय हों,[15] कारण उन्हीं में एक सन्तुलित, स्वस्थ तथा ईमानदार रचनाशीलता के लिए गुंजाइश है। पार्टी का उद्देश्य उन्होंने ऐसे साहित्य तथा ऐसी कला को प्रश्रय देना माना जो वैचारिक तथा कलात्मक, दोनों दृष्टियों से अत्यन्त परिष्कृत तथा पूर्ण हो।[16] उन्होंने स्पष्टतः कहा कि हमारी जनता साहित्य, चित्र और संगीत की वे कृतियाँ चाहती है जो उसके श्रममय जीवन का संघर्ष अंकित करें, साथ ही जिन्हें वह समझ भी सके।[17] ऐसे साहित्य तथा कला का निर्माण तभी हो सकता है जब हमारे लेखक जनता के दैनन्दिन जीवन तथा लोगों की श्रम-प्रक्रिया से अपना सुदृढ़ सम्बन्ध स्थापित करें, कारण तभी वे जनता की आत्मा, उसके चरित्र, उसके विचार तथा आशाओं-आकांक्षाओं को समझ सकेंगे।[18]

कहने का तात्पर्य यह कि साहित्य तथा कला-सम्बन्धी ख्रुश्चोव के आग्रह स्तालिन-जदानोव-युग के आग्रहों से आधारतः बहुत भिन्न नहीं हैं। यदि कहीं अन्तर देखा जा सकता है तो इसी माने में कि जहाँ स्तालिन-जदानोव युग में साहित्य एवं कलाओं पर पार्टी तथा प्रशासन का सीधा नियन्त्रण था, वहाँ ख्रुश्चोव के समय में ऐसा नहीं रहा। पार्टी का प्रभुत्व समाप्त हो गया हो, ऐसी बात नहीं, परन्तु पार्टी के व्यापक अनुशासन के अन्तर्गत कला तथा साहित्य-रचना की स्थितियाँ अधिक सहज हुईं। कुल मिलाकर ख्रुश्चोव ने ऐसे साहित्य को अपना समर्थन दिया जो जनता के हित में, उसके बदले हुए जीवन की संगति में, उसकी आशाओं-आकांक्षाओं तथा आदर्शों के अनुरूप, व्यापक समाजवादी निर्माण में सहायक बने।

साहित्य एवं कला-सम्बन्धी यही दृष्टिकोण आगे भी मान्य रहा। रूसी साम्यवादी दल की तेईसवीं कांग्रेस में साम्यवादी दल के महामन्त्री के रूप में अपनी रिपोर्ट प्रस्तुत करते समय कामरेड ब्रेझनोव (L. I. Brehnev) ने यह स्पष्ट करते हुए कि पार्टी, साहित्य एवं कला-सम्बन्धी प्रश्नों पर किसी भी प्रकार के प्रशासनिक दबावों का विरोध करती है, इस तथ्य को भी स्पष्ट किया कि दलगत भावना (Party-spirit) तथा वर्ग-दृष्टिकोण (Class-Approach) ही सांस्कृतिक मामलों में पार्टी का एक मात्र दृष्टिकोण है, साहित्य एवं कला भी जिससे अलग नहीं हैं।[19]

साहित्य तथा कला-सम्बन्धी प्रश्नों पर विचार करने वाले मार्क्सवादी दर्शन के व्याख्याताओं में एक अत्यन्त प्रमुख नाम चीनी जनवादी गणतन्त्र (People's Republic of China) के संस्थापक एवं चीनी मुक्ति आन्दोलन के दिशा-निर्देशक एवं नायक माओत्से-तुंग का है। यूँ काल क्रमानुसार हमें माओत्से-तुंग (Maotse-tung) की चर्चा स्तालिन के साथ करनी चाहिए, परन्तु ख्रुश्चोव द्वारा स्तालिन की प्रतिभा-भंजन के पश्चात् विश्व-साम्यवादी आन्दोलन में जो टूट (Split) आयी, उसके सन्दर्भ में विश्व-साम्यवादी आन्दोलन के रूस-विरोधी शिविर का नेतृत्व करने के

कारण हमने उन्हें अन्त में अपनी चर्चा का विषय बनाया है। माओत्से-तुंग तथा उसके समर्थकों के रूस-विरोध के दो स्पष्ट आयाम हैं। एक आयाम पर यह विरोध सैद्धान्तिक विरोध है, जो मार्क्सवाद-लेनिनवाद की व्याख्या से सम्बन्ध रखता है। दूसरे आयाम पर उसका स्वरूप राजनीतिक है, जिसके अन्तर्गत दोनों देशों के राष्ट्रीय हित तथा विश्व-साम्यवादी आन्दोलन के नेतृत्व-सम्बन्धी प्रश्न उलझे हुए हैं। हमारा उद्देश्य यहाँ इस विवाद के विस्तार में जाना नहीं है, हम केवल यही प्रतिपादित करना चाहते हैं कि साहित्य एवं कला की मार्क्सवादी समझ को लेकर भी आज रूसी तथा चीनी दृष्टिकोण भिन्न हो गये हैं, गो, प्रामाणिकता का दावा दोनों ही करते हैं।

माओत्से-तुंग तथा उनके अनुयायियों के साहित्य तथा कला-सम्बन्धी विचार हमें कई स्रोतों से उपलब्ध होते हैं। परन्तु जिस प्रकार 'पार्टी संगठन और पार्टी साहित्य' (Party organization and party Literature) शीर्षक लेनिन का प्रसिद्ध लेख साहित्य एवं कला के एक महत्त्वपूर्ण दस्तावेज़ के रूप में रूस के परवर्ती नेताओं द्वारा मान्य हुआ, और एक प्रकार से उनका दिशा-निर्देशक बन गया, उसी प्रकार साहित्य एवं कला-सम्बन्धी चीनी दृष्टिकोण के निर्माण में माओत्से-तुंग के उस वक्तव्य को शीर्षस्थ प्रमुखता प्राप्त हुई, जो उन्होंने मई सन् 1942 में, क्रान्ति के दौरान, येनान (Yenan) प्रान्त में होने वाली साहित्य-परिचर्चा में, चीनी लेखकों को सम्बोधित करते हुए दिया था। उनका यह वक्तव्य न केवल क्रान्ति के तत्कालीन सन्दर्भों में लेखकों तथा कलाकारों के दायित्व पर प्रकाश डालता है, जैसा कि हम कह चुके हैं, साहित्य तथा कला-सम्बन्धी अनेक प्रश्नों पर आगे के लिए भी उनका दिशा-निर्देश करता है। साहित्य एवं कला के एक महत्त्वपूर्ण दस्तावेज़ के रूप में अद्यावधि उसकी प्रमुखता ज्यों का त्यों बनी हुई है। इस वक्तव्य के अतिरिक्त माओत्से-तुंग के कुछ अन्य वक्तव्य भी हैं, जो साहित्य तथा कला-सम्बन्धी चीनी-दृष्टिकोण के निर्माण में सहायक बने हैं। हम आगे, इन सबके आधार पर माओत्से-तुंग के साहित्य तथा कला-चिन्तन पर प्रकाश डालेंगे।

जैसा कि हम कह चुके हैं, चीनी जनवादी गणतन्त्र के दूसरे नेताओं ने समय-समय पर साहित्य एवं कला-सम्बन्धी प्रश्नों पर अपने जो विचार व्यक्त किये हैं, वे मूलतः माओत्से-तुंग की विचारणा का ही अनुसरण करते हैं। इन नेताओं में प्रमुख रूप से हम चाऊ-एन-लाई (Chou-En-Lai), कु-मो-जो (Ku-Mo-Jo) तथा माओ-टुन (Mao-Tun) का नाम ले सकते हैं। चीनी लेखकों की पहली कांग्रेस में (1949) अपनी रिपोर्टों को प्रस्तुत करने के क्रम में इन लेखकों-नेताओं ने साहित्य और कला-विषयक अपने विचारों को प्रस्तुत किया।

चाऊ-एन-लाई ने लेखकों तथा कलाकारों को 'Spiritual Labourer' की संज्ञा देते हुए उन्हें व्यापक रूप से मेहनतकश जनता का ही अंग माना।[20] उनका

विचार था कि लेखकों तथा कलाकारों को शारीरिक श्रम करने वाली जनता से इस कारण बहुत-कुछ सीखना बाकी है, कि अपने एकान्त स्थलों में साहित्य तथा कला-रचना करते-करते वे समुदाय-भावना से विरत हो जाते हैं। यह समुदाय-भावना उनमें तभी आ सकती है, जब वे सामान्य मेहनतकश जनता के बीच में आयें और उनके बीच में रहकर ही अपना कार्य करें। लेखकों तथा कलाकारों के बीच घनिष्ठ एकता का प्रतिपादन करते हुए उन्होंने जनता की सेवा, उनका प्रमुख दायित्व माना। इसके लिए उन्होंने किसानों-मजदूरों तथा सैनिकों के जीवन से लेखकों तथा कलाकारों के अत्यन्त निकट परिचय की आवश्यकता का उल्लेख किया तथा उनसे ऐसे ही विषयों पर लिखने का आग्रह किया जो इस जनता के दैनन्दिन जीवन तथा कार्यों से सम्बन्धित हों। जनता के बीच साहित्य तथा कला के व्यापक प्रचार का आग्रह करते हुए उन्होंने साहित्य तथा कलाओं के स्तर को ऊँचा उठाने की भी सिफारिश की। प्राचीन साहित्य तथा कलाओं को मूलतः अनुपयोगी बतलाते हुए उन्होंने नये साहित्य तथा नयी कला की सर्जना पर बल दिया, साथ ही उस प्राचीन साहित्य तथा कला के परिष्कार तथा सुधार की नितान्त आवश्यकता प्रतिपादित की जो जनता के बीच गहराई से प्रतिष्ठित हो चुकी है।[21] प्राचीन साहित्य तथा कला के जो अंश नयी वास्तविकताओं के सन्दर्भ में अनुपयोगी तथा प्रतिगामी सिद्ध हो चुके हैं, उन्हें अस्वीकार करते हुए उन्होंने लेखकों तथा कलाकारों का यह दायित्व माना कि वे उनके उन अंशों को ही अपना समर्थन दें, जो नयी वास्तविकताओं की संगति में भविष्य में भी जीने की सामर्थ्य रखते हैं। उनका विचार था कि प्राचीन साहित्य तथा कलाओं के प्रति यही वैज्ञानिक समझ सही है, न कि यह मान्यता, कि प्राचीन काल के साहित्य में सब कुछ अच्छा ही अच्छा या सब कुछ बुरा ही बुरा है।[22] उन्होंने लेखकों तथा कलाकारों से क्षेत्रीय दृष्टिकोण का परित्याग करते हुए राष्ट्रीय दृष्टिकोण अपनाने का आग्रह किया और इसी में साहित्य तथा कला-निर्माण की सही भूमिका प्रतिपादित की।[23]

स्पष्ट ही, चाऊ-एन-लाई के ये विचार मार्क्सवादी दृष्टिकोण की संगति में ही हैं, फलतः साहित्य तथा कला-सृजन में उनकी उपयोगिता से इनकार नहीं किया जा सकता।

कू-मो-जो ने क्रान्ति के पश्चात् साहित्य तथा कला के नव-निर्माण की समस्या के अन्तर्गत सर्वाधिक महत्त्व विचारों के पारस्परिक आदान-प्रदान एवं आलोचना को दिया, तथा विभिन्न विचारधारा वाले लेखकों तथा कलाकारों के संयुक्त मोर्चे की आवश्यकता भी प्रतिपादित की।[24] 'जनसम्पर्क पर अत्यधिक बल देते हुए उन्होंने लेखकों तथा कलाकारों से जन-जीवन के यथार्थ में अधिक गहराई से प्रवेश करने का आग्रह किया तथा उसे रचनात्मक निर्माण का मूल स्रोत माना।'[25] अपने समय के यथार्थ को प्राचीन युग के यथार्थ से अधिक उलझा हुआ मानते हुए उन्होंने

रचनाकारों से यह आग्रह भी किया कि वे क्रान्ति के सैद्धान्तिक पहलुओं एवं प्रगतिशील साहित्य के सिद्धान्तों से निकटतम परिचय स्थापित करे, कारण तभी वे अपने समय के यथार्थ को मजबूती से पकड़ सकते हैं।

माओ टुन ने साहित्य और राजनीति का प्रश्न उठाते हुए चीनी लेखकों के प्रथम अधिवेशन में कुछ ऐसी बातें कहीं, जो येनाना-साहित्य-गोष्ठी में कही गयी माओत्से-तुंग की बातों से पर्याप्त समानता सूचित करती हैं। प्रश्न है कि साहित्य में राजनीति का प्रवेश किस सीमा तक स्वीकार्य है, वह स्वीकार्य है भी या नहीं? ऐसे लोगों के विचारों का विरोध करते हुए, जो राजनीति के, साहित्य की सीमा में, प्रवेश को इस कारण वर्ज्य मानते हैं कि उससे साहित्य का अपना मूलभूत सौन्दर्य क्षत-विक्षत होता है, उन्होंने स्पष्टतः साहित्यकारों एवं कलाकारों से माँग की कि वे अपने कृतित्व को राजनीति के तत्त्व से सम्पृक्त करें।[26] राजनीति का यह तत्त्व, उनके विचार से न केवल लेखकों तथा कलाकारों को अमूर्त मानववाद की कुहेलिका में जाने से रोकेगा, साहित्य तथा कला की राजनीतिक विशेषता को भी स्थिर रखेगा।[27] उन्होंने साहित्यकारों तथा कलाकारों को पश्चिम की बुर्जुआ-विचारधारा से युक्त कृतियों के आकर्षण-पाश के प्रति भी सावधान किया, साथ ही रूपवादी प्रवृत्तियों की आलोचना की। इस सम्बन्ध में उन्होंने यह सत्य ही कहा कि जीवन के यथार्थ से अलगाव ही रूपवाद का जन्मदाता है,[28] और जब तक लेखक तथा कलाकार जीवन के इस यथार्थ को ही अपने कृतित्व का प्रस्थान बिन्दु न बनाएँगे, वे रूपवाद (Formalism) से नहीं बच सकते। माओ-टुन ने जीवन के प्रति रचनाकार के दृष्टिकोण का सवाल उठाते हुए उस साहित्य या कला की आलोचना की जिसकी रचना जीवन के प्रति टुटपुँजिया बुर्जुआ वर्ग की निहायत आत्मपरक (Subjective) धारणा के आधार पर की गयी हो। इसके स्थान पर उन्होंने लेखकों को जीवन के प्रति वस्तुपरक (Objective) दृष्टिकोण अपनाने की सलाह दी, उन्हें जन-सामान्य के दृष्टिकोण को अपनाकर रचनाशीलता में प्रवृत्त होने को कहा।[29]

चीन के राजनीतिक नेताओं और साहित्य-चिन्तकों का परवर्ती चिन्तन भी बहुत कुछ इन्हीं भूमिकाओं पर आगे बढ़ा, और जैसा कि हम प्रारम्भ में इंगित कर चुके हैं, माओत्से-तुंग के साहित्य तथा कला-सम्बन्धी विचार उसके शीर्ष पर पूरे प्रभाव के साथ स्थिर रहे। अगले खण्ड में हम इस विषय पर चर्चा करेंगे।

साहित्य-चिन्तक तथा रचनाकार

मार्क्सवादी साहित्य-चिन्तन की परम्परा के अन्तर्गत दूसरी कोटि विभिन्न देशों के उन साहित्यकारों, रचनाकारों एवं विचारकों की है, जिन्होंने मूलतः साहित्य एवं कला के क्षेत्र के भीतर कार्य करते हुए साहित्य एवं कला को मार्क्सवादी दृष्टिकोण से समझने और समझाने की कोशिश की है। कहने की आवश्यकता नहीं कि

मार्क्सवादी साहित्य-चिन्तन की परम्परा का सर्वाधिक तेजस्वी अंश यही लोग निर्मित करते हैं। निर्देशों तथा दायित्वबोध की बातों से अधिक यहाँ साहित्य एवं कला के भीतर गहरे उतरने की कोशिश की गयी है, और इसी क्रम में होने वाले विवेचन और विश्लेषण से प्राप्त उपलब्धियाँ मार्क्सवादी साहित्य कला-चिन्तन के नाम से समझी और जानी जाती हैं।

इस सम्बन्ध में, हम सर्वप्रथम रूस के उन लेखकों और विचारकों की चर्चा करेंगे, कला-चिन्तन के क्षेत्र में जिनका प्रदेय अत्यन्त मूल्यवान् एवं प्रेरणास्पद रहा है।

मार्क्सवादी विचारधारा के आलोक में साहित्य एवं कला को समझने तथा व्याख्यायित करने का एक अत्यन्त गम्भीर और विशद् प्रयास हमें जी. वी. प्लेखानोव (G. V. Plekhanov) के साहित्य-चिन्तन में प्राप्त होता है। पूर्ववर्ती अध्याय में हम रूस के रेलिंस्की, चर्निशवस्की, दोब्रोल्युबोव जैसे क्रान्तिकारी-जनतन्त्रवादियों के साहित्य-चिन्तन का परिचय देते हुए इस तथ्य का स्पष्टीकरण कर चुके हैं कि किस प्रकार मार्क्सवादी चिन्तन के आविर्भाव एवं रूस में उसके प्रचार-प्रसार से पूर्व ही, रूसी साहित्य-चिन्तन में सामाजिक-क्रान्तिकारी विचारधारा का प्रवेश हो चुका था। मार्क्सवादी चिन्तन-धारा ने न केवल इस प्रक्रिया को आगे बढ़ाया, उसे एक अभिनव तेजस्विता तथा मौलिकता प्रदान करते हुए एक सर्वथा नये, सामाजिक-भौतिकवादी कला-चिन्तन के रूप में प्रतिष्ठित किया। जी. वी. प्लेखानोव की कृति 'कला और सामाजिक जीवन' इसी क्रान्तिकारी कला-चिन्तन की प्रथम सशक्त उपलब्धि है, जिसमें कला-चिन्तन के मार्क्सवादी आधार की वैज्ञानिकता के साथ-साथ उसकी सुदृढ़ समाजशास्त्रीय पीठिका का योग देखा जा सकता है। कला तथा सामाजिक जीवन की अभिन्नता को स्वीकार करते हुए इस कृति में प्लेखानोव ने व्यक्तिवादी प्रवृत्ति का खण्डन किया है। इस कृति के अतिरिक्त छिटपुट पात्रों के माध्यम से भी कला-सम्बन्धी प्लेखानोव के विचार हमें ज्ञात होते हैं। साहित्य तथा कला के अतिरिक्त प्लेखानोव ने मार्क्सवादी दर्शन के कुछ पहलुओं पर भी विस्तार से विचार किया है। इतिहास के विषय में मार्क्सवादी समझ को स्पष्ट करने वाली उनकी एक कृति में (The Role of Individual in History) इतिहास के अन्तर्गत व्यक्ति की भूमिका का उल्लेख किया गया है, जो मार्क्सवादी विचारदर्शन की व्यक्ति सम्बन्धी धारणा का स्पष्टीकरण भी करती है। मार्क्सवाद पर व्यक्ति की सत्ता का निषेध करने का आरोप प्रायः लगा दिया जाता है, प्रस्तुत कृति न केवल इस आरोप का खण्डन करती है, इतिहास के निर्माण में समाज तथा व्यक्ति की सापेक्ष स्थितियों पर भी प्रकाश डालती है। प्लेखानोव की इन कृतियों से लेनिन बहुत प्रभावित थे, और उन्होंने इनका सम्यक् अध्ययन भी किया था। उनके अपने पुस्तकालय में मार्क्स और एंगेल्स के पश्चात् प्लेखानोव के ग्रन्थों को ही प्रमुखता प्राप्त थी। लेनिन की पत्नी मेडम क्रुप्सकाया (Nadezhda Krupskaya) ने अपने

एक लेख में इस तथ्य की ओर इंगित किया है।[30] अपने क्रान्तिकारी विचारों के कारण यद्यपि प्लेखानोव जार-शासन के द्वारा रूस से निर्वासित कर दिये गये थे, और इस निर्वासन को उन्होंने लगभग 37 वर्ष भोगा, फिर भी उन्होंने बाहर रहकर बोलशेविक क्रान्ति को यथासम्भव सहायता दी। सन् 1917 में क्रान्ति की सफलता के पश्चात् वे वापस रूस लौटे, जहाँ उन्हें पर्याप्त सम्मान दिया गया। अगले ही वर्ष उनकी मृत्यु हो गयी। प्लेखानोव का कला-चिन्तन, मार्क्सवादी कला-चिन्तन की परम्परा की एक ऐसी शुरुआत है, जो भविष्य में निरन्तर गतिशील रही। अगले खण्ड में हम उस पर विचार करेंगे।

प्लेखानोव के उपरान्त रूस में, मार्क्सवाद साहित्य-चिन्तन में नयी कड़ियाँ जोड़ने का श्रेय प्रसिद्ध विचारक ए. वी. लूनाचरस्की (A. V. Lunacharsky) को है। लूनाचरस्की को 'क्रान्ति-पूर्व रूसी संस्कृति के अन्तिम तथा क्रान्ति के पश्चात् उभरने वाली रूस की समाजवादी-संस्कृति का प्रथम महान् समीक्षक'[31] कहा गया है। उनकी एक महत्त्वपूर्ण देन इस बात में निहित है कि उन्होंने इतिहास के रूप में बदल जाने वाली रूस की प्राचीन कला और संस्कृति तथा क्रान्ति के पश्चात् उभरने वाले रूप की आकार ग्रहण करने वाली नयी कला और संस्कृति के बीच समन्वय-सूत्र स्थापित किया।[32] उनके सौन्दर्यशास्त्रीय चिन्तन में परम्परा तथा आधुनिकता, दोनों के अत्यन्त स्वस्थ, प्रेरक तथा ग्राह्य तत्त्वों का योग लक्षित होता है।[33] लेनिन ने उन्हें एक अद्भुत प्रतिभाशाली व्यक्ति के रूप में अपनी समूची आत्मीयता प्रदान की थी। सोवियत समाजवादी गणतन्त्र के वे शिक्षा और संस्कृति का दायित्व स्वीकार करने वाले प्रथम जन-कमिसार (People's Commisa) थे। अपने जीवन-काल में साहित्य, कला एवं संस्कृति से सम्बन्धित कोई डेढ़ हजार निबन्ध उन्होंने लिखे, जो कला की सैद्धान्तिक समस्याओं से लेकर उसके व्यावहारिक प्रश्नों तक का स्पर्श करते हैं। केवल रूस के साहित्य और कला-निर्माण पर ही नहीं, पश्चिमी देशों के साहित्य और कला-निर्माण पर भी उनकी समान-दृष्टि थी, और यही कारण है कि उनका साहित्यिक चिन्तन एक ऐसी समग्र-सौन्दर्य-दृष्टि से हमें परिचित कराता है, जो बहुत कम साहित्य और कला-चिन्तकों में देखी जा सकती है। लेनिन के वे अन्यतम विश्वास पात्र व्यक्तियों में थे, और कला, शिक्षा, साहित्य तथा संस्कृति के नव-निर्माण का दायित्व उनके ऊपर छोड़कर जैसे वे निश्चिन्त हो गये थे। जब तब लेनिन ने लूनाचरस्की को कड़े शब्दों में भी याद किया है,[34] परन्तु कुल मिलाकर लूनाचरस्की पर उनका अगाध विश्वास धा। लूनाचरस्की ने स्वतः अनेक स्थलों पर लेनिन की अभूतपूर्व प्रतिभा, सूक्ष्म कला-मर्मज्ञता तथा तीक्ष्ण प्रतिभा का उल्लेख किया है।[35] लेनिन के उपरान्त स्तालिन के युग में लूनाचरस्की के कृतित्व तथा विचारों की उपेक्षा हुई, परन्तु पिछले 10-15 वर्षों में पुनः उनके महत्त्व को, उसकी सम्पूर्णता में प्रतिष्ठित किया गया है, जो वस्तुतः उनकी महान् प्रतिभा के प्रति

रूस की जाग्रत और कला-प्रेमी जनता की सच्ची श्रद्धांजलि है। लूनाचरस्की के साहित्य एवं कला-चिन्तन पर आगे हम विस्तार से विचार करेंगे।

लूनाचरस्की के समान ही प्रतिभाशाली तथा लेनिन के अत्यन्त विश्वास पात्र व्यक्तियों में, प्रसिद्ध कथाकार मैक्सिम गोर्की (Maxim Gorky) भी थे। गोर्की ऐसे रचनाकार विचारकों की अगली पंक्ति के व्यक्ति थे, जिन्होंने जनता और क्रान्ति के लिए अपनी समूची सर्जना तथा चिन्तन अर्पित कर दिया था। जो समाजवादी यथार्थवाद (Socialist-Realism) आज मार्क्सवादी कला-चिन्तन के केन्द्रीय प्रतिमान के रूप में मान्य है, उसके सर्वप्रथम व्याख्याता एवं प्रयोक्ता होने का श्रेय गोर्की को ही है। गोर्की ने केवल सर्जनात्मक साहित्य का ही निर्माण नहीं किया, साहित्य एवं कला से सम्बन्धित विविध प्रश्नों पर भी निबन्धों, भाषणों और पत्रों के रूप में अपने महत्त्वपूर्ण विचार व्यक्त किये हैं। उनकी सर्जना के साथ ही उनके चिन्तन ने भी, रूस की ही नहीं, अन्य देशों की भी प्रगतिशील युवा-लेखक पीढ़ियों को प्रभावित किया है। गोर्की के साहित्य एवं कला-चिन्तन का केन्द्र बिन्दु जनता तथा उभरते हुए नये जीवन की संगति में बदलती हुई उसकी परिष्कृत रुचियाँ हैं। उन्होंने पश्चिम की व्यक्तिवादी-पतनशील बुर्जुआ कला तथा संस्कृति की निर्मम आलोचना की है तथा उनके स्थान पर स्वस्थ कला-मूल्यों का प्रतिपादन किया है। वे उन रचनाकारों में थे जिन्होंने साहित्य एवं कला-सर्जना तक ही अपने कर्त्तव्य की इति न समझकर, रूस की तीनों क्रान्तियों में, जनता और उसके नेता के कन्धे से कन्धा मिलाकर, भाग लिया। क्रान्ति के पश्चात् समाजवादी रूस के नव-निर्माण में भी उन्होंने आगे बढ़कर कार्य किया। लेनिन द्वारा तो उन्हें आदर और सम्मान प्राप्त ही था, स्तालिन के साथ भी जीवनपर्यन्त उनकी आत्मीयता रही। गोर्की के साहित्य तथा कला-चिन्तन की चर्चा हम यथा समय करेंगे।

इलिया एहरेनबुर्ग (Ilya Ehrenburg), शोलोखोव (Mikhail Sholokhov) तथा अलेक्जेण्डर फादयेव (Alexender Fadeyev) कथा साहित्य के कुछ अन्य प्रमुख पुरस्कर्त्ता हैं जिन्होंने सर्जना के अतिरिक्त साहित्य-चिन्तन पर भी मार्क्सवादी दृष्टिकोण से कुछ मूल्यवान् बातें कही हैं। जहाँ शोलोखोव और फादयेव प्रमुख रूप से समाजवादी यथार्थवाद की आकृति के व्याख्याताओं के रूप में हमारे समक्ष आते हैं, वहाँ इलिया एहरेनबुर्ग ने कला-निर्माण के दीगर प्रमुख प्रश्नों, उदाहरण के लिए, रचनाकार के शिल्प, पर भी विस्तार से प्रकाश डाला। इस सम्बन्ध में एहरेनबुर्ग के विचारों का परिचय हम अगले पृष्ठों में देंगे। शोलोखोव की ख्याति मुख्य रूप से एक कथाकार के रूप में रही है। एक श्रेष्ठ क्लासिक के रूप में मान्य उनका प्रसिद्ध उपन्यास 'और दोन शान्त गति से बहता है' (And quiet flows the Don) एक ऐसी कृति है, जिसे विश्व-स्तर पर सराहा गया है। गोर्की की भाँति शोलोखोव के विचारों तथा कृतित्व से भी देश-विदेश की कई रचनाकार-पीढ़ियों ने प्रेरणा ली है।

शोलोखोव तथा फादयेव, दोनों ही साम्यवादी आदर्शों के प्रति समर्पित एवं प्रतिबद्ध लेखक हैं, फलतः दोनों ने ही साहित्य एवं कला की चरितार्थता साम्यवादी आदर्शों के निर्माण के प्रति उनकी सक्रियता में ही स्वीकार की है।[36] सोवियत रूस की समाजवादी व्यवस्था पर दोनों की ही प्रगाढ़ आस्था है, फलतः समाजवादी यथार्थ भी उनके लिए समाजवादी वास्तविकता के जीवन तथा कलापूर्ण चित्रण से अधिक कुछ नहीं है। दोनों का ही विचार है कि कलात्मक परिष्कृति के साथ-साथ विचारधारा की परिष्कृति का होना भी अनिवार्य है, कारण उनकी परस्पर अभिन्नता ही समाजवादी यथार्थवाद की जीवन्त आकृति का निर्माण करती है। ये कला-मूल्यों के प्रति सजगता को आवश्यक मानते हुए भी दलीय भावना तथा राजनीतिक दृष्टिकोण से उनकी सम्पृक्ति को भी अनिवार्य मानते हैं।[37] 'समाजवादी यथार्थवाद' पर अपने विचार व्यक्त करते हुए फादयेव का कहना है कि श्रेष्ठ कला-निर्माण के लिए रचनात्मक क्षमता, अनुभव, अभ्यास, श्रम, तथा चित्रित किये गये जीवन से लेखक का निकटतम परिचय एवं अभिन्नता आदि बातें न केवल, अनिवार्य, वरन् अपरिहार्य हैं।[38] रचनाकार में सत्य के प्रति आस्था, विवेक तथा एक क्रान्तिकारी संकल्प भी अपेक्षित है। समाजवादी यथार्थवाद से पूर्ववर्ती यथार्थवाद की भिन्नता का प्रतिपादन करते हुए फादयेव का कहना है कि समाजवादी यथार्थवाद के अन्तर्गत विचारधारा तथा रचनात्मक पद्धति के बीच की असंगतियाँ शनैः-शनैः विलीन हो जाती हैं, कारण वहाँ लेखक की निजी आकांक्षाएँ तथा सर्वहारा वर्ग के हित ऐतिहासिक विकास के वस्तुपरक नियमों की अवहेलना नहीं करते हैं। एंगेल्स ने शेक्सपियर का उदाहरण देते हुए यथार्थवादी कला के लिए जिस सचेतन ऐतिहासिक विषयवस्तु तथा बौद्धिक गहराई (conscious historical content and Intellectual depth) के दूध-पानी-संयोग को अनिवार्य माना है, फायदेव के मत से, समाजवादी यथार्थवाद के अन्तर्गत उसकी सहज उपलब्धि सम्भव है। समाजवादी यथार्थवाद को ऐतिहासिक सत्य के सर्वाधिक निकट घोषित करते हुए फायदेव ने उसे साहित्य की प्रत्येक विधा—महाकाव्य, प्रगीत, नाटक, सुखान्त, दुःखान्त, उपन्यास, कहानी, हास्य-व्यंग्य, निबन्ध—सबके लिए सक्षम बताया है, और उसके अन्तर्गत रचनाकार के लिए माध्यम, कला और शिल्प की अपार सम्भावनाएँ देखी हैं। उसके लिए आधारभूत आवश्यकता मात्र इतनी है कि रचनाकार जीवन का उसके समूचे क्रान्तिकारी विकास के साथ ऐतिहासिक परिप्रेक्ष्य में सत्य चित्रण करे, ताकि जनता समाजवादी भावना के प्रति सजग तथा शिक्षित हो।[39]

शोलोखोव तथा फादयेव का कृतित्व इस तथ्य का प्रमाण है कि रचनात्मक क्षमता तथा जन-जीवन से तादात्म्य, वे बातें हैं, जो बावजूद राजनीतिक प्रतिबद्धता के किसी लेखक को महान् बनाती हैं।

इलिया एहरेनबुर्ग रचनाकार तथा विचारक दोनों रूपों में सोवियत रूस ही नहीं,

समूचे विश्व में समादृत हैं। 'लेखक तथा उसका रचना शिल्प' (The Writer and his craft) शीर्षक उनकी लघु-कृति, आकारगत लघुता के बावजूद, मार्क्सवादी साहित्य-चिन्तन के सन्दर्भ में अत्यन्त सारगर्भित कृति है। एहरेनबुर्ग के अनुसार कोई भी रचनाकार तभी लिखता है, जबकि वह अपनी भीतरी अन्तर्वृत्तियों, भावों एवं विचारों द्वारा इसके लिए विवश कर दिया जाता है, अनुभावों की उसकी राशि, उसके द्वारा देखा गया जीवन अपनी अभिव्यक्ति चाहता है, और वह उनके दबाव की अवहेलना नहीं कर पाता। इस प्रकार रचना एक आन्तरिक विवशता है, जो यान्त्रिक न होकर वस्तुगत जीवन की रचनाकार के मानस पर बड़ी छाप का स्वाभाविक परिणाम होती है। सामाजिक जीवन तथा सामाजिक परिवेश रचनाकार की मानस चेतना को दूर तक प्रभावित करते हैं, और उसकी अभिव्यक्ति को जीवन की वास्तविक अनुभूतियों से, अथवा वास्तविकता से इतनी दूर तक जोड़े रहते हैं कि उसके वास्तविक जीवन से अलग-थलग हो जाने का प्रश्न ही नहीं उठता। एहरेनबुर्ग वास्तविकता के चित्रण को अनिवार्य मानते हुए भी उसकी यान्त्रिक लिपिबद्धता का समर्थन नहीं करते। रचना के सौन्दर्य तत्त्व को भी वे पर्याप्त महत्त्व देते हैं, और यहाँ तक कहते हैं कि यदि रचना के सौन्दर्यात्मक प्रभाव को तीव्र बनाने के लिए, रचनाकार वास्तविकता को थोड़ा-बहुत विकृत भी कर देता है, तो इसे क्षम्य माना जाना चाहिए, बशर्ते वास्तविकता में उसके द्वारा किया गया यह किंचित् हेर-फेर, वास्तविकता की मूलभूत आत्मा में कोई विशेष व्याघात उत्पन्न नहीं करता।

इलिया एहरेनबुर्ग किसी भी रचना का आधार सम्प्रेषणीयता के तकाजे को ही मानते हैं। चूँकि रचनाकार अपने पाठकों से कुछ कहना चाहता है, इसी कारण वह लिखता भी है। इसी भूमि पर वे प्रवृत्यात्मक साहित्य (Tendentious Literature) का समर्थन करते हैं, और रचनाकार की पक्षधरता या प्रतिबद्धता को भी उचित ठहराते हैं।[40] उनका कहना है कि जीवन के प्रति प्रत्येक जागरूक रचनाकार का अपना दृष्टिकोण होता है, कुछ वस्तुएँ उसे प्रिय हो सकती हैं, और कुछ अप्रिय, फलतः यदि वह रचना के अन्तर्गत अपनी इस प्रवृत्तिमूलकता को स्पष्ट करता है, तो इसमें बुराई क्या है? अन्याय, अनीति, सामाजिक विषमता, अज्ञान आदि के प्रति घृणा तथा मनुष्यता के श्रेष्ठ मूल्यों के प्रति उसका लगाव यदि उसकी कृति में भावनागत तीव्रता तथा अनुभूतिगत प्रामाणिकता के साथ मूर्त होता है, तो यह तो एक श्रेष्ठ कला का उदाहरण है। इस प्रकार की प्रवृत्तिमूलकता या पक्षधरता रचना का दोष कैसे बन सकती है।[41]

एहरेनबुर्ग ने रचनाकार के निरीक्षण एवं उसकी ग्रहणक्षमता पर बहुत बल दिया है। युग के अनुरूप मनुष्यों के स्वभाव में होने वाले परिवर्तनों तथा वास्तविक जीवन के बदलते हुए स्वरूप को पहचाना तथा उन्हें अपनी मानस-चेतना तथा रचनात्मक क्रिया का अंग बना लेना, लेखक की बहुत बड़ी विशेषता मानी जायगी। कहने का

तात्पर्य यह कि लेखक की क्षमता इस बात पर निर्भर करती है कि वह बदलती हुई वास्तविकता को कितनी समग्रता में ग्रहण कर अपनी रचनात्मक प्रतिभा का अंग बना लेता है? इसके लिए उन्होंने लेखक में उस प्रखर इतिहास बोध की आवश्यकता प्रतिपादित की है, जो उसे इतिहास के प्रत्येक मोड़ तथा उसकी दिशा को सहज ही भाँप लेने की क्षमता देता है।[42] इसके अभाव में लेखक वास्तविक जीवन के साथ चरण मिलाकर नहीं चल सकता। भावना, कल्पना, चिन्तन आदि के साथ तक इस इतिहास-चेतना का आवश्यक गुम्फन नहीं होता तब तक कृति प्रामाणिक, सजीव तथा शक्तिशाली नहीं बन सकती। समग्रतः एहरेनबुर्ग के विचार महज सैद्धान्तिक कथन न होकर, एक रचनाकार होने के नाते रचना की व्यावहारिक स्थितियों, उनकी अनुभूत वास्तविकता से जुड़े हुए हैं, और इसी कारण मूल्यवान् हैं। एहरेनबुर्ग के ये विचार इस तथ्य को भी प्रमाणित करते हैं कि यदि रचनाकार में रचनागत क्षमता है, तो उसकी रचना-धर्मिता उसकी राजनीतिक-सामाजिक पक्षधरता या प्रतिबद्धता को साथ लेकर भी अपनी शक्ति प्रमाणित कर सकती है।

सोवियत रूस के साहित्य-चिन्तन पर समीक्षकों के एक वर्ग द्वारा प्रायः यह आरोप लगाया जाता रहा है कि उसका मूल रूप निर्देशात्मक है, कि उसमें साहित्य एवं कला के कुछ ऊपरी, यहाँ तक कि सतही प्रश्नों पर ही विचार किया गया है, कि साहित्य एवं कला के अन्तर्वर्ती, गम्भीर प्रश्नों, उनकी रचना-प्रक्रिया आदि-आदि के प्रति उसमें न कोई गम्भीर विवेचन ही मिलता है, न ही कोई दिलचस्पी दिखायी देती है। इस प्रकार के आरोप लगाने वाले प्रथमतः सोवियत-चिन्तन के मूल में निहित सामाजिक दृष्टि की उपेक्षा कर जाते हैं, द्वितीय, वे कुछ दूसरे साहित्येतर कारणों से भी ऐसा कुछ करने के लिए प्रेरित होते हैं। इन आरोपों की वास्तविकता को सोवियत कला-चिन्तन, प्रकारान्तर से मार्क्सवादी कला-चिन्तन के सन्दर्भ में कहाँ तक स्वीकार किया जा सकता है, इस प्रश्न की चर्चा हम यथा समय करेंगे। फिलहाल हम इतना ही कहना चाहते हैं कि इन आरोपों में सत्य जितना भी अंश हो कुछ उसमें, और मूलतः, साहित्य एवं कला के सर्वाङ्ग को मार्क्सवादी दृष्टिकोण के सन्दर्भ में विवेचित और विश्लेषित करने की अपनी सहज जिज्ञासा एवं दायित्व से प्रेरित होकर, परवर्ती सोवियत लेखकों, विचारकों एवं कला-विशेषज्ञों की एक पंक्ति की पंक्ति ने प्रायः अपने निबन्धों एवं अन्यान्य कृतियों में ऐसे ही प्रश्न उठाए हैं, और उन्हें सुलझाने की कोशिश की है, जो साहित्य एवं कला की अन्तर्वर्ती, मूलभूत समस्याओं से सम्बन्ध रखते हैं और पश्चिमी विचारक भी जिन्हें ही वास्तविक सौन्दर्यशास्त्रीय समस्याओं के नाम से पुकारते हैं। सच पूछा जाय तो इधर का सोवियत साहित्य-चिन्तन इस दृष्टि से विशेष महत्त्वपूर्ण है। चूँकि इस साहित्य-चिन्तन का अधिकांश फुटकल निबन्धों में ही सीमित है, अतएव उसके पुरस्कर्ताओं पर अलग से कोई विशेष चर्चा करना सम्भव नहीं है। अन्तिम खण्ड में मार्क्सवाद के सन्दर्भ

में साहित्य एवं कला के मूल प्रश्नों पर विचार करते हुए हम इन निबन्धों का उपयोग करेंगे। यहाँ पर हम इतना ही संकेत कर देना आवश्यक समझते हैं कि इन निबन्धों के अन्तर्गत लेखकों ने भाषा, माध्यम, रूप, सौन्दर्य, रचना प्रक्रिया, शब्द, अर्थ, कला की संवेदनीयता, सम्मूर्तन, काव्य-तत्त्वों, हास्य, व्यंग्य, विद्रूपता, आदि-आदि ने जाने कितने प्रश्नों पर सैद्धान्तिक दृष्टि से विचार किया है और इस प्रकार सोवियत साहित्य अथवा कला-चिन्तन को ही नहीं, समूचे मार्क्सवादी कला-चिन्तन को सम्पन्न किया है।[43]

मार्क्सवादी विचारधारा से प्रभावित होकर साहित्य एवं कला-समीक्षा को अत्यन्त गम्भीरता से लेने वालों में इंग्लैण्ड की युवा-पीढ़ी के कुछ प्रतिभाशाली समीक्षकों के नाम विशेष उल्लेखनीय हैं। इनमें से एक नाम प्रसिद्ध समीक्षक क्रिस्तोफर कॉडवेल (Cristopher Caudwell) का है, जो मार्क्सवादी साहित्य-समीक्षा के क्षेत्र में कदाचित् सर्वाधिक लोकप्रिय है। सन् 1907 ई. में जन्मे, और मार्क्सवादी आदर्शों की रक्षा के हेतु एक स्वयं-सेवक के रूप में स्पेन की 'सिविलवार' में, सन् 1937 ई. में अपने प्राण दे देने वाले इस अत्यन्त प्रतिभाशाली कला-समीक्षक की, साहित्य तथा कला-चिन्तन की देन चिरस्मरणीय है। 'भ्रम और वास्तविकता' (Illusion and Reality) शीर्षक अपनी कृति में उसने मार्क्सवादी दृष्टिकोण से काव्य के स्रोतों का तलस्पर्शीय विवेचन किया है। कॉडवेल का यह विवेचन काव्य की मार्क्सवादी समीक्षा के रूप में एक लम्बे समय तक आदर्श और प्रतिनिधि विवेचन माना जाता रहा है और सचमुच कविता के अन्तरंग को मार्क्सवादी दृष्टिकोण से परखने और उद्घाटित करने का इतना सशक्त और गम्भीर प्रयास आज तक नहीं हुआ। कॉडवेल के चिन्तन की सीमाएँ हो सकती हैं, परन्तु उसके निष्कर्षों की उपेक्षा नहीं हो सकती। उपर्युक्त कृति के अतिरिक्त 'अपनी अन्य दो कृतियों' 'स्टडीज़ इ ए डाइंग कल्चर' तथा 'फर्दर स्टडीज इन ए डाइंग कल्चर' (Studies in a dying culture and Further studies in a dying culture) में भी उसने कला-चिन्तन के कुछ अत्यन्त गम्भीर प्रश्न कतिपय प्रमुख लेखकों के अध्ययन के सिलसिले में उठाये हैं, और उनकी भ्रान्तियों का मार्क्सवादी दृष्टिकोण से उद्घाटन करते हुए, उन विषयों पर मार्क्सवादी दृष्टिकोण को स्पष्ट किया है। प्रथम कृति में उसने जार्ज बर्नार्ड शा, टी. ई. लारेंस, डी. एच. लारेंस, एच. जी. वेल्स, जैसे प्रसिद्ध लेखकों के माध्यम से क्रमशः अतिमानव, शौर्य, कलाकार तथा यूटोपिया सम्बन्धी बुर्जुआ धारणाओं का विवेचन और खण्डन किया है। इसके अतिरिक्त इसी कृति में उसने शान्ति और हिंसा का प्रश्न उठाकर बुर्जुआ नीतिशास्त्र, प्रेम का प्रश्न उठाकर बुर्जुआ नैतिकता, फ्रायड के विचारों को लेकर बुर्जुआ मनोविज्ञान तथा रचनाकार की स्वतन्त्रता को लेकर बुर्जुआ मानस की भ्रान्ति का मार्मिक विश्लेषण किया है। अपनी दूसरी कृति में उसने 'सौन्दर्य' की विवेचना करते हुए बुर्जुआ सौन्दर्य-शास्त्रीय चिन्तन पर कड़ी चोट की है, यथार्थ की विवेचना कर बुर्जुआ दर्शन की असंगतियाँ उद्घाटित की

हैं। मनुष्य और प्रकृति का विवेचन करते हुए इतिहास, तथा 'चेतना' का विश्लेषण करते हुए मनोविज्ञान-सम्बन्धी बुर्जुआ दृष्टिकोण पर भी उसने जमकर विचार किया है। अपने एक अन्य निबन्ध में उसने धर्म-सम्बन्धी बुर्जुआ दृष्टि को भी प्रश्नचिह्नों से मढ़ते हुए इन सारे विषयों पर मार्क्सवादी-धारणाओं को प्रस्तुत किया है। कॉडवेल का निधन, स्पेन के लाक युद्ध में लड़ते हुए, अल्पायु में ही हो गया, अन्यथा उसके माध्यम से, कालान्तर में, यदि मार्क्सवादी कला-चिन्तन का एक अत्यन्त सुलझा और प्रामाणिक विवेचन हमारे समक्ष आता, तो यह स्वाभाविक ही था। फिर भी, मार्क्सवादी कला-चिन्तन के क्षेत्र में उसका योगदान अभूतपूर्व कहा जायगा। हम उसके कला-चिन्तन की चर्चा अगले खण्ड में करेंगे।

कॉडवेल के समान ही प्रतिभाशाली और मार्क्सवादी आदर्शों से अनुप्राणित, इंग्लैण्ड के मार्क्सवादी साहित्य विचारकों में, दूसरा नाम राल्फ फाक्स (Ralph Fox) का है, स्पेन के गृह-युद्ध में जिसे भी एक स्वयं-सेवक के रूप में लड़ते हुए वीरगति प्राप्त हुई थी। राल्फ फाक्स का प्रदेय कॉडवेल की भाँति प्रशस्त नहीं है, फिर भी, उपन्यास को लेकर मार्क्सवादी आधार पर उसके अन्तरंग और बहिरंग का जितना गहन विश्लेषण उसकी प्रसिद्ध कृति 'उपन्यास और लोकजीवन' (The Novel and the People) में उपलब्ध होता है, हंगरी के प्रसिद्ध मार्क्सवादी कला-चिन्तक जार्ज लूकाच को छोड़कर, उतना अन्यत्र उपलब्ध नहीं होता। अपनी इस कृति में राल्फ फाक्स ने ब्रिटेन के कथा-साहित्य को केन्द्र में रखकर उपन्यास-सम्बन्धी कुछ मौलिक कला-प्रश्न उठाये हैं, और मार्क्सवादी दृष्टि के सन्दर्भ में उनका विश्लेषण किया है।

'मार्क्सवाद और कविता' (Marxism and Poetry) शीर्षक के अन्तर्गत काव्य के स्रोतों का मार्क्सवादी दृष्टिकोण से विवेचन करने वाले जार्ज थाम्पसन (George Thompson) तीसरे अंग्रेज़ लेखक हैं, जो मार्क्सवादी साहित्य-चिन्तन के क्षेत्र में चर्चित हैं। उनकी इस कृति में काव्य-विवेचन की उसी मार्क्सवादी धारणा का उल्लेख है, जिसका उद्घाटन कॉडवेल अपनी 'भ्रम और वास्तविकता' (Illusion and Reality) शीर्षक कृति में कर चुके थे। अतएव मौलिक चिन्तन की दृष्टि से बहुत महत्त्वपूर्ण न होते हुए भी, कॉडवेल के काव्य-सम्बन्धी दृष्टिकोण को अधिक संक्षेप में प्रस्तुत करने के कारण एवं नाटक की विशेष चर्चा के कारण उनकी कृति का महत्त्व है।

इंग्लैण्ड के मार्क्सवादी साहित्य-विचारकों में हमने उन्हीं लोगों की चर्चा की है, जो साहित्य के प्रामाणिक मार्क्सवादी व्याख्याताओं के रूप में मान्य हैं। मार्क्सवादी विचारधारा यूरोप और पश्चिम के अन्य देशों में एक ऐसी ऊँची लहर के रूप में फैली थी, जिसके छींटे इन देशों की साहित्य एवं कला के क्षेत्र में कार्य करने वाली एक पूरी की पूरी पीढ़ी पर पड़े थे, कुछ तो उससे पूरी तरह भीग गये थे और अन्त तक भीगे रहे। इंग्लैण्ड के डब्ल्यू. एच. आडेन, सिसिल डे लुई, स्टीफेन स्पेंडर, लुई

मैकनिस जैसे कवि विचारकों का उल्लेख हमने जानकर नहीं किया है, जो किसी समय रचना तथा चिन्तन दोनों ही भूमिकाओं पर मार्क्सवादी विचारों को लेकर खड़े हुए थे। इनमें से कुछ कालान्तर में दूसरे पन्थों के अनुगामी भी हो गये, फिर भी जितने समय तक वे मार्क्सवाद से सम्पृक्त रहे, उनकी रचनाओं तथा चिन्तन ने समकालीनों को प्रभावित किया था।

मार्क्सवादी विचारधारा से अनुप्राणित तथा रचना और चिन्तन दोनों ही स्तरों पर उसका परिचय देने वाली, ऐसी ही, रचनाकारों-विचारकों की एक पीढ़ी-की-पीढ़ी, उन्हीं दिनों अमेरिका में भी सक्रिय हुई थी। यह मुख्यतः दो महायुद्धों के बीच का काल था, यद्यपि द्वितीय महायुद्ध के पश्चात् भी अमेरिका में मार्क्सवादी साहित्य-चिन्तन की परम्परा एकदम नहीं टूट पायी।

यों तो समाजवादी विचारधारा का प्रवेश अमेरिका में प्रथम महायुद्ध के पूर्व ही हो चुका था, परन्तु सन् 1920 ई. में 'यूनाइटेड कम्युनिस्ट पार्टी' की स्थापना तथा सन् 1928 में उसके 'कम्युनिस्ट पार्टी ऑफ अमेरिका' के रूप में बदल जाने के साथ ही अमेरिका में मार्क्सवादी विचारधारा तथा साम्यवादी आदर्शों की व्यवस्थित चर्चा प्रारम्भ हुई तथा रचना एवं चिन्तन दोनों ही आयामों पर उनकी अभिव्यक्ति हुई। मार्क्सवादी-साम्यवादी विचारधारा के प्रचार-प्रसार तथा रचना एवं चिन्तन के क्षेत्र में उसकी अभिव्यक्ति को सामने लाने में कतिपय साहित्यिक पत्रिकाओं का योगदान विशेष उल्लेखनीय माना जा सकता है। इन पत्रिकाओं में 'The Masses' (1911), 'The Liberator' (1918-24), 'The Worker's Monthly' (1924), 'The Modern' (1923), 'New Masses' (1926), 'Partisan Review' Quarterly (1934), 'Atlantic Monthly' (1937) विशेष प्रमुख मानी जा सकती हैं। इनमें से सब पूर्णतः मार्क्सवादी-आदर्शों को समर्पित पत्रिकाएँ अवश्य नहीं हैं, परन्तु मार्क्सवादी-साहित्य-चिन्तन के विविध पक्षों को प्रस्तुत करने और उनके समर्थक तथा विरोधी दृष्टिकोणों को भी प्रस्तुत करने में उन्होंने पूरी सक्रियता प्रदर्शित की। रचनाकार-विचारकों की जो पंक्ति अपनी मार्क्सवादी-समाजवादी आस्थाओं के साथ (जो भले ही स्थायी न रही हों) इन पत्रिकाओं के माध्यम से सामने आयीं, उसमें फ्लायड डेल (Floyd Dell), मैक्स ईस्टमैन (Max Eastman), वी. एफ. कावेरटन (V. F. Colverton), फिलिप राव (Philip Rav), ग्रेनवाइल हिक्स (Granville Hicks), न्यूटन अर्विन (Newton Arwin), केनेथ बर्क (Kenneth Burke), एडमण्ड विल्सन (Edmund Wilson) के नाम उल्लेख करने योग्य हैं।

अपनी 'इण्टेलेक्चुअल वेगाबाण्डेज़' (Intellectual Vegabondage) कृति (1924) में डेल ने अंग्रेजी साहित्य के इतिहास की व्याख्या के माध्यम से साहित्य पर पड़ने वाले सामाजिक प्रभावों की चर्चा के साथ साहित्यिक विकास का जिक्र किया है। मैक्स ईस्टमैन की दो कृतियों 'The Enjoyment of Poetry' (1913)

तथा 'The Literary mind—its Place in an age of Science' ने विशेष ख्याति प्राप्त की, जिनमें उसने काव्य का सम्बन्ध मूलतः रचनाकार की विशिष्ट और निजी संवेदनाओं से जोड़ते हुए काव्येतर प्रतिमानों से बचने की चेष्टा की है। अपने सहयोगी डेल की भाँति उसने राजनीतिक विचारधारा और साहित्य-समीक्षा के सम्बन्ध सूत्रों की घनिष्ठता के प्रति बहुत अधिक दिलचस्पी नहीं दिखायी है। अपनी एक अन्य कृति 'Artists in uniform' में तो उसने रूस तथा अमेरिका की कम्युनिस्ट पार्टी की प्रामाणिक नीतियों के अनुसार साहित्य समीक्षा को ढालने का विरोध भी किया है।

'The Newer spirit' (1925) नामक कृति में वी. एफ. कावेरटन ने सौन्दर्य शास्त्रीय समीक्षा का समाजशास्त्रीय होना एक आधारभूत तत्त्व माना है, अन्यथा वह अपने उद्देश्य में कभी सफल नहीं हो सकती। उसका विचार है कि सौन्दर्य शास्त्रीय निर्णय सदैव सापेक्ष होते हैं, उनका सम्बन्ध पाठक की अपनी रुचियों, परिस्थितियों तथा उम्र से काटा नहीं जा सकता। उनके निर्माण में परिवेश का महत्त्वपूर्ण हाथ होता है, ऐसी स्थिति में समाज शास्त्रीय भूमिका के अलावा किसी कला कृति के विषय में अन्य दृष्टियों से निर्णय लिये ही नहीं जा सकते।[44] सन् 1932 में प्रकाशित 'The Liberation of American Literature' कृति में उसने सामाजिक शक्तियों तथा वर्ग-संघर्ष के सन्दर्भ में अमेरिका के साहित्यिक विकास का विश्लेषण किया है। अशान्ति तथा निराशा के व्यूह में फँसे अमेरिकी साहित्य की मुक्ति उसके विचार से तभी हो सकती है जब अमेरिकी लेखक वर्ग एक नयी आस्था से जुड़े, व्यक्तिवादी प्रवृत्तियों को छोड़कर सामान्य जन से संयुक्त हो।[45] कावेरटन की ही परम्परा में, वरन् उससे कुछ आगे बढ़कर, मार्क्सवादी दृष्टिकोण की अभिव्यक्ति 'पार्टीजन रिव्यू' के एक सहसम्पादक फिलिप राव की समीक्षा में दिखायी पड़ती है, जिसने समीक्षक का प्रमुख दायित्व सर्वहारा वर्ग के लिए लिखने वाले लेखक का मार्ग-दर्शन माना है। अरस्तू के विरेचन-सिन्द्धान्त (Katharsis) को संशोधित करते हुए उसने कहा है कि लेखक, श्रोता या दर्शक की विरेचन की सही भूमिका पर तब तक नहीं पहुँचा जा सकता जब तक कि वह पूँजीवाद के खिलाफ विद्रोही न हो तथा भविष्य की एक सन्तुलित समाज व्यवस्था का चित्र उसके समक्ष स्पष्ट न हो। 'सर्वहारा का विरेचन कर्म की उत्तेजना में चरितार्थ होता है', कहकर उसने चले आते हुए विरेचन सिद्धान्त को नयी शक्ल देने का प्रयास किया है।[46] फिलिप राव की भाँति ग्रेन-वाइल हिक्स ने 'The Great Tradition' (1935) नामक अपनी कृति में अमेरिका के साहित्य का इतिहास प्रस्तुत करते हुए मार्क्सवादी दृष्टिकोण को लागू किया है। हिक्स ने रचनाकारों के लिए सर्वहारा का दृष्टिकोण अपनाने की सलाह दी है, कारण तभी वह जीवन को प्रामाणिक रूप से देख और चित्रित कर सकते हैं।[47] वर्ग-संघर्ष, वर्ग-चेतना तथा सर्वहारा-दृष्टिकोण, हिक्स के लिए रचना की आवश्यक शर्तें हैं और समीक्षक के लिए, कृति का मूल्यांकन करते समय, उसके

अन्तर्गत इनकी स्थिति देखकर ही किसी निर्णय पर पहुँचना आवश्यक है। अर्विन तथा बर्क का मार्क्सवादी दृष्टिकोण फिलिप राव की भाँति बहुत सैद्धान्तिक नहीं है, फिर भी अर्विन की समाजवादी दृष्टि का पर्याप्त परिचय उसके उस शोध-निबन्ध 'The Democratic Tradition in American Letters' में प्राप्त होता है जो उसने 1937 में हुई अमेरिकी लेखकों की दूसरी कांग्रेस में पढ़ा था, तथा जिसकी पुष्टि अमरीकी कवि वाल्ट ह्विटमैन पर लिखी गयी उसकी कृति 'Whitman' (1939) भी करती है। बर्क का कृतित्व अपेक्षाकृत अधिक गम्भीर तथा व्यापक है। 'Counter statement' (1931), 'Attitudes towards History' (1937), 'Philosophy of Literary Forms' (1941) उसकी कुछ प्रसिद्ध कृतियाँ हैं, जिनमें उसने सामाजिक मूल्यों के सन्दर्भ में ही साहित्यिक कृतित्व की परीक्षा की है।

एडमण्ड विल्सन का सम्पूर्ण साहित्यिक चिन्तन साहित्य और सामाजिक शक्तियों के घनिष्ठ सम्बन्धों का प्रतिपादन करता है। विशुद्ध मार्क्सवादी दृष्टिकोण से पूरी तरह जुड़े न होने के बावजूद अपने सामाजिक दृष्टिकोण के निर्माण में वह मार्क्सवादी विचारधारा का ही ऋणी है। उसकी साहित्यिक कृतियों में सर्वाधिक लोकप्रियता 'Axel's castle' (1931) नामक कृति को प्राप्त हुई है, जिसके अन्तर्गत व्यक्तिगत रचनाकारों के माध्यम से उसने फ्रांस के प्रतीकवादी (Symbolist) काव्यान्दोलन की विशद् विवेचना की है। आत्मोन्मुखता, असामाजिक दृष्टिकोण तथा ह्रासोन्मुखी जीवन-दृष्टि वे बातें हैं, उसके विचार से, जिनकी केन्द्रीयता ने प्रतीकवादी आन्दोलन को उसकी उस स्वाभाविक परिणति तक पहुँचाया, जिसकी आवश्यकता थी, अर्थात् उसे पृष्ठभूमि में फेंक दिया। बाह्य वास्तविकताओं से पलायन कर प्रतीकवादी रचनाकार न केवल अन्तर्मुखी बने, उनकी अन्तर्मुखता ने ही उन्हें एक गूढ़, दुर्बोध एवं अस्पष्ट माध्यम अपनाने के लिए प्रेरित किया। सामाजिक दृष्टिकोण के अभाव में उनकी भाषा भी मन के रहस्य लोक की संकेतात्मक अभिव्यक्ति बन कर रह गयी। प्रतीकवादी आन्दोलन को लेकर दिये गये एडमण्ड विल्सन के ये निष्कर्ष सामाजिक जीवन तथा स्वस्थ मानव-मूल्यों के सन्दर्भ में रचे गये साहित्य के प्रति उसकी निष्ठा का परिचय देते हैं। व्यक्तिवादी जीवन-दृष्टि तथा ह्रासोन्मुखी जीवन-मूल्यों के प्रति अपनी असहमति को एडमण्ड विल्सन ने 'The Triple Thinkers' शीर्षक अपनी दूसरी कृति में भी स्पष्ट किया है।

वी. जे. जेरोम (V.J. Jerome) तथा अलबर्ट माज़ (Albert Maltz) दो अन्य लेखक हैं, जो अपनी समाजवादी दृष्टि के लिए उल्लेखनीय हैं। इनमें से जेरोम, जहाँ पूर्णतः मार्क्सवादी मान्यताओं से जुड़े हैं, वहाँ माज़ की विचारधारा किसी दर्शन विशेष की सीमाओं में न बँधकर भी अपनी सामाजिकता तथा निर्भीकता में आकर्षित करती है।[48] 'Culture in a changing world' (1947)

शीर्षक अपनी कृति में जेरोम ने पूँजीवादी साहित्य तथा कला की तीव्र भर्त्सना करते हुए अपने मार्क्सवादी दृष्टिकोण का परिचय दिया है। अपनी ह्रासशील स्थितियों में पूँजीवाद अनिवार्यतः साहित्य तथा कलाओं का जबरदस्त विरोधी हो उठता है, इस मार्क्सवादी निष्कर्ष का जेरोम ने पूरी तरह समर्थन किया है।[49] साहित्यकारों तथा कलाकारों की आधारभूत जिम्मेदारी युग सत्य के ईमानदार तथा चित्रण में है, न कि उसे विकृत रूप में प्रस्तुत कर प्रतिक्रियावादी शक्तियों के हाथ मजबूत करने में, इस तथ्य को जेरोम ने निर्भ्रान्त रूप में स्पष्ट कर दिया है।[50] भाववादी दृष्टिकोण को भी जेरोम ने बुर्जुआ राजनीति तथा बुर्जुआ-संस्कृति का दार्शनिक दृष्टिकोण कहकर, मार्क्स के शब्दों में ही लांछित किया है।[51] अस्तित्ववाद जैसी असामाजिक दार्शनिक विचारधाराएँ भी उसकी कटु आलोचना का पात्र बनी हैं। युग के एकमात्र प्रगतिशील दर्शन के रूप में उसने मार्क्सवादी को पूरी स्वीकृति दी है तथा साहित्य एवं कला का भविष्य इसी विचारधारा के साथ उनकी सम्पृक्ति में देखा है।[52]

अमेरिका में पल्लवित होने वाले मार्क्सवाद साहित्य-चिन्तन की इस परम्परा में, मार्क्सवादी साहित्य-क्षेत्रों में सबसे लोकप्रिय नाम, रचनाकार और विचारक, दोनों रूपों में प्रतिष्ठित, हावर्ड फास्ट (Howard Fast) का है। सोवियत रूस द्वारा एक दूसरे साम्यवादी देश हंगरी पर आक्रमण करने के विरोध में यों तो हावर्ड फास्ट अब साम्यवादी दल से अलग हो चुके हैं (उनकी मार्क्सवादी आस्थाओं के विषय में कुछ पता नहीं, कारण उसके बाद प्रायः उन्होंने कुछ नहीं लिखा), परन्तु उससे पूर्व का उनका रचनात्मक कृतित्व तथा साहित्य-चिन्तन उनकी प्रबल मार्क्सवादी आस्थाओं का प्रमाण है और इतिहास का एक अमिट तथ्य होने के कारण, उसकी उपेक्षा नहीं की जा सकती। चिन्तन के क्षेत्र में उनकी बहुप्रशंसित कृति 'साहित्य और यथार्थ' (Literature and Reality) है,[53] जिसके अन्तर्गत उन्होंने विशेषतः कथा साहित्य के सन्दर्भ में साहित्य के प्रति मार्क्सवादी दृष्टिकोण को प्रस्तुत किया है। जैसाकि नाम से ही स्पष्ट है, इस कृति में उन्होंने साहित्य और यथार्थ-चित्रण की समस्या को ही विशद् रूप में लिया, गो, इस चर्चा के क्रम में मार्क्सवादी साहित्य-चिन्तन के अन्यान्य पहलू भी उद्घाटित हुए हैं। हावर्ड फास्ट के साहित्य-चिन्तन पर हम अगले खण्ड में प्रकाश डालेंगे।

फ्रांस यूरोप में भाँति-भाँति के कलान्दोलनों की जन्मभूमि कहा जा सकता है। दो महायुद्धों के दौरान फ्रांस की धरती में साहित्य एवं कला के अनेक आन्दोलन जन्मे और पर्यवसित हुए हैं, जिनमें से कुछ दूसरे देशों में आज भी सक्रिय हैं। मार्क्सवादी विचारधारा का प्रचार-प्रसार भी साम्यवादी देशों को छोड़, यूरोप में, फ्रांस तथा इटली में ही सर्वाधिक प्रखरता के साथ हुआ है। अनातोले फ्रांस, पाल इलुअर, लुई अरांगा वे रचनाकार हैं, जिन्होंने अन्तर्राष्ट्रीय ख्याति पायी है, तथा जो अपने जीवन के महत्त्वपूर्ण क्षणों में मार्क्सवादी-साम्यवादी आदर्शों में सम्पृक्त रहे हैं। कुछ

दूसरे महत्त्वपूर्ण लेखक भी हैं, जिनका नाम इस सन्दर्भ में लिया जा सकता है और जिन्होंने रचना तथा चिन्तन दोनों ही क्षेत्रों में मार्क्सवादी दृष्टिकोण का परिचय दिया है। इस सन्दर्भ में फ्रांस के सेनेटर रोजर गेरेउदी (Roger Garaudy) की कृति 'Literature of the Graveyard' विशेष लोकप्रिय हुई है, जिसके अन्तर्गत उसने दो महायुद्धों के बीच फ्रांस में जन्म लेने वाली साहित्य एवं कला की क्षयी एवं रुग्ण विचारधाराओं तथा उनके आधार पर रचे गये साहित्य की कड़ी आलोचना की है। परन्तु फ्रांस ही क्या समूचे यूरोप, यहाँ तक कि समूचे पश्चिम में, जार्ज लूकाच जैसा कोई भी दार्शनिक-साहित्यिक विचारक उत्पन्न नहीं हुआ। मार्क्सवादी आस्थाओं से पूर्णतः अनुप्राणित, हंगरी (Hungary) के इस अद्वितीय सौन्दर्यशास्त्री चिन्तक को कट्टर मार्क्सवादियों द्वारा प्रायः संशोधनबादी (Revisionist) कहकर लांछित किया गया है, परन्तु इतना निर्विवाद है कि साहित्य एवं कला की जितनी गहरी समझ और उनकी अन्तरंग विशेषताओं का जितना समग्र उद्घाटन हमें लूकाच (George Lukach) की कृतियों में प्राप्त होता है, उतना अन्यत्र नहीं। यथार्थवाद के सर्वाधिक प्रामाणिक व्याख्याता के रूप में उसका स्थान निर्विवाद रूप से सुरक्षित है जिसका प्रमाण उसकी 'Studies in European Realism' तथा 'The meaning of Contemporary Realism' कृतियाँ देती हैं। इनके अतिरिक्त 'The Historical Novel' कृति में उसने ऐतिहासिक उपन्यास की प्रकृति का मार्मिक विश्लेषण किया है। 'Essays on Thomas Mann' शीर्षक कृति में उसने जर्मनी के महान् और अपने सर्वाधिक प्रिय लेखक के कृतित्व के अध्ययन के माध्यम से अपनी गहन साहित्यिक चेतना का परिचय दिया है। लूकाच प्रथम मार्क्सवादी चिन्तक है, जिसने 'सौन्दर्यशास्त्र' पर हजारों पृष्ठों में लिखित अपने अभिनव ग्रन्थ के द्वारा एक स्वतन्त्र मार्क्सवादी सौन्दर्यशास्त्र को जन्म दिया है।[54] यह ग्रन्थ अभी अंग्रेजी में अनूदित नहीं हुआ है, परन्तु लूकाच की अद्भुत प्रतिभा को, उसे यूरोपीय जगत् के सर्वोच्च सौन्दर्यशास्त्रीय चिन्तन से सम्बन्धित 'क्रोचे-पुरस्कार' देकर सम्मानित किया गया है। लूकाच के विषय में जार्ज स्टीनर (George Steiner) का यह कथन कि यूरोप में क्रोचे के पश्चात् इतना महान् सौन्दर्यशास्त्रीय चिन्तक और कोई नहीं हुआ, सर्वांशतः सत्य है।[55] लूकाच के साहित्य-चिन्तन का विस्तृत परिचय हम अगले खण्ड में देंगे।

मार्क्सवादी कला-चिन्तन के क्षेत्र में अपेक्षाकृत एक नया किन्तु अत्यन्त सारगर्भित नाम अर्न्स्ट फिशर (Ernst Fischer) का है।[56] आस्ट्रिया के इस कला चिन्तक की जर्मन भाषा में प्रकाशित अनेक कृतियाँ हैं परन्तु 'The Necessity of Art' शीर्षक से अंग्रेजी में अनूदित उसकी कृति मार्क्सवादी दृष्टिकोण से कला की सैद्धान्तिक समस्याओं की विवेचना करने वाली, युद्धोत्तर काल में प्रकाशित, सर्वाधिक महत्त्वपूर्ण तथा एकमात्र कृति है। इस कृति में अर्न्स्ट फिशर ने कला के

उद्भव तथा उसके उद्देश्यों पर अत्यन्त गहराई से विचार करते हुए पूँजीवादी समाज व्यवस्था के अन्तर्गत जन्म लेने वाले विविध कलान्दोलनों तथा कला-प्रवृत्तियों की भी व्याख्या की है।[57] मार्क्सवादी साहित्य-चिन्तन में वस्तु और शिल्प (Content and Form) पर बहुत विचार हुआ है। अर्न्स्ट फिशर ने भी इस कृति में वस्तु और रूप तत्त्व पर विस्तार से अपने विचार व्यक्त किये हैं। पश्चिमी जगत् में दो महायुद्धों के बीच विकसित यथार्थवादी कलाभिरुचियों का उल्लेख करते हुए समाजवाद की स्थापना के साथ यथार्थ के अभिनय रूप में जन्म लेने तथा समकालीन साहित्य एवं कला की जीवन्त दिशाओं का नेतृत्व करने के तथ्य की चर्चा कर उन्होंने इस कृति का समापन किया है। लूकाच की ही भाँति अर्न्स्ट फिशर को भी कट्टर मार्क्सवादी क्षेत्रों में संशोधनवादी कहा गया है। इसका प्रधान कारण उनके द्वारा लिखे गये कुछ निबन्ध हैं जिनमें उन्होंने मार्क्स एवं एंगेल्स की कतिपय मूलभूत स्थापनाओं को नये ढंग से व्याख्यायित किया है। अर्न्स्ट फिशर के इन समस्त विचारों को हम अगले खण्ड में विस्तार से प्रस्तुत करेंगे।

पश्चिमी देशों के अलावा मार्क्सवादी साहित्य-चिन्तन की परम्परा एशियाई देशों में भी समान वैविध्य के साथ सक्रिय रही है। एक साम्यवादी देश होने के नाते चीन इस दिशा में अग्रणी रहा है, गो, भारत में भी मार्क्सवादी साहित्य-चिन्तन की शुरुआत सन् 1936 के आसपास हो गयी थी, जिसे अद्यावधि अनेक महत्त्वपूर्ण विचारकों ने सम्पन्न किया है। भारत में विकसित मार्क्सवादी साहित्य-चिन्तन की प्रधान दिशाओं का उल्लेख हम प्रस्तुत ग्रन्थ के परिशिष्ट रूप में करेंगे, सम्प्रति, इस दिशा में चीन के योगदान का अत्यन्त संक्षिप्त उल्लेख हमारा इष्ट है।

क्रान्ति को सफलता और सन् 1950 में चीनी जनवादी गणतन्त्र की स्थापना के पश्चात् से लेकर अब तक चीन में अनेक महत्त्वपूर्ण परिवर्तन हो चुके हैं। भारत और चीन के बीच, सीमा-विवाद को लेकर, सन् 1962 में एक लघु युद्ध भी हो चुका है, जिसके परिणामस्वरूप सांस्कृतिक आदान-प्रदान की तो बात ही क्या, दोनों देशों के बीच लगभग सामान्य सम्बन्ध भी नहीं हैं। ऐसी स्थिति में चीन में होने वाले साहित्यिक क्रियाकलाप की जानकारी का कोई भी सीधा माध्यम हमें उपलब्ध नहीं है। दूसरे माध्यमों से प्राप्त सूचनाएँ यह बताती हैं कि माओत्से-तुंग के नेतृत्व में जिस सांस्कृतिक क्रान्ति का श्रीगणेश चीन में पिछले वर्षों हुआ, उसके फलस्वरूप स्थितियाँ कुछ इतनी गड्डमड्ड हो गयी हैं कि स्पष्ट रूप से चीनी साहित्य तथा कला-चिन्तन पर कुछ कह पाना सम्भव नहीं है। अनेक मान्यता प्राप्त साहित्यकारों एवं लेखकों ने आत्म-विश्लेषण के दौरान अपनी साहित्य तथा कला-चिन्तनों में आधारभूत गलतियाँ स्वीकार की हैं और कुछ अपने पूर्ववर्ती पदों से अपदस्थ भी हो चुके हैं। माओत्से-तुंग और उनके सहयोगियों की विचारधारा का ही वहाँ प्रभुत्व है, जिसके विषय में रूस का कहना है कि वह नितान्त

मार्क्सवाद-विरोधी, साहित्य तथा कला-विरोधी विचारधारा है। 'माओवाद बनाम संस्कृति' (Maoism Vs Culture) शीर्षक अपनी लघु पुस्तिका में रूसी लेखक बी. बुलातोव (B. Bulatov) ने इस विचारधारा के अन्तर्गत होने वाले सारे 'अतिवादों' का विस्तृत उल्लेख किया है। उनके अनुसार चीन में न केवल सम्पूर्ण प्राचीन कला और संस्कृति को नकार दिया गया है, उन सारे लेखकों, साहित्यकारों एवं कलाकारों को भी अपमानित किया गया है, जो माओत्से-तुंग की विचारधारा से भिन्न, साहित्य एवं कला की सही दिशाओं के अनुगामी थे। यही नहीं, विश्व के मान्यता-प्राप्त जनवादी-समाजवादी लेखकों की भी वहाँ पर्याप्त भर्त्सना हुई है। साहित्य एवं कला की जो भूमिकाएँ आज वहाँ संरक्षण पाये हुए हैं, वे अत्यन्त सतही तथा नाममात्र को ही साहित्यिक या कलात्मक हैं। वस्तुस्थिति की समग्रता को परखे बिना, ऐसी स्थिति में, चीनी साहित्य एवं कला-चिन्तन का कोई भी स्पष्ट चित्र प्रस्तुत करने में हम समर्थ नहीं हैं। जो कुछ सामग्री हमें उपलब्ध है, उसी के आधार पर हम कुछ कह सकते हैं। उदाहरणार्थ, चाऊ यांग (Chou-Yang) के विचार हमें विस्तार से प्राप्त हैं, जिनका उल्लेख हम अगले खण्ड में करेंगे। 'समाजवादी यथार्थवाद' के प्रति चीनी दृष्टिकोण का प्रतिनिधि रूप हमें उसके विचारों से विदित होता है, साथ ही साहित्य एवं कला के कुछ दीगर सवालों पर भी उसने अपने मन्तव्य दिये हैं। चाऊ यांग के अतिरिक्त चूक्वांग चीइन दूसरे व्यक्ति हैं जिन्होंने साहित्य पर राजनीति को प्रमुखता देते हुए माओत्से-तुंग की विचारधारा का समर्थन किया है। ह्यू-फेंग (Hu-Feng) चाऊ यांग तथा माओत्से-तुंग की विचारधारा से सहमत नहीं हैं। उन्होंने न केवल अन्तर्राष्ट्रीय क्रान्तिकारी साहित्य से प्रेरणा लेने की बात कही है, आलोचनात्मक यथार्थवाद (Critical realism) के महान् साहित्य को भी सराहा है। उन्होंने क्रान्तिकारी मानववाद को अपना समर्थन देते हुए माओत्से-तुंग के इस विचार का विरोध किया है कि सांस्कृतिक क्षेत्र में कार्य करने वालों को अनिवार्यतः उसी प्रकार शारीरिक श्रम करना चाहिए जिस प्रकार किसान एवं मजदूर करते हैं। साहित्य को राजनीति का अनुगामी बनाने वाली माओवादी विचारधारा से भी उन्होंने अपनी कतई असहमति प्रकट की है, परन्तु जैसा कि 'माओवाद बनाम संस्कृति' के लेखक ने लिखा है कि ह्यू-फेंग को न केवल संशोधनवादी घोषित कर दिया गया है, उसे अपदस्थ भी होना पड़ा है।[58]

मार्क्सवादी साहित्य अथवा कला-चिन्तन की परम्परा का यह विहंगावलोकन इस तथ्य का प्रमाण है कि जीवन के अन्य बुनियादी सवालों के साथ-साथ मार्क्सवादी विचारधारा ने साहित्य एवं कलाओं के अन्तरंग में भी उतरकर मूलभूत प्रश्नों को व्याख्यायित और विश्लेषित करने का प्रयास किया है। इस विवेचन और विश्लेषण के फलस्वरूप ही मार्क्सवादी विचारधारा, मार्क्सवादी साहित्य तथा

कला-चिन्तन जैसी एक स्वतन्त्र उपलब्धि की नियामक बन सकी है। पिछले अध्याय में हमने मार्क्स-पूर्व तथा मार्क्स की समकालीन एवं परवर्ती साहित्य-चिन्तना का विस्तृत परिचय भी दिया है। उसके सन्दर्भ में मार्क्सवादी साहित्य-चिन्तन की इस परम्परा पर दृष्टिपात कर हम सहज ही उसके वैशिष्ट्य का अनुमान लगा सकते हैं।[58] अगले खण्डों में मार्क्सवादी साहित्य अथवा कला-चिन्तन के वैशिष्ट्य को हम पूरे विस्तार एवं समग्रता में उद्घाटित करेंगे।

सन्दर्भ

1. ...But I was afraid, terribly afraid of making the proposal outright, as I do not know the nature of A. M.'s (Gorky) works (and his works-bent). If a man is busy with an important work, and if this work would suffer from him being turn away for minor things, such as a news paper and journalism, then it would be foolish and criminal to disturb and interrupt him. That is something, I very well understand and feel."

   —Letter to A. V. Lunacharsky.

2. 'Can I quote you'—I asked.

   "No, Why? I don't claim to be an expert in the arts. Since you're a people's commissar you ought to be enough of an authority yourself."

   —Ibid, Lenin and the Arts—A. V. Lunacharsky p. 261-262.

3. 'कलात्मक बिम्ब की सच्चाई तथा यथार्थता इस बात में निहित है कि वह वैचारिक रूपान्तरण और श्रमिक जनता को समाजवाद में दीक्षित करने के काम से जुड़ जाय। उपन्यास और साहित्य-समीक्षा का समाजवादी-यथार्थवाद यही है।'—जदानोव द्वारा सन् 1934 में अखिल रूसी लेखक संघ में दिये गये भाषण से।

4. 'रंगमंच जनता को कम्युनिस्ट शिक्षा देने का एक सशक्त माध्यम है, अतः केन्द्रीय समिति, कला समिति तथा सोवियत लेखक संघ की परिषद् को आदेश देती है कि समकालीन सोवियत जीवन पर नाटकों की रचना की ओर ध्यान दिया जाय।'—केन्द्रीय समिति का प्रस्ताव, 26 अगस्त, 1946।

   'We are not obliged to make room in our literature for tastes and habits that have nothing in common with the morality and traits of Soviet People.

   —Zhadanov.

   'The Soviet people expect from its writers a real armament of ideas, spiritual food which will help it in the fulfilling of the plans of our great construction, in the fulfilment of the plans for the establishment and further development of the agriculture of our country.'

   —Zhadanov.

   —Quoted From 'A Review of Soviet Literature,' Katharine Hunter-Blair-Siddhartha Publications Pvt. Ltd., Delhi, 1966.

5. —A Review of Soviet Literature.

6. "The vitality and importance of realistic art lies in that, it can, and must, discover and bring to light the lofty spiritual qualities and typical positive features in the character of ordinary man and woman, and create vivid artistic images of them, images, that will be an example to others."

—Report by G. Malenkov, at the 19th Party Congress of the Soviet Communist Party. F.L.P. H. Moscow, p. 98.

7. 'The supreme social mission of literature and art is to rally the people for further progress in communist construction.'

—The Great Mission of Literature and Art—Progress Publishers, Moscow, 1964, p. 34.

8. "Any one who wants to be with the people will always be with the Party. Those who firmly adhere to the party stand point will always be with the people." —*Ibid.*, p. 38.

9. 'The Communist Party sees writers and artists as its true friends and assistants, as its reliable supporters in the ideological struggle.' —*Ibid.*, p. 33.

10. 'Literature and Art should be inseparable from the life of the people, should faithfully depict our rich and multiform socialist reality and vividly and convincingly portray the great constructive activities of the Soviet people, their noble aspirations and goals and their high moral qualities.' —*Ibid.*, p. 34.

11. 'A faithful description of the life of society, of the people, in literary works and works of art implies both presenting the positive, bright and vivid aspects of socialist reality, which constitutes its basis, and criticizing shortcomings, revealing and condemning negative facts that hamper our progress.' p. 39.

12. We would not be Marxist-Leninists if we stood aloof and looked in differently and impassively upon attempts to smuggle into our literature and art, bourgeois views alien to the spirit of the Soviet people. p. 43.

13. We call for a vivid art faithfully reflecting the real world in all the multiformity of its colours. Only such an art can bring people joy and pleasure. Man will never lose his artistic perception and will not allow dirty daubs that any donkey could draw with its tail to be palmed off on him as works of art. —*Ibid.*, p. 179.

14. *Ibid.*, p. 40.

15. 'For colse links between Literature and Arts and the life of people.' —*Ibid.*

16. *Ibid.*

17. *Ibid.*

18. *Ibid.*

19. Refer—Soviet Literature. Vol. 7. 1966—Report from the Party's first Secretary. L. I. BREZHNEV.

20. 'A writer or an artist is a spiritual labourer, and therefore, broadly speaking, a member of the working class.'—Refer—The people's New Literature—Cultural Press, Peking—1950, p. 34.
21. 'Any form of old literature of art, which has taken root in the masses, deserves our attention to its reformation. Our first and fundamental task in this respect is of course to improve the contents, and then, the form, so that eventually we may achieve the harmony and unity of both.' —*Ibid.*, p. 32.
22. 'We are not of the opinion that everything in the old literature and art is good and should therefore be preserved...Nor are we of the opinion that everything in the old literature and art is bad and should therefore be discarded, an attitude which totally disregards our national traditions and the sentiments of our people...' —*Ibid.*, p. 34.
23. '...all our writers and artists should maintain an outlook national in scope' —*Ibid.*, p. 34.
24. '...all our writers and artists should maintain an outlook national in scope' —*Ibid.*, p. 34.
25. 'As in Politics, without criticism, it would be difficult to consolidate the literary united front, Mutual criticism is therefore a fine damocratic tradition, which our writers should strive to build up. —*Ibid.*, p. 50.
26. 'To reflect the struggle and the inventive genius of the people and to satisfy their demands on literature, our writers should go deep into reality and make more effort to study the life of the masses, which is an inexhaustible fountain head for all creative-writing.' —*Ibid.*, p. 53.
27. 'Hence, a writer, in discarding direct political effect and pursuing long term political value, will in practice fall into abstract humanism and deny the political quality of art altogether.' —*Ibid.*, p. 80.
28. 'If a writer does not start from the reality of life, whatever course, he may take, whether it be the creation of beautiful imagery, the moulding of fine types, or the enrichment of language, his efforts will result in a fartuous pursuit of formalism.' —*Ibid.*, p. 82.
29. "...But what is the reason for the various unhealthy tendencies found in literary works? Is it because the writer's attitude is too objective or because he sticks too firmly to the subjective stand point of the pettybourgeoisie? ...It is the problem of the standpoint, the problem of how the writer can abandon the subjective stand point of the petty-bourgeoisie without reserve and identify himself with the people both in thought and in life." —*Ibid.*, p. 83.
30. Refer—Lenin on Literature and Art. Progress Publishers, 1967—p. 242.

31. 'The Last outstanding critic of Pre-revolutionary culture, and
32. the first brilliant critic of socialist culture, Lunacharsky lived at
33. a time when the art of the old russian society was already history and the art of a new-world was being born, As a critic Lunacharsky seemed to link these two cultural worlds. Both the line of aesthetical continuity, and the break with accpted aesthetical tradition passed through Lunacharsky's critical heart.'
—'On Literature and Art'—A. V. Lunacharsky-Introduction, p. 5-6. Progress Publishers-Moscow-1965.
34. Refer—V. I. Lenin, On Literature and Art, Pages 203, 214. Progress Publishers—Moscow-1967.
35. *Ibid*—Lenin and the Arts, A. V. Lunacharsky, p. 256-262.
36. 'Wherever we communists speak, whatever language we speak, we speak as communists. We Soviet Writers define the writer's place in social life as communists.'
Sholokhov—Refer, Soviet Literature. Vol. 7, 1966, p. 120.
37. 'Art has always, of all times, been, and remains, dependent on politics, irrespective of whether a writer realizes this or not, whether he likes it or not. For politics is not just newspaper jabber and social functions; it is the supreme expression of the interests of great social classes, nations and states. In so far as a writer is a human being, like any other person, he can not escape the influence of these interests, however much he might like to'—A. Fadeyev-Soviet Literature. Vol. 5. 1964, p. 141.
38. ...It is necessary to have creative abilities or talent...It is necessary to gain experience, skill and mastery in writing......
...It is necessary to work hard, stubbornly and diligently...
...It is necessary to be well grounded, especially in...respect of the facts, in respect of the things, you are writing about.
—*Ibid.*, p. 134.
39. 'The method of socialist realism is not a dogma, not a body of legislation, restricting the scope of creative art or reducing the diversity of creative forms and explorations to literary commandments. On the contrary, socialist realism is a natural expression of the new socialist relations and revolutionary ideology, which is why it preasumes, an unparalleled opportunity for the artist to explore, in unprecedented range of subject-matter, the development of the most diverse forms, genres, styles and artistic means. The fundamental requirement of socialist realism is a true historically specific depiction of life in its revolutionary development. —*Ibid.*, p. 137.
40. The Writer and his craft, p. 11.
41. *Ibid.*, p. 13.
42. *Ibid.*, p. 13.

43. The Writer and his craft, p. 19.

44. साहित्य एवं कला-सम्बन्धी उपर्युक्त विषयों पर लिखने वाले लोगों में यों तो अनेक नाम लिये जा सकते हैं, परन्तु कुछ प्रतिनिधि लेखकों के नाम इस प्रकार हैं–अलेक्जेण्डर बरोव (सौन्दर्यशास्त्र के दो प्रश्न), अलेक्जेण्डर करागनोव (Freedom for the artist—Soviet Litt. I. 58 अलेक्सी सुरकोव, ब्लाडीमीर शरबीना, जार्जी लोमीदज, ब्लाडीमीर थरमीलोव रोमन समारिन, निकोलाइ गेइ, लिनोइ नोविशेंको (Humanism in Modern Literature विषय पर परिसंवाद में भाग लेने वाले लेखक वही Vol. 10, 1962).

सुरेन गैसारयाँ (Suren Gaisaryan—The times, the novel, the reader—वही, Vol. II, 1963), अलेक्जेण्डर निगोव (The art of the true story—वही, Vol. 8, 1964), ब्लाडीमीर शरबीना (The Nature of the General laws of Literature—वही, Vol. 7. 1966), वोरिन रुनीन (System and Harmony—वही, Vol. 8, 1966), इगोर शेरनोस्तन (Igor Chernoustan—For Sober analysis—वही, VoL. 12, 1966), माइकेल इसाकोवस्की, बोरिस रुश्योव, एडरियन माकेदोनोव, ब्लाडीमीर गुसेव (Problems of Poetry—परिचर्चा—वही, Vol. I, 1969), दिमित्री लाइखाशोव (The Inner world of a work of Art—वही, Vol. 3, 69), जार्जी बर्योज्को, यूरी कजाकोव, अलफान्सज़ बिलियुस्कस (Alfonsas Bieliauskas), इफिम परमिटिन, फाजिल इकसंदर (The Plasticity of Prose), वही, Vol. 4, 1969), वीरा स्मिरनेवा (Purity and youthfulness of Emotion—वही, Vol. 4, 1969), सर्जी जल्यागिन (Literary Language and Literary character—वही, Vol. 11, 1969), आदि-आदि। ये कुछ नाम हैं, ऐसे ही अनेक लोगों ने महत्त्वपूर्ण विषयों पर अपने निबन्ध सोवियत लिटरेचर पत्रिका में समय-समय पर प्रकाशित कराए हैं, जिनका उपयोग हम करेंगे।

45. Modern American Criticism. 'Liberal and Marxist Criticism'—by Walter Sutton, Prentice Hall Inc Englewood Cliffs New Jersey 1963., p. 60.

46. 'Its pessimism and its chaos are the products of the passing of an old tradition and old faith, and the failure on the part of its writers to discover a new tradition and a new faith'. —*Ibid.*, p. 62.

47. "No Katharsis can be effected by a writer who is not consciously up in arms against capitalism, who does not visualize the free, rational society of the future." '...the proletarian Katharsis is a release through action.' —*Ibid.*, p. 66.

48. '...the person who looks at life from the point of view of the exploiting class inevitably distoris it, whereas the person who regards it from the proletrian point of view is capable of accurate and clarifying interpretation.' —*Ibid.*, p. 68.

49. "The history of Literature Is largely dominated by writers distinguished in their lives and work by their compassion for people and their love of people-rather than by their cynicism,

distinguished further by their 'partisan' espousal of those social movements in their time, that were forward looking, often radical. This is not the complete history of all literature, but it is as a matter of record its dominant trend. And How could it be otherwise..." 'The Citizen Writer'—International Publishers, New York, p. 14.

50. 'Capitalism, especially in its stage of decav, is essentially and increasingly antagonistic to art and the real values of culture, p. 9.
—Culture is a changing word, New Century Publishers New York 1947.

51. "The issue therefore is not whether he should produce things that have social meaning; he can not help doing so. The issue really is whether his social product reflects truth or distorts it, and thereby serves progress or reaction. The artist, sooner or later, must make his choice." —*Ibid.*, p. 11.

52. the root philosophy of bourgeois politics and Culture today, as throughout the epoch od decaying capitalism is Idalism', p. 12.

53. "In disclosing the historical roots and the role of ideas in social development, Marxism further provides a Scientific understanding of the nature and function of art in history, which cuts the ground from under all idealizing approaches to art, all conceptions of art as something inherently independent of social reality and the class structure of society". —*Ibid.*, p. 69.

54. अपनी इस कृति के समर्पण में हावर्ड फास्ट ने लिखा है–
"In the memory of Ralph Fox and Cristopher Caudwell, who believed that the practice of literature could not be separated from the struggle for man's liberation, and who, in defence of that belief, laid down their lives in Spain, fighting for the freedom of Spain and mankind, against Franco and against Fascism."

55. 'Introduction to a Monograph on Aesthetics' शीर्षक से 'The New Hungarian Quarterly' पत्रिका के सन् 1964 के 14वें अंक में इस ग्रन्थ की भूमिका प्रकाशित हुई है।

56. "No contemporary western critic, with the possible exception of Croce, has brought to bear on literary problems a philosophic equipment of comparable authority."
—'Marxism and the Literary Critic—George Steiner, Encounter-Nov. 1958, p. 36.

57. अर्न्स्ट फिशर आस्ट्रिया की 1945 की अस्थायी (Provisional) सरकार में शिक्षा-मन्त्री रह चुके हैं। सन् 1959 से उनका सारा समय साहित्य एवं कला-चिन्तन को ही समर्पित है।

58. Maoism Vs Culture—B. Bulatov—Moscow, p. 13.

खण्ड : 3

मार्क्सवादी साहित्य-चिन्तन के प्रमुख पुरस्कर्ता

- कार्ल मार्क्स और फ्रेडरिक एंगेल्स
- वी. आई. लेनिन
- लियो ट्राटस्की
- माओत्से-तुंग
- जी. वी. प्लेखानोव
- ए. वी. लूनाचरस्की
- मैक्सिम गोर्की
- क्रिस्तोफर काडवेल
- राल्फ फाक्स
- हावर्ड फास्ट
- जार्ज लूकाच
- अर्न्स्ट फिशर
- चाऊ यांग

1
प्रमुख पुरस्कर्ताओं का साहित्य-चिन्तन

पिछले खण्ड में हमने मार्क्स-पूर्व साहित्य-चिन्तन की एक संक्षिप्त आकृति प्रस्तुत करते हुए, मार्क्स के समकालीन एवं परवर्ती साहित्य-चिन्तन की भी प्रमुख दिशाओं का संक्षिप्त उल्लेख कर, यह दिखाने का प्रयास किया है कि आखिर मार्क्सवादी साहित्य-चिन्तन से भिन्न साहित्य एवं कला सम्बन्धी दूसरे दृष्टिकोणों का स्वरूप क्या और कैसा रहा है, ताकि उनकी सापेक्षता में हम मार्क्सवादी साहित्य-चिन्तन को अलग से पहचान सकें। मार्क्सवादी साहित्य-चिन्तन के प्रस्थान-बिन्दु का उल्लेख करते हुए हम मार्क्सवादी साहित्य-चिन्तन की अद्यावधि समूची परम्परा का एक विहंगावलोकन भी कर चुके हैं। जैसा कि हमने देखा, इस नये चिन्तन को सम्पन्न और समृद्ध करने में देश-विदेश के रचनाकारों और विचारकों का महत्त्वपूर्ण योग रहा है। इन रचनाकारों और विचारकों का सम्मिलित चिन्तन ही मार्क्सवादी साहित्य-चिन्तन के नाम से जाना और समझा जाता है। इसके अन्तर्गत विचारकों ने साहित्य एवं कला के उद्भव, उनकी रचना-प्रक्रिया, रचना के उपकरणों, रचना के सौन्दर्य-पक्ष, उस सौन्दर्य के स्रोतों, रचना के प्रभाव, जीवन की अन्य भूमिकाओं के साथ उसके सम्बन्ध, उसके प्रयोजन, आदि-आदि अनेक विषयों पर विस्तार से अपने मन्तव्य प्रकट किये हैं। विहंगावलोकन के क्रम में इन विषयों में से कुछ पर, कतिपय विचारकों के दृष्टिकोण का संक्षिप्त परिचय हम दे चुके हैं। परन्तु कुछ दूसरे और अधिक महत्त्वपूर्ण विचारक हैं, पिछले खण्ड में हमने जिनका उल्लेख मात्र किया था, ताकि प्रस्तुत खण्ड में उनके चिन्तन को हम विस्तार से पाठकों के समक्ष प्रस्तुत कर सकें। वस्तुतः यही वे विचारक हैं, मार्क्सवादी साहित्य-चिन्तन के निर्माण में जिनका सर्वाधिक योग है। इन विचारकों के चिन्तन को प्रस्तुत करने के उपरान्त ही हम इस स्थिति में होंगे कि उसके माध्यम से मार्क्सवादी साहित्य अथवा कला-चिन्तन की एक व्यवस्थित और समग्र आकृति से पाठकों को परिचित करा सकें। अस्तु—

जैसा कि हम पिछले खण्ड में कह चुके हैं, मार्क्सवादी साहित्य अथवा

कला-चिन्तन के निर्माण में दो प्रकार के विचारकों का प्रधान योग रहा है। प्रथमतः वे विचारक हैं, साहित्य एवं कला का अध्ययन जिनका प्रधान कार्य-क्षेत्र नहीं रहा, जो मूलतः दार्शनिक, सामाजिक अथवा राजनीतिक विचारक हैं तथा जीवन की अन्य बुनियादी समस्याओं पर चिन्तन करने के क्रम में जिन्होंने प्रसंगतः साहित्य एवं कला पर भी अपने मन्तव्य प्रकट किये हैं। प्रस्तुत खण्ड में ऐसे विचारकों के अन्तर्गत हम मार्क्स, एंगेल्स, लेनिन, ट्राटस्की और माओत्से-तुंग के साहित्य एवं कला-सम्बन्धी विचारों का उल्लेख करेंगे। दूसरे प्रकार के विचारकों में वे लोग हैं जो मूलतः साहित्य एवं कला के क्षेत्र में कार्य करने वाले हैं, तथा जिन्होंने साहित्य एवं कला की विविध समस्याओं को निकट से जाना और परखा है तथा एक प्रामाणिक व्यक्ति के नाते उन पर अपने विचार प्रकट किये हैं। मार्क्सवादी साहित्य और कला-चिन्तन को इनका प्रदेय सर्वाधिक महत्त्वपूर्ण है। इन विचारकों के अन्तर्गत प्रस्तुत खण्ड में हम जी. वी. प्लेखानोव, ए. वी. लूनाचरस्की, मैक्सिम गोर्की, क्रिस्तोफर काडवेल, राल्फ फाक्स, जार्ज लूकाच, अर्न्स्ट फिशर तथा चाऊ-यांग के साहित्य एवं कला-चिन्तन की चर्चा करेंगे। इस चर्चा के उपरान्त ही अगले खण्ड में मार्क्सवादी साहित्य-चिन्तन की एक समग्र आकृति प्रस्तुत करने की दिशा में हमारा कार्य सुगम हो सकेगा।

कार्ल मार्क्स और फ्रेडरिक एंगेल्स (1)

मार्क्स और एंगेल्स की गणना हम मार्क्सवादी साहित्य-चिन्तन के प्रवर्तक-पुरस्कर्ताओं में कर सकते हैं। यह तथ्य कदाचित् अधिक विदित न हो मार्क्स, दार्शनिक-समाजशास्त्रीय चिन्तक होने के साथ-साथ, साहित्य एवं कला-प्रेमी भी थे। समकालीन लेखकों और कलाकारों के कृतित्व के अतिरिक्त उन्होंने पूर्ववर्ती विशिष्ट लेखकों और कलाकारों की कृतियों का भी गम्भीरतापूर्वक अध्ययन किया था। समकालीन लेखकों तथा इतर व्यक्तियों से हुआ उनका पत्राचार साहित्य एवं कला-सम्बन्धी उनकी अभिरुचि को ही नहीं, इन विषयों में उनकी मर्मज्ञता तथा एक स्तर तक, विशेषता का भी साक्षी है। अपनी युवावस्था में मार्क्स ने स्वरचित कविताओं के दो स्वतन्त्र संकलन भी तैयार किये थे तथा प्रौढ़ वय में उनकी इच्छा फ्रांस के महान् यथार्थवादी कथाकार बाल्ज़क (Balzac) पर एक स्वतन्त्र ग्रन्थ लिखने की भी थी। बाल्ज़क के अतिरिक्त अपने दूसरे प्रिय लेखक शेक्सपियर (Shakespeare) पर भी वे अपने विचारों को सूत्रबद्ध करना चाहते थे। कहने का तात्पर्य यह कि साहित्य तथा कला-चिन्तन के क्षेत्र में मार्क्स के विचार—वे प्रत्यक्ष अथवा परोक्ष किसी भी रूप में सामने आये हों—साहित्य एवं कला में महज़ सामान्य रूप से रुचि रखने वाले व्यक्ति के विचार न होकर एक ऐसे व्यक्ति के विचार हैं, जिन्हें मार्क्सवाद के अनुयायी कला-चिन्तकों ने ही नहीं, गैर-मार्क्सवादी साहित्य एवं कला-चिन्तकों ने भी गम्भीरतापूर्वक ग्रहण किया है, और उनके

माध्यम से मार्क्सवादी कला-चिन्तन की आधार-भूमि को समझने की कोशिश की है।

मार्क्सवादी साहित्य-चिन्तन की प्रस्थान-भूमि के रूप में हम 'ए कण्ट्रीब्यूशन टू दी क्रिटीक ऑफ पोलिटिकल इकोनॉमी, (A Contribution to the critique of Political Economy) कृति में व्यक्त मार्क्स के उस वक्तव्य का उल्लेख कर चुके हैं जिसके अन्तर्गत उन्होंने निम्नलिखित प्रमुख स्थापनाएँ दी हैं–

– साहित्य एवं कला विचारधारा का ही एक रूप है,
– वे मूलतः समाज के आर्थिक-भौतिक जीवन से उत्पन्न एवं उसी पर स्थित तथा आधारित हैं,
– आर्थिक-भौतिक धरातल पर परिवर्तन होने के साथ ही साहित्य, कला अथवा विचारधारा के अन्य रूपों में भी कमोबेश उसी तेज़ी के साथ परिवर्तन हो जाता है,
– तथा ऐसे परिवर्तनों पर विचार करते समय हमें उत्पादन की आर्थिक परिस्थितियों–जिन्हें पदार्थ-विज्ञान की भाँति ठीक से आँका जा सकता है, एवं विचारधारा के रूपों–जिनमें मनुष्य इस संघर्ष के प्रति सचेत रहता है, के बीच भेद करना चाहिए।[1]

इस तथ्य से स्पष्ट है कि मार्क्स साहित्य एवं कला को समाज के आर्थिक या भौतिक जीवन से निःसृत एवं उस पर आधारित मानते हुए भी, उन्हें निष्क्रिय रहकर प्रभावित होने वाला स्वीकार न कर, उनकी अपनी विशिष्ट प्रभाव क्षमता को भी महत्त्व देते हैं। जैसा कि हम आगे चलकर देखेंगे, मार्क्स की इस मान्यता को उसकी तात्विकता में न समझ पाने के कारण गैर-मार्क्सवादी ही नहीं, मार्क्सवादी रचनाकारों तथा विचारकों तक से महत्त्वपूर्ण गलतियाँ हुई हैं, उनके द्वारा प्रस्तुत की जाने वाली मार्क्सवादी साहित्य दृष्टि तो अस्पष्ट और विकृत हुई ही है।

मार्क्स का कथन है कि जिस प्रकार किसी व्यक्ति के विषय से हमारी धारणा इस बात पर निर्भर नहीं करती कि वह खुद अपने बारे में क्या कहता है, ठीक उसी प्रकार रूपान्तरण के किसी युग को हम मात्र उसकी अपनी चेतना से नहीं परख सकते। इस चेतना की व्याख्या करने के लिए हमें भौतिक जीवन की असंगतियों, उत्पादन की शक्तियों एवं उत्पादन-सम्बन्धों के बीच विद्यमान संघर्ष को देखना होगा। कोई भी सामाजिक व्यवस्था तब तक समाप्त नहीं होती जब तक कि वे सारी उत्पादन-शक्तियाँ, जिनके लिए उसके अन्तर्गत स्थान है, पूरी तरह विकसित नहीं हो जातीं। उत्पादन के नये और उच्चस्तरीय सम्बन्ध भी तब तक सामने नहीं आते जब तक कि उनके अस्तित्व की भौतिक परिस्थितियाँ पुरानी समाज व्यवस्था के गर्भ में ही विकसित और परिपक्व नहीं हो जातीं। यही कारण है कि मनुष्यता सदैव उन्हीं कार्यों का जिम्मा लेती है, जिन्हें वह हल कर सकती है।[2]

मार्क्स के ये उद्धरण आर्थिक धरातल तथा उसमें होने वाले परिवर्तनों के

फलस्वरूप उस पर खड़े वैचारिक उत्सदन (Ideological Superstructure) के रूपान्तरण की स्थिति को स्पष्ट कर देते हैं। एंगेल्स ने, जो मार्क्सवादी विचारधारा की निर्मिति में, मार्क्स के अभिन्न सहयोगी थे, मार्क्स के उक्त कथन को और भी स्पष्ट करके प्रस्तुत किया है, ताकि भ्रान्ति के लिए कहीं भी कोई गुंजाइश न रह जाय। उनका कथन है कि 'राजनीतिक, विधिक, दार्शनिक, धार्मिक, साहित्यिक एवं कलात्मक विकास निश्चित रूप से आर्थिक विकास पर आधारित रहता है, परन्तु विचारधारा के इन रूपों में आपसी क्रिया-प्रतिक्रिया भी चलती है तथा ये आर्थिक-भौतिक धरातल को भी अपनी क्रिया-प्रतिक्रिया की परिधि में ले लेते हैं। ऐसा नहीं है कि मात्र आर्थिक स्थिति ही कारण हो और सदैव वही सक्रिय रहती हो, शेष सब निष्क्रिय रूप से प्रभात ग्रहण करते हों। आर्थिक आवश्यकता के अनुरूप उनमें परस्पर क्रिया-प्रतिक्रिया होती हैं, हाँ, निर्णायक भूमिका अवश्य आर्थिक आवश्यकता की ही होती है।'[3] एक अन्य स्थान पर तो एंगेल्स ने अपनी बात और भी स्पष्ट कर दी है कि 'बदले में विचारधारा के ये रूप आर्थिक या भौतिक धरातल पर भी प्रभाव डालते हैं और कतिपय सीमाओं के भीतर उसे संशोधित भी कर सकते हैं?[4]

कहने का तात्पर्य यह कि आर्थिक धरातल अथवा आर्थिक-भौतिक जीवन साहित्य एवं कला को प्रभावित करता है, साहित्य एवं कला का विकास उससे नियन्त्रित होता है, साहित्य एवं कला उस पर आधारित होती हैं, परन्तु ऐसा नहीं होता कि वे सदैव निष्क्रिय होकर प्रभाव ही ग्रहण करती हों। ऐसे क्षण भी आते हैं जब वे आर्थिक तथा भौतिक जीवन पर अपना प्रभाव भी डालती हैं, और उसे संशोधित भी कर देती हैं। यह साहित्य एवं कला की, मार्क्स एवं एंगेल्स द्वारा की गयी वह व्याख्या है, जो उनकी विशिष्ट प्रभाव-क्षमता को स्पष्ट शब्दों में स्वीकृति देती है। सामाजिक क्रान्ति अथवा सामाजिक पुनर्निर्माण में, साहित्य एवं कला कौन सी महत्त्वपूर्ण भूमिका अदा करते हैं या कर सकते हैं, इसे मार्क्स और एंगेल्स के उक्त कथनों के सन्दर्भ में ही समझा जा सकता है।

कला के उद्भव में श्रम (Labour) की भूमिका प्रतिपादित करते हुए एंगेल्स का कथन है कि कच्चे लोहे अथवा पत्थरों से चाकू के निर्माण तक के बीच काल की इतनी लम्बी अवधि बीत चुकी होगी, जिसकी तुलना में वह ऐतिहासिक युग जिससे हम परिचित हैं, अमहत्त्वपूर्ण माना जायगा। परन्तु एक निर्णायक कदम उठ चुका था। मनुष्य का हाथ मुक्त हो गया था। अब उसमें अधिक क्षमता तक परिष्कृति की पूरी सम्भावनाएँ विकसित हो गयी थीं। इस प्रकार हाथ श्रम का अवयव ही नहीं, उसकी उपज भी हैं। श्रम के फलस्वरूप, उत्तराधिकार में प्राप्त अपनी क्रमशः विकसित शक्ति एवं गठन तथा एक अत्यधिक लम्बे कालखण्ड के दौरान निरन्तर नये-नये, अधिक बारीक, कुशलता की अपेक्षा रखने वाले अधिक महत्त्वपूर्ण कार्यों में लगने से उत्पन्न अभ्यास तथा क्षमता का ही परिणाम है कि आज वह इतनी परिष्कृति पा सके हैं कि उनके द्वारा राफेल (Raphael) के चित्रों, थोरवाड्सेन (Thorwaldsen)

की मूर्तियों एवं पेगानिनी (Paganini) के संगीत का निर्माण हो सके।[5]

मनुष्य को एक सचेतन प्राणी की संज्ञा देते हुए मार्क्स प्राणियों की इतर नस्लों से उसका वैशिष्ट्य इस आधार पर भी प्रमाणित करते हैं कि जहाँ पशु, पक्षी, कीड़े, मकोड़े केवल अपने लिए अथवा अपनी सन्तान की तात्कालिक आवश्यकताओं की पूर्ति के लिए, तत्कालीन भौतिक आवश्यकताओं के प्रभाव में, उत्पादन करते हैं, वहाँ मनुष्य भौतिक जरूरतों से मुक्त होने पर उत्पादन करता है। वे केवल अपने आपका उत्पादन करते हैं, जबकि मनुष्य समूची प्रकृति का पुनरुद्धरण करता है। उनके उत्पादनों का सम्बन्ध सीधे उनके अपने शरीर से होता है, जबकि मनुष्य अपने उत्पादन को स्वतन्त्र रूप प्रदान करता है। पशु केवल अपनी जाति की आवश्यकता भर उत्पादन करते हैं, जबकि मनुष्य हर जाति की माप के अनुसार उत्पादन करता है। इस प्रकार मनुष्य सौन्दर्य के नियमों के अनुसार भी सृजन करता है।'[6]

मनुष्य की सौन्दर्य-चेतना के विकास की चर्चा करते हुए मार्क्स का कहना है कि सामाजिक मनुष्यों का इन्द्रिय बोध असामाजिक मनुष्य के इन्द्रिय बोध से भिन्न होता है। संगीत-बोध से शून्य कानों के लिए बढ़िया से बढ़िया संगीत भी निरर्थक है।...मनुष्य की पाँच ज्ञानेन्द्रियों की रचना अब तक के संसार के समूचे इतिहास का कार्य है। एकदम व्यावहारिक आवश्यकताओं तक ही इन्द्रियों को सीमित मानना, उन्हें अत्यधिक संकीर्ण अर्थों में ग्रहण करना है।...भूखे मनुष्य के भोजन और पशु के भोजन में कोई अन्तर नहीं है। दरिद्रता और चिन्ता से ग्रस्त मनुष्य के लिए अच्छे नाटक का कोई अर्थ नहीं है। धातु का व्यापारी धातु के सौन्दर्य को नहीं केवल उसके बाजार-भाव को देखता है। अस्तु, मानवीय अस्तित्व के सैद्धान्तिक और व्यावहारिक दोनों भूमियों पर, वस्तुनिष्ठीकरण से यही अर्थ है कि मनुष्यों के इन्द्रिय-बोध को मानवीय बनाया जाय, साथ ही ऐसे मानवीय बोध की रचना की जाय, जो मानवीय और प्राकृतिक जीवन की व्यापक सम्पन्नता के अनुकूल हो।[7]

भौतिक तथा कलात्मक उत्पादन के बीच असमान सम्बन्धों की चर्चा करते हुए 'ए कंट्रीब्यूशन टू दी क्रिटीक ऑफ पोलिटिकल इकोनॉमी' कृति में मार्क्स कहते हैं '...यह तथ्य भलीभाँति विदित है कि कला के उच्चतम विकास के कुछ युगों का समाज के सामान्य विकास से कोई सीधा सम्बन्ध नहीं है। यही नहीं, समाज के भौतिक आधार तथा उसके संगठन के ढाँचे से भी उनका कोई प्रत्यक्ष सम्बन्ध नहीं दिखाई पड़ता।'[8] इस सिलसिले में उन्होंने आधुनिक राष्ट्रों, यहाँ तक कि शेक्सपियर की तुलना में ग्रीकों का दृष्टान्त दिया है। ईपास (Epos) जैसे महाकाव्यात्मक कला-रूप का उदाहरण भी उन्होंने इस तथ्य का प्रतिपादन करने के क्रम में दिया है कि 'कला के क्षेत्र में, उसके कुछ प्रमुख रूपों को सर्जना, उसके विकास की निम्नस्तरीय अवस्था में ही सम्भव हो सकती हैं। यदि यह बात कला के ही क्षेत्र में, उसके विविध रूपों के परस्पर सम्बन्धों के विषय में सत्य है, तो यह अधिक आश्चर्य की बात न होगी यदि उसे समाज के साधारण विकास के साथ

समूची कला के सम्बन्धों पर लागू किया जाय। कठिनाई केवल इन असंगतियों के सामान्य निरूपण में होती है। प्राचीन युग के कला-रूपों का उदाहरण देते हुए और आधुनिक विकसित समाज में उनकी रचना को असम्भव बताते हुए मार्क्स एक अत्यन्त महत्त्वपूर्ण समस्या उठाते हैं—'कठिनाई इस बात को समझने में नहीं है कि ग्रीक कला तथा ईपास का सम्बन्ध सामाजिक विकास के कुछ खास रूपों से है, मुख्य कठिनाई इस बात को समझने की है कि वे आज हमारे आन्नद और सौन्दर्य का स्रोत क्योंकर बने हुए हैं, और कुछ अर्थों में तो एक ऐसे आदर्श के रूप में स्थित हैं, जिस तक पहुँचना आज़ सम्भव ही नहीं है।'[9] इस समस्या का समाधान करते हुए उनका निष्कर्ष है कि—'कोई भी मनुष्य एक बार फिर से बच्चा नहीं बन सकता, जब तक कि वह बचकानी हरकतें ही न करने लगे। परन्तु क्या वह एक बच्चे के कलाहीन क्रियाकलापों का आनन्द नहीं लेता और क्या उसे इस सच्चाई को अधिक ऊँचे स्तर पर पुनः प्रतिष्ठित करने का प्रयास नहीं करना चाहिए? क्या प्रत्येक युग की पुनः प्रतिष्ठा, प्रकृति के निकट बिल्कुल सही रूप में, बच्चे की प्रकृति में नहीं होती? ऐसी स्थिति में मनुष्यता का वह सामाजिक शैशव, जिसके अन्तर्गत उसने अपना सुन्दरतम विकास किया है, एक ऐसे युग के रूप में हमारे शाश्वत आकर्षण की वस्तु क्यों न बने, जिसका दुबारा लौटना असम्भव है? कुछ बच्चे कुपोषित होते हैं, और कुछ सुपोषित। बहुत से पुराने राष्ट्र सुपोषित बच्चों की कोटि में आते हैं। ग्रीक लोग औसत बच्चों की कोटि में आते हैं। ग्रीक लोग औसत बच्चों की भाँति थे। उनकी कला का जो आकर्षण हमारे लिए है, वह उस आदिम समाज-व्यवस्था की सम्पूर्ण अनुकूलता में है, जिससे उसका जन्म हुआ है। वह तो उस पिछली कोटि की उपज है और इस कारण है कि जिन अपरिपक्व सामाजिक स्थितियों में उसका उदय हुआ था, और जिनके भीतर ही उसका उदय हो सकता था, वे अब दुबारा लौटकर न आयेंगी।'[10]

पूँजीवादी समाज-व्यवस्था के अन्तर्गत किस प्रकार पैसा ही प्रमुख हो जाता है,[11] इस तथ्य पर टिप्पणी करते हुए मार्क्स का कहना है कि 'कोई व्यक्तित्व क्या है, और क्या कर सकता है, यह बात उसके अपने व्यक्त्वि या निजता के आधार पर निश्चित नहीं होती, वरन् पैसे के आधार पर होती है। पैसे की शक्ति तथा क्षमता उस मनुष्य की शक्ति तथा क्षमता बन जाती है। पैसे के बल पर, अत्यन्त कुरूप होते हुए भी, वह एक सुन्दर युवती को खरीद कर, अपनी कुरूपता को दाद दे सकता है।...बेईमान, दुष्ट, और निहायत मन्दबुद्धि के बावजूद इस कारण समाज में प्रतिष्ठा प्राप्त कर लेता है कि समाज में व्यक्ति की नहीं, पैसे की प्रतिष्ठा है।...यदि वह साहस और शौर्य को खरीदने की क्षमता रखता है, तो वह साहसी तथा शूरवान है, भले ही वास्तव में वह नितान्त कायर क्यों न हो।'[12] पूँजीवादी समाज-व्यवस्था में पैसे की यह प्रभुता समस्त मानवीय सम्बन्धों को तोड़

कर रख देती है। इस व्यवस्था में पैसे के बल पर कुछ भी खरीदा जा सकता है। पूँजीवादी-बुर्जुआ वर्ग के उदय के साथ वस्तुतः क्रान्तिकारी परिवर्तनों का युग प्रारम्भ होता है। बुर्जुआ-वर्ग जहाँ भी गया है, उसने पुरानी समाज-व्यवस्था के सारे चिह्न जड़ से समाप्त कर दिये हैं। जो कार्य अभी तक आदर और सम्मान की दृष्टि से देखे जाते थे, बुर्जुआ-वर्ग के उदय के साथ ही वे पैसे के तराजू पर तौले जाने लगे। डॉक्टर, वकील, पादरी, कवि, वैज्ञानिक, सब वेतनभोगी मजदूरों के रूप में बदल गये।[13] सारे विश्व के बाजारों का शोषण करके बुर्जुआ-वर्ग ने प्रत्येक देश के उत्पादन तथा उपयोग को विश्वजनीन बना दिया है। ऐसे कारखाने सामने आये हैं जिनमें निर्मित वस्तुएँ महज़ उस देश के ही उपयोग में नहीं आतीं, जहाँ वे स्थित हैं, वरन् समूचा विश्व जिनका उपयोग करता है। यही बात, राष्ट्रों की बौद्धिक निर्मितियों के बारे में कही जा सकती है। बौद्धिक निर्मितियाँ, इस बुर्जुआ समाज-व्यवस्था में देश-विशेष की सम्पत्ति न रहकर, समूचे विश्व की सम्पत्ति बन गयी है। संकीर्ण तथा एकांगी राष्ट्रवादिता अधिकाधिक असम्भव होती गयी है और अनेक स्थानीय तथा राष्ट्रीय साहित्यों के स्थान पर एक विश्व-साहित्य का उदय हुआ है।[14] इतिहास में बुर्जुआ-वर्ग की इस क्रान्तिकारी भूमिका का 'साम्यवादी पार्टी के घोषणा-पत्र' शीर्षक अपनी युगान्तरकारी कृति में मार्क्स तथा एंगेल्स ने विस्तार से वर्णन किया है।

साहित्य एवं कला की अपनी विशिष्ट प्रकृति के प्रति मार्क्स कितने सजग थे, इसका परिचय हमें फर्डीनेण्ड लेसेल को लिखे गये उनके उस पत्र से मिलता है, जो उन्होंने उसकी नाट्य कृति को पढ़ने के उपरान्त अपनी प्रतिक्रिया व्यक्त करते हुए उसे लिखा था। उन्होंने लिखा था कि 'चूँकि तुमने छन्दों में लिखना पसन्द किया, अतः तुम अपनी कृति को और भी कलात्मक रूप दे सकते थे।...पेशेवर कवियों के लिए तो इस प्रकार की असावधानी और दुःखद हो उठती है।'[15] उन्होंने उसे शिलर की अपेक्षा शेक्सपियर का अनुकरण करने की सलाह दी थी, कारण शिलर के पात्र, उनके विचार से, मात्र सामयिक चेतना के प्रवक्ता बनकर रह जाते हैं।[16]

'शैली को मानव-व्यक्तित्व का पर्याय कहा गया है, परन्तु यह कैसे सम्भव हो सकता है, जब कानून मुझे लिखने का अधिकार तो देता है, परन्तु इस शर्त पर कि मैं एक ऐसी शैली में लिखूँ, जो मेरी न हो। अपनी आत्मा की आकृति मैं एक निर्धारित अभिव्यक्ति के अन्तर्गत प्रदर्शित करूँ। निर्धारित अभिव्यक्ति के केवल यही अर्थ हैं कि एक सुन्दर चेहरे को असुन्दर लिबास पहना दिया जाय।'[17] इन शब्दों में मार्क्स ने बाह्यदेशों का विरोध करते हुए आत्मा के आदेशों को प्रमुखता दी है।

समाजवादी मानववाद की व्याख्या करते हुए मार्क्स कहते हैं कि निजी सम्पत्ति की भावना ने हमें इतना एकांगी और मूर्ख बना दिया है कि हम किसी वस्तु को तब तक अपना नहीं समझते हैं, जब तक कि वह पूर्णतः हमारे अधिकार

में आकर हमारी अपनी पूँजी न बन जाय।[18] यही कारण है कि इस भावना का समाप्त होना आवश्यक है। 'निजी सम्पत्ति को समाप्त कर देने के अर्थ हैं सभी मानवीय बोधों और रुझानों की पूर्ण मुक्ति, उन बोधों और रुझानों का—वस्तुनिष्ठ और आत्मनिष्ठ दोनों रूपों में मानवीय बन जाना।'[19] साम्यवादी मानववाद की प्रतिष्ठा का मूलाधार यही है।[20] कलाकार के धर्म या दायित्व की चर्चा करते हुए उनका कहना है कि 'अस्तित्व की रक्षा के लिए और अपनी सर्जना को जारी रखने के लिए कलाकार का जीविका उपार्जन करना स्वभावतः अनिवार्य है, परन्तु उसे महज इस कारण जीना और लिखना नहीं है, ताकि वह जीविकोपार्जन कर सके। रचनाकार का कृतित्व साधन न होकर उसके लिए साध्य होता है, यहाँ तक कि उसके लिए रचनाकार अपने अस्तित्व का बलिदान तक कर देता है।'[21] प्रेस तथा अभिव्यक्ति की स्वतन्त्रता पर टिप्पणी करते हुए उनका कहना है कि 'प्रेस की पहली स्वतन्त्रता उसके व्यापार न बनने में है।'[22] जो लेखक इस स्वतन्त्रता को भौतिक साधन हस्तगत करने के स्तर पर गिरा देते हैं, और इस प्रकार आन्तरिक स्तर पर उससे वंचित हो जाते हैं, उनके लिए सबसे बड़ा दण्ड यही है कि उन्हें उसके बाह्य रूप से भी वंचित किया जाय, अर्थात् उन पर सेन्सरशिप लागू की जाय।'[23] बाल्ज़क तथा 18वीं शती के अंग्रेजी-यथार्थवादी कथाकारों—डिकेंस तथा थेकरे आदि की उन्होंने इस कारण भूरि-भूरि प्रशंसा की है कि उन्होंने अपने युग के सामाजिक यथार्थ को अद्भुत सच्चाई के साथ अपनी कृतियों में चित्रित किया है।[24]

मार्क्स के साहित्य तथा कला-सम्बन्धी ये विचार, जैसा कि हम कह चुके हैं, उनकी साहित्य तथा कला-मर्मज्ञता के स्पष्ट प्रमाण हैं, और किसी बाहरी व्यक्ति के विचार न होकर एक ऐसे मनीषी की आकृति को प्रस्तुत करते हैं जो जीवन की अन्य बुनियादी समस्याओं के साथ साहित्य एवं कला के अन्तरंग को भी निकट से देख और पहचान सका था। 'कला के वास्तविक आस्वाद के लिए व्यक्ति की कलात्मक दृष्टि से सुसंस्कृत भी होना चाहिए, मार्क्स का यह कथन इस सन्दर्भ को और भी स्पष्ट कर देता है।'[25]

यही साहित्य तथा कला-मर्मज्ञता हमें मार्क्स के अभिन्न सहयोगी एंगेल्स के विचारों में दिखायी पड़ती है। एंगेल्स ने साहित्य एवं कला में यथार्थ-चित्रण की समस्याओं पर विशद् रूप से चर्चा की है, और इस सम्बन्ध में उनकी कुछ स्थापनाएँ इतनी महत्त्वपूर्ण हैं कि उन्हें यथार्थवाद के विवेचन में प्रायः उद्धृत किया जाता है। कला के अन्तर्गत वे व्यक्तियों तथा घटनाओं के सत्य चित्रण पर सर्वाधिक बल देते हैं। कथ्य की कमजोरी को छिपाने के लिए की जाने वाली पच्चीकारी तथा गढ़ी हुई अनावश्यक बातों का समावेश उनकी दृष्टि में एक 'मीडियाकर' (Mediocre) लेखक ही करता है।[26] यथार्थवाद का सही अर्थ सत्य ब्यौरों के अलावा प्रतिनिधि परिस्थितियों में प्रतिनिधि पात्रों का सत्य चित्रण है।[27] यही नहीं सच्चे यथार्थवाद को और भी स्पष्ट करते हुए वे यहाँ तक कहते हैं, कि

कोई भी विचार, भले ही वे समाजवादी विचार क्यों न हों, कृति का अभिन्न अंग बनकर ही उसमें प्रवेश पा सकते हैं। कृति के अन्तर्गत लेखक के विचार जितना प्रच्छन्न रहें, कलात्मक सौन्दर्य के लिए यह उतना ही अच्छा होगा। कारण, उनका दृढ़ विचार है कि सच्चा यथार्थवाद लेखक के अपने विचारों के आरोपण के बिना ही कृति के भीतर से अपनी अभिव्यक्ति करने में समर्थ हो जाता है।[28] इस सन्दर्भ में फ्रांस के महान् कथाकार बाल्ज़ाक का उदाहरण देते हुए उन्होंने यहाँ तक कहा है कि फ्रांस की राज्य क्रान्ति के पश्चात् के फ्रांसीसी समाज का जितना ज्ञान मैंने उसकी एक कृति 'कॉमेडी ह्यूमेन' (Comedy Humane) से प्राप्त किया उतना उस युग के समस्त इतिहासकारों तथा अर्थशास्त्रियों का सम्मिलित कृतित्व भी मुझे नहीं दे सका।[29] इसलिए बाल्ज़ाक अतीत, वर्तमान तथा भविष्य के सभी ज़ोलाओं (Emile Zola–फ्रांस का दूसरा यथार्थवादी लेखक) से यथार्थवाद का कहीं बड़ा चितेरा है।[30] रही पात्रों तथा घटनाओं के सत्य चित्रण की बात, तो बाल्ज़ाक की महानता इस बात में है कि राजनीतिक औचित्यवादी (Political Legitimist) तथा फ्रांस के सामन्त-वर्ग की वैचारिक भूमिका से अभिन्न होते हुए भी, जब उसने रचनाकार के रूप में अपने समय के फ्रांसीसी समाज का चित्रण किया है, तो उसने उन्हीं लोगों के जीवन को धिक्कारा है, उन्हीं लोगों का पर्दाफाश किया है, जिनसे वह मानसिक रूप में सबसे अधिक जुड़ा था, तथा जिनके प्रति ही उसकी सबसे अधिक सहानुभूति थी।[31] इससे यही निष्कर्ष निकलता है कि यथार्थ चित्रण के मार्ग में रचनाकार की अपनी निजी आस्थाएँ कभी बाधा नहीं बन सकतीं, यदि वह सही मानों में एक ईमानदार रचनाकार है।

यथार्थवादी कला की प्रवृत्यात्मकता तथा उसके अन्तर्गत व्यक्तिगत पात्रों के चित्रण का प्रश्न उठाते हुए एंगेल्स स्पष्टतः कहते हैं कि किसी भी लेखक का अपनी कृति के नायक के प्रति सम्मोहित हो जाना अच्छी बात नहीं है।[32] प्रवृत्तिमूलकता या प्रवृत्यात्मकता (Tendentiousness) का वे विरोध नहीं करते, परन्तु इस बात पर उनका पूरा जोर है कि लेखक की अपनी विचारधारा तथा पक्षपातपूर्ण रुख, बिना विशेष संकेत दिये, परिस्थितियों तथा क्रियाओं के बीच से ही उद्घाटित होना चाहिए, साथ ही लेखक को, अपनी सीमा से आगे बढ़कर, चित्रित किये गये सामाजिक संघर्षों के भावी समाधानों की ओर इंगित करने की चिन्ता भी, न करनी चाहिए।[33] समाजवादी विचारधारा के प्रति आग्रही उपन्यास की चरितार्थता यथार्थ–आपसी सम्बन्धों के सजग निरूपण एवं उनके सम्बन्ध में परम्परागत भ्रान्तियों के खण्डन में है। इसके द्वारा ही वह बुर्जुआ वर्ग के थोथे आशावाद को समाप्त कर उसके मन में वर्तमान व्यवस्था की शाश्वतता के प्रति शंका उत्पन्न कर सकता है।[34] और यह कार्य इतनी स्वाभाविकता से हो जाता है कि 'न तो लेखक की ओर से कोई निश्चित समाधान सामने आता है, और न ही खुले रूप से उसे इस या उस पक्ष का साथ देने की आवश्यकता पड़ती है।' महान्

ऐतिहासिक घटनाओं के यथार्थ-चित्रण की चर्चा करते हुए एंगेल्स ने शेक्सपियर का उदाहरण देते हुए उसके चित्रणों की सजीवता का बार-बार उल्लेख किया है। इसके अलावा महान् बौद्धिक गहराई (Great intellectual depths) और सचेत ऐतिहासिक तत्त्व (Conscious Historical content) के दूध-पानी संयोग को भी उन्होंने बहुत महत्त्व दिया है।[35] फर्डीनेण्ड लेसेल को लिखे गये पत्र में वे कहते हैं, कि 'किसी पात्र का चरित्र-चित्रण महज इस आधार पर ही नहीं किया जाना चाहिए कि वह क्या करता है, वरन् इस तथ्य को भी ध्यान में रखना चाहिए कि अमुक कार्य वह कैसे करता है, और इस दृष्टिकोण से प्रेरित होकर ही मेरा यह कहना है कि यदि तुम्हारी कृति में व्यक्तिगत चरित्रों का वैशिष्ट्य अधिक तीव्रता से प्रदर्शित किया जाता और उनकी निजी भूमिकाएँ अधिक स्पष्टता से निखारी जाती, तो उसके बौद्धिक वस्तु तत्त्व की किसी भी प्रकार की क्षति होने की सम्भावना नहीं थीं।[36] नाटक के अन्तर्गत बौद्धिक वस्तु तत्त्व के कारण यथार्थ-तत्त्व की कदापि उपेक्षा नहीं होनी चाहिए।[37]

पाल अर्न्स्ट को लिखे गये अपने पत्र में एंगेल्स ने भौतिकवादी दृष्टिकोण को सही ढंग से लागू करने की दिशा में कुछ महत्त्वपूर्ण सुझाव दिये हैं। उनका कहना है कि भौतिक दृष्टिकोण से प्रेरित कोई भी पद्धति लगभग उलट जाती है, यदि ऐतिहासिक खोज के सिलसिले में उसका उपयोग प्रदर्शिका के रूप में न करके एक ऐसे बने-बनाए साँचे के रूप में किया जाने लगता है जिसमें ऐतिहासिक तथ्यों को काट-छाँटकर 'फिट' भर किया जा सके।[38]

पुनर्जागरण काल की कला के सामाजिक स्वरूप की चर्चा के क्रम में एंगेल्स ने श्रम के विभाजन के फलस्वरूप उत्पन्न असंगतियों एवं विषमताओं पर प्रकाश डाला है। उनका कहना है कि कलात्मक प्रतिभा का महज कतिपय व्यक्तियों में ही एकान्ततः सीमित हो जाना, और शेष जन-सामान्य का उससे वंचित रह जाना, श्रम के विभाजन का ही परिणाम है। समाज के साम्यवादी संगठन के अन्तर्गत इस प्रकार की समस्त विसंगतियों का लोप हो जाता है। समाज के साम्यवादी संगठन में अलग से कोई चित्रकार न होंगे। वहाँ केवल लोग होंगे, जो अन्य तमाम कार्यों को करने के साथ चित्र भी बनाते होंगे।[39]

एंगेल्स ने व्यक्तिगत कलाकारों, लेखकों एवं कवियों पर अपनी निजी धारणाएँ एवं विचार भी व्यक्त किये हैं, परन्तु जैसा कि हमने देखा, साहित्य एवं कला-चिन्तन को उनका मुख्य प्रदेय, प्राचीन युग की कला के विश्लेषण तथा कला और यथार्थ-चित्रण की समस्या पर उनके महत्त्वपूर्ण विचारों से सम्बन्ध रखता है। मार्क्स के साथ संयुक्त होकर उन्होंने कला के उद्भव पर भी विशदता से विचार किया है। समग्रतः मार्क्स और एंगेल्स का कला-चिन्तन उन सारे सूत्रों को अपने में अन्तर्निहित किये हुए है, जिनके आधार पर ही परवर्ती विचारकों ने मार्क्सवादी कला-चिन्तन को एक व्यवस्थित, सुदृढ़ तथा मौलिक रूप प्रदान किया है। हमने

देखा है कि मार्क्सवादी कला-चिन्तन के प्रवर्त्तक-पुरस्कर्ताओं के विचार कितनी दूर तक सतही और आरोपित भूमिकाओं से मुक्त कला-चिन्तन की गहराइयों में प्रवेश करने वाले विचार हैं। वे सही मानों में एक ऐसे पथ-प्रदर्शक का कार्य करते हैं, जिसके निर्देशन में भटकाव की कोई गुंजाइश नहीं है, वरन् जो किसी भी कला-चिन्तक एवं विचारक को उस मंजिल तक पहुँचाने में समर्थ हैं जो कला-चिन्तन की वैज्ञानिक एवं सही मंजिल है।

वी. आई. लेनिन (2)

मार्क्सवादी विचार दर्शन को व्यावहारिक रूप प्रदान करने वाले लेनिन, सक्रिय राजनीति एवं राजनीतिक चिन्तन से ही प्रधानतः सम्पृक्त होते हुए भी, साहित्य एवं कला के मर्म से भी घनिष्ठतापूर्वक परिचित थे। उनके साहित्य एवं कला-प्रेम के अनेक उदाहरण उन साहित्यिक विचारकों, रचनाकारों एवं व्यक्तियों ने दिये हैं, जो उनके जीवन काल में उनके निकट थे। उनकी तीक्ष्ण बुद्धि का उल्लेख यों तो उनके बारे में लिखने वाले प्रत्येक व्यक्ति ने किया है, परन्तु आर्थिक, राजनीतिक, सामाजिक एवं प्रशासनिक मामलों के अतिरिक्त साहित्य एवं कला जैसे विषयों की चर्चा करते हुए भी प्रायः वे इस प्रकार की टिप्पणियाँ कर दिया करते थे, जो प्रामाणिक साहित्य-विचारकों एवं कला-चिन्तकों तक को सुखद आश्चर्य में डाल देती थीं। कहने का तात्पर्य यह कि जहाँ तक कला के आस्वाद, कलात्मक सौन्दर्य के ग्रहण एवं साहित्य एवं कला की समझ का प्रश्न है, लेनिन की क्षमता असंदिग्ध थी। अपनी मार्क्सवादी समझ को साहित्य एवं कला के विश्लेषण में लागू करते हुए उन्होंने तोल्सतोय और उनके कृतित्व का जो सर्वांङ्गपूर्ण विवेचन किया है, वह आज भी साहित्य एवं कला के व्यावहारिक मार्क्सवादी विवेचन का नमूना माना जा सकता है। मार्क्सवाद की द्वन्द्वात्मक तथा ऐतिहासिक भौतिकवादी समझ के अनुरूप उन्होंने तोल्सतोय के व्यक्तित्व और कृतित्व की उन असंगतियों तथा विरोधाभासों को प्रत्यक्ष किया है, जो एक स्वर पर उसे महान् और अनुकरणीय बनाती हैं, तो दूसरे स्तर पर प्रतिक्रियावादी, पराजयवादी एवं त्याज्य। उन्होंने इस तथ्य को भी स्पष्ट किया है कि तोल्सतोय के व्यक्तित्व और कृतित्व की असंगतियाँ तथा विरोधाभास, वस्तुतः उस युग की असंगतियाँ तथा विरोधाभास थे जिसके बीच तोल्सतोय जिये थे, तथा जिसका चित्रण उन्होंने अपनी कृतियों में किया है, इसीलिए उन्होंने तोल्सतोय और उनके कृतित्व को रूसी-क्रान्ति का दर्पण कहा है। लेनिन के अनुसार तोल्सतोय की महानता अपने समय के रूसी समाज के उनके द्वारा किये गये यथार्थ चित्रण में देखी जा सकती है, वह उनकी उस प्रशस्त मानवीय संवेदना में निहित है जिससे प्रेरित होकर ही उन्होंने सामन्तशाही के चक्र में पिसती निरीह जनता को अपनी सम्पूर्ण आत्मीयता प्रदान की है, एवं

चर्च, ज़मीदार, निजी सम्पत्ति, राज्य आदि-आदि शोषक सत्ताओं के जघन्य कृत्यों का पर्दाफाश किया है।[40] इस महानता को हम तोल्सतोय के उन विराट अनुभवों में देख सकते हैं, जिनके बल पर ही उनका कृतित्व इतना प्रामाणिक बन सका है। इसका प्रमाण रूसी किसान-जीवन तथा समस्याओं की उनकी वह गहरी समझ है, जिसके अभाव में उनका कृतित्व इतना सजीव एवं सशक्त न बन सकता था। तोल्सतोय की दुर्बलता उनके प्रतिक्रियावादी जीवन दर्शन में निहित है, जहाँ आत्मा और भगवान का भूत उन पर हावी हो जाता है। पीड़ित जन समुदाय को सक्रिय करने के स्थान पर वे उसे ईसाइयत का उपदेश देने लगते हैं, प्रभु की करुणा का आकांक्षी बनने को कहते हैं, अपने अहिंसक स्वभाव के अनुरूप महज आँसू बहाकर रह जाते हैं। इस प्रकार लेनिन ने कृतिकार तोल्सतोय की महान प्रतिभा को पूरी स्वीकृति देते हुए तोल्सतोयवाद का निर्मतापूर्वक खण्डन किया है।

तोल्सतोय-सम्बन्धी लेनिन के निबन्ध यों तो साहित्य की व्यावहारिक समीक्षा से सम्बन्धित हैं, फिर भी उनके माध्यम से लेनिन की साहित्य एवं कला-विषयक सैद्धान्तिक मान्यताओं को भी परखा जा सकता है। लेनिन द्वारा तोल्सतोय की शक्ति तथा सीमाओं के उल्लेख के अन्तर्गत उनकी स्थिति द्रष्टव्य है।

लेनिन के समक्ष प्रमुख समस्या, क्रान्ति के पश्चात् रूस को समाजवाद की दिशा में आगे ले जाने की थी, और इस कार्य में सर्वहारा वर्ग की उस पार्टी की भूमिका को वे सर्वाधिक महत्त्व देते थे, जिसके नेतृत्व में ही सर्वहारा क्रान्ति सफल हुई थी। पार्टी को मजबूत करना उनके लिए समाजवाद की दिशा में एक महत्त्वपूर्ण कदम था। यही कारण है कि विभिन्न समस्याओं पर अपने विचार व्यक्त करते हुए वे पार्टी के हित को सर्वोपरि मानकर चलते थे। साहित्य एवं कला की विशिष्ट प्रकृति तथा संवेदनीयता से वे परिचित थे, परन्तु साहित्य एवं कला समाजवादी निर्माण में अपनी महत्त्वपूर्ण भूमिका अदा कर सकें, इस हेतु उन्हें एक विशेष क्रान्तिकारी सन्दर्भ में दीक्षित होना वे आवश्यक मानते थे। उनकी निगाहों में चूँकि जनसामान्य का हित ही सर्वप्रमुख था, यही कारण है कि साहित्य एवं कलाओं की चरितार्थता भी उनके लिए जनता के जीवन से जुड़ने और उनकी आशाओं-आकांक्षाओं को अभिव्यक्त करने में थी। क्लारा जेटकिन से वार्तालाप करते हुए उन्होंने इस सम्बन्ध में अपने दृष्टिकोण को पूरी तरह स्पष्ट किया है। 'कला के बारे में हमारी राय महत्त्वपूर्ण नहीं है, और न ही इसका कोई महत्त्व है कि करोड़ों की आबादी में से कुछ सौ या हज़ार लोग कला का क्या मतलब लगाते हैं। कला जनता की थाती है। उसकी जड़ें मेहनतकश जनता के बीच गहरी होनी चाहिए। इसी जनता द्वारा उसे समझा और प्यार किया जाना चाहिए। उसे जनता की भावनाओं, विचारों और इच्छाओं को एकजुट करना और उदात्त बनाना चाहिए। उसे उसकी कर्मशीलता को जगाना चाहिए और उसके अन्दर कलात्मक प्रवृत्ति पैदा करनी चाहिए।....अपनी आँखों के सामने हमें हमेशा मजदूरों और किसानों की

आकृति रखनी चाहिए।'[41] जनता में कला और संस्कृति के प्रति अभिज्ञता उत्पन्न हो, वह पुरातन जड़ संस्कारों से मुक्त हो, इसके लिए वे उसे निरक्षरता के अभिशाप से मुक्त करना तात्कालिक आवश्यकता मानते थे।[42] पूँजीवादी समाज व्यवस्था में कलाकार कितना निरीह तथा परतन्त्र होता है, इस तथ्य से वे पूर्ण परिचित थे। इसी कारण स्वतन्त्र सर्जना के लिए वे इस दासता से कलाकार की मुक्ति के आकांक्षी थे। क्लारा जेटकिन से बात करते हुए उन्होंने कहा था—'निजी सम्पत्ति पर आधारित समाज में कलाकार बाजार के लिए पैदा करता है, उसे ग्राहकों की जरूरत होती है। हमारी क्रान्ति ने कलाकारों को इन अति नीरस परिस्थितियों के जुए से मुक्त कर दिया। इसने राज्य को उनके रक्षक और ग्राहक के रूप में बदल दिया और उनके पास काम के ऑर्डर पहुँचाए। हर कलाकार को तथा हर उस व्यक्ति को, जो अपने को कलाकार समझता है, यह अधिकार है कि वह बिना किसी की परवाह किये स्वतन्त्रतापूर्वक सृजन करे और अपने आदर्शों का पालन करे।'[43] परन्तु यहाँ भी लेनिन स्वतन्त्रता का उपयोग सही सन्दर्भों में ही किये जाने के हिमायती थे। क्रान्ति के पश्चात् आम लोगों में सामान्यतः समस्त प्राचीन के प्रति जिस विद्रोह भावना का उदय हुआ था, लेनिन उसे चिन्ता की दृष्टि से देखते थे। वे जानते थे कि जीवन का निर्माण शून्य में सम्भव नहीं है, उसे परम्परा के जीवन्त तत्वों को आत्मसात करते हुए ही अपनी अभिव्यक्ति करना है, इसी हेतु उन्होंने पुराने तथा नये को सही वैज्ञानिक सन्दर्भों में समझने और ग्रहण करने पर बल दिया। कला और संस्कृति के क्षेत्र में कार्य करने वालों के लिए तो इस वैज्ञानिक विवेक की सबसे अधिक आवश्यकता थी, कारण इसके साथ महान् पूर्ववर्ती कला तथा साहित्य के संरक्षण का प्रश्न जुड़ा हुआ था, जिसे वे एक प्रेरणा स्रोत के रूप में भावी कला तथा संस्कृति के लिए अपरिहार्य समझते थे। अपने दृष्टिकोण को स्पष्ट करते हुए उनका कहना है कि 'मिसाल के लिए, चाहे वह पुराना भी हो, किन्तु अगर वह सुन्दर है, तो हमें उसे सुरक्षित रखना चाहिए, उसे एक आदर्श के रूप में देखना चाहिए, उसके आधार पर नयी वस्तुओं की सृष्टि करनी चाहिए। अगर कुछ सचमुच सुन्दर है तो केवल इसलिए कि वह पुराना है, हम क्यों उससे मुँह मोड़ें, आगे के विकास के लिए उससे क्यों न प्रेरणा लें? कुछ केवल नया है, इसलिए क्यों उसकी ऐसे भगवान के रूप में पूजा करें जिसके आगे झुकना अनिवार्य है? यह सब बेवकूफी है, जहालत और बेवकूफी है। इसमें बहुत कुछ शुद्ध पाखण्ड है, और पश्चिम पर छाये हुए कला-फैशनों की असंदिग्ध रूप से गुलामी है।'[44]

लेनिन साहित्य एवं कला को महान् समाजवादी क्रान्ति के आदर्शों के अनुरूप अपना विकास करने के आकांक्षी थे। उनके समक्ष एक प्रमुख समस्या यह भी थी कि पतनशील बुर्ज़ुआ संस्कृति एवं विचारधारा के प्रचार और प्रसार पर अंकुश लगा कर सोवियत जनता की कलाभिरुचि को क्रान्तिकारी-जनवादी मोड़ दिया जाय। इस बात को लक्ष्य करके ही जहाँ उन्होंने एक स्तर पर साहित्य एवं कला के

जनवादी रूप की हिमायत की है, वहाँ दूसरे स्तर पर उन समस्त कलान्दोलनों एवं प्रवृत्तियों पर कड़ा प्रहार किया है, जो आधुनिकता के नाम पर उदीयमान रचनाकारों एवं कलाकारों को अपनी ओर आकर्षित कर क्रान्ति के उद्देश्यों पर स्याही पोतने का प्रयास कर रही थी। ऐसी भ्रष्ट 'आधुनिकता' से लेनिन इतनी दूर तक क्षुब्ध थे कि क्लारा जेटकिन से उन्होंने कहा था कि—'हम अच्छे क्रान्तिकारी हैं, लेकिन किसी न किसी तरह यह भी सिद्ध करने में अपना सम्मान समझते हैं कि हम 'आधुनिक संस्कृति में भी सिद्ध हस्त हैं।' लेकिन मैं तो अपने को हिम्मत के साथ 'जंगली' कहता हूँ। एक्सप्रेशनिज्म (Expressionism), फ्यूचरिज्म (Futurism), क्यूबिज्म (Cubism) और दूसरे ऐसे ही वादों को कलात्मक प्रतिभा की महानतम अभिव्यक्ति मानूँ, यह मेरी शक्ति से परे है। मैं उन्हें नहीं समझ पाता। उनसे मुझे कोई आनन्द नहीं मिलता।[45] फ्यूचरिज्म (Futurism) के प्रति लेनिन की वितृष्णा की ओर लूनाचरस्की ने भी अपने एक लेख में संकेत किया है।[46]

लेनिन चाहते थे कि साहित्य एवं कलाएँ जन-जन की सम्पत्ति बनें। इसके लिए वे हर सम्भव प्रयास के पक्षपाती थे। लोकप्रियता के तत्त्व साहित्य एवं कला के स्तरीय होने में बाधक नहीं हैं, ऐसा उनका दृढ़ विचार था।[47] वे साहित्य एवं कला में जनता के उन स्वप्नों एवं आदर्शों का चित्रण चाहते थे, जिनको साकार करने के लिए ही समाजवादी क्रान्ति का आरम्भ हुआ था। 'हमें क्या करना चाहिए' (What is to be done) शीर्षक उनका एक लेख इस सम्बन्ध में विशेष चर्चा का विषय बना है। एक जीवन्त यथार्थद्रष्टा के लेख के पहले ही वाक्य में यह पढ़कर कि 'हमें स्वप्न देखना चाहिए' बहुतों को आश्चर्य हुआ। लेनिन स्वतः कहते हैं कि 'इन शब्दों को लिखकर मैं स्वतः चौंक उठा।' एक साथी क्रिचेवस्की (Krichevsky) द्वारा यह कहने पर कि मार्क्स के इस कथन के सन्दर्भ में कि मनुष्यता सदैव उन्हीं कार्यों को पूरा करने का जिम्मा लेती है, जिन्हें वह कर सकती है, क्या किसी मार्क्सवादी को यह भी अधिकार प्राप्त है कि वह स्वप्न देखे। मैंने पिसारेव (Pisarev) की आड़ लेते हुए अपने कथन को इस प्रकार स्पष्ट किया कि हो सकता है कि मेरा स्वप्न घटनाओं के स्वाभाविक प्रवाह को पीछे छोड़कर आगे की ओर दौड़ जाये, और यह भी हो सकता है कि वह एक ऐसी दिशा पकड़ ले जिस ओर घटनाओं का स्वाभाविक प्रवाह कभी न जा पाये। पहली स्थिति में मेरे स्वप्न द्वारा कोई भी क्षति होने की सम्भावना नहीं है, बल्कि उल्टे वह कार्यरत जनता की स्फूर्ति को उद्दीप्त करके उसका सहायक बन सकता है। ऐसे स्वप्न देखने में कोई हर्ज नहीं जो हमारी कार्यक्षमता को और भी गति दें। सच कहा जाय तो इस प्रकार के स्वप्न आवश्यक हैं। इसके माध्यम से हम अपने श्रम के फल को अपने मानस में पहले ही साकार रूप में देख लेते हैं, फलतः हमारा उत्साह कई गुना बढ़ जाता है। यदि ऐसा न हो तो क्यों कोई कला और विज्ञान के क्षेत्र में महत्त्वपूर्ण और कठिन अभियानों की भूमिका बाँधे? स्वप्न और यथार्थ में

कोई भी संघर्ष नहीं होता यदि स्वप्न द्रष्टा अपने स्वप्न के प्रति पूरी तरह से संजीदा है, वह जिन्दगी का भी सजगता से निरीक्षण करता है, और पूरी निष्ठा से अपने स्वप्नों एवं कल्पनाओं को साकार करने के हेतु अग्रसर होता है। यदि स्वप्न और जीवन में सम्बन्ध बना है, तो किसी हानि की आशंका नहीं।[48] लेनिन के इन विचारों को पूरे विस्तार से प्रस्तुत करने में हमारा उद्देश्य मात्र इस तथ्य की पूर्व-सूचना देना है कि जिस 'समाजवादी यथार्थवादी साहित्य-चिन्तन के सर्वोच्च प्रतिमान के रूप में प्रतिष्ठा मिली है, उसके व्याख्याताओं के अनुसार उसके अन्तर्गत लेनिन की, जीवन के स्पन्दनों से युक्त, इस स्वप्न-सम्बन्धी व्याख्या की केन्द्रीय भूमिका है। हम आगे चलकर इस तथ्य से स्वतः साक्षात्कार करेंगे।

जीवन में काम तथा प्रेम जैसी भावनाओं का क्या स्थान है, इस प्रश्न पर भी लेनिन ने अपना स्पष्ट मन्तव्य दिया है। साहित्य एवं कला-रचना के अन्तर्गत काम तथा प्रेम जैसे विषयों के महत्त्व तथा प्रमुखता के कारण, विशेष रूप से समाजवादी संस्कृति के स्वस्थ विकास के हेतु नवयुवकों के समक्ष इन विषयों के बारे में समाजवादी दृष्टिकोण को पूरी तरह स्पष्ट कर देने के लिए, लेनिन को आवश्यक प्रतीत हुआ कि समाजवादी नैतिकता के सम्बन्ध में लोगों के मन की भ्रान्तियों को दूर कर दिया जाय। इस सम्बन्ध में उन्होंने स्पष्टतः घोषित किया कि वे ईश्वरीय आदेशों पर स्थित नैतिकता का दृढ़ विरोध करते हैं। शोषक वर्गों की तथाकथित नैतिकता ऐसे भाववादी आवरणों से वेष्टित है, जिनका लक्ष्य महज शोषित जनता को निरन्तर अपने शोषण का लक्ष्य बनाना है। इसके विपरीत साम्यवादी नैतिकता सर्वहारा वर्ग के हितों से जुड़ी हुई है, उसका लक्ष्य सर्वहारा वर्ग को शोषण से मुक्त करना है।[49] रहा काम-वासना का प्रश्न, जिसके सम्बन्ध में लेनिन और भी स्पष्ट हैं। उन्हें इस बात की खुशी थी कि नवयुवक और नवयुवतियाँ तथाकथित पूँजीवादी नैतिकता का विरोध कर रहे हैं, परन्तु वे इस कारण चिन्तित भी थे कि उनका यह विरोध उन्हें एक दूसरे अतिवाद की ओर ले जा रहा है। क्लारा जेटकिन से बात करते हुए उन्होंने कहा था—'मैं कुछ भी हूँ, लेकिन एक रूखा वैरागी तो नहीं हूँ। फिर भी युवकों का यह तथाकथित 'कामवासना का नया जीवन'—और अक्सर बहुत से वयस्कों का भी मुझे विशुद्ध पूँजीवादी लगता है, एक तरह का पुराना, सुन्दर-सा पूँजीवादी वेश्यालय। हम कम्युनिस्ट स्वतन्त्र प्रेम से जो अर्थ समझते हैं, उससे यह रत्ती भर भी मेल नहीं खाता। तुमने वह सुप्रसिद्ध सिद्धान्त सुना होगा कि कम्युनिस्ट समाज में काम वासना की तृप्ति और प्रेम की उत्कण्ठा उतनी ही आसान और मामूली सी बात हो जायगी जैसे एक गिलास पानी पीना।' पानी के गिलास वाले इस सिद्धान्त के पीछे हमारे युवक-युवतियाँ पागल हो गये हैं, एकदम पागल...इसके भक्तों का दावा है कि यह एक मार्क्सवादी सिद्धान्त है। खूब रहा ऐसा मार्क्सवाद जो सिर्फ आर्थिक आधार को ही समाज के विचारधारात्मक ढाँचे के हर रूप और हर परिवर्तन का एक मात्र प्रत्यक्ष, सीधा और अचूक कारण मानता है। यह इतना आसान मसला हर्गिज नहीं है।...इस 'पानी के गिलास' वाले सुप्रसिद्ध सिद्धान्त

को मैं हर्गिज मार्क्सवादी नहीं मानता। बल्कि इसे मैं समाज विरोधी मानता हूँ। कामवासना के जीवन में जो कुछ अभिव्यक्त होता है, वह केवल प्रकृति की देन नहीं है, बल्कि उसमें संस्कृति की देन भी मिली है, चाहे उस संस्कृति का स्तर ऊँचा हो या नीचा।...स्त्री-पुरुष के सम्बन्ध सामाजिक अर्थशास्त्र और शारीरिक आवश्यकता के बीच सिर्फ एक खेल नहीं है। पूरी विचारधारा से उनका जो साधारण सम्बन्ध है, उनसे अलग करके, सीधे समाज के आर्थिक आधार में स्त्री-पुरुष के सम्बन्धों में परिवर्तनों का कारण खोजना, मार्क्सवाद नहीं, कोरा तर्कवाद है। यह सही है कि प्यास बुझानी चाहिए लेकिन क्या साधारण स्थिति में कोई होश हवास वाला आदमी नाली में लेटकर उसका कीचड़ भरा पानी पियेगा? या क्या उस गिलास से भी पी सकेगा जिसका किनारा दर्जनों होठों से जूठा किया जा चुका हो। लेकिन इसका सामाजिक पहलू सबसे ज्यादा महत्त्वपूर्ण है। पानी पीना सही मानों में एक व्यक्तिगत मामला है। और प्यार करने में दो हिस्सा लेते हैं, और फिर तीसरा, एक नया जीवन अस्तित्व में आता है। यहीं सामाजिक हित आ जाता है, समूह के प्रति एक जिम्मेदारी पैदा हो जाती है...शायद तुम्हें याद हो कि पिछली सदी के मध्य में, इसी सिद्धान्त को ललित साहित्य के द्वारा 'हृदय की मुक्ति' के रूप में बदल दिया गया। उस समय आज से कहीं अधिक प्रतिभा के साथ उसका उपदेश दिया गया था। उसके अमल में इसका कैसा रूप हो जाता है, यह निर्णय कर सकने में मैं असमर्थ हूँ।[50] लेनिन के काम सम्बन्धी विचारों को इतने विस्तार से प्रस्तुत करने में हमारा उद्देश्य साहित्य एवं कला के अन्तर्गत काम और प्रेम जैसे विषयों के चित्रण में उनके दो-टूक मत को प्रस्तुत करना रहा है।

साहित्य एवं कला के सम्बन्ध में लेनिन के बहुप्रचारित विचारों का सम्बन्ध उनके 'पार्टी संगठन तथा पार्टी साहित्य' शीर्षक निबन्ध से है, जिसके अन्तर्गत उन्होंने विशुद्ध पार्टी-दृष्टिकोण से, अत्यन्त भावना-गर्भित शब्दों में, समाजवादी निर्माण के हेतु साहित्य एवं कला के दायित्व की व्याख्या की है। यहाँ वे स्पष्टतः पार्टी-साहित्य (Party-Literature) की बात करते हैं, पूँजीवादी, बाजारू और व्यक्तिवादी, पैसा कमाने वाले साहित्य की तुलना में विशुद्ध पार्टी-साहित्य। उनके विचार से समाजवादी सर्वहारा के लिए साहित्य मात्र कुछ व्यक्तियों या समुदायों के हित का ही साधक बनकर नहीं रह सकता। उसका सर्वहारा-वर्ग के सामान्य हितों से अभिन्न होना अनिवार्य है, वह व्यापक सर्वहारा की पार्टी के तन्त्र का पुर्जा बनकर ही अपनी चरितार्थता प्राप्त कर सकता है।[51] साहित्य के इस चारित्र्य को लेकर बुर्जुआ बुद्धिजीवी हो-हल्ला मचाते हुए अभिव्यक्ति की स्वाधीनता का नारा बुलन्द करेंगे।[52] परन्तु इसे उनके बौद्धिक-व्यक्तिवाद के अतिरिक्त कुछ न समझना चाहिए।[53] अपनी बात के सही आशय को स्पष्ट करते हुए वे कहते हैं इसके अर्थ यह नहीं हैं कि हम साहित्य की किसी यान्त्रिक-संगति के पक्ष में हैं, या उसे बहुसंख्यकों द्वारा अल्पसंख्यकों पर शासन करने जैसी बात से जोड़ना

चाहते हैं। हम इसे मानते हैं कि साहित्य-रचना में व्यक्तिगत प्रयासों, रुचियों तथा कल्पनाओं को, वस्तु और रूप सम्बन्धी निजी अभिरुचियों को अधिक अवकाश मिलना चाहिए, कहने का तात्पर्य यह कि सर्वहारा वर्ग की पार्टी के दूसरे हितों के साथ साहित्य की यान्त्रिक तदरूपता आवश्यक नहीं है।[54] परन्तु इससे हमारी इस मूलभूत स्थापना में तो कोई अन्तर नहीं आता कि साहित्य को सर्वहारा वर्ग की पार्टी के एक आवश्यक तत्त्व के रूप में उससे अभिन्न हो जाना चाहिए।[55] अपने कथन को और भी स्पष्ट करते हुए लेनिन कहते हैं कि हमारा मतलब यह नहीं है कि साहित्य का यह रूपान्तरण तत्काल ही हो जाय, हमारा आशय महज इतना ही है कि हमारी सम्पूर्ण पार्टी तथा रूस का, हमारी पार्टी से सम्बद्ध, सम्पूर्ण, राजनीतिक दृष्टि से सजग सर्वहारा वर्ग, इस समस्या के प्रति जागरूक हो और उसे हल करने की दिशा में कदम उठाए।...हम किसी हालत में बुर्जुआ-दूकानदारों के साहित्यिक-सम्बन्धों में नहीं बँध सकते। हम निस्सन्देह एक स्वतन्त्र प्रेस की स्थापना करेंगे, जो केवल पुलिस से ही नहीं, बुर्जुआ-अराजकतावादी व्यक्तिवाद, पूँजी तथा ऐसी ही अन्य विकृतियों से पूर्णतः मुक्त हो।[56] यह मानते हुए कि शायद कुछ अतिरिक्त स्वतन्त्रता-प्रिय बुर्जुआ बुद्धिजीवी प्रश्न करें कि साहित्य जैसे एक अत्यन्त नाजुक, व्यक्तिगत मसले पर इस प्रकार के सामूहिक नियन्त्रण को लागू करने का क्या अर्थ है, अथवा यह तो विज्ञान, दर्शन, सौन्दर्यशास्त्र जैसे गम्भीर प्रश्नों पर बहुमत के आधार पर एक मजदूर द्वारा थोपा जाने वाला निर्णय होगा, या फिर यह विचारधारा से सम्बन्धित एक विशुद्ध व्यक्तिगत कृति की रचना के लिए आवश्यक पूर्ण स्वाधीनता का कोरा हनन है, लेनिन आविष्ट होते हुए कहते हैं कि महाशयो! जिसे आप वास्तविक स्वतन्त्रता समझकर इतना हो-हल्ला कर रहे हैं, वह आपका कोरा भ्रम है। पैसों की शक्ति पर आधारित समाज व्यवस्था में स्वतन्त्रता का दावा महज पाखण्ड के अतिरिक्त कुछ नहीं है।[57] आप समाज के भीतर रहकर भी उससे मुक्त होने की बात करते हैं, जो असम्भव है।[58] हम समाजवादी आपके इस भ्रम को दूर कर देना चाहते हैं, वर्गहीन साहित्य की रचना करके नहीं, (कारण वह तो समाजवादी-वर्गहीन व्यवस्था में ही सम्भव होगा), वरन् पूँजीवादी वर्ग हितों के साथ जुड़े आपके तथाकथित स्वतन्त्र साहित्य की, सर्वहारा वर्ग के हितों के साथ अभिन्न, वास्तविक स्वतन्त्र साहित्य की सापेक्षता में, कलई खोलकर।[59] सर्वहारा-साहित्य के चारित्र्य का विश्लेषण करते हुए, आगे लेनिन का कहना है कि वह इसीलिए सच्चे अर्थों में स्वतन्त्र साहित्य होगा, कि पूँजीवादी विकृतियों से दूर उसमें जनता के हित अपने समूचे उत्कर्ष में प्रतिबिम्बित होंगे।[60] निबन्ध के अन्त में लेनिन ने पुनः इस तथ्य पर जोर दिया है कि इस साहित्य को सर्वहारा की पार्टी से अभिन्न होना ही है, तभी वह अपने महान् उद्देश्यों की पूर्ति कर सकेगा।[61]

जैसा कि हम कह चुके हैं, लेनिन के ये विचार परवर्तियों के द्वारा एक महत्त्वपूर्ण प्रेरणा स्रोत के रूप में ग्रहण किये गये हैं। यथावसर हम इनका विश्लेषण करेंगे।

साहित्य एवं कला-सम्बन्धी ये विचार ही अपनी समग्रता में लेनिन के साहित्य और कला-चिन्तन का निर्माण करते हैं। इनके अन्तर्गत, जैसा कि श्री अलेक्जेण्डर म्यास्किनोव (Alexender Myasnikov) का कहना है, लेनिन ने सौन्दर्यशास्त्र के आधारभूत सभी प्रश्नों को आत्मसात कर लिया है, उदाहरण के लिए, यथार्थ से साहित्य अथवा कला का क्या सम्बन्ध है, साहित्य में किन बातों का चित्रण होना चाहिए, समाज पर साहित्य अथवा कला का क्या प्रभाव पड़ता है, मनुष्य के आध्यात्मिक जीवन को सँवारने में उनका क्या स्थान है, सामाजिक चेतना के अन्य रूपों के साथ उनका क्या सम्बन्ध है, उनमें निहित व्यक्तिपरक तथा वस्तुपरक तत्त्वों के बीच कौन से जटिल द्वन्द्वात्मक सम्बन्ध हैं, सौन्दर्यशास्त्रीय यथार्थ तथा उसके आधारभूत नियमों के विशिष्ट पक्ष क्या हैं, आदि। उक्त लेखक का विचार है कि इनके माध्यम से हमें बीसवीं शती के सर्वाधिक प्रगतिशील सौन्दर्यशास्त्र की रूपरेखा प्राप्त होती है।[62]

समग्रतः, लेनिन साहित्य एवं कला के अन्तर्गत यथार्थ जीवन के चित्रण[63] एवं जन-सामान्य के हितों को सर्वोपरि महत्त्व देते हैं। उनके विचार से साहित्य एवं कला जनता की सम्पत्ति हैं, अतएव उनका जन-जीवन से अभिन्न होना अनिवार्य है। इससे साथ ही वे साहित्य-रचना में सर्वहारा वर्ग के क्रान्तिकारी दृष्टिकोण की सक्रियता पर भी बल देते हैं, कारण तभी साहित्य समाज को बदलने के संघर्ष में,[64] जन सामान्य के हाथों में एक तेज हथियार के रूप में अपनी चरितार्थता सिद्ध कर सकेगा। तोल्सतोय की शक्ति तथा सीमाओं का विवेचन उन्होंने इसी सन्दर्भ में करते हुए अपनी सैद्धान्तिक मान्यताओं को व्यावहारिकता प्रदान की है।

लियो ट्राटस्की (3)

लेनिन के पश्चात् सत्ता-संघर्ष में स्तालिन का प्रमुख प्रतिद्वन्द्वी ट्राटस्की अपने गलत दृष्टिकोण के कारण समूचे मार्क्सवादी जगत् में अवश्य लांछित है, परन्तु साहित्य एवं कला-सम्बन्धी प्रश्नों पर उसने अधिक गहराई से विचार किया है, फलतः कुछ अत्यन्त महत्त्वपूर्ण निष्कर्ष हमें दिये हैं।

कला के सामान्य चरित्र के विषय में ट्राटस्की का कहना है–'वस्तुनिष्ठ ऐतिहासिक प्रक्रिया के दृष्टिकोण से विचार करने पर कला न केवल एक सामाजिक अनुचर, वरन् ऐतिहासिक दृष्टि से उपयोगितावादी है। अस्पष्ट तथा अबूझ मनःस्थितियों के लिए भी वह शब्दों की आवश्यक लय खोज लेती है, भावनाओं तथा विचारों को वह एक दूसरे के नज़दीक लाती है, अथवा उन्हें आमने-सामने रखकर उनका पार्थक्य प्रदर्शित करती है। वह व्यक्ति और समुदाय

के आत्मिक अनुभवों को समृद्ध करती है, भावनाओं का परिष्कार करती है, उन्हें अधिक लचीला और अनुकूल बनाती है, वह विचारों के आयतन का विस्तार करती है, और वह भी एकत्र अनुभवों की निजी पद्धति से नहीं, वह व्यक्ति, सामाजिक समूहों, वर्गों, यहाँ तक कि समूचे राष्ट्र को शिक्षित करता है, और ये सारे कार्य वह, बिना अपने ऊपर 'विशुद्ध कला' (Pure Art) या 'प्रवृत्तिमूलक कला' (Tendentcious Art) के लेबिल लगाए, एकदम स्वतन्त्र रूप से करती है।'[65]

कला के सम्बन्ध में मार्क्सवादी दृष्टिकोण की सामाजिक तथा वैज्ञानिक प्रकृति का परिचय देते हुए ट्राटस्की का आगे कहना है कि 'मार्क्सवाद जितना आश्वस्त होकर प्रवृत्तिमूलक कला के सामाजिक स्रोतों की आवश्यकता प्रतिपादित करता है, विशुद्ध कला के बारे में भी उसका दृष्टिकोण यही है। वह किसी भी कवि को उसके द्वारा व्यक्त भावों एवं विचारों के लिए 'अपराधी' नहीं ठहराता, वरन् इससे कहीं अधिक महत्त्वपूर्ण तथा सार्थक प्रश्न उठाता है—अर्थात् अपने समूचे वैशिष्ट्य के साथ कोई कला-कृति भावनाओं के किस क्रम के प्रति अपनी अनुकूलता प्रदर्शित करती है, इन भावों तथा विचारों के पीछे किन सामाजिक परिस्थितियों का सन्दर्भ है, समाज अथवा किसी वर्ग के ऐतिहासिक विकास-क्रम में उनका क्या स्थान है। यही नहीं, इसके आगे भी वह ये प्रश्न उठाता है कि इस नये कला रूप के पीछे कौन-सी साहित्यिक विरासत निहित है, तथा किस विशिष्ट ऐतिहासिक अन्तःप्रेरणा के प्रभाववश भावों तथा विचारों को इन नयी समष्टि ने उस छिलके को उतार फेंका है, जो उन्हें काव्यगत चेतना के दायरे से अब तक अलगाता रहा।[66] इस खोज का मुख्य उद्देश्य सामाजिक प्रक्रिया के अन्तर्गत कला की भूमिका की परख से ही सम्बन्ध रखता है।

कला की वस्तुपरक सामाजिक निर्भरता तथा सामाजिक उपयोगिता सम्बन्धी मार्क्सवादी मान्यता की चर्चा करते हुए ट्राटस्की का कहना है कि जब हम इस मान्यता को राजनीति की भाषा में प्रकट करते हैं, तो इसके अर्थ यह नहीं होते कि हम आदेशों या निर्देशों के द्वारा कला पर अपनी प्रभुता स्थापित करना चाहते है। यह कहना भी सरासर गलत है कि हम उसी कला को नयी और क्रान्तिकारी कला मानते हैं, जो मजदूरों का चित्रण करे अथवा जिसमें किसी फैक्टरी की चिमनी का, या पूँजीवाद के विरुद्ध सशस्त्र विद्रोह का अनिवार्यतः चित्रण हो। ये सारी बातें तो महज मिथ्या आरोप हैं। इतना अवश्य है कि नयी कला का चारित्र्य सर्वहारा-संघर्ष की केन्द्रीयता के बिना उभर नहीं सकता, उसे इस संघर्ष को स्थान देना ही होगा।[67] इस स्थल पर ट्राटस्की ने नयी कला की आकृति की व्यापकता पर जोर देते हुए कहा है कि 'नयी कला का हल केवल कुछ पट्टियों तक ही सीमित नहीं है, वरन् इसके विपरीत उसे समूचे खेत को, सब ओर से जोतना है।'[68] इस नयी कला के अन्तर्गत न्यूनतम व्याप्ति वाले एकदम निजी भूमिका के प्रगीतों तक के

लिए पूरा स्थान है। यदि कोई कवि अपने प्रगीतों में महज़ ईसामसीह या साबा (Sabaoth) को ही स्थान देकर रह जाता है, तो इससे तो यही सिद्ध होगा कि उसके प्रगीत समय से कितना पीछे हैं तथा सामाजिक और सौन्दर्यशास्त्रीय भूमिका पर वे नये मनुष्य की काव्यगत अभिरुचियों को सन्तुष्ट करने की दिशा में कितना अपर्याप्त है?[69] रचनाकार के लिए, इस नयी कला में, सर्जना की कितनी स्वतन्त्रता है, इसे स्पष्ट करते हुए ट्राटस्की स्पष्टतः कहता है कि किसी को भी यह अधिकार नहीं है कि वह कवि के लिए यह निर्धारित करे कि उसे किन विषयों पर लिखना है, और न किसी की इच्छा ही ऐसा करने की है। कवि को अधिकार है कि वह अपनी इच्छा और रुचि के अनुकूल किसी भी विषय पर लिखे, परन्तु उभरते हुए (सर्वहारा) वर्ग को, समय ने जिसे एक नये संसार को रचना का दायित्व सौंपा है, और जिसके लिए वह अपने को योग्य मानता है, वह कहने का अधिकार अवश्य है, कि अक्मेइस्टों (Acmeists) की भाषा में 17वीं सदी के जीवन दर्शन का अनुवाद कर कोई अपने को नया कवि कहलाने का अधिकारी नहीं बन सकता।[70] वस्तुतः कला का रूप तत्त्व एक बहुत बड़ी सीमा तक स्वतन्त्र होता है, परन्तु इस बात का ध्यान रखना चाहिए कि कलाकार, जो इस रूप का स्रष्टा है, और दर्शक, जो कि उसका आस्वाद लेता है, रचना और आस्वाद की खाली मशीन मात्र नहीं हैं। ऐसा नहीं है, कि वे बेजान मनुष्य हों। इसके विपरीत एक निश्चित मनोवैज्ञानिक भूमिका से युक्त, यदि पूरी तरह समरस नहीं, तो एक खास सीमा तक एकता को सूचित करने वाले, वे सजीव सचेतन मानव होते हैं। उनकी यह मनोवैज्ञानिक भूमिका सामाजिक परिस्थितियों का परिणाम होती है। इस मनोवैज्ञानिक भूमिका के तमाम कार्यों में से एक कार्य कला रूपों को रचना करना तथा उनका बोध करना होता है। इस सन्दर्भ में यदि कहा जाय कि रूपवादी कितना ही बुद्धिमान बनने का प्रयास क्यों न करें, उनकी समूची धारणा उस सामाजिक मनुष्य की मनोवैज्ञानिक एकता की अवहेलना करती है, जो एक स्तर पर रचनाकार के रूप में किसी कला-रूप का स्रष्टा होता है, तथा दूसरे स्तर पर, जो कुछ रचा गया है, एक पाठक, दर्शक या स्रोता के रूप में उसका भोक्ता भी होता है।[71]

सर्वहारा-वर्ग को यह अधिकार है कि वह इसके अन्तर्गत उस आत्मिक दृष्टिकोण को अभिव्यक्त होते हुए देखने की आकांक्षा करें, जिसकी उसकी अपनी अन्तरात्मा के भीतर, निर्मित प्रारम्भ हो चुकी है। यह कला का दायित्व है कि वह इस निर्मित में उसकी मदद करे। यह राज्य का आदेश नहीं, इतिहास की माँग है। ऐतिहासिक आवश्यकता की वस्तुपरकता में ही उसकी शक्ति निहित है। न तो कोई रचनाकार इस तथ्य की अवहेलना ही कर सकता है, और न ही उसकी शक्ति के वेग से बच सकता है।[72] रूपवादियों (Formalists) की सीमाओं का उल्लेख ट्राटस्की ने विस्तार से किया है। उसके अनुसार वे कभी काव्य-सम्बन्धी अपनी धारणा को तार्किक संगति एवं पूर्णता तक नहीं ले जाते। यदि किसी के लिए काव्य की रचना-प्रक्रिया

महज शब्दों और ध्वनियों का संयोजन है, और इसी भूमि से वह कविता की सारी समस्याओं का समाधान करना चाहता है, तो उसके लिए तो काव्यशास्त्र का एकमात्र पूर्ण फार्मूला यही होगा कि अपने पास एक शब्द कोश रखा जाय और शब्दों के बीजगणितीय संयोजन तथा क्रम-परिवर्तन से संसार के समूचे काव्य-कृतित्व को, जिसकी रचना हो चुकी है, या अब तक नहीं हुई है, रच दिया जाय।[73]

इसी क्रम में ट्राटस्की ने रूपवादी विक्टर श्क्लोवस्की (Victor Shklovsky) द्वारा मार्क्सवाद की ऐतिहासिक-भौतिकवादी धारणा पर लगाए गये निहायत लचर आरोपों का उत्तर देते हुए मार्क्सवादी दृष्टिकोण की संगतता तथा वैज्ञानिकता की व्याख्या की है। मार्क्सवाद दृष्टिकोण को लेकर श्क्लोवस्की का सबसे प्रधान आरोप मार्क्सवाद की इस मान्यता को लेकर है कि परिवेश तथा उत्पादन के सम्बन्ध कला-रचना को दूर तक प्रभावित करते हैं। इस मान्यता के विषय में उसका कहना है कि यदि वस्तुतः ऐसा है, तो इसके अर्थ यही होंगे कि कला-रचना के विषय उन्हीं स्थलों से बँधकर रह जायेंगे जो उत्पादन-सम्बन्धों की अनुकूलता में होंगे, जबकि वास्तव में कला-रचना के विषय गृहहीन होते हैं। (But the themes are homeless)[74] इस आरोप का उत्तर देते हुए ट्राटस्की का कथन है कि भिन्न-भिन्न मनुष्यों और उन्हीं मनुष्यों के भिन्न-भिन्न वर्गों के द्वारा समान विषयों का ही उपयोग इस तथ्य को सूचित करता है कि मानव कल्पना कितनी सीमित है, और मनुष्य किसी भी प्रकार की रचना करते समय कितनी दूर तक अपनी शक्ति तथा उर्जा की फिजूलखर्ची से बचना चाहता है, चाहे वह कला-रचना ही क्यों न हो। प्रत्येक वर्ग हर सम्भव प्रयास करता है कि वह दूसरे वर्ग की आत्मिक विरासत (Spiritual heritage) तथा सामग्री का जितना अधिक उपयोग कर सके, करे।[75] श्क्लोवस्की को उत्तर देने के इसी क्रम में ट्राटस्की ने कला और बाह्य जगत् के सम्बन्धों पर भी प्रकाश डाला है। उसने जोर देकर इस तथ्य को प्रतिपादित किया है कि कोई भी कलाकृति कितनी भी अजूबा क्यों न हो, उसकी सामग्री का सम्बन्ध प्रत्येक स्थिति में इसी त्रि-आयामी संसार अथवा वर्गों में बँटे हुए समाज के सीमित संसार से होगा। स्वर्ग तथा नर्क को रचना करते समय भी वह अपने जीवनानुभवों की ही अभिव्यक्ति देता है, जिनका सम्बन्ध इसी वस्तु-जगत् से होता है।[76]

कलागत विषयों के, एक व्यक्ति से दूसरे व्यक्ति तक, एक वर्ग से दूसरे वर्ग तक, यहाँ तक कि एक लेखक से दूसरे लेखक तक होने वाले स्थानान्तरण को लक्ष्य करके ट्राटस्की का कहना है कि इसका अर्थ यही है कि मानव-कल्पना मितव्ययी होती है। वरन् कोई भी नया वर्ग अपनी संस्कृति का निर्माण एकदम प्रारम्भ से ही नहीं करता, वह अतीत को हस्तगत करने की दिशा में आगे बढ़ता है, उसे स्वीकार करता है, माँजता है। पुनर्व्यवस्थित करता है, एवं उसी में फिर नया निर्माण भी करता है। यदि 'युगों की इन पुरानी अलमारियों का उपयोग न किया जाता तो ऐतिहासिक प्रक्रिया की प्रगति ही एकदम अवरुद्ध हो जाती।'[77]

कला और आर्थिक-सम्बन्धों की व्याख्या करते हुए भी ट्राटस्की ने इस सम्बन्ध में मार्क्सवाद के वास्तविक आशय को स्पष्ट करने का प्रयास किया है। उसका कहना है कि 'यह निर्विवाद रूप से सत्य है कि आर्थिक परिस्थितियाँ कला-सम्बन्धी जरूरतों को जन्म नहीं देतीं, परन्तु भोजन की जरूरत भी तो अर्थशास्त्र द्वारा उत्पन्न नहीं हुई है। इसके विपरीत भोजन की आवश्यकता ने अर्थशास्त्र को अवश्य जन्म दिया है। यह बहुत सही है कि किसी कलाकृति को स्वीकार अथवा अस्वीकार करने के सम्बन्धित निर्णय लेते समय व्यक्ति सदैव मार्क्सवाद के सिद्धान्तों का ही अनुगमन नहीं कर सकता। किसी भी कलाकृति की परीक्षा सर्वप्रथम कला के अपने नियमों के अनुसार ही होनी चाहिए। परन्तु इस बात को केवल मार्क्सवाद ही स्पष्ट कर सकता है कि इतिहास के एक विशेष युग में एक विशेष कला-प्रवृत्ति का ही उद्‌भव क्यों और कैसे हुआ है। दूसरे शब्दों में वह कौन था जिसने उस युग-विशेष में एक विशेष कला-रूप की ही माँग क्यों की, दूसरे किसी रूप की आकांक्षा क्यों नहीं की?[78] कला के प्रति मार्क्सवादी दृष्टिकोण को और भी स्पष्ट करते हुए ट्राटस्की का कथन है–'यह सोचना बिल्कुल बचकाना होगा कि कोई भी सामाजिक वर्ग स्वतः अपने भीतर से ही अपने कला-रूप की सम्पूर्णतः सृष्टि कर सकता है, विशेष रूप से यह सोचना कि सर्वहारा वर्ग बन्द कला-संघों (closed art-guilds) अथवा सर्वहारा-संस्कृति-संघ आदि के माध्यम से अपने कला-रूप की सृष्टि करने की क्षमता रखता है। सामान्यतः कहा जाय तो मनुष्य द्वारा किया जाने वाला कला-सृजन एक निरन्तरता लिये हुए होता है। कोई भी नया वर्ग गिरते हुए वर्ग के कन्धों पर चढ़कर ही सामने आता है, परन्तु निरन्तरता द्वन्द्वात्मक होती है अर्थात् आन्तरिक विकर्षणों एवं टूटों (Breaks) के माध्यम से अभिव्यक्ति होती है। नयी कला-आवश्यकताएँ तथा नये साहित्य एवं कलात्मक दृष्टिकोण की माँग एक नये वर्ग के विकास के सन्दर्भ में अर्थशास्त्र द्वारा ही उत्प्रेरित होती है तथा उस वर्ग की सम्पत्ति तथा सांस्कृतिक क्षमता के प्रभाव वश उस वर्ग की स्थिति में होने वाले परिवर्तन उक्त आवश्यकताओं तथा माँग के लिए गौण उद्दीपन का कार्य करते हैं। कला-सृजन सदैव पुराने कला रूपों की उलट-पलट का परिणाम होता है, गो यह प्रक्रिया पर्याप्त जटिल तथा उलझी हुई होती है। कला के बाहर विकसित नये प्रकार की उद्दीपनकारी शक्तियों के प्रभाववश ही यह सब घटित होता है। इस प्रकार कला व्यापक अर्थ में एक दासी (Handmaiden) है। वह कोई ऐसा देह मुक्त तत्त्व नहीं होती, जो अपना पोषण खुद करता हो, वरन् एक ऐसे सामाजिक मनुष्य का कार्य होती है जो उसके जीवन और परिवेश से अभिन्न रूप में सम्पृक्त होता है।'[79] कहने का तात्पर्य यह कि सामाजिक परिवेश से कला को एकदम स्वतन्त्र मानना एक भयानक भ्रान्ति के अलावा और कुछ नहीं है।

इस तथ्य को स्पष्ट करते हुए कि भौतिकवादी दृष्टि रूप-तत्त्व के महत्त्व की उपेक्षा नहीं करती, ट्राटस्की तर्कशास्त्र और विधि-शास्त्र (Logic and Jurisprudence) का उदाहरण देता है, और कहता है कि जिस प्रकार विधि की किसी पद्धति की परीक्षा उसकी अपनी आन्तरिक तर्कसंगति एवं स्थिरता को परखकर ही हो सकती है, उसी प्रकार कला की परीक्षा भी उसकी रूपगत उपलब्धियों के आधार पर होनी चाहिए, क्योंकि उनके अभाव में कला की स्थिति असम्भव हो जायगी।[80] परन्तु इसके अर्थ यह नहीं हैं कि कला सामाजिक परिस्थितियों एवं परिवेश से स्वतन्त्र है। ऐसा सोचना भ्रान्ति होगी। प्रत्येक साहित्य जिसकी जड़ें सुदूर अतीत में गहराई से जमी होती हैं, नये युग और नये मनुष्य की मनःस्थितियों, भावों और विचारों को अभिव्यक्ति देकर ही सार्थक हो सकता है। रूपगत विश्लेषण इस दृष्टि से आवश्यक भले ही हो, पर्याप्त नहीं होता। कला तथा साहित्य को सम्पूर्ण समझ के लिए उनकी अन्तरंग भूमिकाओं में उसी प्रकार उतरना और उन्हें आत्मसात करना आवश्यक है, जिस प्रकार लोक-कला की वास्तविक समझ के लिए किसी विवाह-गीत में आये महज स्वरों और व्यंजनों का गिनना, कहावतों, मुहावरों या अनुप्रासों की जानकारी ही पर्याप्त नहीं होगी, वरन् ग्रामीण जीवन-पद्धति के रंग-रेशे से परिचित होना अनिवार्य होगा।[81] कहने का तात्पर्य यह कि रूपगत विश्लेषण हमें कला की ऊपरी जानकारी अवश्य दे देगा, उसके प्राण तत्त्व से हम परिचित न हो सकेंगे। 'कला को जीवन से पृथक् करने का प्रयास, उसे एक आत्मनिर्भर शिल्प के रूप में घोषित और प्रचारित करने का प्रयास, उसकी स्फूर्ति का हरण ही नहीं, उसकी हत्या करना है। इस प्रकार सोचने का प्रयास ही बौद्धिक अधःपतन के अतिरिक्त और कुछ नहीं है।'[82]

भाववादी चिन्तकों की तुलना में भौतिकवादी विचारों के दृष्टिकोणगत वैशिष्ट्य को निरूपित करते हुए ट्राटस्की का कहना है कि भौतिकवादी विचारक के लिए धर्म, कानून, नैतिकता, कला, सब एक ही सामाजिक विकास के भिन्न-भिन्न पहलुओं का प्रतिनिधित्व करने वाले उपकरण हैं। अपनी-अपनी निजी विशेषताएँ विकसित करते हुए भी वे सब एक ही सामाजिक-मनुष्य के कार्य हैं, और उसकी बनाई हुई समाज-व्यवस्था के नियमों का पालन करते हैं। भाववादी विचारक ऐतिहासिक विकास की इस समन्वित प्रक्रिया को न समझ पाने के कारण ही इन सबको आत्मनिर्भर और स्वतन्त्र घोषित करने की गलती करते हैं।[83]

रूपवादियों के भाववादी चिन्तन से भौतिकवादी चिन्तन को अलगाते हुए ट्राटस्की कहता है कि जहाँ उनका कहना है कि सबसे प्रारम्भ में संसार था, वहाँ हमारा कहना है कि सबसे प्रारम्भ में कार्य (deeds) थे, संसार जिनकी स्वनिक (Phonetic) प्रतिच्छाया मात्र है। इस तथ्य के आधार पर ही ट्राटस्की के अनुसार

किसी भी साहित्यिक प्रवृत्ति की दुहरी भूमिका की व्याख्या की जा सकती है। प्रथमतः तो वह कला के शिल्प को कतिपय अर्थों में सम्पन्न करती है, द्वितीय, अपने ठोस ऐतिहासिक स्वरूप में वह कुछ ऐसी निश्चित माँगें रखती है, जो अन्तिम परीक्षा में वर्ग-भावना से युक्त होती है। यहाँ वर्ग शब्द से आशय एक व्यक्ति का भी है, क्योंकि कोई भी वर्ग किसी व्यक्ति के माध्यम से ही अपनी अभिव्यक्ति करता है। व्यक्ति ही नहीं, यहाँ वर्ग से आशय राष्ट्र से भी है, कारण किसी राष्ट्र की आत्मा उस वर्ग के द्वारा ही निर्धारित होती है, जो उस पर शासन करता है, तथा जो साहित्य को भी अपने अनुकूल बनाता है।[84]

प्रतीकवाद को भी ट्राटस्की ने बाह्य यथार्थ से पलायन करने वाली एक ऐसी कला-पद्धति माना है, जो एक कल्पना लोक के निर्माण में तथा दिवा-स्वप्नों में ही अपनी सार्थकता देखती है। वह शिल्प की एक निष्क्रिय पद्धति के अतिरिक्त कुछ नहीं है।[85]

यथार्थवाद के विषय में चर्चा करते हुए ट्राटस्की का कहना है कि यद्यपि उसके अनेक रूप उपलब्ध होते हैं, और सबमें उसकी भिन्न-भिन्न व्याख्याएँ की गयी हैं, फिर भी उन सबमें जो महत्त्वपूर्ण बात दृष्टिगोचर होती है, वह यह कि सभी इस बाह्य-जगत् से जुड़े हुए हैं। जीवन जैसा है, उसे सबने स्वीकार किया है। यथार्थवाद के इन विविध रूपों में चाहे जीवन का यथातथ्य चित्रण किया गया हो, चाहे उसे गौरवान्वित किया गया हो, चाहे उसे सही सिद्ध किया गया हो, चाहे धिक्कारा गया हो, उसके सरलीकरण का प्रयास हो, अथवा प्रतीकों में ढालने की चेष्टा, सबने इस त्रिआयामी जीवन के महत्त्व को स्वीकृति दी है, उसी को कला का विषय माना है, उससे परे दृष्टि नहीं डाली है।[86] नयी कला भी निश्चित रूप से यथार्थवादी कला होगी, कारण क्रान्ति रहस्यवाद के साथ निर्वाह नहीं कर सकती, और न ही उसके छद्म रूप स्वच्छन्दतावाद के साथ।[87]

ट्राटस्की यथार्थवाद को एक जीवन-दर्शन के रूप में स्वीकार करने की सिफारिश करता है, एकमेव यथार्थवाद ही उभरते हुए नये जीवन को स्वीकार्य है। नये कलाकार को उन सभी पद्धतियों और तरीकों की जरूरत होगी जो अतीत ने उसके लिए सुलभ किये हैं। उनके अतिरिक्त उसे उभरती हुई नयी जिन्दगी को आत्मसात करने के लिए कुछ नये उपकरण भी चाहिए। निश्चित रूप से वह किसी कलात्मक बहुदर्शनवाद को अस्वीकार करेगा क्योंकि कलागत एकता की सृष्टि एक सक्रिय विश्व-दृष्टिकोण, तथा जीवन-सम्बन्धी दृष्टिकोण के द्वारा ही सम्भव है।[88]

ट्राटस्की का उक्त साहित्य-चिन्तन इस बात का प्रमाण है कि उसने कला प्रश्नों को एक बाहरी व्यक्ति (outsider) की भाँति न लेकर एक मर्मज्ञ और विचारक के रूप में ग्रहण किया है। कट्टर मार्क्सवादी दृष्टिकोण उनमें असंगतियाँ एवं संशोधनवाद के बीज प्राप्त कर सकता है, परन्तु उनके महत्त्व को एकदम झुठलाया नहीं जा सकता।

माओत्से-तुंग (4)

जैसा कि हम पहले कह चुके हैं, साहित्य एवं कला के सम्बन्ध में माओत्से-तुंग के विचारों का तात्त्विक रूप हमें सन् 1943 में, येनान प्रान्त में हुई, साहित्य-परिचर्चा के माध्यम से ही प्राप्त होता है। माओत्से-तुंग के ये विचार साहित्य एवं कला के पथ-दर्शक सिद्धान्तों के रूप में, चीन में, आज भी मान्य हैं। अतएव आवश्यक हो जाता है कि उन्हें समग्रता में प्रस्तुत किया जाय।

येनान प्रान्त में होने वाली इस साहित्यिक परिचर्चा का वास्तविक उद्देश्य, माओत्से-तुंग के अनुसार अनेकमुखी था, अर्थात् क्रान्ति की व्यापक मशीन के अन्तर्गत, उसके एक अभिन्न अंग के रूप में, साहित्य एवं कला का स्थान निर्धारित करना, जनता को शिक्षित और एकजुट करने के एक शक्तिशाली माध्यम के रूप में उन्हें विकसित करना, क्रान्ति के शत्रुओं पर आक्रमण करते हुए उन्हें विनष्ट करने के हेतु एक तेज हथियार के रूप में ढालना तथा संघर्षरत जनता को उसके निर्णायक युद्ध में सहायता पहुँचाना, आदि-आदि।[89] इस उद्देश्य की पूर्ति के हेतु जिन समस्याओं का समाधान आवश्यक था, माओत्से-तुंग ने उन्हें तीन शीर्षकों के द्वारा स्पष्ट किया है–1. दृष्टिकोण की समस्याएँ (The problems of Stand point), 2. साहित्यकारों तथा कलाकारों का रुख तथा जनता (The attitude and the audience of the artists and writers) तथा 3. उन्हें किस प्रकार कार्य करना चाहिए तथा किस प्रकार अध्ययन करना चाहिए (How they should work and How they should study)। इन समस्याओं पर विचार करते हुए माओत्से-तुंग ने क्रमशः उनके निम्नलिखित उत्तर दिये। जहाँ तक प्रथम समस्या का सम्बन्ध है, हमारा दृष्टिकोण सर्वहारा वर्ग तथा व्यापक जन-सामान्य का दृष्टिकोण है। हमें प्रशंसात्मक तथा निन्दात्मक दोनों प्रकार का रुख अपनाना चाहिए, जो इस बात पर निर्भर करेगा कि हमारा साबका किससे पड़ रहा है। चूँकि हमें तीन प्रकार के लोगों से निपटना पड़ रहा है, एक जो हमारे शत्रु हैं, दूसरे, जो संयुक्त मोर्चे में हमारे सहायक हैं, तीसरे व्यापक जन समुदाय, अतएव तीनों के प्रति हमारा रुख भिन्न-भिन्न होगा। शत्रुओं पर हमें चोट करनी है और उनका पर्दाफाश करना है, संयुक्त मोर्चे के सहायकों के बीच हमें एकता का प्रयत्न करना है, साथ ही एक आलोचनात्मक रुख भी रखना है, यदि वे हमारे संघर्ष में पूरी सक्रियता तथा निष्ठा से भाग नहीं लेते हैं, तथा व्यापक जनता की हमें प्रशंसा करनी है। उसमें जो कमियाँ हैं, उन्हें हमें, उसे शिक्षित करते हुए दूर करना है। चूँकि साहित्य एवं कला का आस्वाद करने वाली हमारी जनता ही है, अतः हमारा दायित्व है कि हम इस जनता को भलीभाँति समझें।[90] इसके लिए हमें जन सामान्य को जीवित भाषा से परिचित होना अनिवार्य है;[91] साथ ही

यह भी ध्यान रखना है कि हमारे साहित्यकारों तथा कलाकारों के विचार तथा भावनाएँ जन-सामान्य के विचारों तथा भावों से पूर्णतः अभिन्न हों। जब तक साहित्यकार तथा कलाकार अपने को इस रूप में परिवर्तित न करेंगे कि उनमें तथा जनता में पूर्ण मानसिक सामंजस्य उत्पन्न हो जाय, वे जनता को कभी न समझ सकेंगे।[92] जहाँ तक अध्ययन का प्रश्न है, साहित्यकारों तथा कलाकारों का दायित्व है, कि वे एक और मार्क्सवाद लेनिनवाद के सिद्धान्तों का अध्ययन कर उनसे घनिष्ठ रूप से परिचित हों,[93] तथा दूसरी ओर व्यापक सामाजिक जीवन से भी अपना घनिष्ठ परिचय स्थापित करें। व्यापक सामाजिक जीवन से परिचित होने के अर्थ हैं, समाज के विविध वर्गों का अध्ययन, उनके पारस्परिक सम्बन्धों और स्थितियों का अध्ययन।[94]

इस प्रारम्भिक भूमिका के उपरान्त माओत्से-तुंग ने लेखकों तथा कलाकारों के समक्ष, साहित्य एवं कला-सम्बन्धी अपने विचार विस्तार से प्रस्तुत किये, जो महत्त्वपूर्ण हैं।

माओत्से-तुंग का विचार है कि किसी भी समस्या पर होने वाली चर्चा वास्तविक तथ्यों को सामने रखकर होनी चाहिए, न कि अमूर्त परिभाषाओं के आधार पर। मार्क्सवाद की यही वैज्ञानिक पद्धति है, और उसका पालन करना, अनिवार्य है।[95]

इस दृष्टि से विचार करने पर सबसे पहली समस्या हमारे समक्ष यह उपस्थित होती है कि आखिर हमारी साहित्य और कला का लक्ष्य क्या है, वह किसके प्रति उन्मुख है?[96] लेनिन के 'पार्टी संगठन तथा पार्टी साहित्य' निबन्ध का आधार लेते हुए माओत्से-तुंग ने इस प्रश्न का उत्तर यह कहकर दिया है कि हमारे साहित्य और कला का मुख्य लक्ष्य जनता है, और वह जनता के प्रति ही समर्पित है।[97] इस 'जनता' के अन्तर्गत उन्होंने प्रथमतः मजदूरों, दूसरे, किसानों, तीसरे, सैनिकों तथा चौथे, शहरों में कार्य करने वाले टुटपुँजिया बुर्जुआ वर्ग (Petty-bourgeoisie) तथा बुद्धिजीवियों को परिगणित किया है।[98] जैसा कि हम पिछले पृष्ठों में इंगित कर चुके हैं, इस स्थल पर भी माओत्से-तुंग ने लेखकों तथा कलाकारों से अपने दृष्टिकोण में परिवर्तन लाने की और उसे सर्वहारा दृष्टिकोण के रूप में विकसित करने की बात कही है। यह सर्वहारा दृष्टिकोण लेखकों और कलाकारों के मानस का अंग तभी बन सकता है, जब वह मार्क्सवादी आदर्शों से अनुप्राणित हो, केवल किताबी मार्क्सवाद से नहीं, उस मार्क्सवाद से, जो शब्दों में न जीकर, व्यावहारिक जीवन की सक्रियता में जीता है।[99]

इस प्रश्न का उत्तर देने के पश्चात् कि साहित्य एवं कला का आराध्य कौन सा देवता है, माओत्से-तुंग ने स्पष्ट किया है कि जन देवता की सेवा लेखक एवं कलाकार किस प्रकार करें? इस सन्दर्भ में उन्होंने दो प्रश्न उठाए हैं–1. उन्नयन (Elevation) का प्रश्न और 2. लोकप्रिय बनाने (Popularization) का प्रश्न। इन शब्दों की व्याख्या करते हुए उनका कहना है–'लोकप्रिय बनाने का अर्थ है साहित्य और कलाओं को जनता तक पहुँचाना, और उन्नयन का अर्थ है, जनता की

साहित्यिक तथा कलात्मक आस्वाद-क्षमता के स्तर को उठाना।'[100] माओत्से-तुंग ने प्राथमिकता लोकप्रियता के प्रश्न को दी है[101] और कहा है कि लेखकों को उसी साहित्य को जन-जन तक पहुँचाना है, जो उसकी आवश्यकता की पूर्ति कर सके। इस हेतु लेखकों के लिए आवश्यक है कि वे जनता को शिक्षित करने के पूर्व, उसके अपने जीवन से शिक्षा ग्रहण भी करें। जहाँ तक उन्नयन का प्रश्न है, उसका सम्बन्ध कृति की कलात्मक क्षमता के उन्नयन से हो, अथवा जनता की कलात्मक अभिरुचियों के उन्नयन से, प्रत्येक दृष्टि में इस बात का ध्यान रखना आवश्यक है कि यह उन्नयन जन सामान्य के विकास की दिशा के सन्दर्भ में ही हो।[102]

उक्त प्रश्नों पर चर्चा करने के उपरान्त माओत्से-तुंग ने साहित्य एवं कला के मूल स्रोत की चर्चा की है, और उसे जनता के जीवन में देखने और पहचानने का आग्रह किया है।[103] प्राचीन युग के साहित्य एवं कला को उन्होंने स्रोत न मानकर 'प्रवाह' माना है। उनका कहना है कि प्राचीन युग की ये कृतियाँ भी अपने समय के जन-जीवन से ही उद्भूत हुई हैं।[104] प्राचीन युग की इस साहित्यिक एवं कलात्मक विरासत के प्रति आज के लेखकों एवं कलाकारों का क्या दृष्टिकोण हो, इस प्रश्न को भी बड़े स्पष्ट रूप में उन्होंने उठाया है, और उसके सम्बन्ध में अपना अभिमत भी दिया है। उनका कथन है कि हमें प्राचीन युग की सम्पूर्ण श्रेष्ठ साहित्यिक एवं कलात्मक विरासत को विवेक के धरातल पर परख कर उसका वह सारा अंश आत्मसात करना चाहिए, जो हमारे लिए उपयोगी है, तथा उसे अपनी सर्जना के क्षणों में एक उदाहरण के रूप में अपनी आँखों के समक्ष रखना चाहिए।[105] आलोचनात्मक दृष्टिकोण से रहित, प्राचीन, साथ ही विदेशी कला एवं साहित्य का हमारा अनुकरण और स्वीकार, एक अत्यन्त हानिप्रद और जड़ प्रकार की साहित्यिक एवं कलात्मक मतान्धता होगी।[106]

कला तथा साहित्य का मूल स्रोत जन-जीवन है, परन्तु इस स्रोत से उद्भूत कला और साहित्य की आकृति को, लेखक और कलाकार किस रूप में जनता के समक्ष प्रस्तुत करें, इस प्रश्न पर भी माओत्से-तुंग ने अपने विचार व्यक्त किये हैं। उनका कहना है कि यद्यपि मनुष्य का सामाजिक जीवन साहित्य एवं कलाओं की तुलना में अधिक विशद् और सम्पन्न है, परन्तु फिर भी जनता मात्र उससे सन्तुष्ट न होकर साहित्य एवं कलाओं की माँग भी करती है। इसका प्रधान कारण यही है कि बावजूद वास्तविक जीवन और साहित्य तथा कला में चित्रित जीवन की समान सुन्दरता के, साहित्यिक कृतियों में चित्रित जीवन अधिक प्रतिनिधि, अधिक शक्तिशाली, तथा अधिक सार्वभौमिक होता है,[107] जिसके मूल में कलाकार या लेखक की अपनी चित्रण प्रतिभा तथा विवेक की सक्रियता निहित रहती है। वास्तविक जीवन को बदलने के क्रम में साहित्य तथा कलाओं में चित्रित जीवन दूर तक उपयोगी होता है। इस भूमि पर अपने साहित्यिक तथा कलात्मक दृष्टिकोण को उपयोगितावादी घोषित करते हुए माओत्से-तुंग उसका समर्थन करते हैं। समाज में उपयोगितावादी दृष्टिकोण रखने वाले और भी होते हैं,

इस आधार पर माओत्से-तुंग ने अपने को क्रान्तिकारी उपयोगितावादी कहा है जिसकी दृष्टि जन सामान्य के हित को ही सर्वोपरि मानती है।[108]

लेनिन का आधार लेते हुए माओत्से-तुंग ने भी लेखकों तथा कलाकारों से साहित्य के प्रति पार्टी-दृष्टिकोण रखने का आग्रह किया है।[109] इस सन्दर्भ में साहित्य और राजनीति के पारस्परिक सम्बन्धों पर भी उन्होंने विस्तार से अपने विचार व्यक्त किये हैं, और बड़े स्पष्ट शब्दों में, दोनों के बीच घनिष्ठ सम्बन्धों का प्रतिपादन करते हुए, साहित्य और कला को राजनीति से नीचा दर्जा दिया है। वे यह स्वीकार करते हैं कि साहित्य एवं कलाएँ भी राजनीति पर व्यापक प्रभाव डालती हैं, परन्तु इसके अर्थ यह नहीं हैं कि वे राजनीति से ऊपर प्रतिष्ठित मानी जायँ। राजनीति का स्थान प्रथम है, साहित्य और कलाओं का उसके बाद।[110]

साहित्य एवं कला-रचना के मूलभूत प्रश्नों पर विचार करने के उपरान्त माओत्से-तुंग ने साहित्य एवं कला-समीक्षा पर भी अपने विचार व्यक्त किये हैं। यहाँ उन्होंने साहित्य एवं कला-समीक्षा के दो प्रतिमानों की चर्चा की है—1. राजनीतिक प्रतिमान और 2. कलात्मक प्रतिमान।[111] प्रथम के अन्तर्गत उन्होंने साहित्य एवं कला की उन समस्त अभिव्यक्तियों को श्रेष्ठ मानने की बात कही है, जो जनता के संघर्ष में, क्रान्ति में, उनका साथ देने वाली है।[112] इस स्थल पर उन्होंने रचनाकार के उद्देश्य और प्रभाव, दोनों पर दृष्टि रखने की बात की है। महज उद्देश्य का कोई अर्थ नहीं, यदि उसका प्रभाव भी अनुकूल न हो। जनता की सेवा का वही उद्देश्य सार्थक माना जायगा, जो अपने वास्तविक कार्यान्वयन में, अपने प्रभाव में, जनता द्वारा आशंका प्राप्त करे। समीक्षा का कर्त्तव्य है कि वह रचनाकार की कथनी को ही न देखकर उसकी करनी को भी देखे।[113] कलात्मक प्रतिमान को लागू करने के अर्थ हैं, कृति के साहित्यिक और कलात्मक स्तर की परख। परन्तु यहाँ भी कृति के सामाजिक प्रभाव को नजरअन्दाज नहीं किया जाना चाहिए।[114] उसकी सापेक्षता में ही कृति के सम्बन्ध में निर्णय लिये जाने चाहिए। कुल मिलाकर उन्होंने इन दोनों प्रतिमानों की एकता पर बल दिया है। उन्होंने इस तथ्य को स्पष्ट करते हुए कि ह्रासशील शोषक वर्ग की कला की सामान्य प्रवृत्ति प्रतिक्रियावादी वस्तु तत्त्व तथा कलात्मक रूपों के बीच पायी जाने वाली असंगति में देखी जा सकती है, राजनीति और कला, वस्तु और रूप एवं क्रान्तिकारी राजनीतिक वस्तु तत्त्व तथा उच्चतम स्तर तक परिष्कृत कलात्मक रूप तत्त्व के बीच गहरी एकता का प्रतिपादन किया है।[115] उन्होंने जहाँ राजनीतिक वस्तु तत्त्व की दृष्टि से शक्तिशाली, परन्तु कलात्मक दृष्टि से कमजोर, साहित्य एवं कला के प्रति अपनी असहमति व्यक्त की है, वहाँ गलत राजनीतिक वस्तु किंतु परिष्कृत कला वाले साहित्य को भी अवांछनीय कहा है।[116]

उन्होंने साहित्यकारों तथा कलाकारों से सर्वहारा वर्ग के स्वभाव को पहचानने पर जोर दिया है, और वर्गों में विभक्त समाज में सामान्य मानवता के प्रति प्रेम प्रदर्शित करने वाले साहित्यकारों तथा कलाकारों से भी सावधान रहने की

सिफारिश की है। जो समाज वर्ग-विभक्त है, उसमें साहित्यकार या कलाकार का प्रेम सर्वहारा को ही समर्पित हो सकता है, 'सामान्य मानवता' जैसे किसी अबूझ तत्त्व के प्रति नहीं।[117] लेखकों तथा कलाकारों का दायित्व है कि वे इस सर्वहारा वर्ग को पहचानें, उसके संघर्ष का अध्ययन करें तथा उन शक्तियों का समर्थन करते हुए जो सर्वहारा-संघर्ष को गति दे रही हैं, उन अन्धकारपूर्ण शक्तियों की भर्त्सना करें जो उसके संघर्ष में रोड़ा बन रही हैं, उसे कमजोर कर रही हैं।[118] उन्होंने रचनाकारों से लू-शुन की शैली को अपनाने की सलाह दी है, जिसका मूलाधार व्यंग्य (Satire) है।[119] परन्तु इस शैली का दुरुपयोग न होना चाहिए,[120] अर्थात् इसका लक्ष्य शोषक वर्ग ही बने, सामान्य जनता की कमजोरियों को उद्घाटित करते समय उस पर व्यंग्य और कटूक्तियों की आवश्यकता नहीं है। अन्त में, माओत्से-तुंग ने लेखकों तथा कलाकारों से मार्क्सवाद के सही अध्ययन, उसकी सही समझ और उसे साहित्य एवं कला-रचना तथा चिन्तन पर सही रूप से लागू करने की आवश्यकता पर बल दिया है। इनके अभाव में मार्क्सवाद नहीं, गैर-मार्क्सवाद ही सामने आ सकेगा।

'सैकड़ों फूलों को खिलने दो तथा सैकड़ों विचारधाराओं को पनपने दो' शीर्षक अपने एक विख्यात वक्तव्य में भी माओत्से-तुंग ने साहित्य एवं कला-रचना की भूमिकाओं पर विचार किया है। क्रान्ति के पश्चात् दिया गया यह वक्तव्य अनेक दृष्टियों से महत्त्वपूर्ण है। इसमें माओत्से-तुंग ने जनवादी चीन के आर्थिक, राजनीतिक और सामाजिक परिदृश्य पर व्यापक रूप से विचार करते हुए मार्क्सवाद विरोधी विविध विचारधाराओं को भी अभिव्यक्त होने देने की सिफारिश की है। उनका विश्वास है कि विचारधाराओं के टकराव तथा भिन्न विचारधाराओं की सापेक्षता में मार्क्सवाद अधिक शक्तिशाली और जीवन्त होकर उभरेगा।[121] साहित्य एवं कलाओं के क्षेत्र में भी नये-नये कला-शिल्प तथा नये-नये वस्तु तत्त्व की उपस्थिति[122] में क्रान्तिकारी वस्तु तथा शिल्प की श्रेष्ठता को आप-से-आप प्रमाणित करेगी।[123] उन्होंने यह भी कहा है कि साहित्य एवं कला के विकास में कम से कम अवरोध हो[124] तथा उनकी श्रेष्ठता एवं अश्रेष्ठता का निर्णय भी जल्दबाजी में, गैर-साहित्यिक क्षेत्रों द्वारा न किया जाकर, साहित्य एवं कला के विशेषज्ञों द्वारा ही किया जाय।[125] मुक्त चर्चा के क्रम में ही, आलोचना-प्रत्यालोचना के द्वारा, उनकी सही दिशाएँ निर्धारित की जायँ। कुल मिलाकर, माओत्से-तुंग का यह वक्तव्य उनके पूर्ववर्ती विचारों की तुलना में न केवल अधिक व्यापक तथा उदार[126] है, साहित्य एवं कला के स्वस्थ विकास तथा उनकी सही समझ का भी परिचायक है। परन्तु जैसा कि हम बाद में देखेंगे, उनके इस वक्तव्य की भी भिन्न-भिन्न व्याख्याएँ हुई, फलतः उसके सही परिणाम सामने नहीं आ सके।

समग्रतः माओत्से-तुंग के साहित्य एवं कला-सम्बन्धी विचार मूलतः राजनीतिक दृष्टि की प्रमुखता को स्वीकार करते हैं, और इस प्रकार व्यापक मार्क्सवादी साहित्य-चिन्तन के दायरे में उनकी विशेष स्थिति है।

जी. वी. प्लेखानोव (5)

रूसी साहित्य-चिन्तन को मार्क्सवाद का सन्दर्भ देने का सर्वप्रथम श्रेय जी. वी. प्लेखानोव को है। प्रवर्त्तक-विचारक होने के नाते, प्लेखानोव के साहित्य-चिन्तन में कुछ असंगतियाँ एवं मार्क्सवादी दृष्टिकोण से कुछ भिन्न प्रयाण भी हैं। इसकी चर्चा हम अंत में करेंगे, परन्तु बावजूद इन सबके, उन्हें इस बात का निर्विवाद श्रेय प्राप्त है कि उन्होंने सर्वप्रथम साहित्य और कला को मार्क्सवादी सन्दर्भों में विश्लेषित करने का प्रयास किया और इस प्रकार कला-चिन्तन के एक सर्वथा नये दृष्टिकोण की प्रतिष्ठा की।

प्लेखानोव ने कला के उद्भव और उसकी प्रकृति पर विस्तार से विचार किया है। कला के उद्भव के मूल स्रोतों की चर्चा करने के साथ-साथ उन्होंने उसके नियमों का भी विस्तारपूर्वक निर्देश किया है, और इस कार्य में ऐतिहासिक भौतिकवाद को अपने आधारभूत दृष्टिकोण के रूप में मान्यता दी है। उनके द्वारा लिखे गये असम्बोधित पत्रों में प्रथम पत्र 'ऐतिहासिक भौतिकवाद और कला' शीर्षक से है, जो ऐतिहासिक भौतिकवादी दृष्टिकोण से कला-सम्बन्धी कतिपय महत्त्वपूर्ण निष्पत्तियों को हमारे समक्ष प्रस्तुत करता है।

सर्वप्रथम प्लेखानोव ने तोल्सतोय द्वारा दी गयी कला की परिभाषा का विवेचन किया है, और उसकी असंगति स्पष्ट करते हुए अपना संशोधन प्रस्तुत किया है। तोल्सतोय के अनुसार कला मनुष्य और मनुष्य के बीच सम्पर्क का एक माध्यम है, और मात्र शब्दों के माध्यम से स्थापित किये जाने वाले सम्पर्क से इस कारण विशिष्ट है कि जहाँ शब्दों के माध्यम से मनुष्य दूसरे मनुष्य तक अपने विचारों को प्रेषित करता है, वहाँ कला के माध्यम से वह दूसरे मनुष्यों तक अपने भावों का सम्प्रेषण करता है।

प्लेखानोव ने इस परिभाषा की असंगति को स्पष्ट करते हुए यह बताया है कि शब्दों के द्वारा केवल विचारों का ही सम्प्रेषण नहीं, भावों का सम्प्रेषण भी होता है। इसका उदाहरण कविता है, जहाँ वस्तुतः शब्द ही माध्यम का काम करते हैं।[127] कला के कार्य (function) की चर्चा करते हुए तोल्सतोय का कहना है—'अपने द्वारा अनुभूत भावना को मन के भीतर जगाना और इसके उपरान्त गति, रेखाओं, रंगों और शब्दों में अभिव्यक्त बिम्बों के माध्यम से उसे इस प्रकार प्रस्तुत करना ताकि दूसरे भी उसका अनुभव कर सकें—कला का कार्य है।'

प्लेखानोव इस पर टिप्पणी करते हुए कहते हैं कि इस कथन से स्पष्ट है कि 'मनुष्य और मनुष्य के बीच सम्प्रेषण के एक विशेष माध्यम के रूप में शब्दों को कला से पृथक् नहीं माना जा सकता। यह भी सही नहीं है कि कला केवल मनुष्य के भावों को ही व्यक्त करती है, वह मनुष्य के भावों और विचारों, दोनों को अभिव्यक्त करती है, यद्यपि यह अभिव्यक्ति अस्पष्ट और अमूर्त न होकर सप्राण बिम्बों के माध्यम से होती है, और इसी में उसका मूल वैशिष्ट्य निहित है तोल्सतोय के अनुसार 'कला उस बिन्दु से प्रारम्भ होती है जब मनुष्य अपने द्वार

अनुभूत किसी भावना को दूसरों तक पहुँचाने के लिए, उस भावना को पुनः अपने मन में जगाता है, और कतिपय बाह्य संकेतों के द्वारा उसे अभिव्यक्त करता है, जबकि प्लेखानोव के विचार से 'कला उस बिन्दु से प्रारम्भ होती है जबकि मनुष्य अपने परिवेश के प्रभाववश अपने द्वारा अनुभूत भावों और विचारों को नये सिरे से अपने मन में जगाता है और उन्हें बिम्ब रूप में एक प्रकार की अभिव्यक्ति देता है। कहने की आवश्यकता नहीं कि अधिकांशतः मनुष्य ऐसा इसीलिए करता है ताकि वह अपने द्वारा पुनर्नुभूत भावों तथा विचारों को दूसरे मनुष्यों तक पहुँचा सके। कला, इस प्रकार, एक सामाजिक वस्तु है।'[128] तोल्सतोय के 'युद्ध और शान्ति' उपन्यास में व्यक्त उनकी इस मान्यता से प्रेरित होकर कि 'प्रत्येक काल में और प्रत्येक मानव-समाज में क्या अशुभ है, इस बात का एक धार्मिक प्रतिबोध रहा करता है, जो कि प्रायः सब मनुष्यों के समान होता है, और यह धार्मिक प्रतिबोध ही कला द्वारा सम्प्रेषित भावों के मूल्य निर्धारित करता है, प्लेखानोव इसे मानवता के विकास में कला की भूमिका का प्रश्न मानकर, उसके परीक्षण के हेतु इतिहास की गहराइयों में उतरते हैं और इसी क्रम में उनकी कुछ महत्त्वपूर्ण उपलब्धियाँ भी सामने आती हैं। इसके पहले कि वे अपना विवेचन प्रारम्भ करें, वे स्पष्ट कर देते हैं कि प्रत्येक सामाजिक वस्तु की भाँति वे कला को भी ऐतिहासिक भौतिकवाद के दृष्टिकोण से ही देखना पसन्द करते हैं।'[129]

ऐतिहासिक भौतिकवादी दृष्टिकोण के विपरीत भाववादी दृष्टिकोण को स्पष्ट करते हुए उनका कहना है कि 'भाववादी दृष्टि मानवता के ऐतिहासिक विकास को विचारों तथा ज्ञान के विकास का अन्तिम परिणाम मानती है। 18वीं तथा 19वीं शताब्दी में इसी मान्यता का बोलबाला रहा, जिसकी अभिव्यक्ति सेंट साइमन, आगस्टी काम्टे आदि के द्वारा हुई। भाववादी दृष्टि का ही एक दूसरा रूप हेगेल का निरपेक्ष प्रत्यवाद (Absolute Idealism) है। ग्रीकों के पतन का कारण हेगेल ने यह माना कि चूँकि निरपेक्ष प्रत्यय (Absolute Idea) के विकास क्रम में ग्रीस ने उसके केवल एक सोपान को ही अभिव्यक्ति दी, अतः उस सोपान के पूर्ण हो जाने पर उसका पतन अनिवार्य था। हेगेल के अनुसार मानवता के ऐतिहासिक विकास के सम्पूर्ण क्रम तथा सामाजिक सम्बन्धों का निर्धारण, अपने अन्तिम विश्लेषण में, तर्क शास्त्र के नियमों तथा विचारों के विकास-क्रम द्वारा होता है, जो ऐतिहासिक भौतिकवादी दृष्टिकोण के बिल्कुल विपरीत है।'[130] उदाहरण के लिए जहाँ सेंट साइमन ग्रीकों के सामाजिक सम्बन्धों की व्याख्या उनके धार्मिक दृष्टिकोण के आधार पर करने के हिमायती हैं, जो स्पष्टतः उनकी भाववादी दृष्टि की सूचक हैं, वहाँ मैं, ऐतिहासिक भौतिकवादी दृष्टिकोण का हिमायती होने के कारण यह मानता हूँ कि ग्रीकों का ओलिम्पस (Olympus) उनके सामाजिक संगठन का ही प्रतिबिम्ब था। सेंट साइमन इस प्रश्न के उत्तर में ग्रीकों के धार्मिक विचारों का स्रोत क्या था, जहाँ यह कहते हैं कि ये विचार उनके वैज्ञानिक

जीवन-दर्शन से उद्भूत हुए, वहाँ मेरा विचार है कि ग्रीकों का वैज्ञानिक जीवन-दर्शन उत्पादन-शक्तियों के विकास द्वारा स्वतः अपने ही ऐतिहासिक विकास नें निर्भर था।[131]

इतिहास सम्बन्धी इस दृष्टि को लेकर ही प्लेखानोव कला की गहराइयों में उतरते हैं, और डार्विन की सौन्दर्य-निष्पत्तियों की परीक्षा करते हैं। अपनी एक पुस्तक[132] में डार्विन ने अनेक उदाहरणों के द्वारा पशु-पक्षियों के जीवन में सौन्दर्य-बोध की महत्त्वपूर्ण भूमिका की ओर इंगित किया है। डार्विन की यह व्याख्या शास्त्रीय (Biological) है, जो यह भी प्रमाणित करती है कि मनुष्यों की ही भाँति पशु-पक्षी भी सौन्दर्य-बोध का आनन्द अनुभव करते हैं, और कभी-कभी तो हमारी सौन्दर्याभिरुचि पशु-पक्षियों की सौन्दर्याभिरुचि से मेल भी खा जाती है। परन्तु प्लेखानोव के अनुसार जब जीवशास्त्र हमारी सौंदर्याभिरुचि के स्रोत का पता लगाने में समर्थ नहीं है, हमारी अर्थात् मनुष्य की सौन्दर्याभिरुचि के विकास के इतिहास की जानकारी तो और भी नहीं दे सकता।[133] डार्विन ने यह भी प्रतिपादित किया कि एक ही जाति के भिन्न-भिन्न राष्ट्रों की सौन्दर्य सम्बन्धी धारणा भिन्न होती है, तब तो यह पूरी तरह स्पष्ट हो जाता है कि इस भिन्नता के कारणों की खोज जीवशास्त्र के आधार पर नहीं हो सकती। इसके लिए हमें दूसरी दृष्टियों का आश्रय लेना होगा। स्वतः डार्विन ने इस विचार का समर्थन किया है और कहा है कि विकसित मनुष्यों में इस प्रकार की सौन्दर्यात्मक संवेदनाएँ जटिल विचारों तथा विचार-शृंखलाओं से घनिष्ठतापूर्वक सम्पृक्त रहती हैं। डार्विन का यह कथन स्पष्टतः ही हमें जीवशास्त्र से समाजशास्त्र की ओर ले जाता है। परन्तु डार्विन का यह कहना कि सभ्य मनुष्यों की सौन्दर्य-संवेदनाएँ ही जटिल विचार-शृंखलाओं से सम्बद्ध रहती हैं, ठीक नहीं है।[134]

इस स्थल पर प्लेखानोव ने कतिपय आदिम जातियों का उदाहरण देते हुए सिद्ध किया है कि किस प्रकार पहले वे लोग पशुओं की खालों, दाँतों और पंजों आदि को आभूषणों के रूप में इसलिए पहनते थे ताकि उनसे उनकी अपनी सक्रियता, शक्ति तथा साहस सूचित हो, किन्तु बाद में वही वस्तुएँ उनकी सौन्दर्य-संवेदनाओं को भी उभारने लगीं और सौन्दर्य-सूचक आभूषण बन गयीं, इससे यही निष्कर्ष निकलता है कि सभ्य जातियों के ही नहीं, असभ्य जातियों के भी सौन्दर्य-सम्बन्धी विचार जटिल विचारों से सम्बद्ध हैं, यही नहीं, उनसे उत्पन्न भी हैं।[135] कुछ अन्य उदाहरणों को देने के उपरान्त प्लेखानोव अधिकारपूर्वक कहते हैं कि 'आदिम जातियों को भी, रंगों के मिश्रण तथा वस्तुओं के रूपों से उद्बुद्ध सौन्दर्य संवेदनाएँ, अत्यधिक जटिल विचारों से सम्बद्ध रहती हैं, और रंगों के बहुत से मिश्रण तथा वस्तुओं के रूप तो इस सम्बद्धता के कारण ही उन्हें सुन्दर लगते हैं।'[136] इस सम्बद्धता या सम्पृक्ति को कौन-सा तत्त्व उद्बुद्ध करता है, वे जटिल विचार कहाँ से उत्पन्न होते हैं, जो वस्तु का रूप देखकर उभरी हुई सौन्दर्य-संवेदनाओं से सम्पृक्त हो जाते हैं, प्लेखानोव के अनुसार 'इन प्रश्नों का उत्तर भी हमें जीवशास्त्र में नहीं, समाजशास्त्र में ही मिल सकता है, और यदि

ऐतिहासिक भौतिकवादी दृष्टि यह सिद्ध कर देती है कि जिस सम्बद्धता का संकेत तथा जिन जटिल विचारों का उल्लेख ऊपर किया गया है, अन्तिम विश्लेषण में वे, किसी समाज में उत्पादन-शक्तियों के स्वरूप तथा उनके अर्थशास्त्र द्वारा ही उत्पन्न तथा निर्धारित हैं, तो यह भी सिद्ध हो जाता है कि डार्विनवाद ऐतिहासिक-भौतिकवादी दृष्टि की पूर्णतः अनुकूलता में ही है।'[137] डार्विन के विचार कुल मिलाकर हमें जिस निष्कर्ष पर पहुँचाते हैं, यह निम्नलिखित हैं–

'अनेक पशुओं की भाँति, सौन्दर्य बोध मनुष्य की विशेषता है, कतिपय वस्तुओं तथा तत्त्वों के प्रभाववश वह एक विशेष प्रकार के सौन्दर्य-जनित आनन्द का अनुभव करने की क्षमता रखता है। परन्तु, निश्चित रूप से वे कौन से तत्त्व तथा वस्तुएँ हैं जो उसे इस प्रकार का आनन्द प्रदान करती हैं, यह बात उन परिस्थितियों पर निर्भर करती है जिनके बीच वह पोषित हुआ है, रहा है, और क्रियाशील हुआ है। मनुष्य की प्रकृति ही उसके लिए यह सम्भव बनाती है कि वह सौन्दर्य सम्बन्धी अभिरुचि एवं धारणा रखे तथा उसे विकसित करे। इन सम्भावनाओं से यथार्थ तक के संक्रमण में परिवेश-जन्य स्थितियाँ निर्णायक कारण बनती हैं। यही स्थितियाँ इस तथ्य को भी स्पष्ट करती हैं कि सामाजिक मनुष्य (अथवा कोई विशेष समाज, लोग या वर्ग) क्यों अपनी विशेष सौन्दर्याभिरुचियों एवं धारणाओं से सम्पन्न होते हैं।'[138] कला-सम्बन्धी अपनी इस शोध के सिलसिले में प्लेखानोव के अन्य लेखकों, विशेषतः टेन (Taine) के विचारों का भी परीक्षण किया है, तथा किसी देश के साहित्य को समझने के लिए उस देश के लोगों के इतिहास तथा उनके सामाजिक संगठन के अध्ययन को अनिवार्य बताया है।[139] यही नहीं, किसी देश के साहित्य के इतिहास के अध्ययन के लिए उन्होंने इस तथ्य पर जोर दिया है कि उस देश के निवासियों की स्थिति में होने वाले परिवर्तनों के इतिहास को समझा जाय।[140] उनका अन्तिम निष्कर्ष है कि किसी मनुष्य जाति की कला उस जाति के अपने मनोविज्ञान द्वारा निश्चित होती है। उसका यह मनोविज्ञान उसकी स्थिति से निष्पन्न होता है, और यह स्थिति, अपने अन्तिम विश्लेषण में, स्वतः उसकी उत्पादन शक्तियों तथा उत्पादन-सम्बन्धों द्वारा निश्चित होती है।[141] यह विचार ही ऐतिहासिक भौतिकवादी दृष्टिकोण की पुष्टि करता है।

'श्रम, क्रीड़ा तथा कला' (Labour, Play and Art) शीर्षक निबन्ध में प्लेखानोव ने ब्यूशर (Buecher) की इस स्थापना का खण्डन करते हुए कि 'क्रीड़ा का उद्भव श्रम से पहले है, तथा कला का उद्भव उपयोगी वस्तुओं के उत्पादन से पहले है' (Play is older than labour, and Art is older than the production of useful objects), यह सिद्ध किया है कि श्रम का उद्भव कला के उद्भव से पूर्व हुआ है तथा सामान्यतः मनुष्य सर्वप्रथम वस्तुओं तथा तत्त्वों को उपयोगितावादी दृष्टि से देखता है तथा इसके बाद ही उनके सम्बन्ध में एक सौन्दर्यात्मक दृष्टिकोण निर्मित करता है।[142] प्लेखानोव का यह विचार ऐतिहासिक भौतिकवादी धारणा के अनुकूल है। इसके द्वारा अन्ततः इस तथ्य की सिद्धि होती है कि आर्थिक

आवश्यकताएँ (अर्थशास्त्र) कला पर निर्भर नहीं करतीं, वरन् कला ही आर्थिक आवश्यकताओं पर निर्भर करती है।[143]

कला और उपयोगिता के प्रश्न पर भी प्लेखानोव ने जम कर विचार किया है। इस प्रश्न का अध्ययन भी प्लेखानोव ने आदिम जातियों के सन्दर्भ में किया है। इस अध्ययन के दौरान प्लेखानोव ने अनेक उदाहरणों के द्वारा यह प्रमाणित किया है कि उपयोगितावादी दृष्टिकोण सौन्दर्यपरक दृष्टिकोण का पूर्ववर्ती होता है (utilitarian stand point precedes the aesthetic stand point). फ्रांसीसी साहित्य तथा चित्रकला के विवेचन के क्रम में भी प्लेखानोव उक्त निष्कर्ष पर ही पहुँचे हैं। अपने इस अध्ययन का निष्कर्ष प्रस्तुत करते हुए उन्होंने कुछ महत्त्वपूर्ण बातें कही हैं। यदि साहित्य की भाँति कला भी जीवन का प्रतिबिम्ब है, तो मात्र इतना कहने से ही कार्य नहीं चलेगा, कारण यह एक अस्पष्ट बयान मात्र होगा। कला किस प्रकार जीवन को प्रतिबिम्बित करती है, यह जानने के लिए, जीवन की प्रक्रिया तथा रचना-तन्त्र की जानकारी अनिवार्य है।[144] कांट के इस कथन को विश्लेषित करते हुए कि आनन्दानुभूति में किसी विजातीय तत्त्व के लिए स्थान नहीं रहता, तथा सौन्दर्य-सम्बन्धी निर्णय को भी किसी भी प्रकार के सूक्ष्मातिसूक्ष्म स्वार्थ से परे रहना चाहिए, प्लेखानोव का कहना है कि व्यक्ति विशेष के सन्दर्भ में ही कांट की इस स्थापना की सार्थकता है। समाज के दृष्टिकोण से विचार करने पर बात भिन्न हो जाती है।[145] आदिम कबाइली जातियों की कला के विश्लेषण के दौरान यह स्पष्ट हो चुका है कि 'सामाजिक मनुष्य वस्तुओं तथा तत्त्वों को सर्वप्रथम उपयोगितावादी दृष्टि से देखता है और तत्पश्चात् ही, उनमें से कुछ के प्रति उसका दृष्टिकोण सौन्दर्यात्मक होता है। इससे यह भी स्पष्ट है कि सामाजिक मनुष्य को हर उपयोगी वस्तु सुन्दर नहीं लगती, हाँ यह अवश्य है कि जो वस्तु उसके लिए उपयोगी होती है, अर्थात् अस्तित्व-रक्षा में उसकी सहायक होती है, वही उसे सुन्दर लगती है।'[146] इसके अर्थ यह नहीं हैं कि सामाजिक मनुष्य के समक्ष सौन्दर्यात्मक तथा उपयोगितावादी दृष्टियाँ एक साथ ही उपस्थित होती हैं। उपयोगिता का निर्णय विवेक करता है तथा सौन्दर्य का ग्रहण मननशील वृत्तियों द्वारा होता है। प्रथम का क्षेत्र गणना का क्षेत्र है, और द्वितीय का क्षेत्र सहज वृत्ति का क्षेत्र है, जो पहली की तुलना में अधिक व्यापक है। सामाजिक मनुष्य को जो वस्तु सुन्दर लगती है, उसका आनन्द लेते समय, वह शायद ही उसके उपयोगी पक्ष का स्मरण करता है, और अधिकांश स्थितियों में तो वैज्ञानिक विश्लेषण के पश्चात् ही उसकी उपस्थिति का पता लगाया जा सकता है। जो तत्त्व सौन्दर्यात्मक आनन्द को उपयोगितावादी भूमिका से प्रमुख रूप से अलगाता है, वह उसकी स्पष्ट अभिव्यक्ति, उसका सीधापन (directness) है। परन्तु इस स्थिति के बावजूद उपयोगिता का तत्त्व उसके तल में निहित अवश्य रहता है, और अगर वह नहीं होता तो वह वस्तु उस मनुष्य को

सुन्दर नहीं लगती।[147]

कला और उपयोगिता के प्रश्न पर विचार करने के उपरान्त प्लेखानोव ने कला और सामाजिक जीवन की समस्या पर भी विस्तारपूर्वक विचार किया है, और यहाँ भी उनके निष्कर्ष पर्याप्त महत्त्वपूर्ण हैं। सर्वप्रथम उन्होंने विपरीत दृष्टिकोण वाली उन दो मूलभूत मान्यताओं को प्रस्तुत किया है, जो कला और सामाजिक जीवन के पारस्परिक सम्बन्धों को लेकर प्रारम्भ से उठाई जाती रही हैं। प्रथम मान्यता के अनुसार समाज कलाकार के लिए नहीं बना है, वरन् कलाकार समाज के लिए है। कला का दायित्व है कि वह सामाजिक व्यवस्था के सुधार तथा मानवीय चेतना के विकास में अनिवार्यतः सक्रिय हो। दूसरी मान्यता इसके विपरीत कला को अपने में ही साध्य मानती है तथा कला के, उससे इतर किसी दायित्व को, कला की गरिमा को कम करना समझती है। जहाँ तक प्रथम मान्यता का प्रश्न है, रूस के क्रान्तिकारी जनतन्त्रवादियों बेलिंस्की, चर्निशवस्की, दोब्रोल्युबोव आदि ने उसकी सशक्त हिमायत की है। इनके अतिरिक्त नेक्रासोव (Nekrasov) जैसे कवि भी इस मान्यता के दृढ़ समर्थक रहे हैं। इन लोगों ने अपने कृतित्व के माध्यम से जहाँ कला के सामाजिक दायित्व के प्रति अपनी आस्था व्यक्त की है, 'कला कला के लिए' जैसी मान्यता का दृढ़तापूर्वक खण्डन भी किया है। दूसरी मान्यता के समर्थकों में प्लेखानोव ने प्रसिद्ध रूसी कवि पुश्किन का उल्लेख किया है, जिसकी अनेक कविताएँ कला के सामाजिक दायित्व की अवमानना करती हैं। प्रश्न यह है कि उक्त दो मान्यताओं में किसे सही माना जाय? प्लेखानोव इस प्रश्न को उठाकर स्वतः उसके स्वरूप के प्रति अपनी असहमति व्यक्त करते हैं। उनका कहना है कि हो सकता है कि समय विशेष में कोई कलाकार यह महसूस करे कि उसे बाहरी दुनिया की समस्याओं से अपने को अलग रखना है, परन्तु ऐसा भी समय आ सकता है जब वही यह अनुभव भी करने लगे कि बाहरी समस्याओं के प्रति उसकी दिलचस्पी आवश्यक है। ऐसी स्थिति में प्रश्न प्रस्तुत करने का उक्त तरीका सही नहीं है। प्रश्न का सही रूप उनके विचार से यदि कोई हो सकता है तो यही कि वह कौन सी प्रमुख सामाजिक स्थितियाँ हैं जिनके अन्तर्गत, कलाकारों तथा लोगों में, जो कला के प्रति दिलचस्पी रखते हैं, 'कला कला के लिए' जैसी मनोवृत्ति उत्पन्न और मजबूत होती है।[148] इस प्रश्न के उत्तर की कोशिश एक दूसरे और इतने ही महत्त्वपूर्ण प्रश्न को विचारार्थ प्रस्तुत करती है कि 'वे कौन-सी प्रमुख सामाजिक स्थितियाँ हैं, जिनके अन्तर्गत, कलाकारों तथा लोगों में, जो कला के प्रति दिलचस्पी रखते हैं, कला के प्रति तथाकथित उपयोगितावादी दृष्टि उत्पन्न और मजबूत होती है।'[149] प्लेखानोव सर्वप्रथम, पहले प्रश्न को उठाते हुए पुनः पुश्किन का उल्लेख करते हैं। रूस में अलेक्जेण्डर प्रथम के राज्यकाल में जहाँ पुश्किन न केवल बाह्य-संघर्षों से जुड़ा हुआ था, उनका आकांक्षी भी था, वहाँ निकोलस प्रथम

के राज्यकाल में उसकी मान्यता में इतना तीव्र परिवर्तन हुआ कि वह 'कला कला के लिए' जैसी विचारधारा का समर्थक बन गया। प्लेखानोव ने दोनों राजाओं के शासन-काल तथा उनमें पुश्किन की स्थिति का विवेचन करते हुए यह महत्त्वपूर्ण निष्कर्ष दिया है कि 'कला कला के लिए' जैसी विचारधारा के प्रति कलाकार की वृत्ति तभी उन्मुख होती है, जबकि अपने सामाजिक परिवेश से वह अपनी संगति नहीं बिठा पाता।[150] अपने इस मत की पुष्टि के लिए प्लेखानोव ने पुश्किन के समकालीन फ्रांसीसी रोमांटिकों, पारनेसियों (Parnassians), गोनकोर्ट (Goncourt), फ्लाबेयर (Flaubert) जैसे फ्रांसीसी यथार्थवादियों का भी उल्लेख किया है, और दिखाया है कि ये लोग भी किस प्रकार अपने सामाजिक परिवेश से बेहद असन्तुष्ट या तो पूरी तरह आत्मकेन्द्रित हो गये थे या 'कला कला के लिए' वाली विचारधारा का समर्थन करने लगे थे। इनकी सामाजिक तथा मानसिक स्थितियों का परिचय देते हुए अपने पूर्ववर्ती निष्कर्ष में प्लेखानोव ने एक और शब्द जोड़कर उसे इस रूप में प्रस्तुत किया है—'कला कला के लिए विचारधारा के प्रति कलाकारों तथा उन लोगों की प्रवृत्ति जो कला में दिलचस्पी रखते हैं, तभी उन्मुख होती है जबकि वे उस सामाजिक परिवेश के प्रति जिसमें कि वे रहते हैं अपनी संगति बिठा सकने में कतई असमर्थ हो जाते हैं।'[151] इसके विपरीत चर्निशवस्की, दोब्रोल्युबोव, नेक्रोसोव आदि का उदाहरण जिस निष्कर्ष को जन्म देता है, वह यह है कि कलाकारों और उन लोगों के मन में, जो कला के प्रति दिलचस्पी रखते हैं, उपयोगितावादी दृष्टिकोण तभी उत्पन्न और मजबूत होता है, वे तभी स्वेच्छापूर्वक और प्रसन्नता से सामाजिक संघर्षों में भाग लेने को उत्सुक होते हैं, और भाग लेते हैं 'जब समाज के एक बड़े अंश और उनके बीच पारस्परिक सद्भाव और सहानुभूति की स्थिति विद्यमान होती है।'[152] अपने इस निष्कर्ष को अन्य उदाहरणों के द्वारा भी प्लेखानोव ने पुष्ट किया है।

यह मानते हुए कि सामाजिक परिवेश से असन्तुष्ट तथा विक्षुब्ध कलाकार, 'कलाकला के लिए' जैसी विचारधारा का पोषक हो जाता है, प्लेखानोव ने इस स्थिति के एक लाभदायक प्रभाव की चर्चा भी की है, और यह कि सामाजिक परिवेश से कलाकार की असंगति—(disaccord) जितनी दूर तक कलाकार को अपने सामाजिक वातावरण से ऊपर उठने में सहायता पहुँचाती है, उतनी ही दूर तक उसकी कृति लाभान्वित होती है।[153]

उपयोगितावादी दृष्टिकोण के स्वरूप की चर्चा करते हुए प्लेखानोव ने यह भी कहा है कि 'इसका जितना सम्बन्ध क्रान्तिकारी बनावट वाले मस्तिष्क से होता है, उतना ही रूढ़िवादी मानस से भी। इसके लिए केवल एक ही शर्त आवश्यक है, और वह है किसी सामाजिक व्यवस्था अथवा सामाजिक आदर्श के प्रति जीवित तथा सक्रिय लगाव, वह कैसा भी क्यों न हो। यह दृष्टिकोण समाप्त भी उस समय हो जाता है, जब किसी भी कारण से सही, उक्त व्यवस्था अथवा आदर्श के प्रति रुचि या लगाव नहीं रह जाता।'[154]

प्लेखानोव कला के प्रति उपयोगितावादी दृष्टिकोण के समर्थक होते हुए भी पैम्फलेट (Pamphlet) या प्रचार-साहित्य के हामी नहीं हैं। कला तथा कविता के महत्तर दायित्वों के प्रति पूरी तरह सजग हैं। कविता या कला में वस्तु या विचार तत्त्व की प्रमुखता को स्वीकार करते हुए वे कहते हैं कि 'चूँकि कविता या कला सदैव किसी न किसी वस्तु को अभिव्यक्त करती है, अतः यह निर्विवाद है कि उनके पास कहने के लिए कुछ न कुछ होता ही है। परन्तु कला की विधाएँ अपनी-अपनी बात अपने-अपने ढंग से कहती हैं। चित्रकार अपनी बात बिम्बों से कहता है, जबकि पर्चा-लेखक तर्क द्वारा अपने विचारों की पुष्टि करता है। यदि चरित्रों को चित्रित करने के बजाय लेखक अपने पात्रों से तर्क करवाने लगे, तब वह कलाकार न रहकर पर्चा-लेखक (Pamphleter) हो जायगा। इसके अर्थ यह नहीं हैं कि कलाकृति में विचार न होने चाहिए, अथवा उसमें विचारों का कोई महत्त्व नहीं होता। सच पूछा जाय तो विचारों के अभाव में कलाकृति सम्भव ही नहीं हो सकती। लेखक भी जो वस्तु तत्त्व की उपेक्षा कर केवल रूप तत्त्व को महत्त्व देते हैं, किसी न किसी रूप में, किसी न किसी विचार की अभिव्यक्ति करते ही हैं।[155] परन्तु इतना निश्चित है कि रूप तत्त्व को महत्त्व देने वाले लेखकों की कृतियों में जिस दृष्टिकोण की स्थिति होती है वह पहले दर्जे का नकारात्मक दृष्टिकोण होता है।[156]

वस्तु तत्त्व के अन्तर्गत निहित विचारों के अभाव में कलाकृति का अस्तित्व लगभग असम्भव मानते हुए भी प्लेखानोव इस तथ्य को भी स्पष्ट करते हैं कि प्रत्येक प्रकार का विचार कलाकृति में अभिव्यक्ति पाने की योग्यता नहीं रखता।[157] रस्किन को उद्धृत करते हुए प्लेखानोव ने अपने इस कथन की पुष्टि की है। रस्किन के अनुसार 'एक नवयुवती अपने खोये हुए प्रेम के विषय में कोई मार्मिक गीत गा सकती है, परन्तु एक कंजूस अपनी खोई हुई सम्पत्ति पर शोक-गीत नहीं गा सकता।' रस्किन के इस कथन पर टिप्पणी प्रस्तुत करते हुए प्लेखानोव ने कहा है–'कला मनुष्य और मनुष्य के बीच एक प्रकार के आत्मिक सम्पर्क का माध्यम है। कलाकृति के अन्तर्गत व्यक्त भावना जितनी ही गहरी होगी, अन्य बातों के समान रहते हुए, वह कलाकृति उक्त सम्पर्क को और भी सुगम बनाएगी। कंजूस व्यक्ति इसी कारण अपनी गत सम्पत्ति पर शोक गीत नहीं गा सकता कि उसे सुनकर कोई प्रभावित न होगा, वह उसके तथा अन्य लोगों के बीच सम्पर्क का माध्यम न बन सकेगा।'[158] इस निष्कर्ष को प्रस्तुत करने के पश्चात् मनुष्य और मनुष्य के बीच सम्पर्क को बढ़ावा देने वाले भाव या विचार ही कलाकृति में स्थान पाते हैं, उन्होंने यह भी कहा है कि 'इस सम्पर्क की सीमाएँ कलाकार द्वारा निश्चित न होकर उस समाज के सांस्कृतिक स्तर द्वारा निश्चित होती हैं, जिसमें कि वह रहता है। वर्गों में बँटे समाज में वह वर्गीय सम्बन्धों के स्वरूप तथा प्रत्येक वर्ग द्वारा उपलब्ध विकास-स्थितियों पर निर्भर करता है।'[159] रहस्यवाद को प्लेखानोव ने विवेक का शत्रु बताया है, यही नहीं एक गलत गल़त

विचार का समर्थन करने वाला प्रत्येक व्यक्ति उनकी दृष्टि में विवेक का शत्रु है।[160]

साहित्य या कला की व्यक्तिवादी प्रवृत्तियों को भी प्लेखानोव ने जमकर भर्त्सना की है। उन्होंने स्पष्ट किया है कि परिवेश से कटे हुए लेखक का व्यक्तिवाद किस प्रकार अन्ततः अहंवाद में परिणत हो जाता है, जबकि उस लेखक के लिए उसके अपने 'अहं' की सत्ता ही एकमात्र यथार्थ सत्ता रह जाती है, और वह अपने अहं में ही जीने लगता है।[161] प्लेखानोव के अनुसार 'मनुष्य के लिए यह कदापि शुभ नहीं है कि वह अकेला रहे। आजकल के नव्यतावादी भी अपने पूर्ववर्तियों के सृजन से सन्तुष्ट नहीं हैं। इसमें कोई हानि नहीं है, उल्टे नवीनता की खोज अक्सर प्रगति का कारण बन सकती है। परन्तु ध्यान रखने की बात है कि हर वह व्यक्ति जो नये को खोजना चाहता है, उसे प्राप्त नहीं कर पाता। हमें यह जानने की भी जरूरत है कि हम कहाँ देखें? वह व्यक्ति जो सामाजिक जीवन के पाठ के प्रति अन्धा है, जो अपने अहं के अतिरिक्त किसी यथार्थ को स्वीकार नहीं करता, वह कितना भी खोज क्यों न करे, कूड़े के सिवा नयी वस्तु कभी प्राप्त नहीं कर सकता है। इसीलिए मनुष्य के लिए यह कदापि शुभ नहीं है कि वह अकेला रहे।'[162] बुर्जुआ वर्ग के ह्रास के युग में अति के स्तर तक पहुँचा हुआ व्यक्तिवाद कलाकार को प्रेरणा के समस्त जीवन्त स्रोतों से काटकर, उसे मात्र अपने निजी, रुग्ण अनुभवों तथा अद्‌भुत खोजों वाले संसार में बन्दी कर देता है। फलतः सौन्दर्य के स्थान पर एक सतही ऊलजलूलपन ही उसके हाथ आता है जहाँ निजी स्वार्थों को ही प्रमुखता प्राप्त होगी, वहाँ सौन्दर्य की सच्ची संवेदनाओं के लिए अवकाश न होगा। सौन्दर्यशास्त्र और निजी स्वार्थों में कोई भी सम्भव नहीं है।[163]

कला और सामाजिक जीवन पर प्लेखानोव की यह चर्चा उन्हें इस निष्कर्ष पर पहुँचाती है कि जिस कलाकार का तादात्म्य अपने युग की मुक्तिदायी विचारधाराओं के साथ जितना अधिक होगा, उसमें उतनी ही शक्ति तथा क्षमता आयेगी। परन्तु इसके लिए आवश्यक है कि ये मुक्तिदायी विचार उसके रक्त के कण-कण में घुल जाएँ जिससे कि वह एक कलाकार के नाते वस्तुतः उन्हें अभिव्यक्ति दे सके।[164]

प्लेखानोव का कथन है कि जब उन्होंने 'कला और सामाजिक जीवन' विषय पर अपनी उक्त बातें एक भाषण के दौरान कहीं, ए. वी. लूनाचरस्की (जिनकी चर्चा हम आगे करेंगे) ने कुछ प्रश्न उपस्थित किये। असहमति सूचक लूनाचरस्की के प्रश्नों के उत्तर में जो कुछ प्लेखानोव ने कहा, उसके माध्यम से उन कुछ विचारों की और भी स्पष्ट जानकारी हमें प्राप्त होती है।

लूनाचरस्की के इस कथन को कि अपने वक्तव्य के दौरान उन्होंने सौन्दर्य के किसी निरपेक्ष प्रतिमान की चर्चा की है, प्लेखानोव मानने से इनकार करते हैं। वे लूनाचरस्की के इस कथन से सहमत हैं कि 'इतिहास के विकास-क्रम के साथ मनुष्य की सौन्दर्य-सम्बन्धी धारणा में भी परिवर्तन होते हैं, सौन्दर्य का कोई निरपेक्ष

प्रतिमान नहीं होता, वरन् सारे प्रतिमान सापेक्ष होते हैं। वे इस बात पर जरूर जोर देते हैं कि कोई कलात्मक धारणा समुचित रूप से साकार हुई है या नहीं, इसकी परख करने के लिए हमारे पास किसी वस्तुपरक सम्भावना का आधार अवश्य होता है।'[165] इसी क्रम में वे यह भी कहते हैं कि जितना ही किसी कलाकृति का रूप तत्त्व उसके वस्तु तत्त्व के अनुरूप होगा, कलाकृति उतनी ही सफल होगी।[166] लूनाचरस्की की इस टिप्पणी के प्रति कि रूप तत्त्व किसी गलत विचार के भी अनुकूल हो सकता है, प्लेखानोव अपनी स्पष्ट असहमति व्यक्त करते हैं। उनका कथन है कि यदि कोई कलाकृति यथार्थ को विकृत करके प्रस्तुत करती है, तो वह सर्वथा असफल होती।[167]

प्लेखानोव का साहित्य-चिन्तन पर्याप्त व्यापक तथा विस्तृत है। उसे एक सीमित रूप में प्रस्तुत करना कठिन है। यहाँ यथासम्भव उनके कला-चिन्तन के महत्त्वपूर्ण निष्कर्षों को प्रस्तुत करने का प्रयास किया गया है, जिसकी सबसे बड़ी उपलब्धि आदिम जातियों की कला की ऐतिहासिक भौतिकवादी व्याख्या तथा कला और सामाजिक जीवन के बीच के घनिष्ठ सम्बन्धों का प्रतिपादन है। प्लेखानोव ने दृढ़तापूर्वक कला और साहित्य की आर्थिक जीवन पर निर्भरता घोषित की है।

अपने चिन्तन में प्लेखानोव मार्क्सवादी दृष्टि से यत्र-तत्र विरत भी हुए हैं उनके निष्कर्षों में असंगतियाँ भी हैं। प्लेखानोव ने साहित्य या कला के दलगत चारित्र्य का समर्थन नहीं किया है। वे डार्विन तथा कांट की कुछ मान्यताओं से भी प्रभावित हैं जो मार्क्सवाद से मेल नहीं खातीं। बोलशेविकों की कतिपय नीतियों से भी प्लेखानोव की सहमति नहीं रही। परन्तु बावजूद इन बातों के, मार्क्सवादी कला-चिन्तन के क्षेत्र में प्लेखानोव की देन विशिष्ट मानी जायगी।

ए. वी. लूनाचरस्की (6)

श्री लीबीडेव (Lebedev) ने लूनाचरस्की की बहुमुखी प्रतिभा का स्मरण इन शब्दों में किया है। 'वे सोवियत गणतन्त्र में शिक्षा के प्रथम जन कमिसार (People's Commissar) लेनिन के विश्वस्त मित्र, रूस के नये समाज के अत्यधिक ख्यात सिद्धान्तविद, वैज्ञानिक, पत्रकार, अत्यन्त श्रेष्ठ जन वक्ता, तथा अद्‌भुत मेधावी पण्डित थे।'[168] साहित्य तथा कला-विषयक उनके सम्पूर्ण निबन्ध अभी संकलित नहीं हो सके हैं, जो सैद्धान्तिक तथा व्यावहारिक दोनों पक्षों से सम्बन्धित हैं, परन्तु 'मार्क्सवादी समीक्षा की समस्याएँ' (Problems of Marxist Criticism) उनका एक अत्यन्त प्रसिद्ध शोध-निबन्ध है, जो मूलतः सैद्धान्तिक चर्चा से सम्बद्ध है तथा उनके साहित्य-चिन्तन को विस्तार से हमारे समक्ष प्रस्तुत करता है।

साहित्य समीक्षा की अन्य दृष्टियों से मार्क्सवादी समीक्षा का वैशिष्ट्य लूनाचरस्की ने उसका समाजशास्त्रीय आधार माना है, अर्थात् मार्क्स और लेनिन का वैज्ञानिक समाजशास्त्र।[169] मार्क्सवादी समीक्षक के लिए अनिवार्य मानते हैं कि वह किसी

युग का सामान्य विश्लेषण करते समय उस युग के समूचे सामाजिक विकास का चित्र प्रस्तुत करे। यदि किसी एक लेखक अथवा कृति की विवेचना की जा रही हो तब अनिवार्यतः बुनियादी आर्थिक परिस्थितियों के विश्लेषण की आवश्यकता नहीं है, कारण यहाँ वह सर्वदा सही सिद्धान्त आप से आप लागू हो जाता है, जिसे 'प्लेखानोव का सिद्धान्त' कहा जाता है।[170] इसके अनुसार किसी समाज में, कलाकृतियाँ उत्पादन के प्रकारों पर अत्यन्त महत्त्वहीन सीमा तक ही निर्भर करती हैं। उनकी यह निर्भरता समाज के वर्गीय ढाँचे तथा वर्गीय हितों के फलस्वरूप जन्मे वर्गीय मनोविज्ञान जैसी मध्यवर्ती कड़ियों द्वारा सूचित होती है।[171] कोई भी कलाकृति हो, वह जाने-अनजाने उस वर्ग के मनोविज्ञान को सदैव ही प्रतिबिम्बित करती है, जिसका प्रतिनिधित्व लेखक करता है। इसके अतिरिक्त, जैसा कि अक्सर देखा जाता है, वह कतिपय मिश्रित तत्त्वों को भी प्रतिबिम्बित करती है, जो लेखक पर पड़े विभिन्न वर्गों के प्रभावों की सूचना देते हैं। इसका अत्यन्त सूक्ष्म विश्लेषण होना चाहिए।[172]

लूनाचरस्की के अनुसार किसी साहित्यिक कृति तथा किसी एक वर्ग अथवा दूसरे वर्ग के मनोविज्ञान या व्यापक सामाजिक प्रकृति वाले विस्तृत समुदायों के पारस्परिक सम्बन्धों का निश्चय मुख्यतः साहित्य के वस्तु तत्त्व (content) के आधार पर होता है।[173] साहित्य के अन्तर्गत वस्तु तत्त्व के महत्त्व को प्रतिपादित करते हुए लूनाचरस्की अत्यन्त स्पष्ट शब्दों में कहते हैं कि दूसरे कला रूपों से साहित्य-जिसे शब्द की कला (art of the word) कहा जाता है, तथा जो विचारों से सर्वाधिक निकट है, मूलतः अपने वस्तु तत्त्व के आधार पर ही अपना वैशिष्ट्य सूचित करता है।[174] किसी कलाकृति का निर्णायक तत्त्व और कुछ नहीं, उसकी कलात्मक वस्तु ही होती है, जिसे बिम्बों के रूप में अथवा बिम्बों से सम्बद्ध भावों एवं विचारों के प्रवाह के रूप में देखा और समझा जा सकता है।[175] यह वस्तु तत्त्व को अपने अनुकूल एक निश्चित रूप (Form) की ओर आप से आप अग्रसर होता है। लूनाचरस्की वस्तु तत्त्व के अनुरूप उत्कृष्टतम रूप केवल इसी बात में स्वीकार करते हैं कि कृति जिन पाठकों के लिए लिखी गयी है, उन तक अपने अन्तर्गत निहित भावों तथा विचारों को पूरे प्रभाव तथा स्पष्टता के साथ सम्प्रेषित कर सकी है, अथवा नहीं।[176] उनके अनुसार प्रत्येक लेखक इसी लक्ष्य की प्राप्ति के लिए ही अभिव्यक्ति प्रकारों की खोज में तल्लीन होता है। वस्तु तत्त्व के इस महत्त्व के कारण ही मार्क्सवादी समीक्षक सर्वप्रथम उसे ही अथवा उसमें निहित सामाजिक सार (Social Essence) को ही अपने विश्लेषण का विषय बनाता है।[177] इसके बाद ही उसकी दृष्टि कलाकृति के रूप तत्त्व की ओर जाती है और इस तथ्य को स्पष्ट करता है कि कृति का रूप तत्त्व कहाँ तक उसके वस्तु तत्त्व की अनुरूपता में है अथवा उसके द्वारा भावों तथा विचारों की अभिव्यंजना कितनी दूर तक स्पष्ट तथा प्रभावशाली ढंग से हो सकी है?

लूनाचरस्की के अनुसार कृति का रूप तत्त्व मात्र उसके वस्तु तत्त्व के आधार

पर ही निर्धारित नहीं होता, कुछ दूसरे तत्त्व भी गौण रूप से उसे निर्धारित करते हैं—उदाहरणार्थ किसी वर्ग की मनोवैज्ञानिक विचार-प्रक्रियाएँ, उसका वार्तालाप, जीवन-पद्धति, किसी समाज की भौतिक संस्कृति का सामान्य स्तर, उसकी अतीत-जड़ता तथा उसके अभिनवीकरण के प्रयास, आदि-आदि। प्रायः रूप तत्त्व किसी एक कलाकृति से ही सम्बद्ध न होकर एक पूरे के पूरे स्कूल, यहाँ तक कि एक पूरे के पूरे युग से सम्बद्ध होता है। वह वस्तु तत्त्व को क्षति भी पहुँचा सकता है और उसका खण्डन भी कर सकता है। कभी-कभी वह वस्तु तत्त्व से विरहित होकर एकाकी भी हो सकता है। मार्क्सवादी समीक्षक के लिए इन सारी स्थितियों का विश्लेषण अनिवार्य है।[178] कुल मिलाकर लूनाचरस्की का अभिमत है कि एक श्रेष्ठ कलाकृति में रूप तत्त्व सदैव ही, अपनी सम्पूर्णता में, उसके वस्तु तत्त्व के द्वारा ही निर्धारित होता है। लूनाचरस्की मूल्यांकन के प्रश्न को मार्क्सवादी समीक्षा का अत्यधिक महत्त्वपूर्ण तत्त्व स्वीकार करते हैं।[179] मूल्यांकन के सिलसिले में वे वस्तु तत्त्व के विश्लेषण को प्राथमिकता देते हैं।[180] उनके अनुसार वस्तु तत्त्व का विश्लेषण करते समय मूल्यांकन का एक सामान्य आधार तो यह हो सकता है कि जिस वस्तु में जन-सामान्य के हित की चर्चा हो, उसकी विजय का चित्रण हो, वह श्रेष्ठ है तथा जो उसे क्षति पहुँचाने वाली बातों से परिपूर्ण हो, वह बुरी है, परन्तु मार्क्सवादी समीक्षक का कार्य यहीं समाप्त न हो जाना चाहिए। उसे इसके आगे जाकर किसी कृति की सामाजिक दिशा की परीक्षा करनी चाहिए। उसे अपने मूल्यांकन का आधार इस बुनियादी सामाजिक और गतिशील विचार को ही बनाना चाहिए।[181] लूनाचरस्की का कहना है कि जब हम किसी कृति के सामाजिक वस्तु तत्त्व की आलोचना करते हैं तो हमें स्पष्ट दिखायी पड़ता है कि हर वस्तु प्रायः बहुत सरल नहीं है, यही कारण है कि मार्क्सवादी समीक्षक को अत्यन्त पटु तथा संवेदनशील होना चाहिए। वस्तु तत्त्व के अन्तर्गत निहित जटिल बातों को पकड़ने के लिए मात्र मार्क्सवादी प्रशिक्षण ही पर्याप्त नहीं है, उसके हेतु एक विशेष बौद्धिकता भी अपेक्षित है। बिना इसके समीक्षा हो ही नहीं सकती।[182] जो कलाकृतियाँ वस्तुतः महान् होती हैं, उनके अन्तर्गत ऐसे अनेक महत्त्वपूर्ण तत्त्व निहित होते हैं जिनकी माप साधारण मापयन्त्रों के माध्यम से नहीं हो सकती। इसके लिए समीक्षक में सामाजिक संवेदनीयता (Social sensitivity) का होना अनिवार्य है, अन्यथा अपरिहार्य रूप से गलतियों की सम्भावना होगी।[183] कलाकृति के अन्तर्गत उठाये गये सामयिक तथा ज्वलन्त प्रश्नों को विशेष महत्त्वपूर्ण मानते हुए भी लूनाचरस्की का आग्रह है कि समीक्षक उन बातों को भी गहराई से देखे जो ऊपर से भले सामान्य तथा दूरवर्ती प्रतीत होती हों, परन्तु जिनमें सामाजिक जीवन को प्रभावित करने की स्पष्ट क्षमता है।[184]

इसके उपरान्त लूनाचरस्की मार्क्सवादी समीक्षक के लिए कृति के एक द्वितीय मूल्यांकन की आवश्यकता भी प्रतिपादित करते हैं। प्रथम मूल्यांकन में सर्वहारा

दृष्टिकोण से कोई कृति विपरीत और विरोधी विचारधारा की हो सकती है, परन्तु इसी कारण उसे एक कोने में फेंक देना उचित नहीं है। चूँकि शत्रुओं का दृष्टिकोण समझना भी हमारे संघर्ष की सफलता के सिलसिले में उपयोगी हो सकता है, अतः द्वितीय मूल्यांकन के दौरान प्रवृत्तिमूलकता को हटाकर हमें यह देखने का प्रयास करना चाहिए कि हमारे दृष्टिकोण के विपरीत होने पर भी कृति से हम कितनी दूर तक लाभान्वित हो सकते हैं। यदि हम विपरीत और विरोधी विचारों को एकदम उपेक्षणीय करार देने लगेंगे तो यह मार्क्सवादी समीक्षा न होकर मार्क्सवादी सेंसरशिप (Marxist Censorship) होगी।[185]

कलाकृति के अन्तर्गत रूप तत्त्व के विश्लेषण को लूनाचरस्की ने वस्तु तत्त्व के विश्लेषण की अपेक्षा अधिक जटिल और उलझा हुआ माना है।[186] रूप तत्त्व के विश्लेषण का सामान्य प्रतिमान, प्लेखानोव के अनुसार, उन्होंने यही माना है कि रूप तत्त्व अधिकाधिक वस्तु तत्त्व अनुकूलता में हो ताकि वह अधिक से अधिक समर्थ अभिव्यक्ति कर सके और जिस पाठक वर्ग को लक्ष्य करके कृति लिखी गयी है, उसे अधिक से अधिक प्रभावित कर सके।[187] परन्तु इसके अतिरिक्त प्लेखानोव द्वारा ही निर्देशित एक दूसरे और अधिक महत्त्वपूर्ण प्रतिमान का जिक्र भी उन्होंने किया है, और वह यह कि, चूँकि साहित्य बिम्बों की कला (art of images) है, अतः साहित्यिक कृति में स्थूल, सपाट एवं नंगे विचारों तथा विशुद्ध प्रचारात्मक तथ्यों का आक्रमण सर्वथा अवांछनीय माना जाना चाहिए।[188] लूनाचरस्की स्वीकार करते हैं कि यद्यपि यह प्रतिमान अपने में एकदम निरपेक्ष नहीं है, कारण इस प्रतिमान में निर्दिष्ट तत्त्व की उपेक्षा करके भी कुछ सुन्दर कृतियाँ लिखी गयी हैं, परन्तु इस पर सावधानीपूर्वक विचार करने की आवश्यकता से इनकार नहीं किया जा सकता। कम से कम मार्क्सवादी समीक्षक को इस बात का पूरा अधिकार होना चाहिए कि वह कह सके कि अमुक कृति में लेखक वस्तु तत्त्व को समूची कलात्मकता के साथ आत्मसात नहीं कर सका है। यहाँ लूनाचरस्की का सारा ज़ोर कथ्य के कलात्मक प्रस्तुतीकरण पर है।[189]

रूप तत्त्व की मौलिकता (Originality of the form) पर भी लूनाचरस्की ने पर्याप्त बल दिया है।[190] किसी सच्ची कलाकृति की चरितार्थता उन्होंने रूप तत्त्व के वस्तु अथवा विचार तत्त्व में पूर्णतः घुलमिल कर एक हो जाने में मानी है।[191] वस्तु तत्त्व की नव्यता को भी उन्होंने ऐसी कलाकृति के लिए अपरिहार्य स्वीकार किया है। उनके अनुसार लेखक को अपनी कृति में सदैव ऐसा कुछ कहने का प्रयास करना चाहिए जो उसके पूर्व न कहा गया हो। पिष्टपेषण कभी सच्ची और श्रेष्ठ कला को जन्म नहीं दे सकता। यदि वस्तु में नयापन अथवा मौलिकता है तो वह अपने लिए नये रूप की माँग अवश्य करेगी।[192] इस नयेपन के अभाव को कई प्रकार से परखा जा सकता है।

कलाकृति का एक रूप तो रूढ़ होता है जिसके अन्तर्गत किसी भी नये विचार के लिए कोई अवकाश ही नहीं रहता। कभी-कभी लेखक परम्परागत रूप के प्रति आकर्षित हो, उसके अन्तर्गत नये विचारों को भरने का प्रयास करता है, परन्तु इस प्रकार की असंगति सहज ही स्पष्ट हो जाती है। ऐसी भी स्थिति आ सकती है कि लेखक के पास कहने को तो बहुत कुछ नया है, परन्तु उसके पास अभिव्यक्ति के शक्तिशाली माध्यमों का अभाव है, फलतः कमजोर रूप तत्त्व के कारण वह अपने शक्तिशाली और नूतन कथ्य को भलीभाँति अभिव्यक्ति नहीं कर पाता। मार्क्सवादी समीक्षक के लिए आवश्यक है कि मूल्यांकन के समय वह इन सारी कमजोरियों की ओर इंगित करे।[193] प्रायः लेखक विचारों के खोखलेपन को बाह्य अलंकृति से ढँकने का प्रयास भी करते हैं, परन्तु ऐसे लेखक बुर्जुआह्रास के ही विशिष्ट प्रतिनिधि माने जा सकते हैं।[194]

कलाकृति की सर्वसाधारणता (universality) को भी लूनाचरस्की ने बहुत महत्त्व दिया है, गो, इस तत्त्व को सावधानीपूर्वक ग्रहण करने की सिफारिश भी उन्होंने की है। कुल मिलाकर, जन-जन के हृदयों तक पहुँचने वाली कृति को वे विशेष मूल्यवान् मानते हैं, परन्तु इसके साथ ही कृति के कलात्मक स्तर पर भी बल देते हैं। अपनी कलात्मकता को स्थिर रखकर भी जो कृति सर्वसाधारण तक सम्प्रेष्य है, उसकी महत्ता से तो इनकार किया ही नहीं जा सकता, परन्तु यदि कृति कलात्मक प्रतिभा से युक्त है किन्तु सर्व जन संवेद्य न होकर प्रबुद्ध पाठक वर्ग तक ही उनकी पहुँच हो सकी है, तो उसकी भी उपेक्षा न होनी चाहिए। सर्वसाधारणता का आशय किसी भी रूप में कलात्मक स्तर की गिरावट नहीं है।[195]

लूनाचरस्की ने मार्क्सवादी समीक्षक को एक शिक्षक माना है। यदि आलोचना रचनात्मक न हुई तो उसका कोई मूल्य नहीं है। अतएव आवश्यक है कि मार्क्सवादी समीक्षक अपनी आलोचना के माध्यम से लेखक को कुछ नया ज्ञान दे। ऐसा तभी हो सकता है जब वह अत्यन्त प्रबुद्ध, मार्क्सवाद में निष्णात एवं पण्डित व्यक्ति हो। इसके साथ-साथ मार्क्सवादी समीक्षक के लिए, लेखक से, बदले में कुछ सीखना भी आवश्यक है। उसे किसी भी सूरत में अपने को लेखक से श्रेष्ठ न मानना चाहिए।[196] लूनाचरस्की के अनुसार मार्क्सवादी समीक्षक केवल लेखक के सन्दर्भ में ही शिक्षक नहीं है, उस पाठक वर्ग को भी अनिवार्यतः शिक्षित करने का दायित्व उस पर है। यह कार्य वह पाठक को साहित्य के रसास्वादन का सही ढंग बताकर, उसके समक्ष कृति के सौन्दर्य को उद्‌घाटित कर, उसकी रुचियों के परिष्कार द्वारा कर सकता है।[197]

इसके उपरान्त लूनाचरस्की ने मार्क्सवादी समीक्षक के लिए ध्यान देने योग्य, व्यावहारिक महत्त्व की कतिपय अन्य बातों की ओर संकेत किया है। उदाहरण के लिए उन्होंने बिना वस्तु का सम्यक् विश्लेषण किये मात्र फतवेबाजी की कड़ी आलोचना की है। आलोचक से अपेक्षित गम्भीरता, सम्यक् अध्ययन और विश्लेषण

की माँग करते हुए उन्होंने कहा है कि अपने व्यक्तिगत राग-द्वेषों से ऊपर उठकर उसे कृति के वस्तुपरक विश्लेषण एवं मूल्यांकन में ही अपना ध्यान केन्द्रित करना चाहिए।[198] अन्तिम आग्रह उन्होंने इस बात का किया कि आलोचना के दौरान तीक्ष्ण एवं कटु पारस्परिक वितण्डावाद से बिल्कुल बचना चाहिए। मार्क्सवादी समीक्षक की सबसे बड़ी उपलब्धि यही हो सकती है कि कलाकृति में जो कुछ श्रेष्ठ तथा रचनात्मक अंश हैं, उन्हें पाठक के समक्ष उद्घाटित करे, लेखक के समकक्ष नयी दिशाएँ स्पष्ट करे और इस प्रकार समीक्षा को सही अर्थवत्ता प्रदान करे।[199]

लूनाचरस्की के ये विचार मार्क्सवादी समीक्षा के सन्दर्भ में असंदिग्ध रूप से महत्त्वपूर्ण हैं। इनके माध्यम से न केवल मार्क्सवादी साहित्य-दृष्टि से परिचित हुआ जा सकता है, उसके सही प्रयोग की दिशाएँ भी पहचानी जा सकती हैं।

मैक्सिम गोर्की (7)

अन्तर्राष्ट्रीय ख्याति के महान् रचनात्मक लेखक के रूप में तो मैक्सिम गोर्की मान्य हैं ही, साहित्य-चिन्तन के रूप में भी उनका महत्त्व असंदिग्ध है। मार्क्सवादी साहित्य-चिन्तक के सर्वोच्च प्रतिमान समाजवादी यथार्थवाद के वे प्रवर्त्तक-पुरस्कर्ता हैं एवं उसके सम्बन्ध में उनका विवेचन भी अत्यन्त स्पष्ट तथा विशद है। रूसी लेखकों के प्रथम अधिवेशन (1934) में उन्होंने सर्वप्रथम समाजवादी यथार्थवाद की विस्तृत रूपरेखा प्रस्तुत की थी। इसके अतिरिक्त अन्य अनेक अवसरों पर भी रूसी लेखकों एवं पाठकों को सम्बोधित करते हुए उन्होंने कुछ महत्त्वपूर्ण और विस्तृत चर्चाएँ की हैं,[200] जो साहित्य रचना के मूलभूत प्रश्नों पर उनके स्पष्ट एवं निर्भ्रान्त चिन्तन को प्रकाशित करती हैं। इस सामग्री के आधार पर ही अगली पंक्तियों में हम मैक्सिम गोर्की के साहित्य-चिन्तन के महत्त्वपूर्ण पक्ष को प्रस्तुत करने का प्रयास करेंगे।

'मैंने लिखना कैसे सीखा' निबन्ध में गोर्की ने अपने अनुभवों के आधार पर कुछ अत्यन्त महत्त्वपूर्ण निष्कर्ष प्रस्तुत किये हैं जो मार्क्सवादी साहित्य-चिन्तन को असंदिग्ध रूप से सम्पन्न करते हैं।

लेखक बनने के इच्छुक व्यक्तियों के लिए गार्की ने अपने साहित्य के इतिहास से भलीभाँति परिचित होना आवश्यक माना है।'[201] इसके उपरान्त उन्होंने विदेश के साहित्य की जानकारी की आवश्यकता भी इस कारण प्रतिपादित की है, ताकि वे जान सकें कि किस प्रकार समूची दुनिया में हर जगह ऐसी बातें पायी जाती हैं जो एक स्तर पर सम्पूर्ण मनुष्यता को एक सूत्र में बाँधती हैं, दूसरी ओर मानवता की प्रगति में बाधक रूढ़ियों एवं अन्धविश्वासों का विरोध करती हैं।[202] इसी क्रम में मानवीय श्रम तथा सर्जना के इतिहास से भी परिचित होना अनिवार्य है, जो मनुष्य की शक्ति तथा क्षमताओं के बारे में उनके मन में एक नयी आस्था को जन्म देगा।[203]

गोर्की के अनुसार 'साहित्य-सर्जना की कला, जिसका सम्बन्ध सामान्य तथ

प्रतिनिधि (Type) चरित्रों के निर्माण से है, कल्पना तथा विदग्धता अथवा आविष्कारिता की अपेक्षा रखती है।'[204] प्रतिनिधि चरित्रों के निर्माण को वास्तविक कला की संज्ञा देते हुए गोर्की कहते हैं कि यदि कोई लेखक एक वर्ग-विशेष के अनेक व्यक्तियों के सर्वाधिक विशिष्ट वर्गलक्षणों, आदतों, रुचियों, मुद्राओं, मान्यताओं, बोलने एवं बात करने के तौर-तरीकों आदि को उस वर्ग विशेष के किसी एक 'व्यक्ति' में सारभूत कर पाता है तो इसके अर्थ यह हैं कि उसने एक प्रतिनिधि चरित्र (Type) का निर्माण करने में सफलता प्राप्त कर ली।[205]

कल्पना (Imagination) को गोर्की बिम्बों में चिन्तन करने की क्रिया मानते हैं।[206] यथार्थवाद उनके मत से 'लोगों तथा उनकी जीवन-स्थितियों का सत्य तथा यथातथ्य प्रस्तुतीकरण है',[207] एवं स्वच्छन्दतावाद के विषय में उनका अभिमत है कि उसकी कोई सर्वमान्य अथवा अधिक मान्य परिभाषा अब तक नहीं दी जा सकी है।

गोर्की स्वच्छन्दतावाद (Romanticism) के सक्रिय (Active) तथा निष्क्रिय (Passive) रूपों की चर्चा अवश्य करते हैं। निष्क्रिय स्वच्छन्दतावाद उनके अनुसार मनुष्य को बाह्य जीवन से काटकर उसके अपने अन्तर्जगत में सीमित कर देता है और उसे जीवन की उन समस्याओं पर खोखले चिन्तन को प्रेरित करता है—(प्रेम, मृत्यु आदि), जिनका कोई अन्तिम समाधान नहीं है।[208] इसके विपरीत सक्रिय स्वछन्दतावाद मनुष्य की जिजीविषा को प्रबल बनाते हुए उसे अपने परिवेश से ऊपर उठने एवं किसी भी जुए को उतार-फेंकने की प्रेरणा देता है।[209] गोर्की का यह मत है कि महान् कलाकारों में यह बतलाना कि वे कितनी दूर तक स्वच्छन्दतावादी अथवा यथार्थवादी हैं, कठिन है, कारण उनमें यथार्थवाद और स्वच्छन्दतावाद के तत्त्व दूध-पानी के रूप में घुले-मिले रहते हैं।[210] इस सन्दर्भ में उन्होंने बाल्ज़क, तुर्गनेव, तोल्सतोय, गोगल, लेस्कोव तथा चेखव का नाम भी लिया है।

स्वच्छन्दतावाद तथा यथार्थवाद के पारस्परिक सम्बन्ध को और भी स्पष्ट करने के हेतु गोर्की एक दूसरा प्रश्न उठाते हैं कि आखिर लेखक के मन में लिखने की इच्छा क्यों उत्पन्न होती है? उनके अनुसार इस प्रश्न के उत्तर में ही स्वच्छन्दतावाद तथा यथार्थवाद के घनिष्ठ सम्बन्ध को परखा जा सकता है। गोर्की सृजनेच्छा के दो कारण बताते हैं, प्रथम, लेखक के अपने नीरस और उबा देनें वाले जीवन का दबाव उसमें सृजन की इच्छा उत्पन्न करता है, द्वितीय, जीवन के भरे-पूरे अनुभव किसी लेखक को लिखने के लिए विवश कर देते हैं।[211] चूँकि सामान्यतः लेखक उन दोनों ही भूमिकाओं से जुड़ा होता है, अतः प्रथम की प्रेरणावश लिखे गये उसके कृतित्व में स्वच्छन्दतावादी तत्त्वों की संस्थिति स्वाभाविक हो जाती है, जबकि द्वितीय भूमिका उसे यथार्थवादी सर्जना के लिए प्रेरित करती है।[212] गोर्की जीवन के प्रति एक रचनात्मक दृष्टिकोण बनाये रखने के लिए स्वच्छन्दतावाद की आवश्यकता स्वीकार करते हैं। उनके अनुसार फिलिस्तीनवाद (Philistinism) जैसी विचारधारा

के पुनरुत्थान को रोकने के लिए भी आवश्यक है कि लेखक स्वच्छन्दतावाद की इस सक्रिय आकृति के प्रति सजग हों।[213]

अपने विषय में लिखते हुए उनका कथन है कि लेखक की प्रेरणा मुझे भी उक्त दोनों भूमिकाओं से प्राप्त हुई तथा मैंने पुस्तकों के साथ-साथ सीधे जीवन से अनुभवों की मूल्यवान राशि एकत्र की।[214]

भाषा, गोर्की के अनुसार जनता की निर्मिति है।[215] जनता की भाषा तथा साहित्य की भाषा अलग-अलग नहीं। जनता की भाषा वस्तुतः कच्चे माल की तरह है जो साहित्य के अन्तर्गत समर्थ रचनाकारों के माध्यम से परिष्कृत रूप प्राप्त करती है। अपने कृतित्व में आये स्वच्छन्दतावादी तत्त्वों के कारणों का निर्देश करते हुए गोर्की कहते हैं कि अपनी कल्पना के माध्यम से पीड़ा तथा ऊब से भरे हुए नीरस, निष्प्रभ जीवन को जीवन्त बनाने की मेरी इच्छा ही इसका सर्वप्रधान कारण है,[216] जो, वे यह मानने को कतई तैयार नहीं हैं कि इसके मूल में उनकी कोई भाववादी या आदर्शवादी विचारणा निहित है। दार्शनिक भाववाद या आदर्शवाद को वे पूरी तरह अस्वीकार करते हैं।[217] उनके अनुसार–मेरे लिए, मनुष्य से बाहर कोई भी भाव या विचार अपना अस्तित्व नहीं रखते। मनुष्य ही सारी वस्तुओं, सारे भावों एवं विचारों का स्रष्टा है, वही प्रकृति की सम्पूर्ण शक्तियों का भावी स्वामी है। संसार में जो कुछ सुन्दर तथा श्रेष्ठ है, वह सब मानव-श्रम की उपज है, श्रम की प्रक्रिया ही समस्त भावों एवं विचारों का उद्गम है। कला, विज्ञान तथा शिल्प का समूचा इतिहास हमें उक्त तथ्यों के प्रति आश्वस्त करता है। मैं इस मनुष्य के प्रति पूरी तरह समर्पित हूँ। यह संसार उसी की कल्पना, उसी के विवेक और उसी के अनुमान का मूर्त रूप है। स्वतः ईश्वर भी उसी के मानस का आविष्कार है।...मैं स्वतः अपनी आकृति के प्रति मनुष्य के असन्तोष को एवं उसे और भी समुन्नत बनाने की उसकी इच्छा को सर्वाधिक सात्त्विक एवं पवित्र भाव या विचार के रूप में देखता हूँ। सौन्दर्य के प्रति मनुष्य के प्रेम एवं गन्दगी के प्रति उसकी घृणा को भी मैं सर्वाधिक पवित्र एवं सात्त्विक धारणा के रूप में ग्रहण करता हूँ।[218]

'व्यक्तित्व का विघटन' (The disintegration of personality) शीर्षक निबन्ध में गोर्की पूरे शक्ति के साथ व्यक्तिवादी और फिलिस्तीनवादी विचारणाओं का खण्डन करते हैं। फिलिस्तीनवाद (विषयों के प्रति आसक्ति, तत्कालीन रूसी लेखकों के बीच लोकप्रिय विचारणा) को जीवन का विष घोषित करते हुए उनका कहना है कि यह विचारणा व्यक्तित्व को भीतर ही भीतर उसी प्रकार खा लेती है जिस प्रकार फल के भीतर का कीड़ा भीतर ही भीतर उसे खोखला कर देता है।[219]

साहित्यिक शिल्प (Craftsmanship) की चर्चा के क्रम में भी गोर्की ने कुछ अत्यन्त महत्त्वपूर्ण निष्कर्ष प्रस्तुत किये हैं। यहाँ यथार्थवाद की एक महत्त्वपूर्ण उपलब्धि उन्होंने इस बात में मानी है, यदि वह व्यक्ति को उसके समूचे विकास-क्रम में

देखता हुआ उसके वर्तमान रूप तक ही सीमित न रहकर उसके भावी रूप का भी चित्रण कर सकने में समर्थ हो सके।[220] अपने कथन को स्पष्ट करते हुए उनका कथन है कि मैं यह नहीं कहता कि लेखक एक नये मानव-चरित्र का आविष्कार करे, मेरा आशय मात्र मानव-चरित्र के 'विस्तार' (Amplification) से है, और इसे मैं लेखक का दायित्व मानता हूँ।[221] यह किस प्रकार सम्भव हो सकता है, इसके लिए नये लेखकों को सलाह देते हुए वे कहते हैं कि उन्हें विचारों के आविष्कार की जरूरत नहीं है, केवल उन्हें यथार्थ को पहचानना है। ध्यान रखने की बात है कि जिस प्रकार हवा से नाइट्रोजन गैस निकाल ली जा सकती है, उस प्रकार विचार नहीं निकाले जा सकते। विचारों का जन्म धरती में होता है, उनका उद्‌गम मानव-श्रम है। उनके लिए तथ्यों के निरीक्षण एवं विश्लेषण की आवश्यकता होती है, संस्कृति के तथ्यात्मक इतिहास से परिचित होना अनिवार्य है।[222] यह इतिहास सूचित करता है कि सत्य तथा विवेक जैसी बातें जनसामान्य के जीवन के बीच से ही उद्‌भूत होती हैं, जीवन के ऊपरी सोपान तो महज नीचे से आने वाली प्राण-वायु को निःश्वासों द्वारा बाहर फेंकते हैं, जिसमें ऐसी गन्ध का मिश्रण भी होता है जिससे वे सर्वथा अपरिचित रहते हैं।[223] साहित्य का दायित्व है कि वह मानव-श्रम के उस संसार को जो अब क्रान्ति के द्वार पर आ पहुँचा है, सहायता प्रदान करे। जितना शीघ्र यह सहायता उसे मिलेगी, विद्रोह में उठा हुआ व्यक्ति शक्ति प्राप्त करेगा तथा लड़खड़ाता हुआ व्यक्ति सदा-सदा के लिए भूमिशायी हो जायगा।[224]

सोवियत लेखकों की पहली कांग्रेस में भाषण देते हुए भी गोर्की ने कुछ महत्त्वपूर्ण साहित्यिक प्रश्नों पर अपने सुलझे हुए विचार प्रस्तुत किये हैं। लोक साहित्य को गोर्की ने नयी सर्जना के एक महत्त्वपूर्ण प्रेरणा-स्रोत के रूप में स्वीकार किया है। उनके विचार से लोकगीतों में न केवल महान् एवं कलात्मक दृष्टि से पूर्ण नायकों की एक पूरी पंक्ति की पंक्ति विद्यमान है, उनके अन्तर्गत अन्तःप्रेरणा और विवेक, विचारों तथा भावों का एक आदर्श सामंजस्य भी दिखायी देता है। इसका कारण यही है कि इनके रचनाकारों ने एक सक्रिय जीवन जीते हुए, जीवन को एक नये साँचे में ढालने के संघर्ष में आगे बढ़कर हिस्सा लिया है।[225] श्रमरत जनता के वास्तविक इतिहास की जानकारी इन लोक गीतों में ही निहित है, जिन्होंने 'फास्ट' (Faust) तथा 'प्रोमेथियस अनबाउण्ड' (Prometheous unbound) जैसी अनेकानेक महान् साहित्यिक कृतियों की सर्जना को प्रभावित किया है।[226]

लोकगीतों, पुराण कथाओं, दन्तकथाओं आदि का निर्माण कल्पना के ताने-बानों से होता है। कल्पना के अर्थ हैं यथार्थ के अन्तर्गत निहित किसी बुनियादी भाव या विचार का अमूर्तीकरण कर उसे एक बिम्ब में मूर्त कर देना, और यह प्रक्रिया ही हमें यथार्थवाद की उपलब्धि करा देती है। परन्तु यथार्थ से जिस वस्तु को ग्रहण कर अमूर्तित किया गया है, यदि सम्भाव्य तथा आकांक्षित का पुट देकर उसके

अर्थ का विस्तार कर दिया जाय तो हमें एक ऐसे स्वच्छन्दतावाद की प्राप्ति होगी जो यथार्थ के प्रति एक क्रान्तिकारी दृष्टिकोण के विकास में सर्वाधिक हितकर होगा। वस्तुतः ऐसे दृष्टिकोण का आधार लेकर ही दुनिया को नये साँचे में ढाला जा सकता है।[227]

इसके विपरीत व्यक्तिवादी चिन्तना पर आधारित बुर्जुआ स्वच्छन्दतावाद अकल्पनीय तथा रहस्यात्मकता से मढ़ा हुआ होता है, उसमें न तो कल्पना को उत्तेजित करने की क्षमता होती है और न विचारों को ही गति देने की सामर्थ्य। यथार्थ से पूरी तरह कटा हुआ यह स्वच्छन्दतावाद बिम्ब की युक्तियुक्तता पर निर्मित न होकर मात्र 'शब्दों की जादूगरी' पर खड़ा होता है। मार्सल प्रूस्त तथा उनके अनुयायियों में इसे देखा जा सकता है।[228]

सोवियत लेखकों को सलाह देते हुए गोर्की का कहना है कि उन्हें अपनी कृतियों में श्रम को नायकत्व का पद प्रदान करना चाहिए। श्रम को एक रचनात्मक कार्य समझे बिना जीवन्त कृतियों का सृजन नहीं हो सकता।[229] इसके साथ-साथ अनुभव तथा ज्ञान के भण्डार का संवर्द्धन भी आवश्यक है।[230] गोर्की के अनुसार साहित्यकार का कार्य केवल बदलते हुए मनुष्य को सूचना भर देना नहीं है, उसका दायित्व है कि वह उन संवेगात्मक प्रक्रियाओं को चित्रित करे जो मनुष्य के परिवर्तन को सामने लाती हैं।[231] लेखकों के लिए यह भी अनिवार्य है कि वे सतह पर के जीवन को देखने की बजाय यथार्थ जीवन के प्रति एक गहन अन्तर्दृष्टि विकसित करें, तभी वे यथार्थ को उसकी वास्तविकता में पकड़ सकते हैं।

सोवियत लेखकों के समक्ष इसी भाषण के दौरान गोर्की ने पूर्ववर्ती लेखकों द्वारा अपनाए गये आलोचनात्मक यथार्थवाद (Critical Realism) की तुलना में समाजवादी यथार्थवाद की आकृति स्पष्ट की है। आलोचनात्मक यथार्थवाद के पुरस्कर्ताओं में उन्होंने यथार्थ के प्रति एक गहन निष्ठा अवश्य स्वीकार की है, तथा कलात्मक स्तर पर भी उनके महत्त्वपूर्ण सृजन की प्रशंसा की है, परन्तु उसकी कतिपय महत्त्वपूर्ण सीमाओं की ओर भी संकेत किया है। उदाहरण के लिए उन्होंने आलोचनात्मक यथार्थवाद को व्यक्तिगत रचनात्मकता से उद्‌भूत माना है तथा उसमें सामाजिक तथा ऐतिहासिक विकास प्रक्रिया की सही समझ का अभाव देखा है। उनका विचार है कि आलोचनात्मक यथार्थवाद समाजवादी वैयक्तिकता (Socialist Individuality) को इस कारण शिक्षित कर सकने में अपर्याप्त सिद्ध होता है कि उसमें महज आलोचनात्मक दृष्टि ही निहित है। विधेयात्मक तत्त्वों का अभाव तो उसमें है ही, सबसे बड़ी विडम्बना यह है कि वह अन्ततः उस सब को स्वीकार करने के लिए विवश हो जाता है जिसे कभी उसने स्वतः अस्वीकार किया था।[232] इसके विपरीत समाजवादी यथार्थवाद जीवन को एक प्रवहमान सक्रियता एवं सर्जना के रूप में स्वीकार करता है तथा मनुष्य की सम्पूर्ण मूल्यवान वैयक्तिक क्षमताओं को उभारते हुए जीवन की चरितार्थता इस बात में मानता है कि मनुष्य प्रकृति की

शक्तियों पर विजय प्राप्त कर अपने जीवन को सुखी सम्पन्न बनाये तथा अन्ततः सम्पूर्ण मनुष्यता को एक परिवार के रूप में देख सकने के अपने स्वप्न की पूर्ति कर सके।[233] कतिपय अन्य अवसरों पर भी समाजवादी यथार्थवाद की आकृति को स्पष्ट करते हुए गोर्की ने उसकी चरितार्थता उभरते हुए नये मनुष्य, नये जीवन तथा नयी समाजवादी वास्तविकता के चित्रण में मानी है।[234]

गोर्की के साहित्य-चिन्तन का अत्यन्त छना हुआ रूप हमें उनकी 'एक पाठक' शीर्षक कहानी में उपलब्ध होता है। इस कहानी में गोर्की ने एक अत्यन्त प्रबुद्ध पाठक और अपने बीच होने वाले वार्तालाप का उल्लेख किया है। सम्पूर्ण कहानी में यही वार्तालाप छाया हुआ है, जिसके माध्यम से गोर्की ने साहित्य की प्रकृति तथा रचनाकार के दायित्व आदि पर अत्यन्त सीधे तथा खरे रूप में प्रकाश डाला है। यह वह पाठक है जो अपनी प्रखर मेधा तथा जीवन और साहित्य की अत्यन्त गहरी समझ के बल पर लेखक-गोर्की को निरुत्तर कर देता है। कहने की आवश्यकता नहीं कि इस पाठक की जो आकृति कहानी में उभरी है वह पूर्णतः लेनिन की आकृति से मेल खाती है।[235] गोर्की ने साहित्य की प्रकृति तथा रचनाकार के दायित्व आदि से सम्बन्धित सारी बातें इसी पाठक के मुँह से कहलाई हैं; इन बातों का सम्बन्ध लेनिन के साहित्य-चिन्तन से जोड़ा जाय अथवा कहानी के रचनाकार गोर्की के अपने साहित्य-चिन्तन से, इसका निर्णय अपनी ओर से न देकर हम कहानी के कतिपय अंशों को ज्यों का त्यों प्रस्तुत करना अधिक उचित समझते हैं। कहानी में चित्रित पाठक के शब्दों में 'साहित्य का उद्देश्य है–खुद अपने को जानने में मानव की मदद करना, उसके आत्मविश्वास को दृढ़ बनाना और उसके सत्यान्वेषण को सहारा देना, लोगों की अच्छाइयों का उद्‌घाटन करना और बुराइयों का उन्मूलन करना, लोगों के हृदय में हयादारी, गुस्सा और साहस पैदा करना, ऊँचे उद्देश्यों के लिए शक्ति बटोरने में उनकी मदद करना और सौन्दर्य की पवित्र भावना से उनके जीवन को शुभ्र बनाना।

'तुम केवल इसलिए देते हो कि जीवन और लोगों से अधिकाधिक ले सको। तुम इतने गरीब हो कि उपहार नहीं दे सकते, तुम सूदखोर हो और अनुभव के टुकड़ों का लेन-देन करते हो–इसलिए कि तुम ख्याति के रूप में सूद बटोर सको। तुम्हारी लेखनी चीजों की सतह को ही खरोंचती है–और चूँकि तुम साधारण लोगों के साधारण भावों का वर्णन करते हो, इसलिए हो सकता है कि तुम उन्हें अनेक साधारण-महत्त्वहीन सच्चाइयाँ सिखाते हो। लेकिन क्या तुम नाम मात्र को ही सही, ऐसे भरम की भी रचना कर सकते हो जो मानव की आत्मा को ऊँचा उठाने की क्षमता रखता हो। तुम्हीं देखो कि मानव का मस्तिष्क आज कितना ठस और उसकी आत्मा के तार कितना बेआवाज़ हो गये हैं। वह अपने आपको उसी रूप में देखता है, जैसा कि वह पुस्तकों में पेश किया जाता है। पुस्तक में अपने को देखते समय

जैसा कि तुम उसे पेश करते हो—उसे अपना भोंडापन तो नज़र आता है, लेकिन यह नज़र नहीं आता कि उसके सुधार की भी कोई सम्भावना हो सकती है। क्या तुम में इस सम्भावना को उभारकर रखने की क्षमता है?'

'तुम जीवन में कोई नयी बुद्धि करने में असमर्थ हो। बल्कि पुराने को भी तुम इतनी चुड़ी-मुड़ी शक्ल में पेश करते हो कि सुस्पष्ट चित्र कहीं उभर कर नहीं आते। तुम्हारी कृतियाँ कुछ नहीं सिखातीं—उनकी हर चीज आम साधारण है—आम साधारण लोग, आम साधारण विचार, आम साधारण घटनाएँ। आत्मा के विद्रोह और आत्मा के पुनर्जागरण की आवश्यकता के बारे में लोग कब बोलना शुरू करेंगे? रचनात्मक जीवन की वह ललकार कहाँ है, वीरत्व के दृष्टान्त और प्रोत्साहन के वे शब्द कहाँ हैं, जिन्हें सुनकर आत्मा आकाश की ऊँचाइयों को छूती है।'

'लोगों के दिमागों को उनके घटना-विहीन जीवन के फोटोग्राफिक चित्रों का गोदाम बनाते समय अपने हृदय पर हाथ रखकर पूछो कि ऐसा करके क्या तुम नुकसान नहीं पहुँचा रहे हो? तुम जीवन का ऐसा चित्र पेश करने का ढंग नहीं जानते जो लज्जा की एक प्रतिशोधपूर्ण चेतना को जन्म दे, जीवन के नये रूपों की रचना करने की प्रज्वलित आकांक्षा को उजागर करे।'

'क्या तुम ऐसी आह्लादपूर्ण हास्य की रचना कर सकते हो जो आत्मा का सारा मैल धो डाले? देखो न, लोग एकदम भूल गये हैं कि ठीक ढंग से कैसे हँसा जाता है? वे कुत्सा से हँसते हैं, वे कमीनेपन से हँसते हैं, वे अक्सर अपने आँसुओं को वेधकर हँसते हैं। वे हृदय के उस समूचे उल्लास से कभी नहीं हँसते जिससे वयस्कों के पेट में बल पड़ जाते हैं, पसलियाँ बोलने लगती हैं। अच्छी हँसी एक स्वास्थ्यप्रद चीज़ है। आखिर हँसने की क्षमता उन गिनी-चुनी चीज़ों में एक है जो मानव को पशु से अलग करती है।'

'यह समझने की कोशिश करो कि सीख देने का तुम्हारा अधिकार उन सच्चे भावों को जाग्रत करने की तुम्हारी क्षमता पर निर्भर करता है जो, हथौड़े की चोटों की भाँति, जीवन को सीमित करने वाले पुराने रूपों को चकनाचूर और नष्ट कर दे ताकि अधिक प्रशस्त रूपों का निर्माण किया जा सके। गुस्सा, घृणा, साहस, लज्जा, चिढ़ और सबसे अन्त में, विक्षुब्ध निराशा ये ऐसे अस्त्र हैं जिनके द्वारा इस धरती पर कोई भी चीज़ नष्ट की जा सकती है। क्या तुम ऐसे अस्त्रों की रचना कर सकते हो? क्या तुम उनसे काम लेना जानते हो। तुम्हें अपने हृदय में मानव की कमजोरियों के लिए महान् घृणा का या साधारण मानव के लिए महान् प्रेम का—उसके दुःखों की आग में जन्मे प्रेम का—पोषण करना चाहिए। तभी तुम लोगों को सम्बोधित करने के अधिकारी बन सकोगे।'

'जीवन बढ़ रहा है और लोग दिन-प्रतिदिन अधिक और अधिक जानना और पूछताछ करना चाहते हैं। उनके सवालों का जवाब कौन दे? यह तुम्हारा काम

है—तुम्हारे जैसे लोगों का, जो अपने आप मसीहा बन बैठे हैं। लेकिन क्या तुम जीवन में इतने गहरे पैठे हो कि उसे दूसरों के सामने रख सको। क्या तुम जानते हो कि समय की माँग क्या है? क्या तुम्हें भविष्य की जानकारी है, और क्या तुम अपने शब्दों से उस आदमी में नयी जान फूँक सकते हो जिसे जीवन की नीचता ने भ्रष्ट और निराश कर दिया है।'

'ह्रास की गन्ध धरती को घेरे है, लोगों के हृदयों में कायरता और दासता समा गयी है, काहिली की नरम जंजीरों ने उनके दिमागों और हाथों को जकड़ लिया है। इस घिनौने जंजाल को तोड़ने के लिए तुम क्या करते हो?'

'मानव ऊँघ रहा है और उसे जगाने वाला कोई नहीं है। वह ऊँघ रहा है और पलटकर जंगली जीव बनता जा रहा है। उसे कोड़ों की मार की—एक के बाद, एक कोड़ों की वर्षा की—और प्रेम में पगे दुलार की ज़रूरत है।...क्या तुम लोगों से प्रेम करने की क्षमता रखते हो'[236]

'एक पाठक' कहानी के ये उद्धरण गोर्की के साहित्य-चिन्तन का अत्यन्त निखरा हुआ रूप प्रस्तुत करते हैं, जिनमें विचारक की मेधा के साथ-साथ रचनाकार की सहृदयता एवं मार्क्सवादी आदर्शों के प्रति पूर्ण निष्ठा विद्यमान है। समाजवादी यथार्थवाद की, गोर्की द्वारा आकांक्षित आकृति का ये विचार प्रतिनिधि उदाहरण हैं। कहने की आवश्यकता नहीं कि इस कहानी के अभाव में गोर्की के साहित्य-चिन्तन को उसकी समग्रता में नहीं समझा जा सकता।

क्रिस्तोफर काडवेल (8)

अपनी 'भ्रम और वास्तविकता' (Illusion and Reality) शीर्षक कृति में काडवेल ने कविता के स्रोतों का विवेचन किया है। चूँकि कविता की अभिव्यक्ति का माध्यम भाषा होती है, अतएव इसके अन्तर्गत भाषा के स्रोतों की विवेचना भी की गयी है। भाषा समाज की उपज है, जिसके माध्यम से लोग एक दूसरे से बातचीत करते हैं अतएव, काडवेल की मान्यता है कि कविता के स्रातों का अध्ययन समाज के अध्ययन से पृथक् नहीं किया जा सकता।[237] काडवेल की स्थापना है कि कविता का अध्ययन विशुद्ध रूप से सौन्दर्यशास्त्र की परिधि के भीतर रहकर नहीं किया जा सकता। सौन्दर्यशास्त्र की परिधि में ही सीमित रहने वाले या तो रचनाकार हो सकते हैं, या भावक, परन्तु कविता की समीक्षा के लिए उससे बाहर आना अनिवार्य हो जाता है। काडवेल ने कविता या कला को समाज की सीपी से उत्पन्न मोती की संज्ञा दी है और इसका सीधा-सादा निष्कर्ष यही है कि कविता की समीक्षा के क्रम में कला या कविता की अपनी परिधि के बाहर आना समाज के भीतर खड़ा होना है।[238] कविता की समीक्षा उसके विशुद्ध आस्वाद तथा सृजन से इसी कारण भिन्न है कि उसमें समाजशास्त्रीय दृष्टिकोण की अनिवार्य संस्थिति है, परन्तु समाजशास्त्रीय

दृष्टिकोण ग्रहण करने के बावजूद भी वह कविता की ही समीक्षा है, समाज अथवा व्यक्ति के मानस के प्रति अपनाया गया दृष्टिकोण नहीं। चूँकि ज्ञान के दूसरे क्षेत्र, उदाहरणार्थ, भौतिकी, इतिहास, जीवविज्ञान, दर्शन, मनोविज्ञान, नृतत्वशास्त्र आदि भी समाज की ही उपज हैं, अतः सच्चे समाजशास्त्रीय दृष्टिकोण के अन्तर्गत ज्ञान के इन क्षेत्रों से प्राप्त निष्कर्ष भी आप से आप समाहित हो जाते हैं। ऐतिहासिक भौतिकवाद ही एक मात्र ऐसा परिपक्व समाजशास्त्रीय दृष्टिकोण है, जो समाज के इन विचारधारात्मक रूपों के पारस्परिक सम्बन्धों का सही विवेचन कर सकने में समर्थ है। यही कारण है कि काडवेल ने अपने अध्ययन की सम्पूर्ण बुनियाद ऐतिहासिक भौतिकवाद में ही स्वीकार की है।[239]

कविता के उद्भव की विवचेना करते हुए काडवेल ने उसे 'साधारण वाणी का 'सुथरा अथवा उदात्त रूप' (Heightened form of ordinary speech) कहा है। उनके अनुसार साधारण वाणी को यह सुथरापन अथवा उच्चस्तरीयता छन्द, तुक, तान, लय, अनुप्रास, समान अक्षर वाली पंक्तियों, समान बल वाले स्वरों आदि-आदि के द्वारा प्राप्त हुई।[240] इन बातों ने कविता को साधारण वाणी से पृथक् कर एक विशेष प्रकार के रहस्यात्मक तथा जादुई प्रभाव से युक्त कर दिया। प्रारम्भ में यह सुथरी भाषा लगभग सारे परम्परागत साहित्य पर एकछत्र राज्य करती रही, परन्तु जैसे-जैसे सभ्यता का विकास होता गया, यह अपने विशिष्ट क्षेत्र में सीमित होती गयी।[241] आदिम कविता तथा संगीत में काडवेल ने घनिष्ठ सम्बन्ध स्वीकार किया है, जो बावजूद एक लम्बे समय से कविता तथा संगीत की पृथक् सत्ता के, अपने छायात्मक रूप में आज तक विद्यमान है।[242] आदिम कविता का रूप काडवेल ने वर्ग-विभेद रहित आदिम समाज के समूह गीतों में देखा है। इन गीतों में सामूहिक संवेगों की अभिव्यक्ति हुई है। चूँकि तब तक श्रम का विभाजन नहीं हुआ था, मनुष्य अपने सारे कार्य समूहों में करते थे, अतः सामूहिक संवेगों की उत्पत्ति सम्भव थी। ये समूह गीत नृत्य संगीत तथा आदिम लोगों के अन्य धार्मिक क्रियाकलापों से समन्वित होकर आदिम लोगों की बुनियादी वृत्तियों को सामूहिक कर्म के लिए प्रेरित करते थे।[243] शनैः-शनैः श्रम का विभाजन प्रारम्भ हुआ, फलतः समाज वर्गों में बँट गया। अब कविता भी श्रममय सामूहिक जीवन से कट गयी। मनुष्य को अवकाश प्राप्त हुआ फलतः आदिम महाकाव्यों की सृष्टि हुई। श्रम के विभाजन की प्रक्रिया जैसे-जैसे तीव्र होती गयी, वर्ग-व्यवस्था भी कठोर होती गयी। अब लोगों की समूची चेतना शासक वर्ग के ईर्द-गिर्द केन्द्रित हो गयी। कवि अब एकाकी व्यक्ति के रूप में रह गया। निष्क्रियता की परिस्थितियों ने उसे अभिव्यक्ति के माध्यम के रूप में प्रगीत (Lyric) प्रदान किया। काव्य रचना प्रगीतों में सिमट कर रह गयी।[244] इस युग में कविता के अन्तर्गत शिल्प का महत्त्वपूर्ण विकास हुआ।

इस प्रकार ऐतिहासिक भौतिकवादी दृष्टि से कविता के उद्भव का विवेचन

करते हुए काडवेल ने सामूहिक गीतों से लेकर महाकाव्य और फिर प्रगीत तक के सोपान का स्पर्श किया है। चूँकि आदिम मनुष्य के सारे कार्य आर्थिक आवश्यकताओं से परिचालित थे, और उसके इन सामूहिक कर्मों, उन्हें परिचालित करने वाले सामूहिक संवेगों के भीतर से ही कविता का जन्म भी हुआ है, अतः काडवेल के अनुसार कविता भी मूलतः आर्थिक क्रिया ही है।[245] सामूहिक संवेगों से निर्मित वस्तु तत्त्व को ही काडवेल ने कविता के सत्य की संज्ञा दी है।[246]

कविता के उद्भव, श्रम विभाजन तथा वर्गों के उदय के साथ उसके स्वरूप में होने वाले परिवर्तन की प्रारम्भिक चर्चा के उपरान्त, जिसमें समाज विकास की आदिम साम्यवादी, दास, सामन्तवादी एवं पूँजीवादी अवस्थाएँ सम्मिलित हैं, काडवेल ने आधुनिक पूँजीवादी अर्थात्, बुर्जुआ समाज-व्यवस्था में कविता के विकास की पूरे विस्तार से विवेचना की है। उनके अनुसार पूँजीवादी युग की कविता बुर्जुआ वर्ग के क्रियाकलापों तथा नीतियों का सच्चा प्रतिबिम्ब है।[247]

काडवेल के अनुसार पूँजीवादी अर्थव्यवस्था के अन्तर्गत मनुष्य और मनुष्य के बीच उस प्रकार के प्रत्यक्ष दबाव जन्य सम्बन्धों का अभाव होता है, जिस प्रकार के सम्बन्ध दास और उसके स्वामी, स्वामी तथा बड़े स्वामी के बीच सामन्तवादी व्यवस्था में अनिवार्यतः होते हैं। यहाँ पर प्रत्येक व्यक्ति स्वतन्त्र बाजार के लिए स्वतन्त्र उत्पादन करता है तथा इसी स्वतन्त्र बाजार से अपने उपयोग की वस्तु भी स्वतन्त्र रूप से ही खरीदता है। इस प्रकार व्यक्ति बाजार में केवल अपने द्वारा उत्पादित वस्तुएँ लेकर ही नहीं, अपनी क्षमताएँ भी लेकर जाते हैं तथा वहाँ बिना किसी अवरोध के, सबसे ऊँची बोली बोलने वाले को अपनी श्रमशक्ति बेचने का पूरा अधिकार रखते हैं। एक खुले बाजार में बिना किसी रोक-टोक के पहुँच सकने की यह सुविधा ही पूँजीवादी समाज की तथाकथित 'स्वतन्त्रता' है।[248] पूँजीवादी युग में बुर्जुआ वर्ग के द्वारा इस स्वतन्त्रता का नारा बड़े जोर-शोर से लगाया गया है, काडवेल के अनुसार जिसकी असलियत महज़ स्वतन्त्र व्यापार, मुक्त प्रतिस्पर्धा, अधिक से अधिक मुनाफाखोरी, पूँजी के एकाधिकार तथा अन्ततः व्यक्ति द्वारा समूह के शोषण में देखी जा सकती है। इस तथाकथित स्वतन्त्रता का विरोधाभास यही है कि जहाँ बुर्जुआ वर्ग के लिए यह स्वतन्त्रता है, वहाँ शेष समाज के लिए परतन्त्रता, उत्पीड़न एवं शोषण का पर्याय है।[249] परन्तु गहराई से विचार करने पर यह भी स्पष्ट होता है कि बुर्जुआ वर्ग जिसे स्वतन्त्रता समझकर छाती से चिपकाए रहने को प्रेरित होता है, जिसके सम्बन्ध में बड़ी-बड़ी डींगें मारता है, वह अन्ततः एक धोखे के अतिरिक्त और कुछ नहीं है। उसकी यह कल्पित स्वतन्त्रता उसी के लिए घातक सिद्ध होती है, और जब वह स्वतः उसकी आँखों के सामने ही उसी के हाथों से खिसक कर उसके पैरों की बेड़ियाँ बन जाती हैं, तो चीखने और घुट-घुट कर समाप्त हो जाने के अतिरिक्त उसके पास और कुछ शेष नहीं रहता। स्वतः अपने

द्वारा बनाई गयी सीमाओं में ही बन्दी होकर छटपटाना और धीरे-धीरे समाप्त हो जाना, बुर्जुआ वर्ग की सबसे दयनीय परिणति है। यह सही है कि अपनी उत्कर्षकालीन स्थिति में, अप्रतिहत औद्योगिक प्रगति के माध्यम से बुर्जुआ वर्ग ने समाज में एक क्रान्तिकारी भूमिका निबाही है, परन्तु मनुष्य और मनुष्य के बीच के भावात्मक सम्बन्धों को महज नग्न व्यक्तिगत स्वार्थों पर आधारित सम्बन्धों में बदलकर उसने मानवीयता की अपार क्षति की है। उसके 'स्वातन्त्र्य' की आत्मा निर्मम व्यक्तिवाद है।[250]

काडवेल के अनुसार पूँजीवादी व्यवस्था में जो नियति अन्ततः बुर्जुआ वर्ग को प्राप्त होती है, उसी का भोक्ता कवि भी होता है। दुखद से दयनीय और अन्ततः अनैतिक हो उठना ही उनका एकमात्र सत्य है।[251] बुर्जुआ वर्ग की झूठी स्वतन्त्रता के नशे में अपने व्यक्ति को अपरिमित सम्भावनाओं का स्वामी समझता हुआ कवि ऊँचे से ऊँचे स्वप्न देखता है, परन्तु पूँजीवादी शोषण-नीति पर आधारित समाज व्यवस्था के नारकीय यथार्थ से टकराकर उसके सारे स्वप्न उसी की आँखों के समक्ष चूर-चूर हो जाते हैं और तब उसके समक्ष भी हताश होकर सिर पटकने के अतिरिक्त कोई उपाय नहीं बचता। काडवेल का निष्कर्ष है कि बुर्जुआ सदैव स्वतन्त्रता की पुकार इसीलिए मचाता रहता है कि स्वतन्त्रता सदैव उसे अपने हाथों से खिसकती हुई नज़र आती है।[252] असन्तोष उसके मन-प्राणों में स्थिर होकर रह जाता है, समूचा परिवेश उसे अपना और अपनी तथाकथित स्वतन्त्रता का शत्रु मालूम होता है, उसका अकेलापन—जो उसकी इस तथाकथित स्वतन्त्रता की आवश्यक शर्त है, उसके लिए असह्य हो उठता है। परिणामस्वरूप वह अपनी आत्मा से, जो कुछ भी सामाजिक है, निकाल फेंकता है, और असहाय रिक्त तथा असुरक्षित प्राणी के रूप में ही शेष रह जाता है।[253] बुर्जुआ कवि की कविता असंगतियों और अन्तर्विरोधों से पूर्ण कविता है, जिसका सीधा सम्बन्ध पूँजीवादी अर्थव्यवस्था की असंगतियों तथा अन्तर्विरोधों से है।[254]

काडवेल, जैसा कि हम स्पष्ट कर चुके हैं, कविता अथवा कला का उद्भव समाज के बीच से स्वीकार करते हैं। उनका कथन है कि 'कला का सामूहिक संसार यथार्थ सामाजिक जीवन के सामूहिक संसार द्वारा पोषित होता है, कारण उसका निर्माण उन उपकरणों से हुआ है जो अपनी गठन तथा अपने संवेगात्मक सम्बन्ध सामाजिक प्रयोगों से ही प्राप्त करते हैं।[255]

काडवेल ने अंग्रेजी की आधुनिक कविता के विकास की व्याख्या के क्रम में भी बुर्जुआ वर्ग की असंगतियों तथा स्वतन्त्रता-सम्बन्धी उसकी भ्रान्त धारणा को स्पष्ट किया है, उन्होंने यह भी स्पष्ट किया है कि समाज से कट जाने पर आत्मलीन, एकाकी कवि के पास इसके सिवा और कोई चारा नहीं रह जाता कि वह अपनी कविता की आन्तरिक रिक्तता को ढँकने के लिए कला और शिल्प पर अपना ध्यान केन्द्रित करे और कला को जीवन के विरोध में प्रतिष्ठित करे। उसके लिए कलात्मक क्षमता सामाजिक मूल्य से रहित हो जाती है, वह अपने में ही साध्य बन जाती है।

यहीं काडवेल पुनः कला और समाज के बीच घनिष्ठ सम्बन्धों का प्रतिपादन करते हुए कहते हैं—'कलाकृति सामाजिक संसार में अपना अस्तित्व रखती है। उसकी निर्मिति उन वस्तुओं से होती है, जो अपना सामाजिक सन्दर्भ रखती हैं। उसका निर्माण मात्र ध्वनियों से नहीं, एक व्यवस्थित शब्द भण्डार के बीच से चुने गये शब्दों के द्वारा, केवल संयोग जन्य नाद से नहीं वरन् समाज द्वारा स्वीकृत स्वर ग्राम से निःसृत ध्वनियों द्वारा, केवल धब्बों के द्वारा नहीं, अर्थ से संयुक्त निश्चित रूपों द्वारा होता है। ये सारी वस्तुएँ संवेगात्मक अथवा भावात्मक ऐसे सम्बन्धों से युक्त रहती हैं, जो सामाजिक होते हैं।'[256] 'कला कला के लिए' जैसी बात काडवेल के विचार से 'कला मेरे लिए' का ही पर्याय है, जो विशुद्ध रूप से असामाजिक है।[257]

बुर्जुआ व्यक्ति के लिए स्वातन्त्र्य 'आवश्यकता की चेतना' (Consciousness of necessity) में न होकर उसके अज्ञान में है। उसके अनुसार मानव वृत्तियाँ (Instincts) स्वतन्त्र हैं, जब कि समाज उन्हें हर जगह जंजीरों से जकड़ देता है। वह इस तथ्य को नहीं देख पाता कि मनुष्य वहीं तक सही माने में स्वतन्त्र है, जहाँ तक वह अपने कर्म की प्रेरणा (motive) के प्रति सजग है। प्रेरणा के प्रति सजग होना कारण के प्रति सजग होना अर्थात् आवश्यकता के प्रति सजग होना है। बुर्जुआ इसका विरोध करता है, क्योंकि स्वतन्त्र संकल्प की विपरीतता नियतिवाद में दिखायी देती है।[258]

काडवेल के अनुसार सामन्तवादी व्यवस्था के अन्तर्गत बुर्जुआ वर्ग के लिए स्वतन्त्रता की एकमात्र शर्त व्यवस्था की समाप्ति है। पूँजीवादी व्यवस्था में मजदूर वर्ग के लिए स्वतन्त्रता की एकमात्र शर्त पूँजीवादी व्यवस्था की समाप्ति है। वर्गहीन समाज व्यवस्था के लिए भी स्वतन्त्रता की एकमात्र शर्त यही है। सब प्रकार के बन्धनों से रहित वर्गहीन समाज व्यवस्था में ही, अपनी सम्बद्ध भवितव्यताओं के नियन्त्रण द्वारा सारे मनुष्य सामाजिक नियतिवाद की अपनी चेतना का सक्रिय विकास कर सकते हैं। बुर्जुआ सर्वजन की स्वतन्त्रता की इस परिभाषा को तब तक स्वीकार नहीं कर सकता जब तक कि वह बुर्जुआ है, अथवा जब तक वह ऐतिहासिक विकास को उसकी समग्रता में नहीं देखता।[259]

आधुनिक अंग्रेजी कविता के विकास क्रम की व्याख्या के सिलसिले में अपने महत्त्वपूर्ण निष्कर्ष दे चुकने के उपरान्त काडवेल ने सामान्य रूप से कविता की अपनी विशिष्टताओं अथवा लक्षणों का निरूपण किया है। इन्हें हम निम्नलिखित क्रम में रख सकते हैं—

1. कविता लयात्मक होती है, 2. कविता का अनुवाद कठिन है, 3. कविता अबौद्धिक होती है, 4. कविता शब्दों के द्वारा रची जाती है, 5. कविता असांकेतिक होती है, 6. कविता मूर्त होती है, 7. कविता घनीभूत प्रभाव उत्पन्न करती है।

कविता की उक्त विशिष्टताओं की काडवेल ने विस्तार से व्याख्या की है।

कविता की लय के महत्त्व को ऐतिहासिक घोषित करते हुए उनका कहना है कि वह किसी समय विशेष में भाषा के अन्तर्गत समाज की बुनियादी असंगतियों के उद्‌घाटन पर निर्भर करती है। लय ही कविता की सामूहिक प्रकृति का परिचय देती है। कविता की लय शरीर को कुछ इस तरह उद्दीप्त कर देती है कि मनुष्य एक विशेष प्रकार की अन्तर्मुखता की भूमिका पर पहुँच जाता है, जिसे संवेगात्मक अथवा भावात्मक अन्तर्मुखता कह सकते हैं। यह भावात्मक अन्तर्मुखता भी काडवेल के अनुसार, एक सामाजिक क्रिया ही है। कविता का अनुवाद इसलिए कठिन है कि कोई विशेष भाव जिस विशेष प्रभाव की सृष्टि करता है, अनुवाद के द्वारा न तो वह विशिष्ट भाव अपनी मूल आकृति में प्रस्तुत किया जा सकता है, और न ही वह प्रभाव। अधिक से अधिक अनुवाद उस भाव के आशय को ही अंकित कर सकता है। कविता को काडवेल ने इस आशय से अबौद्धिक नहीं कहा कि वह निरर्थक होती है अथवा उसमें कोई तार्किक संगति नहीं होती। वह बौद्धिक है, जहाँ तक भावात्मक औचित्य अथवा संगति का प्रश्न है, परन्तु वह अबौद्धिक है, यदि हम परिवेशजन्य औचित्य अथवा संगति का ध्यान करते हैं। काडवेल ने शेली के इस कथन को भी अपने समर्थन में उद्धृत किया है कि कविता ऐसी वस्तु है, मन की सक्रिय शक्तियों से जिसका नाता नहीं है। कविता शब्दों से लिखी जाती है, अपनी इस मान्यता को भी काडवेल ने स्पष्ट किया है। उनके अनुसार मेथ्यू आरनाल्ड, शेली तथा दूसरे प्रसिद्ध व्यक्तियों ने कविता की परिभाषा अथवा महत्त्व स्पष्ट करते हुए जहाँ भावों, विचारों, वर्णों, भाषा आदि की चर्चा की है, वहाँ शब्दों का उल्लेख नहीं किया। मेलार्मे का कहना है कि कविता शब्दों से लिखी जाती है, भावों या विचारों से नहीं। काडवेल इस कथन से भी सहमत नहीं हैं। उनके अनुसार कविता केवल शब्दों से लिखी जाती है, परन्तु वे शब्द भावों एवं स्मृति-चित्रों आदि को भी उद्‌बुद्ध करते हैं। यदि कविता शब्दों के स्थान पर भावों अथवा विचारों से लिखी जाती तो उसका अनुवाद भी दूसरी भाषा से उन भावों या विचारों के द्योतक शब्द लेकर हो जाता। परन्तु चूँकि कविता का अनुवाद नहीं हो सकता, उससे भी यह प्रमाणित होता है कि वह शब्दों से लिखी जाती है, जो दूसरी भाषा में उपलब्ध नहीं होते। कविता असांकेतिक अथवा अप्रतीकात्मक उसी अर्थ में है जिस अर्थ में गणित की भाषा सांकेतिक और प्रतीकात्मक है। गणित की भाषा का सरलतापूर्वक अनुवाद हो जाना—यहाँ तक कि एक सर्वमान्य गणितीय भाषा का बन जाना ही, अनूदित न हो सकने वाली कविता की असांकेतिकता या अप्रतीकात्मकता का प्रमाण है। वैसे जितनी दूर तक कविता का अनुवाद सम्भव हो जाय, उतनी दूर तक उसे सांकेतिक या प्रतीकात्मक माना जायगा। कविता इस अर्थ में मूर्त है कि उसमें व्यक्त भावों का सम्बन्ध यथार्थ वस्तुओं से होता है और इस कारण इन भावों को एक वैशिष्ट्य प्राप्त हो जाता है। कविता घनीभूत प्रभावों की सृष्टि करती है, इस

कथन से काडवेल का आशय उसके सौन्दर्यात्मक प्रभाव (Aesthetic effects) से है, जो अखबारों में छपने वाले अथवा पत्रों आदि के द्वारा मिलने वाले समाचारों से उत्पन्न प्रभाव से भिन्न होता है। अपनी पत्नी की मृत्यु का समाचार पाकर कोई व्यक्ति घनीभूत प्रभाव से युक्त हो सकता है, परन्तु यह प्रभाव सौन्दर्यात्मक (Aesthetic) प्रभाव नहीं होगा।[260] दूसरे, जिन व्यक्तियों का इस शोक समाचार से सम्बन्ध नहीं है, वे उस घनीभूत प्रभाव का अनुभव नहीं करेंगे, जो सम्बद्ध व्यक्ति को हुआ है। काडवेल के अनुसार अ-सौन्दर्यात्मक प्रभाव व्यक्तिगत होते हैं, सामूहिक नहीं, जबकि सौन्दर्यात्मक प्रभाव वे प्रभाव हैं जो उन भावों को उद्दीप्त करते हैं जिनका सम्बन्ध एक व्यक्ति से न होकर सम्बद्ध व्यक्तियों से होता है।[261]

कवि की वृत्तियों तथा अनुभवों के बीच की असंगति से, काडवेल कविता का जन्म मानते हैं। यह तनाव ही कवि को एक भ्रमात्मक फैंटेसी के संसार को निर्मित करने की प्रेरणा देता है, जिसका निश्चित सम्बन्ध उस यथार्थ जगत् से होता है, जिसकी वह उपज है।[262] कविता और स्वप्न की व्याख्या करते हुए भी काडवेल इसी प्रकार का निष्कर्ष देते हैं। मनुष्य की वृत्तियों तथा परिवेश के बीच की असंगति को ही वे समाज के समग्र विकास-क्रम का कारण मानते हैं। जीवन, उनके विचार से, और कुछ नहीं, मनुष्य और प्रकृति के बीच निरन्तर चलने वाला और कभी समाप्त न होने वाला संघर्ष है। कला या कविता का आधार उक्त असंगति तथा मानव और प्रकृति के बीच चलने वाले इस संघर्ष, में ही देखा जा सकता है।[263]

कविता और स्वप्न में, काडवेल के अनुसार, 'जहाँ अनेक समानताएँ हैं, वहाँ भिन्नताएँ भी हैं। कविता का स्वरूप उनके विचार रो, रचनात्मक होता है, जबकि स्वप्न का नहीं। कविता में निर्दिष्टभाव (directed feelings) होते हैं, जबकि स्वप्न में मुक्त साहचर्य देख पड़ता है। कविता के अन्तर्गत भावनाएँ खराद पर चढ़ाकर ढले हुए सिक्के के रूप में सामने लाई जाती हैं। उन्हें सामाजिक मूल्य प्रदान किया जाता है। उन पर कुछ काम, कुछ श्रम किया जाता है। इसके विपरीत स्वप्न-प्रक्रिया को श्रम के अन्तर्गत नहीं रखा जा सकता। काव्य की अपनी स्वप्न प्रक्रिया इस कारण श्रम के अन्तर्गत स्वीकार की जायगी कि उसके माध्यम से व्यक्ति एक सामाजिक वस्तु निर्मित करता है। कोरे स्वप्न-द्रष्टा के लिए ऐसा नहीं कहा जा सकता।'[264]

काडवेल ने किसी न किसी सीमा तक कलाकारों का सर्वहारा संगठन से जुड़ा रहना अनिवार्य माना है। उनका कथन है कि 'सर्वहारा क्रान्ति सर्वहारा वर्ग के नायकत्व में ही सम्पन्न होती है।...इस कारण कलाकारों का, सर्वहारा वर्ग के साथ, इस दिशा में, किसी भाँति कार्य करना आवश्यक है, और इसके लिए उन्हें संयुक्त कार्यवाही के दायित्वों को भी स्वीकार करना होगा।'[265] उन्होंने ऐसे कलाकारों की आलोचना की है जो सर्वहारा वर्ग के सिद्धान्तों तथा संगठन से, जीवन के हर पहलू

पर तो एक होने के लिए प्रस्तुत है, परन्तु कला के क्षेत्र को विशिष्ट मानते हुए उसे इससे अलग रखना चाहते हैं। काडवेल का कथन है कि सामान्य व्यक्ति के सन्दर्भ में तो उससे कोई अन्तर नहीं पड़ता परन्तु कलाकार के लिए यह स्थिति घातक ही मानी जायगी। यह स्थिति शनैः-शनैः उसकी अपनी जीवन पद्धति तथा कला के बीच एक अन्तराल उपस्थित करती जायगी। उसकी समस्त सर्वहारा-आकांक्षाएँ एक ध्रुव पर एकत्र होती जायेंगी और उसकी बुर्जुआ कला दूसरे ध्रुव पर और दोनों ही आयामों पर उसका अत्यन्त विपरीत प्रभाव पड़ेगा, दोनों में विकृति आयेगी। एक स्तर पर उसकी सर्वहारा आकांक्षाएँ मार्क्सवादी लफ्फाजी का आकार ग्रहण करती हुई अत्यन्त यान्त्रिक रूप से उसकी कला पर अपना आधिपत्य स्थापित करने की चेष्टा करेंगी, दूसरे स्तर पर उसकी बुर्जुआ कला, स्वातन्त्र्य-सम्बन्धी अपनी विकृत विचारणा को लिये हुए उसकी सर्वहारा जीवन-पद्धति पर हावी होने का प्रयास करेगी और सर्वहारा क्रान्तिकारी सिद्धान्त को अन्य प्रकार से भी विकृत करने का प्रयास करेगी। कुल मिलाकर, अनजाने ही ऐसा कलाकार अपनी कला के प्रति बेईमानी ही करेगा। वह ऐसे व्यक्ति के रूप में ही सामने आवेगा जो अपने निजी स्वार्थों के लिए क्रान्ति का दुरुपयोग कर रहा हो।[266] उन्हीं सारी स्थितियों के सन्दर्भ में काडवेल ने कहा है कि कलाकार के लिए आवश्यक है कि वह आगे बढ़कर सर्वहारा वर्ग का, उसके क्रान्तिकारी अभियान में नेतृत्व करे[267] ताकि उसकी अपनी जीवन पद्धति, विचारधारा तथा कला के बीच का उक्त विरोधाभास समाप्त हो सके।

काडवेल के अनुसार 'कलाकारों से हमारे इस आग्रह का, कि उनकी कला सर्वहारा-कला हो, यह आशय नहीं है कि वे रूढ़िवादी पद्धति से मार्क्सवादी शब्दावली को अपनी कला में लागू करें। ऐसा करना बुर्जुआ तरीका होगा। हमारा कहना केवल यही है कि कलाकार वस्तुतः नये विचारों के संसार में जियें, अपनी आत्मा को अतीत के हाथ बन्धक न रख दें। कलाकार का मूल्य हमारे लिए उनकी कलाकार-आत्मा के सन्दर्भ में ही है, और जब तक उनकी कला बुर्जुआ कला है, तब तक उनकी कलाकार-आत्मा नये विचारों के संसार में कैसे रह सकती है? जिस दिन कलाकार की कला वास्तविक जीवन से एक हो जायगी, हम समझेंगे कि नये विचारों के संसार में कलाकार की आत्मा का अवतरण हो गया। तभी उनकी कला सर्वहारा कला का दर्जा प्राप्त करेगी। अब ऐसा हो जायगा हम उनकी कला की आलोचना बन्द कर देंगे।'[268]

काडवेल के अनुसार 'कविता द्वारा मनुष्य अपने आत्म को प्राप्त करता है, अतएव जब तक मनुष्य है, तब तक कविता भी फलती-फूलती रहेगी।'[269]

पूँजीवादी संस्कृति को मरणशील घोषित करते हुए काडवेल ने अपनी दो स्वतन्त्र कृतियों में उसके अनेक पहलुओं पर विस्तारपूर्वक विचार किया है।

डी. एच. लारेंस के कृतित्व के विवेचन के क्रम में काडवेल ने कला और सामाजिक जीवन जैसे महत्त्वपूर्ण प्रश्न पर जम कर विचार किया है, और इन दोनों

के अन्योन्याश्रित सम्बन्धों का प्रतिपादन करते हुए बुर्जुआ कलाकार की असामाजिक कला-दृष्टि की निरर्थकता को सिद्ध कर दिया है। उसके अनुसार, कला एक सामाजिक क्रिया है, यह कोई, मार्क्सवादी माँग नहीं, वरन् स्वतः सिद्ध तथ्य है। वही वस्तुएँ कला-रूपों के अन्तर्गत ग्राह्य हैं, जो सजग सामाजिक व्यापारों की सूचना देती हैं। कोरे स्वप्न-द्रष्टा की हवाई कल्पनाएँ कला नहीं कहला सकतीं, वे कला की आकृति तभी पाती हैं जब समाज द्वारा मान्यता-प्राप्त संकेतों, शब्दों तथा संगीत से उन्हें संयुक्त किया जाता है। इस क्रम में हवाई कल्पनाएँ सामाजिक परिधान पहनाकर नये रूपों में प्रस्तुत की जाती हैं, सम्पूर्ण भाषा नये सम्बन्ध और नये सन्दर्भ ग्रहण करती है...कला तभी मान्यता प्राप्त कर सकी है जब वह अपनी सामाजिक भूमिका अदा करे।[270] कला का मूल्य कलाकार के लिए इसी कारण है कि वह उसे स्वतन्त्रता प्रदान करती है। कलाकार अवश्य यह समझता है कि कला उसके आत्म की अभिव्यक्ति है, जबकि वास्तविकता यह है कि कलाकार कला के माध्यम से अपने को अभिव्यक्त नहीं करता अपने आत्म की खोज करता है, अपने अनुभवों को समाज के अनुभवों से संश्लेषित कर, अपने भीतर निहित आत्म को सामाजिक सम्बन्धों के साँचे में स्थिर कर, वह न केवल एक नये साँचे—सामाजिक दृष्टि से अत्यन्त मूल्यवान एक वस्तु का ही निर्माण नहीं करता, वरन् वह स्वतः अपने आत्म को ही एक नये साँचे में ढालकर एक नयी सृष्टि करता है।...मिल्टन पैदा नहीं होते हैं, वे बनाए जाते हैं।[271] सब प्रकार की कला की उत्पत्ति पुरानी चेतना तथा बदलते हुए सामाजिक सम्बन्धों के बीच के तनाव से होती है। पुरानी कला का सदैव हमारे लिए इसी कारण अर्थ रहता है कि सामाजिक सम्बन्धों की नयी पद्धति पुराने को भी अपने साथ लिए रहती है, कि मनुष्य की मूल वृत्तियाँ तथा उनके प्रभाव के स्रोत नहीं बदला करते, कि नयी कला भी अपने अन्तर्गत पुरानी कला की परम्पराओं को आत्मसात किये रहती है। परन्तु बावजूद इसके मनुष्य को नयी कला अनिवार्यतः चाहिए।[272]

सौन्दर्य की विवेचना के क्रम में काडवेल ने कहा है कि कलाकार सत्य और सौन्दर्य की सृष्टि उन्हें साध्य मानकर नहीं करता, उसके लिए ये तत्त्व यथार्थ के जीवन्त प्रवाह का अंग हैं। काडवेल का निष्कर्ष है कि मुक्त प्रतिस्पर्धा, खुले बाजार और मनुष्य द्वारा मनुष्य के शोषण पर आधारित पूँजीवादी समाज-व्यवस्था तथा अर्थ और उसके द्वारा पोषित पूँजीवादी संस्कृति इस कारण किसी सौन्दर्यशास्त्र को जन्म देने में असमर्थ है कि उसकी अधिकांश सामाजिक उपज भद्दी और बदशक्ल है।[273] सच्ची सौन्दर्य भावना का जन्म वर्ग रहित, शोषण मुक्त समाज में ही सम्भव हो सकता है। इस समाज में ही सौन्दर्य समूची सामाजिक प्रक्रिया के रग-रेशे में एक बार पुनः अपने अस्तित्व की सूचना देगा। तब श्रम आज की तरह बदसूरत नहीं माना जायगा और तब उसके द्वारा उत्पन्न वस्तुएँ भी एक बार पुनः सौन्दर्य मण्डित होंगी।[274]

काडवेल के महत्त्वपूर्ण साहित्य-चिन्तन की यह एक संक्षिप्त रूपरेखा मात्र है।

राल्फ फाक्स (9)
(1900-1937)

राल्फ फाक्स भी क्रिस्तोफर काडवेल की भाँति स्पेन के गृह-युद्ध में भाग लेते हुए फासिज्म की गोली से शहीद हुए थे। जहाँ काडवेल के अध्ययन का मुख्य विषय कविता रही, वहाँ राल्फ फाक्स ने अपने को उपन्यास के अध्ययन तक सीमित रखा है। उपन्यास उनके मत से 'हमारी सभ्यता की महान् लोक-कला है।'[275] 'वह मात्र कथात्मक गद्य नहीं, वरन् मानव के जीवन का गद्य है—ऐसी पहली कला है जो सम्पूर्ण मनुष्य को अपने अध्ययन का विषय बनाती है, और उसे अभिव्यक्ति प्रदान करने का प्रयास करती है।'[276] कविता, नाटक, सिनेमा, चित्रकला और संगीत से अलग यह यथार्थ के बारे में एक भिन्न दृष्टिकोण प्रस्तुत करती है।[277] अपने समय के परिवेश और उससे उत्पन्न दृष्टिकोणगत संकट का हवाला देते हुए राल्फ फाक्स बड़े स्पष्ट शब्दों में कहते हैं कि 'स्पष्ट है कि आज के लेखक को बड़े पैनेपन के साथ यह परखना है कि सच्ची राष्ट्रीयता क्या है तथा कोरी राष्ट्रीयता और राष्ट्र विरोधिता क्या है? हमारे लिए अतीत का भी उतना ही महत्त्व है, जितना वर्तमान का। हमें अपने अभियान में अतीत को अपने साथ लेकर चलना है, इसलिए हमारे लिए यह देखना आवश्यक है कि उसका बोझ कहीं इतना अधिक तो नहीं है कि हमें दबा दे। हमें अतीत से उतना कुछ ही चुनना है जो इतना वास्तविक हो कि हमारा सहायक बन सके तथा फिलहाल उसे छोड़ देना है, जो महज हमारे रास्ते में रुकावट डालने वाला है।'[278] दृष्टिकोण गत संकट के सन्दर्भ में अपने विचार प्रस्तुत करने के उपरान्त राल्फ फाक्स एक दूसरा महत्त्वपूर्ण प्रश्न उठाते हैं, और उसे सामाजिक प्रश्न की संज्ञा देते हैं।[279] प्रश्न है कि क्या उपन्यासकार, जिस संसार में वह रह रहा है, उसकी समस्याओं के प्रति तटस्थ रह सकता है?[280] यह वह समय है जबकि मनुष्य का भाग्य-निर्णय होने जा रहा है, और उपन्यासकारों में से अनेक न केवल इसे समझते हैं, उनके मन में ऐसे लोगों के प्रति एक गहरा विक्षोभ है जो उन्हें मानवता के भाग्य के प्रति चिन्तित न होने की सलाह देते हैं—यह जानते हुए भी कि उनका परम्परागत गौरव सदैव उनका मानवतावाद रहा है। राल्फ फाक्स के अनुसार 'ये लेखक जानते हैं कि इस समय मानव-सभ्यता के भविष्य के सम्बन्ध में दो दृष्टिकोण प्रचलित हैं—एक दृष्टिकोण के अनुसार निजी सम्पत्ति तानाशाही-राज्यवादी, पागल अहंवादी दृष्टिकोण, युद्ध आदि के बावजूद सभ्यता का विकास होता रहेगा, जबकि दूसरा दृष्टिकोण यह मानता है कि मनुष्यता सामाजिक सम्पत्ति जैसी विचारधारा पर आधारित ऐसे नये मूल्यों के लिए लड़ रही है जो धरती से युद्ध तथा राष्ट्रवाद को समाप्त कर एक नयी विश्व-सभ्यता को जन्म देंगे जिसके अन्तर्गत विश्व के स्वस्थ राष्ट्र एक दूसरे से सहयोग करते हुए अपना समुचित

विकास कर सकेंगे।'[281] राल्फ फाक्स का अभिमत है कि अधिकांश लेखक, कमोबेश रूप में, इस दूसरे दृष्टिकोण के प्रति ही उन्मुख हैं। मार्क्सवाद तथा उसकी साहित्यिक अथवा कलात्मक अभिव्यक्ति समाजवादी यथार्थवाद ही उनके मत से, अंग्रेजी उपन्यासकारों को उन समस्याओं से मुक्ति दिला सकता है, जिनसे कि वे फिलहाल ग्रस्त हैं, तथा इसी में अंग्रेजी उपन्यास का भविष्य भी निहित है।[282]

अपनी उक्त स्थापना के सन्दर्भ में ही राल्फ फाक्स साहित्य के सम्बन्ध में मार्क्सवादी दृष्टिकोण प्रस्तुत करते हुए न केवल कुछ महत्त्वपूर्ण साहित्यिक निष्कर्ष प्रस्तुत करते हैं, मार्क्सवादी दृष्टिकोण के सन्दर्भ में व्याप्त कतिपय महत्त्वपूर्ण भ्रान्तियों का निराकरण कर सही स्थिति को भी सामने लाते हैं।

'सत्ता चेतना को निर्धारित करती है' (Being determines the consciousness)—मार्क्सवाद के इस सिद्धान्त वाक्य को उद्धृत करते हुए राल्फ फाक्स चाहते हैं कि अनिवार्यतः यह उपपत्ति रचनाकार के कलात्मक सृजन का आधार बने[283] कारण सम्पूर्ण कल्पनाशील सृजन उस वस्तु-जगत् का ही प्रतिबिम्ब है जिसमें कि रचनाकार निवास करता है। यह काल्पनिक सृष्टि और कुछ नहीं, वस्तु-जगत् के साथ उसके सम्पर्क तथा संसार की वस्तुओं के प्रति उसके प्रेम या घृणा का ही परिणाम है।[284]

ये सारे रंग और रोशनियाँ, भाँति-भाँति के रूप तथा आकार, हवाओं की साँस, जीवन की सुगन्ध, मनुष्य तथा पशु जीवन का भौतिक सौन्दर्य तथा भौतिक विरूपता, वास्तविक पुरुषों और स्त्रियों के नाना कार्य-व्यापार, विचार तथा स्वप्न, जिनमें स्वतः सृष्टिकर्त्ता के अपने कार्य, विचार तथा स्वप्न भी शामिल हैं, ये सारी बातें ही कला की बीज-वस्तुएँ हैं।[285] राल्फ फाक्स के अनुसार 'सृजन-प्रक्रिया का सार, और कुछ नहीं, बाह्य यथार्थ तथा सृष्टिकर्त्ता के बीच चलने वाला संघर्ष ही है। वह इस बात में देखा जा सकता है कि सृष्टिकर्त्ता इस बाह्य यथार्थ को अपने वश में करता हुआ उसकी नये सिरे से रचना करे।[286] इस स्थल पर राल्फ फाक्स यह प्रश्न उठाते हैं कि 'क्या मार्क्सवाद इस बात का दावा नहीं करता कि कलाकृतियाँ समाज की आर्थिक आवश्यकताओं तथा आर्थिक प्रक्रियाओं का प्रतिबिम्ब मात्र होती हैं?' मार्क्सवाद की यह उपपत्ति उनके मत से आपत्ति का लक्ष्य बनती है। किन्तु राल्फ फाक्स इस उपपत्ति को सही मार्क्सवादी दृष्णिकोण के रूप में स्वीकार नहीं करते।[287] उनके विचार से इस प्रकार की बात केवल 19वीं सदी के उन भौतिकवादियों ने ही कही है जो मार्क्सवाद के द्वन्द्वात्मक भौतिकवादी दृष्टिकोण से परिचित न थे। अपने कथन की पुष्टि में तथा उक्त भ्रान्ति के निराकरण के सिलसिले में उन्होंने 'क्रिटीक ऑफ पोलिटिक इकोनॉमी' कृति की भूमिका में कही गयी मार्क्स की सम्पूर्ण शब्दावली को उद्धृत किया है (हम मार्क्स के इन विचारों को पीछे उद्धृत कर चुके हैं) और तदुपरान्त निष्कर्ष दिया है कि मार्क्स यह जरूर मानते थे कि जीवन का भौतिक

विधान अन्ततोगत्वा बौद्धिक विधान को निर्धारित करता है किन्तु 'उन्होंने एक क्षण के लिए भी कभी यह नहीं सोचा कि इन दोनों के बीच का सम्बन्ध एकदम सीधा है, जिसे आसानी से परखा जा सकता है, या कि वह यन्त्रवत विकसित होने वाला सम्बन्ध है। यदि कोई उनसे यह कहता कि चूँकि पूँजीवाद सामन्तवाद का स्थान ग्रहण करता है, अतएव पूँजीवादी कला भी तुरन्त सामन्तवादी कला का स्थान ग्रहण कर लेती है तथा इसके परिणामस्वरूप सारे महान् कलाकार अपनी कला में नये पूँजीवादी वर्ग की आवश्यकताओं को अनिवार्यतः सीधे ही प्रतिबिम्बित करने लगते हैं, तो वे इस सारी बात को एकदम हँस कर उड़ा देते।'[288] राल्फ फाक्स के अनुसार–'जैसा कि आगे चलकर स्पष्ट होगा, वे यह भी नहीं मानते थे कि चूँकि सामन्तवाद की तुलना में पूँजीवाद की उत्पादन पद्धति अधिक प्रगतिशील है, अतएव सामन्तवादी कला की तुलना में पूँजीवादी कला को भी सदैव अधिक श्रेष्ठ होना चाहिए। इस तरह के स्थूल तथा भोंडे विचारों से मार्क्सवाद का दूर का भी रिश्ता नहीं है।'[289] अपनी बात को और अधिक समझाते हुए राल्फ फाक्स का कथन है कि 'मार्क्स का यह कहना सही था कि समाज के भौतिक आधार में हुए परिवर्तनों को आर्थिक इतिहासकार पदार्थ विज्ञान की भाँति ठीक-ठीक जाँच सकता है (यद्यपि इस बात का यह आशय नहीं है कि इन परिवर्तनों का वैज्ञानिक रूप से निर्धारण होता है) किन्तु जीवन के ऊपरी सामाजिक तथा आध्यात्मिक ढाँचे में हो रहे परिवर्तनों की ऐसी कोई वैज्ञानिक माप-जोख नहीं की जा सकती। परिवर्तन होते हैं, मनुष्य उनके प्रति सजग होते हैं, परन्तु यह निपटारा वे विरासत में मिले अतीत के हर किस्म के बोझ से दबे, बहुत असम तथा अस्पष्ट तरीके से, इस प्रकार करते हैं कि उनके दिमागों में हो रहे परिवर्तनों का आसानी से पता नहीं लगाया जा सकता।[290] इस प्रकार 'मार्क्सवाद जहाँ आर्थिक कारणों को ही किसी परिवर्तन का अन्तिम और निर्णायक लक्षण मानता है, वहाँ इस बात से भी इनकार नहीं करता कि विचार धारात्मक अथवा भावगत (Ideal) प्रकरण भी इतिहास, के क्रम को प्रभावित कर सकते हैं, यही कहना मार्क्सवाद का मजाक उड़ाना होगा कि मार्क्सवाद कला सृजन जैसे मानव-चेतना के अत्यन्त महत्त्वपूर्ण आध्यात्मिक पहलू की उपेक्षा करता है अथवा उसके महत्त्व को कम करके आँकता है, कि वह कलाकृतियों को आर्थिक तथा भौतिक कारणों का सीधा प्रतिबिम्ब मानता है।'[291]

उक्त भ्रान्ति के निराकरण के पश्चात् राल्फ फाक्स मार्क्सवाद पर लगाये गये इस आरोप का उत्तर देते हैं कि वह 'व्यक्ति' की भूमिका को अस्वीकार करता है, और उसे ऐसी निराकार आर्थिक शक्तियों का शिकार मानता है जो उसे एक ग्रीक नियति देकर अनिवार्यतः एक निश्चित अन्त की ओर ले जा रही है।[292] इस आरोप के उत्तर में राल्फ-फाक्स का कथन है कि मार्क्सवाद व्यक्ति की सत्ता को अस्वीकार नहीं करता...उसके अपने दर्शन का केन्द्र बिन्दु मनुष्य ही है, क्योंकि जहाँ यह यह

मानता है कि भौतिक शक्तियाँ मनुष्य को परिवर्तित कर सकती हैं, वहाँ पूरे जोर के साथ यह भी प्रतिपादित करता है कि यह मनुष्य ही है जो भौतिक शक्तियों को परिवर्तित करता है तथा इस दौरान अपनी कायापलट भी कर लेता है।[293] इसके उपरान्त राल्फ फाक्स ने इतिहास में मनुष्य की भूमिका की परीक्षा की है। कारण उनका विचार है कि 'यह वह मनुष्य है जो एक स्तर पर कला का सृजनकर्ता भी है, और दूसरे स्तर पर उसका विषय भी।'[294] यह उसका भाग्य है कि उसकी इच्छाएँ कभी पूरी नहीं होतीं, परन्तु यह उसका गौरव भी है कि उनकी पूर्ति के लिए किये गये अपने प्रयासों के क्रम में, भले ही सीमित मात्रा में ही क्यों न सही, वह जीवन को भी बदलता है। मानव भाग्य के बारे में मार्क्सवादी सूत्र क-शून्य नहीं, वरन् इसके विपरीत 'परिणाम में प्रत्येक का योग देना तथा उसी मात्रा में उसमें निहित रहना है।'[295] यहीं राल्फ फाक्स इतिहास के अन्तर्गत मानव के अपने दुहरे इतिहास का उल्लेख करते हैं जो एक और प्रतिनिधि (Type) होने के नाते अपना सामाजिक इतिहास रखता है, दूसरी ओर व्यक्ति (Individual) होने के नाते अपना व्यक्तिगत इतिहास भी। ये दोनों भी भले ही उनमें प्रत्यक्षतः एक द्वन्द्व दिखायी पड़े, अन्ततः एक इकाई ही हैं, कारण अन्ततः सामाजिक इतिहास उसके व्यक्तिगत इतिहास को प्रभावित करता है। परन्तु इससे यह आशय नहीं लेना चाहिए कि कला के अन्तर्गत सामाजिक प्रतिनिधि मनुष्य को व्यक्तिगत चरित्र पर अनिवार्यतः हावी ही होना चाहिए।[296]

राल्फ फाक्स के अनुसार 'उपन्यासकार व्यक्ति के भाग्य से सम्बन्धित अपनी कहानी तब तक नहीं लिख सकता जब तक कि वह एक समग्र और सुस्थिर दृष्टिकोण से युक्त न हो। उसे इस तथ्य की अनिवार्यतः जानकारी होनी चाहिए कि किस प्रकार उसके अपने चरित्रों के व्यक्तिगत द्वन्द्व से, उसका अन्तिम निष्कर्ष सामने आता है, साथ ही उसे यह भी समझना चाहिए कि आखिर जीवन की वे परिस्थितियाँ कौन सी हैं, जिनके कारण प्रत्येक व्यक्ति वैसा ही बना है, जैसा कि वह है। 'निष्कर्षतः जो कुछ सामने आता है वह ऐसा ही है जिसकी इच्छा किसी से नहीं की थी।' इस वाक्य में कितने सही ढंग से प्रत्येक महान् कलाकृति का सारतत्त्व निहित है, तथा यह वाक्य जिन्दगी के अपने क्रम को भी कितने सही ढंग से व्यक्त करता है, कारण कि उस घटना के पीछे जिसकी किसी से इच्छा नहीं की थी, एक क्रम अवश्य ही विद्यमान है। मार्क्सवाद रचनाकार के हाथ में उस समय यथार्थ की कुंजी पकड़ा देता है जबकि वह उसे यह दिखाता है कि उस क्रम को कैसे परखा जाय तथा उस क्रम में प्रत्येक मनुष्य की अपनी स्थिति कहाँ है। यही नहीं, मार्क्सवाद, इसके साथ-साथ अत्यन्त सजग रूप में मनुष्य को उसकी पूरी मूल्यवत्ता प्रदान करता है, और इस कारण संसार के शेष सारे विश्व-दर्शनों से कहीं अधिक मानवतावादी दर्शन है।'[297]

'सत्य और वास्तविकता' की चर्चा करते हुए राल्फ फाक्स ने साहित्य का

क्रान्तिकारी कार्य, अपनी महान् परम्परा को पुनःस्थापित करना, संकीर्ण विशेषज्ञता तथा मनोवाद की बेड़ियों को तोड़ फेंकना तथा रचनात्मक कलाकार के समक्ष सत्य और वास्तविकता का ज्ञान प्राप्त करने के, उसके एक मात्र महत्त्वपूर्ण कार्य का उद्‌घाटन करना, माना है।[298] कला उनके विचार से वह साधन है जिसके माध्यम से मनुष्य यथार्थ से जूझता और उसे आत्मसात् करता है। अपनी भीतरी चेतना की निहाई पर लेखक वास्तविकता की दहकती हुई धातु को रखता तथा विचारों के हथौड़े से उसे निर्ममतापूर्वक पीटकर अपने उद्देश्य के अनुरूप एक नयी शक्ल में ढालता है। सृजन की समूची प्रक्रिया, कलाकार की सम्पूर्ण पीड़ा, यथार्थ के साथ उसके इस हिंस्र संघर्ष में देखी जा सकती है, ताकि इसके परिणामस्वरूप वह संसार की एक सत्य तसवीर गढ़ सके।[299] प्रत्येक महान् कलाकार इस हिंसक युद्ध में शामिल हुए हैं, उनके अपने राजनीतिक विचार कुछ भी रहे हों। उनके लिए जीवन सदैव एक ऐसे युद्ध क्षेत्र के रूप में रहा है जहाँ निरन्तर स्वर्ग और नर्क के बीच, सिंहासनारूढ़ तथा सिंहासनच्युत देवताओं के बीच, मनुष्य की आत्मा के लिए संघर्ष चलता रहता है।[300]

क्या मार्क्सवाद लेखक को इस युद्ध के लिए सज्जित कर सकता है, इस प्रश्न पर विचार करने के सिलसिले में राल्फ फाक्स ने साहित्य के वस्तु-तत्त्व और रूपतत्त्व के पारस्परिक सम्बन्ध पर प्रकाश डाला है। उनके अनुसार मार्क्सवाद वस्तु-तत्त्व और रूपतत्त्व को एक दूसरे से अलग-थलग पड़ी निष्क्रिय इकाइयाँ नहीं मानता। उसके अनुसार रूप-तत्त्व वस्तु-तत्त्व से निःसृत, उसने अभिन्न और एक रूप है, और यद्यपि प्रमुखता वस्तु-तत्त्व की ही है, तदापि रूपतत्त्व वस्तु-तत्त्व पर अपना प्रभाव छोड़ता है, और कभी निष्क्रिय नहीं रहता। मार्क्सवाद आधुनिक लेखक के लिए कोई दिखाऊ पोशाक नहीं है, वह उसका जीवन दर्शन, वास्तविकता को परखने की उसकी अपनी कसौटी है। वह उसे इस योग्य बनाता है कि वह उस 'गहनतम ज्ञान' की जो अपनी अभिव्यक्ति चाहता है, अपने वश में कर सके और नये रूप में प्रस्तुत कर सके। मार्क्सवाद को ही अनिवार्यतः लेखक के दुनिया को देखने और समझने का तरीका बनना चाहिए।[301] यथार्थ को जानने और समझने के लिए सत्य के अनुरूप ज्ञान के एक सिद्धान्त का होना आवश्यक है, और सत्य कोई ऐसी अमूर्त तथा गतिहीन इकाई नहीं है जिसे चिन्तन की किसी हवाई या स्थूल तार्किक प्रक्रिया द्वारा खोजा जा सके, या महज अन्तःप्रेरणा के आधार पर जाना जा सके, जैसा कि एक स्कूल विशेष का दावा है। इसके विपरीत सत्य को क्रियाशीलता के द्वारा ही प्राप्त किया जा सकता है, कारण सत्य और कुछ नहीं, किसी वस्तु के बारे में मानव की गहरी खोजबीन की ही अभिव्यक्ति है, और यह खोजबीन मूलतः एक मानवीय क्रिया, विशेष रूप से एक सामाजिक और उत्पादक क्रिया ही है।[302] राल्फ फाक्स के अनुसार जो कला ऐसे दर्शन को अपनाती है, वही सच्चे अर्थों में समस्त प्रकार के रूपों और मतों को जानने और समझने में समर्थ हो सकती है। यही वास्तव में एक मानवीय

कला है, और इसी कारण मार्क्सवादी लेखक यह दावा करते हैं कि एक समाजवादी कला अथवा एक नये प्रकार के यथार्थवाद में ही वस्तुगत सत्य को उसकी समग्रता में देख सकने की क्षमता है। इस क्षमता के सहारे ही रचनात्मक कलाकार वास्तविकता के साथ होने वाले अपने जुझारू युद्ध में विजय प्राप्त कर सकता है।[303]

मार्क्सवादी साहित्य दृष्टि के इस विश्लेषण के उपरान्त राल्फ फाक्स ने उपन्यास-विधा और उपन्यास कृतियों के विवेचन के क्षेत्र में प्रवेश किया है, और कुछ अत्यन्त महत्त्वपूर्ण सैद्धान्तिक एवं व्यावहारिक निष्कर्ष दिये हैं।

उपन्यास को राल्फ फाक्स ने बुर्जुआ साहित्य की सबसे प्रतिनिधि सृष्टि ही नहीं, महानतम् सृष्टि भी कहा है।[304] इस उपन्यास का विषय व्यक्ति है, और उपन्यास समाज तथा प्रकृति के विरुद्ध इस व्यक्ति के संघर्ष का महाकाव्य है।[305] राल्फ फाक्स के अनुसार उपन्यास विधा की सृष्टि एक ऐसे समाज में ही सम्भव थी जिसमें व्यक्ति और समाज के बीच का सन्तुलन नष्ट हो और जिसमें मनुष्य का अपने सहजीवी साथियों तथा प्रकृति से युद्ध ठना हो। पूँजीवादी समाज ऐसा ही समाज है।[306] उपन्यास इस पूँजीवादी समाज की अत्यन्त महत्त्वपूर्ण देन है।[307] पूँजीवादी समाज की अर्थनीति को शोषण तथा मुनाफे पर आधारित अर्थनीति घोषित करते हुए राल्फ फाक्स ने भी पूँजीवाद व्यवस्था को अमानवीय कहा है। मनुष्य द्वारा मनुष्य के शोषण पर आधारित पूँजीवादी व्यवस्था में कलाकार की स्थिति कितनी दयनीय तथा पीड़क होती है, और इसके परिणामस्वरूप उसे कितनी दुखान्त स्थितियों के बीच से गुजरना पड़ता है, अनेक महत्त्वपूर्ण उपन्यास लेखकों और उनकी कृतियों का आधार लेते हुए राल्फ फाक्स ने इसका बहुत ही विशद्, मार्मिक तथा तीखा विवेचन किया है। अपने परिवेश के प्रति इस ईमानदार लेखक की वितृष्णा ही उसे आत्मकेन्द्रित, कलावादी तथा रूपवादी बना देती है,[308] इस तथ्य को भी राल्फ फाक्स ने बड़े सही सन्दर्भों में स्पष्ट किया है। राल्फ फाक्स ने यह भी प्रदर्शित किया है कि बावजूद अनाकांक्षित परिवेश के पूँजीवादी युग में ऐसे महान् उपन्यासकार भी हुए जिन्होंने यथार्थ के प्रति अपनी गहरी निष्ठा को अन्त तक स्थिर रखा और ईमानदारी के साथ अपने अत्याचारी परिवेश की असलियत का पर्दाफाश किया।

अंग्रेज उपन्यासकार फील्डिंग के कतिपय मन्तव्यों[309] को किसी भी रचनाकार के लिए अपरिहार्य मानते हुए राल्फ फाक्स ने उन्हीं के आधार पर एक नये यथार्थवाद के जन्म की भविष्यवाणी की है। इसलिए यथार्थवाद के तत्त्व होंगे – वस्तुओं के सार-तत्त्व की खोज, उसके तात्त्विक भेदों को देख पाने की क्षमता, तथा सभी स्तर के लोगों से आत्मीयता स्थापित कर पाने की क्षमता।[310] राल्फ फाक्स के अनुसार– 'आज तात्त्विक भेदों के भीतर प्रवेश करने का अर्थ है उन अन्तर्विरोधों को खोलकर रखना जो मानव कृत्यों को उत्प्रेरित करते हैं। इनमें मानव के चरित्र में निहित आन्तरिक अन्तर्विरोध भी शामिल हैं और वे बाह्य असंगतियाँ भी, जिनके साथ वे

अविच्छिन्न रूप से जुड़े हैं। आज हम सभी स्तरों के लोगों से तब तक अपनत्व नहीं स्थापित कर सकते जब तक हम यह न समझें कि फीलिंडिग के समय से लोगों के पारस्परिक सम्बन्ध किस प्रकार बदल चुके हैं।[311]

मानव-मन के सम्बन्ध में मनोविज्ञान ने जो जानकारी प्रत्यक्ष की है, उसे महत्त्व देते हुए तथा रचनाकारों के लिए मूल्यवान समझते हुए भी राल्फ फाक्स उसे मानव-चिन्तन की तमाम प्रक्रियाओं तथा मानव मन के तमाम परिवर्तनों को जानने की कुंजी नहीं मानते। उनके अनुसार मनोविज्ञान की एक बहुत बड़ी सीमा एक सामाजिक प्राणी के रूप में उसे न देखना है। मनोविज्ञान इस तथ्य को भी समझ पाने में असमर्थ रहा है कि व्यक्ति सामाजिक समग्रता का एक अंश मात्र है।[312] आज मनुष्य न केवल युद्ध, फासिज्म, बेकारी आदि-आदि बाह्य विभीषिकाओं से ही लड़ रहा है, उसे अपने मस्तिष्क के भीतर इन विभीषिकाओं के प्रतिबिम्ब से भी लड़ना है। उसे सभ्यता को बचाने के लिए, दुनिया को बचाने के लिए, दुनिया को बदलने के लिए, साथ ही मानव-आत्मा में व्याप्त पूँजीवादी अराजकता को खत्म करने के लिए भी लड़ना है। राल्फ फाक्स के अनुसार—'इस दुहरे संघर्ष में ही, जिसमें प्रत्येक पक्ष बारी-बारी से दूसरे पक्ष को प्रभावित करता तथा उससे प्रभावित होता है अन्तर्मुखी तथा बहिर्मुखी यथार्थवाद के बीच पुराने तथा कृत्रिम भेद की समाप्ति होगी।'[313] इस प्रकार जो नया यथार्थवाद सामने आयेगा, उसमें उक्त दोनों प्रकार के यथार्थ के बीच विरोध के स्थान पर समुचित सम्बन्ध कायम होगा।[314]

लेखकों को इस नये यथार्थवाद का महत्त्व समझाते हुए राल्फ फाक्स कहते हैं कि इसके अन्तर्गत 'सर्वोच्च महत्त्व की वस्तु सामाजिक पृष्ठभूमि नहीं, वरन् इस सामाजिक पृष्ठभूमि के अन्तर्गत अपने सम्पूर्ण विकास के साथ विद्यमान मनुष्य है। महाकाव्यों का मनुष्य वह मनुष्य होता है जिसमें उसके तथा उसकी व्यावहारिक गतिविधियों के बीच कोई विभाजन नहीं होता। वह जीता है और जीवन को बदलता है। यह आत्म सृष्टि करता है।[315] राल्फ फाक्स ने इस यथार्थ-चित्रण को स्पष्ट करते हुए मार्क्स और एंगेल्स की यथार्थ-चित्रण-सम्बन्धी उन धारणाओं का भी उल्लेख किया है, जिन्हें हम मार्क्स और एंगेल्स के साहित्य-चिन्तन को स्पष्ट करने के क्रम में उद्धृत कर चुके हैं। इन धारणाओं को पूर्णतः उचित ठहराते हुए राल्फ फाक्स ने भी कृति के अन्तर्गत कोरे राजनीतिक प्रचार, सतही उद्देश्यपरकता, सपाट बयानी आदि का विरोध किया है।[316] यह स्पष्ट करते हुए कि कृति के अन्तर्गत कभी लेखक को अपने विचार थोपने न चाहिए, वरन् दृष्टिकोण को स्वतः परिस्थितियों और पात्रों के माध्यम से स्वाभाविक रूप में उभरना चाहिए, उन्होंने इसे ही सच्ची उद्देश्यपरकता कहा है, जो सभी महान् कलाकृतियों को सारगर्भ बनाती है।[317] उनका कहना है कि 'लेखक का काम उपदेश देना नहीं वरन् जीवन का वास्तविक, ऐतिहासिक चित्र प्रस्तुत करना है। पुरुषों और स्त्रियों की जगह कठपुतलियों को

खड़ा करना, हाड़ और मांस की जगह लगे-बँधे विचारों से काम लेना, सन्देहों, पुराने नाते-रिश्तों, रीति-रिवाजों और लगावों से ग्रस्त वास्तविक लोगों की जगह नायकों तथा खलनायकों की बारात सजाना, अत्यन्त सुलभ है, परन्तु ऐसा करना उपन्यास लिखना नहीं है। सम्भाषण बेकार हैं, यदि हम जीवन की उन तमाम प्रक्रियाओं को नहीं समझते जो कि सम्भाषणों के पीछे छिपी हैं। निश्चय ही पात्रों के अपने राजनीतिक विचार हो सकते हैं, और होने चाहिए भी, किन्तु शर्त यह है कि वे पात्रों के अपने ही विचार हों, लेखक के विचार नहीं। कभी-कभी यह भी हो सकता है कि किसी पात्र के विचारों में और लेखक के विचारों में कोई अन्तर न हो, किन्तु ऐसी स्थिति में भी उन्हें पात्र की ही आवाज में प्रकट होना चाहिए। इससे यह परिणाम भी निकलता है कि उस पात्र की अपनी निजी आवाज, उसका अपना व्यक्तिगत इतिहास होना चाहिए।[318] राल्फ फाक्स ने पार्टी-लेखक को क्रान्तिकारी लेखक की संज्ञा दी है, परन्तु यहाँ भी उन्होंने पार्टी-नारों को अंकित करने की बजाय अपने दृष्टिकोण के अनुरूप दुनिया का वास्तविक चित्र प्रस्तुत करने पर ही जोर दिया जाता है। इसके लिए उन्होंने लेखक को द्वन्द्ववादी दृष्टिकोण से युक्त एक सच्चे मार्क्सवादी के रूप में ही कार्य करने की सलाह दी है, अन्यथा उक्त चित्र प्रस्तुत करने में वह असमर्थ ही रहेगा।[319] अतीत में जो कुछ समर्थ और जीवन्त है, उसे ग्रहण करना तथा वर्तमान में जो कुछ उपयोगी है, भविष्य के निर्माण के लिए उसका उपयोग करना भी, क्रान्तिकारी लेखक का दायित्व है।[320] जिसे स्पष्ट करना राल्फ फाक्स नहीं भूले हैं।

राल्फ फाक्स के अनुसार 'महान् उपन्यासों में रचनाकार चरित्रों तथा पाठकों के बीच एक जीवित एकता होती है। जहाँ इस एकता का अभाव है, जहाँ लेखक जनता से दूर है, उसकी उपेक्षा करता है, उसकी आत्मा उससे अपरिचित रहती है, वहीं एक प्रकार की रक्तहीनता की सर्वाधिक गुंजाइश रहती है। ऐसा लगता है कि जैसे कल्पना के रसायन में ऐसे किसी महत्त्वपूर्ण तत्त्व का अभाव है जिसने लेखक को विचारों की भूमिका पर दरिद्र अथवा उसकी शक्ति को पंगु बना दिया है।'[321] इसी सन्दर्भ में राल्फ फाक्स ने लेखकों से अपेक्षा की है कि वे इतिहास की गति को पहचानें, तथा उन अदृश्य प्रक्रियाओं के प्रति भी गहरी संवेदनशीलता रखें, जो मनुष्यों का जीवन ढालती हैं। अपनी जनता को जानना, उससे अत्यधिक घनिष्ठ होना उनके लिए अनिवार्य है, कारण यदि वे ऐसा करने में असमर्थ होंगे तो जीवन का विकृत चित्र ही प्रस्तुत कर सकेंगे और इतिहास उन्हें भी उसी प्रकार कूड़े में फेंक देगा जिस प्रकार उसने असफल निरंकुश शासकों को सदा ही फेंका है।[322] यहाँ जिस सृजनात्मक सहयोग की चर्चा राल्फ फाक्स ने की है, उसे कारगर बनाने के लिए उन्होंने मात्र सहानुभूति को ही पर्याप्त नहीं माना है, इतिहास के ज्ञान को भी आवश्यक बताया है, ताकि लेखक अपने राष्ट्र की विरासत को समझकर उसका सही ढंग से उपयोग कर सके।[323] उसे अपने समय के सक्रिय जीवन के प्रति भी

जागरूक रहना चाहिए। अपने समय के क्रान्तिकारी संघर्षों से तटस्थ रहना उसके लिए घातक होगा।[324] राल्फ फाक्स का कहना है कि जीवन के विषय में चिन्तन करना लेखक के लिए अनिवार्य है, कारण जब तक वह जीवन के विषय में सोचेगा नहीं, वह जीवन की रचना भी नहीं कर सकता। वह अमहत्त्वपूर्ण व्यक्तियों का एक छोटा-सा चित्र भले ही बना ले, अथवा किसी निर्दोष भाव की चीर-फाड़ कर ले, विचार अथवा चिन्तन के अभाव में वह जीवन की रचना नहीं कर सकता।[325] चिन्तन तथा विचार के साथ-साथ राल्फ फाक्स ने लेखक के लिए क्रान्तिकारी कल्पना, रंग, फैंटेसी तथा व्यंग्यात्मक दृष्टिकोण की आवश्यकता भी प्रतिपादित की है। इसके लिए उन्होंने सर्वेण्टीज़ तथा शेक्सपियर जैसे महान् लेखकों को आदर्श माना है।[326] विश्व की विघटनकारी शक्तियों के बीच, प्रगति तथा एकता की शक्तियों को पहचानना तथा उन्हें महत्त्व देना, आज के युग के लेखकों के लिए अनिवार्य है,[327] तभी वे अपने शक्तिशाली सृजन द्वारा अपने लेखकीय दायित्व को प्रमाणित कर सकते हैं।

राल्फ फाक्स का साहित्य-चिन्तन न केवल अपनी स्पष्टता, वरन् अपनी प्रखरता तथा गहराई में भी, मार्क्सवादी साहित्य-चिन्तन की एक महत्त्वपूर्ण कड़ी है।

हावर्ड फास्ट (10)

हावर्ड फास्ट ने अपने साहित्य-चिन्तन में साहित्यिक कृतियों में प्रतिबिम्बित और चित्रित किये जाने वाले यथार्थ के अध्ययन और विश्लेषण को केन्द्रीयता प्रदान की है। यथार्थता उनके विचार से सत्य की, ऐतिहासिक दृष्टि से एक सापेक्ष समझ है। सत्य लेखन (Truthful writing) को कला-समीक्षा का सर्वोच्च प्रतिमान मानते हुए उन्होंने उसे सदैव यथार्थ के प्रति रचनाकार के सम्बन्धों पर निर्भर स्वीकार किया है।[328] यथार्थ के प्रति निष्ठा रचनाकार को अशान्त कर देती है, उसे सामाजिक शक्तियों के स्वरूप की गहरी छानबीन के लिए उत्प्रेरित करती है, उसके अन्तर्गत शनैः-शनैः एक ऐसे असन्तोष को जन्म देती है जो किसी भी समय एक ज्वाला के रूप में भड़क सकता है। यथार्थ के प्रति निष्ठा, और उसे पहचानने तथा पकड़ पाने की ललक रचनाकार को पक्षधर भी बनाती है, उसे इस ओर या उस ओर, विवश होकर जुड़ना पड़ता है।[329] समग्रतः यथार्थ के प्रति जिज्ञासु रचनाकार के पथ को हावर्ड फास्ट ने एक खतरनाक पथ बताया है।[330] परन्तु यदि रचनाकार कला के प्रति सही निष्ठा रखता है, तो उसे यह पथ अपनाना ही पड़ता है, कारण जीवन से असम्पृक्ति कला को भ्रष्ट कर देती है।[331] कला तथा साहित्य की सम्पन्नता अथवा समृद्धि एकमेव इस बात पर निर्भर करती है कि रचनाकार या कलाकार सच्चाई को किस सीमा तक पहचान सका है अथवा विवेक पूर्वक अपना सका है।[332] यह पहचान हावर्ड फास्ट के मत से आसान नहीं है। सभ्यता के आदि काल से ही इसका आधार वैज्ञानिक रहा है। इस वैज्ञानिक प्रक्रिया के सन्दर्भ में ही वह जानी-पहचानी जाती रही है।[333]

कलाकृति के अन्तर्गत इस सच्चाई का नियोजन रचनाकार एक संश्लिष्ट रचना-प्रक्रिया द्वारा करता है, जो परिगणना नहीं, चयन पर निर्भर करती है।[334] इस रचना-प्रक्रिया के माध्यम से ही हमें यथार्थवाद का वास्तविक रूप प्राप्त होता है, इसके अभाव में तो प्रकृतिवाद (Naturalism) ही दिखायी पड़ेगा। प्रकृतिवाद और यथार्थवाद को एक मानने वालों अथवा प्रकृतिवाद को यथार्थवाद का ही एक अंश स्वीकार करने वालों के भ्रम को दूर करते हुए हावर्ड फास्ट अत्यन्त स्पष्ट शब्दों में प्रकृतिवाद को यथार्थ नहीं यथार्थ से पलायन (Retreat from Realism) मानते हैं।[335] कारण उसमें यथार्थवाद की भाँति, उस साहित्यिक संश्लेष (Literary Synthesis) का अभाव है, जो चयन तथा रचना (Creation) के क्रम में पाठक की यथार्थ के प्रति समझ को साफ करता है, उसे उत्कर्ष प्रदान करता है।[336]

हावर्ड फास्ट के अनुसार रचनाकार महान् कला की रचना यथार्थ को उभारने की प्रक्रिया द्वारा ही कर सकता है। इसके हेतु उसे अनेकानेक अनावश्यक प्रकरणों के बीच से आवश्यक नाटकीय सत्य को छानकर निकालना पड़ेगा। यह सत्य सदा ही गत्यात्मक तथा परिवर्तनशील होगा। रचनाकार ऐतिहासिक दृष्टि के विनियोग के द्वारा ही इस सत्य को उसके अतीत तथा भविष्य की सम्पूर्ण व्याप्ति के साथ प्राप्त कर सकता है।[337] यह सत्य डाल पर लगा-लगाया कोई सेब का फल नहीं है जो कोई जब भी चाहे उसे इच्छानुसार तोड़ ले। सत्य या तो इस ओर रहता है या उस ओर, और इसके पहले कि रचनाकार सत्य की प्रकृति की जाँच के लिए प्रस्तुत हो, उसे इस ओर या उस ओर, अपनी पक्षधरता सूचित ही करनी होगी। सत्य कभी तटस्थ नहीं होता, वह सदैव पक्षधर होता है।[338]

हावर्ड फास्ट के अनुसार सच्ची यथार्थ चेतना अपने अन्तर्गत अतीत तथा भविष्य दोनों का ही स्पन्दन लिये रहती है। निरन्तरता की एक डोर उसे अतीत तथा भविष्य से बाँधे रहती है। परन्तु इस निरन्तरता के बावजूद वर्तमान का यथार्थ अपना स्वतन्त्र अस्तित्व भी रखता है। उसका मूल्यांकन वर्तमान के प्रतिमानों द्वारा ही होना चाहिए। वर्तमान के प्रति निष्ठावान् रहकर भी लेखक की यथार्थ चेतना अपने को अतीत तथा भविष्य की निरन्तरता से किस प्रकार सम्पृक्त रख सकती है, इसके लिए हावर्ड फास्ट ने द्वन्द्वात्मक दृष्टिकोण से किये जाने वाले आलोचनात्मक विश्लेषण की आवश्यकता प्रतिपादित की है। यह आलोचनात्मक विश्लेषण स्वीकार तथा अस्वीकार, दोनों तत्त्वों से संयुक्त रहता है। कोई भी सांस्कृतिक विरासत इस भूमि पर ही अतीत के जीवन्त तत्त्वों को स्वीकार तथा मरणशील तत्त्वों को अस्वीकार किया करती है। इसी आधार पर वह अपने वर्तमान को समृद्ध कर भविष्य की प्रगति का पथ भी प्रशस्त करती है।[339]

हावर्ड फास्ट के अनुसार कला या साहित्य की चरितार्थता उसकी सम्प्रेषणीयता में ही है। कलाकृति को लेखक तथा पाठक के बीच सम्पर्क का माध्यम बनना ही

चाहिए।[340] स्वान्तः सुखाय निर्मित की जाने वाली कला को वे कला मानते ही नहीं।[341] यथार्थ की जीवन्त छवियों से युक्त कला ही इस प्रकार के सम्पर्क का साधन बन सकती है। लेखक के लिए आवश्यक है कि वह कलाकृति के अन्तर्गत यथार्थ का चित्रण यान्त्रिक विधि से न करके, उसी जीवन्त सृजन-प्रक्रिया के आधार पर करे जो जीवन के विशाल कैनबेस से प्रभावशाली छवियों का आकलन कर कला कृति को सार्थक बनाती है। प्रकृति का यथातथ्य चित्रण यथार्थवादी कला नहीं, आवश्यक तथा महत्त्वपूर्ण का विवेकपूर्वक चयन ही यथार्थवादी कला तथा यथार्थवादी रचना-प्रक्रिया का प्राण है।[342]

यथार्थवादी कला के अन्तर्गत वस्तु तत्त्व तथा रूप तत्त्व की सापेक्षिक स्थिति की चर्चा करते हुए हावर्ड फास्ट ने वस्तु तत्त्व की प्रमुखता का प्रतिपादन किया है। उनका विचार है कि वस्तु तत्त्व के खोखलेपन को कला तथा शिल्प के सजाव द्वारा ढँकने का परिणाम अन्ततः कला के रूप की क्षति में ही स्पष्ट होता है। शिल्पगत क्षमता कभी भी श्रेष्ठ कला का निर्माण नहीं कर सकती। वस्तु तत्त्व की प्रमुखता के अर्थ यह नहीं हैं कि रूप तत्त्व सत्ता को अस्वीकार कर दिया जाय। रूप तत्त्व का निषेध करना, कला का ही निषेध करना है।[343] उनका विरोध रूप तत्त्व को, कला तथा शिल्प की सजावट को, वस्तु तत्त्व का स्थानापन्न मानने वाली विचारधारा से है, कारण यह कोरा रूपवाद है।[344] उनकी स्थापना है कि वस्तु तत्त्व से पृथक् रूप तत्त्व का अस्तित्व उसी प्रकार असम्भव है, जिस प्रकार भीतरी मनुष्य के अभाव में उसका बाह्य चर्म न तो जीवित ही रह सकता है और न साँस ही ले सकता है।[345] रूपवाद को उन्होंने अफीम कहा है जो मनुष्य की संघर्षशील चेतना को क्षति पहुँचा कर सत्य को पहचानने की उसकी क्षमता को ही नष्ट कर देता है।[346]

हावर्ड फास्ट ने यथार्थवादी कला की सार्थकता उसके उच्च नैतिक आधार में भी देखी है। नैतिकता को उन्होंने नमक के तुल्य माना है जो कलाकृति को हमारे लिए अधिक आस्वाद्य बना देती है।[347] नैतिकता का तत्त्व कलाकृति के अन्तर्गत इतनी गहराई में मिला रहता है कि प्रायः लोग उसे पहचान नहीं पाते, जबकि उसका पहचानना उनके लिए आवश्यक है। हावर्ड फास्ट का कहना तो यहाँ तक है कि नैतिक निर्णयों के अभाव में साहित्य जैसी किसी वस्तु की सत्ता ही नहीं हो सकती।[348] यथार्थ के व्यापक परिदृश्य से चुने गये अंशों को रचनाकार नैतिक तत्त्वों के द्वारा ही परस्पर मजबूती से जोड़ता है, यही कारण है कि कलाकृति की श्रेष्ठता बहुत बड़े अंश तक इस बात पर निर्भर करती है कि रचनाकार की नैतिकता की प्रकृति कैसी और क्या है? नैतिक प्रतिमान वस्तुगत यथार्थ का ही प्रतिबिम्ब है, वह वस्तुगत यथार्थ का मनुष्यों के गतिशील सामाजिक सम्बन्धी के रूप में किया गया अनुवाद है।[349] हावर्ड फास्ट ने साहित्य तथा नैतिकता के सम्बन्धों पर अत्यन्त विशद् रूप से विचार किया है। नैतिकता सम्बन्धी उनकी धारणा दकियानूसी धारणा नहीं है,

वरन् सच्ची नैतिकता की प्रतिष्ठा उन्होंने रचनाकार के सत्य के प्रति आग्रह, अन्याय तथा अनीति के विरोध, पीड़ित तथा दलितों के समर्थन एवं नयी मनुष्यता के प्रति उसकी आस्था में मानी है।[350]

समग्रतः हावर्ड फास्ट के साहित्य-चिन्तन का सारा जोर साहित्य और जीवन, साहित्य और यथार्थ तथा साहित्य और जन सामान्य के बीच घनिष्ठ सम्बन्धों के प्रतिपादन की ओर है। साहित्य को वे यथार्थ का एक अंग ही नहीं, उसे उससे अभिन्न तथा अभेद्य मानते हैं।[351] न तो जीवन से पृथक् साहित्य का कोई अस्तित्व है, और न जनता से पृथक् साहित्यकार का। साहित्यकार के समक्ष आत्मसमर्पण का मार्ग है, परन्तु आत्मसमर्पण करके वह एक जीवित रचनात्मक कलाकार के रूप में नहीं रह सकता।[352] यदि रचनाकार के रूप में अपना अस्तित्व रखना चाहता है तो उसे जीवन के यथार्थ का भागीदार बनना ही पड़ेगा।[353]

हावर्ड फास्ट के अनुसार रचनाकार को महान् बनने के लिए यह आवश्यक नहीं कि वह कम्युनिस्ट भी बने, परन्तु उसके लिए कम्युनिज्म की वास्तविकता का साक्षात्कार करना अवश्य ही आकांक्षित है। उसे मनुष्यता से प्रेम भी करना पड़ेगा जो बिना मनुष्य के द्वारा छेड़े गये संघर्षों की यथार्थता से सम्बन्ध जोड़े सम्भव नहीं। उसे मनुष्य की आशाओं, आकांक्षाओं, स्वप्नों तथा उनकी पूर्ति के हेतु चल रहे उसके स्वातन्त्र्य-अभियान में भी दिलचस्पी लेनी होगी। मनुष्य को उसके सम्पूर्ण गौरव में देखे बिना महान् रचनाकार नहीं बना जा सकता।[354] महान् गीत महान् गायकों की अपेक्षा रखते हैं, और आज का समग्र इसी महानता को उपलब्ध करने का समय है।[355]

जार्ज लूकाच (11)

मार्क्सवादी साहित्य-चिन्तन के अन्तर्गत लूकाच का महत्त्व यथार्थवाद के प्रामाणिक व्याख्याता के रूप में है। यद्यपि कट्टर मार्क्सवादी क्षेत्रों में लूकाच के साहित्य-चिन्तन पर कुछ प्रश्नचिह्न भी लगाए गये हैं, फिर भी, जैसा कि हम कह चुके हैं, एक मार्क्सवादी साहित्य-चिन्तन के रूप में लूकाच का महत्त्व असंदिग्ध है। उनके अनुसार मार्क्सवाद न केवल प्रत्येक तथ्य अथवा घटना के मूल आधारों की खोज करता है, उन्हें उनकी ऐतिहासिक सम्बद्धता तथा गतिशीलता में भी देखता है। इस गतिशीलता के नियमों का पता लगाकर वह उनके समूचे विकास क्रम को प्रदर्शित करता है, तथा अपने इस प्रयास में प्रत्येक तथ्य अथवा घटना के ऊपर जमी धुन्ध को साफ कर उसे इस रूप में प्रस्तुत करता है, कि उसे भलीभाँति समझा और जाना जा सके।[356]

लूकाच इस तथ्य को स्वीकार करते हैं कि आज हमारे चारों ओर एक वैसा ही अन्धकार पूर्ण वातावरण व्याप्त है, जैसा कि दो महायुद्धों के बीच के समय में था। ऐसी स्थिति में यदि आज कोई निराश ही होना चाहे तो उसे इसके लिए अपने चारों ओर यहाँ तक कि दैनन्दिन जीवन में भी पर्याप्त कारण मिल सकते हैं। जिन

कठिनाइयों के बीच से आज मनुष्यता गुजर रही है, अथवा जो भौतिक तथा नैतिक अँधियारा मनुष्यता को घेरे हुए है, उसकी गुरुता को नजरअन्दाज कर मार्क्सवाद मनुष्यता को किसी प्रकार की भी झूठी सान्त्वना देने का हिमायती नहीं है; अन्तर केवल इतना है (परन्तु इस 'केवल' में एक पूरा का पूरा संसार ही निहित है) कि मार्क्सवाद न केवल मनुष्यता के विकास की सारी प्रमुख रेखाओं की ही पूरी जानकारी रखता है, उसके नियमों की भी उसे पूरी तरह पहचान है। जो लोग भी मार्क्सवाद की इस भूमिका से भलीभाँति परिचित हैं, वे जानते हैं कि बावजूद इस क्षणिक अँधियारे के, वे कहाँ से आये हैं, और कहाँ जा रहे हैं। एक नये और परिवर्तित संसार की आकृति ही उनके नेत्रों में विद्यमान है। जहाँ पहले अपने चारों ओर उन्हें एक प्रकार की अस्तव्यस्तता, अन्धापन एवं गड्डमड्ड स्थिति ही दिखायी पड़ती थी, आज उनकी आँखें एक सार्थक और सोद्देश्य विकास देख रही हैं। निराशावादी दर्शन आज जहाँ संस्कृति के विनाश तथा संसार के विघटन पर आँसू बहा रहा है, वहाँ मार्क्सवाद उस सारे विघटन तथा विनाश के बीच से एक नयी दुनिया के उद्‌भव को देख रहा है।[357]

प्रश्न है कि दर्शन तथा समाजशास्त्र से सम्बन्ध रखने वाली इन बातों का उपन्यास के इतिहास तथा सिद्धान्त से क्या सम्बन्ध है? लूकाच के अनुसार इन बातों का साहित्यिक अध्ययन से न केवल सम्बन्ध है, ये बहुत दूर तक इस अध्ययन को प्रभावित और निर्धारित भी करती हैं।[358] यदि साहित्यिक इतिहास की भूमिका पर इन बातों को हम ग्रहण करें तो हमारे समक्ष यह प्रश्न उपस्थित होता है कि 19वीं शताब्दी के प्रतिनिधि क्लासिक लेखक के रूप में बाल्ज़क तथा फ्लावेयर में महानता का सेहरा किसके सिर पर बँधना चाहिए? उनका विचार है कि इस प्रश्न पर दिया जाने वाला निर्णय केवल किसी की पसन्दगी अथवा नापसन्दगी से सम्बन्ध नहीं रखता वरन् एक कला-रूप की हैसियत से उपन्यास के अपने सौन्दर्यशास्त्र की सारी केन्द्रीय समस्याओं से जुड़ा हुआ है।[359] प्रश्न है कि उपन्यास की महानता का सामाजिक आधार अन्तर्जगत् तथा बाह्य जगत् की एकता में निहित है अथवा उसे इन दोनों संसारों के पार्थक्य में समझा जा सकता है।[360] क्या आधुनिक उपन्यास का चरम उत्कर्ष जीद, प्रूस्त या ज्वायस आदि का कृतित्व सूचित करता है, अथवा उपन्यास इनके काफी पहले अपनी महानता के शिखर बाल्ज़क या तोल्सतोय की कृतियों में उपलब्ध कर चुका था? और आज विपरीत परिस्थितियों से संघर्ष करते हुए थामस मान जैसे छिटपुट महान् लेखक ही उस शिखर को छू सकते हैं, जो काफी पहले बाल्ज़क या तोल्सतोय द्वारा छू लिये गये थे।[361]

उक्त दो सान्दर्यशास्त्रीय धारणाओं की विपरीतता हमें साहित्य के समूचे विकास पर दृष्टि डालने को प्रेरित करती है। यही नहीं यह हमें संस्कृति के भी समूचे विकास-क्रम को देखने के लिए विवश करती है।[362] ऐसी स्थिति में इतिहास-दर्शन की भूमिका पर हमारे समक्ष जो प्रश्न उपस्थित होता है, वह यह है हमारी वर्तमान संस्कृति का पथ हमें ऊपर की ओर ले जाने वाला अथवा नीचे की ओर?[363] यह

सत्य है कि इस समय हमारी संस्कृति अँधियारे के बीच से गुजर रही है, परन्तु इतिहास-दर्शन के ऊपर ही यह दायित्व है कि वह इस बात का निर्णय ले कि जो अँधियारा इस समय छाया हुआ है, और जिसे सर्वप्रथम अपनी कृति 'एजूकेशन सेंटीमेंटल' (Education Sentimental) में फ्लावेयर ने अभिव्यक्ति दी थी। वही हमारी संस्कृति और हमारी अन्तिम नियति है अथवा भले हम तथा हमारी संस्कृति एक लम्बी अँधेरी सुरंग के बीच से गुजर रहे हों, अन्ततः हम उससे बाहर आयेंगे और प्रकाश के साथ हमारा साक्षात्कार एक बार फिर होगा।[364] बुर्जुआ सौन्दर्य शास्त्रियों तथा समीक्षकों का, फ्लावेयर भी जिनमें से एक था—विचार है कि इस अँधियारे से उबरने का कोई भी रास्ता शेष नहीं बचा, जब कि मार्क्सवादी इतिहास दर्शन मनुष्यता के विकास की व्याख्या के क्रम में, हमें यह निष्कर्ष देता है कि ऐसा हो ही नहीं सकता कि मनुष्यता की यह विकास-यात्रा निरुद्देश्यता या निरर्थकता में ही समाप्त हो जाय। वह एक निश्चित सार्थक गन्तव्य तक अवश्य पहुँचेगी।[365]

मार्क्सवादी जीवन-दृष्टि की एक अन्य महत्त्वपूर्ण विशेषता, लूकाच के अनुसार, मनुष्यता की उस सम्पूर्ण विरासत के प्रति उसकी गहरी सम्पृक्ति एवं उसका संरक्षण है जिसका तथाकथित आधुनिकतावादियों में सर्वथा अभाव है।[366] अतीत की इस विरासत का सौन्दर्यशास्त्र से भी उतना ही सम्भव है, जितना जीवन के अन्य क्षेत्रों से और मार्क्सवाद इन सारे आयामों पर उसे महत्त्व प्रदान करता है। परन्तु इसके अर्थ यह नहीं हैं कि मार्क्सवाद अतीत की पुनरावृत्ति चाहता है, यह तो मार्क्सवाद के इतिहास-दर्शन का एक आवश्यक निष्कर्ष है जो अतीत को सर्वथा गत न मानकर नये रूपों के अन्तर्गत उसकी उपस्थिति को आवश्यक तथा महत्त्वपूर्ण मानता है।[367]

सौन्दर्यशास्त्र की परिधि के अन्तर्गत उक्त क्लासिकीय विरासत का सम्बन्ध ऐसी कलाओं के प्रति सम्पृक्ति तथा संरक्षण से है, जो एक समग्र समाज में समग्र मनुष्य का चित्रण करती है।[368] मार्क्सवादी इतिहास दर्शन भी मनुष्य को उसकी सम्पूर्णता में ही अपने विश्लेषण का विषय बनाता है, तथा मनुष्य के उद्‌भव के इतिहास को भी उसकी सम्पूर्णता में ही देखता है। वह सम्पूर्ण मानवीय सम्बन्धों को नियन्त्रित करने वाले अन्तर्निहित नियमों को भी उद्‌घाटित करने के प्रति सचेष्ट रहता है। इस प्रकार लूकाच के अनुसार 'सर्वहारा मानववाद का प्रयोजन, वर्ग व्यवस्था के अन्तर्गत विघटित तथा विरूप होते हुए मानव व्यक्तित्व को, न केवल इस विघटन तथा विकृति से मुक्ति, वरन् अपनी सम्पूर्णता में उसकी पुनः सृष्टि है।'[369] अपने इतिहास-दर्शन के इसी परिप्रेक्ष्य में मार्क्सवादी सौन्दर्यशास्त्र प्राचीन क्लासिकों तक पहुँचने के लिए एक सेतु का निर्माण करता है तथा वर्तमान युग के साहित्यिक संघर्षों के बीच नये क्लासिकों की खोज भी करता है।[370] प्राचीन ग्रीकों से लेकर दांते, शेक्सपियर, गेटे, बाल्ज़क, तोल्सतोय, इन सबके कृतित्व में हमें मानवीय विकास के महत्त्वपूर्ण युगों की पर्याप्त झाँकी मिलती है, तथा इनका कृतित्व एक अविच्छिन्न

मानव-व्यक्तित्व की पुनःस्थापना के लिए चल रहे सैद्धान्तिक युद्ध के संकेत-स्तम्भ के रूप में भी हमारी मदद करता है।[371]

लूकाच का कथन है कि उक्त परिप्रेक्ष्य से विचार करने पर स्पष्ट होता है कि फ्रांसीसी उपन्यास-साहित्य के, जिसका अत्यन्त शानदार प्रारम्भ पिछली शताब्दी के शुरू में हुआ, सच्चे उत्तराधिकारी फ्लावेयर और विशेष रूप से जोला नहीं, वरन् उस शताब्दी के उत्तरार्द्ध में सामने आने वाले रूसी तथा स्कैण्डीनेवियन लेखक थे।[372] और यदि हम इतिहास दर्शन की भूमिका पर बाल्ज़क तथा उसके बाद के फ्रांसीसी उपन्यास साहित्य के बीच होने वाले संघर्ष को विशुद्ध सौन्दर्यशास्त्रीय भाषा में अनूदित करें तो स्पष्ट होता है कि यह संघर्ष वस्तुतः यथार्थवाद और प्रकृतिवाद के बीच का ही संघर्ष है।[373] इस स्थल पर प्रकृतिवादियों की छद्म वस्तुपरकता तथा मनोविश्लेषणवादी तथा अमूर्त्त रूपवादियों की मिथ्या व्यक्तिपरकता का खण्डन करते हुए लूकाच यथार्थवाद की सही आकृति इस प्रकार प्रस्तुत करते हैं—'यथार्थवाद मिथ्या वस्तुपरकता तथा मिथ्या व्यक्तिपरकता के बीच का कोई मार्ग नहीं है, वरन् इसके विपरीत वह हमारे समय की भूल-भुलैया में बिना किसी नक्शे के भटकने वाले लोगों के द्वारा गलत रूप से प्रस्तुत किये गये प्रश्नों के फलस्वरूप उत्पन्न समस्त प्रकार के झूठे असमंजसों के विरुद्ध एक सत्य तथा सही समाधानों तक पहुँचाने वाला तीसरा रास्ता है।'[374] यही नहीं 'यथार्थवाद इस तथ्य की स्वीकृति है कि कोई साहित्यिक कृति न तो किसी निष्प्राण औसत पर आश्रित हो सकती है, जैसा कि प्रकृतिवादियों का विचार है, और न ही एकदम शून्य में अपने आपको पूर्णतः घुला देने वाले किसी व्यक्तिगत सिद्धान्त पर।[375] यथार्थवादी साहित्य की केन्द्रीय कोटि तथा प्रतिमान वह 'प्रतिनिधि' (Type) है जिसकी चरितार्थता उस संश्लेष में देखी जा सकती है, जो चरित्रों तथा परिस्थितियों की सामान्य तथा विशेष, दोनों भूमिकाओं को एक आवयविक एकता में बाँध देता है।[376] जो बात प्रतिनिधि को सही अर्थों में प्रतिनिधि बनाती है, वह न तो उसका औसत गुण है और न उसकी व्यक्तिगत सत्ता, उसे कितनी ही गहराई में क्यों न देखा गया हो। जो बात उसे सही मानों में प्रतिनिधि बनाती है, वह यह है कि उसके अन्तर्गत मानवीय तथा सामाजिक दृष्टि से अनिवार्य सारे अवधारक तत्त्व अपने भीतर निहित सम्भावनाओं के अन्ततः पूरी तरह होने वाले उद्घाटन एवं अपनी अतिवादी भूमिकाओं की अतिवादी अभिव्यक्ति के कारण अपने विकास के उच्चतम स्तरों के साथ विद्यमान रहते हैं तथा इस क्रम में मनुष्यों तथा युगों की सीमाओं तथा शिखरों को एकदम मूर्त्त कर देते हैं।[377] इस प्रकार सच्चा और महान् यथार्थवाद मनुष्य या समाज के मात्र इन या उन पक्षों को दिखाने की बजाय उन्हें उनकी सम्पूर्णता में समग्र इकाइयों के रूप में चित्रित करता है।[378] इस कसौटी पर कसने के उपरान्त यह सिद्ध होता है कि विशुद्ध अन्तर्दर्शन अथवा विशुद्ध बहिर्दर्शन के आधार पर निर्धारित कलात्मक प्रवृत्तियाँ समान रूप से न केवल यथार्थ को दरिद्र बनाती हैं, उसे विकृत भी करती

हैं।[379] इस प्रकार यथार्थवाद, लूकाच के मत से एक प्रकार की त्रिआयामिकता है, एक ऐसी समग्रता (सब कुछ को समेटने वाली) है जो चरित्रों तथा मानवीय सम्बन्धों को स्वतन्त्र जीवन-शक्ति से संयुक्त करती है।[380] आधुनिक संसार के साथ विकसित भावात्मक तथा बौद्धिक ऊर्जा को यह किसी भी रूप में अस्वीकार नहीं करता, इसका एकमात्र विरोध मानव-व्यक्तित्व की सम्पूर्णता तथा क्षणिक मनोदशाओं की अतिवादी रुझानों से प्रेरित मनुष्यों तथा स्थितियों की वस्तुपरक प्रातिनिधिकता (Typicality) को खण्डित करने वाली प्रवृत्तियों से है।[381]

इस प्रकार यथार्थवाद की केन्द्रीय सौन्दर्यशास्त्रीय समस्या सम्पूर्ण मानवव्यक्तित्व का पर्याप्त मात्रा में समुचित प्रस्तुतीकरण है। [382] किन्तु जैसा कि प्रत्येक गम्भीर प्रकार की कला का सत्य है, यथार्थवाद के अन्तर्गत भी, सौन्दर्यशास्त्र की पगडण्डी पर चलते हुए हमें अन्ततः विशुद्ध सौन्दर्यशास्त्र के क्षेत्र के बाहर जाना ही पड़ता है, कारण कला, यदि हम उसे उसकी परिपूर्ण शुद्धता में ग्रहण करें, सामाजिक तथा नैतिक मानववादी समस्याओं के भीतर तक संसिक्त रहती है। [383] प्रतिनिधि चरित्रों की यथार्थपरक सृष्टि की हमारी माँग उन दोनों प्रवृत्तियों का विरोध करती है, जो या तो जोला तथा उसके अनुयायियों की भाँति मनुष्य का मात्र जैविक (Biological) अस्तित्व स्वीकार करती हैं एवं उसका चित्रण उसी लीक पर करती हैं, या फिर विशुद्ध मानसिक तथा मनोवैज्ञानिक प्रक्रियाओं के अन्तर्गत उसे उदात्तीकृत रूप में प्रस्तुत करती हैं। [384] लूकाच के अनुसार यह दृष्टिकोण, यदि उसे औपचारिक सौन्दर्यशास्त्रीय निर्णयों की परिधि में ही रखा जाय, असंदिग्ध रूप से कृत्रिम होगा। यही कारण है कि लूकाच स्पष्ट रूप से कहते हैं कि 'केवल सम्पूर्ण मानव-व्यक्तित्व की परिकल्पना को ही ऐसे सामाजिक तथा ऐतिहासिक कार्य के रूप में स्वीकार कर, जिसका कि समाधान मनुष्यता को प्राप्त करना है,...और केवल तभी, जबकि सौन्दर्यशास्त्र कला को उद्‌भावक तथा मार्गदर्शक की भूमिका अदा करने को कहे, जीवन की वस्तु (content) को कम या अधिक महत्त्व वाले दायरों में, व्यवस्थित रूप से विभाजित किया जा सकता है, ऐसे दायरों में, जो प्रतिनिधियों (Types) तथा मार्गों को आलोकित करते हैं, अथवा वे दायरे, जो अन्धकार में ही डूबे रहते हैं।'[385] और केवल तभी हमारे समक्ष यह स्पष्ट होगा कि मात्र जैविक प्रक्रियाओं का चित्रण-चाहे वह यौन क्रियाओं से सम्बन्धित हो, चाहे पीड़ा या यातना से, उसे कितने ही विस्तार से क्यों न किया गया हो, और साहित्यिक दृष्टि से वह कितना ही परिपूर्ण क्यों न हो, अन्ततः मनुष्य की सामाजिक, ऐतिहासिक तथा नैतिक सत्ता को अधःपतित ही करता है तथा मानवीय संघर्षों को उनकी जटिलता एवं समग्रता में चित्रित करने जैसी अनिवार्य कलात्मक अभिव्यक्ति का साधन न होकर उसके मार्ग की रुकावट बनता है। [386] यही कारण है कि प्रकृतिवाद द्वारा प्रस्तुत की गयी नयी वस्तु तथा अभिव्यक्ति के नये साधन साहित्य की श्री वृद्धि

करने के स्थान पर उसे दरिद्र और संकीर्ण बनाने में ही सहायक हुए हैं।[387] उपन्यार की मनोवैज्ञानिक धारा का उल्लेख करते हुए लूकाच ने उसे भी सम्पूर्ण मानव-व्यक्तित के चित्रण को क्षति पहुँचाने वाली कहा है, कारण यह मनोवैज्ञानिक धारा मनुष्य वे आन्तरिक जीवन को उसके सामाजिक तथा ऐतिहासिक सन्दर्भों से काट कर देखर्त है, अतः प्रकृतिवाद का विरोध करने के बावजूद उसी की भाँति अग्राह्य है।[388]

लूकाच के अनुसार प्रतिनिधि चरित्रों की दृष्टि के द्वारा ही सम्पूर्ण मानव-व्यक्तित का चित्रण सम्भव हो सकता है। वे व्यक्ति के रूप में मनुष्य और समाज के सदस के रूप में मनुष्य, जैसे कृत्रिम विभाजनों का विरोध करते हैं। उनके अनुसार मनुष के निजी जीवन और उसके सामाजिक जीवन को अलगाया नहीं जा सकता। मनुष का प्रत्येक विचार, उसके भाव, उसके कार्य, समुदाय अथवा समाज के भावों, विचा तथा कार्यों से अविच्छिन्न रूप से सम्बद्ध रहते हैं।[389] जिसे 'राजनीति' कहा जात है, (अधिक गहरे अर्थों में) वह और कुछ नहीं, समाज या समुदाय के भावों, विचा तथा कार्यों की समष्टि है।[390] इस आधार पर यह भी कहा जा सकता है कि चा मनुष्य इस तथ्य के प्रति सजग हों अथवा न हों, या फिर वे उससे बचने का ह प्रयास क्यों न करें, यह स्पष्ट है कि उनके भाव, विचार तथा कार्य न केवल राजनी से जन्म लेते हैं, उसी के अन्तर्गत गतिशील भी होते हैं। जितने भी महान् यथार्थवा रचनाकार हुए हैं, उन्होंने केवल इस स्थिति का चित्रण किया है, मनुष्यों से इसव माँग भी की है।[391]

लूकाच के अनुसार 'प्रत्येक महान् ऐतिहासिक युग संक्रान्ति का युग हो है। संक्रान्ति तथा पुनर्नवीकरण, विनाश तथा पुनःसृष्टि जैसे तत्त्वों की अन्तर्विरो एकता ऐसे युगों का प्रधान लक्षण होती है। एक अन्तर्विरोधी, किन्तु समन्वि प्रक्रिया के माध्यम से, ऐसे युगों में, एक नयी समाज व्यवस्था तथा नये मनुष्य व आविर्भाव हुआ ही करता है। ऐसे संक्रान्ति कालीन युगों में साहित्य की जिम्मेदा बहुत बढ़ जाती है। केवल महान् यथार्थवादी साहित्य ही, संक्रान्ति कालीन इ जिम्मेदारियों को निभा सकता है।'[392]

बाल्ज़क का उदाहरण लेते हुए लूकाच ने यथार्थवादी-साहित्य सृष्टि की ए अन्य महत्त्वपूर्ण समस्या की ओर भी संकेत किया है, और वह है लेखक और उस अपने विश्व-दृष्टिकोण (Weltahnchaung) के बीच रहने वाले सम्बन्ध व समस्या।[393] एंगेल्स ने बाल्ज़क पर लिखते हुए जिसे 'यथार्थवाद की विज (Trimph of Realism) कहा है, लूकाच के अनुसार वह सच्चे यथार्थवाद का सारत है, अर्थात् किसी महान् लेखक की सत्य के प्रति जिज्ञासा तथा निष्ठा, यथार्थ प्रति उसकी उद्दाम आसक्ति। नीतिशास्त्र की शब्दावली में इसे रचनाकार की ईमानद तथा सच्चाई कह सकते हैं, बाल्ज़क जिसका अद्वितीय उदाहरण है।[394] राजतन्त्र का हामी होते हुए भी, रचना के स्तर पर उसने जितनी ईमानदारी से राजतन्त्रव

फ्रांस की सामन्ती व्यवस्था के अधःपतन का उद्घाटन किया है, वह उसे यथार्थवाद के महान् पुरस्कर्ताओं की कोटि में प्रतिष्ठित कर देता है। लूकाच के अनुसार महान् यथार्थवादी लेखक का यही चारित्र्य है कि वह अपने निजी विश्व-चित्र (World-picture) के प्रति ही सर्वाधिक निर्मम होता है।[395] यह तो द्वितीय कोटि के रचनाकार तथा लेखक हैं जो प्रायः अपने विश्व-दृष्टिकोण तथा वस्तुगत यथार्थ के बीच 'संगति' बिठाने में सफल हो जाते हैं। बड़े तथा छोटे लेखकों के नैतिक दृष्टिकोण का यह अन्तर, प्रामाणिक तथा अप्रामाणिक रचनाशीलता के बीच जो अन्तर है, उससे अत्यन्त घनिष्ठ रूप में सम्बद्ध है।[396] महान् यथार्थवादियों द्वारा निर्मित चरित्र, एक बार रचनाकार की दृष्टि में परिकल्पित हो जाने के पश्चात् अपनी निजी और स्वतन्त्र जिन्दगी जीते हैं, उनका आना-जाना, उनका विकास, उनकी नियति, रचनाकार द्वारा नहीं, उनके अपने सामाजिक और व्यक्तिगत अस्तित्व की आन्तरिक द्वन्द्वात्मकता के द्वारा आदिष्ट (dictated) होती है।[397] यदि कोई लेखक अपने चरित्रों के उद्भव तथा विकास को अपनी इच्छा के अनुसार निर्देशित कर सकता है तो वह न केवल एक सच्चा यथार्थवादी लेखक नहीं है, वह सही माने में एक अच्छा लेखक भी नहीं कहा जा सकता।[398]

लूकाच के अनुसार उपर्युक्त विवेचन इस प्रश्न का उत्तर तो दे देता है—जिसका सम्बन्ध लेखक के अपने नैतिक दृष्टिकोण से है, कि यदि वह यथार्थ को इस या उस रूप में देखता है, तो वह क्या करे, परन्तु एक दूसरा, और अधिक महत्त्वपूर्ण प्रश्न भी है, जो अभी तक अनुत्तरित है, अर्थात् लेखक वस्तुतः क्या देखता है, और कैसे देखता है?[399] सच पूछा जाय तो यही वह स्थल है जहाँ कलात्मक सृजन के सामाजिक अवधारकों से सम्बन्ध रखने वाली महत्त्वपूर्ण समस्याएँ उठती हैं। कोई लेखक समाज के जीवन से कितनी दूर तक सम्बद्ध है, अपने चारों ओर के संघर्षों में कितनी दूर तक हिस्सा लेता है, अथवा अपने आसपास की घटनाओं का कितनी सीमा तक मात्र निष्क्रिय दर्शक है, इनकी मात्रा के अनुसार लेखकों की रचना-पद्धति में बुनियादी अन्तर उपस्थित होते रहते हैं। ये अन्तर ऐसी रचना-प्रक्रियाओं का निर्धारण करते हैं जो एक दूसरे के बिल्कुल विपरीत होती हैं। सच पूछा जाय तो यह सवाल कि रचनाकार समाज के भीतर सक्रिय जीवन जीता है अथवा महज़ उसका दर्शक है, मनोवैज्ञानिक अथवा प्ररूप-वैज्ञानिक (Typological) कारणों के द्वारा निर्धारित नहीं होता, उसका निर्धारण समाज के अपने उद्भव पर आधारित होता है जिसके अनुसार ही लेखक के अपने उद्भव और विकास की रेखाएँ निश्चित होती हैं।[400]

परन्तु जैसा कि स्पष्ट है, उक्त विवेचन भी प्रश्न का उत्तर समग्रता में नहीं देता। यदि हम प्रश्न को इस प्रकार रखें कि लेखक किस वस्तु से प्रेम करता है और किस वस्तु से घृणा, तभी हम उसके विश्व-दृष्टिकोण की गहराई में जाकर व्याख्या कर सकते हैं, और तभी हमें उस समस्या का समाधान भी, स्वतः लेखक

के अपने विश्व-दृष्टिकोण के भीतर ही प्राप्त हो सकता है, जो हमारे समक्ष बाल्ज़क के सन्दर्भ में, लेखक द्वारा देखे गये जीवन के ईमानदार चित्रण तथा उसके अपनी विश्व-दृष्टि के बीच पाये जाने वाले विरोध का रूप लेकर उठी थी। और तब हमें सहज ही स्पष्ट हो जायगा कि यह विरोध लेखक द्वारा देखे तथा ईमानदारी से चित्रित किये गये जीवन तथा लेखक के अपने विश्व-दृष्टिकोण के ही गहरे तथा सतही रूपों के बीच का विरोध है।[401]

तोल्सतोय तथा बाल्ज़क का उदाहरण लेकर लूकाच ने विस्तारपूर्वक अपनी उक्त स्थापना की व्याख्या की है, और इसी क्रम में महान् यथार्थवाद तथा लोकप्रिय मानववाद की आवयविक एकता का जिक्र भी किया है।[402]

लूकाच के अनुसार फासिज्म के विनाश ने उन सारे लोगों के समक्ष एक नये जीवन का द्वार उद्घाटित कर दिया है, जो कल तक परतन्त्र थे। यह नया जीवन जिन नये प्रश्नों को लेकर सामने आ रहा है, उन्हें हल करने की जिम्मेदारी साहित्य को ही उठानी है। यदि साहित्य इतिहास द्वारा सौंपे गये इस गुरुतर दायित्व की सही मानों में पूर्ति करना चाहता है तो उसे अपने बीच से ऐसे नये लेखक उत्पन्न करने होंगे जिनका दार्शनिक तथा राजनीतिक दृष्टिकोण युग के नये इतिहास और आवश्यकताओं की संगति में हो। परन्तु मात्र इतना ही पर्याप्त नहीं है। लोगों की रायों में ही परिवर्तन अनिवार्य नहीं है, उनके समूचे भावात्मक संसार को नये रूप में ढालना है और साहित्यकार ही इस कार्य को सर्वाधिक सक्षम रूप से सम्पादित कर सकते हैं।[403] आज ऐसे साहित्य की आवश्यकता है जो हमारे अपने समय के उलझावों से भरे जंगल में अपनी समूची प्रकाश-किरणों के साथ गहरे और गहरे प्रविष्ट हो सके। यथार्थवादी साहित्य ही इस कार्य को, बाल्ज़क जैसे महान् यथार्थवादियों के आलोक में, पूरी क्षमता के साथ सम्पन्न कर सकता है।[404]

लूकाच ने बाल्ज़क, तोल्सतोय तथा टामस मान जैसे आलोचनात्मक यथार्थवाद के महान् पुरस्कर्ताओं के साथ-साथ गोर्की और शोलोखोव जैसे समाजवादी यथार्थवाद के महान् रचनाकारों के कृतित्व का भी पूरे विस्तार के साथ विश्लेषण किया है। आलोचनात्मक यथार्थवाद की उपलब्धियों के प्रति लूकाच की निष्ठा अपरिसीम है और वस्तुतः इसी कारण उन्हें समाजवादी यथार्थवाद के कट्टर हिमायतियों की कटु आलोचना का पात्र भी बनना पड़ा है। परन्तु सच पूछा जाय तो लूकाच समाजवादी यथार्थवाद की उपलब्धियों के प्रति भी दूर तक निष्ठावान हैं। उनका मूल प्रतिपाद्य आलोचनात्मक यथार्थवाद और समाजवादी यथार्थवाद के बीच विभाजक रेखा खींचने के बजाय दोनों में घनिष्ठ सम्बन्ध-सूत्रों का प्रतिपादन है। 'आलोचनात्मक यथार्थवाद और समाजवादी यथार्थवाद' शीर्षक अपने निबन्ध में उन्होंने विस्तार के साथ अपने इस प्रतिपाद्य का स्पष्टीकरण किया है।

सर्वप्रथम उन्होंने परिपेक्ष्य (Perspective) के प्रश्न को उठाया है। समाजवादी यथार्थवाद का परिप्रेक्ष्य निश्चित रूप से समाजवाद के लिए संघर्ष है। अतः समाजवादी

यथार्थवाद आलोचनात्मक यथार्थवाद से महज इस कारण ही भिन्न नहीं है कि वह एक ठोस समाजवादी परिप्रेक्ष्य पर आधारित है, वरन् इस कारण भी भिन्न है कि वह समाजवाद की स्थापना के लिए संघर्षरत शक्तियों का चित्रण करने के लिए इस परिप्रेक्ष्य का इस्तेमाल एक भीतरी व्यक्ति के रूप में भीतर से (from the inside) करता है। उसके लिए समाजवादी समाज पूँजीवादी समाज से जुड़ा न रहकर अपने में एक स्वतन्त्र सत्ता रखता है, या आलोचनात्मक यथार्थवादियों की भाँति पूँजीवादी उलझनों से मुक्ति पाने का शरण-स्थल न होकर उसके अपने जीवन की सच्चाई है।[405] 'आलोचनात्मक यथार्थवादी लेखक समाजवाद का चित्रण यदि करता भी है तो एक बाहरी व्यक्ति के रूप में। समाजवाद का परिप्रेक्ष्य लेखक को इतिहास तथा समाज को उस रूप में देखने की दृष्टि देता है, जिसमें उनकी चरितार्थता निहित है। साहित्यिक सर्जना के क्षेत्र में यह बात एक अत्यन्त लाभकारी और नये अध्याय की सृष्टि करती है।'[406] परन्तु चूँकि सामाजिक तथा ऐतिहासिक यथार्थ की सही सौन्दर्यशास्त्रीय समझ यथार्थवाद की अनिवार्य पूर्व-शर्त है,[407] और इसका सम्बन्ध आलोचनात्मक तथा समाजवादी, दोनों प्रकार की यथार्थ-दृष्टियों से है, अतएव किसी भी यथार्थवादी लेखक का इस कसौटी पर खरा उतरना आवश्यक है। आलोचनात्मक यथार्थवादी लेखकों में से अनेक इस दृष्टि से सफल रहे हैं, और उन्होंने समाज को उसकी सम्पूर्णता में भी देखने और चित्रित करने में दूर तक सफलता प्राप्त की है। ये बातें, बावजूद भीतर से किये जाने वाले चित्रण के अभाव के, आलोचनात्मक यथार्थवाद को समाजवादी यथार्थवाद से एकदम पृथक् नहीं करतीं, वरन् कुछ ऐसे सूत्र प्रस्तुत करती हैं कि दोनों के बीच सम्बन्ध कायम किया जा सके। इन दोनों यथार्थवादी दृष्टियों के बीच सन्धि का एक ठोस सैद्धान्तिक आधार सत्य के प्रति समाजवाद का उत्कट आग्रह है। यथार्थ के सही चित्रण को जितनी केन्द्रीयता मार्क्सवाद में प्राप्त है, उतनी किसी भी सौन्दर्यशास्त्र में नहीं।[408] सत्य के प्रति यह निष्ठा ही समाजवाद को यथार्थवाद के साथ जोड़ती है और यही प्रकारान्तर से समाजवादी यथार्थवाद और आलोचनात्मक यथार्थवाद को एक दूसरे के निकट भी है। सौन्दर्यशास्त्र के अन्तर्गत यथार्थवाद की प्रभुता स्थापित करने के संघर्ष में समाजवादी यथार्थ के सिद्धान्तविदों ने आलोचनात्मक यथार्थवादियों को सदैव अपने सहायकों के रूप में स्वीकार किया है। अ-यथार्थवादी दृष्टियों के विरोध में दोनों ही सबसे आगे रहे हैं। यह तथ्य भी इन दोनों यथार्थवादी दृष्टियों के बीच एकता की आवश्यकता का प्रतिपादन करता है।[409]

सर्वहारा वर्ग द्वारा सत्ता छीन लेने के उपरान्त आलोचनात्मक और समाजवादी यथार्थवाद के सम्बन्ध की क्या स्थिति हो सकती है, इस प्रश्न का उत्तर देते हुए लूकाच ने कुछ महत्त्वपूर्ण बातें कही हैं। इस बात को सदैव ध्यान में रखना चाहिए कि जनता के संस्कार सत्ता के बदलते ही आप से आप नहीं बदल जाते। सत्य

यह है कि यथार्थ के रूपान्तरण के क्रम में ही मनुष्य अपने को भी बदलता है। इसी तथ्य को दृष्टि में रखकर लेनिन ने कहा था कि समाजवाद का निर्माण पूँजीवादी व्यवस्था में ढले लोग ही करेंगे। ऐसी स्थिति में बुर्जुआ प्रगतिशील आलोचनात्मक यथार्थवादियों का रूपान्तरण भी एक-ब-एक न होकर समय के साथ-साथ यथार्थ के नये सन्दर्भों में, शनैः-शनैः ही होगा। कहने का तात्पर्य यह कि नये समाजवादी समाज में आलोचनात्मक यथार्थवाद के लिए पर्याप्त समय तक गुंजाइश रहेगी।[410] जैसे-जैसे समाज नये समाजवादी दृष्टिकोण के अनुरूप ढलता जायगा, आलोचनात्मक यथार्थवादी लेखक की सत्य तथा यथार्थनिष्ठा उसे इस नये यथार्थ का ही चित्रण करने के लिए प्रेरित करेगी, कारण तब समाजवाद उसके लिए मात्र एक परिप्रेक्ष्य के रूप में न रहकर उसके अपने अस्तित्व के आधार के रूप में रहेगा और उससे बचना, उसके लिए सम्भव ही न होगा।[411] अतएव कट्टरतावादियों से लूकाच का कहना है कि समाजवादी यथार्थवाद को आलोचनात्मक यथार्थ से अलग हटाने की आवश्यकता नहीं है, वरन् चूँकि सच्चे मार्क्सवाद की आधार शिला वस्तुगत यथार्थ का अन्वेषण ही है, अतः यह मार्क्सवाद के अपने हित में है कि वह आलोचनात्मक यथार्थवाद के साथ घनिष्ठ सम्बन्ध कायम करे।[412] समाजवादी यथार्थवाद का सम्बन्ध भविष्य के विषय में ही एक नये दृष्टिकोण से नहीं, अतीत के भी समाजवादी दृष्टिकोण के सन्दर्भ में किये गये मूल्यांकन एवं विश्लेषण से है। आलोचनात्मक यथार्थवाद समाजवादी परिप्रेक्ष्य से संयुक्त होकर अतीत के इस मूल्यांकन एवं विश्लेषण में कदाचित् सक्षम सिद्ध हो सकता है।[413]

समग्रतः, कहा जा सकता है कि समाजवादी समाज की स्थापना के साथ, शनैः-शनैः आलोचनात्मक यथार्थवाद अपना रूपान्तरण करता जायगा, और अन्ततः एक स्थिति ऐसी आयेगी, जब वह एक विशिष्ट चित्रण-विधि के रूप में रह ही न जायेगा।[414] लूकाच ने समाजवादी यथार्थवाद को आलोचनात्मक यथार्थवाद की तुलना में इस कारण श्रेष्ठ माना है (यद्यपि इसका अर्थ यह नहीं है कि समाजवादी यथार्थवाद की हर कृति श्रेष्ठ है) कि वह लेखक को समाजवादी विचारधारा तथा समाजवादी परिप्रेक्ष्य के रूप में एक ऐसी गहन अन्तर्दृष्टि प्रदान करता है, जिसका आलोचनात्मक यथार्थवादी लेखक के पास अभाव होता है।[415] इस अन्तर्दृष्टि के फलस्वरूप ही समाजवादी यथार्थवाद का लेखक एक सामाजिक प्राणी के रूप में मनुष्य के ऐसे गहन और व्यापक चित्र प्रस्तुत करता है, जो दूसरी विचारधाराओं के सन्दर्भ में सम्भव नहीं है।[416]

लूकाच ने समाजवादी यथार्थवाद की उन कमजोरियों तथा सीमाओं का भी विवेचन किया है जो सतही राजनीतिक एवं सामाजिक दृष्टि, कट्टरतावाद, सरलीकरण आदि के फलस्वरूप समाजवादी यथार्थवाद को कलात्मक क्षमता से रहित कर मात्र प्रचार या नारेबाजी में बदल देती हैं, जहाँ तक कि कृति यथार्थ के प्रति भी ईमानदार

नहीं रह जाती। इस सन्दर्भ में उन्होंने स्तालिन-युग की अतिवादी नीतियों और उनके फलस्वरूप सामने आने वाले संकीर्ण साहित्यिक दृष्टिकोण का विशेष रूप से जिक्र किया है।[417] उन्होंने उस क्रान्तिकारी स्वच्छन्दतावाद को मार्क्सवादी विचारधारा का अंग मानने से ही इनकार किया है, जो उनके अनुसार लगभग दो दशकों तथा समाजवादी यथार्थवाद का प्रामाणिक चिह्न माना जाता है। इस क्रान्तिकारी स्वच्छन्दतावाद को उन्होंने स्तालिन के आर्थिक व्यक्तिवाद (Economic subjectivism) का सौन्दर्यशास्त्रीय पर्याय कहा है।[418] क्रान्तिकारी स्वच्छन्दतावाद हो या विशुद्ध स्वच्छन्दतावाद, उनके मत से ये सब मार्क्सवाद या यथार्थवाद के लिए सर्वथा विजातीय हैं।[419]

यथार्थ सम्बन्धी लेखक के अनुभव जितने ही गहन तथा विशद् होंगे, लेखक की महानता उतने ही ऊँचे शिखरों का स्पर्श करेगी। आलोचनात्मक यथार्थ ने अतीत और वर्तमान में जो महान् लेखक उत्पन्न किये हैं, उनकी कृतियों का अध्ययन समाजवादी यथार्थवाद के लेखकों को यथार्थ की अधिक गम्भीर समझ प्रदान करेगा। इससे उसकी प्रतिभा को नयी क्षमताएँ प्राप्त होंगी। अतएव यह अनिवार्य है कि समाजवादी यथार्थवाद तथा आलोचनात्मक यथार्थवाद के बीच घनिष्ठ सम्बन्ध स्थापित हों।[420]

लूकाच ने पश्चिम के आधुनिकतावादी विचार दर्शन पर भी विस्तार से चर्चा की है और उसे यथार्थ-विरोधी घोषित किया है। उनके विचार से आधुनिकतावाद कला की समृद्धि नहीं उसका अस्वीकार है।[421] वह न केवल एक पराजयवादी-निराशावादी, निष्क्रिय जीवन-दर्शन पर आधारित[422] कलावाद है, रूप को कला के वस्तु-तत्त्व से काटकर वह कला को निष्प्राण भी कर देता है।[423] इस आधुनिकतावाद में परिप्रेक्ष्य के लिए कोई स्थान नहीं है, उसे वह अहेतुक समझता है।[424] मनुष्य उसके लिए सामाजिक प्राणी न होकर, एक खण्डित, एकाकी, निरीह, व्यक्ति मात्र है, जिसे संसार में उसकी इच्छा के विरुद्ध फेंक दिया गया है, जिसका कोई अतीत, भविष्य या वर्तमान नहीं है। इतिहास-शून्य, निरीह मानव ही इस आधुनिकतावाद के केन्द्र में स्थित है।[425]

समग्रतः, लूकाच के मत से, आधुनिकतावाद, बाह्य यथार्थ का निषेध करने वाली,[426] मनुष्य के सामाजिक अस्तित्व को अस्वीकार करने वाली, वस्तु-तत्त्व से शून्य, एक फैशनेबिल, किन्तु ह्रासशील कला प्रवृत्ति है। उसका सम्बन्ध स्वस्थ मस्तिष्क से न होकर बीमार और रुग्ण मानस से है।

लूकाच का उपर्युक्त साहित्य चिन्तन, मार्क्सवादी साहित्य-विचारक के रूप में उनकी महती प्रतिभा से हमें परिचित कराता है। इसी आधार पर उन्हें क्रोचे के पश्चात् पश्चिम का सबसे महान् सौन्दर्यशास्त्रीय चिन्तक कहा गया है। उनके इस महत्त्व का सर्वाधिक सुदृढ़ आधार मार्क्सवादी सौन्दर्यशास्त्र पर लिखित उनका तीन भागों वाला वह बृहत् ग्रन्थ है, जिसका अंग्रेजी अनुवाद अभी प्रतीक्षित है।

अर्न्स्ट फिशर (12)

'कला की आवश्यकता' (The necessity of Art) शीर्षक कृति में अर्न्स्ट फिशर ने कला के उद्भव, उसकी प्रकृति, उसके कार्य आदि के विषय में विस्तृत चर्चा की है, साथ ही पूँजीवादी युग में कला के स्वरूप तथा समाजवादी एवं साम्यवादी वर्ग-हीन समाज के अन्तर्गत उसकी स्थिति आदि पर भी विस्तार से प्रकाश डाला है। उनके शब्दों में कला लगभग उतनी ही प्राचीन है, जितना कि मनुष्य। कला काम (Work) का ही एक रूप है और काम करना मनुष्य की एक विशेष क्रिया है जो उसे दूसरे प्राणियों से पृथक् करती है।[427] जो कुछ प्राकृतिक है, उसे रूपान्तरित करके ही मनुष्य उसे अपने अधिकार में लेता है। काम (Work) भी 'प्राकृतिक' (Natural) का रूपान्तरण ही है। प्रकृति के पदार्थों तथा उपकरणों को जादुई साधनों से बदलने और उन्हें नया रूप देने की सामर्थ्य उत्पन्न कर मनुष्य शुरू से ही प्रकृति पर जादू करने का स्वप्न देखता रहा है। जो कुछ यथार्थतः उसके काम का ही परिणाम है, उसे अपनी कल्पना में उसने जादू ही समझा है। इसीलिए कहा जा सकता है कि मनुष्य प्रारम्भ से ही जादूगर रहा है।[428]

सर्वप्रथम उसने औजार बनाये, जिसके बारे में अर्न्स्ट फिशर का कहना है कि वस्तुतः ये औजार ही हैं जिनके द्वारा मनुष्य मनुष्य के रूप में सामने आया। औजारों को बनाकर वस्तुतः उसने अपना ही निर्माण किया है। पहले मनुष्य सामने आया या औजार, अर्न्स्ट फिशर के अनुसार, यह सवाल विशुद्ध किताबी सवाल है। मनुष्य के अभाव में औजारों की कोई सत्ता नहीं है, और औजारों के अभाव में मनुष्य की कल्पना नहीं की जा सकती। वस्तुतः औजार और मनुष्य एक साथ ही सामने आये और दोनों अत्यन्त घनिष्ठ रूप में एक दूसरे से सम्बद्ध हैं।[429] सापेक्षिक रूप से अत्यधिक विकसित एक सप्राण शरीर-रचना (Organism) प्राकृतिक पदार्थों से काम लेते हुए ही मनुष्य के रूप में हमारे सामने आयी। इस्तेमाल का माध्यम बन कर ही प्रकृति के ये पदार्थ औजार बने।[430] शनैः-शनैः मनुष्य में यह समझ आयी कि उसके कुछ औजार दूसरे औजारों की तुलना में अधिक उपयोगी हैं तथा वह एक खास औजार के स्थान पर दूसरे औजार का भी इस्तेमाल कर सकता है। इस समझ ने उसे स्वभावतः यह समझ भी दी कि एक अपरिष्कृत, प्राप्त औजार को प्रयत्न के द्वारा अधिक उपयोगी भी बनाया जा सकता है। अर्थात् उनके लिए अपरिहार्य नहीं है कि वह किसी औजार को सीधे प्रकृति से ही ग्रहण करे, वह उसका उत्पादन भी कर सकता है। उसे यह भी बोध हुआ कि औजारों के कारण, सिद्धान्ततः अब उसके लिए कोई भी कार्य असम्भव नहीं रह गया है। जहाँ तक पहले उसकी पहुँच नहीं थी, वहाँ तक पहुँचने और उसे प्राप्त करने के लिए, केवल सही औजार की ही जरूरत है। अनेक औजारों के बीच से सही औजार चुनकर कार्य में सफल हो जाने

की समझ तथा कार्य के अनुरूप औजार को नयी शक्ल देना, आदि वे बातें हैं, जिन्होंने कार्य और मस्तिष्क के बीच सम्बन्ध स्थापित कर, मनुष्य को प्रकृति पर अपना अधिकार स्थापित करने के क्रम में, एक ऐसी शक्ति प्रदान की जो असीम थी, और उसके लिए किसी जादू से कम न थी। अर्न्स्ट फिशर के अनुसार इस खोज में ही जादू तथा कला की उत्पत्ति के तमाम कारणों में से एक को देखा जा सकता है।[431]

औजारों के पश्चात् मनुष्य की दूसरी महत्त्वपूर्ण उपलब्धि भाषा है जिसके उद्भव का सीधा सम्बन्ध मनुष्य के काम तथा औजारों के इस्तेमाल से प्राप्त अनुभवों से है।[432] मनुष्य ने स्पष्ट तथा भेदक (Differentiated) शब्दों की सृष्टि मात्र इस कारण नहीं की कि वह एक ऐसा प्राणी था जिसे पीड़ा, हर्ष, आश्चर्य आदि का अनुभव होता था, वरन् इसलिए कि वह एक कामगार प्राणी (Working being) था।[433]

अब मनुष्य ने एक औजार से मिलते-जुलते दूसरे औजार भी बनाये, इस प्रकार प्रकृति के पदार्थों पर उसे एक नयी शक्ति प्राप्त हुई।[434] भाषा ने उसके लिए यह सम्भव बनाया कि वह विवेक पूर्वक मानवीय क्रियाओं को संयोजित कर सके तथा अपने अनुभव को दूसरे तक पहुँचा सके और इस क्रम में अपनी कार्यक्षमता में वृद्धि कर सके। भाषा ने उसके लिए यह भी सम्भव बनाया कि वह विभिन्न वस्तुओं के साथ पृथक्-पृथक् शब्दों को संयुक्त कर उन्हें एक दूसरे से अलगा सके तथा उन्हें उनकी प्राकृतिक गुह्यता से निकाल कर सीधे अपने नियन्त्रण में ले सके।[435] हर वस्तु पर अलग ठप्पा लग जाने से वह दूसरी से पृथक् हो गयी। इस प्रकार औजारों को बनाने से लेकर उन्हें चिह्नित करने, नाम देने तथा अपने नियन्त्रण में लेने तक एक अविच्छिन्न विकास-क्रम लक्षित होता है। अब वस्तुएँ मात्र एक मनुष्य के ही लिए नहीं, समुदाय रूप में, सब मनुष्यों के पहचानने योग्य बन गयी।[436] अपनी कार्य क्षमता से मनुष्य ने जादूगर के रूप में प्रकृति का रूपान्तरण किया, भौतिक पदार्थों को उसने चिह्नों, नामों तथा धारणाओं के रूप में नयी शक्ल दी और इस क्रम में स्वयं पशु की श्रेणी से ऊपर उठकर मनुष्य के रूप में अपने को भी नयी आकृति प्रदान की।[437] मानव अस्तित्व के तल में निहित यह जादू जो एक स्तर पर उसमें शक्ति हीनता तथा दूसरे स्तर पर शक्ति की चेतना, एक स्तर पर उसमें प्रकृति से भय तथा दूसरे स्तर पर प्रकृति को अपने अधीन कर सकने की क्षमता उत्पन्न करता रहा है, समस्त प्रकार की कला का सारतत्त्व माना जा सकता है।[438] औजार बनाने वाले मनुष्य को हम सृष्टि का प्रथम कलाकार कह सकते हैं और उस औजार को नाम देने, उसे चिह्नित करने वाला व्यक्ति भी एक महान् कलाकार था। वह पहला संगठक (organiser) जिसने लयात्मक गीतों द्वारा कार्य प्रक्रिया में एक समक्रमिकता उत्पन्न की, तथा इस प्रकार मनुष्य की सामूहिक शक्ति में वृद्धि की, कला का मसीहा माना जा सकता है। इसी प्रकार नये-नये रूपों में अपना विकास करने वाले तथा प्रकृति को नियन्त्रित करने के क्रम में अपनी नयी क्षमताओं तथा नयी सूझ का परिचय देने वाले सारे आदिम

मनुष्य कला के पूर्वज माने जा सकते हैं।[439] और भी अनेक वस्तुएँ—रंगों का प्रकाश, वस्तुओं की चमक-दमक, पक्षियों के रंग-बिरंगे पंख, पशुओं की आकर्षक खालें, मनुष्यों के अपने हाव-भाव, यौन-आकर्षण, सम्भोग, आदि-आदि हैं, जिन्होंने कला के उद्‌भव की प्रक्रिया में महत्त्वपूर्ण योग दिया है।[440]

अन्स्ट फिशर ने इस तथ्य को भी स्पष्ट किया है कि मानवता के इस उषाकाल का सम्बन्ध सौन्दर्य अथवा सौन्दर्य-भावना से लगभग नहीं ही था, वह समुदाय-मानव के लिए अस्तित्व के संघर्ष में एक जादुई औजार अथवा अस्त्र मात्र ही थी। कला के सृजन में उसका मूल उद्देश्य अपनी शक्तियों में वृद्धि तथा फलस्वरूप जीवन को अधिक सम्पन्न बनाना ही था।[441]

जो वस्तु आदिम मानव के लिए प्रारम्भ में जादू थी, वही शनैः-शनैः धर्म, विज्ञान तथा कला के रूप में अपनी अलग सत्ता से लेकर विकसित हुई।[442] यह कला व्यक्ति की नहीं, समूह की उपज थी। अपने प्रत्येक रूप—भाषा, नृत्य, लयात्मक गीत, जादुई समारोह आदि में, वह सामाजिक क्रिया के रूप में ही सामने आयी है, जिसका सम्बन्ध सबसे था, और जो प्रत्येक को प्रकृति तथा पशु-जगत् से ऊपर उठाने वाली थी।[443] समाज के वर्गों में बँट जाने एवं सामूहिक-व्यक्ति के स्थान पर मात्र व्यक्ति की सत्ता का उदय होने के पश्चात् भी, कला का यह सामूहिक चारित्र्य एकदम समाप्त नहीं हो सका है।[444] जैसे-जैसे मनुष्य प्रकृति से अलग होता गया, श्रम के विभाजन के फलस्वरूप आदिम जातियों की प्रारम्भिक एकता टूटती गयी, सम्पत्ति पर स्वामित्व का अधिकार स्थापित होता गया, व्यक्ति तथा बाह्य संसार के बीच का सन्तुलन भी वैसे-वैसे बिगड़ता गया। वर्गबद्ध समाज में वर्ग, कला का इस्तेमाल अपने खास उद्देश्यों की पूर्ति के लिए करने लगे। आदिम समाज में जादूगर या ओझा समूह का प्रतिनिधि या नौकर था, प्रारम्भिक वर्गबद्ध समाज के उसका स्थान कलाकार या पुरोहित ने ले लिया। अब ये समाज के प्रतिनिधि या प्रवक्ता माने जाने लगे और उनसे यह आशा की जाने लगी कि वे अपने वर्ग, उसके लोगों और अपने युग की आवाज तथा अनुभवों एवं भावों तथा विचारों को प्रतिध्वनित करेंगे। उनका यह सामाजिक कर्त्तव्य उसी प्रकार अनिवार्य तथा चुनौती न दिये जाने योग्य माना गया जिस प्रकार आदिम समाज में जादूगर या ओझा का। परन्तु मनुष्य को एक अधिक जटिल तथा उत्पादन-सक्षम इस समाज तक अपने को उठाने का बड़ा मूल्य चुकाना पड़ा। श्रम के विभाजन तथा अन्य प्रक्रियाओं ने उसे न केवल प्रकृति से विच्छिन्न किया, अपने से भी अजनबी बना दिया।[445] उसके लिए आदिम समाज का वह सामूहिक जीवन का स्वप्न बनकर रह गया। मनुष्यों का यह व्यक्ति-विभाजन (Individualization) शनैः-शनैः कलाओं के क्षेत्र में भी फैल गया, और इस प्रकार पुराने 'हम' के स्थान पर एक नये 'मैं' का उद्‌भव हुआ।[446] यद्यपि पुराने 'हम' का सामाजिक तथा सामूहिक तत्त्व नये 'मैं' में व्यक्ति बद्ध

जरूर हो गया, परन्तु व्यक्तित्व का अनिवार्य तत्त्व अब भी सामाजिक बना रहा। वर्गबद्ध समाज में कलाकार की वैयक्तिकता के यह आशय नहीं हैं कि उसके अनुभव अपने समय तथा अपने वर्ग के दूसरे लोगों के अनुभव से बुनियादी रूप में भिन्न होते हैं, उसकी वैयक्तिकता इस बात में निहित है कि वे अधिक शक्तिशाली, अधिक सजग तथा अधिक घनीभूत होते हैं।[447] वैयक्तिक से वैयक्तिक कलाकार को समाज के प्रतिनिधि-रूप में ही कार्य करना पड़ता है।[448] परन्तु यह सब भी अतीत की सामूहिक भावना की बराबरी करने में सक्षम नहीं है।[449] वर्गबद्ध समाज में कला के विशिष्ट चारित्र्य की चर्चा करने के बाद भी अन्स्र्ट फिशर का विचार है कि 'कला स्वतः में ही एक सामाजिक यथार्थता है।'[450] उसमें इतनी क्षमता है कि वह मनुष्य के टुकड़ों से उठाकर एक संश्लिष्ट पूर्णता में बदल दे। कला मनुष्य को यथार्थ को समझने में मदद देती है, यही नहीं वह उसके संकल्प को सुदृढ़ करती है कि वह उस यथार्थ को मनुष्यता के अधिक से अधिक योग्य बनाए।[451] समाज सर्वोच्च जादूगर के रूप में कलाकार की आवश्यकता का अनुभव करता है तथा यह उसका अधिकार है कि वह कलाकार से अपने सामाजिक कर्त्तव्य के प्रति अधिक से अधिक जागरूक रहने की अपेक्षा करे। कलाकार की भी सदैव यह आकांक्षा रही है कि वह केवल यथार्थ का प्रतिनिधित्व ही न करे उसे एक नया रूप भी दे।[452] एक मरणशील समाज में, अन्स्र्ट फिशर के अनुसार, सच्ची कला का दायित्व है कि वह उसके ह्रास को भी प्रतिबिम्बित करे और यदि कला अपने सामाजिक दायित्व के साथ विश्वासघात नहीं करती, तो उसे यह भी प्रदर्शित करना चाहिए कि संसार परिवर्तनशील है। यही नहीं उसे इस परिवर्तन में मदद भी करनी चाहिए।[453]

कला के दायित्व की चर्चा करते हुए अन्स्र्ट फिशर का कहना है कि 'समाज तथा मनुष्यता के लिए कला की आवश्यकता न केवल रही है, वरन् है और सदैव रहेगी।'[454] इसके अनेक कारण हैं। मनुष्य जो कुछ है, उसके आगे और भी कुछ होना चाहता है। वह एक 'सम्पूर्ण' मनुष्य होना चाहता है। खण्ड जीवन के स्थान पर वह एक सम्पूर्ण जीवन जीने का आकांक्षी है और कला व्यक्ति को समग्र से एक करने का अपरिहार्य साधन है।[455] परन्तु इतना ध्यान रखना चाहिए कि कलाकार के लिए संवेग ही सब कुछ नहीं है, उसे अपने धन्धे (Trade) से पूरी तरह परिचित होना भी अनिवार्य है, सारे कानून-कायदों की जानकारी रखनी है, ताकि प्रकृति को पालतू बनाया जा सके, कला के अन्तर्गत उसे नियोजित किया जा सके।[456]

तनाव तथा द्वन्द्वात्मक असंगतियाँ कला के अन्तर्गत निहित ही होती हैं, कला को यथार्थ के गहरे अनुभवों से न केवल ग्रहण ही करना चाहिए, उसे उनसे निर्मित भी होना चाहिए, उसे वस्तुपरकता के माध्यम से ही रूप ग्रहण करना चाहिए।[457] कलाकृति को निष्क्रिय तादात्म्य के माध्यम से जनता की चेतना को वशीभूत नहीं करना चाहिए, बल्कि अनिवार्यतः उसे जनता के विवेक को उद्‌बुद्ध करना चाहिए

ताकि वह सक्रिय हो सके, उसमें निर्णय लेने की क्षमता उत्पन्न हो सके।[458] एक वर्ग बद्ध समाज में जो स्वयं अपने से ही युद्धरत है, कला का दायित्व उसके मूल दायित्व की तुलना में अनेक मानों में भिन्न होता है। परन्तु बावजूद भिन्न सामाजिक स्थितियों के, कला में कुछ ऐसा भी होता है, जिसे हम अपरिवर्तनीय सत्य की संज्ञा दे सकते हैं। ये 'अपरिवर्तनीय सत्य ही हैं, जो बीसवीं शताब्दी में रहने वाले हम लोगों को भी, प्रागैतिहासिक गुहा-चित्रों अथवा प्राचीन गीतों के प्रति अभिभूत कर देते हैं।'[459] इपास (Epos) का सन्दर्भ लेते हुए मार्क्स ने भी इसी तथ्य की ओर इंगित किया था। इस बात को हम इस तरीके से भी अभिव्यक्त कर सकते हैं—'प्रत्येक कला समय के द्वारा निर्धारित होती है, तथा उस सीमा तक मनुष्यता का प्रतिनिधित्व करती है जिस सीमा तक वह किसी विशेष ऐतिहासिक स्थिति के विचारों, आवश्यकताओं-आशाओं-आकांक्षाओं के अनुकूल होती है, परन्तु इसके साथ-साथ कला इस सीमा का अतिक्रमण भी करती है तथा इतिहास के एक क्षण-विशेष के अन्तर्गत मानवता के भी एक क्षण की सृष्टि करती है जो सतत विकास का सूचक होता है।'[460]

परन्तु कला का मूल दायित्व एक 'सम्पूर्ण मनुष्य' को ही सक्रिय करना, उसके 'मैं' को इस योग्य बनाना है कि वह दूसरों के जीवन के साथ तादात्म्य स्थापित कर सके, उसे प्राप्त कर सके जो फिलहाल उसका नहीं है, और जिसे प्राप्त करने की उसमें क्षमता है।[461] यह सत्य है कि उस वर्ग के लिए जिस पर संसार को बदलने की जिम्मेदारी है, कला की चरितार्थता केवल जादू की सृष्टि करने में नहीं, वरन् कर्म शक्ति को प्रखर तथा उत्तेजित करने में है, परन्तु यह भी उतना ही सत्य है कि कला के अन्तर्गत बचे-खुचे जादुई तत्त्व को उससे बिल्कुल निकाला भी नहीं जा सकता, कारण अपनी मूलभूत प्रकृति के सूचक इस सूक्ष्म तत्त्व के अभाव में कला कला रह ही नहीं जायगी।[462] अपने विकास की प्रत्येक अवस्था और प्रत्येक रूप में कला का जादू के साथ कुछ न कुछ सम्बन्ध अवश्य होगा।[463] कला इसलिए आवश्यक है ताकि मनुष्य संसार को पहचान सके और उसे बदल सके। परन्तु कला इसलिए भी आवश्यक है कि उसके अन्तर्गत एक ऐसा जादू निहित है, जो उसकी आवश्यकता को प्रमाणित करता है।[464]

पूँजीवादी व्यवस्था में कला ने कौन से रूप ग्रहण किये, इस तथ्य पर भी अन्स्र्ट फिशर ने विस्तार से प्रकाश डाला है। इस क्रम में उन्होंने पूँजीवादी व्यवस्था की असंगतियों तथा सामाजिक-आर्थिक परिस्थितियों के फलस्वरूप जन्मे तथा कालान्तर में समाप्त हो जाने वाले विविध कलान्दोलनों एवं साहित्य-आन्दोलनों का परिचय दिया है जिनमें स्वच्छन्दतावाद, लोक-कला, प्रभाववाद, प्रकृतिवाद, प्रतीकवाद, रहस्यवाद, अजनबीपन, यथार्थवाद समाजवादी यथार्थवाद तथा कुछ दूसरी प्रवृत्तियों की चर्चा प्रमुख है।

पूँजीवादी व्यवस्था के अन्तर्गत वस्तुओं के उत्पादन तथा प्रसार, बढ़ते हुए श्रम-विभाजन तथा आर्थिक शक्तियों की गोपनीयता तथा दूसरी बातों ने मिलजुल कर मानवीय सम्बन्धों की ऋजुता को पूरी तरह नष्ट-भ्रष्ट कर दिया तथा इस प्रकार

सामाजिक यथार्थता तथा स्वतः अपने से भी मनुष्य को काटकर उसे एकदम अजनबी की स्थिति में लाकर पटक दिया। पूँजीवाद के इस संसार में कला खुद बाजार में बिकने वाली वस्तु के रूप में बदल गयी और कलाकार वस्तु-उत्पादक बन गया।[465] व्यक्तिगत संरक्षण के स्थान पर स्वतन्त्र बाजार की प्रतिष्ठा हुई। मानवता के इतिहास में प्रथम बार कलाकार को निहायत एकाकीपन तथा बेतुकेपन की सीमा तक पहुँची हुई 'स्वतन्त्रता' प्राप्त हुई, वह 'स्वतन्त्र' व्यक्तित्व से सम्पन्न 'स्वतन्त्र' कलाकार बना। कला एक ऐसे पेशे में परिवर्तित हुई, जो आधा रोमांटिक तथा आधा व्यावसायिक था।[466] एक लम्बे समय तक पूँजीवाद ने कला को एक छिछोरी तथा निंद्य वस्तु माना, कारण कला उसके विचार में कमाई का साधन न थी।[467] कालान्तर में उसने कला को ग्रहण भी किया तो उसके प्रति किसी गहरी प्रेम भावना अथवा उसकी समृद्धि के विचार से नहीं, दूसरे उद्देश्यों से प्रेरित होकर। सच पूछा जाय तो एक औसत पूँजीपति के लिए कला की सार्थकता या तो उसके अपने निजी जीवन के सजाव-सिंगार आदि में है या फिर एक ऐसी लागत बनने में है, जिसके द्वारा कुछ कमाया जा सके।[468] परन्तु इसके साथ-साथ यह भी सत्य है कि पूँजीवाद अपने साथ नये भाव और विचार, नयी स्थितियाँ एवं नयी भूमिकाएँ भी लाया, जो अभूतपूर्व थीं तथा उसने कलाकार को उन्हें अभिव्यक्त करने के लिए नये से नये साधन भी दिये।[469] उसने कलाकार के लिए पुराने विचारों, स्थितियों, अभिव्यक्ति माध्यमों तथा शैलियों से जुड़ा रहना असम्भव बना दिया, साथ ही अत्यन्त द्रुतगति से कला के विकास को सम्भव बनाया, जिसके फलस्वरूप बहुमुखी व्याप्ति को सूचित करने वाली, नयी से नयी कलाकृतियों का आविर्भाव हुआ।[470] कालान्तर में, पूँजीवाद की असंगतियों ने कला के विकास तथा कलाकार के सम्मुख महती समस्याएँ उपस्थित कीं, और कलाकार को पूर्णतः विकसित पूँजीवादी व्यवस्था के अन्तर्गत ऐसे मोह भंग का शिकार बनना पड़ा जिसने उसे न केवल भीतर से खण्डित किया, उसे समाज तथा स्वतः अपने से भी एकदम काट दिया। पूँजीवादी अर्थनीति की अमानवीयता तथा उसके ऊँचे-ऊँचे नारों का खोखलापन स्पष्ट होते ही कलाकार के लिए उस व्यवस्था से सामंजस्य बिठाना नामुमकिन हो गया। उसके समक्ष यह तथ्य भलीभाँति स्पष्ट हो गया कि बुर्जुआ वर्ग की जिस विजय को उसने किसी समय मनुष्यता की विजय समझा था, उसकी यह समझ पूर्णतः एक भ्रान्त समझ थी।[471] रोमांटिसिज्म (स्वच्छन्दतावाद) का आन्दोलन कलाकार के उक्त मोह भंग की पहली सशक्त अभिव्यक्ति है।[472] पूँजीवादी युग में विकसित प्रतीकवाद, रहस्यवाद जैसी कला-प्रवृत्तियाँ भी प्रकारान्तर से बाह्य यथार्थ से त्रस्त कलाकार की पलायन वृत्ति को ही सूचित करती हैं। अर्न्स्ट फिशर के अनुसार 'पूँजीवादी दुनिया में कार्य करने वाले प्रत्येक महत्त्वपूर्ण कलाकार तथा लेखक में जो बात समान रूप से देख पड़ती है वह यह है कि सभी अपने आस-पास के सामाजिक यथार्थ से समझौता

कर पाने में असमर्थ हैं। पूँजीवादी समाज के अन्तर्गत अधकचरेपन की स्थिति से ऊपर उठी हुई प्रत्येक कला का मूलभूत चारित्र्य विरोध, आलोचना और विद्रोह ही है।[473]

पूँजीवादी युग में पनपने वाले कलान्दोलनों की चर्चा के उपरान्त अर्न्स्ट फिशर ने कला में वस्तु और रूप तत्त्व के प्रश्न को भी उठाया है, और उसकी विस्तार से चर्चा की है। इस सन्दर्भ में सर्वप्रथम उन्होंने ऐसे दार्शनिकों एवं दार्शनिक कलाकारों का मत प्रस्तुत किया है जो सृष्टि के रूप-तत्त्व को वस्तु-तत्त्व की तुलना में प्राथमिक तथा महत्त्वपूर्ण मानते रहे हैं, जिनकी मान्यता रही है कि समूचा भूतत्त्व (matter) अपना अन्तिम रूप पाने की दिशा में, उससे घुलमिल कर रूप बन जाने के प्रयास में ही सक्रिय है। इस मान्यता के परीक्षण के सिलसिले में अर्न्स्ट फिशर ने सर्वप्रथम प्रकृति और तत्पश्चात् समाज का निरीक्षण किया है। उनके अनुसार 'बुर्जुआ संसार के रक्षक अपने पूँजीवादी वस्तु-तत्त्व की चर्चा नहीं करते, वे सदैव उसके जनतान्त्रिक रूप का आलाप करते हैं, जो कि अपने हर जोड़ से टूट रहा है। पूँजीवाद तथा समाजवाद के निर्णायक संघर्ष से लोगों का ध्यान बँटाने के हेतु वे इसे जनतन्त्र तथा तानाशाही का संघर्ष कहते हैं। चूँकि उनके लिए पूँजीवाद के पुराने पड़ गये सामाजिक वस्तु-तत्त्व को जो कि तमाम अभिशापों एवं संकटों का मूर्त्त रूप है, गौरवान्वित करना मुश्किल पड़ रहा है, इसलिए पूँजीवाद के समर्थक ये लोग उसकी चर्चा न कर केवल उसके सामाजिक तथा राजनीतिक रूप-तत्त्व को रक्षा की बात करते हैं।[474] सच पूछा जाय तो, वस्तु-तत्त्व के विपरीत रूप-तत्त्व की प्राथमिक बताना हर उस शासक वर्ग का प्रधान लक्षण है, जो अपने सिंहासन को डगमगाता हुआ महसूस करता है।[475]

अर्न्स्ट फिशर की मान्यता है कि वस्तु-तत्त्व से आशय केवल उसी से नहीं है, जो प्रस्तुत किया जाता है, वरन् उसके अन्तर्गत यह भी शामिल है कि उस वस्तु को कैसे, किस सन्दर्भ में, कितनी मात्रा में तथा कितनी वैयक्तिक तथा सामाजिक चेतना के साथ प्रस्तुत किया जाता है।[476] उनके अनुसार जब हम किसी विशेष कला-कृति, कलान्दोलन अथवा कला-युग का विश्लेषण करते हैं, हमें पूर्वाधारित विचारों से, अनिवार्यतः बनाना चाहिए। परन्तु जब हम समग्र रूप से कला के इतिहास के सामान्य लक्षणों का सर्वेक्षण करते हैं, हमें स्पष्ट पता चल जाता है कि कला के वस्तु-तत्त्व तथा रूप-तत्त्व में होने वाले सारे परिवर्तन, अन्ततः सामाजिक तथा आर्थिक क्षेत्रों में होने वाले परिवर्तनों का ही परिणाम हैं। अन्तिम स्थिति में, यह नया वस्तु-तत्त्व ही है जो नये रूपों को निर्धारित करता है। निष्कर्षतः सामाजिक वस्तु-तत्त्व में होने वाले परिवर्तनों के फलस्वरूप ही नये विषयों, अभिव्यक्ति के नये रूपों तथा नयी शैलियों का उद्भव होता है।[477] अर्न्स्ट फिशर के उक्त विवेचन का आशय कला के रूप-तत्त्व की अमहत्त्वपूर्ण अथवा मात्र द्वितीय स्तर का ही साबित करना नहीं है, वस्तु-तत्त्व के महत्त्व को स्वीकार करते हुए वे रूप-तत्त्व के महत्त्व को भी समान स्वीकृति देते हैं। उनके अनुसार किसी वस्तु को रूप देना ही

कला है, अकेला रूप-तत्त्व ही किसी वस्तु को कला की आकृति प्रदान करता है।[478] यह रूप किसी संयोग की उपज नहीं है, और न ही वह अनावश्यक है, वस्तुतः रूप के अन्तर्गत ही सम्प्रेषित अनुभव तथा सारी उपलब्धियाँ सुरक्षित रहती हैं। कला तथा जीवन के लिए उसका महत्त्व असंदिग्ध है।[479]

अन्स्र्ट फिशर के अनुसार पूँजीवादी युग में यथार्थ की क्षति हुई है, शासक वर्ग ने जो कुछ वस्तुतः है, उसके स्थान पर अपनी मान्यताओं तथा विचारों को ही यथार्थ कहकर प्रचारित किया है, इसी का परिणाम है कि आज कलाकार झूठे तथ्यों, शब्दजालों तथा परम्पराओं से निर्मित कृत्रिम दुनिया की उपेक्षा कर वस्तुओं को स्वतः उनके सही रूप में देखना चाह रहा है। उसके अपने निरीक्षण के अन्तर्गत आने वाली वस्तु ही उसे यथार्थ मालूम पड़ती है, शेष उसके लिए संदिग्ध हैं।[480] नये-नये कला-रूपों का उद्भव साहित्यकार की, यथार्थ को अपनी आँखों से देखने की इच्छा का ही परिणाम है, यह दूसरी बात है कि ये कला रूप भी खोये हुए यथार्थ को वापस लाने में समर्थ नहीं हुए हैं। उनके मत से युग के नये यथार्थ की पूर्ण आकृति मार्क्सवाद के द्वन्द्वात्मक दर्शन की सहायता से ही उपलब्ध की जा सकती है।[481] यद्यपि गैर-मार्क्सवादी लेखकों में से भी अनेक उस संसार की खोज में सक्रिय हैं, जिसमें कि वे रहते हैं, और उनके प्रयासों का भी महत्त्व है, परन्तु आज के युग के जटिल यथार्थ का प्रतिनिधित्व मात्र यह ईमानदारी ही नहीं कर सकती। परन्तु यह भी सत्य है कि इसके बिना भी कुछ नहीं किया जा सकता।[482]

समाजवादी समाज में कला जन-जन तक पहुँच गयी है। न केवल लोग कला में रुचि ही ले रहे हैं, वे उसके सम्बन्ध में चर्चाएँ भी करते हैं। ये चर्चाएँ लगभग आम बात हो गयी हैं। वे न केवल कला के कतिपय खास रूपों से ही सन्तुष्ट हैं, वे समाजवादी देशों से बाहर जन्म लेने वाली एवं कला प्रवृत्तियों से भी परिचित होना चाहते हैं। ऐसी स्थिति में समाजवादी देशों की नौकरशाही द्वारा पश्चिमी जगत् के आधुनिक कला-रूपों को मूलतः ह्रासशील मान लेना कदापि संगत नहीं है, कारण समाजवादी देशों की नयी पीढ़ी प्रगतिशील होने के साथ-साथ आधुनिक भी बनना चाहती है। अन्स्र्ट फिशर के अनुसार साम्यवाद को पश्चिम के अमूर्त्त कलान्दोलनों से कोई खतरा नहीं है, कारण साम्यवाद-विरोध कभी अमूर्त्त तरीकों का आश्रय नहीं लेता, वह उसके लिए बेहद स्थूल और एकदम नग्न यथार्थवादी तरीके अपनाता है।[483] समाजवादी देशों में रचे गये साहित्य एवं कला की प्रशंसा करते हुए भी अन्स्र्ट फिशर ने उन तमाम सतही, प्रचारवादी तथा सौन्दर्य-संवेदना से रहित कृतियों की आलोचना की है, जिन्हें इन देशों के कलाकारों तथा साहित्यकारों ने गलत नीतियों तथा संकीर्ण दृष्टि के फलस्वरूप रचा है। उन्होंने अनेक समाजवादी लेखकों द्वारा पुराने कला रूपों तथा शैलियों को प्रश्रय देने की आदत का जिक्र भी किया है। उनका कहना है कि समाजवाद को, जो मनुष्य में विकास की अनन्त सम्भावनाएँ

स्वीकार करता है, महज़ इस कारण किसी नयी वस्तु को अस्वीकार न करना चाहिए कि वह नयी है, इसके स्थान पर उसे 'विस्तारकों' (Amplifiers) का इस्तेमाल करते हुए पहले उन्हें अपनी पकड़ के भीतर लाना चाहिए और तत्पश्चात् उनकी बारीकी से परीक्षा एवं विश्लेषण करन चाहिए।[484] समस्त आधुनिक कला रूपों को सड़ा-गला कहकर उन्हें अमान्य ठहरा देना, उनके मत से एक अवांछित अतिवाद है।[485]

अन्स्र्ट फिशर ने बुर्जुआ कला तथा साहित्य की तुलना में अन्ततः समाजवादी कला तथा साहित्य की सफलता इस बात में देखी है कि उसके पास वह ऐतिहासिक परिप्रेक्ष्य है, जिसका बुर्जुआ लेखकों में सर्वथा अभाव है।[486] परन्तु समाजवादी लेखक के लिए आवश्यक है कि वह अपनी इस भविष्य-दृष्टि का सतर्कतापूर्वक उपयोग करे, वर्तमान को गौरवान्वित करने में उसे उलझा न दे।[487] अन्स्र्ट फिशर का विश्वास है कि वर्गहीन साम्यवादी समाज में भी जो आने वाले कल और उसके बाद की बात है, कला के विकास की पूरी सम्भावनाएँ होंगी। मानव जीवन की असंगतियाँ अवश्य मिट जायेंगी, परन्तु विराट् प्रकृति के सन्दर्भ में अपने को पूर्णतर बनाने की मानव-आकांक्षा तथा उस प्रकृति को अपने अधीन करते जाने की उसकी चेष्टाएँ, कला के नये और पुष्ट रूपों को लेकर सामने आयेगी। जब तक मनुष्यता जीवित है, कला भी जीवित रहेगी।[488]

अन्स्र्ट फिशर की कतिपय साहित्यिक विचारणाएँ विवादास्पद हैं, मार्क्सवादी क्षेत्रों में जिनकी आलोचना हुई है। सबसे अधिक विवादास्पद, उनकी 'आधार तथा बाह्य संरचना' से सम्बन्धित वह मान्यता है, जो कुछ लोगों के मत से मार्क्सवादी साहित्य-चिन्तन के प्रस्थान बिन्दु पर ही प्रश्नचिह्न लगाती है तथा जिसे उन्होंने 'कला और विचारधारात्मक बाह्य संरचना' शीर्षक से एक निबन्ध में विस्तारपूर्वक स्पष्ट किया है। उसके अनौचित्य या औचित्य पर फिलहाल अपना अभिमत न देकर हम अगले खण्ड में उसकी चर्चा करेंगे। अपने निबन्ध में अन्स्र्ट फिशर ने प्रधानतः मार्क्सवादी साहित्य-चिन्तन के प्रस्थान-बिन्दु में दी गयी मार्क्स की मूल उपपत्ति के सरलीकरण के खतरे की ओर लोगों को सावधान किया है, उनके विचार से जिसका परिणाम गलत निष्कर्षों के रूप में ही सामने आता है।

चाऊ यांग (13)

चाऊ यांग का साहित्य-चिन्तन चीनी जनवादी गणतन्त्र के संस्थापक माओत्से-तुंग के साहित्य-चिन्तन की पुष्टि करता है, साथ ही साहित्य-सर्जना की कतिपय आधारभूत भूमिकाओं को अधिक विस्तार के साथ हमारे समक्ष स्पष्ट करता है। साहित्य-सर्जना के साथ-साथ साहित्य-समीक्षा की कतिपय बुनियादी बातों को भी चाऊ यांग ने विस्तार से समझाया है। चाऊ यांग के साहित्य-चिन्तन की नव्यतम दिशाओं के बारे में किसी भी जानकारी के अभाव में, उनके साहित्य-चिन्तन के उस रूप से ही

हम पाठकों को परिचित कराने के लिए विवश हैं, जो उनकी कृति 'चीन का नया साहित्य तथा कला' (China's new literature and Art) में हमें उपलब्ध है।

अन्य मार्क्सवादी साहित्य-चिन्तकों की भाँति चाऊ यांग ने भी साहित्य एवं कला की राष्ट्रीय-परम्पराओं को महत्त्व देते हुए, उन्हें एक प्रेरणा-स्रोत के रूप में स्वीकार करने की सिफारिश की है। राष्ट्रीय परम्पराओं को उनकी समग्रता में, बिना उनका आलोचनात्मक विश्लेषण किये, अवश्य स्वीकार नहीं किया जा सकता परन्तु आलोचनात्मक विश्लेषण के उपरान्त, उनमें जो कुछ स्वीकार्य है, उसके आत्मसात को उन्होंने साहित्य की जनवादी भूमिका को स्थिर रखने और निखार देने के लिए आवश्यक माना है।[489] उनके अनुसार पश्चिम की बुर्जुआ संस्कृति की अन्ध-उपासना तथा अपनी राष्ट्रीय परम्पराओं की अवमानना, ऐसी बातें हैं, जिन्हें नयी सर्जना के हित में कभी स्वीकार नहीं किया जा सकता। यह तो साहित्य एवं कला-सम्बन्धी वह बुर्जुआ-दृष्टि है, जिसकी निर्मम आलोचना हर उस रचनाकार एवं समीक्षक को करनी चाहिए, जो साहित्य की क्रान्तिकारी-जनवादी भूमिका के प्रति आस्थावान है।[490] परम्परागत विरासत के प्रति आलोचनात्मक दृष्टिकोण, उनके विचार से, इसलिए आवश्यक है ताकि लेखक अपने प्रगतिशील विवेक का इस्तेमाल करते हुए, उसके जीवन्त तथा ह्रासशील तत्त्वों को अलगा सके, एवं उसे ही स्वीकार कर सके जो उपयोगी, प्राणवान् एवं सार्थक है।[491] सार्थक का यह ग्रहण इस कारण भी आवश्यक है ताकि नयी साहित्य-सर्जना को परम्परा की प्रगतिशील विरासत से जोड़ा जा सके, और इस प्रकार प्राचीन तथा नवीन के बीच एक नैरन्तर्य स्थापित किया जा सके।[492]

चाऊ यांग ने भी साहित्य एवं कला की पार्टी-भावना को प्रमुखता प्रदान की है। इस सन्दर्भ में लेनिन के 'पार्टी संगठन तथा पार्टी-साहित्य' लेख को पूरा महत्त्व प्रदान करते हुए उन्होंने इसे आवश्यक माना है कि पार्टी की नीतियों एवं कार्यक्रमों के साथ जुड़ कर ही साहित्य एवं कलाएँ जनता की सही मानों में सेवा कर सकती हैं।[493]

साहित्य एवं कलाओं के सन्दर्भ में पार्टी-दृष्टिकोण को प्रमुखता देते हुए, लेनिन का ही सन्दर्भ लेकर चाऊ यांग ने इस तथ्य को अवश्य स्पष्ट कर दिया है, कि पार्टी के साथ साहित्य एवं कलाओं की सम्पृक्ति यान्त्रिक एवं सतही भूमिका पर नहीं हो सकती। साहित्य एवं कला की विशिष्ट प्रकृति को समझ कर ही, इस दिशा में कार्य किया जाना चाहिए।[494]

चाऊ यांग ने माओत्से-तुंग के इस विचार को अपना पूरा समर्थन दिया है कि साहित्य एवं राजनीति के बीच न केवल घनिष्ठ सम्बन्धों की स्थिति है, राजनीति का स्थान प्राथमिक भी है। उनके चिन्तन का वैशिष्ट्य इस बात में निहित है कि उन्होंने लेखकों तथा कलाकारों को इस सम्बन्ध में अतिशय सरलीकरण के खतरे के प्रति सचेत भी किया है।[495] उनके विचार से भावों अथवा विचारों को अभिव्यक्त करने की साहित्य की अपनी पद्धति विचारों की अभिव्यक्ति के दूसरे माध्यमों से

बहुत कुछ भिन्न होती है।[496] विचारों की अभिव्यक्ति जहाँ राजनीति तथा उससे मिलते-जुलते अन्य रूपों में एकदम प्रत्यक्ष तथा स्पष्ट होती है, वहाँ साहित्य एवं कलाएँ चित्रों और बिम्बों का आश्रय ग्रहण करती हैं। बिम्बों के अभाव में साहित्य एवं कलाओं का अस्तित्व ही सम्भव नहीं है।[497] ये बिम्ब भी और कहीं से नहीं, सीधे जीवन के बीच से हमें प्राप्त होते हैं, इसी कारण उनमें जीवन्तता तथा यथार्थता होती है। साहित्य एवं कलाओं के इस मूलभूत चारित्र्य को भुलाकर यदि सर्जना के क्षेत्र में राजनीति को प्रधानता दी जायगी तो परिणाम शुभ नहीं होंगे। चित्रों एवं बिम्बों के स्थान पर अमूर्त्त राजनीतिक विचार एवं नुस्खे तथा जीवन्त एवं प्राणवान् चरित्रों के स्थान पर महज किन्हीं विचारों के थोथे प्रवक्ता एवं लेखक के हाथों की कठपुतलियाँ भी हमें मिलेंगी।[498] आवश्यकता इस बात की है कि साहित्य एवं कला के मूलभूत चारित्र्य की संगति में ही राजनीति को ग्रहण किया जाय ताकि कला-रूप के साथ लेखक के विचार घुलमिल कर एक हो सकें, वे ऊपर-ऊपर उतराते हुए प्रतीत न हों, गोया लेखक ने उन्हें कलाकृति में थोप दिया हो।[499] कलाकृति नीतियों के प्रवक्ताओं के स्थान पर ऐसे भावपूर्ण, प्रबुद्ध तथा उदात्त चरित्रों की अपेक्षा करती है जो अपनी अन्तर्निहित विशेषताओं से पाठकों को प्रभावित कर सकें।[500] जीवन की प्राणवान भूमिकाओं से कटे चरित्र कभी उस उद्देश्य की पूर्ति नहीं कर सकते, जो किसी सच्चे साहित्य या कला द्वारा आकांक्षित होता है।

चाऊ यांग का सारा जोर यहाँ इस तथ्य को प्रस्तुत करने की ओर है कि लेखकों तथा कलाकारों को जीवन से सीधी प्रेरणा ग्रहण करना चाहिए एवं अपनी कृतियों में उसे ही चित्रित करना चाहिए। यथार्थ कला जीवन को ही अपना मूल स्रोत मानती है, तथा सीधे जीवन से प्राप्त अनुभवों एवं प्रेरणाओं को महत्त्व देती है। इसके लिए जीवन की भूमिकाओं में गहरी पैठ की जरूरत है, न कि अमूर्त्त सामान्यीकरण (abstract generalization) की है।[501] लेखक की दृष्टि भी वस्तुपरक होनी चाहिए न कि उसकी वैयक्तिक एवं निजी रुझानों पर आधारित। चाऊ यांग ने यहाँ ऐसे लेखकों की आलोचना की है जो जन-जीवन से किसी भी प्रकार की गहरी सम्पृक्ति के अभाव में जीवन-सम्बन्धी अपनी निजी किताबी धारणाओं को प्रमुखता देते हैं, जीवन के विकास-नियमों को समझकर उसका चित्रण करने के बजाय बने-बनाये नुस्खों पर ही अपनी कलम चलाया करते हैं।[502] सच पूछा जाय तो ऐसे लेखक यथार्थवादी सृजन की वास्तविक कला से ही परिचित नहीं हैं।[503]

साहित्य समीक्षा के सन्दर्भ में चाऊ यांग ने सर्वप्रथम दृष्टिकोण को महत्त्व दिया है। उनके अनुसार हमें एकदम जनतन्त्र विरोधी कृतियों तथा उन कृतियों में भेद करना चाहिए जो बावजूद कतिपय कमजोरियों के, मूलतः प्रगतिशील कृतियाँ हैं। हमें इन दूसरी प्रकार की कृतियों की आलोचना करते समय जनता के समक्ष उनकी विशेषताओं को भी उभार कर रखना चाहिए, साथ ही लेखकों को इस प्रकार का मार्ग

निर्देश भी देना चाहिए कि वे उन गलतियों को सुधार सकें। प्रखर आलोचना के साथ-साथ ही प्रखर प्रोत्साहन भी आवश्यक है, तभी सच्ची समीक्षा सामने आ सकती है।[504]

दूसरी बात समीक्षा के मूलभूत चारित्र्य को समझने की है, जिसके अन्तर्गत कृति का कलात्मक विश्लेषण प्रधान होता है। कोरे फतवे देना समीक्षा नहीं है। समीक्षक को इससे बचना चाहिए। चाऊ यांग के अनुसार प्रायः समीक्षक को जीवन की उतनी भी समझ नहीं होती जितनी कि लेखक को है, ऐसी स्थिति में वह समीक्षक के धर्म का निर्वाह कर ही नहीं सकता।[505] पूर्वाग्रह युक्त अन्धी समीक्षा भी कदापि उचित नहीं है, साथ ही जो नेतृत्व करने की भूमिका पर हैं, उन्हें भी संयम और सन्तुलन से काम लेना चाहिए। ऐसी रचनात्मक समीक्षा जो सर्जना को प्रोत्साहित करते हुए लेखक की अन्तर्निहित प्रतिभा को उभार सके, चाऊ यांग के अनुसार सही समीक्षा कही जा सकती है। वह समीक्षा जो रचनाशीलता को निरुत्साहित करती है, केवल अन्धा और एकांगी दृष्टिकोण ग्रहण करती है, कदापि संगत नहीं मानी जा सकती।[506]

नये और प्रगतिशील साहित्य का मुख्य चाऊ यांग ने नये मनुष्य तथा उसके नये विचारों का चित्रण माना है।[507] सक्रिय तथा उदात्त चरित्रों की सृष्टि ही, उनके मत से, जनता को नये आदर्शों तथा नयी प्रेरणाओं से अनुप्राणित कर सकती है।[508] सक्रिय चरित्रों के प्रति रचनाकार की आत्मीयता भी आवश्यक है। सक्रिय तथा निष्क्रिय चरित्रों को एक ही स्तर पर प्रतिष्ठित नहीं किया जा सकता।[509] प्रश्न है कि सक्रिय चरित्रों तथा नायकों की कमजोरियों को चित्रित किया जा सकता है, या नहीं? इस प्रश्न का उत्तर देते हुए चाऊ यांग कहते हैं कि सक्रिय चरित्र लेखक कल्पना में जन्म न लेकर जनता के बीच जन्म लेते हैं, जहाँ से लेखक उन्हें अपनी कृतियों में लाता है। जिन लेखकों का जीवन तथा उसके बीच जन्म लेने वाले ऐसे नायकों से परिचय नहीं है, वे स्वभावतः ऐसे नायकों में खामियाँ देखेंगे, परन्तु जिन्हें जीवन की तथा इन नायकों की समझ है, वे खामियों को ही केन्द्रीय महत्त्व नहीं दे सकते। फिर भी, चाऊ यांग ने कहा है कि लेखकों के लिए आवश्यक है कि बने-बनाये नुस्खों के अनुसार इन नायकों की मूर्ति न गढ़ें और न ही उनका आदर्शीकरण करें।[510] इन नायकों की क्रान्तिकारी विशेषताओं को पूरे उत्कर्ष में उभारना अनिवार्य है, तथा गौण महत्त्व वाली कमजोरियों को नजरअन्दाज भी किया जा सकता है।[511]

क्रान्तिकारी तथा प्रगतिशील चरित्रों के चित्रण के लिए लेखक का जन संघर्षों में भाग लेना और आगे बढ़कर भाग लेना आवश्यक है।[512] जीवन की सक्रिय भूमिकाओं से जुड़कर ही लेखक नये और पुराने जीवन के संघर्ष तथा उनकी असंगतियों से परिचित हो सकता है, उसके अन्तर्गत एक साथ विद्यमान प्रगतिशील तथा ह्रासशील शक्तियों को पहचान सकता है, और तभी वह अपने नायकों को इन असंगतियों तथा द्वन्द्व के बीच से उभरते हुए दिखा सकता है।[513]

ऐतिहासिक चरित्रों के लिए चाऊ यांग का कहना है कि न तो हम उन्हें विकृत करके प्रस्तुत कर सके हैं, न गौरवान्वित करके। इतिहास किसी भी प्रकार की विकृति का हिमायती नहीं होता।[514]

रचनाशीलता, चाऊ यांग के मत से, एक कठिन कार्य है। सही रचनाशीलता के लिए न केवल लेखक के लिए वस्तु-जगत् की सही धारणा आवश्यक है, वरन् यह बात भी इतना ही जरूरी है कि वह सही भाषा तथा अन्य माध्यमों द्वारा अपने बिम्बों को स्पष्ट अभिव्यक्ति दे सके।[515] इस सम्बन्ध में अतीत के महान् कलाकारों के कृतित्व का अत्यन्त ईमानदार अध्ययन आवश्यक है, कारण उनसे लेखक मूल्यवान् प्रेरणाएँ ग्रहण कर सकता है।[516] यही नहीं, विदेश के महान् कलाकारों से भी इस प्रकार की प्रेरणाएँ प्राप्त हो सकती हैं, अतः उनकी भी उपेक्षा होनी चाहिए।[517]

समाजवादी यथार्थवाद सम्बन्धी चाऊ यांग की धारणा, उसके अन्य व्याख्याकारों की तुलना में विशिष्ट है। उनके अनुसार 'यह निर्णय लेने के लिए कि कोई कृति-विशेष समाजवादी यथार्थवाद की भावना से लिखी गयी है अथवा नहीं, मुख्य बात समाजवादी वास्तविकता का चित्रण नहीं, वरन् यह है कि वह समाजवादी दृष्टिकोण से जीवन का उसके क्रान्तिकारी विकास में चित्रण करती है, अथवा नहीं।'[518] इस स्थापना का महत्त्व इस बात को लेकर है कि जहाँ दूसरे व्याख्याकारों ने समाजवादी यथार्थवाद का मूल चारित्र्य समाजवादी वास्तविकता का चित्रण माना है, वहाँ चाऊ-यांग समाजवादी दृष्टिकोण से जीवन को उसके क्रान्तिकारी विकास में चित्रित करने को महत्त्व देते हैं। इसके अतिरिक्त उन्होंने जीवन के इस प्रकार के चित्रण में कलाकार की ईमानदारी तथा यथार्थ के प्रति निष्ठा का उल्लेख भी किया है।[519] यथार्थ जीवन में मरणशील तथा विकासोन्मुख शक्तियों का द्वन्द्व चला करता है, भाँति-भाँति की असंगतियों की स्थिति होती है। उनके अनुसार लेखक का दायित्व है कि वह असंगतियों तथा द्वन्द्वों के अन्तरंग चित्र प्रस्तुत करे तथा ऐतिहासिक विकास की प्रधान धाराओं की साफ समझ के साथ जो कुछ पुराना है उसका विरोध करते हुए विकासोन्मुख नये तत्त्वों को अपना समर्थन दे।[520]

विचारधारा के स्तर पर कृति का मूल्यांकन करने के लिए, उनके अनुसार, जीवन के सूक्ष्मतम ब्यौरों में प्रतिबिम्बित वर्गीय असंगतियों का, उनके सभी रूपों में उद्घाटन अनिवार्य है, साथ ही यह भी आवश्यक है कि इस उद्घाटन को पूरी गहराई के साथ प्रस्तुत किया जाय। इन असंगतियों को नजरअन्दाज करना, उन पर पर्दा डालना, यथार्थ को विकृत करना है। इससे न केवल कृति की विचारधारात्मक प्रखरता कम होती है, उसकी रचनात्मक-प्रभाव क्षमता को भी क्षति पहुँचती है।[521]

नये और पुराने के बीच के संघर्ष का चित्रण करने के लिए, नये जीवन के प्रतिनिधि चरित्रों का तीक्ष्ण एवं यथार्थवादी प्रस्तुतीकरण बहुत आवश्यक है। इन

चरित्रों को लड़ाकू होना चाहिए, जो अपने परिवेश को बदल सकने की पूरी सामर्थ्य रखते हों।[522] उन्होंने सलाह दी है कि लेखक सोवियत रूस की कृतियों से यह सीखें कि ऐसे नायकों के चित्र किस प्रकार प्रस्तुत किये जा सकते हैं जो उच्च नैतिक आदर्शों एवं साम्यवादी समाज के प्रतिनिधि मनुष्य के उदात्त गुणों की साकार मूर्ति हों।[523]

चाऊ यांग के अनुसार समाजवादी यथार्थवाद की व्याप्ति साहित्य एवं कला के सभी रूपों तक है।[524] वह निर्जीव नियमों अथवा व्यक्तिवादी मानदण्डों की समष्टि नहीं हैं, वरन् लेखकों तथा कलाकारों को प्रगति के पथ पर ले जाने वाला अक्षय प्रेरणा स्रोत है। समाजवादी यथार्थवाद न केवल लेखकों को विषय चुनने की स्वतन्त्रता देता है, अभिव्यक्ति के माध्यमों तथा शैलियों के क्षेत्र में भी मुक्त प्रतिस्पर्धा को प्रोत्साहित करता है। कहने का तात्पर्य यह कि उसके लेखक की रचनात्मक क्षमता तथा व्यक्तिगत प्रयासों के विकास की पूरी गुंजाइश है।[525]

माओत्से-तुंग द्वारा दिये गये बहु प्रचारित नारे–'सैकड़ों फूलों को खिलने दो, सैकड़ों विचारधाराओं को पनपने दो' का जिक्र हम माओत्से-तुंग के साहित्य-चिन्तन को प्रस्तुत करते हुए कर चुके हैं। कालान्तर में इस नारे को उसके मूलवर्ती उदार आशय से अलग करते हुए चाऊ यांग ने स्पष्ट किया कि विविध प्रकार की विचारधाराओं के पनपने का मतलब समाजवादी विचारधारा से भिन्न विचारों के पनपने से न होकर, समाजवादी विचारधारा की ही विविध प्रकार की वैचारिक अभिव्यक्तियों के पल्लवन से है। 'सैकड़ों फूलों' से मतलब समाजवादी गन्ध वाले फूलों से ही है, न कि समाजवादी गन्ध से भिन्न दूसरी विचारधारा के प्रतिनिधि फूलों से।[526]

कहने की आवश्यकता नहीं कि चाऊ यांग द्वारा दिया गया यह स्पष्टीकरण माओत्से-तुंग के मूलवर्ती स्पष्टीकरण से भिन्न है, जिसका कारण चीन की परिस्थितियाँ हो सकती हैं।

कुल मिलाकर चाऊ यांग का साहित्य-चिन्तन माओत्से-तुंग के साहित्यिक-चिन्तन की परम्परा से ही है, यद्यपि कतिपय साहित्यिक एवं कलात्मक प्रश्नों की व्याख्या के क्रम में चाऊ यांग ने कुछ मौलिक निष्कर्ष भी दिये हैं।

मार्क्सवादी साहित्य-चिन्तन के प्रतिनिधि पुरस्कर्ताओं के विचारों का परिचय देते समय हमने यथासम्भव मूल साहित्यिक प्रश्नों पर उनके मन्तव्य को स्पष्ट करने की चेष्टा की है। उनके कृतित्व को समग्रतापूर्वक, पूरे विस्तार के साथ प्रस्तुत करना सम्भव नहीं था, कारण यह परिमाण में अत्यन्त विपुल है। अगले खण्ड में मूल साहित्यिक प्रश्नों पर मार्क्सवादी दृष्टिकोण को स्पष्ट करने के क्रम में, अर्थात् मार्क्सवादी साहित्य-चिन्तन की एक समग्र एवं व्यवस्थित आकृति प्रस्तुत करने के क्रम में, यह विवेचन आधार-भूमि का कार्य करेगा। इस अगले खण्ड को हम मार्क्सवादी साहित्य-चिन्तन के सिद्धान्त-पक्ष का नाम भी दे सकते हैं।

सन्दर्भ

1. Refer—K. Marx and F. Engels; Literature and Art, Current Book House, Bombay-1, 1956, p. 1.
2. Refer—K. Marx and F. Engels, Literature and Art, Current Book House Bombay-1, 1956, p. 2.
3. Refer—K. Marx and F. Engel's : F. Engel's letter to Heing Starkenbourg, p. 8.
4. *Ibid*—F. Engel's Retter to Conrad Schmidt, p. 7.
5. Refer—K. Marx and F. Engel's letter to Heinz Starkenburg, p. 15.
6. *Ibid.*, pp. 14-15.
7. *Ibid.*, p. 16.
8. Refer—K. Marx and F. Engel's : F. Engel's letter to Heinz Starkenburg, p. 16.
9. *Ibid.*, p. 17.
10. Refer S.K. Marx and F. Engels : Literature and Art, Current Book-House Bombay-1, 1956; p. 17.
11. "If money is the tie that binds me with human life, that binds me with society, nature and man, is not money the tie of all ties ? Can it not tie and untie all ties ? Is it not therefore also the universal means of divorce? It is the true currency of separation as well as the true means of joining together, the galvanochemical force in society."—Refer—K. Marx and F. Engels : Literature and Art, Current Book House Bombay-1, 1956, p. 30.
12. *Ibid.*, p. 32.
13. *Ibid.*, p. 33.
14. "And as in material, so also in intellectual production the intellectual creations of individual nations become common property National onesidedness and narrow-mindedness become more and more impossible, and from the numerous national and local literatures there arises a world-literature". —Literature & Art, p. 34.
15. *Ibid.*, p. 40.
16. "You would have to Shakespearize more, while at present I consider Schillerism, making individuals the mere mouth pieces of the spirit of the times, your main fault." —*Ibid.*, p. 42.
17. *Ibid.*, p. 52.
18. Literature & Art, p. 53.
19. "The abolition of private property means therefore the complete emancipation of all human senses and aptitudes; but it means that emancipation for the very reason that these senses and aptitudes have become human, both subjectively and objectively". —p. 54.
20. "Only by first removing this interceding element which, however, is a necessary pre-requisite—does positive, self created humanism comes into being." —p. 54.
21. *Ibid.*, p. 55.
22. "The first freedom of the press consists in its not being a business".
23. "The writer who debases it to a material means, deserves, as punishment, for this inner lack of freedom, an external lack of freedom, namely censorship, or rather its existence is already his punishment". —Literature & Art, p. 55.

24. *Ibid.*, p. 117.
25. "If you want to enjoy art you must be an artistically cultured person". —p. 32.
26. *Ibid.*, p. 36. F. Engel's Letter to Margaret Harkness, April, 1888.
27. "Realism to my mind, implies, besides truth of detail, the truthful reproduction of typical characters under typical circumstances". —p. 36.
28. "The more the author's views are concealed, the better for the work of art. The realism, I allude to may creep out even inspite of the author's views." —p. 37.
29. *Ibid.*, p. 37.
30. 'Balzac, whom I consider a far greater master of realism than all the Zolas, past, present or future..." —*Ibid.*, p. 37.
31. *Ibid.*, p. 37.
32. It is always bad for an author to be infatuated with his hero..." —p. 39.
33. *Ibid.*, p. 39.

34,35. "...a Socialist-biased novel fully acheives its purpose, in my view, if by conscientiously describing the real mutual relations breaking down conventional illusions about them, it shatters the optemism of the bourgeois world, instills doubt as to the eternal character of the existing order, although the author does not offer any definite solution or does not even line up openly on any particular side." —*Ibid.*, p. 39-40.

36. 'The perfect blending of great intellectual depth and conscious historical content... It is truly in this blending that I see the future of the drama.' —p. 45.
37. *Ibid.*, p. 46.
38. 'According to my views on the drama, the realistic should not be overlooked because of the intellectual elements. Shakespeare should not be forgotten for Schiller..." —p. 47.
39. "...the materialist method is turned into its opposite when used, not as a guideline in historical investigation, but as a ready-made pattern on which to tailor historical facts." —*Ibid.*, p. 50.
40. "The exclusive concentration of artistic talents in a few individuals and its consequent suppression in the large masses is the result of the division of labour... In a communist organization of society, there are no painters; at best, there are people who, among other things, also paint." —*Ibid.*, p. 67.
41. Leo Tolstoy, as the mirror of Russian Revolution, L.N. Tolstoy; L.N. Tolstoy and the modern labour movement; Tolstoy and the proletarian struggle; Leo Tolstoy and his epoch.
42. Refer—Lenin On literature and Art—progress Publishers, Moscow, 1967—250-251.
43. *Ibid.*, p. 251.
44. लेनिन के संस्मरण—क्लारा जैटकिन—पी.प.हा. प्रा. लि., पृ. 20।
45. वहीं, पृ. 21।

46. वही, पृ. 21।
47. Refer—Lenin—On Literature and Art, p. 259.
48. 'Popularization, we should, like to inform the author, is a long way from vulgarization, from taling down. The popular writer leads his reader towards profound thoughts, towards profound study, proceeding from simple and generally known facts;... *Ibid.*, p. 17.
49. Refer—On Literature and Art—V.I. Lenin, p. 20-21.
50. Refer—On Literature and art V.I. Lenin, p. 145.
51. लेनिन के संस्करण—क्लारा जैटकिन—पी. प. हा. प्रा. लि., पृ. 75-76।
52. "What is this principle of Party-Literature ? It is not simply that, for the socialist proletariat, literature can not be a means of enriching individuals or groups; it can not, infact, be an individual undertaking, independent of the common cause of the proletariat. Down with literary Superman, Down with non-partisan writers. Literature must become part of the common cause of the proletariat, a cog and a screw" of one single great Social-democratic mechanism set in motion by the entire politically conscius vanguard of the entire working class. Literature must become a component of organised, planned and integrated Social Democratic Party work. —*Ibid.*, p. 23.
53. Lenin—On Literature and art, p. 25.
54. *Ibid.*
55. "There is no question that literature is least of all subject to mechanical adjustment or levelling, to the rule of the majority over the minority. There is no question, either, that in this field greater scope must undoubtedly be allowed for personal initiative, individual inclination, thought and fantasy, form and content. All this is undeniable. But all this simply shows that literary side of the proletarian party cause can not be mechanically identified with its other sides."—*Ibid.*
56. Lenin—On Literature and Art, p. 24.
57. *Ibid.*, p. 24-25.
58. "We must say to you bourgeois individualists, that your talk about absolute freedom is sheer hypocrisy. There can be no real and effective 'freedom' in a society based on the power of money." —*Ibid.*, p. 26.
59. "One can not live in a Society and be free from society. The freedom of the bourgeois writer, artist or actress is simply masked (or hypocritically masked) dependence on the money-bag, on corruption, on prostitution." —*Ibid.*, p. 26.
60. 'And we socialist expose this hypocrisy and rip off the false labels, not in order to arrive at a non-class literature and art (that will be possible only in a socialist extra-class society), but to contrast this hypocritically free literature, which is in reality linked to the bourgeois, with a really free one that will be openly linked to the proletariat.' —*Ibid.*, p. 26.
61. 'It will be a free literature, because the idea of socialism and sympathy with the working people, and not greed or careerism, will bring ever new forces to its ranks. It will be a free literature...' —*Ibid.*

62. "All Social democratic literature must become party-literature."
—*Ibid.,* p. 27.

63. Refer—Foremost Aesthetics of the 20th Century—Soviet Literature, Vol. 3, 1970.

64. "Thus for Lenin's aesthetics, the object of representation is actual reality, which is by no means a neutral element of artistic creation."
—*Ibid.,* p. 145.

65. "...'that the world does not satisfy man and man decides to change it by his activity'—These statements of Lenin's are an important and inalienable part of the philosophical arsenal of socialist—realist aesthetics." —*Ibid.,* p. 146.

66. Refer—The Limitations of Formalism—Leon Trotsky—compiled in the book—'The Modern Tradition'.
—Oxford Univ. Press, New York, 1965, p. 340.

67. *Ibid.,* p. 340-341.

68. Refer—The Modern Tradition—p. 341. "... of course, the new art cannot, but place the struggle of the proletariat in the centre of its attention."

69. "...the plough of the new art is not limited to numbered strips, On the contrary it must plough the entire field in all directions."—*Ibid.*

70. *Ibid.*

71. "Please write about anything you can think of! But allow the new class which considers itself, and with reason, called upon to build a new world, to say to you in any given case : It does not make new poets of you to translate the philosophy of life of the Seventeenth century into the language of the Acmeists." —*Ibid.,* p. 341.

72. "The creation and perception of art-forms is one of the functions of this psychology. And no matter how wise the formalists try to be, their whole conception is simply based upon the facts that they ignore the psychological unity of the social man, who creates, and who consumes, what has been created." —*Ibid.,* p. 342.

73. "The proletariat has to have in art the expression of the new spiritual point of view which is just beginning to be formulated within him, and to which art must help him give form. This is not a state order, but an historic demand. Its strength lies in the objectivity of historic necessity you can not pass this by, nor escape its force."
—*Ibid.,* p. 342.

74. *Ibid.,* p. 342.

75. *Ibid.,* p. 343.

76. "Every class tries to utilize to the greatest possible degree, the material and spiritual heritage of another class." —*Ibid.,* p. 343.

77. "However fantastic art may be, it can not have at its disposal any other material except that which is given to it by the world of three dimensions and by the narrower world of class-society. Even when the artist creates heaven and hell, he merely transforms the experience of his own life into his phantasmagorias, almost to the point of his landlady's unpaid bill." —*Ibid.,* p. 344.

78. “A new class does not begin to create all of culture from the beginning, but enters into possession of the past, assorts it, touches it up, re-arranges it, and builds on it further. If there were no such utilization of the “second-hand” wardrobe of the ages, historic processes would have no progress at all.” —*Ibid.*, p. 345.
79. *Ibid.*, p. 345.
80. *Ibid.*, p. 345.
81. *Ibid.*, p. 346.
82. *Ibid.*, p. 346.
83. “The effort to set art free from life, to declare it a craft, self-sufficient into itself, devitalizes and kills art. The very need of such an operation is an unmistakable symptom of intellectual decline”. —p. 346.
84. *Ibid.*, p. 347.
85. *Ibid.*, p. 348.
86. *Ibid.*, p. 348.
87. *Ibid.*, p. 348-349.
88. *Ibid.*, p. 349.
89. “This means a realistic monism, in the sense of a philosophy of life, and not a ‘realism’ in the sense of a traditional arsenal of literary schools, on the contrary, the new artist will need all the methods and processes evolved in the past as well as a few supplimentary ones, in order to grasp the new life. And this is not going to be artistic eclecticism, because the unity of art is created by an active world-attitude and active life-attitude”. —p. 349.
90. 'The purpose of our meeting today is precisely to fit art and literature properly into the whole revolutionary machine as one its component parts, to make them a powerful weapon for uniting and educating the people and for attacking and annihilating the enemy, and to help the people to fight the enemy with one heart and one mind.'
—Talks at the Yenan Forum on Art and Literature; Foreign Language Press, Peking—1959, p. 2.
91. 'Our artists and writers should work in their own fields, which is art and literature, but their duty, first and foremost is, to understand and know the people well.' —*Ibid.*, p. 6.
92. 'The ideas and feelings of our artists and writers should be fused with those of the broad masses of workers, peasants, and soldiers. In order to do so, one should conscientiously learn the language of the masses.'
—*Ibid.*, p. 7.
93. If our artists and writers from the inteliegentsia want their works to be welcomed by the masses, they must transform and remould their thoughts and feelings. Without such transformation and remoulding, they can do nothing well..." —p. 8-9.
94. *Ibid.*, p.9.
95. *Ibid.*, p. 9.
96. *Ibid.*, p. 10.
97. 'For whom our art and Literature; intended?' —p. 12.

98. 'So for as we are concerned, art and Literature are not intended for any of the above-mentioned persons, but for the people.' —p. 14.
99. *Ibid.*, p. 15.
100. By Marxism we mean the living Marxism that can have practical bearing on the life and struggle of the masses, and not Marxism in words. When Marxism in words is transformed into Marxism in practical life, there will be no more sectarianism. —p. 20.
101. '...popularization means extending art and literature among these people while elevation means raising their level of artistic and literary appreciation.' –p. 21.
102. *Ibid.*, p. 20.
103. *Ibid.*, p. 22.
104. "An artistic or literary work is ideologically the product of the human brain reflecting the life of a given society. Revolutionary art and literature are the products of the brains of revolutionary artists and writers reflecting the life of the people. In the life of the people itself lies a mine of raw material for art and literature, namely, things in their natural state, things crude, but also most lively, rich and fundamental; in this sense, they throw all art and literature into the shade and provide for them a unique and inexhaustible source." —p. 22.
105. *Ibid.*, p. 22.
106. *Ibid.*, p. 23.
107. 'In art and literature the uncritical appropriation and imitation of the ancients and foreigners, represent the most sterile and harmful artistic and literary doctrinairism.' —p. 23.
108. 'Though man's social life constitutes the only source for art and literature, and is incomparably more vivid and richer than art and literature as such, the people are not satisfied with the former alone and demand the latter. Why? Because, although both are beautiful, life as reflected in artistic and literary works can and ought to be on a higher level and of a greater power and better focussed, more typical, nearer the ideal, and therfore, more universal than actual every day life.' —*Ibid.*, p. 24.
109. *Ibid.*, p. 29-30.
110. *Ibid.*, p. 32.
111. 'We are not in favour of erroneously over-emphasising the importance of art and literature, but neither are we, in favour of underestimating it. Art and Literature are subordinate to politics.' –p. 32.
112. *Ibid.*, p. 35.
113. *Ibid.*, p. 36.
114. 'In examining the subjective intention of an artist, i.e. whether his motive is correct and good, we do not look at his declaration but at the effect of his activities (mainly his works) produced on society and the masses.' —p. 36.
115. *Ibid.*, p. 37.

116. *Ibid.*, p. 38.
117. 'We must carry on a two-front struggle in art and literature.' *Ibid.*, p. 38.
118. *Ibid.*, p. 40. 'As to the so called 'love of mankind', there has been no such all embracing love since humanity was divided into classes.'
119. *Ibid.*, p. 41.
120. 'Satire is always necessary...We are not opposed to satire as a whole, but we must not abuse it.' *Ibid.*, p. 43.
121. 'We study Marxism in order to apply the dialectical materialist and Historical materialist view point in our observation of the world, society and art and literature, and not in order to write philosophical discourses in our works of art and literature. Marxism embraces realism in artistic and literary creation but can not replace it just as it embraces atomics and electronics in physics but can not replace them. Empty, cut-and-dried dogmas and formulas will certainly destroy our creative impulse; moreover they first of all destroy Marxism. Dogmatic Marxism is not Marist but Anti-Marxist."

—p. 45.
122. 'On Art and literature' 'Maotse-tung' Foreign language press, Peking, 'What is correct always develops in course of struggle with what is wrong.' —p. 139.
123. 'Different forms and styles in art can develop freely'. —p. 137.
124. 'The true, the good, and the beautiful always exist in comparison with the foese, the evil and the ugly, and grow in struggle with the latter.' —p. 139-140.
125. 'We think that it is harmful to the growth of art and science if administrative measures are used to impose one particular style of art or school of thought and to ban another.' —p. 137.
126. 'Questions of right and wrong in the art and sciences should be settled through free discussions in artistic and scientific circles and in the course of practical work in the art and sciences...That is why we should take a cautions attitude in regard to questions of right and wrong, in the arts and sciences, encourage free discussions, and avoid hasty conclusions.' —p. 138.
127. 'Ideological struggle is not like other forms of struggle. Crude, coercive methods should not be used in this struggle, but only the method of painstaking reasoning.' —p. 140.
128. Art and Social life, G. V. Plekhnov. P. P. H. Bombay. —1953, p. 20.
129. 'I consider, however, that Art begins at the point where man, evokes within himself a new feelings and thoughts experienced by him under the influence of his environment and gives a certain expression to them in images. It goes without saying, that in the vast majority of instances he does this in order to convey to other people the thoughts and feelings he has recalled. Art is a social phenomenon.'

—*Ibid.*, p. 20-21.
130. 'I view Art as I do all social phenomenon from the stand point of the materialist conception of history'. —*Ibid.*, p. 21.

131. *Ibid.*, p. 23.
132. *Ibid.*, p. 23.
133. 'The Descent of man and selection in relation to sex'.
134. 'Art and Social life', p. 25.
135. *Ibid.*, p. 26.
136. *Ibid.*, p. 27
137. *Ibid.*, p. 28.
138. *Ibid.*, p. 28.
139. "Man's nature makes it possible for him to have aesthetic tastes and concepts. Environmental condition are the determining factor in the transition from this possibility to reality; it is these conditions that explain why social men (or rather, any particular society people or class) passes their own distinct aesthetic tastes and concepts."—p. 31
140. *Ibid.*, p. 55.
141. "In order to understand the history of the art and literature of any country, the history of those changes which have taken place in the condition of its inhabitants has to be studied". —p. 57.
142. "The art of any people is determined by their psychology; that their psychology is the out come of their condition and that this is itself determined in the last analysis by the state of their productive forces and their relations of productions." —p. 59.
143. *Ibid.*, p. 102.
144. *Ibid.*, p. 82.
145. *Ibid.*, p. 175.
146. *Ibid.*, p. 176.
147. *Ibid.*, p. 176.
148. *Ibid.*, p. 176.
149. *Ibid.*, p. 181.
150. *Ibid.*, p. 184.
151. *Ibid.*, p. 189.
152. *Ibid.*, p. 189.
153. *Ibid.*, p. 190.
154. *Ibid.*, p. 207.
155. *Ibid.*, p. 194.
156. *Ibid.*, p. 196.
157. *Ibid.*, p. 196.
158. *Ibid.*, p. 196.
159. *Ibid.*, p. 197.
160. *Ibid.*, p. 209.
161. *Ibid.*, p. 210.
162. *Ibid.*, p. 228.
163. *Ibid.*, p. 233.
164. *Ibid.*, p. 236.
165. *Ibid.*, p. 240.
166. *Ibid.*, p. 241.
167. *Ibid.*, p. 241.
168. *Ibid.*, p. 242.

169. Refer—From the compiler—A. V. Lunacharsky—On Literature and Art—Progress publishers Moscow. p. 5.
170. *Ibid.*, p. 12.
171. *Ibid.*, p. 13.
172. *Ibid.*, p. 13.
173. *Ibid.*, p. 14.
174. *Ibid.*, p. 14.
175. *Ibid.*, p. 14.
176. *Ibid.*, p. 14.
177. *Ibid.*, p. 14.
178. *Ibid.*, p. 14.
179. *Ibid.*, p. 15.
180. "...The factor of Evaluation must be regarded as one of the most important and loftiest features of contemporary Marxist-criticism" p. 16.
181. *Ibid.*, p. 17.
182. *Ibid.*, p. 17.
183. *Ibid.*, p. 17.
184. *Ibid.*, p. 17.
185. *Ibid.*, p. 17.
186. *Ibid.*, p. 19.
187. *Ibid.*, p. 19.
188. *Ibid.*, p. 19.
189. *Ibid.*, p. 19.
190. *Ibid.*, p. 20.
191. *Ibid.*, p. 20.
192. *Ibid.*, p. 20.
193. 'New content in every new work demands new form', p. 20.
194. *Ibid.*, p. 20-21.
195. *Ibid.*, p. 21.
196. *Ibid.*, p. 22.
197. *Ibid.*, p. 23.
198. *Ibid.*, p. 24.
199. *Ibid.*, p. 25-26.
200. *Ibid.*, p. 26.
201. How I Learnt to write, The disintegration of Personality, Talks on craftmanship;—Maxim Gorky—On Literature—Foreign Language Publishing House, Moscow.
202. Refer—Maxim Gorky—'On Literature'—Foreign Languages Publishing House, Moscow, p., 27.
203. *Ibid.*, p. 27-28.
204. *Ibid.*, p. 28.
205. *Ibid.*, p. 29.
206. *Ibid.*, p. 30.
207. 'Imagination is, in its essence, also a mode of thinking about the world, but thinking in terms of images.' —p. 30.

208. *Ibid.*, p. 32.
209. *Ibid.*, p. 32.
210. 'Active Romanticism strives to strengthen man's will to live and raise him up against the life around him, against any yoke it would impose.' —p. 32-33.
211. *Ibid.*, p. 33.
212. *Ibid.*, p. 35.
213. *Ibid.*, p. 35.
214. *Ibid.*, p. 35.
215. *Ibid.*, p. 40.
216. 'It will be in place to remind you that language is created by the people.' p. 57.
217. *Ibid.*, p. 65-66.
218. *Ibid.*, p. 66.
219. 'If there is need speak of the 'sacred' then I will say that the only thing I hold sacred is man's dissatisfaction with himself, his striving to become better than he is; I also hold sacred his hatred of all the rubbish that clutters up life and which he himself has brought into being; his desire to put an end to envy, greed, crime, disease, wars and all enmity among people in the world; his labour.' p. 67.
220. *Ibid.*, p. 136.
221. *Ibid.*, p. 170.
222. *Ibid.*, p. 170.
223. *Ibid.*, p. 170.
224. *Ibid.*, p. 170.
225. *Ibid.*, p. 171.
226. *Ibid.*, p. 236.
227. *Ibid.*, p. 243.
228. 'Imagining means abstracting the fundamental idea underlying the sum of a given reality, and embodying it in an image, that gives us realism. But if the meaning of what has been abstracted from reality is amplified through the addition of the desired and the possible-if we supplement it through the logic of hypothesis-all this rounding off the image—then we have the kind of romanticism which underlies the myth and is most beneficial in its promoting a revolutionary attitude towards reality, an attitude that in practice refashions the world.' —p. 244.
229. *Ibid.*, p. 244.
230. *Ibid.*, p. 254.
231. *Ibid.*, p. 254.
232. *Ibid.*, p. 256.
233. *Ibid.*, p. 264.
234. *Ibid.*, p. 265.
235. Refer—Soviet Literature—Vol. 10, 1966 'Gorky on Socialist Realism.'
236. 'काले कपड़े पहने एक छोटे कद का आदमी आगे बढ़कर निकट आ गया...उसकी हर

चीज पैनी मालूम होती थी। उसकी नजर, उसकी गालों की हड्डियाँ, उसकी दाढ़ी, जो बकरे की भाँति नोकदार थी।'

—एक पाठक—चुनी हुई कहानियाँ—विदेशी भाषा प्रकाशन गृह, मास्को।

237. मैक्सिम गोर्की—चुनी हुई कहानियाँ—'एक पाठक' कहानी से। विदेशी भाषा प्रकाशन गृह, मास्को, पृ. 245-272।
238. Refer—Illusion and Reality—People's Publishing House Ltd. 1956—Introduction, p. 5.
239. "To stand outside art is to stand inside society". *Ibid.,* p. 6.
240. *Ibid.,* p. 10.
241. *Ibid.,* p. 11.
242. *Ibid.,* p. 13.
243. *Ibid.,* p. 13.
244. *Ibid.,* p. 25.
245. *Ibid.,* p. 26.
246. "Poetry is to be regarded then, not as anything racial national, genetic or specific in its essence, but as some thing economic". p. 14.
247. Not poetry's abstract statement — its content of facts but its dynamic role in society— its content of collective emotion is therefore poetry's Truth. p. 29.
248. *Ibid.,* p. 56.
249. "This unreserved access to an unrestricted market constitutes the 'freedom' of capitalist society". p. 57.
250. *Ibid.,* p. 58.
251. *Ibid.,* p. 58.
252. "But both capitalist and poet become darker figures first tragic, then pitiful and finally vicious". p. 59.
253. "The bourgeois is always talking about liberty because it is always slipping from his grasp." p. 60.
254. "The bourgeois poet treads a similar circle. He finds the loveliness which is the condition of his freedom unendurable and coercive. He finds more and more of his experience of the earth and the universe unfriendly and a restraint on his freedom. He ejects every thing social from his soul and finds that it deflates, leaving him petty, empty and insecure." p. 60.
255. *Ibid.,* p. 60-61.
256. "The collective world of art is fed by the collective world of real society, because it is built of materials which derive their structure and emotional associations from social use." p. 63.
257. 'But the art work lives in a world of society. Art works are always composed of objects that have a social reference. Not mere noises but words from a vocabulary, not chance sounds but notes from a cocially recognised scale, not mere blobs but forms with a meaning, are what constitutes the meterial of art. All these things have emotional associations which are special.' p. 48.
258. *Ibid.,* p. 109.

259. “But the bourgeois protests against this because determinism seems to him the antithesis of free will”. p. 63.
260. “The condition of freedom for the bourgeois class in a feudal society is the non-existence of feudal rule, The condition of the freedom of the workers in a capitalist society is the non-existence of capitalist rule. This is also the condition of freedem for a completely free society-that is; a classless society. Only in such a society can all men actively develop their consciousness of social determinism by controlling their associated destinies, The bourgeois can never accept this definition of freedom for all until he has ceased to be a bourgeois and comprehended the historical movement as a whole.” p. 65.
261. इस सम्पूर्ण विवेचन का सम्बन्ध, पृ. 124 से लेकर पृ. 135 तक है।
262. *Ibid.,* p. 136.
263. *Ibid.,* p. 160.
264. *Ibid.,* p. 102.
265. “Poetry is creative, dream is not. poetry is creative because it is directed feeling. In dream the associations are ‘free’...In poetry however feeling is fashioned into a special form by being made to live in the common world of perceptual reality. Poetry externalizes emotion. The self is expressed-forcibly squeezed out. Emotion is mented—made current coin. Feelings are given social value, Work is done. Dream work is precisely not labour, poetic dream-work is; because one produces social commodities, the other does not.”

Ibid., p. 219.

266. *Ibid.,* p. 286.
267. *Ibid.,* p. 286.
268. *Ibid.,* p. 290.
269. *Ibid.,* p. 289-290.
270. *Ibid.,* p. 299.
271. Refer—Studies in a Dying culture—John Lane The Bodely Head—London—1951— p. 44-45.
272. *Ibid.,* p. 53.
273. *Ibid.,* p. 54.
274. Refer—Further studies in a dying culture-1950; p. 113.
275. *Ibid.,* p. 115.
276. Refer—The Novel and the People—F. L. P. H. Moscow, 1954; p. 61.
277. *Ibid.,* p. 62.
278. *Ibid.,* p. 62.
279. *Ibid.,* p. 66.
280. *Ibid.,* p. 67.
281. *Ibid.,* p. 67.
282. *Ibid.,* p. 67.
283. *Ibid.,* p. 68.
284. *Ibid.,* p. 69.
285. *Ibid.,* p. 69.

286. *Ibid.*, p. 69.
287. *Ibid.*, p. 69.
288. *Ibid.*, p. 69.
289. *Ibid.*, p. 70.
290. *Ibid.*, p. 71.
291. *Ibid.*, p. 71.
292. *Ibid.*, p. 72.
293. *Ibid.*, p. 73.
294. *Ibid.*, p. 73.
295. *Ibid.*, p. 74.
296. *Ibid.*, p. 74.
297. *Ibid.*, p. 75.
298. *Ibid.*, p. 75.
299. *Ibid.*, p. 76.
300. *Ibid.*, p. 76-77.
301. *Ibid.*, p. 77.
302. *Ibid.*, p. 79.
303. *Ibid.*, p. 79.
304. *Ibid.*, p. 80.
305. *Ibid.*, p. 80.
306. *Ibid.*, p. 82.
307. *Ibid.*, p. 82.
308. *Ibid.*, p. 90.
309. Refer, Ibid, Chapters VI to VIII.
310. *Ibid.*, p. 134-35.
311. Refer, *Ibid.*, p. 135.
312. Refer, *Ibid.*, p. 135.
313. *Ibid.*, p. 136.
314. *Ibid.*, p. 137.
315. *Ibid.*, p. 137.
316. *Ibid.*, p. 137.
317. *Ibid.*, p. 140.
318. *Ibid.*, p. 140.
319. *Ibid.*, p. 141.
320. *Ibid.*, p. 141.
321. *Ibid.*, p. 142.
322. *Ibid.*, p. 167.
323. *Ibid.*, p. 167.
324. *Ibid.*, p. 168.
325. *Ibid.*, p. 169.
326. *Ibid.*, p. 176.
327. *Ibid.*, p. 180.
328. Refer—Literature and Reality—P. P.H. Ltd. Delhi-1955.—p. 2.
329. *Ibid.*, p. 2.
330. *Ibid.*, p. 7.
331. *Ibid.*, p. 7.
332. *Ibid.*, p. 11.

333. *Ibid.*, p. 14.
334. *Ibid.*, p. 16.
335. *Ibid.*, p. 19.
336. *Ibid.*, p. 20.
337. *Ibid.*, p. 20.
338. *Ibid.*, p. 20.
339. *Ibid.*, p. 21.
340. *Ibid.*, p. 27-28.
341. *Ibid.*, p. 37.
342. *Ibid.*, p. 37.
343. *Ibid.*, p. 36.
344. 'Marxists do not reject form, for if they did, they would of necessity have to reject art.' p. 48.
345. *Ibid.*, p. 48.
346. *Ibid.*, p. 49.
347. *Ibid.*, p. 50.
348. 'As a matter of fact, morality is the salt which seasons creative writing', p. 68.
349. '...Without moral judgements there could be no such thing as literature, as we know it.' p. 68.
350. *Ibid.*, p. 68.
351. 'The ethic of resistance is now the ethic of society. That which furthers the struggle of mankind to liberate itself and build socialism is good. And out of this concept applied in its fullest sense, come the new standards of socialist realism.' p. 101.
352-53. "Literature is a part of reality. Literature is bound, wedded and sealed to the reality of life. Literature has no separate existence from life and the artist can have no separate existence from the citizen. Surrender, of course, is open to him, but it is not open to him to surrender and to remain a creative, living writer." p. 105.
354. *Ibid.*, p. 108.
355. *Ibid.*, p. 111.
356. 'Great Songs call for great singers, and this is a time for greatness.' p. 112.
357. Refer—Studies in Duropean Realism—Preface, p. 1. Hilway Publishing Company, London, 1950.
358. *Ibid.*, p. 2.
359. *Ibid.*, p. 2.
360. *Ibid.*, p. 2.
361. *Ibid.*, p. 2.
362. *Ibid.*, p. 2.
363. *Ibid.*, p. 2.
364. *Ibid.*, p. 3.
365. *Ibid.*, p. 3.
366. *Ibid.*, p. 3-4.
367. *Ibid.*, p. 4.
368. *Ibid.*, p. 5.

369. 'The Marxist philosophy of history analyses man as a whole...' p. 5.
370. *Ibid.*, p. 5.
371. *Ibid.*, p. 5.
372. *Ibid.*, p. 5.
373. *Ibid.*, p. 5.
374. *Ibid.*, p. 5.
375. 'Realism however is not some of middle way between false objectivity and false subjectivity, but on the contrary the true, solution bringing third way opposed to all the pseudo-dilemmas engendered by the wrongly posed questions of those who wander without a chart in the labyrinth of our time.' p. 6.
376. *Ibid.*, p. 6.
377. *Ibid.*, p. 6.
378. *Ibid.*, p. 6.
379. *Ibid.*, p. 6.
380. *Ibid.*, p. 6.
381. 'Thus realism means a three dimensionality, an alroundness that endows with independent life characters and human relationships.' p. 6.
382. *Ibid.*, p. 6.
383. The central aesthetic problem of Realism is the adequate presentation of the complete human personality. p. 7.
384. *Ibid.*, p. 7.
385. *Ibid.*, p. 7.
386. *Ibid.*, p. 7.
387. *Ibid.*, p. 7.
388. *Ibid.*, p. 8.
389. *Ibid.*, p. 9.
390. *Ibid.*, p. 9.
391. *Ibid.*, p. 9.
392. *Ibid.*, p. 10.
393. *Ibid.*, p. 10.
394. 'It touches the essence of true realism : the great writer's thirst for truth, his fanatic striving for reality—or expressed in terms of ethics : the writer's sincierity and probity.'
395. This ruthlessness towards their own subjective world picture is the hall-mark of all great realists. p. 11
396. *Ibid.*, p. 11.
397. *Ibid.*, p. 11.
398. 'No writer is a true realist—or even a truly good writer, if he can direct the evolution of his own characters at will.' p. 11.
399. *Ibid.*, p. 11.
400. *Ibid.*, p. 12.
401. *Ibid.*, p. 12.
402. *Ibid.*, p. 13.

403. *Ibid.,* p. 17.
404. *Ibid.,* p. 19.
405. Refer—The meaning of Contemporary Realism-Merlin Press, London, 1962, p. 93.
406. *Ibid.,* p. 96.
407. *Ibid.,* p. 97.
408. In no other aesthetics does the truthful depiction of reality have so central a place as in Marxism, p. 101.
409. *Ibid.,* p. 102.
410. *Ibid.,* p. 107.
411. *Ibid.,* p. 107.
412. *Ibid.,* p. 108.
413. *Ibid.,* p. 109.
414. As socialism develops, critical realism, as a distinct literary style, will wither away, p. 115.
415. *Ibid.,* p. 115.
416. *Ibid.,* p. 115.
417. *Ibid.,* p. 116-118.
418. 'Revolutionary Romanticism is the aesthetic equivalent of economic subjectivism.' p. 125.
419. *Ibid.,* p. 126.
420. *Ibid.,* p. 134.
421. 'Modernism means not the enrichment but the negation of art', p. 46.
422. *Ibid.,* p. 20-21, 27.
423. *Ibid.,* p. 34.
424. *Ibid.,* p. 33.
425. *Ibid.,* p. 20-21.
426. *Ibid.,* p. 25.
427. 'Art is almost as old as man, It is a form of work, and work is an activity peculiar to mankind.'
—The Necessity of Art—Penguin Books Pvt. Ltd.,1963, p. 15.
428. Refer, *Ibid.,* p. 15.
429. *Ibid.,* p. 15.
430. *Ibid.,* p. 15.
431. *Ibid.,* p. 19.
432. *Ibid.,* p. 28.
433. *Ibid.,* p. 29.
434. *Ibid.,* p. 29.
435. *Ibid.,* p. 31.
436. *Ibid.,* p. 31.
437. *Ibid.,* p. 33.
438. *Ibid.,* p. 33.
439. *Ibid.,* p. 33.
440. *Ibid.,* p. 35.

441. *Ibid.,* p. 36.
442. *Ibid.,* p. 36.
443. *Ibid.,* p. 37.
444. *Ibid.,* p. 38.
445. *Ibid.,* p. 41.
446. *Ibid.,* p. 45.
447. *Ibid.,* p. 46.
448. 'Even the most subjective artist works on behalf of society—*Ibid.,* p. 46.
449. *Ibid.,* p. 46.
450. 'Art is itself a social reality'—*Ibid.,* p. 46.
451. 'Art can raise, map up from a fragmented state into that of a whole, integrated being. Art enables man to comprehend reality, and not only helps him to bear it, but increases his determination to make it more human and more worthy of mankind.'—*Ibid.,* p. 46.
452. *Ibid.,* p. 47.
453. 'In a decaying society, art if it is truthful, must also reflect decay, And unless it wants to break faith with its social function art must show the world as changeable. And help to change it.' *Ibid.,* p. 48.
454. *Ibid.,* p. 7.
455. 'Art is the indispensable means for this merging of the individual with the whole.' p. 8.
456. *Ibid.,* p. 9.
457. *Ibid.,* p. 9.
458. *Ibid.,* p. 10.
459. *Ibid.,* p. 11.
460. *Ibid.,* p. 12.
461. *Ibid.,* p. 14.
462. *Ibid.,* p. 14.
463. *Ibid.,* p. 14.
464. 'Art is necessary in order that man should be able to recognize and change the world. But art is also necessary by virtue of the magic inherent in it.' p. 14.
465. *Ibid.,* p. 49.
466. 'For the first time in the history of mankind the artist became a 'free' artist, 'a free' personality, free to the point of absurdity; of icy loneliness. Art became an occupation that was half-romantic, half-commercial'. p. 49.
467. *Ibid.,* p. 49.
468. *Ibid.,* p. 51.
469. *Ibid.,* p. 51.
470. *Ibid.,* p. 51.
471. *Ibid.,* p. 52.
472. *Ibid.,* p. 52.

473. ‘Only under capitalism has all art above a certain level of mediocrity always been an art of protest, criticism and revolt.’ *Ibid.*, p. 101-102.
474. *Ibid.*, p. 129.
475. ‘...that form is primary and content secondary is a typical reaction of every ruling class when its position is thereatened.’ p. 131.
476. *Ibid.*, p. 131.
477. *Ibid.*, p. 142.
478. *Ibid.*, p. 152.
479. *Ibid.*, p. 152.
480. *Ibid.*, p. 198.
481. *Ibid.*, p. 205.
482. *Ibid.*, p. 205.
483. *Ibid.*, p. 207.
484. *Ibid.*, p. 213.
485. *Ibid.*, p. 213.
486. *Ibid.*, p. 214.
487. *Ibid.*, p. 216.
488. *Ibid.*, p. 225.
489. ‘China's new literature and Art—Foreign Language Press—Peking—1954, p. 6.
490. *Ibid.*, p. 13.
491. *Ibid.*, p. 40.
492. *Ibid.*, p. 42.
493. *Ibid.*, p. 17.
494. *Ibid.*, p. 19.
495. *Ibid.*, p. 16.
496. *Ibid.*, p. 16.
497. *Ibid.*, p. 16.
498. *Ibid.*, p. 16.
499. *Ibid.*, p. 16.
500. *Ibid.*, p. 16.
501. *Ibid.*, p. 14.
502. *Ibid.*, p. 15.
503. *Ibid.*, p. 15.
504. *Ibid.*, p. 21-22.
505. *Ibid.*, p. 22.
506. *Ibid.*, p. 22-23.
507. *Ibid.*, p. 31.
508. *Ibid.*, p. 31-32.
509. *Ibid.*, p. 32.
510. *Ibid.*, p. 32.
511. *Ibid.*, p. 33.
512. *Ibid.*, p. 35.
513. *Ibid.*, p. 34.

514. *Ibid.*, p. 35.

515. 'Creation is a difficult task. A writer not only has to understand th objective world correctly, but must be able to express his images clearl through his choice of language or some other media.' *Ibid.*, p. 38.

516. *Ibid.*, p. 39.

517. *Ibid.*, p. 41.

518. *Ibid.*, p. 95.

519. *Ibid.*, p. 97.

520. *Ibid.*, p. 97.

521. *Ibid.*, p. 97.

522. *Ibid.*, p. 99.

523. *Ibid.*, p. 100.

524. *Ibid.*, p. 28.

525. *Ibid.*, p. 28-29.

526. 'We always hold that letting al hundred flowers blossom mean blossoming in the scope—socialism. The flowers of blossom are socialis flowers.' —Chinese Literature (October—10, 1960

खण्ड : 4

मार्क्सवाद और मूल साहित्यिक प्रश्न

- साहित्य एवं कला तथा आर्थिक-भौतिक जीवन
- साहित्य एवं कला तथा यथार्थ
- साहित्य एवं कला तथा वस्तु और रूप
- साहित्य एवं कला तथा सौन्दर्य-तत्त्व
- साहित्य एवं कला, मूल्यांकन की समस्या
- साहित्य एवं कला तथा साहित्येतर बुनियादी जीवन-मूल्य

1

साहित्य एवं कला तथा आर्थिक-भौतिक जीवन

पिछले खण्ड में हमने प्रतिनिधि तथा प्रमुख पुरस्कर्ताओं के माध्यम से मार्क्सवादी साहित्य-चिन्तन को उसके समूचे आयामों में प्रस्तुत करने की चेष्टा की है। जैसा कि हमने उक्त खण्ड के अन्त में कहा भी है, उक्त पुरस्कर्ताओं के चिन्तन के बीच से ही मार्क्सवादी साहित्य-चिन्तन को उसकी समग्रता में व्यवस्थित रूप से प्रस्तुत किया जा सकता है। प्रस्तुत खण्ड में हमारा प्रयास इसी दिशा में होगा। मार्क्सवादी साहित्य-चिन्तन से सम्बन्धित मूल प्रश्नों की प्रस्तुति करते हुए हम इस खण्ड में यह बतलाने का प्रयास करेंगे कि साहित्य-चिन्तन से सम्बन्धित प्रायः प्रत्येक पक्ष पर मार्क्सवादी विचारकों ने मार्क्सवादी दृष्टिकोण को स्पष्ट करने का प्रयास किया है, और इस प्रकार एक भरे-पूरे मार्क्सवादी साहित्य-चिन्तन को शक्ल दी है। यह अवश्य है कि सौन्दर्यशास्त्रीय प्रश्नों पर भाववादी विचारकों की चिन्तन-पद्धति और धारणा से, मार्क्सवादी चिन्तन-पद्धति और धारणा बहुत कुछ भिन्न है। इसी भिन्नता में ही मार्क्सवादी साहित्य-चिन्तन की मौलिकता को भी देखा जा सकता है। साहित्य एवं काव्य की आत्मा, काव्य हेतु आदि आदि पर जिस ढंग से भाववादी सौन्दर्यशास्त्र के अन्तर्गत विचार हुआ है, मार्क्सवादी विचारकों में ऐसा हमें नहीं मिलता। प्रश्नों की केन्द्रीयता को लेकर भी दोनों सौन्दर्य-दृष्टियों तथा चिन्तन-पद्धतियों में भिन्नता है। जिन प्रश्नों को भाववादी सौन्दर्यशास्त्रियों ने अतिरिक्त महत्त्व प्रदान किया है, उनमें से अनेक मार्क्सवादी साहित्य-चिन्तकों द्वारा उस स्तर की वरीयता प्राप्त करने में असमर्थ रहे हैं, तथा ऐसे अनेक प्रश्नों पर भाववादी सौन्दर्यशास्त्र भी अधिक कुछ प्रकाश नहीं डाल सका है, जिन पर मार्क्सवादी साहित्य-चिन्तन में विस्तार से चर्चा हुई है। कहने का तात्पर्य यह कि वस्तुतः जीवन-दृष्टियों तथा दृष्टिकोण का यह अन्तर ही है, जिसके फलस्वरूप एक ही मूल विषय, साहित्य या कला, की चर्चा के क्रम में, चिन्तक और विचारक भिन्न-भिन्न भूमियों एवं दिशाओं की ओर बढ़ गये हैं। मार्क्सवादी साहित्य-चिन्तन को समझने

के लिए और उससे अन्तरंगता स्थापित करने के लिए हमें भाववादी और भौतिकवादी दृष्टिकोणों के इस अन्तर को दृष्टिपथ में रखना होगा।

अगले पृष्ठों में हमारा प्रयास मूल साहित्यिक प्रश्नों पर मार्क्सवादी दृष्टिकोण का एक अव्यवस्थित और समग्र स्पष्टीकरण है। चूँकि पिछले खण्ड में अलग-अलग विचारकों के साहित्य-चिन्तन का परिचय देते समय हम विस्तारपूर्वक इन प्रश्नों को प्रस्तुत कर चुके हैं, अतः पुनरावृत्ति से बचने के लिए इस खण्ड में हम प्रथमतः अपनी चर्चा संक्षेप में करेंगे और द्वितीय, पाठकों से यह अपेक्षा करेंगे कि किसी निष्कर्ष से सम्बन्धित विचारकों के मूल चिन्तन या मूल कथनों को इस खण्ड में न देखकर पिछले खण्ड में देखें, जहाँ उस चिन्तक या विचारक के साहित्यिक चिन्तन को स्वतन्त्र रूप से प्रस्तुत किया गया है। उद्धरणों तथा सन्दर्भों के लिए भी पिछले खण्ड में ही दृष्टि डालें, कारण प्रस्तुत खण्ड में केवल आवश्यक उद्धरणों की ही पुनरावृत्ति की जायगी, या ऐसे उद्धरणों एवं सन्दर्भों की, जो स्वतन्त्र विवेचन के अन्तर्गत नहीं आ सके हैं। अस्तु!

आधार और बाह्य-संरचना

मार्क्सवादी साहित्य-चिन्तन के प्रस्थान-बिन्दु का उल्लेख हम पिछले पृष्ठों में कर चुके हैं। मार्क्सवादी साहित्य-चिन्तन से सम्बद्ध मूल साहित्यिक प्रश्नों पर विचार करने के हेतु उसका फिर से उल्लेख एवं व्याख्या आवश्यक है, कारण न केवल मार्क्सवादी साहित्य-चिन्तन के अनेक पक्ष उसके अन्तर्गत अन्तग्रन्थित हैं, मार्क्सवादी साहित्य-चिन्तन की आधारभूत आकृति के सम्बन्ध में उठी अनेक भ्रान्तियों का निराकरण करने के हेतु भी उसका उल्लेख अनिवार्य है। 'ए कण्ट्रीब्यूशन टु द क्रिटीक ऑफ पोलिटिकल इकोनॉमी' कृति की प्रस्तावना में मार्क्स ने कहा था—

'सामाजिक जीवन की उत्पादन-प्रक्रिया में मनुष्य ऐसे सुनिश्चित सम्बन्धों की स्थापना करते हैं, जो अपरिहार्य हैं। इन सम्बन्धों का योग अथवा सम्पूर्णता ही समाज के आर्थिक धरातल का निर्माण करती है—उसका वह आधार सही बनती है जिस पर एक न्यायिक तथा राजनीतिक बाह्य-संरचना खड़ी होती है, और सामाजिक चेतना के सुनिश्चित रूप जिसके साथ सामंजस्य स्थापित करते हैं। सामान्यतः भौतिक जीवन की उत्पादन-विधि ही हमारे सामाजिक, राजनीतिक और बौद्धिक जीवन की प्रक्रिया को अनुकूलित करती है। मनुष्य की चेतना उसके अस्तित्व का निर्धारण नहीं करती, बल्कि उसका सामाजिक अस्तित्व ही उसकी चेतना का निर्धारण करता है।'[1] इसी क्रम में कुछ आगे चलकर उन्होंने कहा है—'समाज के आर्थिक आधार में परिवर्तन के साथ सम्पूर्ण विशाल बाह्य संरचना भी कमोबेश उसी तेजी के साथ रूपान्तरित हो जाती है। इस प्रकार के रूपान्तरों पर विचार करते समय उत्पादन की आर्थिक स्थितियों—जिन्हें प्राकृतिक विज्ञान की सूक्ष्मता के साथ निर्धारित

किया जा सकता है और न्यायिक, राजनीतिक, धार्मिक, कलात्मक या दार्शनिक रूपों के बीच—जिनमें मनुष्य इस संघर्ष के प्रति सचेत रहता है, और उसमें विजय प्राप्त करना चाहता है, फर्क करना आवश्यक है।'[2]

आर्थिक धरातल पर खड़ी उक्त विशाल बाह्य-संरचना (Super structure) को मार्क्स ने वैचारिक (Ideological) बाह्य-संरचना कहा है, जिसका सीधा अर्थ यही निकलता है कि राजनीति, धर्म, दर्शन आदि की ही भाँति उन्होंने साहित्य या कला को भी विचारधारा का ही एक रूप स्वीकार किया है।[3]

साहित्य अथवा कला; विचारधारा का ही एक रूप

मार्क्स की इस निष्पत्ति को लेकर काफी कुछ विवाद उठाये गये हैं, अतः आवश्यक है कि इन विवादों के बीच से मार्क्स के सही आशय को स्पष्ट किया जाय। विचारधारा शब्द को उसके स्थूल अर्थों में ग्रहण करने का ही परिणाम है कि जहाँ कतिपय परवर्ती मार्क्सवादी विचारकों ने साहित्य एवं कला के अपने विशिष्ट चारित्र्य की उपेक्षा कर उन्हें वर्ग संघर्ष और समाजवादी तथा साम्यवादी व्यवस्था के निर्माण में महज एक राजनीतिक हथियार के रूप में इस्तेमाल करने की सिफारिश की है, वहाँ कुछ दूसरे विचारकों ने यह मानते हुए कि मार्क्स की इस स्थापना में सचमुच साहित्य के संवेदनात्मक भाव तथा सौन्दर्य-पक्ष की उपेक्षा की गयी है, उस पर प्रश्नचिह्न ही लगा दिया है। कदाचित् यह कहने की आवश्यकता नहीं है कि ये दोनों ही दृष्टियाँ मार्क्स की उक्त स्थापना के मूल में निहित मार्क्सवादी समझ को, न केवल ग्रहण कर पाने में ही असमर्थ रही हैं, वे सतही भी हैं। प्रथम प्रकार की गलत समझ का परिणाम जड़ रूढ़िवाद के रूप में स्पष्ट हुआ है, और द्वितीय प्रकार की गलत समझ अतिशय उदारवादी भूमियों का स्पर्श करती हुई संशोधनवाद में बदल गयी है। यदि कहा जाय कि गलत समझ के परिणामस्वरूप सामने आयी ये दोनों ही दृष्टियाँ गैर-मार्क्सवादी हैं, तो कोई अत्युक्ति न होगी।

जैसा कि हम पहले भी कई बार कह चुके हैं, मार्क्स और एंगेल्स मूलतः दार्शनिक-समाजशास्त्रीय चिन्तक थे, और उन्होंने जब भी साहित्य अथवा कला की चर्चा की है, उन्हें जीवन की दूसरी बुनियादी समस्याओं के सन्दर्भ में ही देखा-परखा है। न ही उन्होंने साहित्य एवं कलाओं को एकदम निरपेक्ष माना है, और न ही इन पर अलग से, क्रमबद्ध रूप में कुछ लिखा ही है। ऐसी स्थिति में आवश्यक है कि किसी वस्तु के विषय में उनकी सही धारणा को, विशेषकर, साहित्य एवं कला-विषयक उनकी वास्तविक मान्यताओं को, उनके समग्र चिन्तन के सन्दर्भ में समझा और विश्लेषित किया, और तदुपरान्त ही कोई निर्णय लिये जायें।

हमारे कहने का तात्पर्य यही है कि विचारधारा शब्द से मार्क्स या एंगेल्स का अभिप्राय कोरे, बौद्धिक विचार से कभी नहीं रहा है। मार्क्स और एंगेल्स के ऐसे

अनेक कथन उनके समग्र कृतित्व के अन्तर्गत हैं, जहाँ उन्होंने इन्द्रियबोध और भावों के सान्निध्य में ही विचार के वस्तुगत अस्तित्व को स्वीकृति दी है उनकी सहृदयता एवं कला मर्मज्ञता की जो चर्चा हमने पिछले पृष्ठों में की है, उसके सन्दर्भ में, कम से कम, साहित्य एवं कलाओं की भूमि पर तो, हमें ऐसा स्वीकार ही करना चाहिए। मार्क्स की यह मान्यता कि 'विचारधारा का अपना कोई स्वतन्त्र इतिहास नहीं है, वह मूलतः सामाजिक जीवन का इतिहास है', भी हमारे उक्त कथन को प्रमाणित करती है, कि मनुष्य अपनी ज्ञानेन्द्रियों के द्वारा ही बाह्य जगत् से परिचित होता है, और सामाजिक जीवन के सम्पर्क में ही उसका भाव जगत् निर्मित और सम्पुष्ट होता है।[4] पशुओं-पक्षियों तथा मनुष्य के निर्माण में अन्तर स्पष्ट करते हुए भी उन्होंने यह प्रतिपादित किया है कि पशु-पक्षियों के निर्माण के विपरीत मनुष्य की सृष्टि सौन्दर्य-नियमों से परिचालित है।[5] यही नहीं, उन्होंने बाह्य जगत् के सम्पर्क द्वारा मनुष्य के इन्द्रिय बोध को निरन्तर मानवीय बनाने की बात भी कही है।[6] उन्होंने कहा है कि कला का सच्चा आनन्द प्राप्त करने के लिए मनुष्य को कलात्मक दृष्टि से सुसंस्कृत होना चाहिए।[7] ऐसी स्थिति में मार्क्स की स्थापना के मूल में निहित सही आशय को ग्रहण करने में कोई कठिनाई न होनी चाहिए। यह सही है कि मार्क्स और मार्क्सवाद के व्याख्याताओं ने साहित्य एवं कला को सामाजिक जीवन के पुनर्निर्माण में विचारों की सम्पूर्ण तीक्ष्णता तथा खरेपन के साथ सक्रिय होने को कहा है, परन्तु इस क्रम में एक क्षण के लिए भी उनका आशय यह नहीं रहा है कि साहित्य गहरी मानवीय संवेदनाओं, प्रगल्भ इन्द्रिय-बोध तथा प्रशस्त भाव तथा सौन्दर्य-संवेदनाओं को अस्वीकार कर, इन सबसे कतई निरपेक्ष, कोरे विचार के धरातल पर इस कार्य को सम्पादित करे। समग्रतः साहित्य और कला के सन्दर्भ में मार्क्स और उनके प्रबुद्ध अनुयायियों के लिए विचारधारा शब्द अपने सतही अर्थ बोध से कहीं अधिक एक गहरे अर्थ बोध का शब्द है, जिसके अन्तर्गत इन्द्रिय-संवेदना तथा भाव, दोनों की ही स्थिति है। ऐसी स्थिति में मार्क्स द्वारा साहित्य अथवा कला को विचारधारा का ही रूप मानना संगत है। उनका वास्तविक आशय यही है कि साहित्य एवं कला के अन्तर्गत इन्द्रिय बोध, भाव तथा विचार, तीनों की स्थिति रहती है।

साहित्य एवं कला का उद्भव

साहित्य एवं कला के उद्भव के विषय में मार्क्सवादी दृष्टि बहुत साफ है। भाववादी-आदर्शवादी कला-समीक्षकों एवं साहित्य-चिन्तकों के इस मत के विपरीत कि साहित्य अथवा कला सामाजिक-भौतिक जीवन से निरपेक्ष और स्वतन्त्र एक विशिष्ट चेतना अथवा भाव जगत् की उपज हैं, मार्क्सवादी विचारकों ने इसी ठोस सामाजिक और भौतिक जीवन को साहित्य एवं कलाओं का उद्गम-स्थल माना है। मार्क्सवाद की स्पष्ट मान्यता है कि मनुष्य का भाव या विचार-जगत् सामाजिक-भौतिक

जीवन से निरपेक्ष कोई वस्तु न होकर उसी की प्रतिच्छाया है। चेतना पदार्थ से भिन्न नहीं, उसी का एक गुण है। मनुष्य की चेतना उसके अस्तित्व को निर्धारित नहीं करती, उसका सामाजिक अस्तित्व ही उसकी चेतना को निर्धारित करता है। मनुष्य के भाव या विचार जगत् को सामाजिक या भौतिक जीवन से निरपेक्ष मानने वाले आदर्शवादी-भाववादी तत्त्व चिन्तकों को लक्ष्य करते हुए ही मार्क्स ने कहा था कि विचारधारा (भावधारा) का अपना कोई स्वतन्त्र इतिहास नहीं है, वह मूलतः सामाजिक जीवन का ही इतिहास है। इसी भूमि से साहित्य या कला कोई दैवी विधान अथवा प्रतिभा का विस्फोट न होकर अनेक प्रकार के संघर्षों एवं अन्तर्विरोधों से भरे-पूरे तथा उनके माध्यम से विकसित होने वाले सामाजिक जीवन का मूर्त्त रूप हैं। ये विशुद्धतः मानवीय उपलब्धियाँ हैं जिन्हें सामाजिक जीवन के साथ अपने दीर्घकालीन साहचर्य और विकास के क्रम में मनुष्य ने अर्जित और विकसित किया है। काडवेल के इस प्रसिद्ध कथन को हम पीछे उद्धृत ही कर चुके हैं कि कला का मोती समाज की सीप से ही उत्पन्न हुआ है। कहने की आवश्यकता नहीं कि साहित्य की उपमा मोती से देकर काडवेल ने उसके सौन्दर्य-पक्ष को अपनी पूरी स्वीकृति प्रदान की है। एंगेल्स ने कला के उद्भव को मानवीय श्रम के बीच से स्वीकार किया है। उन्होंने स्पष्ट किया है कि प्रकृति के साथ संघर्ष करने के क्रम में ही मनुष्य ने सर्वप्रथम दो पैरों के बल पर सीधे खड़ा होना सीखा और इस प्रकार उसके हाथ स्वतन्त्र हुए। उन हाथों से उसने अनगढ़ पत्थरों को औजारों के रूप में बदला, साथ ही सामाजिक जीवन के विकास-क्रम के साथ उनकी क्षमता में वृद्धि की। अन्ततः वही हाथ जिन्होंने किसी समय अनगढ़ पत्थरों को तराश कर औजारों का रूप दिया था, इस योग्य हो सके कि महान् चित्र, शिल्प एवं संगीत आदि की सृष्टि कर सकें। अर्न्स्ट फिशर ने भी कला के उद्भव की चर्चा करते हुए श्रममय सामाजिक जीवन के विकासक्रम के बीच से ही उसका निरूपण किया है। उन्होंने कला एवं कविता के मूल में जादू की स्थिति स्वीकार की है, जिसका सीधा सम्बन्ध मानवीय श्रम से है। अपने श्रम के फलस्वरूप मनुष्य प्रकृति की वस्तुओं के रहस्य से परिचित होता गया और उनका रूपान्तरण करता गया, जिसे उसने जादू ही समझा। अर्न्स्ट फिशर के अनुसार जादू का यह तत्त्व कला तथा कविता आदि में आज भी किसी न किसी रूप में मिलता है। भाषा के उद्भव तथा आदिम जातियों के शिकार, सामूहिक उत्सव-समारोहों आदि की चर्चा भी अर्न्स्ट फिशर ने की है और उनके माध्यम से ही साहित्य एवं कला की आकृति को उभरते हुए दिखाया गया है। अर्न्स्ट फिशर का विवेचन भी ऐतिहासिक भौतिकवादी दृष्टिकोण पर आधारित है, तथा एंगेल्स की स्थापना का समर्थन करता है। काडवेल ने भी ऐतिहासिक दृष्टिकोण का आधार लेकर कविता के उद्भव की चर्चा की है और कविता का उद्भव जादू तथा प्रारम्भिक समूह गीतों में स्वीकार किया है। यही दृष्टिकोण प्लेखानोव का भी है जिन्होंने भी मानवीय श्रम के बीच से कलाओं की उत्पत्ति स्वीकार की है

और उसे विस्तारपूर्वक व्याख्यायित भी किया है। उन्होंने सिद्ध किया है कि श्रम का उद्‌भव कला से पहले हुआ है। प्रकृति की वस्तुओं तथा अपने श्रम द्वारा रूपान्तरित उनकी कई आकृतियों के प्रति प्रारम्भ में मनुष्य का दृष्टिकोण उपयोगितावादी रहा है, बाद में ही उनमें सौन्दर्य-चेतना का नियोजन भी हुआ। मार्क्सवादी चिन्तकों और समीक्षकों ने, इस प्रकार मानवीय जीवन, आर्थिक-सामाजिक जीवन अथवा जन-जीवन के बीच से ही साहित्य एवं कलाओं के उद्‌भव को सिद्ध किया है और इस सम्बन्ध में भ्रान्ति के लिए कोई गुंजाइश नहीं छोड़ी है। काव्य एवं कला के विकास को चित्रित करते हुए उन्होंने यह भी प्रतिपादित किया है कि किस प्रकार सामाजिक जीवन के विकास-क्रम के साथ-साथ काव्य एवं कलाएँ भी विकसित तथा पुष्ट होती गयीं। आज उनके जिस रूप को हम देख रहे हैं, वह आज के सामाजिक और आर्थिक जीवन की भाँति एक बहुत लम्बी विकास-यात्रा का परिणाम है, जो मनुष्यता के उषा-काल में प्रारम्भ हुई थी। साहित्य एवं कलाओं के उद्‌भव को दैवी-प्रतिभा अथवा दैवी-प्रेरणा से जोड़कर भाववादी साहित्य-चिन्तक उसे एक अबूझ पहेली में बदल देते हैं, जो अनिर्वचनीय भी है। इसके विपरीत मार्क्सवादी मान्यता साहित्य एवं कलाओं के उद्‌भव को ठोस सामाजिक जीवन तथा श्रम के बीच प्रतिपादित कर न केवल ऐसे किसी रहस्य अथवा अस्पष्टता का खण्डन करती है, उसे कर्मठ मानवीय जीवन की उपलब्धि सिद्ध कर उसकी मानवीय और सामाजिक आकृति की भी स्थापना करती है।

साहित्य एवं कला तथा आर्थिक-सामाजिक जीवन; पारस्परिक सम्बन्धों का विश्लेषण

साहित्य एवं कला के उद्‌भव और विकास की इस मान्यता से जुड़ा हुआ प्रश्न साहित्य एवं साहित्यकार तथा आर्थिक-सामाजिक जीवन के साथ उनके पारस्परिक सम्बन्धों के विश्लेषण का है और कहना न होगा कि ऊपर से अत्यन्त सरल और सहज निष्कर्षों की प्रतीति कराने वाला यह एक ऐसा प्रश्न है, जो मार्क्सवाद की सही द्वन्द्वात्मक और ऐतिहासिक समझ का प्रतिमान है। इस प्रश्न ने भी मार्क्सवादी और गैर-मार्क्सवादी साहित्य-चिन्तकों में से कुछ को बहुत आलोड़ित-विलोड़ित किया है, जिसके क्रम में कुछ ऐसे सरलीकृत, यान्त्रिक और गलत निष्कर्ष सामने आये हैं, जो सही मार्क्सवादी समझ का पूरी तरह तिरस्कार करते हैं। मार्क्स की जिस मूलभूत स्थापना (प्रस्थान-बिन्दु-सम्बन्धी) को हमने प्रारम्भ में उद्धृत किया है, इस प्रश्न का सम्बन्ध प्रथमतः उनकी उस मान्यता से है, जहाँ उन्होंने साहित्य एवं कला को सामाजिक-भौतिक जीवन से नियत माना है तथा दूसरे, उस अंश से है जहाँ उन्होंने आर्थिक-भौतिक ध ्तल में परिवर्तन होते ही समूची बाह्य-संरचना के, कमोबेश, उसी तेजी के साथ रूपान्तरित हो जाने की बात कही है।

मार्क्स का यह कथन कि साहित्य एवं कला समाज के आर्थिक-भौतिक धरातल से नियत होती हैं, उनके द्वन्द्वात्मक चिन्तन के सन्दर्भ में एकदम सही है। आवश्यकता केवल इस द्वन्द्वात्मक प्रक्रिया को समझने की है, न कि प्रश्न को कार्य-कारण सम्बन्धों की एकदम यान्त्रिक विधि से हल करने की। ध्यान देने योग्य है कि मार्क्सवाद के काडवेल तथा प्लेखानोव जैसे प्रखर काव्य-चिन्तक भी किसी न किसी सीमा तक उस यान्त्रिकता के शिकार हुए हैं, जिसके खतरों के प्रति मार्क्स और एंगेल्स दोनों ने निरन्तर अपने अनुयायियों को सजग तथा सचेत किया है। मार्क्स की मूल स्थापना को विश्लेषित करते हुए एंगेल्स ने स्पष्टतः कहा है कि राजनीतिक, धार्मिक, कलात्मक तथा साहित्यिक विकास आर्थिक विकास पर आधारित अवश्य है, परन्तु ये परस्पर भी एक दूसरे को प्रभावित करते हैं, और अन्ततः आर्थिक-भौतिक धरातल भी इनसे प्रभावित होता है। एंगेल्स ने बहुत साफ शब्दों में यह भी कहा है कि मात्र आर्थिक-स्थिति ही कारण नहीं होती, या केवल निष्क्रिय होकर प्रभाव ग्रहण करने वाले ही नहीं होते, वस्तुतः आर्थिक आवश्यकता के आधार पर उनमें परस्पर सक्रियता की स्थिति व्यक्त होती है।[8]

परस्पर सक्रियता की यह बात इतनी महत्त्वपूर्ण और तात्त्विक है कि बिना उसे समझे और ग्रहण किये केवल सरल और यान्त्रिक निष्कर्ष ही हाथ लग सकते हैं। एंगेल्स ने एकाधिक स्थलों में, जिनका उल्लेख हम उनके साहित्य-चिन्तन को प्रस्तुत करते हुए कर चुके हैं, अपनी बात को स्पष्ट किया है, और साहित्यिक एवं कलात्मक रूपों की सक्रियता को जोर देकर स्पष्ट किया है, ताकि भ्रम के लिए कोई गुंजाइश न रह जाय, परन्तु इसके बावजूद यदि कोई कहे कि मार्क्सवाद के अनुसार आर्थिक धरातल एकान्तिक रूप से साहित्य एवं कला का निर्धारण करता है और बदले में साहित्य एवं कला उसे प्रभावित नहीं करतीं तो एंगेल्स के शब्दों में सिवा इसके कि 'वह हमारी मूलवर्ती मान्यता को जानबूझ कर अर्थहीन और अमूर्त बना देता है,'[9] और कुछ नहीं कहा जा सकता। एकान्तिक एवं एकपक्षीय निष्कर्ष केवल मार्क्सवाद के प्रति कोरे अज्ञान की ही सूचना देंगे।

परस्पर सक्रियता तथा प्रभाव-निक्षेपण की यह बात साहित्य एवं कला के निजी चारित्र्य एवं वैशिष्ट्य को भी उद्घाटित करती है, जिसके प्रति मार्क्स और एंगेल्स पूरी तरह सजग थे। साहित्य एवं कला को, निश्चित आर्थिक और सामाजिक सम्बन्धों का, निष्क्रिय रूप से प्रतिबिम्ब ग्रहण करने वाली मानना प्रकारान्तर से साहित्य या कला को आर्थिक-सामाजिक जीवन का दर्पण स्वीकार करना भी है, जो एक गैर-मार्क्सवादी विचार है। मार्क्स और एंगेल्स ने सामाजिक-आर्थिक जीवन के विकास की चर्चा करते हुए उसे अन्तर्विरोधों और संघर्षों से पूर्ण माना है, जहाँ कोई स्थिति निष्क्रिय नहीं होती। प्रत्येक स्थिति परिवर्तन की प्रक्रिया से गुजरती हुई नये-नये रूपों में सामने आया करती है। ऐसी स्थिति में आर्थिक धरातल और उसके ऊपर

स्थित बाह्य-संरचना का सम्बन्ध, यान्त्रिक, स्थूल और सरल सम्बन्ध न होकर अनेक प्रकार की जटिल अन्तःप्रक्रियाओं एवं पारस्परिक सक्रियता की स्थिति को सूचित करने वाला सम्बन्ध है, जिसे द्वन्द्वात्मक दृष्टि से ही हम समझ और विश्लेषित कर सकते हैं। सामाजिक-आर्थिक जीवन तथा साहित्य एवं कला, सम्बन्धों की इसी द्वन्द्वात्मक विधि से अनुस्यूत हैं। साहित्य एवं कला में मात्र वही सब प्रतिबिम्बित नहीं होता, जो सामाजिक-आर्थिक जीवन में उतराया करता है, और न मात्र उसी के दबाव से साहित्य एवं कला की आकृति बदलती रहती है, वरन् साहित्य एवं कलाओं में उसके भी दर्शन होते हैं जो सतह के नीचे अपनी अशेष सम्भावनाओं को लिये आर्थिक-सामाजिक विकास को नये मोड़ देने के लिए तत्पर होता है तथा साहित्य एवं कलाएँ भी उसे इन नये मोड़ों पर अग्रसर होने में मदद करती हैं।

मार्क्सवादी साहित्य-चिन्तन की इस स्थापना को ठीक से न समझ सकने के कारण, सचमुच अनेक भ्रान्तियों का जन्म और पोषण हुआ है। जैसा कि हमने प्रारम्भ में स्पष्ट किया है, जहाँ कतिपय लोगों ने साहित्य एवं कला को विशुद्ध आर्थिक-स्थितियों का दास मानकर संवेदना शून्य, सौन्दर्य-बोध से रहित, मात्र सतही प्रकार की साहित्य-रचना को प्रश्रय दिया, वहाँ कतिपय दूसरे लोगों ने मार्क्स की मूलभूत स्थापना में संशोधन की आवश्यकता अनुभव की। 'कला और सैद्धान्तिक बाह्य संरचना' शीर्षक अपने निबन्ध में उदारपंथी मार्क्सवादी विचारक अर्न्स्ट फिशर ने अपने जो विचार व्यक्त किये हैं, वे काफी-कुछ अंशों में मान्य होते हुए भी कतिपय स्थलों पर इसी संशोधनवाद को प्रश्रय देते हैं। उदाहरण के लिए मार्क्सवाद की इस स्थापना को पंक्तिबद्ध करने के साथ कि 'बौद्धिक प्रक्रिया भौतिक प्रक्रिया पर प्रत्याघात करती है, इन दोनों के बीच यान्त्रिक कार्यकारण सम्बन्ध नहीं होता है, बल्कि द्वन्द्वात्मक और पारस्परिक अन्तःक्रिया होती है, और केवल अन्तिम विश्लेषण में ही आर्थिक-सम्बन्ध निर्णायक होते हैं।'[10] उनका यह कहना कि 'साहित्य एवं कला अंशतः ही निश्चित आर्थिक-सामजिक सम्बन्धों की सैद्धान्तिक बाह्य-संरचना हैं,'[11] मार्क्सवाद की मूलभूत द्वन्द्वात्मक समझ में एक संशोधन है, जिसका विरोध करते हुए डेविड क्रेग ने कहा है कि अर्न्स्ट फिशर का प्रयास एक ऐसी मार्क्सवादी समझ के प्रवर्त्तन की ओर लक्षित है जिसमें न केवल मार्क्सवाद के ही विलुप्त हो जाने की सम्भावना है, वरन् विरोधी वस्तु-स्थितियों के बीच फर्क कर सकने की उसकी क्षमता का विनाश भी स्वाभाविक है।[12] इस सम्बन्ध में प्रसिद्ध पश्चिमी विचारक जैक लिण्डसे का यह कथन भी द्रष्टव्य है कि उन विचारकों की भाँति जो आर्थिक और बौद्धिक धरातल के बीच यान्त्रिक कार्य-कारण सम्बन्धों की रूढ़िवादी समझ का परिचय देते हैं, वे विचारक भी, जो समाज के अर्थनीतिक सम्बन्धों से विचारधारा को सर्वथा पृथक् और असम्बद्ध मानते हैं, एक दूसरे प्रकार के बौद्धिक अतिवाद के जनक हैं, जिसे 'बौद्धिक आत्महनन' ही कहा जा सकता है।[13]

समग्रतः चूँकि अपनी मूल स्थापना में मार्क्स ने स्वतः ही यह प्रतिपादित कर दिया है कि आर्थिक धरातल से नियत होने के बावजूद साहित्य एवं कलाएँ बदले में आर्थिक जीवन को भी प्रभावित करती हैं, तथा आर्थिक सम्बन्ध केवल अन्तिम भूमिका में ही निर्णायक होते हैं, अतएव उनकी इस मान्यता को किसी भी प्रकार के अतिवादी छोरों में ले जाकर विश्लेषित करने का कोई अर्थ नहीं है। इस मान्यता में आर्थिक-भौतिक जीवन की प्रधान भूमिका के साथ-साथ साहित्य एवं कला के विशिष्ट चारित्र्य के प्रति भी पूरी सजगता विद्यमान है। अधिकांशतः मार्क्सवादी विचारकों ने इस मान्यता को अपनी पूरी स्वीकृति प्रदान की है, और उसे सही लोकों पर ग्रहण किया है। जो कुछ अपवाद सामने आये हैं, उनका सम्बन्ध मार्क्सवादी साहित्य-चिन्तन के या तो काडवेल और प्लेखानोव[14] जैसे प्रारम्भिक पुरस्कर्ताओं से है, अथवा उन एकदम परवर्ती विचारकों (अर्न्स्ट फिशर) से, जिनका उल्लेख हम कर चुके हैं।

साहित्य एवं कला; सामाजिक जीवन से उनकी अभिन्नता

इसके पहले कि हम आर्थिक-सामाजिक धरातल में होने वाले परिवर्तन के फलस्वरूप उस पर स्थित विशाल बाह्य-संरचना के कमोबेश उसी तेजी के साथ होने वाले रूपान्तरण पर विचार करें, हम साहित्य एवं कला तथा सामाजिक जीवन के उन घनिष्ठ, अन्योन्याश्रित सम्बन्धों पर कुछ और प्रकाश डालना चाहेंगे, मार्क्सवादी साहित्य-चिन्तकों ने जिनकी विस्तार से चर्चा की है।

पिछले खण्डों में मार्क्स-पूर्व साहित्य-चिन्तन का परिचय देने के क्रम में भी हम अनेक ऐसे विचारकों की मान्यताओं के सम्पर्क में आये हैं, जिन्होंने साहित्य और सामाजिक जीवन के बीच गहरे सम्बन्धों का प्रतिपादन किया है। वस्तुतः इस प्रकार के सम्बन्धों की स्वीकृति किसी चिन्तक या विचारक के अपने सामाजिक दृष्टिकोण का स्वाभाविक परिणाम मानी जा सकती है। एकदम आत्मकेन्द्रित अथवा निहायत व्यक्तिवादी भूमिका के एक अतिवाद तथा साहित्य एवं कला को विशुद्ध सौन्दर्यवादी भूमिका में ही देखने-परखने वाले विचारकों द्वारा प्रस्तुत किये जाने वाले दूसरे अतिवाद को छोड़ दें तो कदाचित् ही, साहित्य-चिन्तन की समूची परम्परा में, हमें कोई ऐसा विचारक मिले जिसने साहित्य और सामाजिक जीवन के बीच, साहित्य और समाज के बीच या साहित्य और लोक जीवन के बीच गहरे सम्बन्धों का समर्थन न किया हो। परन्तु इस सम्बन्ध को इतनी व्यापक स्वीकृति मिलने के बावजूद मार्क्सवादी साहित्य-चिन्तन के अन्तर्गत उसकी चर्चा करने के मूल में हमारा विशेष उद्देश्य है। हमारा यह दृढ़ विचार है कि साहित्य और सामाजिक जीवन के बीच घनिष्ठ तथा अन्योन्याश्रित सम्बन्धों की जितनी विशद्, तलस्पर्शीय, एवं वैज्ञानिक चर्चा मार्क्सवादी साहित्य-चिन्तन के अन्तर्गत की गयी है, वैसी दूसरे विचारकों अथवा विचार-सरणियों में नहीं प्राप्त होती। अन्य विचारकों एवं विचारधाराओं में

जहाँ एक चर्चा एक सामान्य तथ्य कथन के रूप में ही दिखायी पड़ती है, वहाँ मार्क्सवादी साहित्य-चिन्तन के अन्तर्गत वैज्ञानिक एवं समाजशास्त्रीय विश्लेषण के क्रम में इस चर्चा का एक ठोस रूप सामने आया है। मार्क्सवादी साहित्य-चिन्तन के अन्तर्गत साहित्य, समाज, लोक जीवन, जनता, कोई भी अस्पष्ट अथवा अमूर्त्त इकाइयों के रूप में स्वीकार नहीं किये गये हैं, वरन् उनकी ठोस, वस्तुगत इकाइयों को पूरी वैज्ञानिकता के साथ उभारने का यत्न किया गया है। यही कारण है कि मार्क्सवादी साहित्य-चिन्तन के अन्तर्गत साहित्य और समाज के पारस्परिक सम्बन्धों की व्याख्या अथवा तथ्य कथन मात्र न रहकर एक विशेष व्याख्या अथवा वैज्ञानिक विवेचन का गौरव प्राप्त कर सकी है।

जैसा कि हम पिछले पृष्ठों में सूचित कर चुके हैं मार्क्सवादी विचारकों ने साहित्य एवं कलाओं का उद्‌भव सामाजिक जीवन के बीच से ही माना है। अपनी इस मान्यता को उन्होंने यों ही प्रस्तुत न करके, ऐतिहासिक भौतिकवाद के सन्दर्भ में, बाकायदा सामाजिक जीवन के विकास-क्रम को सूचित करते हुए, गहराई में जाकर विश्लेषित और प्रस्तुत किया है। उनका यह विवेचन, जिसकी विस्तृत चर्चा हमने प्रतिनिधि और प्रमुख पुरस्कर्ताओं के साहित्य-चिन्तन से सम्बन्धित पिछले खण्ड में की है, स्वतः इस तथ्य को स्पष्ट कर देता है कि मार्क्सवादी साहित्य-चिन्तन के अन्तर्गत साहित्य और सामाजिक जीवन के सम्बन्धों को कितनी केन्द्रीयता प्राप्त है? प्लेखानोव, काडवेल, जार्ज थामसन, अर्न्स्ट फिशर आदि-आदि के अतिरिक्त मार्क्स और एंगेल्स ने स्वतः ही, पूरे विस्तार में इन सम्बन्धों की रूपरेखा एवं आकृति को गहराई में जाकर निखारा है। लोक जीवन, समाज अथवा जनजीवन से पृथक् साहित्य या कला की कल्पना तक उन्होंने नहीं की है। सामूहिक भाव, जिन्हें काडवेल ने कविता के सत्य की संज्ञा दी है, सामाजिक जीवन की ही उपज हैं। इन्द्रिय बोध, भाव या विचार, जिन्हें साहित्य या कला की आकृति का निर्माता कहा जा सकता है, सामाजिक जीवन की ही उपज हैं। स्वतः मानव का अपना विकास ही सामाजिक जीवन के विकास-क्रम के साथ हुआ है, ऐसी स्थिति में साहित्य एवं कला की उसकी सृष्टि का सामाजिक जीवन से पृथक् अथवा निरपेक्ष रहना, सम्भव ही कैसे हो सकता है। जो मार्क्सवादी दर्शन संसार तथा समाज की व्याख्या को नहीं, उसे बदलने की बात को दर्शन के केन्द्रीय तत्त्व के रूप में सूचित करता है, उसकी साहित्य तथा कला विषयक दृष्टि सामाजिक जीवन अथवा वस्तु-जगत् से निरपेक्ष कैसे हो सकती है? मार्क्सवादी विचारकों की मान्यता है कि यही त्रि-आयामी संसार रचनाकार या कलाकार को उसकी साहित्य अथवा कला के लिए विषयों का एक अजस्र भण्डार प्रदान करता है, मात्र साहित्य एवं कला का जन्म नहीं, उनका निर्माण भी उनका एक-एक रग-रेशा, उसी सामाजिक जीवन की देन है।

मार्क्सवादी विचारक साहित्य एवं कला तथा सामाजिक जीवन के अभिन्न सम्बन्धों

का प्रतिपादन करके ही चुप नहीं हो जाते, उनके अनुसार सामाजिक जीवन से उपजे साहित्य एवं कला का विवेचन, विश्लेषण तथा मूल्यांकन भी सामाजिक प्रक्रिया के अन्तर्गत ही होना चाहिए। ऐसे कोई साहित्यिक और कलात्मक प्रतिमान नहीं हैं, जो सामाजिक जीवन से निरपेक्ष हों और जिनके आधार पर साहित्य एवं कला की परीक्षा की जा सके। जो विचारक ऐसे किन्हीं प्रतिमानों की खोज कर लाये भी हैं, अथवा जिन्होंने साहित्य एवं कलाओं का मूल्यांकन इन तथाकथित विशुद्ध साहित्यिक एवं कलात्मक मानदण्डों से करने की चेष्टा भी की है, मार्क्सवादी विचारकों ने न केवल उनका विरोध किया है, उनके इन तथाकथित प्रतिमानों के खोखलेपन को भी स्पष्ट कर दिया है। उनकी मान्यता है कि जब मनुष्य का समूचा अस्तित्व, उसके भाव, विचार, सब कुछ लोकबद्ध हैं, लोकोत्तर प्रतिमान सम्भव ही कैसे हो सकते हैं और इस प्रकार के प्रतिमानों की चर्चा करना, मूल्यांकन की अनजानी, अबूझ रहस्यात्मकता में बदल देना है, जिससे न साहित्य या कला का कोई वास्ता है, और न मनुष्य का। मार्क्सवादी विचारकों ने न केवल साहित्य एवं कला की वस्तु को समाजसापेक्ष्य स्वीकार किया है, उसके रूप तत्त्व को, जहाँ तक कि अभिव्यक्ति के साधनों एवं माध्यमों तक को सामाजिक जीवन की देन माना है। कहने का तात्पर्य यह कि साहित्य की समूची सत्ता को सामाजिक जीवन से उत्पन्न मानकर, उसके रचनाकार मानव के अस्तित्व तथा ज्ञान को लोकबद्ध प्रमाणित कर मार्क्सवादी विचारकों ने साहित्य एवं सामाजिक जीवन के घनिष्ठ अन्तःसम्बन्धों को एक स्तर से, दृढ़तापूर्वक अपनी स्वीकृति दी है। उन्होंने साहित्य की सर्जना, आस्वाद और मूल्यांकन से सम्बन्धित ऐसे किसी तत्त्व, उपकरण अथवा दृष्टिकोण को स्वीकार नहीं किया है, जिसकी लोकोत्तर स्थिति हो अथवा जिसे सामाजिक जीवन या लोक जीवन से निरपेक्ष अपनी किसी भूमिका में अस्तित्व रखने वाला कहा गया हो। साहित्य सामाजिक जीवन के बीच से ही जन्मा और सामाजिक जीवन के विकास-क्रम के साथ ही विकसित हुआ है, अतएव, उनके अनुसार जब तक मनुष्य, समाज तथा मानव-संसार का अस्तित्व है, साहित्य कला एवं कविता का अस्तित्व रहेगा।

आर्थिक-भौतिक जीवन और बाह्य-संरचना; रूपान्तरण का प्रश्न

साहित्य एवं समाज अथवा साहित्य एवं कला के सामाजिक आधार के इस विवेचन के उपरान्त, जिसे पुनरावृत्ति के भय से अधिक विस्तार देना हम उचित नहीं समझते, हम उस प्रश्न पर आना चाहेंगे, जो आर्थिक-सामाजिक जीवन में होने वाले परिवर्तन के साथ उस पर स्थित बाह्य संरचना के कमोबेश उसी तेजी के साथ होने वाले रूपान्तरण से सम्बन्धित है।

कहने की आवश्यकता नहीं है कि साहित्य एवं कला तथा आर्थिक-भौतिक जीवन के अन्तःसम्बन्धों की भाँति रूपान्तरण की इस प्रक्रिया को भी यान्त्रिक विधि

से नहीं समझा जा सकता, कारण इसमें न केवल साहित्य एवं कला तथा भौतिक जीवन के अन्तःसम्बन्धों की परख के सम्बन्ध में पथ भ्रष्ट होने की पूरी गुंजाइश है, साहित्य एवं कला के अपने विशिष्ट स्वरूप की उपेक्षा के साथ सर्जना एवं व्यावहारिक मूल्यांकन के क्षेत्र में भी भयानक गलतियाँ सुनिश्चित हैं। हम कह चुके हैं कि इस दिशा में भी कतिपय मार्क्सवादी विचारकों ने गलत समझ का परिचय दिया है।

उदाहरण के लिए मार्क्स की उक्त स्थापना के सन्दर्भ में कोई यह प्रतिपादित करे कि पूँजीवादी व्यवस्था द्वारा सामन्तवादी व्यवस्था का स्थान लेते ही तुरन्त पूँजीवादी युग की कला को सामन्तयुगीन कला के स्थान पर प्रतिष्ठित हो जाती है, तो इस कथन को सिवा मार्क्सवाद की गलत समझ के, और क्या कहा जा सकता है? इसी क्रम में यह विचार भी, कि ऐसी स्थिति में बड़े-से-बड़े लेखकों और कलाकारों को भी उदय होने वाले नये बुर्जुआ वर्ग की जरूरतों को पूरी करने वाली कला तथा साहित्य की सृष्टि करना अनिवार्य हो जाता है, पूरी तरह व अनर्गल तथा गैर-मार्क्सवादी है। प्रसिद्ध मार्क्सवादी साहित्य-चिन्तक राल्फ फाक्स के अनुसार ऐसी किसी भ्रष्ट समझ को मार्क्स हँसकर उड़ा देते।[15] अपनी स्थापना को प्रस्तुत करते हुए एक क्षण के लिए भी मार्क्स का आशय यह न था कि चूँकि पूँजीवादी उत्पादन प्रणाली सामन्तवादी युग की उत्पादन प्रणाली की तुलना में अधिक प्रगतिशील है, फलतः पूँजीवादी युग की कला भी सामन्तयुगीन कला की अपेक्षा श्रेष्ठ होगी। इस प्रकार के विचार मार्क्सवादी चिन्तन परम्परा के लिए न केवल सर्वथा विजातीय हैं, वे कुत्सित तथा भद्दे भी हैं।[16]

इस सन्दर्भ में अर्न्स्ट फिशर का यह कथन विशेष युक्ति-संगत है कि 'विशेष रूप से कला तथा साहित्य को सरलीकरण से बचाना चाहिए। कला अथवा साहित्य के क्षेत्र में किसी भी प्रकार का सरलीकरण वस्तुस्थिति का तेज हरण कर उसे कंकाल मात्र बना देता है।'[17] इस तथ्य को एकाधिक बार स्पष्ट किया जा चुका है कि बौद्धिक बाह्य-संरचना के क्षेत्र में होने वाले परिवर्तनों की प्रक्रिया अधिक पेचीदगी से युक्त रहती है, जहाँ मनुष्य होने वाले प्रत्येक परिवर्तन के प्रति सजग रहता है, नये-पुराने के संघर्ष में भाग भी लेता है और विजय भी प्राप्त करना चाहता है। उसकी सम्पूर्ण गतिविधियाँ इतनी जटिल और अन्तर्विरोधी रुखों से परिपूर्ण होती हैं कि प्रायः वे पूरी तरह समझ में नहीं आतीं, फलतः पुराने संस्कारों को लिये रहने वाला मनुष्य किस सीमा तक, रूपान्तरण की इस प्रक्रिया में, नये संस्कारों को आत्मसात कर सका है, इसका ठीक-ठीक अनुमान नहीं लग पाता। साहित्य और कला का विषय चूँकि यही मनुष्य और उसका आन्तरिक तथा बाह्य जीवन होता है, अतः वस्तुस्थिति को उसकी सम्पूर्ण गतिशीलता, अन्तर्विरोधी रुखों एवं द्वन्द्वात्मक भूमिका में बिना परखे, एकदम सरल, सीधे तथा सपाट निर्णय नहीं लिये जा सकते।

जैसा कि हम कह चुके हैं, मार्क्सवादी विचारकों में से कुछ ने इस प्रकार के

सपाट तथा यान्त्रिक निर्णय लिये हैं, जिसका न केवल साहित्य-चिन्तन, वरन् साहित्य-सर्जना में भी भयानक दुष्प्रभाव पड़ा है। स्तालिन-जदानोव युग में तथा उसके चिन्तन और सर्जना से प्रभावित दूसरे देशों में भी, मार्क्सवादी रचनाकारों के द्वारा ऐसा काफी कुछ साहित्य रचा गया है जिसमें मानवीय प्रकृति की विशिष्टताओं एवं उसकी शनैः-शनैः बदलने वाली भूमिका को भुलाकर एक वर्ग विशेष के मनुष्यों के चरित्र को कुछ बने-बनाये फार्मूलों में ही ढालकर प्रस्तुत किया गया है। इस प्रकार के साहित्य में आदर्श और सक्रिय चरित्रों तथा कथानायकों की बाढ़ का एक प्रधान कारण यह गलत समझ रही है कि समाजवादी व्यवस्था की स्थापना के साथ ही सोवियत समाज तथा जनता तमाम अन्तर्विरोधों, पुराने संस्कारों, पूँजीवादी रुझानों एवं प्रवृत्तियों से मुक्त हो चुकी है। व्यवस्था के बदलने के साथ ही नये मनुष्य का भी अवतरण हो गया है, जो नये आदर्शों, नये विचारों एवं नयी सक्रियता से युक्त है, जिसमें पुराने संस्कारों का लेशमात्र भी नहीं है। इस गलत समझ को लक्ष्य करके ही जार्ज लूकाच ने कहा है कि कितना ही प्रखर राजनीतिक-सामाजिक परिवर्तन क्यों न हो, व्यवस्था के बदलने के साथ, मनुष्य और लेखक आप से आप, एकदम नहीं बदल जाया करते। लेनिन की इस उक्ति का उल्लेख करते हुए कि समाजवाद का निर्माण पूँजीवादी-युग-व्यवस्था में ढले मनुष्य ही करेंगे, उनका कथन है कि मनुष्य का रूपान्तरण यथार्थ के रूपान्तरण के लिए छेड़े गये अभियान में, उसके भाग लेने के क्रम में ही होता है, अर्थात् परिस्थितियों को बदलने के क्रम में ही मनुष्य अपने को बदलता है।[18] मार्क्स और एंगेल्स ने भी एकाधिक बार इस तथ्य को अपने चिन्तन के क्रम में स्पष्ट किया है। हमारे सामाजिक जीवन का समूचा विकास इस तथ्य का साक्षी है कि परिस्थितियों को बदलने के क्रम में ही मनुष्य अपने को भी परिवर्तित करता रहा है, और रूपान्तरण का यह क्रम आज भी ज्यों का त्यों जारी है। ऐसी स्थिति में यह मान लेना कि समाजवादी व्यवस्था के आविर्भाव के साथ रूप या किसी देश का जन-समाज अपने पूर्ववर्ती संस्कारों से एकदम मुक्त होकर, सारी असंगतियों एवं अन्तर्विरोधों से परे, एकदम नये रूप में ढल गया, कितनी भ्रान्त समझ का सूचक है, इसे स्पष्ट करने की आवश्यकता नहीं है।

इसी प्रश्न के साथ मार्क्सवादी विचारकों ने बार-बार कहा है कि साहित्य तथा कला-सर्जन की सही दिशा की ओर अग्रसर होने के लिए आवश्यक है कि लेखक और कलाकार सामाजिक जीवन तथा मानव-प्रकृति की अन्तर्विरोधी जटिलताओं को परखते हुए ही समाज तथा मनुष्य के चित्रण में प्रवृत्त हों। भविष्य के वर्गमुक्त साम्यवादी समाज में, एक दीर्घकालीन विकास-प्रक्रिया के क्रम में परिस्थितियों तथा मानवीय प्रकृति के क्षेत्र में ये अन्तर्विरोधी जटिलताएँ न रहेंगी। उस समय लेखकों के समक्ष समाज तथा मानव-प्रकृति के चित्रण के लिए नयी दिशाएँ होंगी, जिनको दृष्टि में रखकर उन्हें सर्जना के नये पथ में अग्रसर होना होगा।

यहाँ यह तथ्य भलीभाँति स्पष्ट हो जाना चाहिए कि मार्क्सवादी विचारकों ने भविष्य के साम्यवादी, वर्ग-मुक्त समाज में अन्तर्विरोधों और जटिलताओं के एकदम लुप्त हो जाने की बात नहीं की है। मार्क्सवादी दर्शन प्रकृति तथा समाज को स्थिर सत्ता न मानकर निरन्तर गतिशील और परिवर्तनशील सत्ता मानता है, जिसमें कोई भी स्थिति एकदम जड़ अथवा स्थिर नहीं होती। उन्होंने स्पष्ट किया है कि उस वर्गमुक्त साम्यवादी समाज में पूँजीवादी युग के अन्तर्विरोध एवं संघर्ष अवश्य न होंगे, परन्तु मानव के समक्ष अपने समूचे विकास को गतिशील रखने के लिए, नये द्वार उद्घाटित हो चुके होंगे, अर्थात् उसकी सक्रियता को ललकारने के लिए नयी परिस्थितियाँ सामने आ चुकी होंगी। अर्थात् मानव इस वर्ग मुक्त समाज में भी संघर्षशील और सक्रिय मनुष्य ही होगा।[19] कलाकारों, लेखकों एवं रचनाकारों के लिए आवश्यक है कि वे वर्तमान तथा भविष्य की इन सारी स्थितियों को सरलीकरण तथा यान्त्रिकता से बचते हुए आत्मसात करें।

यहाँ इस तथ्य के प्रति भी सजग होना आवश्यक है कि एक नयी व्यवस्था के आविर्भाव के साथ गत व्यवस्था के मूल्यांकन में भी यान्त्रिकता न बरती जाय। जैसा कि हम पिछले पृष्ठों में संकेत कर चुके हैं, यह कतई न मान लिया जाय कि चूँकि आने वाली व्यवस्था पिछली व्यवस्था की तुलना में अधिक प्रगतिशील तथा श्रेष्ठ है, अतएव आने वाली व्यवस्था का साहित्य भी पिछली व्यवस्था के साहित्य की तुलना में प्रगतिशील तथा श्रेष्ठ होगा। आने वाली व्यवस्था का साहित्य अनेक अर्थों में पिछली व्यवस्था के साहित्य की तुलना में अवश्य भिन्न होगा और कुछ अर्थों में नयी और समर्थ रेखाओं की सूचना भी देगा, परन्तु उससे एकबारगी किसी गुणात्मक निर्णय पर पहुँच जाना कदापि संगत नहीं होगा। आने वाली व्यवस्था के साहित्य तथा कला की शक्ति शनैः-शनैः और व्यवस्था के विकास-क्रम के साथ स्पष्ट होगी, उसे पिछली व्यवस्था में रचे गये साहित्य से अनेक अर्थों में बहुत कुछ ग्रहण भी करना होगा। चूँकि कोई साहित्य अथवा कला पुराने युग से सम्बन्ध रखती है, अतः वह नयी व्यवस्था के साहित्य या कला की तुलना में कमजोर या अनुपयोगी होगी, मूल्यांकन की यह वह दृष्टि है, जिसे मार्क्सवाद अपना समर्थन नहीं देता। मार्क्सवादी दृष्टिकोण कभी किसी मूल्यांकन को एकपक्षीय स्थितियों पर आधारित किये जाने के पक्ष में नहीं है। मूल्यांकन की समग्रता के लिए वस्तुस्थिति को कई कोणों से देखने की आवश्यकता होती है, और तब जाकर समग्रता में ही कोई निर्णय लिया जा सकता है। मार्क्सवादी दृष्टिकोण की इस भूमिका का एक परिचय जार्ज लूकाच ने समाजवादी यथार्थवाद तथा आलोचनात्मक यथार्थवाद के मूल्यांकन के क्रम में दिया है, जहाँ उन्होंने समाजवादी यथार्थवाद की विशिष्टता को सूचित करते हुए भी आलोचनात्मक यथार्थवाद की शक्ति का स्पष्टीकरण किया है।

समग्रतः, हमारा निवेदन यही है कि मार्क्सवादी दर्शन की सही आधार भूमि

एवं दिशाओं से परिचय का अभाव, फलतः यान्त्रिकता एवं सरलीकरण के प्रति रचनाकार तथा समीक्षक का झुकाव, अहेतुक निष्कर्षों एवं अवांछित भूमिकाओं को सामने लाती है, जिसके परिणामस्वरूप सर्जना और मूल्यांकन, दोनों को ही क्षति पहुँचती है। मार्क्सवादी साहित्य-चिन्तन के अन्तर्गत विचारकों ने इस स्थिति के प्रति सजगता बरती है, और जिनमें यह सजगता नहीं रही है, उनकी सर्जना तथा समीक्षा मार्क्सवादी दृष्टिकोण का प्रतिनिधित्व करने वाली भी नहीं रह गयी है।

साहित्य एवं कला; वर्गीय आधार

'कम्युनिस्ट पार्टी के घोषणा-पत्र' में मार्क्स और एंगेल्स ने प्रारम्भ में ही इस तथ्य को स्पष्ट किया है कि 'अब तक के समाज का इतिहास वर्ग-संघर्षों का इतिहास है। स्वतन्त्र मनुष्य और दास, अभिजात वर्ग और साधारण प्रजा, सामन्त और उसके कम्मी, शिल्प-संघ के मालिक और मजदूर-कारीगर, संक्षेप में पीड़क और पीड़ित, सदा से एक दूसरे का विरोध करते आये हैं। वे कभी छिपे, कभी प्रकट रूप से, लगातार एक दूसरे से लड़ते रहे हैं। ऐसी लड़ाई का अन्त हर बार या तो समाज का सारा ढाँचा बदलने में हुआ है, या लड़ने वाले दोनों वर्गों की बरबादी में हुआ है।...आधुनिक पूँजीवादी समाज सामन्ती समाज के ध्वंस से पैदा हुआ है। उसने समाज के वर्ग-विरोधों को खतम नहीं किया है। उसने वर्गों के स्थान पर नये वर्ग, पीड़न के पुराने तरीकों के बदले नये-नये तरीके और संघर्ष के पुराने स्वरूपों की वजह नये स्वरूप खड़े कर दिये हैं। किन्तु दूसरे युगों की तुलना में हमारे युग की, पूँजीवादी युग की विशेषता यह है कि वर्ग-विरोधों को इसने सीधा-सादा बना दिया है। आज पूरा समाज दिनों-दिन दो विशाल प्रतिस्पर्धी शिविरों में, एक दूसरे के खिलाफ खड़े दो विशाल वर्गों में—पूँजीपति और मजदूरों, में बँटता जा रहा है।'[20]

मार्क्स और एंगेल्स आगे लिखते हैं—'ऐतिहासिक दृष्टि से पूँजीपति वर्ग ने बहुत ही क्रान्तिकारी भूमिका अदा की है। पूँजीपति वर्ग जहाँ पर भी शक्ति प्राप्त की, वहाँ सामन्तवादी, पितृसत्तावादी, भावुकता के सभी सम्बन्धों का उसने अन्त कर दिया। 'स्वाभाविक रूप से ही उच्च' कहलाने वाले लोगों से मनुष्य जिन नाना सामन्ती बन्धनों से बँधा हुआ था, उन सबको उसने निष्ठुरता से तोड़ दिया। एक स्वार्थ के, 'नकद पैसे-कौड़ी के', हृदय शून्य व्यवहार के सिवा मनुष्यों के बीच और कोई दूसरा सम्बन्ध उसने बाकी नहीं रहने दिया। ऊँची से ऊँची धार्मिक भावनाओं, वीरोचित उत्साह, और भोली-से-भोली भावुकताओं, सब पर उसने आना-पाई का मुलम्मा चढ़ा दिया है। मनुष्य के गुणों को उसने बाजार की बिकाऊ चीज बना दिया है। पहले की सनदों द्वारा प्राप्त होने वाली तरह-तरह की स्वतन्त्रताओं की जगह अब उसने केवल एक ही तरह की, आत्मा रहित स्वतन्त्रता की, स्वतन्त्र व्यापार की, स्थापना कर दी है। एक शब्द में, धार्मिक और राजनीतिक पर्दों के पीछे

छिपे शोषण के स्थान पर उसने नंगे, निर्लज्ज, प्रत्यक्ष और पाशविक शोषण की स्थापना कर दी है। जिन पेशों के सम्बन्ध में अब तक लोगों के मन में आदर और श्रद्धा की भावना थी, उन सबका रंग पूँजीपति वर्ग ने फीका कर दिया है। डॉक्टर, वकील, पुरोहित, कवि और वैज्ञानिक, सभी को उसने अपना वेतन भोगी कर्मचारी बना लिया है।'[21]

पूँजीपति वर्ग की प्रवृत्तियों तथा उपलब्धियों की चर्चा के क्रम में मार्क्स ने यह भी कहा है कि मानव परिश्रम से कैसे बड़े-बड़े काम किये जा सकते हैं, इसे पूँजीपति वर्ग ने ही सबसे पहले दिखलाया है। 'उत्पादन-प्रणाली में निरन्तर क्रान्तिकारी परिवर्तन, सामाजिक सम्बन्धों में लगातार उथल-पुथल, स्थायी अस्थिरता और हलचल पूँजीवादी युग की ये ही वे मुख्य विशेषताएँ हैं, जो पहले के सभी युगों से उसे भिन्न बना देती है।'[22]...मार्क्स और एंगेल्स के अनुसार, परन्तु 'जिन हथियारों से पूँजीपति वर्ग ने सामन्तवाद का अन्त किया था, वे ही हथियार आज उसके खिलाफ तन गये हैं। लेकिन पूँजीपति वर्ग ने केवल ऐसे हथियारों को ही नहीं गढ़ा है, जो उसका अन्त कर देंगे, बल्कि उसने ऐसे आदमियों को भी पैदा कर दिया है, जो इन हथियारों का इस्तेमाल करेंगे। वे हैं, आज के मजदूर वर्ग, सर्वहारा वर्ग के लोग।'[23] अपने विवेचन को आगे की भूमिकाओं की ओर उन्मुख करते हुए मार्क्स और एंगेल्स लिखते हैं–'अन्त में, वर्ग-संघर्ष बढ़ता-बढ़ता जब निर्णायक घड़ी पर पहुँच जाता है तो शासक वर्ग ही नहीं, सम्पूर्ण पुराने समाज के अन्दर टूट-फूट की क्रिया इतना उग्र और स्पष्ट रूप धारण कर लेती है कि स्वयं शासक वर्ग का एक छोटा हिस्सा उससे अलग होकर क्रान्तिकारी वर्ग के साथ–उस वर्ग के साथ जिसके हाथ में भविष्य की मशाल है–आ मिलता है।'[24]

'कम्युनिस्ट पार्टी के घोषणा-पत्र' से इतना लम्बा उद्धरण देने में हमारा आशय प्रारम्भ से लेकर अब तक के समाज में चलने वाले वर्ग-संघर्ष तथा उसके निर्णायक दौर, पूँजीपति वर्ग और मजदूर वर्ग के संघर्ष, का एक खाका प्रस्तुत करना था। इस क्रम में यह भी स्पष्ट हो गया है कि समाज-विकास के क्रम में पूँजीपति वर्ग और पूँजीवादी व्यवस्था की क्या भूमिका और क्या रूप रहा है। उपर्युक्त विवरण इस तथ्य को भी स्पष्ट कर देता है कि इस वर्ग-संघर्ष का परिणाम पूँजीपति वर्ग की पराजय तथा सर्वहारा वर्ग की निर्णायक विजय में ही प्रकट होने वाला है, जैसा कि रूस की समाजवादी क्रान्ति ने साबित भी कर दिया है।

मार्क्सवादी साहित्य-चिन्तन के अन्तर्गत साहित्य के वर्गीय आधार का जो भी विवेचन-विश्लेषण हुआ है, उसका सीधा सम्बन्ध समाज-विकास की उक्त अवस्थाओं से ही है। मार्क्सवादी साहित्य-चिन्तकों की मान्यता है कि वर्गबद्ध समाज में साहित्य एवं कलाएँ भी वर्ग-हितों को प्रतिबिम्बित करती हैं, जिनमें शासक वर्ग के हितों की प्रमुखता होती है। रचनाकार एवं कलाकारों के अपनी वर्गीय संस्कार, उनकी जीवन-दृष्टि के रूप में, उनकी कृतियों में प्रतिबिम्बित होते हैं। पूँजीवादी

समाज-व्यवस्था के अन्तर्गत, जिसमें सब कुछ धन की ही तुला में तौला जाता है, पूँजीपति वर्ग, शासक होने के नाते सारे धन पर अपना एकाधिकार रखता है, फलतः साहित्य, कला, संस्कृति सब उसकी दासी होकर रह जाती हैं। वे सब शासक वर्ग की आशाओं, आकांक्षाओं को व्यक्त करने में ही अपनी इतिकर्त्तव्यता समझती हैं; प्लेखानोव, काडवेल तथा अर्न्स्ट फिशर ने पूँजीवादी व्यवस्था के अन्तर्गत पनपने वाले साहित्य तथा अन्य कला-रूपों को इस वर्गीय भूमिका का विस्तार से विवेचन किया है। काडवेल का कथन है कि पूँजीवादी युग की कविता में बुर्जुआ वर्ग के सामूहिक भाव को अभिव्यक्ति मिली है, उस कविता की आत्मा व्यक्तिवाद है। पूँजीवादी युग की एकाधिकारी अर्थनीति के फलस्वरूप उत्पन्न दुष्परिणामों, आर्थिक शोषण, मुक्त प्रतिस्पर्धा, विघटित सामाजिक सम्बन्धों तथा वास्तविक स्वतन्त्रता के क्षय आदि का बड़ा ही विस्तृत एवं गहरा अध्ययन प्रस्तुत करते हुए काडवेल ने यह भी कहा है कि पूँजीवादी युग की कला तथा साहित्य में उस युग की सारी असंगतियाँ, सारे अन्तर्विरोध एवं समूचे ह्रास को भी बड़े ही जीवित रूप में देखा जा सकता है। पूँजीवादी युग की कविता तथा साहित्य को उन्होंने मोहभंग की कविता कहा है। इसका कारण यह है कि पूँजीवादी युग का ईमानदार रचनाकार पूँजीवाद के आन्तरिक चरित्र को पहचानने में असमर्थ उसकी ऊपरी 'पवित्र घोषणाओं—स्वतन्त्रता, समता तथा बन्धुत्व' आदि को वास्तविक मानकर अपने मन में नये-नये स्वप्न और नयी-नयी आकांक्षाएँ पाल लेता है। शनैः-शनैः पूँजीवादी वास्तविकता उसके समक्ष स्पष्ट होती है और तब उसे यह पता चलता है कि स्वतन्त्रता, समता और बन्धुत्व की सम्पूर्ण पूँजीवादी घोषणाएँ महज़ धोखे के अतिरिक्त और कुछ नहीं हैं, वह एक अत्यन्त अमानवीय और पाश्विक व्यवस्था के पंजों में जकड़ा एक निरीह प्राणी है। पूँजीवादी युग में एक ईमानदार रचनाकार का यह मोहभंग वस्तुतः इस व्यवस्था पर सबसे निर्मम टिप्पणी है। अपने परिवेश की असलियत को समझ चुकने के उपरान्त रचनाकार का उस परिवेश से असन्तुष्ट और विक्षुब्ध होना अत्यन्त स्वाभाविक है। उसके कृतित्व में उसका व्यवस्था के प्रति यह असन्तोष अपनी पूरी उग्रता के साथ देखा जा सकता है। परिवेश से असन्तुष्ट यह रचनाकार व्यवस्था को बदल पाने में असमर्थ, अन्ततः आत्मकेन्द्रित और व्यक्तिवादी हो उठता है। वह अपने को न केवल समाज से अजनबी पाता है, स्वयं अपने आप से अजनबी अनुभव करता है। उसमें रूपवाद और कलावाद की प्रवृत्तियाँ जन्म लेती हैं। इस प्रकार पूँजीवादी वर्ग-समाज की कला जहाँ रचनाकार के असन्तोष, विक्षोभ, मोहभंग आदि को मूर्त्त करने के कारण अत्यन्त सजीव हो उठती हैं, वहाँ पूँजीवाद की असंगतियों तथा अन्तर्विरोधों से पूर्ण होने के कारण तथा रचनाकार के मानस के समान अन्तर्विरोधों और असंगतियों की स्थिति के फलस्वरूप कभी भी वास्तविक रूप से स्वतन्त्र और स्वस्थ कला का पर्याय नहीं बन पाती। उसका रूप मूलतः वर्ग-कला का रूप होता है, मनुष्य

मात्र की कला का नहीं। राल्फ फाक्स तथा अन्स्र्ट फिशर ने भी पूँजीवादी व्यवस्था के अन्तर्गत कला तथा साहित्य के वर्गीय आधार तथा उसकी दुष्परिणति पर विस्तार से प्रकाश डाला है, उसे एक ह्रासोन्मुख युग की ह्रासशील कला कहा है।

मार्क्स का कथन है कि वर्गबद्ध समाज व्यवस्था में जैसे-जैसे वर्ग-संघर्ष तीव्र होता जाता है, पीड़ित मेहनतकश वर्ग की लड़ाई मुद्राएँ भी प्रखर हो जाती हैं और बहुत से लोग अपनी वर्ग-भूमिका को छोड़कर सर्वहारा-वर्ग के साथ हो जाते हैं एवं उसके हितों एवं आकांक्षाओं के प्रवक्ता बन जाते हैं। उन्हें अपना भविष्य सर्वहारा-वर्ग के भविष्य के साथ जुड़ा दिखायी देने लगता है। मार्क्सवादी साहित्य-चिन्तकों ने इस तथ्य की व्याख्या करते हुए प्रदर्शित किया है कि पूँजीवादी वर्ग-व्यवस्था में अनेक रचनाकार तथा कलाकार सर्वहारा-वर्ग से जुड़कर उसके हितों के प्रवक्ता के रूप में सामने आते हैं। ये वे ईमानदार तथा मानवतावादी रचनाकार हैं जो सर्वहारा संघर्ष के साथ ही अपनी नियति जोड़ देते हैं, और अनेक तो सर्वहारा-संघर्ष का सक्रिय नेतृत्व भी करते हैं। काडवेल ने तो स्पष्टतः रचनाकारों तथा लेखकों का आह्वान किया है कि वे आगे आकर सर्वहारा-वर्ग का नेतृत्व करें और उसकी निर्णायक लड़ाई में उसकी विजय को मूर्त रूप दें। पूँजीवादी वर्ग-व्यवस्था में ही नहीं, प्रत्येक युग में ऐसे उदाहरण उपलब्ध होते हैं, जहाँ रचनाकारों ने अपनी वर्गीय भूमिकाओं को अतिक्रान्त करते हुए, अपने वर्गीय संस्कारों का परित्याग कर, संघर्षशील मेहनतकश वर्ग के साथ जुड़कर न केवल उसकी आशाओं-आकांक्षाओं एवं हितों को मूर्त्त किया है, उसकी अगुवाई भी की है। अस्तु–

जहाँ मार्क्सवादी साहित्य-चिन्तन के अन्तर्गत साहित्य के वर्गीय आधार को पूरी तरह प्रतिपादित किया गया है, और यह कहा गया है कि वर्ग-व्यवस्था में रचनाकार वर्ग-हितों को प्रतिबिम्बित करते हैं, जिसमें शासक-वर्ग के हितों की प्रधानता होती है, वहाँ मार्क्सवादी सहित्य-चिन्तन की यह भी उतनी ही महत्त्वपूर्ण निष्पत्ति है कि वर्गबद्ध समाज में रचनाकार अपनी वर्गीय भूमिका का अतिक्रमण भी करता है, और उस वर्ग के साथ जुड़ता है, जो प्रगतिशील होता है, जिसके हाथ में भविष्य की वल्गा होती है। वह ऐसे वर्ग की अगुवाई भी करता है और इस प्रकार अपने तथा अपने कृतित्व को बहुसंख्यक मनुष्यता का अंग बना देता है। मार्क्सवादी साहित्य-चिन्तन की यह दूसरी निष्पत्ति प्रायः ऐसे लोगों के द्वारा जानबूझ कर उपेक्षित कर दी जाती है, जो मार्क्सवादी साहित्य-चिन्तन पर आक्रमण करना और उसे विकृत तथा विरूप बनाकर प्रस्तुत करना ही अपना कर्त्तव्य मानते हैं। ऐसे लोग मार्क्सवादी साहित्य-चिन्तन पर यह आरोप लगाते हैं कि वह वर्ग-व्यवस्था में कार्य करने वाले प्रत्येक रचनाकार को शासक-वर्ग का चाटुकार मानता है, ये लोग पूर्ववर्ती महान् लेखकों का नाम लेकर पाठक वर्ग के गले के नीचे यह झूठ उतारना चाहते हैं कि मार्क्सवाद इन लेखकों को अपने समय के शासक-वर्ग का चापलूस और प्रवक्ता

कहता है। मार्क्सवादी दृष्टिकोण की वास्तविकता से अपरिचित पाठक वर्ग सरलतापूर्वक इस झूठ का शिकार बन जाता है, जबकि वास्तविकता बिल्कुल दूसरी ही है। मार्क्सवादी साहित्य-चिन्तन की, इस विषय पर, सही मान्यता को प्रस्तुत करने में हमारा उद्देश्य उस पर लगाये जाने वाले झूठे आरोपों का प्रत्याख्यान करना भी है।

मार्क्सवाद वर्गबद्ध समाज में रचे जाने वाले साहित्य तथा रचनाकारों का मूल्यांकन करने में अपनी द्वन्द्वात्मक समझ को आधार बनाता है। वह यह विश्लेषित करता है कि किसी साहित्य या रचनाकार-विशेष में वर्गीय समाज के कौन से अन्तर्विरोध एवं असंगतियाँ पायी जाती हैं, वह कहाँ तक प्रगतिशील या प्रतिगामी भूमिकाओं से जुड़ा है, उसका मूल चरित्र क्या है, आदि-आदि। इन तथ्यों के सम्यक् विश्लेषण के उपरान्त ही मार्क्सवाद वर्गबद्ध समाज में साहित्य या साहित्यकार पर अपना निष्कर्ष या निर्णय देता है। एकांगी या सरलीकृत दृष्टिकोण के आधार पर दिये जाने वाले निर्णयों से उसका कोई सम्बन्ध नहीं है। मार्क्स-एंगेल्स द्वारा शेक्सपियर, बाल्ज़क, गेटे आदि का, तथा लेनिन द्वारा तोल्सतोय का मूल्यांकन इस कथन का प्रमाण है, जो वर्गबद्ध व्यवस्था के ही रचनाकार रहे हैं। ऐसी स्थिति में साहित्य के वर्गीय आधार के सम्बन्ध में सही मार्क्सवादी दृष्टि क्या है, इसके बारे में किसी के मन में भ्रम की कोई गुंजाइश नहीं रहनी चाहिए।

मार्क्सवादी विचारकों के अनुसार वर्गहीन साम्यवादी व्यवस्था में रचा जाने वाला साहित्य, वर्गबद्ध समाज में रचे जाने वाले साहित्य की तुलना में इस कारण श्रेष्ठ होगा कि न केवल तब साहित्यकार सच्चे अर्थों में स्वतन्त्र होगा, उन व्यवस्थाजनित असंगतियों तथा अन्तर्विरोधों की स्थिति भी न होगी, जो वर्गबद्ध समाज के रचनाकार तथा उसके कृतित्व को अपनी सारी सम्भावनाओं एवं उत्कर्ष के साथ सामने आने में रोक देते हैं। तब रचनाकार आर्थिक दुश्चिन्ताओं से युक्त, सामाजिक विषमताओं से स्वतन्त्र, सही माने में आन्तरिक एवं बाह्य तनावों से मुक्त सृजन कर सकने की स्थिति में होगा, और इसीलिए उसकी रचना भी श्रेष्ठ और समर्थ होगी। काडवेल तथा अर्न्स्ट फिशर ने वर्गहीन समाज-व्यवस्था में रचे जाने वाले साहित्य की इस आकृति पर विस्तारपूर्वक प्रकाश डाला है। उन्होंने यह भी कहा है कि तब कला तथा साहित्य का आस्वाद भी, सच्चे अर्थों में सम्भव होगा, कारण पाठक तथा ग्राहक समाज भी तमाम भौतिक दुश्चिन्ताओं से मुक्त, कला तथा साहित्य के साथ अपनी सच्ची अन्तरंगता स्थापित कर सकेगा।[25] इस वर्गहीन साम्यवादी व्यवस्था में साहित्य तथा कलाओं के विकास की पूरी सम्भावनाएँ होंगी, कारण तमाम भौतिक दुश्चिन्ताओं से मुक्त होने के बावजूद मनुष्य के आभ्यन्तरिक विकास को वह पूर्णता प्राप्त न हो पाएगी कि वह शेष सृष्टि के समूचे चेतन व्यक्तित्व के साथ अपने निजत्व को एकाकार होते देख सके। वस्तुतः ऐसा सम्भव ही नहीं हो सकता कि मनुष्य कभी इतना पूर्ण हो जाय कि वह समग्रता का पर्याय बन सके। ऐसी स्थिति में, उसके इस ओर किये जाने

कर हम इतना अवश्य कहना चाहेंगे कि मार्क्सवादी साहित्य-चिन्तन के अन्तर्गत प्रश्न को उसके व्यापक सन्दर्भों में उठाया गया है और गहराई में जाकर उस पर विचार भी किया गया है।

कविता, कला अथवा साहित्य की प्रयोजनीयता

कविता, कला अथवा साहित्य की प्रयोजनीयता को लेकर मार्क्सवादी साहित्य-चिन्तन के अन्तर्गत विस्तृत चर्चा हुई है। प्रमुख पुरस्कर्ताओं के साहित्य-चिन्तन का विवरण देते हुए हम इस चर्चा के अन्तर्गत आयी बातों का उल्लेख कर चुके हैं, अतएव पुनरुक्ति से बचते हुए कुछ मुख्य बातों को ही हम यहाँ संक्षेप में प्रस्तुत करेंगे।

कविता हो अथवा साहित्य एवं कला के दूसरे रूप, मार्क्सवादी साहित्य-चिन्तन के अन्तर्गत उनका केन्द्रीय प्रयोजन संसार तथा समाज को समझने में मनुष्य की मदद करना, और उन्हें बदलने में उसका साथ देना माना गया है। इस बात को मार्क्सवादी विचारकों ने अनेक रूपों में प्रायः ही हमारे समक्ष प्रस्तुत किया है। दूसरी प्रमुख बात, जिसका उल्लेख भी हम पीछे कर चुके हैं, यह है कि साहित्य एवं कला केवल संसार, समाज तथा मानव-जीवन को समझने और बदलने की ही दिशा में मनुष्य की सहायता नहीं करतीं, जीवन को अधिक सम्पन्न तथा पूर्ण बनाने, उसे अधिक से अधिक जीने-योग्य हो सकने में भी, अपनी महत्त्वपूर्ण भूमिका निबाहती हैं। वोरिस सुखोव का कहना है कि मनुष्य को आयु के गिने-चुने वर्ष मिले हैं—वह अधिक से अधिक सौ वर्ष या उससे कुछ अधिक ही जी सकता है। कविता मनुष्य की उम्र तो नहीं बढ़ा सकती, परन्तु उसे जिन्दगी के जो भी क्षण मिले हैं, उन्हें अधिक सार्थक, सम्पन्न और समृद्ध अवश्य कर सकती है। यह मनुष्य में जीने का स्वाद उत्पन्न कर सकती है। साहित्य या कला के सारे रूप अपने-अपने ढंग से यह कार्य सम्पादन करते हैं, परन्तु कविता कदाचित् इस दिशा में सर्वाधिक महत्त्वपूर्ण है। यदि कविता न होती, मनुष्य का जीवन अधिक दरिद्र हुआ होता।[28] कविता या कला यह कार्य मनुष्यों की रुचियों का परिष्कार करके करती हैं। मनुष्य केवल भौतिक दृष्टि से ही सुखी और सन्तुष्ट नहीं होना चाहता, वह अपनी आत्मिक भूख को भी शान्त करना चाहता है, और कविता तथा कलाएँ इसी भूमि पर उसे आत्मिक सुख और सन्तोष प्रदान कर उसके अभावों की पूर्ति करती हैं, उसकी जिजीविषा को तो बढ़ाती ही हैं, उसकी जिन्दगी को रसमय भी बनाती हैं। मार्क्सवादी विचारकों के अनुसार मनुष्य सदैव अपूर्ण होता है, और सदैव ही अधिक से अधिक पूर्ण बनना चाहता है। कविता इस दिशा में भी मनुष्य की सहायता करती है। वह उसे खण्ड जीवन से एक पूर्ण जीवन की ओर अग्रसर करती है, उसे उसके आत्म-विस्तार में सहायता देकर उसे सही मनुष्यत्व और समग्र मनुष्यत्व के बिन्दु तक पहुँचाती है। वह मनुष्य और मनुष्य के बीच भावों तथा विचारों के आदान-प्रदान में सेतु का

कार्य करती है। कविता, कला तथा साहित्य की मूल प्रयोजनीयता उसकी इन क्षमताओं में ही निहित है। मार्क्सवादी विचारकों के अनुसार कविता व्यक्ति को न केवल समग्र बनने की दिशा में ही सक्रिय और प्रेरित करती है, समग्र मानव का चित्रण करने में ही उसकी सार्थकता भी है। वह व्यक्ति के मन में मनुष्यता के उच्च आदर्शों के प्रति आस्था तथा प्रेम उत्पन्न करती है, मनुष्य को संस्कृत बनाने में, मनुष्यता को विकास की सही दिशाओं में अग्रसर करने में भी उसका महत्त्वपूर्ण योग है। मार्क्सवादी सस्ते मनोरंजन की कविता, कला या साहित्य का साध्य नहीं मानते, मनोरंजन से कहीं आगे, मनुष्य को कर्म की वास्तविक उत्तेजना देने, उसमें कर्मशीलता उत्पन्न करने, उसे सजग करने में ही वे कविता या कला की सार्थकता तथा चरितार्थता देखते हैं। मनोरंजन अथवा आनन्द प्रदान करने के कविता या कला की उपेक्षा वे नहीं करते, वरन् यह माँग अवश्य करते हैं कि मनोरंजन तथा आनन्द जैसे तत्त्वों को सस्ती धारणाओं से उबारकर व्यापक बनाया जाय।[29]

साहित्य तथा कला की सार्थकता मार्क्सवादी विचारकों ने उसकी सम्प्रेषणीयता में स्वीकार की है। कला या कविता का यह मूलभूत चारित्र्य है, कि वह हृदयों को एक दूसरे से जोड़े, मनुष्य को, एक दूसरे को समझने में मदद दे। सम्प्रेषणीयता के तकाजे की सही अर्थों में पूर्ति हो सके, इसी कारण मार्क्सवादी चिन्तकों ने कला तथा साहित्य में रूपवाद की भर्त्सना की है। कला की यह सम्प्रेषणीयता केवल गिने-चुने लोगों तक ही सीमित न रहे, उसे जन-जन तक सम्प्रेष्य होना चाहिए। लेनिन तथा दूसरे मार्क्सवादी चिन्तकों ने कला तथा साहित्य की जनवादी आकृति को इसी कारण अत्यन्त महत्त्व दिया है। साहित्य या कला की जड़ें जनजीवन में गहराई तक पहुँचनी चाहिए, तभी कला या साहित्य जन-जन की सम्पत्ति कहलाने का गौरव प्राप्त कर सकते हैं। कला तथा साहित्य के जन-जन तक पहुँचने का अर्थ यह नहीं है कि उनके स्तर को गिराकर उनकी इस आकृति को रचा जाय, वस्तुतः जनता के सांस्कृतिक तथा कलात्मक स्तर को उठाना भी उनका दायित्व है, और इस कर्त्तव्य को सम्पादित करने पर ही उन्हें समूची जनवादी आकृति प्राप्त हो सकती है। संक्षेप में यदि कहा जाये कि मार्क्सवादी साहित्य-चिन्तन के अन्तर्गत साहित्य की सोद्देश्यता, सार्थकता या चरितार्थता पर बहिरंग तथा अन्तरंग, दोनों भूमिकाओं पर गहराई से विचार किया गया है, तो कोई अत्युक्ति न होगी।

साहित्य, कला एवं उपयोगिता

इसी क्रम में मार्क्सवादी साहित्य-चिन्तकों ने उपयोगिता के तत्त्व को साहित्य एवं कला के अन्तरंग तत्त्व के रूप में मान्यता दी है। ऊपर जो कुछ कहा गया है, उसका सम्बन्ध साहित्य तथा कलाओं के उपयोगितावाद से है, जो विशुद्ध कविता, विशुद्ध कला, विशुद्ध आनन्द या विशुद्ध सौन्दर्य जैसी किसी भी धारणा का तिरस्कार

करता है। विशुद्ध कला या विशुद्ध कविता के हिमायती उपयोगितावाद का नाम सुनकर नाक-भौं सिकोड़ते हैं, और उसे एकदम साहित्येतर वस्तु समझते हैं, जबकि मार्क्सवादी विचारक सौन्दर्य तत्त्व अथवा कला तत्त्व जैसी किसी भी चीज़ से उपयोगिता के तत्त्व को अभिन्न मानते हैं। इस सम्बन्ध में उनका सबसे प्रधान तर्क यही है कि मनुष्य केवल उन्हीं बातों से अपने को जोड़ता है, जिन्हें वह अपने लिए उपयोगी समझता है। अनुपयोगी वस्तुओं से उसके लगाव का कोई अर्थ या औचित्य भी नहीं है। जहाँ तक साहित्य एवं कला के उपयोगितावाद से आशय है, वह पर्याप्त व्यापक और गहरे मानवीय सन्दर्भों से युक्त है। मनुष्य खण्ड-व्यक्तित्व से समग्र व्यक्तित्व प्राप्त कर सके, अपनी आत्मिक भूख को शान्त कर अपने जीवन को अधिक सुखी और पूर्ण बना सके, सौन्दर्य के प्रति जिज्ञासु रहकर सही सौन्दर्य-चेतना से युक्त हो सके, ये सारी बातें प्रकारान्तर से मानव-जीवन की दृष्टि से उपयोगितावादी ही हैं। इन बातों की पूर्ति में ही मनुष्य-जीवन की पूर्णता निहित है और इसीलिए मनुष्य उन्हें पूरा होते देखना चाहता है, और चूँकि साहित्य एवं कलाएँ दूर तक इस उद्देश्य-प्राप्ति में उसे सहायक मालूम पड़ती हैं, इसीलिए वह उनकी ओर अनुरक्त होता है। साहित्य एवं कला की उपयोगिता इसी तथ्य से परखी जा सकती है। प्लेखानोव जैसे विचारकों ने इस तथ्य को प्रमाणित भी किया है कि उपयोगिता का तत्त्व सौन्दर्य तत्त्व से पूर्ववर्ती है। मनुष्य में सौन्दर्य-भावना का जन्म उपयोगिता की भावना के अनन्तर ही हुआ है। कला के उद्‌भव का विवरण देते हुए उन्होंने तथा अन्य विचारकों ने यह भलीभाँति स्पष्ट कर दिया है कि जो वस्तुएँ मनुष्य के लिए मूलतः उपयोगी थीं, उन्हीं को उसने सुन्दर भी स्वीकार किया। अनुपयोगी वस्तुओं का न तो उसने निर्माण किया और न ही उनमें सौन्दर्य तत्त्व की खोज या परख की। उपयोगिता तथा सौन्दर्य तत्त्व इस प्रकार एक दूसरे से जुड़े हुए हैं और इन्हें जुड़ा हुआ ही समझना चाहिए। उपयोगितावाद की यही वह व्यापक तथा समग्र धारणा है जिसे मार्क्सवादी साहित्य-चिन्तन के अन्तर्गत स्वीकृति मिली है। अतएव उपयोगिता का तत्त्व साहित्य या कला के महत्त्व को कम नहीं करता, वरन् उसे और भी निखारता है। कोरा उपयोगितावाद अवश्य त्याज्य है, परन्तु मार्क्सवादी साहित्य-चिन्तकों ने साहित्य तथा कलाओं की निर्मिति में सौन्दर्य की मूलभूत स्थिति को स्वीकृति देकर कोरे उपयोगितावाद का स्वतः तिरस्कार कर दिया है। मार्क्स की यह मान्यता हम पहले ही उद्धृत कर चुके हैं कि जहाँ पशु-पक्षी तथा अन्य मानवेतर प्राणी केवल अपनी भौतिक आवश्यकताओं की पूर्ति के हेतु सृजन करते हैं, वहाँ मनुष्य सौन्दर्य-नियमों के अनुसार सृजन करता है। ऐसी स्थिति में विशुद्ध साहित्य तथा विशुद्ध कला के हिमायती कितना भी नाक-भौं सिकोड़ें, एक नये मनुष्य, नये समाज तथा नये संसार के निर्माण के लिए संकल्पबद्ध कला या साहित्य का उपयोगितावाद एक तो स्वतः सिद्ध है, दूसरे इतने महत्तर सन्दर्भों को लिये हुए है

कि उसे अस्वीकार करना, साहित्य एवं कला के तेजस्वी चारित्र्य को ही अस्वीकार करना है। यह उपयोगितावाद सौन्दर्य तत्त्व का विरोधी न होकर, अनिवार्यतः उससे जुड़ा है।

सन्दर्भ

1. Literature and Art—K. Marx and F. Engels, p.1.
2. *Ibid.*, p. 1.
3. *Ibid.*, p. 1.
4. लिटरेचर एण्ड आर्ट–पृ. 15।
5. वही, पृ. 13।

6-7. लिटरेचर एण्ड आर्ट, पृ. 15, 32।

8. एंगेल्स के साहित्य-चिन्तन के स्वतन्त्र विवेचन में हम इस कथन को स्पष्ट कर चुके हैं।
9. मार्क्स-एंगेल्स–लिटरेचर एण्ड आर्ट।
10. लिटरेचर एण्ड आर्ट, कार्ल मार्क्स और फ्रेडरिक एंगेल्स, पृ. 8।
11. आर्ट एण्ड आइडियोलॉजिकल सुपर स्ट्रक्चर, मार्क्सिज्म टु डे, फर. 1964।
12. मार्क्सिज्म टुडे–जून 1964।
13. मार्क्सिज्म एण्ड कण्टेम्परेरी साइंस, पृ. 33।
14. प्लेखानोव द्वारा कला को प्रत्यक्षतः आर्थिक-भौतिक धरातल द्वारा नियत मानसिक चेतना का परिणाम मानना तथा काडवेल द्वारा कविता को अन्ततः एक आर्थिक-क्रिया कहना, इस कथन के उदाहरण हैं–देखिए प्लेखानोव तथा काडवेल के साहित्य-चिन्तन का विवरण।
15. राल्फ फाक्स, नावेल एण्ड दी पीपुल, 70।
16. राल्फ फाक्स, नावेल एण्ड दी पीपुल, 71।
17. देखिए–आर्ट एण्ड दी आइडियोलॉज़िकल सुपर स्ट्रक्चर, मार्क्सिज्म टु डे, फरवरी, 1964।
18. दी मीनिंग ऑफ कण्टेम्परेरी रियलिज्म, पृ. 105।
19. अर्न्स्ट फिशर; दी नेसेसिटी ऑफ आर्ट, पृ. 223।
20. कार्ल मार्क्स और फ्रेडरिक एंगेल्स : मेनीफेस्टो ऑफ दी कम्युनिस्ट पार्टी, पृ. 35।
21. कार्ल मार्क्स और फ्रेडरिक एंगेल्स, मेनीफेस्टो ऑफ दी कम्युनिस्ट पार्टी, पृ. 38।
22. वही, पृ. 38।

23-24. वही, पृ. 43।

25. 'And so we may be allowed, as we dream of the future, to evoke a picture of a world where human beings, no longer exhausted by labour, no longer weighed down by today's cares and tomorrow's duties, have time and leisure to be 'on intimate terms' with art'.

    —Ernst Fisher—The necessity of Art, p. 220.

26. 'Off all the host of definitions that exist, for me, personally the main one is this : literature is thinking in images.'

    —Sergei Zalygin : Soviet Literature,—Vo 11, 69.

27. 'Poetry is perhaps the sole form of man's direct communian with man. The strength of poetry lies in the fact that it tears asunder all the obstacles between people and at once goes to a man's heart.'

—Boris Suchkov : Sovit literature. Vo I. 3, 1967.

28. 'Poetry is perhaps the sole form of man's direct communion with man. The strength of poetry lies in the fact that it tears asunder all the obstacles between people and at once goes to a man's heart. Mankind would evidently be much poorer without poetry, even if all the other forms of art remained.

—देखिए : सोवियत लिटरेचर—अंक 3, 1967, पृ. 179।

29. देखिए—सोवियत-लिटरेचर : अंक 8, 1964।

2

साहित्य एवं कला तथा यथार्थ

साहित्य एवं कला तथा आर्थिक-भौतिक जीवन के पारस्परिक सम्बन्ध-विश्लेषण एवं उनकी अन्तःक्रियाओं के विवेचन के उपरान्त आवश्यक है कि साहित्य एवं कला तथा उनके अन्तर्गत वस्तुगत यथार्थ की स्थिति एवं यथार्थ-चित्रण से सम्बन्धित प्रश्नों पर विचार कर लिया जाय। जैसा कि हम पहले कह चुके हैं, न केवल मार्क्सवादी विचार-दर्शन, वरन् मार्क्सवादी साहित्य-चिन्तन के अन्तर्गत भी एकमात्र महत्त्व इस अनन्त रूपात्मक, त्रि-आयामी, वस्तु-जगत् को ही दिया गया है, यही उसके केन्द्र में स्थित है, और इसी रो सम्बद्ध नाना प्रश्नों पर उसकी रचनात्मक और विचारपरक, सारी सक्रियता देखी जा सकती है। अगली पंक्तियों में हम साहित्य एवं कला तथा वस्तुगत यथार्थ से सम्बन्धित इन प्रश्नों पर ही विचार करेंगे। चूँकि इन प्रश्नों पर हम पहले ही विस्तार से काफी-कुछ कह चुके हैं, अतएव, यहाँ संक्षिप्त विवेचन ही, हमारा इष्ट होगा, ताकि इन प्रश्नों से सम्बद्ध सारी बातें, अपनी समग्रता में, एक स्थान पर, व्यवस्थित रूप से स्पष्ट हो सकें।

साहित्य एवं कला तथा यथार्थ-बोध

मार्क्सवादी दर्शन वस्तु-जगत् और उसके पदार्थों की ठोस वस्तुगत सत्ता को स्वीकार करने वाला दर्शन है। उसकी यह मूलभूत निष्पत्ति है कि संसार और उसके पदार्थ हमारी अपनी चेतना अथवा इच्छा-अनिच्छा से परे, अपना सारा वस्तुगत अस्तित्व रखते हैं, और उन्हें जाना जा सकता है। इस भौतिकवादी-मार्क्सवादी दृष्टिकोण के विपरीत बर्कले जैसे अनुभववादी तथा माख जैसे इन्द्रिय-संवेदनवादी संसार की वस्तुगत सत्ता को स्वीकार नहीं करते। उनका कहना है कि चूँकि संसार का बोध हमें इन्द्रिय-संवेदनों के द्वारा होता है, अतएव दृश्य जगत् और उसके सारे पदार्थ इन्द्रिय संवेदनों तक ही सीमित हैं। प्रथम खण्ड में मार्क्स-पूर्व भाववादी चिन्तन का परिचय देने के क्रम में हमने बर्कले तथा माख़ जैसे भाववादी दार्शनिकों की मान्यताओं का

उल्लेख किया है। इसी क्रम में हमने लेनिन द्वारा उनके मत की आलोचना का स्पष्टीकरण भी किया है, जो लेनिन की 'भौतिकवाद तथा इन्द्रियानुभव की आलोचना' शीर्षक कृति में देखी जा सकती है। लेनिन ने न केवन इन्द्रियानुभवों का ही अस्तित्व स्वीकार करने वालों की आलोचना की है, उन्होंने पूरी तरह से बाह्य-जगत् के वस्तुगत अस्तित्व को प्रमाणित किया है। मनुष्य के सारे अनुभवों एवं ज्ञान का स्रोत अपनी वस्तुगत सत्ता में स्थित यह वस्तु-जगत् ही है, इसके अतिरिक्त और कुछ नहीं। मार्क्सवादी दर्शन की इस निष्पति का सीधा-सम्बन्ध मार्क्सवादी साहित्य-चिन्तन या कला-चिन्तन से है, जिसके अनुसार साहित्य एवं कलाएँ अपनी त्रि-आयामिकता में स्थित इस वस्तु-जगत् को ही अपने में मूर्त्त और प्रतिबिम्बित करती हैं। इस वस्तु-जगत् का परिचय मनुष्य अपनी ज्ञानेन्द्रियों के द्वारा प्राप्त करता है और विकास-क्रम में अपने अनुभवों को निरन्तर सम्पन्न और समृद्ध करता जाता है। यथार्थ-बोध से मार्क्सवादी साहित्य-चिन्तक या विचारक का आशय अपने वस्तुगत रूप में स्थित इस बाह्य संसार को जानने और समझने से है, कारण रचनाकार या कलाकार का यह यथार्थ-बोध ही विविध रूपों में उसकी रचना या कला में प्रतिबिम्बित होता है। इसके अतिरिक्त और कोई भी स्रोत नहीं है, जहाँ से कला अपनी बीज वस्तुएँ ग्रहण कर सके।

साहित्य एवं कला तथा यथार्थ-चित्रण

यथार्थ-बोध के समान ही महत्त्वपूर्ण प्रश्न साहित्य एवं कला में यथार्थ-चित्रण का है। स्पष्ट है कि इस सन्दर्भ में मार्क्सवादी साहित्य-चिन्तकों के मन में कोई भ्रम नहीं है कि कला तथा साहित्य में चित्रण की मूल वस्तु बाह्य संसार और उसके नाना रूप ही हैं, जो निरन्तर सक्रिय और परिवर्तनशील होते हैं। रचनाकार इस परिवर्तनशील बाह्य-जगत् को ही उसकी समग्रता और विविधता में अपने चित्रण की विषय-वस्तु के रूप में स्वीकार करता है। जो प्रश्न यहाँ प्रमुख रूप से विचारणीय है वह यह नहीं है कि साहित्य एवं कला में चित्रण की विषय-वस्तु क्या है, (इसका हल तो ऊपर हो चुका है), विचारणीय यह है कि क्या बाह्य-जगत् अपनी अनन्त रूपात्मकता एवं विविधता के लिए ज्यों का त्यों साहित्य या कला में प्रतिबिम्बित होता है, अथवा साहित्य या कला अपनी विशिष्ट प्रकृति के अनुसार उसे ग्रहण करती है? दूसरे शब्दों में प्रश्न वस्तुगत यथार्थ और साहित्य एवं कलाओं में चित्रित यथार्थ का है। माओत्से-तुंग के साहित्य-चिन्तन का परिचय देते समय हम इस प्रश्न को उठा चुके हैं, अतएव पुनरावृत्ति न करते हुए यहाँ केवल इतना ही कहा जा सकता है कि मार्क्सवादी साहित्य-चिन्तन साहित्य एवं कलाओं को मात्र दर्पण नहीं मानना, जिसमें वस्तुगत यथार्थ अपने प्रकृत रूप में प्रतिबिम्बित होता हो। वह साहित्य एवं कला को एक रचनात्मक इयत्ता के रूप में स्वीकार करता है, जहाँ बाह्य यथार्थ अपनी सारी प्रामाणिकता के साथ पुनर्रचित होता है। साहित्य एवं

कलाएँ दर्पण नहीं हैं, जो निष्क्रिय रूप से मात्र बाह्य यथार्थ का अक्स उतार देती हों, कारण ऐसी स्थिति में उनकी अपनी महत्ता तथा विशिष्टता ही संदिग्ध हो उठती है। बाह्य यथार्थ अधिक पूर्ण, समग्र तथा स्वाभाविक होता है और जब सच्चाई यह है, तो प्रश्न उठता है कि कला तथा साहित्य में उसके अक्स को उतार कर, उसके फोटोग्राफिक रूप को प्रस्तुत कर एक निरर्थक प्रयास किया ही क्यों जाय? इस प्रश्न का उत्तर मार्क्सवादी साहित्य चिन्तकों ने इस प्रकार किया है कि बाह्य यथार्थ के अधिक सजीव और समग्र होने के बावजूद कलाकृति में चित्रित उस यथार्थ के प्रति पाठक या दर्शक इसी कारण आकृष्ट होते हैं कि उनमें यह यथार्थ अधिक सुथरे और व्यवस्थित रूप में चित्रित होता है। रचनाकार या कलाकार यहाँ मात्र फोटो खींचने वालों से अधिक रचनाकार या स्रष्टा है, जो बाह्य यथार्थ से उसके प्रतिनिधि रूपों को चुनते हैं, उन्हें व्यवस्थित और कलात्मक रूप देते हैं, उन्हें इस प्रकार आयोजित करते हैं कि वे मूल यथार्थ की अनुकृति मात्र न होकर अपने में एक पुनःसृष्टि होते हैं और यही कारण है कि कला या साहित्य के प्रति पाठक या दर्शक आकृष्ट होते हैं, क्योंकि उनमें चित्रित यथार्थ अधिक नुकीला, और अधिक प्रतिनिधि होता है। साहित्यकार को जो रचयिता, स्रष्टा या प्रजापति कहा गया है, वह इसी कारण कि वह यथार्थ की अनुकृति न करके उसका अपनी कृति में सृजन करता है। फोटोग्राफिक यथार्थ-चित्रण की पद्धति से सच्ची कलाकृति का कोई सम्बन्ध नहीं है; सच्ची कलाकृति यथार्थ का दर्पण न होकर यथार्थ की सर्जिका होती है। दूसरे दर्पण केवल सतह की वस्तुओं को ही प्रतिबिम्बित करता है, जबकि साहित्य एवं कला के अन्तर्गत यथार्थ का अंग बनकर यथार्थ के वे रूप भी आते हैं, जो सतह पर ही दिखायी न देकर सतह के अन्दर निहित होते हैं, जो तत्काल का सत्य न होकर अतीत और आगत का सत्य भी होते हैं। दूसरे शब्दों में साहित्य या कला के अन्तर्गत चित्रित यथार्थ अतीत और आगत की सम्भावनाओं को भी मूर्त्त करता है, जो महज कोरी कल्पनाएँ न होकर वैज्ञानिक दृष्टि के सन्दर्भ में देखे गये जीवन की यथार्थ आकृति होती है, जिनका उद्‌भव अनिवार्य है। अतः सतह पर उतराती वस्तुओं को देखने और चित्रित करने के साथ, रचनाकार या कलाकार की वैज्ञानिक यथार्थ-दृष्टि की सार्थकता का वास्तविक सन्दर्भ यह होता है कि वह कहाँ तक सतह के भीतर पनपने और निकट आगत में शक्ल ग्रहण करने वाले यथार्थ को देख और चित्रित कर सका है तथा कहाँ तक वर्तमान के यथार्थ को उसकी ऐतिहासिक संगति में, उसकी अतीत इयत्ता से जोड़कर ग्रहण और प्रस्तुत कर सका है।'[1]

कुल मिलाकर, साहित्य और कला में यथार्थ-चित्रण के सन्दर्भ में पहली मार्क्सवादी धारणा यह है कि साहित्य एवं कला यथार्थ का दर्पण नहीं हैं और दूसरे, साहित्य एवं कला में चित्रित यथार्थ मात्र अपने तात्कालिक या वर्तमान सन्दर्भ से युक्त यथार्थ ही नहीं होता, वरन् अतीत एवं आगत की सम्भावनाओं से पुष्ट समग्र यथार्थ होता है। रचनाकार या कलाकार की वैज्ञानिक यथार्थ-दृष्टि की कसौटी यथार्थ को

इतनी समग्रता में देख या परख सकने और कलात्मक रूप में, उसके प्रतिनिधि रूपों को चित्रित कर सकने में ही मानी जा सकती है।

यथार्थ को उसके उपलब्ध रूप में न देखकर, उसे अतीत तथा आगत से जोड़कर उसकी समग्रता में ग्रहण करने की बात, कला तथा साहित्य में यथार्थ-चित्रण की मार्क्सवादी धारणा का अत्यन्त आवश्यक पक्ष है। मार्क्सवादी साहित्य-चिन्तकों के अनुसार इसके हेतु एक प्रखर इतिहास-दृष्टि की अपेक्षा होती है। यह इतिहास-दृष्टि मार्क्सवादी रचनाकार के यथार्थ-चित्रण को ऐसी प्राण शक्ति प्रदान करती है, जो उसे समय के सुदीर्घ अन्तराल के पश्चात् भी प्रामाणिक बनाये रखती है।

एंगेल्स ने प्रतिनिधि परिस्थितियों में प्रतिनिधि पात्रों के चित्रण को सच्चे यथार्थ-चित्रण की संज्ञा दी है। एंगेल्स का यह कथन यद्यपि कथात्मक कृतियों को लक्ष्य करता है परन्तु सामान्य के बीच से प्रतिनिधि के चुनाव को ही वास्तविक यथार्थ-दृष्टि की कसौटी माना जा सकता है। लूकाच ने भी इसी तथ्य का प्रतिपादन किया है।

सत्य के प्रति निष्ठा को भी यथार्थ-चित्रण के इतने ही अनिवार्य अंग के रूप में, मार्क्सवादी विचारकों ने स्वीकृति दी है। बाल्ज़क को जो महत्त्व मार्क्सवादी साहित्य-विचारकों द्वारा प्राप्त हुआ है, उसका कारण उसकी यह अप्रतिहत सत्य निष्ठा ही है, जिसके रहते अपनी कृतियों में उसने उसी वर्ग की असलियत को समूची निर्ममता से उद्घाटित किया है, जिसके प्रति उसका सर्वाधिक मानसिक लगाव था। ट्राटस्की ने तो यथार्थवाद को जीवन दर्शन के रूप में अपनाने की अनिवार्यता प्रतिपादित की है, कारण त्रि-आयामी जीवन से निरपेक्ष कला की रचना हो ही नहीं सकती। कलाकार या लेखक उसके अतिरिक्त न कुछ जानता है और न ही कुछ जान सकता है। मार्क्स-एंगेल्स ने यथार्थ-चित्रण के सन्दर्भ में ही रचनाकारों से शिलर की तुलना में शेक्सपियर को आदर्श मानने की बात कही है। उनके अनुसार मानव-चरित्र तथा मानव-जीवन के यथार्थ की गहरी पकड़ शेक्सपियर में लक्षित होती है। समग्रतः यदि हम कहें कि मार्क्सवादी विचारकों ने एक स्वर में साहित्य एवं कला का मूल चारित्र्य उनकी यथार्थ धर्मिता में देखा है तो कोई अत्युक्ति न होगी। यथार्थ जीवन उनके विचार से कला या साहित्य का अक्षय प्रेरणास्रोत है और यथार्थ जीवन से कटना रूपवाद की अन्धी गलियों में भटक कर साहित्य और कला को उनके मूल लक्ष्य से च्युत करना है। चूँकि यथार्थ जीवन से ही साहित्य एवं कला को विषय-सामग्री प्राप्त होती है, अतएव यथार्थ से कटा हुआ लेखक सिवा इसके कि अपनी रचना को बाहरी सजावट की सतही दृष्टि से जोड़े और कुछ कर ही नहीं सकता। रूप एवं शिल्प अनावश्यक आडम्बर में वही लेखक या कलाकार फँसता है जिसके पास कहने को कुछ नहीं होता। मार्क्सवादी साहित्य-चिन्तकों का आग्रह है कि कोरे रूपवाद का आश्रय लेकर साहित्य एवं कला को निष्प्राण करना सर्वथा अहेतुक है। कला की सप्राणता परिवर्तनशील जीवन की गतिविधि

को पहचानकर उसकी एक-एक रेखा की बारीकी से अभिव्यक्ति देने में है। जीवन इतना वैविध्य पूर्ण है कि वह सदा के लिए साहित्य एवं कला को रचना-सामग्री प्रदान करने की क्षमता रखता है और फिर इस भरे-पूरे, बहुरंगी जीवन की उपेक्षा यदि रचनाकार करता है, तो इसे उसकी अक्षमता या दुर्भाग्य ही मानना चाहिए।

जैसा कि हम कह चुके हैं मार्क्सवादी विचारकों ने अपनी द्वन्द्वात्मक समझ के बल पर सदैव ही रचनाकारों एवं लेखकों को यान्त्रिक-चित्रण से बचने की सलाह दी है। इलिया एहरेन वुर्ग ने स्पष्टतः कहा है कि जीवन की द्वन्द्वात्मक गतिशीलता को न पहचानकर उसे यान्त्रिक रूप से साहित्य एवं कला में प्रस्तुत करना, यथार्थ-चित्रण की सही और सप्राण भूमिका का तिरस्कार करना है। यथार्थ की प्रामाणिकता पर पूरा बल देते हुए उनका यह भी कहना है कि यदि रचना के सौन्दर्यात्मक प्रभाव को तीव्र करने के लिए यथार्थ में थोड़ा-बहुत हेर-फेर भी किया जाय तो कोई हानि नहीं। ध्यान देने की बात केवल इतनी है कि यथार्थ का यह संशोधन उसकी वास्तविक आकृति को विरूप न करे।

यथार्थ को साहित्य एवं कला का प्राण तत्त्व न मानते हुए उसका सर्वाधिक सशक्त विवेचन लूकाच ने अपने कृतित्व में किया है। लूकाच का कहना तो यह है कि साहित्य अथवा कला-चिन्तन की ऐसी कोई दृष्टि नहीं है जिसमें यथार्थ के सत्य प्रस्तुतीकरण को इतनी केन्द्रीयता प्राप्त हो, जितनी कि मार्क्सवाद में उसे प्राप्त है। उसके अनुसार मार्क्सवादी रचनाकार के लिए यथार्थ कोई टुकड़ों में बँटी वस्तु न होकर एक ऐसी इयत्ता है जिसमें जीवन, समाज तथा मनुष्य अपनी समग्रता में अभिव्यक्त होते हैं। सत्य का उसकी समग्रता तथा सम्पूर्ण वस्तुपरकता के साथ प्रस्तुतीकरण ही मार्क्सवादी साहित्य-चिन्तन के यथार्थपरक चारित्र्य की केन्द्रीय विशेषता है, और इसके लिए साहित्यकार या लेखक को अपनी सम्पूर्ण ज्ञानेन्द्रियों की सजगता तथा सक्रियता के साथ जीवन एवं समाज के बीच से गुज़रना पड़ता है। लूकाच के अनुसार यथार्थ झूठी वस्तुपरकता तथा झूठी आत्मपरकता के बीच का कोई मध्य मार्ग नहीं है, उसकी केन्द्रीय भूमिका उस टाइप को उभारने में व्यक्त होती है जो मानवीय चरित्रों तथा परिस्थितियों के सन्दर्भ में, सामान्य और विशेष, दोनों का, एक संश्लेष बनकर सामने आता है, जिसमें एक स्तर पर वस्तुपरक तथा दूसरे स्तर पर उस जीवन को जीने वाले व्यक्ति की सम्पूर्ण वैयक्तिक सत्ता अपने समूचे अस्तित्व के साथ उद्घाटित होती है।[2] मार्क्सवादी विचारकों के अनुसार कला तथा साहित्य में यथार्थ-चित्रण की यही एक मात्र प्रामाणिक विधि है। राल्फ फाक्स ने भी अपनी कृति 'उपन्यास और लोक जीवन' (The Novel and the People) में इसी प्रकार का मत व्यक्त किया है। साहित्य तथा कला में यथार्थ-चित्रण को, मार्क्सवादी साहित्य या कला-चिन्तन के अन्तर्गत कितना महत्त्व मिला है, यह हमारे उक्त विवेचन से स्पष्ट हो जाता है।

साहित्य एवं कला में मनुष्य की केन्द्रीय स्थिति

मार्क्सवादी साहित्य-चिन्तन के अन्तर्गत मनुष्य को साहित्य एवं कला की केन्द्रीय विषय-वस्तु के रूप में स्वीकार किया गया है। सर्जना के क्षेत्र में, मार्क्सवादी विचारकों का प्रधान आग्रह अपनी सम्पूर्ण इयत्ता में उस मनुष्य का चित्रण रहा है जो एक लम्बे ऐतिहासिक विकास-क्रम के दौरान परिस्थितियों को बदलने के क्रम में अपने को भी बदलता हुआ विकास की वर्तमान अवस्था पर आ गया है। मनुष्य को इस रूप में प्रस्तुत करने का अर्थ है, समूचे मानवीय विकास को सही ऐतिहासिक परिप्रेक्ष्य तथा समूचे उतार-चढ़ावों के साथ देखना, उन नियमों को परखना, जो इस लम्बे विकास-क्रम में मानवीय सम्बन्धों को निर्धारित करते रहे हैं। मार्क्सवादी इतिहास-दर्शन इसी कारण विशिष्ट है कि वह मानवीय व्यक्तित्व को उसकी सम्पूर्णता एवं ऐतिहासिकता में देखने का हिमायती है, और मार्क्सवादी साहित्य-दृष्टि इस कारण विशिष्ट है कि उसके लिए भी मनुष्य एक सम्पूर्ण मनुष्य है, टुकड़ों में बँटा कोई जीवधारी नहीं। अतीत, वर्तमान तथा भविष्य, इन तीनों आयामों तक इस मनुष्य का विस्तार है। सर्जना के क्षेत्र में मार्क्सवादी दृष्टि न केवल इस सम्पूर्ण मनुष्य के चित्रण पर बल देती है, मूल्यांकन के क्षेत्र में भी उसका प्रतिमान यही है कि कोई साहित्य या कलाकृति इस मनुष्य को सही ऐतिहासिक परिप्रेक्ष्य में कहाँ तक उद्‌घाटित कर सकी है।

जैसा कि स्पष्ट है, मार्क्सवादी दृष्टि के अनुसार मनुष्य केवल परिस्थितियों के विशाल महासागर में डूबता-उतराता कोई तिनका न होकर, न केवल एक पूर्ववर्ती इतिहास से जुड़ा है, उसका एक भविष्य भी है। अतीत, वर्तमान तथा भविष्य के अपने इतिहास का निर्माता भी वही मनुष्य है, जिसे वह अन्य मनुष्यों के साथ मिल कर निर्मित करता है। इस अर्थ में वह मात्र एक व्यक्ति ही न होकर एक सामाजिक प्राणी है। जाहिर है कि सामाजिक प्राणी के रूप में अपने इतिहास का स्वतः निर्माण करने वाले मनुष्य को यह आकृति अथवा मनुष्य सम्बन्धी यह धारणा मार्क्सवादी साहित्य दृष्टि की एक प्रधान विशेषता है जो उसे एक स्तर पर उस आदर्शवादी-भाववादी दृष्टिकोण से अलगाती है, जिसके अनुसार मनुष्य एक पूर्व-निर्धारित भाग्य लेकर इस धरती पर जन्म लेता है, दूसरे स्तर पर आधुनिक युग में विकसित उन असामाजिक दर्शनों से भी उसे पृथक् करती है, जो मनुष्य को किसी भी पूर्ववर्ती इतिहास से सर्वथा विच्छिन्न, भविष्य की किन्हीं भी सम्भावनाओं से सर्वथा रहित, वर्तमान परिवेश में, महज एकाकीपन की नियति को भोगने वाले एक असहाय व्यक्ति के रूप में चित्रित करते हैं। यही नहीं, इस 'एकाकीपन' को किसी विकृत आर्थिक-सामाजिक व्यवस्था का परिणाम न मानकर, (जैसा कि मार्क्सवादी दृष्टि स्पष्ट करती है) उसे मनुष्य की मूलभूत नियति घोषित करते हैं। इस सन्दर्भ में सहज ही समझा जा सकता है कि एक बने-बनाये भाग्य को लेकर धरती में जन्म लेने वाले अथवा एकाकीपन की अपरिवर्तनीय नियति के साथ धरती में

अभिशापित मनुष्य की तुलना में मनुष्य सम्बन्धी मार्क्सवादी धारणा में न केवल मानवीय व्यक्तित्व की गरिमा को स्वीकृति दी गयी है, उसे एक सचेतन-प्राणी के रूप में अपने इतिहास (अतीत, वर्तमान और भविष्य) का निर्माता मानते हुए उसे उसकी सम्पूर्णता में भी देखा और समझा गया है। यही नहीं, मार्क्सवादी साहित्य-चिन्तन में इस तथ्य पर भी बल दिया गया है कि सामाजिक प्राणी होने के नाते, एक व्यक्ति के रूप में मनुष्य के निजी इतिहास को भी विस्मृत न किया जाय। सामाजिक प्राणी होने के नाते उसके सामाजिक इतिहास, और व्यक्ति होने के नाते उसके निजी इतिहास, दोनों के ही अन्तस्सम्बन्धों का लेखक अध्ययन करे, उनके अन्तर्विरोधों तथा असंगतियों का विश्लेषण करे और इसी क्रम में मानव व्यक्तित्व की सर्म्पूर्णता को आत्मसात करने की कोशिश करे। दूसरे शब्दों में, मार्क्सवादी रचनाकार के लिए आवश्यक है कि वह मनुष्य को 'टाइप' और 'व्यक्ति', दोनों रूपों में, उसके दुहरे इतिहास के साथ प्रस्तुत करे। यह सही है कि मनुष्य का निजी इतिहास अन्ततः उसके सामाजिक इतिहास से ही अनुकूलित होता है, परन्तु बीच की समूची प्रक्रिया में मानव-व्यक्तित्व के ऐसे बहुत से पक्ष उभरते हैं, जो केवल उसके इतिहास की इस दुहरी भूमिका के अध्ययन के सिलसिले में ही लेखक की पकड़ में आ सकते हैं, और तभी मनुष्य सम्बन्धी उसका चित्रण सम्पूर्ण मनुष्य का चित्रण बन सकता है।

ऊपर की पंक्तियों में हमने मनुष्य के दो रूपों—'व्यक्ति' तथा 'टाइप' की चर्चा की है। 'टाइप' से यहाँ आशय वर्ग प्रतिनिधि के रूप में मनुष्य के चित्रण से है। मार्क्सवाद मानता है कि अब तक के समाज का सारा इतिहास वर्गों में बँटे हुए समाज का इतिहास रहा है, वर्ग संघर्ष जिसका मूलभूत चरित्र है। यह मान्यता इस तथ्य को भी सामने लाती है कि वर्गबद्ध समाज में मनुष्य अपनी निजी विशेषताओं के बावजूद मूलतः वर्गों के प्रतिनिधि के रूप में सामने आता है। मार्क्सवाद घोषित करता है कि वर्गबद्ध समाज में न केवल मनुष्य की सम्पूर्ण सम्भावनाओं के विकास के द्वार अवरुद्ध हैं, आर्थिक शोषण का निर्मम चक्र मनुष्य को जीवन की बुनियादी आवश्यकताओं तक से वंचित किये रहता है। उसका आग्रह इसीलिए एक ऐसी वर्गहीन समाज-व्यवस्था के निर्माण पर है, जहाँ मनुष्य अपनी सम्पूर्ण सम्भावनाओं के साथ विकास के सारे अवसर और सही अवसर पा सके। वह इसी दिशा की ओर मनुष्य को सक्रिय करता है और एक सप्राण विचार-दर्शन के रूप में उसका पथ-प्रदर्शन भी करता है। वर्गबद्ध समाज में वह संघर्ष का नारा देता है और आर्थिक शोषण से ग्रस्त विशाल सर्वहारा वर्ग के पक्षधर के रूप में सामने आता है। वर्गबद्ध समाज में सर्वहारा वर्ग की यही पक्षधरता उस क्रान्तिकारी मानववाद को जन्म देती है जो आदर्शवादियों-भाववादियों के सामान्य मानववाद से न केवल इस कारण विशिष्ट है कि वह ठोस यथार्थ पर आधारित है, इस कारण भी अलग है कि धरती को अभिशापों से मुक्त करने के लिए वह किसी ईश्वरीय कृपा का आश्रय न लेकर

मनुष्य की सक्रियता पर ही विश्वास करती है, संघर्ष चेता मनुष्य को ही अगुआ बनाती है। इस सन्दर्भ में, उसके अनुसार लेखक के समक्ष प्रश्न केवल मनुष्य के सही चित्रण का ही नहीं है, उस मानवीय व्यक्तित्व के पुनर्निर्माण का भी है, वर्गबद्ध समाज-व्यवस्था की विकृतियों ने जिसे टुकड़ों में बिखेर दिया है, उस विकृति को समाप्त करने का भी है, जो एक दीर्घकालीन प्रक्रिया के फलस्वरूप एकत्र होती हुई उसके चारों ओर जम गयी है।

वर्गबद्ध समाज में वर्ग-संघर्ष पर बल देने के कारण प्रायः मार्क्सवाद और मार्क्सवादी साहित्य-चिन्तन पर, मनुष्य तथा जीवन के सम्पूर्ण अध्ययन की दृष्टि से, एकांगिता तथा अपूर्णता के आरोप लगाये जाते हैं। मार्क्सवादी इतिहास-दृष्टि तथा साहित्य-दृष्टि का जो विवेचन हमने ऊपर किया है, उसके सन्दर्भ में इस प्रकार के किसी भी आरोप की निरर्थकता आप से आप स्पष्ट हो जाती है। जाहिर है कि मार्क्सवादी दर्शन वर्गवादी समाज-व्यवस्था का दर्शन न होकर वर्गहीन समाज व्यवस्था की स्थापना का दर्शन है। वर्ग-संघर्ष मार्क्सवाद की देन न होकर पूँजीवाद की देन है, और मार्क्सवाद के लिए वह एक साम्प्रतिक हथियार के रूप में है, जिसे निरन्तर तेज करते हुए वह वर्गहीन समाज-व्यवस्था की स्थापना के लिए एक साधन के रूप में इस्तेमाल करता है। सर्वहारा-वर्ग का पक्षधर भी वह इसीलिए बनता है ताकि उसे उद्बुद्ध करके वर्गहीन समाज-व्यवस्था की स्थापना की जा सके, जिसके अन्तर्गत मनुष्य अपनी समूची सांस्कृतिक गरिमा के साथ विकसित हो सके। मार्क्सवादी साहित्य-चिन्तन की निष्पत्ति है कि वर्गहीन समाज-व्यवस्था में ही ऐसे साहित्य तथा कला का निर्माण हो सकता है जिसमें मनुष्य मात्र के प्रशस्त भाव तथा सौन्दर्यबोध को उभारा जा सके और जिस आध्यात्मिक सम्पूर्णता के लिए मनुष्य वर्गबद्ध समाज में अकुलाता रहा है, वह उसे प्राप्त हो। यह वह समाज व्यवस्था होगी जहाँ साहित्यकार या कलाकार कोई विशिष्ट प्राणी न होकर तमाम मनुष्यों में ही एक मनुष्य होंगे, किसी भी प्रकार की भेदक दीवाल उनके बीच न होगी। एंगेल्स के अनुसार 'साम्यवादी समाज में अलग से कोई चित्रकार न होंगे, अधिक से अधिक ऐसे मनुष्य ही होंगे जो तमाम दूसरी बातों के साथ चित्र भी रचते हों।'[3]

मनुष्य के व्यक्तित्व को उसके सम्पूर्ण ऐतिहासिक विकास-क्रम में रखना और चित्रित करना मार्क्सवादी यथार्थ-दृष्टि का मूल तत्त्व है।

साहित्य एवं कला तथा परम्परा-बोध

मनुष्य तथा जीवन के यथार्थ को उसकी सम्पूर्णता तथा समूचे ऐतिहासिक विकास-क्रम में प्रस्तुत करने का आग्रह करते हुए मार्क्सवादी साहित्य-चिन्तकों ने जिस इतिहास-दृष्टि की अनिवार्यता प्रतिपादित की है, उसका एक अविभाज्य अंग परम्परा के प्रति सही दृष्टिकोण की निर्मिति है, अतीत की उस मूल्यवान् सांस्कृतिक विरासत

के प्रति अपनाया जाने वाला दृष्टिकोण है, जो गत युगों के महान् लेखकों और कलाकारों ने उसके लिए सुलभ किया है।

मार्क्सवादी विचारकों के अनुसार अतीत की यह विरासत वर्तमान में सृजनरत रचनाकार के लिए इस कारण मूल्यवान् है कि इसके माध्यम से वह इस तथ्य की खोज कर सकता है कि इतिहास के लम्बे दौर में परिस्थितियों से संघर्ष करते हुए मनुष्य उन्हें कितना बदल सका है, और स्वतः कितना बदला है। प्राचीन युग की कला और संस्कृति की महान् उपलब्धियों और उनके पुरस्कर्ताओं में वह प्रत्येक युग के मानव-व्यक्तित्व को पढ़ता है, उसके उतार-चढ़ावों से परिचित होता है, उसके इतिहास को हृदयंगम करता है। नयी समाज व्यवस्था की प्रतिष्ठा हो अथवा मानव-व्यक्तित्व को सम्पूर्णता में प्रस्तुत करने के सिलसिले में उसका पुनर्निर्माण, मार्क्सवाद की स्थापना है कि यह कार्य इतिहास से निरपेक्षता अथवा उसकी निरन्तरता के अहसास के अभाव में सम्पन्न नहीं हो सकता। नयी समाज-व्यवस्था की इमारत शून्य में नहीं खड़ी होती, और न ही उसे मानव-व्यक्तित्व का निर्माण हवा में होता है। इनका अपना इतिहास है और मार्क्सवादी लेखक के लिए उस इतिहास की परख एक बुनियादी जरूरत है। इस इतिहास को ही हम परम्परा के नाम से पुकार सकते हैं, जिसका विकास एक सीधी लकीर में न होकर बड़ी अन्तर्विरोधी और द्वन्द्वात्मक भूमिका में होता है। मार्क्सवादी लेखक को वह ऐतिहासिक विवेक तथा द्वन्द्वात्मक दृष्टि देता है जिसका सम्बल ग्रहण कर वह इस परम्परा की, उसकी सम्पूर्ण सांस्कृतिक तथा कलात्मक विरासत की पड़ताल कर सके और उसके ह्रासशील तत्त्वों को निर्ममतापूर्वक अस्वीकार करते हुए उसके जीवन्त उपकरणों से नये निर्माण की नींव डाल सके। परम्परा के प्रति इसी वैज्ञानिक समझ के सन्दर्भ में लेखक उन गलतियों से बच सकता है, जिन्हें आधुनिक युग के कतिपय परम्परावादी गर्व से अपने सिर पर ढोते हुए परम्परा के प्रति सही मार्क्सवादी दृष्टि की आलोचना करते हैं। प्रसिद्ध मार्क्सवादी विचारक राल्फ फाक्स ने इस सन्दर्भ में टी.एस. इलियट की परम्परा-सम्बन्धी उस मान्यता के प्रति अपनी असहमति व्यक्त की है जिसे टी. एस. इलियट ने 'इतिहास बोध' या 'ऐतिहासिक विवेक' (Historical sense) की संज्ञा दी है। टी. एस. इलियट के अनुसार लेखक को उस ऐतिहासिक विवेक से सम्पृक्त होना चाहिए जो उसे यह अहसास करा सके कि उसकी हड्डियों में न केवल अपने युग और अपनी पीढ़ी का ताप है, वरन् होमर से लेकर उसके अपने समय की समूची सांस्कृतिक परम्परा उसकी चेतना का अंग है। टी. एस. इलियट की इस बहु प्रचारित उक्ति पर राल्फ फाक्स की टिप्पणी है कि वर्तमान से पृथक् अतीत का कोई अर्थ नहीं है, और प्रत्येक वर्तमान का, अपने अतीत के प्रति अपना खुद का निर्णय होता है। इस निर्णय तक वह किस प्रकार पहुँचा है, समीक्षक के लिए सबसे महत्त्वपूर्ण बात यही है। राल्फ फाक्स आगे कहते हैं कि यह सही है

कि हम किसी कवि का मूल्यांकन करते हुए एक सम्पूर्ण इयत्ता के अंग के रूप में ही उसे देखते हैं, परन्तु इस प्रकार नहीं कि जैसे वह अपनी परम्परा से अनुकूलित एक निष्क्रिय सत्ता मात्र हो। कवि या उपन्यासकार किसी मुर्दा सम्पत्ति के उत्तराधिकारी नहीं होते। अतीत का उपयोग उनके लिए यही है कि उसके माध्यम से वे न केवल (अपनी व्यक्तिगत उपलब्धि के द्वारा) उसे बदलें, वर्तमान को भी बदलें। संस्कृति हमारे लिए महज सौन्दर्य-चिन्तन की वस्तु ही नहीं है, उसका उपयोग हम अच्छी तरह जिन्दा रहने के लिए करते हैं।...हम केवल अतीत को ही नहीं देख सकते, पहले हमारे लिए उस वर्तमान को देखना अनिवार्य है, जो परिवर्तन की एक सतत प्रवाहित प्रक्रिया के बीच ढल रहा होता है।[4]

राल्फ फाक्स के इन विचारों के मूल में भी मार्क्सवाद का वही वैज्ञानिक विवेक है, अतीत के मूल्यांकन और उपयोग के सन्दर्भ में जिसका उपयोग हम पीछे कर चुके हैं। कार्ल मार्क्स से लेकर अन्र्स्ट फिशर और उनके आगे तक की मार्क्सवादी साहित्य-विचारकों की पूरी की पूरी पंक्ति के प्रत्येक विचारक ने अतीत को ग्रहण करने की बात कही है। हमने इन विचारकों के साहित्य-चिन्तन को प्रस्तुत करते समय इस तथ्य को स्थल-स्थल पर स्पष्ट किया है। प्रश्न केवल अतीत के विवेकपूर्वक ग्रहण का ही है, मुर्दा अतीत या अतीत की सांस्कृतिक परम्परा के नाम पर समूचे के समूचे अतीत को ढोने का नहीं। अतीत का वही अंश वर्तमान में स्पन्दित होता है, वही भविष्य का अंग बनता है, जो उसका जीवन्त अंश होता है, शेष काल के विकास-क्रम में न जाने कहाँ छूट जाता है। ऐसी स्थिति में इसके पहले कि हम मार्क्सवादी साहित्य-चिन्तन को अतीत का विरोधी कहें, या दूसरे अतिवाद पर जाकर उसे सम्पूर्ण अतीत का भार-वाहक मान लें, हमें मार्क्सवादी दृष्टिकोण की सही आकृति से परिचित होना चाहिए। उक्त दोनों ही दृष्टियाँ अतिवादी और गैर-मार्क्सवादी दृष्टियाँ हैं। मार्क्सवादी विचारक अतीत को इस कारण महत्त्व देते हैं कि वह वर्तमान को निरन्तरता की एक कड़ी में बाँधता है,[5] भविष्य का अर्थ भी उनके लिए इसी सन्दर्भ में है कि वह वर्तमान से पृथक् नहीं है; परन्तु अतीत या भविष्य से जुड़ने का अर्थ यह नहीं है कि वर्तमान की उपेक्षा कर उनसे जुड़ा जाये या विवेक तथा वैज्ञानिक दृष्टि के अभाव में महज भावुकता का लक्ष्य बना जाये।

मार्क्सवाद लेखक को वह विवेक देता है जिसके फलस्वरूप परम्परा तथा प्राचीन संस्कृति की जीवन्त उपलब्धियों का दावेदार तथा संरक्षक होते हुए भी वह परम्परावादी या अतीतजीवी नहीं बन पाता। अपनी जीवन्त ऐतिहासिक परम्परा पर उसका गर्व उसकी सर्जना के महत्त्वपूर्ण वर्तमान के सन्दर्भ में ही उसकी शक्ति बनता है।

साहित्य एवं कला तथा आधुनिकतावाद

अपने प्रखर ऐतिहासिक विवेक तथा प्रगतिशील सामाजिक चेतना के सन्दर्भ में ही

मार्क्सवादी रचनाकार साहित्य एवं कला के क्षेत्र में ही नहीं, जीवन के अन्य क्षेत्रों में भी आधुनिक युग की उन ह्रासशील रुझानों एवं विचारधाराओं का विरोध करता है, जो यूरोप को धरती पर, विशेषकर दो महायुद्धों के बीच और उसके बाद विकसित हुई हैं, तथा जिन्हें मूलतः उक्त दो महायुद्धों से त्रस्त, और जर्जर, बीमार यूरोप के मस्तिष्क की उपज कहा जा सकता है। साहित्य तथा कला के क्षेत्र में इन रुझानों तथा विचारधाराओं की अभिव्यक्ति उस तथाकथित आधुनिकतावादी आन्दोलन के आवरण में हुई है, जो पिछले तमाम वर्षों में न केवल अमेरिका और यूरोप के विभिन्न देशों में लोकप्रिय रहा है, कालान्तर में जिसने दूसरे महाद्वीपों में भी अपने पंख फैलाने के प्रयास किये हैं। कहना न होगा कि वस्तु तथा रूप दोनों ही आयामों पर इस आधुनिकतावादी आन्दोलन की जो आकृति स्पष्ट हुई है, प्रगतिशील साहित्य-चेतना के सन्दर्भ में उसे मूलतः ह्रासशील ही माना जायेगा। वस्तु तथा विचारधारा के स्तर पर उसमें न केवल सामाजिक जीवन और मनुष्य की ऐतिहासिक निरन्तरता के प्रति उपेक्षा भाव, परम्परा तथा वर्तमान जीवन की प्रगतिशील विरासत का निषेध एवं किसी भी पूर्ववर्ती इतिहास तथा भविष्य की सम्भावनाओं से रहित, केवल वर्तमान युग की असंगतियों के बीच अकेलेपन की नियति भोगने वाले मानव और उसकी पराजयवादी मनोवृत्ति के प्रति समर्पण भाव है, वस्तुतः वर्तमान की ये विसंगतियाँ और उनमें घुटता-तड़पता अभिशप्त मनुष्य ही उसके लिए शाश्वत सत्य और एकमात्र यथार्थ है। इस आधुनिकतावादी आन्दोलन की सबसे बड़ी विडम्बना इसके पुरस्कर्ताओं की भ्रान्त दृष्टि है, जो वर्तमान मनुष्य की पीड़ाओं एवं कष्टों को एक अनाचारी शोषणमूलक व्यवरथा का परिणाम न मानकर उसे दार्शनिक जामा पहनाकर उसके विश्लेषण में रस लेती है। उसे इस सत्य से कोई वास्ता नहीं है कि वर्तमान विसंगतियों के बीच भी किसी जीवन्त यथार्थ, भविष्य की सम्भावनाओं एवं एक नये मनुष्य की स्थिति है, जो वर्तमान को अपनी आकांक्षाओं के अनुरूप ढाल रहा है। उसे यह भी स्वीकार नहीं कि आधुनिक मानव की पीड़ा एवं संत्रास का कारण एक शोषणमूलक अनाचारी व्यवस्था है न कि उसका भाग्य। वह तो इस मनुष्य की पीड़ा को दार्शनिक आवरणों में प्रस्तुत करने में ही रस लेता है। रूप के स्तर पर वह साहित्य और कला को कोरे रूपवाद और कलावाद के अँधेरे गलियारों में भटकाता है। इन सब बातों को देखते हुए यदि कहा जाय कि यह तथाकथित आधुनिकतावाद मूलतः एक यथार्थ-विरोधी और कला-विरोधी दृष्टि है, तो कोई अत्युक्ति न होगी। लेनिन ने क्लारा जेटकिन से बातचीत करते हुए इस बुर्जुआ आधुनिकतावाद के प्रति अपना गहरा विक्षोभ व्यक्त किया था। ख्रुश्चोव ने भी अपने अनेक वक्तव्यों में इस आधुनिकतावादी आन्दोलन पर गहरा आघात किया है। माओत्से-तुंग आदि ने भी रचनाकारों को आधुनिकतावाद के प्रतिक्रियावादी रूप को समझने और उससे सचेत रहने की सलाह दी है। काडवेल ने कलावाद और रूपवाद के जन्म के कारणों को

स्पष्ट करते हुए स्पष्टतः कहा है कि मूल में पूँजीवादी व्यवस्था की असंगतियाँ तथा अन्तर्विरोध हैं, और वे मूलतः ह्रासशील कलाभिव्यक्तियाँ हैं। प्लेखानोव ने भी रूपवाद और कलावाद की कटु आलोचना की है, और लगभग यही दृष्टिकोण प्रत्येक मार्क्सवादी साहित्य-चिन्तक का है। फ्रांस के प्रसिद्ध साहित्य-समीक्षक रोजर गेरेउदी (Roger Garaudy) ने तो अस्तित्ववाद, अतियथार्थवाद आदि कलान्दोलनों तथा साहित्यिक दृष्टियों को इस हद तक ह्रासशील माना है कि उनसे प्रसूत साहित्य को 'कब्रिस्तान के साहित्य' (Literature of the graveyard) की संज्ञा दी है। 'समकालीन यथार्थवाद का अर्थ' (The meaning of contemporary Realism) नामक अपनी पुस्तक में जार्ज लूकाच ने पश्चिम के समूचे आधुनिकतावादी आन्दोलन की कटु भर्त्सना की है, और उसके सम्पूर्ण दार्शनिक आधार को छिन्न-भिन्न कर दिया है। लूकाच ने सिद्ध कर दिया है कि आधुनिकतावाद की विचारधारा ऐतिहासिकता से कटी एक नितान्त पराजयवादी विचारधारा है, जो मनुष्य के व्यक्तित्व को उसकी सम्पूर्णता तथा ऐतिहासिक निरन्तरता में न देखकर खण्ड रूप में और इतिहास से विच्छिन्न करके देखती है। ऐतिहासिक दृष्टि का अभाव ही आधुनिकतावाद के हामियों को आर्थिक-सामाजिक सन्दर्भों के प्रति विरत करके मनुष्य की सारी पीड़ा के लिए उसकी नियति को दोषी ठहराता है। आधुनिकतावाद उनके विचार से एक आत्मकेन्द्रित, असामाजिक विचारधारा है, जो अन्ततः रूपवाद एवं कलावाद में अपने क्षय को ढँकने का प्रयास करती है। उन्होंने इसीलिए आधुनिकतावाद को 'कला की अस्वीकृति' (negation of art) का आन्दोलन कहकर लांछित किया है। अन्स्र्ट फिशर ने भी अपनी कृति 'कला की आवश्यकता' (The Necessity of Art) में पूँजीवादी युग में पनपे इस आधुनिकतावादी आन्दोलन की विविध अभिव्यक्तियों की चर्चा की है और उन्हें पूँजीवादी व्यवस्था की असंगतियों से जोड़ा है। रचनाकार या कलाकार की जिस अभिशप्त नियति या अकेलेपन (Alienation) की चर्चा इस आधुनिकतावाद में बड़े जोर-शोर से की जाती है, उसके आर्थिक-सामाजिक सन्दर्भों को स्पष्ट करते हुए अन्स्र्ट फिशर का कहना है कि एक ऐसी व्यवस्था की स्थापना के साथ जो आर्थिक-विषमताओं से मुक्त एवं शोषण के सन्दर्भ से रहित होगी, मनुष्य का अकेलापन आप से आप समाप्त हो जायगा। यह तो पूँजीवादी अर्थ व्यवस्था का असन्तुलन है, जिसके फलस्वरूप मनुष्य शनैः-शनैः समाज से कटता हुआ, एकदम आत्मकेन्द्रित हो जाता है और एक स्थिति यह आती है, जब वह स्वतः अपने से ही अजनबी हो जाता है। अकेलापन उसकी नियति बन जाती है।

इस आधुनिकतावादी विचारधारा से ही प्रभावित कुछ लेखकों एवं कलाकारों ने वर्तमान युग में साहित्य एवं कला की कुछ अन्य नयी प्रवृत्तियों को भी जन्म दिया है, जिनमें अमूर्त्त कला, अमूर्त्त साहित्य एवं उन्हीं की व्याप्ति को सूचित करने वाली 'एबसर्ड थियेटर' (Absurd Theater), एण्टी-नावेल (Anti Novel), एण्टी-पोएट्री

(Anti-Poetry) जैसी विधाओं की गणना की जा सकती है। यह सच है कि इन रचनाओं में आधुनिक युग की विसंगतियों के प्रति एक तीखे विद्रोह-भाव की स्थिति है, और इनमें युग-जीवन के जटिल यथार्थ को अभिव्यक्ति के नये माध्यमों के द्वारा अभिव्यक्ति देने का प्रयास लक्षित होता है, यह भी सच है कि 'ह्रासशील पूँजीवादी दुनिया ह्रासशील कला एवं साहित्य को जी जन्म देती है' जैसी यान्त्रिक तथा निहायत सरलीकृत दृष्टि से बचते हुए ही पूँजीवाद के संक्रान्ति काल की इस कला तथा साहित्य को—जिसके निर्माण में कतिपय उल्लेखनीय कलाकारों एवं लेखकों का भी योग है—मूल्यांकन करना चाहिए, अन्स्र्ट फिशर जैसे समीक्षकों एवं कला-चिन्तकों ने इस प्रकार की सारी कला तथा साहित्य को एकबारगी प्रतिक्रियावादी और प्रतिगामी घोषित करने वाली अतिवादी प्रवृत्ति का खण्डन भी किया है, परन्तु इसके अर्थ यह नहीं हैं कि सच्चाई के उक्त सन्दर्भों को इतना अधिक महत्त्व दे दिया जाय कि उसके दूसरे और इनसे अधिक ज्वलंत सत्य निष्कर्ष, जिनका जिक्र हमने प्रारम्भ में किया है, एकदम दब कर रह जायँ। अतिशय कट्टरता यहाँ जितनी अहेतुक है, उतनी ही अहेतुक अतिशय उदारवादिता भी है। अन्स्र्ट फिशर ने कहा है कि प्रगतिशील दृष्टिकोण से युक्त रचनाकार को आधुनिकतावाद की इन अभिव्यक्तियों से भयभीत नहीं होना चाहिए, समाजवाद के कर्णधारों से भी उनका आग्रह है कि वे इन नये कला रूपों को अपने यहाँ के रचनाकारों एवं लेखकों के लिए निषिद्ध न करें, परन्तु प्रश्न यहाँ 'नये' के विरोध या 'पुराने' के समर्थन का नहीं, ह्रासशील 'नये' और ह्रासशील 'पुराने' के विरोध का है। प्रगतिशील रचनाकार नयी कलाभिव्यक्तियों से परिचित हो, नये कला-माध्यमों का प्रयोग करे, इसके लिए उसके समक्ष कोई प्रतिबन्ध नहीं है, परन्तु 'नयेपन' के नाम पर फैलायी जाने वाली विकृति के प्रति आलोचनात्मक रुख नितान्त आवश्यक है। लेनिन के साहित्य-चिन्तन का परिचय देते हुए हमने 'नये' और 'पुराने' के सन्दर्भ में लेनिन के उस दृष्टिकोण का उल्लेख किया है जिसके अन्तर्गत उन्होंने स्पष्टतः नये और पुराने के बीच मात्र इस आधार पर कोई विभाजक रेखा खींचने का विरोध किया है कि जो 'नया' है, वह सुन्दर ही होगा और जो 'पुराना' है, वह ह्रासशील ही होगा। बड़े साफ शब्दों में उन्होंने क्लारा जेटकिन से कहा है कि नये और पुराने का ग्रहण हमें वैज्ञानिक विवेक के साथ ही करना चाहिए। ऐसी स्थिति में आधुनिकतावाद के विविध रूपों के प्रति एक सतर्क दृष्टिकोण न केवल वांछित है, वरन् अनिवार्य है। लूकाच द्वारा आधुनिकतावाद की विचारधारा का विरोध एक सही विरोध है, और मार्क्सवादी साहित्य दृष्टि सिद्धान्तों की भूमि पर समझौते की हिमायती नहीं है।

समग्रतः यथार्थ को साहित्य तथा कला के केन्द्र में स्वीकार करने वाला मार्क्सवादी चिन्तन आधुनिकतावाद का इसी कारण विरोधी है कि वह यथार्थ की विकृति का दर्शन है, वह यथार्थ को एकांगी और खण्ड रूप में प्रस्तुत करने वाला दर्शन है,

और इसीलिए उसके आधार पर खड़े होने वाले कलान्दोलन एवं कला-रूप मानव को उसके वास्तविक गन्तव्य की ओर सक्रिय करने के स्थान पर उसे हताश और पराजयवादी बनाते हैं, और इसीलिए सच्चे और समग्र यथार्थ-बोध का अंग उन्हें नहीं माना जा सकता। फ्रायडीय मनोविज्ञान तथा मनोविश्लेषणशास्त्र की छाया में रचे गये साहित्य एवं कला का विरोध भी मार्क्सवाद इसीलिए करता है, और उन्हें यथार्थवादी मानने से इनकार भी इसीलिए करता है कि उनके अन्तर्गत भी मूलतः यथार्थ की समग्रता का निषेध है। काडवेल ने फ्रायडीय मनोविज्ञान की सीमाओं को उभारते हुए स्पष्ट शब्दों में उसे बुर्जुआ मनोविज्ञान की संज्ञा दी है और राल्फ फाक्स ने भी एक सीमा के भीतर उसके प्रदेय को मूल्यवान् कहते हुए अन्ततः अपनी समग्रता में उसे अहेतुक ही माना है।

आलोचनात्मक यथार्थवाद और समाजवादी यथार्थवाद

मार्क्सवादी साहित्य-चिन्तन के अन्तर्गत समाजवादी यथार्थवाद को सर्वोच्च साहित्यिक एवं कलात्मक प्रतिमान के रूप में स्वीकार किया गया है। यथार्थवाद के विकास-क्रम की नव्यतम उपलब्धि के रूप में सर्वप्रथम सोवियत लेखकों की पहली कांग्रेस मे मैक्सिम गोर्की ने इसकी रूपरेखा स्पष्ट की थी। तब से लेकर अब तक की सुदीर्घ चर्चा के क्रम में समाजवादी यथार्थवाद के चारित्र्य को अनेक कोणों से उभार कर प्रस्तुत किया जा चुका है। मार्क्सवादी साहित्य-चिन्तन के प्रतिनिधि तथा प्रमुख पुरस्कर्ताओं के साहित्य-चिन्तन को प्रस्तुत करते हुए हमने समाजवादी यथार्थवाद के इन सारे कोणों को स्पर्श किया है, और यदि उन्हें एक नजर में देखा जाय तो इस बात का भी स्पष्ट आभास मिलेगा कि उक्त साहित्य-विचारकों एवं चिन्तकों के माध्यम से समाजवादी यथार्थवाद की प्रशस्त तथा संकीर्ण दोनों प्रकार की आकृतियाँ उभरकर आयी हैं। जहाँ जदानोव स्तालिन युग में समाजवादी यथार्थवाद को साम्यवादी निर्माण के एक साधन के रूप में मानते हुए, उसके अन्तर्गत राजनीतिक दृष्टिकोण की प्रखरता का आग्रह किया गया है, (बाद में ख्रुश्चोव, ब्रेझनोव, यहाँ तक कि शोलोखोव और फादयेव जैसे रचनाकारों तक ने समाजवादी यथार्थवाद के लिए अनिवार्य माना है कि वह साम्यवादी नीतियों का पोषक बनकर, साम्यवाद के नवनिर्माण में पार्टी के प्रधान सहायक के रूप में सामने आये), वहाँ मुख्यतः साहित्य तथा कला की भूमि पर कार्य करने वाले विचारकों एवं चिन्तकों ने राजनीतिक प्रखरता एवं दलगत पक्षधरता से उसे इस सीमा तक न जोड़ते हुए यथार्थ-चित्रण की एक समग्र और पूर्ण दृष्टि के रूप में ही उसकी चर्चा अधिक की है। समाजवाद या साम्यवाद से उन्होंने समाजवादी यथार्थवाद को अलग नहीं माना (यह तो समाजवादी यथार्थवाद नाम से ही स्पष्ट है) परन्तु दलीय भूमिका एवं राजनीतिक कट्टरता में ही उसे सीमित न कर एक कला दृष्टि के रूप में उसे पहचानने और प्रस्तुत करने का यत्न किया है। समाजवादी यथार्थवाद की मूल आकृति को लेकर कुछ दृष्टिभेद भी उनमें उपलब्ध होता है। उदाहरण

के लिए जहाँ जार्ज लूकाच तथा अधिकांश अन्य मार्क्सवादी साहित्य-चिन्तकों ने समाजवादी यथार्थवाद को समाजवादी वास्तविकता (Socialist Reality) का चित्रण करने वाली दृष्टि के रूप में स्वीकार किया है, वहाँ चीन के चाऊ यांग का कहना है कि समाजवादी यथार्थवाद वास्तविकता का समाजवादी दृष्टि से किया जाने वाला चित्रण है। समाजवादी यथार्थवाद के सम्बन्ध में उपर्युक्त दृष्टियों की भिन्नता स्पष्ट है, परन्तु कुल मिलाकर समाजवादी यथार्थवाद की उसी आकृति को उसकी प्रामाणिक आकृति स्वीकार किया गया है, जिसके पुरस्कर्ता जार्ज लूकाच तथा मैक्सिम गोर्की आदि हैं।

समाजवादी यथार्थवाद का मूल आग्रह वस्तुगत यथार्थ का समाजवादी समझ की अनुकूलता में चित्रण करने से है, साथ ही उस समाजवादी वास्तविकता के चित्रण पर भी है जो एक नयी व्यवस्था तथा समाजवादी निर्माण में रत नये मनुष्य के सन्दर्भ में विश्व के एक-तिहाई भाग का सत्य बन चुकी है। समाजवादी यथार्थवाद, यथार्थवाद के समूचे विकास-क्रम में सर्वाधिक प्रगतिशील तथा जीवन्त धारणा है, जो एक ओर उस प्रकृतवाद (Naturalism) से भिन्न है जो मनुष्य को मूलतः आदिम वृत्तियों से अनुशासित तथा परिचालित मानते हुए उसके अब तक के समूचे बौद्धिक तथा भावात्मक विकास की अवमानना करता है, उसकी एकदम एकांगी तसवीर पेश करता है, दूसरी ओर उस आलोचनात्मक यथार्थवाद से भी भिन्न है, जो अपनी जीवन्त कला, वस्तुगत यथार्थ के ईमानदार चित्रण, उसकी अन्तर्विरोधी, ह्रासशील तथा कुत्सित भूमिका के प्रति कड़ा आलोचनात्मक रुख अपनाने एवं जन सामान्य के प्रति संवेदनशील होने के बावजूद उस क्रान्तिकारी, रचनात्मक, समाजवादी समझ से शून्य है जो वर्तमान विकृत यथार्थ को बदलने का न केवल रास्ता सुझाती है, उस परिवर्तन को मूर्त्त भी करती है। समाजवादी यथार्थवाद यथार्थ की एक समग्र दृष्टि है जो ऐतिहासिक परिप्रेक्ष्य में वस्तुगत यथार्थ को पूरी समग्रता में देखने के साथ उस भविष्य का रूप भी उद्घाटित करती है, जिसका जन्म वर्तमान के बीच से ही होना है, जिसके बीज वर्तमान व्यवस्था में ही छिपे हैं। समाजवादी यथार्थवाद की यह भविष्य दृष्टि (Vision) उसकी बहुत बड़ी विशेषता है, जो इस कारण रोमांटिकों के कल्पना-स्वप्नों तथा हवाई यूटोपिया से भिन्न है कि उसकी जड़ें वस्तुगत यथार्थ में गहराई से जमी हैं। समाजवादी यथार्थवाद का लेखक एक उदात्त भविष्य का निर्माण करने वाली यथार्थ शक्तियों की वैज्ञानिक समझ के कारण ही वस्तुगत यथार्थ का चित्रण करते समय उन पर विशेष रूप से अपना ध्यान केन्द्रित करता है और उन्हें विस्तारपूर्वक अंकित करता है। लूकाच के अनुसार यथार्थवाद के साथ समाजवाद की इस सन्धि की जड़ें सर्वहारा-वर्ग के क्रान्तिकारी संघर्ष में जमी हुई हैं। इस सन्धि की अनिवार्यता इस बात में भी परखी जा सकती है कि जन सामान्य के शोषण और दमन पर टिकी हुई हर शासन व्यवस्था और उसके कर्णधार मूलतः यथार्थ-विरोधी होते हैं, जन सामान्य के दमन के साथ-साथ यथार्थ का दमन भी उनकी केन्द्रीय

वृत्ति होती है। हिटलर, मुसोलिनी तथा मेकार्थी जैसे युद्धोन्मादियों का उदाहरण इस तथ्य का साक्षी है।[6] समाजवादी यथार्थवाद की चरितार्थता जदानोव ने इस बात में मानी है कि वह वैचारिक रूपान्तरण तथा जनता को समाजवाद में दीक्षित करने में अगुवाई ग्रहण करे। समाजवादी व्यवस्था में जीवन का जो वैविध्य उभर कर आया है, जनता की जो नयी आशाएँ-आकांक्षाएँ विकसित हुई हैं, उनके चित्रण के द्वारा ही समाजवादी यथार्थवाद अपनी जीवन्तता को प्रमाणित कर सकता है। ख्रुश्चोव, फादयेव तथा शोलोखोव आदि इसी मत के हैं। फादयेव तथा शोलोखोव ने समाजवादी यथार्थवाद का द्विआयामी रूप प्रतिपादित किया है, अर्थात् उसमें न केवल विचारधारा की ही परिष्कृति हो, कलात्मक परिष्कृति का होना भी नितान्त आवश्यक है। इसके लिए फादयेव ने रचनात्मक क्षमता, अनुभव, अभ्यास तथा जनता के जीवन से सम्पृक्ति को सर्वाधिक महत्त्वपूर्ण बताया है। ऐतिहासिक विवेक तथा ऐतिहासिक दृष्टि की अनिवार्यता इस कारण प्रतिपादित की गयी है ताकि प्रथमतः रचनाकार वस्तुगत यथार्थ की अन्तर्विरोधी शक्तियों के बीच निरन्तर चलने वाले संघर्ष को पहचानकर, उभरती हुई जीवन्त शक्तियों के साथ जुड़ सके, और दूसरे मनुष्य तथा यथार्थ को उनके समूचे ऐतिहासिक विकास-क्रम में देख कर उनकी समग्र आकृति को चित्रित कर सके।

मार्क्सवादी विचारकों ने इस तथ्य को जोर देकर प्रतिपादित किया है कि समाजवादी यथार्थवाद विषय-वस्तु तथा उसकी अभिव्यक्ति क्षेत्र में लेखक को पूरी स्वतन्त्रता प्रदान करता है। उसका आग्रह है कि दृष्टिकोण जन्य समूची सक्रियता के साथ लेखक अपनी कृति में इस समाजवादी यथार्थ-दृष्टि को सम्पूर्ण कलात्मक श्रेष्ठता के साथ नियोजित करे। एक नये क्रान्तिकारी समाज के निर्माण में रत मानव-समाज की क्षमताओं को मूर्त्त करने वाला यह यथार्थवाद हमारे समक्ष न केवल मानवीय क्षमताओं को समूचे उत्कर्ष के साथ प्रस्तुत करता है, नये समाज तथा नये मनुष्य का यह रूप पाठक के मन में जीवन के प्रति नयी आस्था भी उत्पन्न करता है।

समाजवादी यथार्थवाद की व्याप्ति, मार्क्सवादी साहित्य-चिन्तकों ने साहित्य की सभी विधाओं—कविता, कहानी, नाटक, उपन्यास, प्रगीत—में मानी है, आवश्यक नहीं है कि उसका माध्यम केवल आख्यानक कृतियाँ ही बनें। समाजवादी यथार्थवाद की सफल नियोजना बौद्धिक गहराई तथा सचेतन ऐतिहासिक विषय-वस्तु के मिश्रण में ही सम्भव है, और इसके लिए हर रचनाकार को प्रयास करना चाहिए। समाजवादी यथार्थवाद यान्त्रिक तथा सरलीकृत निष्कर्षों से परे, यथार्थ को द्वन्द्वात्मक विधि से देखने का हिमायती है। मानव स्वभाव तथा मानव-चरित्र के चित्रण के लिए भी रचनाकारों से उसका आग्रह है कि वे उसे इतिहास की गतिमानता तथा परिस्थितियों के विकास-क्रम के अनुरूप ही चित्रित करें। समाजवादी व्यवस्था के निर्माण के साथ एकबारगी ही मानव चरित्र तथा मानव-स्वभाव भी बदल जाता है, इस यान्त्रिक समझ के खतरे के प्रति रचनाकारों को सावधान करते हुए मार्क्सवादी साहित्य-चिन्तकों

का आग्रह है कि वे लेनिन के इस कथन को ध्यान में रखें कि समाजवाद का निर्माण पूँजीवादी संस्कारों में ढले मनुष्य ही, परिस्थितियों को बदलने के क्रम में अपने को बदलते हुए करेंगे।

समाजवादी यथार्थवाद यथार्थ का कोई बना-बनाया नुस्खा नहीं है कि उभरती हुई नयी वास्तविकता तथा उसके वाहक नये मनुष्य को उसके विकास की समूची गतिशीलता में परखे बिना सहज रूप में उसका दावेदार बनाया जा सके। इसके लिए महज समाजवादी आस्था ही पर्याप्त नहीं है, यथार्थ की गतिशीलता के बीच उसके अन्तर्विरोधी रुखों की भी गहरी पहचान आवश्यक है। इनके अभाव में समाजवादी यथार्थवाद न केवल सतही बनकर रह जायगा, वह यथार्थ भी न रह सकेगा। समाजवादी यथार्थवाद के समर्थ पुरस्कर्ताओं की उपलब्धियाँ इसी कारण महत्त्वपूर्ण हैं कि उनमें समाजवादी आस्थाओं के साथ जीवन तथा मनुष्य के इतिहास की गहरी समझ तथा उसे रूपायित करने वाली कला भी है। उसके विपरीत समाजवादी यथार्थवाद के विकास की अब तक की अवधि में ऐसी कृतियों की भी एक बहुत बड़ी संख्या है, जिनमें उसका सतही रूप ही उभर सका है, उसे एक नुस्खे के रूप में ही इस्तेमाल किया गया है। ये वे कृतियाँ हैं जिनमें यथार्थ के नाम पर यथार्थ का अभाव परिलक्षित है—उसका सन्दर्भ समाजवादी यथार्थवाद की भविष्य दृष्टि ही, समाजवादी वास्तविकता हो, अथवा उसमें रहने और काम करने वाले मनुष्य। समाजवादी व्यवस्था, समाजवादी मनुष्य तथा साम्यवादी भविष्य के निहायत सरलीकृत, आदर्श तथा स्वप्न-चित्रों से वे कृतियाँ पूर्ण हैं। ऐसी कृतियों के सन्दर्भ में ही नोविशेंकों का कथन है कि अब समाजवादी यथार्थवाद की कृतियों में आदर्श और सक्रिय मानव-चरित्रों एवं नायकों की एकान्त उपस्थिति की कोई आवश्यकता नहीं है, जिनका प्रतिपादन गोर्की तथा पिछले युग के समाजवादी साहित्य-चिन्तकों ने किया था।[7] जरूरत समाजवादी व्यवस्था के अन्तर्गत ही उपलब्ध होने वाली बहुरंगी मानव-छवियों के चित्रण की है, ऐसे चरित्रों के चित्रण की जो न तो कोरे देवता हों और न केवल दानव, वरन् सामान्य अच्छाइयों-बुराइयों से युक्त सप्राण मनुष्य हों। मात्र आदर्श और सक्रिय चरित्रों का चित्रण न केवल एकांगी चित्रण कहलाएगा, वह सतही भी होगा और मानव चरित्र को देवता और दानव चरित्रों के नितान्त विरोधी गुटों में बाँटकर देखना, उस सरलीकरण का रूप प्रस्तुत करेगा, समाजवादी यथार्थवाद की सच्ची और सजीव आकृति से, साथ ही मार्क्सवाद की द्वन्द्वात्मक समझ से, जिसका कोई सम्बन्ध नहीं है।[8] पिछले युगों में इस सत्य की अवहेलना करने के कारण हल्की और सतही कृतियों का जो अम्बार जन्मा है, अब उसकी इति होनी चाहिए, और यथार्थ की वह दृष्टि सामने आनी चाहिए, जिसके सन्दर्भ में ही मार्क्स और एंगेल्स ने शेक्सपियर को इतना महत्त्व दिया है।

गोर्की आदि ने वीर चरित्रों के चित्रण, समाजवादी व्यवस्था के विधेयात्मक रूप

के उद्घाटन एवं भविष्य के आकर्षक एवं मोहक चित्रों से पूर्ण समाजवादी यथार्थवाद की जिस आकृति को प्रस्तुत किया है, उसका एक महत्त्वपूर्ण अंश बहुत से परवर्ती विचारकों—विशेषतः नयी पीढ़ी के साहित्य-चिन्तकों को मान्य नहीं है। इसे वे स्वच्छन्दतावाद का ही एक रूप समझते हैं, लूकाच के अनुसार यथार्थ से जिसका कोई सम्बन्ध नहीं। इस स्वच्छन्दतावाद को गोर्की ने बुर्जुआ स्वच्छन्दतावाद से अलगाया अवश्य है, और इसे 'क्रान्तिकारी स्वच्छन्दतावाद' जैसा आकर्षक पारिभाषिक नाम भी दिया है, परन्तु लूकाच का मत है कि किसी भी प्रकार का स्वच्छन्दतावाद हो, वह यथार्थवाद या समाजवादी यथार्थवाद के दायरे में नहीं आता। जो लोग यथार्थवाद या समाजवाद के अन्तर्गत उसका प्रतिपादन करते हैं, वे वस्तुतः स्वच्छन्दतावादी संस्कारों से ग्रस्त व्यक्ति हैं, और समाजवादी यथार्थवाद को विरूप करते हैं। लूकाच के साहित्य-चिन्तन को प्रस्तुत करते हुए हमने स्पष्ट किया है कि वे इस प्रकार के किसी भी स्वच्छन्दतावाद को यथार्थ-चित्रण के बीच स्थान देने के पक्ष में नहीं हैं, भले ही उसमें 'क्रान्तिकारी' जैसा आकर्षक लेबिल लगा हो। स्वच्छन्दतावाद के विपरीत लूकाच ने समाजवादी यथार्थवाद और आलोचनात्मक-यथार्थवाद के बीच घनिष्ठ सम्बन्धों का प्रतिपादन किया है, कारण उनके मत से इन दोनों का संयोग एक समग्र तथा सच्ची यथार्थ-दृष्टि की उपलब्धि के लिए आवश्यक है। लूकाच के इस दृष्टिकोण से सहमत न हो सकने के कारण ही मार्क्सवाद के कट्टर विचारकों ने उन्हें संशोधनवादी घोषित किया है,[9] जबकि समाजवादी यथार्थवाद और आलोचनात्मक यथार्थवाद की घनिष्ठता प्रतिपादित करने के मूल में उनकी यथार्थ निष्ठा ही प्रधान है। लूकाच के साहित्य-चिन्तन को प्रस्तुत करते हुए हम इस तथ्य पर प्रकाश डाल चुके हैं, अतः पुनरुक्ति की आवश्यकता नहीं समझते।

सन्दर्भ

1. '...बाह्य यथार्थ रचनाकार के लिए कच्चे माल की तरह होता है जिसे वह अपनी कृति में कलात्मक एवं निखरा हुआ रूप देखा है और इसके लिए उसे वस्तुगत यथार्थ की सम्पूर्ण राशि के बीच अपने जाग्रत विवेक, भावबोध एवं इन्द्रिय संवेदनों के बल पर ऐसा चुनाव करना पड़ता है जो एक स्तर पर बाह्य यथार्थ के सत्य रूप को भी उद्घाटित करे, दूसरे स्तर पर, उस मनुष्य के साथ प्रस्तुत करे, जो राशि-राशि जीवन उसके चारों ओर बिखरा है, उससे उसे परिचित कराये, साथ ही उसे वस्तुगत यथार्थ की उन सम्भावनाओं का भी अहसास दे, जो परिवर्तन के एक जटिल और अन्तर्विरोधी क्रम से गुजरती हुई, एक ऐसे गुणात्मक सत्य का रूप ग्रहण करने वाली हैं, जिसमें वह भी हिस्सेदार है। साहित्य एवं कला में चित्रित वस्तुगत यथार्थ इसी कारण जीवन के प्रकृत यथार्थ की तुलना में अधिक ग्राह्य होता है कि उसमें प्रकृत यथार्थ की अपेक्षा एक सचेतन दृष्टि का योग होता है।'

   —लेखक के एक अन्य निबन्ध से।

2. जार्ज लूकाच, स्टडीज़ इन यूरोपियन रियलिज़्म।
3. लिटरेचर एण्ड आर्ट, पृ. 76।
4. राल्फ फाक्स, दी नावेल एण्ड दी पीपुल, पृ. 168।
5. 'The Present is nothing but a moment in History : one cannot portary the drama of a man's fate while ignopring the continuity of time—Real literature in one way or another is always imbedded in history of all literary trends it is realism that most consistently applies the principle of Historicism.'

—Boris Bursov, S. L. 9. 1969.

6. देखिए—दी मीनिंग ऑफ कण्टेम्परेरी रियलिज्म, पृ. 101-102।
7. देखिए—सोवियत लिटरेचर, अंक—12, 1966।
8. देखिए—सोवियत लिटरेचर, अंक—12, 1966।
9. देखिए—ए. खापचेंको—समाजवादी साहित्य के सर्जनात्मक, सोवियत रिव्यू पत्रिका।

3

साहित्य एवं कला तथा वस्तु और रूप

साहित्य एवं कला में वस्तु और रूप की सापेक्षिक स्थिति

साहित्य के अन्तर्गत वस्तु (Content) और रूप (Form) की सापेक्षिक स्थिति का प्रश्न, यों तो प्रारम्भ से ही साहित्य-चिन्तन के एक प्रमुख प्रश्न के रूप में चर्चित रहा है, परन्तु मार्क्सवादी साहित्य-चिन्तन के अन्तर्गत उसे विशेष प्रमुखता प्राप्त हुई है। इस प्रमुखता का एक प्रधान कारण मार्क्सवादी दर्शन का ही वस्तुमुखी, वस्तुवादी दर्शन होना है। साहित्य एवं कला के अन्तर्गत वस्तु तत्त्व और रूप तत्त्व की सापेक्षिक स्थिति क्या है, उनमें से कौन प्राथमिक महत्त्व का अधिकारी है, अपनी वस्तुवादी दृष्टि के सन्दर्भ में ही मार्क्सवादी विचारकों ने इस प्रश्न का हल ढूँढ़ने की कोशिश की है, और अपने तईं इतने साफ और स्पष्ट निर्देश दिये हैं कि भ्रम के लिए कोई गुंजाइश नहीं रहनी चाहिए।

गैर-मार्क्सवादी कला-चिन्तकों ने मार्क्सवादी साहित्य-चिन्तन पर यह आरोप लगाया है कि वह वस्तु तत्त्व को न केवल प्रमुखता प्रदान करता है, रूप तत्त्व की उपेक्षा करने के कारण एक समग्र और सन्तुलित कला-चिन्तन कहे जाने का अधिकारी नहीं है। किन्तु जब हम वस्तु और रूप तत्त्व के सापेक्षिक महत्त्व के सम्बन्ध में मार्क्सवादी विचारकों के मतों का अध्ययन करते हैं, उक्त आरोप निराधार सिद्ध हो जाता है। सैद्धान्तिक भूमि पर मार्क्सवादी विचारक कला या साहित्य को प्रथम तो वस्तु और रूप से अलग-अलग कठघरों में बाँटे जाने का ही विरोध करते हैं, और वस्तु और रूप की समष्टि में ही साहित्य और कला की वास्तविक इयत्ता मानते हैं, दूसरे यदि सुविधा के लिए, जैसा कि प्रायः सभी ने किया है, वस्तु और रूप को अलग-अलग इकाइयों के रूप में लेते भी हैं तो कलाकृति के अन्तर्गत उनके परस्पर एकमेक हो जाने में ही सच्ची कला की चरितार्थता मानते हैं। प्रायः प्रत्येक मार्क्सवादी साहित्य-चिन्तन ने वस्तु और रूप की इस अभिन्नता को ही

सच्ची कला का गौरव दिया है। उसके लिए जितनी अपरिचित रूप से रहित वस्तु की कल्पना है, उतनी ही वस्तु से रहित रूप की। प्लेखानोव, लूनाचरस्की, काडवेल, राल्फ फाक्स, हावर्ड फास्ट, ट्राटस्की, लूकाच, अन्स्र्ट फिशर तथा नये मार्क्सवादी विचारकों में से किसी के भी विचारों का अध्ययन करके उपर्युक्त सत्य की परीक्षा की जा सकती है। इनका अत्यन्त स्पष्ट कथन है कि वस्तु किसी न किसी रूप में ही अभिव्यक्त होती है, और किसी न किसी आकार में ही स्थित होती है और रूप भी अन्ततः किसी न किसी वस्तु का ही रूप होता है, ऐसी स्थिति में यह सरलीकृत, मनमाना निष्कर्ष निकाल लेना कि मार्क्सवादी साहित्य-चिन्तन के रूप-तत्त्व की उपेक्षा की गयी है, कहाँ तक संगत माना जा सकता है। हम उन बातों को यहाँ विस्तार से पुनः प्रस्तुत नहीं करना चाहते, जिनका उल्लेख हम मार्क्सवादी साहित्य-चिन्तकों के विचारों को प्रस्तुत करने के क्रम में, पिछले खण्ड में कर चुके हैं, परन्तु उन पर एक दृष्टि डालने से ही वस्तु स्थिति का स्पष्टीकरण आप से आप हो जाता है। अस्तु—

वस्तु और रूप के प्रश्न पर मार्क्सवादी साहित्य-चिन्तन की प्रथम और मूलभूत सैद्धान्तिक निष्पत्ति यही है कि वे दोनों कलाकृति का अभिन्न अंग हैं, एक दूसरे में अनुस्यूत रहते हैं, अन्योन्याश्रित हैं।

अब प्रश्न है कि व्यावहारिक विवेचन के अन्तर्गत मार्क्सवादी साहित्य-चिन्तक किसे प्राथमिक महत्त्व का स्वीकार करते हैं, और किसे द्वितीय स्तर का महत्त्व देते हैं। इस प्रश्न के सम्बन्ध में भी मार्क्सवादी विचारकों की दृष्टि एकदम साफ है। सबने कला या साहित्य के अन्तर्गत वस्तु तत्त्व की प्रमुखता स्वीकार की है। इस सम्बन्ध में सर्वप्रथम प्लेखानोव के विचारों को देखा जा सकता है, जिन्होंने वस्तु तत्त्व को ही कला और साहित्य के नियामक तत्त्व की संज्ञा दी है। वस्तु के अभाव में उनके विचार से कला का अस्तित्व ही सम्भव नहीं है, कोरा कलावाद या रूपवाद भले ही दिखायी पड़ जाय। यह कलावाद और रूपवाद तभी जन्म लेता है, जब रचनाकार उस सामाजिक जीवन से अपने को पूरी तरह काट लेता है, जो कला की बीज-वस्तुओं का प्रधान स्रोत है। सामाजिक जीवन से कट जाने पर उसे न तो जीवन्त संवेदनाएँ ही प्राप्त होती हैं, और न अनुभव, भाव या विचार। आत्मकेन्द्रित रचनाकार इस क्षति की पूर्ति के लिए कला और रूप तत्त्व का जाल बुनता है और अपने असामाजिक मन को अनर्गल स्थितियों को उनमें व्यक्त करता है, जिनकी कोई सामाजिक आकृति नहीं होती। ऐसी स्थिति में कला तथा साहित्य अपनी वास्तविक गरिमा से पथभ्रष्ट हो जाते हैं। वस्तु-तत्त्व कला एवं साहित्य का नियामक तत्त्व है, कला कृति को उसी के माध्यम से पहचाना जा सकता है। लगभग उसी प्रकार के विचार काडवेल ने भी प्रतिपादित किये हैं, और उन्होंने सामूहिक भाव को ही कविता के सत्य के रूप में मान्यता प्रदान की है। वस्तु-तत्त्व की प्रमुखता का सर्वाधिक सशक्त प्रतिपादन हमें लूनांचरस्की के चिन्तन में दिखायी पड़ता है, जिन्होंने

भी उसे साहित्य एवं कला का निर्णायक तत्त्व माना है। इस वस्तु-तत्त्व के लिए उनका कहना है कि कला कृति के अन्तर्गत उसे बिम्बों या बिम्ब-प्रवाह के रूप में देखा जा सकता है। उन्होंने वस्तु की नव्यता तथा मौलिकता पर खास बल दिया है और कहा है कि नयी वस्तु अपने अनुकूल नये रूप की माँग करती है, और यह उसे मिलना चाहिए। राल्फ फाक्स तथा हावर्ड फास्ट ने भी वस्तु-तत्त्व के प्राथमिक महत्त्व को मान्यता दी है। हावर्ड फास्ट के अनुसार वस्तु-तत्त्व के अभाव में साहित्य या कला का जीवित रहना उसी प्रकार असम्भव है जिस प्रकार भीतर के मनुष्य के अभाव में उसका चर्म साँस नहीं ले सकता। अन्स्र्ट फिशर ने वस्तु और रूप-तत्त्व पर विस्तार से विचार किया है, और वस्तु-तत्त्व के निर्णायक तथा प्राथमिक महत्त्व को स्वीकृति दी है। उनका कहना है कि शासक वर्ग जब अपने सिंहासन को खतरे में देखता है, तभी वह वस्तु-तत्त्व की उपेक्षा कर रूप-तत्त्व को प्राथमिक बताने लगता है, कारण इसी प्रकार का भ्रम फैलाकर वह अपना सिंहासन सुरक्षित बने रहने का स्वप्न देखता है, गो, उसका स्वप्न अन्ततः स्वप्न ही साबित होता है। अपनी बात को उन्होंने आधुनिक पूँजीवादी समाज-व्यवस्था के विश्लेषण के द्वारा प्रमाणित भी किया है। उनका कहना है कि पूँजीवादी समाज-व्यवस्था के समर्थक शोषण मूलक अर्थनीति के सारे दुष्परिणामों से युक्त पूँजीवादी समाज के वस्तु-तत्त्व के प्रति मौन रहते हैं, जबकि उसके रूप-तत्त्व अर्थात् तथाकथित प्रजातन्त्रीय पद्धति की रक्षा का नारा लगाते हैं, और उसे अत्यन्त पवित्र तथा शाश्वत जैसा मानते हुए जनता के गले के नीचे से भी इसी तथ्य को उतारना चाहते हैं। वे भूल जाते हैं कि पूँजीवादी समाज के जिस रूप-तत्त्व को वे सदा-सदा के लिए स्थापित रखना चाहते हैं, वह हर जोड़ से टूट रहा है। पूँजीवाद तथा समाजवाद के (वस्तु-तत्त्व) वर्तमान युग में चल रहे निर्णायक संघर्ष से जनता का मन फेर कर वे उसे यह समझाने का प्रयास करते हैं, गोया मुख्य संघर्ष यह न होकर प्रजातन्त्र तथा तानाशाही (रूप-तत्त्व) का संघर्ष है, कारण तभी वे अपने पूँजीवादी वस्तु को बरकरार रखने की आशा कर सकते हैं। एक जर्जर और समाप्त हो रहे पूँजीवादी वस्तु-तत्त्व को बचाने के हेतु ही बुर्जुआ शासक पुराने रूपों को अपना समर्थन देते हैं, ताकि समाजवाद के नये वस्तु-तत्त्व की उपलब्धि के लिए सक्रिय जनता नये रूप के प्रति आकर्षित न हो सके।

वस्तु-तत्त्व तथा रूप-तत्त्व की सामाजिक जीवन और सामाजिक वास्तविकता के सन्दर्भ में की गयी अपनी उक्त व्याख्या के सन्दर्भ में ही अन्स्र्ट फिशर ने कला तथा साहित्य के अन्तर्गत वस्तु तथा रूप-तत्त्व की प्रमुखता पर विचार किया है, और वहाँ भी उन्होंने यही निर्णय दिया है कि दोनों का ही सापेक्षिक महत्त्व होते हुए भी, दोनों ही अन्योन्याश्रित रहते हुए भी, अन्ततः प्रमुखता वस्तु-तत्त्व की ही है और यह नया वस्तु-तत्त्व अपने अनुरूप नये रूप-तत्त्व में ही अभिव्यक्त होता है।

वस्तु और रूप-तत्त्व के सम्बन्ध में मार्क्सवादी विचारकों की एक अन्य धारणा

से भी परिचित होना अत्यन्त आवश्यक है, जो भी अत्यन्त महत्त्वपूर्ण है। आधार और बाह्य संरचना के सवाल पर जिस प्रकार मार्क्सवादी विचारकों की मान्यता अन्ततः आधार को ही नियामक मानने को है, उसी प्रकार वस्तु और रूप-तत्त्व के विश्लेषण में भी वे वस्तु-तत्त्व को ही कला और साहित्य का नियामक तत्त्व मानते हैं। परन्तु जिस प्रकार उनका यह कहना है कि बाह्य संरचना केवल निष्क्रिय रूप से प्रभाव ही ग्रहण नहीं करती, मात्र आधार से अनुकूलित और नियमित ही होती नहीं रहती, बदले में आधार को प्रभावित भी करती है, और कभी-कभी एक सीमा के भीतर उसका रूपान्तरण भी करती है, उसी प्रकार वस्तु और रूप-तत्त्व के विषय में भी उनका मत है कि वस्तु-तत्त्व रूप-तत्त्व को अनुकूलित, नियमित और प्रभावित अवश्य करता है, परन्तु रूप-तत्त्व को भी मात्र निष्क्रिय रूप से प्रभाव ग्रहण करने वाला ही स्वीकार न करना चाहिए। वह भी बदले में वस्तु-तत्त्व को प्रभावित करता है, और सक्रिय रूप में स्थित होता है, तथा ऐसे अवसर भी आते हैं, जब वह वस्तु-तत्त्व को रूपान्तरित भी कर देता है। इस तथ्य से भी स्पष्ट है कि मार्क्सवादी विचारकों ने रूप-तत्त्व की अवहेलना नहीं की है, उसे एक निष्क्रिय इयत्ता ही नहीं माना है, वरन् उसके अपने महत्त्व तथा सक्रियता को भी पूरी स्वीकृति दी है। रूप-तत्त्व वस्तु-तत्त्व पर आरोपित की गयी इयत्ता न होकर अपने अधिकार में स्थित इयत्ता है। वस्तुतः दोनों के बीच का अन्तस्सम्बन्ध उसी प्रकार अन्योन्याश्रित और जटिल है, तथा दोनों के बीच उसी प्रकार की अन्तःक्रियाएँ चलती रहती हैं, जिस प्रकार उन्हें हम आधार (Basis) तथा बाह्य-संरचना (Super structure) के विश्लेषण के दौरान देखते और पाते हैं। लूनाचरस्की, ट्राटस्की, लूकाच तथा अन्स्र्ट फिशर ने इसे पूरी गम्भीरता से प्रतिपादित किया, और यही मत राल्फ-फाक्स का भी है।

वस्तु-तत्त्व

अब कुछ चर्चा हम कला तथा साहित्य के अन्तर्गत वस्तु-तत्त्व की धारणा को लेकर करेंगे। प्रश्न है कि साहित्य एवं कला में वस्तु-तत्त्व से क्या आशय होता है? उससे कथ्य का आशय लिया जाय अथवा विषय का, अथवा यह शब्द रचना के अर्थ को ध्वनित करता है, या उसके सन्देश को? कथ्य, विषय, अर्थ, ये सारे शब्द घूम-फिर कर यद्यपि समान आशय सूचित करते हैं, परन्तु फिर भी उनमें एक बारीक अन्तर है।[1] दो समान विषय वाली कृति का अर्थ और वस्तु-तत्त्व एक दूसरे से काफी भिन्न हो सकता है, कारण यह रचनाकार पर निर्भर करता है कि वह विषय को किस प्रकार समझ कर अपनी कृति में स्थान देते हैं। अन्स्र्ट फिशर का कहना है कि कृति के विषय का रचना के वस्तु-तत्त्व के रूप में सामने आना रचनाकार के दृष्टिकोण पर निर्भर करता है, कारण वस्तु-तत्त्व वही चीज नहीं होती जो रचना में प्रस्तुत की जाती है, वरन् वह कैसे प्रस्तुत की जाती है, यह तथ्य भी वस्तु-तत्त्व के अन्तर्गत ही आता है। उन्होंने उदाहरण के द्वारा अपनी बात को स्पष्ट भी किया है,

और यह भी प्रदर्शित किया है कि किसी विषय का अर्थ रचना के अन्तर्गत किस प्रकार बदल जाया करता है। फिर भी अर्न्स्ट फिशर ने रचना के विषय को पूरा महत्त्व देने की बात कही है, कारण विषयों के चुनाव में तत्कालीन सामाजिक परिस्थितियाँ एवं सामाजिक चेतना प्रतिबिम्बित होती है। नये विषय नये वस्तु-तत्त्व को सामने लाते हैं और तदुपरान्त नया रूप सामने आता है। अन्तिम स्थिति में यह वस्तु-तत्त्व ही है जो रूप-तत्त्व को नियमित और नियत करता है।[2] कभी-कभी पुराने रूपों में भी नया वस्तु-तत्त्व अभिव्यक्त होता है, परन्तु वह पुराने रूपों को एकदम नष्ट भी कर सकता है और फलस्वरूप नये रूप के उद्‌भव के लिए रास्ता साफ करता है। समाज व्यवस्थाओं के बदलने के साथ-साथ नये वस्तु-तत्त्व और नये रूप-तत्त्व का उद्‌भव होता है। कुल मिलाकर बात इतनी ही है कि कला तथा साहित्य के अन्तर्गत वस्तु-तत्त्व की समस्या बहुत आसान नहीं है। वस्तु-तत्त्व के समुचित अध्ययन के लिए समाज-व्यवस्थाओं और सामाजिक स्थितियों में क्रमशः होने वाले परिवर्तन का अध्ययन भी आवश्यक है।

वस्तु-तत्त्व के लिए जैसा कि हम प्रारम्भ में कह चुके हैं, नव्यता तथा मौलिकता आवश्यक गुण माने गये हैं। लूनाचरस्की ने लिखा है कि रचनाकार को सदैव नव्यता पर ध्यान देना चाहिए और ऐसे ही कथ्य को सामने लाना चाहिए जिस पर पहले न लिखा गया हो। कृति का स्थायित्व बहुत कुछ इस नव्यता एवं मौलिकता पर निर्भर करता है। कृति के वस्तु-तत्त्व की निर्मिति में भावों, और विचारों, दोनों का ही योग होता है, परन्तु जैसा कि प्रायः सभी मार्क्सवादी विचारकों का आग्रह है, कृति के अन्तर्गत उन्हीं भावों एवं विचारों को स्थान मिलना चाहिए जो सामाजिक भूमि पर सम्प्रेष्य हों, जिनमें पाठक वर्ग को प्रभावित कर सकने की क्षमता हो। अपनी सम्पत्ति के चोरी हो जाने पर एक महा कंजूस व्यक्ति का शोक कविता में अभिव्यक्त किया जाय तो वह पाठकों के अन्तर्गत काव्यगत संवेदना उत्पन्न नहीं कर सकता। इसी कारण सदैव ऐसे भावों एवं विचारों को ही कला और साहित्य के अन्तर्गत मान्यता दी गयी है जो मनुष्य और मनुष्य के बीच सम्पर्क और सम्बन्ध स्थापित कर सकने की क्षमता रखते हों। प्लेखानोव ने इस तथ्य को पूरे विस्तार से स्पष्ट किया है। भावों एवं विचारों के साथ-साथ कृति के वस्तु-तत्त्व की निर्मिति में कल्पना तत्त्व का भी महत्त्वपूर्ण स्थान होता है। गोर्की ने इस कल्पना तत्त्व की व्याख्या करते हुए उसे यथार्थ का अंग माना है।[3] उनका आशय यही है कि वस्तुगत यथार्थ का अंग होने पर ही कोई कल्पना कृति की रचनात्मक क्षमता एवं प्रभविष्णुता में वृद्धि कर सकती है, अन्यथा वह मात्र ऐसे निरर्थक स्वप्न में बदल जायगी, जिसका हमारे जीवन से कोई सम्बन्ध नहीं। काडवेल ने भी कल्पना यथा फैंटेसी तत्त्वों का विशद् विवेचन किया है, वस्तु-तत्त्व को सँवारने और सामने लाने में जो अपना कार्य करते हैं। कविता के अन्तर्गत स्थान पाने वाले स्वप्न और मनोवैज्ञानिकों के स्वप्न में अन्तर स्पष्ट करते हुए उन्होंने प्रथम का सम्बन्ध मानव श्रम से जोड़ा है

जिसमें एक व्यवस्था होती है, अतः वह कविता का विषय बन सकता है।[4] इसके अतिरिक्त और भी बहुत से तत्त्व हैं जो कविता या कला का विषय बनकर सामने आते हैं। जैसा कि राल्फ फाक्स के साहित्य-चिन्तन का परिचय देते हुए हम कह चुके हैं, रगों, रोशनियों, गन्धों एवं विविध प्रकार के दूसरे तत्त्वों से भरा-पूरा हमारा समूचा बाह्य संसार कला तथा साहित्य की बीज-वस्तुओं से भरा है। कला या साहित्य का विषय-तत्त्व या वस्तु-तत्त्व इनसे भिन्न अन्य किसी स्रोत में आ ही नहीं सकता। अपनी ज्ञानेन्द्रियों का आश्रय लेकर ही मनुष्य इस बाह्य जगत् से सम्पर्क स्थापित करता है, उससे परिचित होता है, और बाह्य जगत् रचनाकार को साहित्य एवं कला निर्मिति के विषय तथा उपकरण प्रदान करता है। समूचे बाह्य जगत् में केन्द्रीयता मनुष्य तथा प्रकृति की है, और इनके बीच चलने वाला द्वन्द्व ही इसीलिए कला तथा साहित्य की केन्द्रीय वस्तु के रूप में प्रारम्भ से ही स्थान पाता रहा है। जब तक मनुष्य है, प्रकृति से उसका संघर्ष चलता रहेगा। वह प्रकृति को शक्तियों पर विजय प्राप्त करने की कोशिश करेगा, प्रकृति को बदलने के क्रम में, स्वतः नये-नये रूपों में सामने आयेगा, समाज-व्यवस्थाओं तथा सामाजिक जीवन में नये-नये परिवर्तन उपस्थित होते रहेंगे, और कला तथा साहित्य के लिए वस्तु-तत्त्व का निर्माण करने वाली सामग्री के लिए एक अक्षय स्रोत खुला रहेगा। यही कारण है कि मार्क्सवादी साहित्य-चिन्तकों ने एक स्वर से इस तथ्य का प्रतिपादन भी किया है कि जब तक संसार में मनुष्य की सत्ता है, कविता, कला तथा साहित्य भी जीवित रहेंगे। मनुष्य के नये-नये रूपों के साथ, वे भी अपने समूचे आन्तरिक और बाह्य नयेपन के साथ सामने आते रहेंगे।

रूप-तत्त्व

वस्तु-तत्त्व को प्रमुखता देते हुए भी मार्क्सवादी साहित्य चिन्तकों ने रूप-तत्त्व को भी सापेक्षिक सक्रियता को स्वीकृति दी है, इसे हम पिछले पृष्ठों में कह चुके हैं। अर्न्स्ट फिशर के अनुसार रूप-तत्त्व कतई उपेक्षणीय नहीं है, उसे गौण मानना एक बहुत बड़ी भ्रान्ति होगी। उनके मत से यह रूप-तत्त्व ही है जो किसी वस्तु को कलाकृति बनाता है। रूप के अभाव में कला या साहित्य की स्थिति ही सम्भव नहीं है। रचना की सामग्री पर कलाकार का कितना अधिकार है, यह बात रूप-तत्त्व के द्वारा ही हम जान सकते हैं। यह रूप-तत्त्व ही है जिसके अन्तर्गत अनादिकाल से चले आते हुए मनुष्य के सारे अनुभव एवं संवेदनाएँ संचित रहती हैं। लूनाचरस्की के अनुसार तो रूप-तत्त्व का विश्लेषण वस्तु-तत्त्व की तुलना में कहीं अधिक जटिल है। उन्होंने जितना जोर वस्तु-तत्त्व की नव्यता और मौलिकता पर दिया है, रूप-तत्त्व की मौलिकता और नव्यता को भी उतना ही अपरिहार्य माना है।

रूप-तत्त्व के अन्तर्गत मार्क्सवादी विचारकों ने अभिव्यक्ति के नाना माध्यमों की चर्चा की है। भाषा, बिम्ब, प्रतीक, छन्द, लय, संगीत आदि-आदि इस सम्बन्ध

में उनके विस्तृत विश्लेषण का विषय बने हैं। यहाँ इस तथ्य के प्रति पूरी सजगता बरतनी आवश्यक है कि मार्क्सवादी साहित्य-चिन्तकों ने रूप-तत्त्व का विरोध कभी नहीं किया है, उनका विरोध सदैव ही रूपवाद के प्रति रहा है। बहुधा रूपवाद के उनके विरोध को रूप-तत्त्व का विरोध समझ लेने के कारण ही भ्रान्तियों का जन्म हुआ है। रूपवाद के प्रति उनका विरोध स्वाभाविक है और इसे हम समझा भी चुके हैं, परन्तु इस विरोध को रूप-तत्त्व के विरोध या उपेक्षा की संज्ञा देना न केवल कतई समीचीन नहीं है, अनर्गल भी है।

भाषा मनुष्य की अर्जित सम्पत्ति है, जिसे सामाजिक जीवन के विकास-क्रम में प्रकृति के साथ संघर्ष करते हुए उसने जन्म दिया है। भाषा का अब तक का विकास मनुष्य तथा सामाजिक जीवन के ही विकास की कहानी कहता है। चूँकि भाषा का सम्बन्ध सम्पूर्ण जन-जीवन से है, अतः मार्क्सवादी विचारकों ने भाषा की शक्ति और क्षमता के लिए सदैव जन-जीवन में गहराई से प्रविष्ट होने, और वहीं से उसे शक्ति तथा प्राणवत्ता देने की बात कही है। भाषा का सबसे जीवन्त रूप उनके अनुसार जन-जीवन के बीच ही सम्भव है, इसका प्रमाण वे रचनाकार तथा उनका साहित्य है, जो जीवन से गहराई से जुड़े रहे हैं।

मार्क्सवादी साहित्य-चिन्तकों ने कला तथा साहित्य के अन्तर्गत स्थान पाने वाली भाषा को सामान्य भाषा से पृथक् माना है। काडवेल ने कविता को 'उदात्त भाषा' की जो संज्ञा दी है, वह इस कथन का प्रमाण है। कला तथा साहित्य के अन्तर्गत, उनके विचार से, भाषा बिम्ब-रूप लेकर ही सामने आती है, इसीलिए बिम्ब या बिम्ब प्रवाह को ही उन्होंने कला तथा साहित्य के अन्तर्गत मान्यता प्रदान की है। इस बिम्बों को वस्तुगत जीवन के यथार्थ से अनुप्राणित होना चाहिए तभी वे कला या साहित्य में अपने पूरे प्रभाव तथा पूरी संवेदनीयता के साथ पाठक या दर्शक को अपनी पकड़ में ले सकते हैं। सपाट, चित्रहीन भाषा, कला, या साहित्य की भाषा नहीं हो सकती। उसे कविता या कला की लय के अनुरूप चित्रात्मक रूप में ढलना आवश्यक है। काडवेल, जार्ज थामसन, प्लेखानोव, अर्न्स्ट फिशर आदि ने स्पष्ट किया है कि भाषा किस प्रकार कविता या कला के अन्तर्गत अपनी चित्रात्मक विशेषताओं के साथ सामने आती रहती हैं। जो बात बिम्ब के बारे में सत्य है, वही प्रतीकों के बारे में भी कही जा सकती है। प्रतीक बिम्ब का ही अधिक मँजा हुआ रूप है। भाषा की तो सम्पूर्ण प्रकृति ही प्रतीकात्मक है।

कहने का तात्पर्य यह कि रूप-तत्व के अन्तर्गत अभिव्यक्ति माध्यमों की जो भी चर्चा मार्क्सवादी साहित्य-चिन्तकों ने की है, उन्हें कला या साहित्य का अपरिहार्यतत्त्व मानते हुए ही की है। दूसरे, उन्होंने इन अभिव्यक्ति-माध्यमों का भी सामाजिक-आधार स्वीकार किया है, उन्हें भी समाज की ही देन माना है। भाषा हो, या बिम्ब, या प्रतीक, सबका आधार और सबका स्रोत यह सामाजिक जीवन ही

है। काडवेल ने बड़े ही स्पष्ट शब्दों में अभिव्यक्ति-माध्यमों के इस सामाजिक रूप को विवेचित किया है।[5] जब ये अभिव्यक्ति-माध्यम सामाजिक आधार छोड़ देते हैं, अर्थात् जब रचनाकार सामाजिक जीवन से कटकर आत्मकेन्द्रित हो जाता है, इन अभिव्यक्ति माध्यमों की प्रभाव-क्षमता घट जाती है, और शनैः-शनैः समाप्त हो जाती है। रूपवाद का जन्म भी तभी होता है, जो कला या साहित्य का सर्वाधिक ह्रासशील पक्ष माना जा सकता है। यह रूपवाद या कलावाद इसी कारण रचना या रचनाकार को स्थायित्व नहीं दे पाता कि सामाजिक जीवन से प्राप्त जीवन्त प्रेरणाओं का उसमें अभाव होता है, दूसरे वह कला तथा साहित्य को अत्यन्त दुर्बोध तथा जटिल भी बना देता है। प्लेखानोव ने इसीलिए कहा है कि सामाजिक जीवन से कट जाने पर ही कलाकार रूपवादी होता है, और तभी उसकी कला भी अपनी सही भूमि से च्युत हो जाती है। भाषा हो अथवा बिम्ब, प्रतीक या उसके दूसरे रूप, मार्क्सवादी विचारकों ने सम्प्रेषणीयता को उनका मूल धर्म माना है। इस सम्प्रेषणीयता का दायरा जितना बड़ा होगा, कविता या साहित्य की जीवनी-शक्ति भी उतनी ही प्रखर होगी। कला तथा कविता जन-जन तक सम्प्रेष्य हों, मार्क्सवादी विचारकों ने इस तथ्य पर अपना पूरा जोर दिया है, अतः उन्होंने अभिव्यक्ति माध्यमों की भी उसी गहरी सामाजिक भूमिका की ओर इंगित किया है, जो कविता, कला या साहित्य को जन-जन तक सम्प्रेष्य बना सकें।

रचना-प्रक्रिया

कविता या कला की रचना-प्रक्रिया पर मार्क्सवादी साहित्य-चिन्तकों ने जब-तब अपने विचार प्रकट किये हैं। प्रथमतः, उनकी इस सम्बन्ध में यह मान्यता है कि रचना किसी तात्कालिक मनोद्वेग का परिणाम नहीं होती। स्वच्छन्दतावादी कवियों एवं चिन्तकों ने रचना को तात्कालिक भावोच्छलन की संज्ञा दी है, जिससे मार्क्सवादी साहित्य-चिन्तक कतई सहमत नहीं हैं। उनके विचार से कला या कविता एक सजग मानव-व्यापार की उपज हैं, और क्षण की अभिव्यक्ति न होकर एक दीर्घकालीन मानस-प्रक्रिया का परिणाम हैं। यह बात और है कि रचनाकार अपने मानस में लम्बे समय से चलती हुई इस प्रक्रिया को जान या समझ न पावे, परन्तु यथार्थ जीवन के सम्पर्क के फलस्वरूप रचना की बीज-वस्तुएँ उसके मानस में एक लम्बे समय से एकत्र होती रहती हैं, उनमें पारस्परिक क्रिया-प्रतिक्रिया होती रहती है, और एक विशेष उत्तेजक क्षण में वे एक निश्चित रूप में ढलकर उसकी रचना या कला में अभिव्यक्त होती हैं। अतएव मार्क्सवादियों के अनुसार रचनाकार के लिए उसकी रचना दैवी देन नहीं है कि वह उसे देखकर स्तम्भित हो जाय, यह एक ठोस मानस-प्रक्रिया का स्वाभाविक और सजग रूप से स्पष्ट होने वाला परिणाम है। मार्क्सवादी विचारकों एवं रचनाकारों ने यह अवश्य माना है कि रचना के क्षणों में रचनाकार एक प्रकार की आन्तरिक विवशता अनुभव करता है, रचना उसी का

परिणाम होती है। रचनाकार अपने पाठकों से कुछ कहना चाहता है, और इसीलिए वह रचना में प्रवृत्त होता है। रचना का रूप तभी सामने आता है जबकि मानस-प्रक्रिया पूर्ण हो चुकी होती है और रचनाकार को यह अहसास हो जाता है कि पाठक से कुछ विशेष कहने का क्षण आ पहुँचा है। यह मत इलिया एहरेन बुर्ग का है।

हावर्ड फास्ट ने भी 'साहित्य में और यथार्थ' शीर्षक अपनी कृति में रचना-प्रक्रिया की कुछ चर्चा की है। उनके अनुसार बाह्य यथार्थ के सम्पर्क में आने के साथ-साथ रचनाकार सम्पूर्ण बाह्य यथार्थ को अपने मानस का अंग नहीं बनाता। वह चुनाव करता है। दूसरे बाह्य-यथार्थ ज्यों का त्यों उसके मानस में अंकित नहीं होता, रचनाकार का सजग मानस उसे अपने अनुरूप नयी शक्ल देता है। इसके अनन्तर रचनाकार की भावना, कल्पना, प्रतिभा और शिल्प सब अपनी-अपनी भूमिका अदा करते हैं, और तब रचना सामने आती है। रचना बाह्य यथार्थ के चुने गये तथा नवीन आकृति में ढाले गये अंशों, अनुभवों तथा संवेदनाओं का छना हुआ रूप है। उसमें मनुष्य के सम्पूर्ण अर्जित संस्कारों, परम्पराओं एवं विवेक का योगदान होता है। वस्तु और रूप के इस संक्षिप्त विवेचन के उपरान्त अब हम साहित्य एवं कला तथा सौन्दर्य-सम्बन्धी मार्क्सवादी धारणा का संक्षिप्त विवेचन करेंगे।

सन्दर्भ

1. देखिए–दी नेसेसिटी ऑफ आर्ट, पृ. 121।
2. देखिए–दी नेसेसिटी ऑफ आर्ट, पृ. 142।
3. देखिए–मैक्सिम गोर्की–ऑन आर्ट एण्ड लिटरेचर, पृ. 244।
4. देखिए–क्रिस्तोफर काडवेल–इल्यूजन एण्ड रियलिटी, पृ. 219।
5. देखिए–इल्यूजन एण्ड रियलिटी, पृ. 108।

4

साहित्य एवं कला तथा सौन्दर्य-तत्त्व

सौन्दर्य और उसका वस्तुगत आधार

सौन्दर्यशास्त्र सम्बन्धी भाववादी कला-चिन्तकों के ग्रन्थों की एक सबसे बड़ी सीमा यह है कि अपने सौन्दर्य-सम्बन्धी चिन्तन में उन्होंने कलागत-सौन्दर्य तत्त्व की चर्चा एक निरपेक्ष सत्ता के रूप में, प्रकृति तथा मानव जीवन से उसे पूरी तरह काटकर की है। मार्क्सवादी कला-चिन्तकों ने सौन्दर्य-तत्त्व का विश्लेषण उसकी समग्रता में, प्रकृति तथा मानव जीवन के सौन्दर्य के ही एक अंग के रूप में किया है। भाववादी कला-चिन्तन से, मार्क्सवादी कला-चिन्तन की, सौन्दर्य-विवेचना-सम्बन्धी प्रथम विशिष्टता यही है।

द्वितीय मार्क्सवादी विचारकों ने सौन्दर्य-तत्त्व को एकान्त विश्लेषण का विषय न मानते हुए, जीवन तथा कला के दूसरे बुनियादी प्रश्नों के साथ जोड़कर देखने की चेष्टा की है। मानव-जीवन के विकास-क्रम को चित्रित करते हुए, और मनुष्य को मनुष्येतर प्राणियों से विशिष्ट दर्शाते हुए मार्क्स ने बहुत पहले यह स्थापना दी थी कि जहाँ मानवेतर प्राणी केवल अपनी भौतिक आवश्यकताओं की तात्कालिक पूर्ति के हेतु ही सृजन करते हैं, वहाँ मनुष्य सौन्दर्य-नियमों के अनुसार सृजन करता है। जबकि मानवेतर प्राणी प्रकृति प्रदत्त उपकरणों का ही आश्रय लेने को विवश रहते हैं, मनुष्य आवश्यकतानुसार प्रकृति प्रदत्त उपकरणों को नयी शक्ल भी देता है। मानव-जीवन के विकास-क्रम को ही प्रदर्शित करते हुए एंगेल्स ने भी दिखाया है कि किस प्रकार श्रममय जीवन के सन्दर्भ में ही मनुष्य की चेतना और सर्जना शक्ति का विकास होता गया। प्रकृति को बदलने के क्रम में ही उसने अपने को भी परिवर्तित किया, और जिन हाथों ने किसी समय अनगढ़ पत्थरों को औजारों के रूप में बदल देने में अपनी सबसे बड़ी सार्थकता मानी थी, उन्हीं हाथों ने बाद में महान्, चित्रकला, स्थापत्य कला तथा संगीत को जन्म दिया। प्लेखानोव ने इसे भी सिद्ध किया है कि सौन्दर्य-चेतना का विकास श्रम के पश्चात् ही हुआ। श्रम के

दौरान सर्वप्रथम मनुष्य ने अपनी उपयोगिता की वस्तुएँ ही निर्मित कीं, सौन्दर्य से उनका सम्बन्ध उसने बाद को स्थापित किया। उपयोगिता सौन्दर्य चेतना के उद्भव से पहले की चीज़ है। प्लेखानोव का कहना तो यहाँ तक है कि उपयोगी वस्तुओं में ही मनुष्य ने सौन्दर्य को स्थित किया। जो वस्तुएँ उसके लिए उपयोगी थीं, वही उसे बाद में सुन्दर भी लगीं। उपयोगिता से पृथक् सौन्दर्य का कोई अस्तित्व नहीं है। जाहिर है कि यहाँ उपयोगिता से प्लेखानोव का आशय एकदम कामकाजी उपयोगिता से नहीं है। उसे व्यापक से व्यापक और उदात्त से उदात्त सन्दर्भों में ग्रहण करना चाहिए।

उपर्युक्त विवेचन से सहज ही यह निष्कर्ष निकाला जा सकता है कि सौन्दर्य अपने में कोई दिव्य वस्तु न होकर मानव-जीवन के सन्दर्भ में ही क्रमशः विकसित होने वाली एक ऐसी धारणा है जिसे बाह्य-जगत् के साथ अपने सम्पर्क के फलस्वरूप मनुष्य ने प्राप्त और विकसित किया। इस धारणा के विकास में सर्वाधिक योग मनुष्य के इन्द्रिय-बोध का है, तदुपरान्त क्रमशः विकसित होते हुए उसके भाव-बोध और विचारों ने भी अपनी महत्त्वपूर्ण भूमिका अदा की है।

मार्क्सवाद एक वस्तुवादी दर्शन है, जो पदार्थ की सत्ता को प्राथमिक और चेतना की सत्ता को गौण मानता है। चेतना उसके अनुसार पदार्थ का ही गुण है, मस्तिष्क पदार्थ का सर्वाधिक विकसित रूप। अपनी इन दार्शनिक निष्पत्तियों के सन्दर्भ में सौन्दर्य-सम्बन्धी मार्क्सवादी कला-चिन्तन की एक अन्य महत्त्वपूर्ण स्थापना सौन्दर्य के वस्तुगत आधार की स्वीकृति है। मार्क्सवादी विचारकों ने सौन्दर्य की स्थिति सुन्दर वस्तु में मानी है। उनके अनुसार सुन्दरता वस्तु का गुण है, और गुण को वस्तु से पृथक् नहीं किया जा सकता। चूँकि सुन्दरता की स्थिति सुन्दर वस्तु में होती है, इसी कारण सुन्दर वस्तु कमोबेश सबको सुन्दर लगती है। इसके विपरीत भाववादी कला-चिन्तन सौन्दर्य की स्थिति वस्तु में न मानकर व्यक्ति के मन में मानते हैं। उनके अनुसार सौन्दर्य का आधार वस्तुगत न होकर मनोगत है। सौन्दर्य-सम्बन्धी इस भाववादी दृष्टि की सर्वप्रथम, सबसे तीखी आलोचना भौतिकवादी कला-चिन्तन चर्निशवस्की ने की है, उन्होंने हेगेलीय चिन्तन पर आधारित इस भाववादी धारणा को अनेक पुष्ट तर्कों से काटते हुए सिद्ध किया है कि सुन्दरता को सुन्दर वस्तु से पृथक् करके नहीं देखा जा सकता। सौन्दर्य की अपनी भौतिकवादी परिभाषा प्रस्तुत करते हुए उन्होंने सौन्दर्य को जीवन का पर्याय माना है। दूसरे खण्ड में, यथार्थवादी आलोचना के विकास-क्रम को प्रदर्शित करते हुए हमने चर्निशवस्की की सौन्दर्य-सम्बन्धी मान्यता को प्रस्तुत किया है, अतः यहाँ उसे दुहराने की आवश्यकता नहीं समझते।

प्रसिद्ध मार्क्सवादी विचारक काडवेल ने भी अपनी 'फर्दर स्टडीज़ इन ए डाइंग कल्चर' कृति में बुर्जुआ-भाववादी विचारकों की सौन्दर्य-सम्बन्धी मान्यताओं का विश्लेषण करते हुए उनकी निस्सारता सिद्ध की है। उन्होंने भी सौन्दर्य को एक 'परम भाव' मानने की बुर्जुआ-दृष्टि को अस्वीकार करते हुए सौन्दर्य का सम्बन्ध

सुन्दर वस्तु से जोड़े रखा है। यद्यपि काडवेल ने सौन्दर्य को वस्तु और मानव-मन के बीच का सम्बन्ध माना है,[1] परन्तु इससे यह निष्कर्ष निकालना कि काडवेल सौन्दर्य की वस्तुगत सत्ता को स्वीकार नहीं करते, ठीक नहीं है। उनके अनुसार सौन्दर्य की वस्तुगत सत्ता है, ठीक वैसी ही, जैसे ऊष्मा की।[2]

काडवेल के अनुसार मनुष्य की सौन्दर्य-सम्बन्धी धारणा युग के विकास-क्रम के अनुसार परिवर्तित होती रहती है। वह एक विकासशील धारणा है। यदि हम मानव जीवन के विकास-क्रम को देखें तो पायेंगे कि कोई भी युग अपने पूर्वजों द्वारा निर्धारित और निर्मित सुन्दर-सम्बन्धी धारणा या सुन्दर वस्तुओं से सन्तुष्ट नहीं होता, और ऐसी वस्तुओं का निर्माण करता है, जो उसकी अपनी सौन्दर्य-चेतना के अनुकूल होने के साथ-साथ पूर्ववर्ती युगों की सुन्दर वस्तुओं से भिन्न और विशिष्ट होती हैं। सुन्दर वस्तुओं के इस नये निर्माण में, अथवा सौन्दर्य-सम्बन्धी नयी धारणाओं में पूर्ववर्ती सौन्दर्य-सम्बन्धी धारणा का कतई तिरस्कार नहीं होता। पुरानी वस्तुएँ नये युग में असुन्दर नहीं हो जातीं, उन पर समय का कुहासा अवश्य चढ़ जाता है। वस्तुतः जो कुछ नया निर्मित होता है, वह पुराने के भी जीवन्त अंश को अपने साथ लिये रहता है। 'पुराने' का कुछ अंश स्वीकार कर लिया जाता है, और कुछ अस्वीकार। इसी क्रम में मानव-जीवन के साथ-साथ सौन्दर्य-सम्बन्धी धारणा में भी विकास होता रहता है।[3]

काडवेल ने 'सुन्दर' की परिभाषा देने के क्रम में कहा है कि जो असुन्दर है, उससे भिन्न जो कुछ है, उसे सुन्दर कहा जा सकता है।[4] असुन्दर ही सुन्दर को नियत करता है, और उसे निश्चित सीमा में बाँधता है। परन्तु असुन्दर को सुन्दर का विरोधी नहीं माना जा सकता। सुन्दर का विरोधी असुन्दर नहीं, कुरूप है। इस कुरूप के निश्चय के लिए भी सौन्दर्यशास्त्रीय समझ होनी चाहिए, कारण तभी व्यक्ति यह निर्णय कर सकता है कि कुरूप क्या है? वस्तुतः कुरूप और सुन्दर की सीमाएँ एक दूसरे को इतने निकट से स्पर्श करती हैं कि एकबारगी यह नहीं कहा जा सकता कि कुरूप की सीमा कहाँ पर समाप्त होती है, और सुन्दर की सीमा कहाँ से शुरू होती है। इन दोनों के बीच विभाजक रेखा खींच कर यह कह सकना कि रेखा के इस ओर सुन्दर ही सुन्दर है, और उस ओर कुरूप ही कुरूप, बहुत कठिन है।[5] इस विराट् विश्व में जिस प्रकार अन्य बहुत-सी परस्पर विरोधी वस्तुओं की स्थिति है, सुन्दर और कुरूप दोनों ही इसमें निवास करते हैं। इन परस्पर विरोधी वस्तुओं एवं भावों की सौन्दर्यशास्त्रीय समझ के लिए हमें उनकी समग्रता में देखना होगा, कारण वे एक दूसरे का न केवल स्पर्श करती हैं, उन्हें अनुकूलित भी करती हैं।[6]

काडवेल के मतानुसार प्रत्येक सुन्दर वस्तु को देखकर व्यक्ति की प्रतिक्रिया समान नहीं होती? कारण हर वस्तु की अपनी विशेषता व्यक्ति के सौन्दर्य-संवेदनों को अपने रंग में रँग लेती है। यदि ऐसा न होता तो व्यक्ति एक ही सुन्दर वस्तु को देखकर सन्तुष्ट हो जाता, वही वस्तु उसके सौन्दर्य-संवेदन को तृप्त करने के

लिए पर्याप्त होती। परन्तु इस तथ्य के बावजूद यह मानना होगा कि सुन्दर वस्तुओं के प्रति व्यक्ति की उन्मुखता में कहीं न कहीं एक समानता होती है, तभी वह वस्तुओं के एक खास समूह को सुन्दर की परिधि में सीमित कर देता है। सौन्दर्य की सही धारणा को समझने के लिए समानता के इस तथ्य पर ध्यान देना विशेष आवश्यक है।[7]

काडवेल ने सौन्दर्य को सामाजिक भी माना है। उनके अनुसार सौन्दर्य इसलिए सामाजिक है कि वह व्यक्ति के परे, समाज में स्थित होता है। जिस व्यक्ति ने कभी सुन्दर वस्तुएँ नहीं देखीं, वह सौन्दर्य को जान ही नहीं सकता।[8] सौन्दर्य की दुहरी भूमिका भी होती है, व्यक्ति के सन्दर्भ में वह आलम्बन (object) है तो परिवेश के सन्दर्भ में आश्रय (subject)। नैतिकता और शिवत्व के साथ भी यही बात है। काडवेल ने कीट्स की इस उक्ति के प्रति भी अपनी सहमति व्यक्त की है, सौन्दर्य ही सत्य है, और सत्य ही सौन्दर्य है।[9] 'न तो 'परम सत्य' अथवा स्थिर, शाश्वत सत्य जैसी कोई वस्तु हो सकती है, और न ही विशुद्ध सौन्दर्य जैसी कोई धारणा।'[10]

समग्रतः, काडवेल का सौन्दर्य-विवेचन काफी गहराई में जाकर सौन्दर्य तत्त्व का विश्लेषण करता है। मार्क्सवादी विचारकों में काडवेल ही ऐसे हैं, जिन्होंने इतने विस्तार और इतनी गहराई में सौन्दर्य तत्त्व पर विचार किया है। काडवेल के कुछ निष्कर्ष मार्क्सवादी विचारकों को भी मान्य नहीं हैं, विशेष रूप से वे कुछेक स्थलों पर अस्पष्ट भी हैं, परन्तु फिर भी मार्क्सवादी कला-चिन्तन को इस बिन्दु पर सम्पन्न करने में काडवेल का महत्त्वपूर्ण योग है।

मार्क्सवादी विचारकों ने एक अन्य प्रश्न पर भी अपनी सौन्दर्य-सम्बन्धी चर्चा को गति दी है, और यह है यथार्थ-जीवन के सौन्दर्य तथा कलाकृति में चित्रित सौन्दर्य की सापेक्षिक महत्ता का प्रश्न। वस्तुतः इस प्रश्न का स्पष्टीकरण इस कारण आवश्यक है कि चर्निशवस्की की इस विषय की धारणा का सम्बन्ध मार्क्सवादी धारणा से जोड़कर प्रायः गलत निष्कर्ष निकाल लिये जाते हैं।

चर्निशवस्की के प्रगतिशील भौतिकवादी चिन्तन के महत्त्व को पहले ही स्वीकार किया जा चुका है। यह भी कहा जा चुका है कि जहाँ तक सौन्दर्य के वस्तुगत आधार का प्रश्न है, मार्क्सवादी विचारकों ने उसे व्यापक समर्थन दिया है, कारण वह मार्क्सवाद के भौतिकवादी-चिन्तन की अनुकूलता में है। परन्तु चर्निशवस्की की सौन्दर्य-सम्बन्धी यह धारणा कि यथार्थ जीवन के सौन्दर्य की तुलना में कलाकृति का सौन्दर्य हीन कोटि का होता है, या 'सच्चा सौन्दर्य वास्तविकता का सौन्दर्य, और यह कि कला किसी भी ऐसी चीज़ की रचना नहीं कर सकती, जो वास्तविक जगत् के सौन्दर्य से होड़ ले सके।'[11] उनके भौतिकवादी चिन्तन को एक ऐसे अतिवाद पर प्रतिष्ठित कर देती है जिससे मार्क्सवादी चिन्तन का सम्बन्ध नहीं जोड़ा जा सकता।

चर्निशवस्की का सन्दर्भ न लेते हुए भी मार्क्सवादी विचारकों में से कुछ ने इस प्रश्न पर अपना अभिमत दिया है। वास्तविकता के सौन्दर्य, उसकी सजीवता और उसे ही कलाकृति का वास्तविक प्रेरणास्रोत मानते हुए भी मार्क्सवादी विचारकों ने स्पष्ट किया है कि कलाकृति में चित्रित यथार्थ वास्तविक जीवन के यथार्थ की तुलना में अधिक व्यवस्थित एवं प्रतिनिधि होता है, कारण न केवल रचनाकार बाह्य जीवन से चुनाव करता है अपनी कृति में उसकी सचेतन रूप से योजना भी करता है। कलाकृति चूँकि यथार्थ जीवन के सारे सौन्दर्य के बावजूद, जनता द्वारा चाही जाती है, और एक स्तर पर जनता की आध्यात्मिक भूख शान्त करती है, अतः सिद्ध होता है कि उसमें भी सौन्दर्य की एक ऐसी विशिष्ट सत्ता है, जो यथार्थ जीवन के सौन्दर्य के बावजूद अपना महत्त्व रखती है। ऐसा न होता तो मनुष्य कलाकृतियों का सृजन क्यों करता और उनका आस्वाद क्यों करता? मार्क्सवादी विचारकों का यह कथन भी कि जब तक मनुष्य धरती पर जीवित है, कला भी जीवित रहेगी, इस तथ्य को प्रमाणित करता है कि वास्तविकता के सौन्दर्य के आस्वाद के साथ-साथ कलाकृति में उपलब्ध सौन्दर्य की भी मनुष्य को आवश्यकता है। वस्तुतः यथार्थ के सौन्दर्य और कलाकृति के सौन्दर्य को इस प्रकार एक दूसरे के विरोध में खड़ा करना उचित भी नहीं है, कारण मार्क्सवादी चिन्तकों ने एकाधिक बार इस तथ्य को स्पष्ट किया है कि कलाकृति का प्रेरणास्रोत यथार्थ जीवन ही है, ऐसी स्थिति में विरोध का प्रश्न ही नहीं उठता।

मार्क्सवादियों के अनुसार सौन्दर्य का अक्षय स्रोत जन-जीवन या लोक जीवन में ही है। यह अनन्त रूपात्मक जगत् अपने सारे आकर्षण को लिये अनादि काल से मनुष्य को अपनी ओर आकर्षित करता रहा है। मनुष्य लोकबद्ध प्राणी है, उसका सारा ज्ञान लोकबद्ध है, अतः उसकी सौन्दर्य-सम्बन्धी धारणा भी लोकबद्ध ही होगी। सौन्दर्य की लोकोत्तर धारणा का सम्बन्ध भाववादियों के साथ हो सकता है, जो सृष्टि को परम चेतना की अभिव्यक्ति मानते हैं, भौतिकवादियों या मार्क्सवादियों से नहीं, जिनके मत से सृष्टि अपनी ठोस वस्तुगत सत्ता में स्थित है। चूँकि सौन्दर्य का अक्षय स्रोत इसी लोक जीवन में ही है, अतः मार्क्सवादी विचारकों का रचनाकारों से सदैव यह आग्रह रहा है कि वे लोक जीवन की गहराइयों में उतरें, सौन्दर्य के इस अजस्र स्रोत का साक्षात्कार कर उससे अपनी सर्जना को स्थायी महत्त्व एवं प्राणवत्ता प्रदान करें। जिस प्रकार मार्क्सवादी विचारक प्रतिभा को दैवी गुण नहीं स्वीकार करते, उसी प्रकार सौन्दर्य को भी दिव्य देन नहीं मानते। यदि सौन्दर्य-चेतना दैवी देन होती तो फिर क्या कारण है कि प्रखर से प्रखर सौन्दर्य-चेता कलाकार अपने परवर्ती जीवन में निष्प्रभ और प्रभावहीन हो जाते हैं, उनकी रचनाओं में वह ताप और वह सौन्दर्य-संवेदना नहीं रह जाती। इसका एक प्रधान कारण यही है कि अपने परवर्ती जीवन में वे सौन्दर्य के इस अजस्र स्रोत से कट जाते हैं, परिणाम

उनकी रचना के प्रभाव-क्षय में स्पष्ट होता है। यही कारण है कि शायद ही कोई मार्क्सवादी साहित्य-चिन्तक हो, जिसने निरन्तर लोक जीवन में घनिष्ठ सम्बन्ध-सूत्र जोड़े रहने की बात न की हो। लोक जीवन से सम्पृक्त कलाकारों का कृतित्व ही स्थायी रहा है, यह तथ्य हमें साहित्य और कला की दीर्घकालीन परम्परा पर एक दृष्टि डालने मात्र से ही स्पष्ट हो जाता है।

मार्क्सवादी साहित्य-चिन्तन की निष्पत्ति है कि सच्ची कला का जन्म साम्यवादी व्यवस्था में ही सम्भव हो सकेगा, जबकि शोषण की सारी प्रक्रियाएँ कब की समाप्त हो चुकी होंगी और मनुष्यता एक शोषण-रहित, वर्गहीन, समाज व्यवस्था में साँस ले रही होगी। यह वह समाज-व्यवस्था होगी जिसमें मनुष्य सब प्रकार की भौतिक दुश्चिन्ताओं से मुक्त होकर कला-सृजन कर सकेगा और उसका सही आस्वाद कर सकेगा। पूँजीवादी व्यवस्था में, उसके हिमायती सौन्दर्यशास्त्रीय चिन्तक, सौन्दर्य की कितनी ही चर्चा क्यों न करें, सच्ची सौन्दर्य-चेतना का उद्भव उसके अन्तर्गत सम्भव ही नहीं है। जिस व्यवस्था में सारे मानवीय नाते-रिश्ते पैसों के तराजू में तौल दिये गये हों, शोषण का चक्र समूची मनुष्यता को पीस रहा हो, पूँजी की होड़ में बड़े-बड़े महायुद्धों की भूमिकाएँ बाँधी जा रही हों, मानव-श्रम को मिट्टी के मोल बेचा जाता हो, उपनिवेशवाद तथा साम्राज्यवाद के पंजे निर्बल राष्ट्रों को दबोचे हुए हों, उस व्यवस्था से यह उम्मीद करना कि वह सौन्दर्य को किसी उदात्त चेतना को जन्म देगी, एक भयानक भ्रान्ति होगी। काडवेल का कथन है कि इस व्यवस्था की अधिकांश उपज विरूप और भद्दी है, सुन्दर कहने लायक कोई भी वस्तु इसने नहीं पैदा की। इसने न केवल मनुष्यता के आस-पास भद्दी, कुत्सित और विरूप वस्तुओं का अम्बार लगाया है, यह मनुष्य की लाखों वर्षों के दौरान अर्जित सौन्दर्य-चेतना को कुण्ठित और समाप्त करने के लिए भी प्रयासशील है। मनुष्यता इसी कारण संगठित होकर इस भद्दी समाज-व्यवस्था के विनाश के लिए कृत संकल्प हो उठी है। इस सभ्यता के विनाश के उपरान्त ही मानव-समता तथा श्रम की महत्ता वाली समाज व्यवस्था में सौन्दर्य की सही चेतना का जन्म होगा।

'मार्क्सवादी विचार-दर्शन के उदात्त सौन्दर्य-बोध का इससे बड़ा प्रमाण क्या हो सकता है कि वह इस विकृत पूँजीवादी व्यवस्था के विनाश को सम्भव बनाने वाला दर्शन है।'[12] काडवेल के उक्त विवेचन की यही मूल निष्पत्ति है।

सन्दर्भ

1-2. Refer—p. 84—'To separate—the lover of beauty from beautiful objects is to make beauty either a colourless idea or a psychological disturbance.'
3. *Ibid.*, p. 78.
4. 'Beauty then is defined by all that is not beauty.' p. 77.
5. *Ibid.*, p. 77.

6. *Ibid.*, p. 78 ।
7. वही, पृ. 79A ।
8. वही, पृ. 88A ।
9. वही, पृ. 89A ।
10. वही, पृ. 98A ।
11. देखिए–दर्शन, साहित्य और आलोचना, अनु. नरोत्तम नागर, पी. पी. एच. दिल्ली, पृ. 171 ।
12. देखिए–क्रिस्टोफर काडवेल,–'फर्दर स्टडीज़ इन ए डाइंग कल्चर', पृ. 113-115 ।

5

साहित्य एवं कला; मूल्यांकन की समस्या

मूल्यांकन के सही प्रतिमानों एवं सही दृष्टि का प्रश्न

साहित्य एवं कला-रचना के साथ-साथ मार्क्सवादी साहित्य-चिन्तन के अन्तर्गत मूल्यांकन के प्रश्न पर भी गम्भीरतापूर्वक विचार किया गया है। कलाकृति के मूल्यांकन का क्या आधार हो, मूल्यांकन के सही प्रतिमान क्या हों, जो रचना एवं रचनाकार के साथ-साथ मार्क्सवादी साहित्य-दृष्टि एवं विचारधारा के साथ भी न्याय कर सकें एवं जिस पाठक समाज के लिए साहित्य एवं कला की रचना हुई है, उसे भी कला या साहित्य के सही महत्त्व से परिचित कराकर कला एवं साहित्य के प्रति उसकी रुचि तथा निष्ठा को सम्यक् कलात्मक तथा वैचारिक आधार प्रदान कर सकें, ये तमाम प्रश्न हैं, जिनका सम्बन्ध साहित्य एवं कला के समुचित मूल्यांकन से है और जिन पर मार्क्सवादी विचारकों ने प्रधानतः और प्रसंगतः अपने विचार प्रकट किये हैं।

जैसा कि मार्क्स की 'ए कण्ट्रीब्यूशन टु दी क्रिटीक ऑफ पोलिटिकल इकोनॉमी' कृति की प्रस्तावना के अन्तर्गत आधार तथा बाह्य-संरचना (Basis and superstructure) सम्बन्धी विवेचन से स्पष्ट है, मार्क्स ने साहित्य एवं कला का बुनियादी आधार आर्थिक-भौतिक जीवन को माना है, एवं साहित्य एवं कला का सम्बन्ध उस बाह्य-संरचना से जोड़ा है, जो जीवन के दूसरे बुनियादी पक्षों के साथ भी उतनी ही घनिष्ठता से सम्पृक्त है। हमारे कहने का आशय यह है कि मार्क्स एवं एंगेल्स ने भी, साहित्य एवं कला को आर्थिक-सामाजिक जीवन से निरपेक्ष कोई स्वतन्त्र मानस-व्यापार न मानकर जीवन के दूसरे बुनियादी प्रश्नों के साथ उसे भी आर्थिक-भौतिक जीवन से नियत स्वीकार किया है, और आर्थिक जीवन में होने वाले परिवर्तनों के फलस्वरूप उसके कमोबेश उसी तेजी के साथ प्रभावित और रूपान्तरित होने की बात कही है। यह ठीक है कि बाह्य-संरचना के अन्तर्गत स्थित विचारधारा के दूसरे रूप भी आर्थिक-भौतिक जीवन को प्रभावित करते हैं, परन्तु

एक सीमा के भीतर ही, और अन्तिम निर्णायक आर्थिक-भौतिक जीवन ही होता है, हमारे इस निष्कर्ष में कोई अन्तर नहीं आता कि मार्क्सवादी साहित्य-चिन्तन के अन्तर्गत साहित्य एवं कला को वह एकान्त महत्त्व प्राप्त नहीं है, जो भाववादी विचार दर्शन एवं उससे प्रभावित कला तथा साहित्य-चिन्तन उसे प्रदान करते हैं। ऐसी स्थिति में स्वभावतः मार्क्सवादी समीक्षक के सामने साहित्य एवं कलाकृति के मूल्यांकन को लेकर कुछ समस्याएँ उठती हैं, जिनके सम्यक् समाधान पर ही उसके समीक्षाधर्म की सार्थकता और प्रयोजनीयता निर्भर करती है। अगली पंक्तियों में हम इन्हीं समस्याओं तथा प्रश्नों पर विचार करेंगे।

सही दृष्टि का प्रश्न

मार्क्सवादी विचारकों ने इस सम्बन्ध में जिस बात पर सर्वाधिक जोर दिया है, वह है मूल्यांकन की सही दृष्टि का प्रश्न। इस सही दृष्टि के शत-प्रतिशत सही होने का दावा जरूर नहीं किया जा सकता और न ही किसी ने ऐसा दावा पेश ही किया है, परन्तु इतना सभी मानकर चले हैं कि मार्क्सवाद वह विवेक प्रदान करता है कि अधिक से अधिक सही दृष्टि का दावेदार बनकर समीक्षक इस कार्य में प्रवृत्त हो। इस सम्बन्ध में, जैसा कि स्पष्ट है, सर्वाधिक आवश्यकता मार्क्सवादी-दर्शन से, उसकी द्वन्द्वात्मक तथा ऐतिहासिक भौतिकवादी दृष्टि से परिचित होने की है। बिना इस परिचय के, गलतियों का, भद्दी गलतियों का होना स्वाभाविक है, और वे हुई भी हैं। इन गलतियों का परिणाम न केवल कलाकृतियों के सतही मूल्यांकन में स्पष्ट हुआ है, कला-सर्जना की गलत दिशाओं को उजागर करने और सर्जना को छिछली उपलब्धियाँ सुलभ करने में भी सहायक हुआ है।

द्वन्द्वात्मक और ऐतिहासिक भौतिकवाद का सम्बन्ध

सबसे प्रमुख सवाल तो यह है कि साहित्य या कला के मूल्यांकन में द्वन्द्वात्मक भौतिकवादी दृष्टिकोण को लागू किया जाय या ऐतिहासिक भौतिकवादी दृष्टिकोण को। काडवेल ने अपनी 'इल्यूजन एण्ड रियलिटी' कृति की प्रस्तावना में लिखा है कि उन्होंने मूल्यांकन के सिलसिले में तथा कविता से सम्बन्धित प्रश्नों पर विचार करने के सिलसिले में ऐतिहासिक भौतिकवाद का आश्रय ग्रहण किया है, मतलब कविता सम्बन्धी प्रश्नों को सामाजिक जीवन के विकास-नियमों के सन्दर्भ में देखा-परखा और विश्लेषित किया है। काडवेल ही नहीं, प्लेखानोव, अर्न्स्ट फिशर तथा दूसरे अनेक मार्क्सवादी-विचारकों का प्रस्थान-बिन्दु भी ऐतिहासिक भौतिकवाद ही रहा है। ऐतिहासिक भौतिकवादी दृष्टि से किये गये इस मूल्यांकन में द्वन्द्वात्मक भौतिकवादी दृष्टि का भी सहयोग रहा है, परन्तु मूल दृष्टि ऐतिहासिक भौतिकवादी ही रही है। परन्तु हाल में प्रसिद्ध मार्क्सवादी समीक्षक जार्ज लूकाच ने सौन्दर्यशास्त्र

(मार्क्सवादी सौन्दर्यशास्त्र) सम्बन्धी अपने वृहत् ग्रन्थ में एक भिम्न दृष्टिकोण का प्रतिपादन किया है, जो अत्यन्त महत्त्वपूर्ण है। लूकाच के अनुसार द्वन्द्वात्मक और ऐतिहासिक भौतिकवादी दृष्टियाँ मार्क्सवादी दर्शन का अभिन्न अंग हैं और वे अपनी समग्रता में मार्क्सवादी दर्शन का निर्माण करती हैं। प्रथम खण्ड में मार्क्सवादी दर्शन का परिचय देने के क्रम में जहाँ हमने ऐतिहासिक भौतिकवाद का विवेचन किया है, वहाँ हमने भी इस तथ्य को स्पष्ट कर दिया है कि इन दो दृष्टियों को मार्क्सवादी दर्शन का अलग-अलग अंग न मानकर अभिन्न मानना चाहिए। ऐसा नहीं है कि पहले मार्क्स और एंगेल्स ने द्वन्द्वात्मक भौतिकवाद का प्रतिपादन किया हो और बाद में ऐतिहासिक भौतिकवाद का। दोनों का उद्‌भव एक साथ, मार्क्सवादी दर्शन की समग्रता को निर्मित करने वाले अभिन्न अंग के रूप में, एक दूसरे से जुड़कर ही हुआ है, अतः उनके अलग-अलग कठघरे बनाना, अथवा एक को दूसरे से पृथक् करके देखना मार्क्सवादी दर्शन को विकृत करना है। इसी भूमि से लूकाच का कहना है कि दोनों का सम्बन्ध इतना संश्लिष्ट है कि उन्हें अलगाया नहीं जा सकता। यह जटिल और संश्लिष्ट सम्बन्ध स्वतः इस तथ्य का परिचायक है कि मार्क्सवाद विचार के आन्तरिक विकास को उसके ऐतिहासिक विकास-सोपानों तक ही सीमित नहीं मानता, वरन् उसकी वास्तविक विकास-प्रक्रिया को इतिहास की व्यवस्थामूलक निर्णायक शक्तियों के सन्दर्भ में समझने का प्रयास करता है।[1] यही कारण है कि सौन्दर्यशास्त्र सम्बन्धी अपने उक्त ग्रन्थ में लूकाच ने द्वन्द्वात्मक और ऐतिहासिक भौतिकवादी—दोनों दृष्टियों का प्रयोग किया है। ग्रन्थ के प्रथम दो खण्डों में द्वन्द्वात्मक भौतिकवादी दृष्टि की प्रधानता है, जिनमें सौन्दर्यशास्त्र के सारतत्त्व को धारणामूलक अभिव्यक्ति देने का प्रयास है, तथा तीसरे खण्ड में, जिसके अन्तर्गत उन्होंने कलाओं के विकास तथा उनके महत्त्व आदि की चर्चा की है, ऐतिहासिक भौतिकवाद को प्रमुखता दी गयी है। बावजूद इसके सभी खण्डों में दोनों दृष्टिकोणों की सम्मिलित भूमिकाएँ भी विद्यमान हैं, कारण उन्हें अलगाया नहीं जा सकता। लूकाच की इस मान्यता का निष्कर्ष यही है कि कला के सिद्धान्त-विवेचन में द्वन्द्वात्मक भौतिकवादी दृष्टि की सक्रियता अपेक्षित है, तभी कला या साहित्य की सही सौन्दर्यशास्त्रीय और सैद्धान्तिक समझ स्पष्ट हो सकती है।

हमारे उक्त कथन का आशय काडवेल, प्लेखानोव तथा दूसरे मार्क्सवादी चिन्तकों के चिन्तन की आलोचना करना अथवा उसका अवमूल्यन करना नहीं है, कारण काडवेल तथा प्लेखानोव आदि ने प्रधानतः कविता तथा कला के विकास क्रम को प्रस्तुत करने के क्रम में ही ऐतिहासिक भौतिकवाद का आश्रय लिया है, जो उचित है, परन्तु हम इस तथ्य को अवश्य प्रस्तुत करना चाहते हैं कि मूल्यांकन को सही दृष्टि के लिए, मार्क्सवादी-दर्शन के उक्त दोनों आधार-स्तम्भों की संश्लिष्ट समझ तथा विभिन्न मुद्दों पर विचार करते हुए उनके सापेक्षिक महत्त्व को ध्यान में रखना आवश्यक है। लूकाच की निष्पत्ति का वास्तविक आशय यही है, जो मार्क्सवादी कलाचिन्तन अथवा

साहित्य-चिन्तन के समक्ष मूल्यांकन का नया परिप्रेक्ष्य प्रस्तुत करता है। मूल्यांकन के सन्दर्भ में उठाये गये प्रश्न के उपरान्त अब हम दूसरे महत्त्वपूर्ण प्रश्नों पर विचार करेंगे, वस्तुतः मूल्यांकन-सम्बन्धी गलतियाँ, जिसे ठीक से समझ सकने के कारण ही हुई हैं।

सरलीकरण और यान्त्रिकता का खतरा

अन्स्र्ट फिशर का यह कथन कि 'कला तथा साहित्य को सरलीकरण से बचाना चाहिए। कला अथवा साहित्य के क्षेत्र में किसी भी प्रकार का सरलीकरण वस्तुस्थिति का तेज हरण कर उसे कंकाल मात्र बना देता है,' मूल्यांकन के क्षेत्र के इसी खतरे की ओर संकेत करता है। मूल्यांकन के सन्दर्भ में जितना अहेतुक यह सरलीकरण है, उतनी ही अहेतुक और घातक यान्त्रिक समझ है। मार्क्सवाद की समूची चिन्तन-प्रणाली सरलीकरण और यान्त्रिकता का विरोध करती है, परन्तु विडम्बना यही है कि मूल्यांकन के सिलसिले में प्रायः इस सरलीकरण तथा यान्त्रिकता का आश्रय लिया गया है, जिसके अनेक दुष्परिणाम हुए हैं। इसी खण्ड के अन्तर्गत प्रथम उपखण्ड में साहित्य एवं कला तथा आर्थिक-भौतिक जीवन के पारस्परिक-सम्बन्धों का विवेचन करते हुए हम स्पष्ट कर चुके हैं कि किस प्रकार आधार और बाह्य-संरचना के जटिल द्वन्द्वात्मक सम्बन्धों को न समझ सकने के कारण, उन्हें यान्त्रिक और सरलीकृत रूप से ग्रहण किये जाने के फलस्वरूप न केवल मार्क्सवादी विचार-दृष्टि को क्षति पहुँचाई गयी है, कला तथा साहित्य-सर्जना को भी गलत दिशाओं की ओर अग्रसर किया गया है। मूल्यांकन-सम्बन्धी तमाम विकृतियों एवं एकांगिता का दायित्व इसी सरलीकरण तथा यान्त्रिक दृष्टिकोण पर है। द्वन्द्वात्मक भौतिकवाद परस्पर सम्बद्धता के सिद्धान्त को प्रस्तुत करता है, जिसके आशय हैं कि किसी भी वस्तु की परख के लिए उसे उसके समूचे सन्दर्भ में ग्रहण करना और देखना आवश्यक है, जबकि साहित्य एवं कलाकृतियों के भद्दे और कुत्सित समाजशास्त्रीय मूल्यांकन का एक बड़ा कारण उन्हें सन्दर्भों से काटकर देखना रहा है। आर्थिक-भौतिक जीवन अथवा आधार बाह्य-संरचना को प्रभावित, नियत और निर्धारित करता है, इस स्थापना को सरलीकृत करते हुए साहित्य एवं कलाओं को आर्थिक भौतिक जीवन का निष्क्रिय प्रतिबिम्ब मान लिया गया, आर्थिक-भौतिक जीवन पर वे भी प्रभाव डाल सकती हैं, और डालती हैं, उनकी भी अपनी सक्रियता होती है, ये सारी बातें उपेक्षित मान ली गयीं। आर्थिक-भौतिक जीवन से रूपान्तरित होते ही समूची बाह्य संरचना भी कमोबेश उसी तेजी के साथ रूपान्तरित होती है, इस स्थापना को एकदम यान्त्रिक रूप से ग्रहण किया गया और तत्काल महत्त्वपूर्ण निर्णय और निष्कर्ष दे दिये गये, उसके साथ के इस टुकड़े को बिल्कुल भुला दिया गया कि 'इस प्रकार के रूपान्तरों पर विचार करते समय उत्पादन की आर्थिक स्थितियों–जिन्हें प्राकृतिक विज्ञान की सूक्ष्मता के साथ निर्धारित किया जा सकता

है, और न्यायिक, राजनीतिक, धार्मिक, कलात्मक और दार्शनिक रूपों के बीच—जिनमें मनुष्य इस संघर्ष के प्रति सचेत रहता है, और उसमें विजय प्राप्त करना चाहता है, फर्क करना आवश्यक है।' यदि सचमुच इस 'फर्क' पर ध्यान दिया जाता, गलतियों की सम्भावना न रहती, परन्तु स्थापना के पहले अंश को पकड़कर उसे ही यान्त्रिक विधि से लागू करने की जल्दबाजी प्रदर्शित की गयी। यही नहीं, मार्क्सवाद की अनेक उपपत्तियों को लेकर इस यान्त्रिक समझ का परिचय दिया गया, इस विवेक को या तो उपलब्ध नहीं किया गया, या उसे बरकरार नहीं रखा गया, मार्क्सवाद जीवन, समाज, कला तथा साहित्य की सम्यक् परख के लिए, जिसे मनुष्य के लिए सुलभ करता है। एक अन्य उदाहरण साहित्य एवं कला को विचारधारा का ही एक रूप मानने से सम्बन्धित मार्क्सवादी स्थापना का है। मार्क्सवाद साहित्य एवं कला को ही नहीं, सौन्दर्य को भी विचारधारा का ही एक रूप मानता है। परन्तु यहाँ 'विचारधारा' शब्द अपने व्यापक आशय को लिए हुए है। उसे संकीर्ण भूमिका पर ग्रहण करने के अर्थ, इन्द्रिय बोध तथा भाव जगत् से उसे अलग कर देना होगा। उसकी विशिष्ट प्रकृति तथा प्रभाव-क्षमता को भुलाकर, केवल राजनीतिक हथियार के रूप में बदल देना होगा, उसे प्रचार का, सतही प्रचार का माध्यम बना देना होगा। कहना न होगा कि मार्क्सवाद की अधकचरी समझ को लेकर मूल्यांकन एवं सर्जना के क्षेत्र में कार्य करने वालों ने ऐसा किया भी है, बावजूद इसके कि मार्क्सवादी साहित्य-चिन्तन के वरिष्ठ पुरस्कर्ताओं में से अनेक ने तथा सर्जना के क्षेत्र में कार्यरत ख्यात रचनाकारों में से भी अनेक मार्क्सवाद की इस मान्यता को उसके व्यापक सन्दर्भों में ग्रहण कर न केवल उसे स्पष्ट करते हुए लोगों को सतही तथा यान्त्रिक समझ के प्रति सावधान किया है, सर्जना के क्षेत्र में सही उदाहरण भी प्रस्तुत किये हैं। इस प्रश्न को यहीं समाप्त कर अब हम एक नये किन्तु अत्यन्त महत्त्वपूर्ण प्रश्न को उठाएँगे जिसका सम्बन्ध कला-नियमों की अपनी सापेक्षिक स्वतन्त्र भूमिका से है, जिसका मार्क्सवादी चिन्तकों ने, प्रतिपादन किया है।

कला-नियमों की स्वायत्तता का प्रश्न

प्रस्तुत प्रश्न का सम्बन्ध कला तथा साहित्य की अपनी विशिष्ट आकृति तथा चारित्र्य से है, मार्क्सवादी साहित्य-चिन्तन के अन्तर्गत जिसे पूरी स्वीकृति दी गयी है। कला तथा साहित्य भी आर्थिक-भौतिक जीवन को प्रभावित और रूपान्तरित करते हैं, इस प्रश्न पर हम विचार कर चुके हैं। आर्थिक-भौतिक जीवन बाह्य-संरचना को निर्धारित तथा नियत करता है, इस प्रश्न पर भी विचार हो चुका है, परन्तु जैसा हमने ऊपर कहा है, इन सारी निष्पत्तियों को मार्क्सवादी दर्शन और चिन्तन द्वारा प्रदत्त सम्पूर्ण विवेक के साथ ही ग्रहण करने की आवश्यकता है। मार्क्स और एंगेल्स ने साहित्य एवं कला से सम्बन्धित प्रश्नों पर कहीं भी जम कर विचार नहीं किया,

एक तो यह उनका क्षेत्र नहीं था, दूसरे उन्हें इतना अवकाश भी न था। जीवन के दूसरे बुनियादी प्रश्नों पर विचार करने के क्रम में उन्होंने साहित्य तथा कला सम्बन्धी स्थापनाएँ भी दी हैं। प्रश्न मार्क्स एवं एंगेल्स के समूचे कृतित्व के सम्यक् अध्ययन के उपरान्त किसी दशा में अग्रसर होने का है। उदाहरणार्थ जहाँ मार्क्स ने एक स्थान पर आर्थिक-भौतिक जीवन द्वारा कला तथा साहित्य के नियत होने की बात कही है, वहीं एक दूसरे स्थान पर उन्होंने एक दूसरा और समान रूप से महत्त्वपूर्ण प्रश्न भी उठाया है, और प्रश्न ही नहीं उठाया, उसका जवाब भी दिया है। मार्क्स के साहित्य-चिन्तन को प्रस्तुत करने के क्रम में हम इस प्रश्न का उल्लेख कर चुके हैं, जहाँ उन्होंने ग्रीक कला और विशेषकर इपास (Epos) का जिक्र किया है, कला है—'यह सभी जानते हैं कि कला के उच्चतम विकास के कुछ युग समाज के साधारण विकास के साथ कोई सीधा सम्बन्ध नहीं रखते और न उसके भौतिक आधार और उसके संगठन के ढाँचे से ही।' मार्क्स ने यहाँ अपनी मूल स्थापना में एक अपवाद सूचित किया है, और उनकी यह बात इतनी महत्त्वपूर्ण है कि वह न केवल कला एवं साहित्य के सौन्दर्य के विशिष्ट स्रोतों की ओर इंगित करती है, कला-नियमों की सापेक्षिक स्वायत्त स्थिति को भी स्पष्ट करती है। ऐसी स्थिति भी कला और साहित्य को पूर्णतः आर्थिक-सामाजिक जीवन के विकास का अनुचर नहीं माना जा सकता, और यही वह दृष्टि है, जो अनेक प्रकार की मूल्यांकन-सम्बन्धी भ्रान्तियों तथा गलतियों से समीक्षक तथा आलोच्य कृति की रक्षा कर सकती है।

अन्य मार्क्सवादी विचारकों में ट्राटस्की, अर्न्स्ट फिशर एवं लूकाच ने भी इस तथ्य का प्रतिपादन किया है कि कला तथा साहित्य की अपनी विशिष्ट भूमिका से अपरिचय के अभाव में मात्र सामाजिक-भौतिक नियम मूल्यांकन की सही दृष्टि नहीं दे सकते। यद्यपि अन्ततः कला-नियम सामाजिक-भौतिक विकास-नियमों से ही नियत और अनुकूलित होते हैं, परन्तु उन्हें पग-पग पर उनका अनुवर्ती मानना ठीक नहीं। ट्राटस्की ने तो स्पष्टतः कहा है कि कलाकृति की परीक्षा सर्वप्रथम तो कला के अपने नियमों के आधार पर ही होनी चाहिए, सामाजिक-भौतिक जीवन में उसके महत्त्व तथा व्यक्ति आदि निरूपित करते समय सामाजिक-भौतिक नियम सामने आते हैं। उनका आग्रह कलाकृति के शिल्प पक्ष की अपेक्षाकृति स्वायत्तता की ओर विशेष रूप से है। इसी प्रकार अर्न्स्ट फिशर ने भी कला की अपनी निजी समस्याओं की चर्चा की है, और लूकाच ने भी कला-नियमों के महत्त्व को स्वीकृति दी है। साहित्य-चिन्तकों एवं साहित्य-विचारकों ने ही नहीं, लेनिन ने भी कला तथा साहित्य की विशिष्ट प्रकृति को मान्यता प्रदान की है और कला-सर्जना की अपेक्षित स्वायत्त दिशाओं को महत्त्व दिया है।

परन्तु कला-नियमों की स्वायत्तता को मर्यादाहीन भी नहीं माना जा सकता। रचनाकार या समीक्षक को यह सदैव ध्यान में रखना चाहिए कि कला अन्ततः

सामाजिक जीवन से उद्भूत है और वह किसी भी स्तर पर उससे एकदम मुक्त नहीं हो सकती। कला-नियमों की उसी स्तर तक की स्वायत्तता को मार्क्सवादी साहित्य-चिन्तन में स्वीकृति मिली है, जहाँ वह स्वायत्तता गैर-जिम्मेदारी की स्थिति तक नहीं पहुँचती कला या साहित्य को सामाजिक सन्दर्भों से एकदम काट नहीं देती। मूल्यांकन के सिलसिले में जहाँ समीक्षक कला-नियमों की अपेक्षाकृत स्वायत्त भूमिकाओं को पहचाने, वहाँ उसे उसके सामाजिक स्वरूप का ध्यान रखना भी आवश्यक है। जब मनुष्य का अपना समूचा अस्तित्व, उसका समूचा ज्ञान लोकबद्ध है, उसकी सर्जना उसका अतिक्रमण कैसे कर सकती है।

समीक्षा-दृष्टि की वस्तुपरकता एवं समग्रता

किसी वस्तु, घटना, तथ्य अथवा स्थिति को समग्रता से काट कर देखने वाली दृष्टि मार्क्सवादी विचार दर्शन में ग्राह्य नहीं है, इस कथ्य को हम इंगित कर चुके हैं। वस्तु को उसकी समग्रता में देखा जाय, इसके साथ-साथ मार्क्सवादी-चिन्तन दृष्टि की वस्तुपरकता का भी यही आग्रह है, मूल्यांकन के समय समीक्षक की वैयक्तिक अथवा निजी धारणाओं का वस्तु, घटना, तथ्य अथवा स्थिति पर आरोपण नहीं होना चाहिए, उन्हें उनके वस्तुगत रूप में ही अध्ययन का विषय बनाना चाहिए। मूल्यांकन तभी प्रामाणिक हो सकता है। वैयक्तिक दृष्टिकोण भी यदि रहे तो उसे चिन्तन के व्यापक सन्दर्भ से अनुस्यूत होना चाहिए, और उसके आरोपण की स्थिति से तो बचना ही चाहिए। वैयक्तिक रुचियों और आग्रहों से अधिक वस्तु को देखने का प्रयास करना चाहिए और यह भी समग्रता में, अन्यथा एकांगी निष्कर्ष ही सामने आयेंगे। मार्क्सवाद किसी वस्तु को परखने की सही वस्तुपरक दृष्टि समीक्षक को प्रदान करता है। उसका आग्रह है कि समीक्षक किसी घटना, स्थिति, तथ्य अथवा कृति की परीक्षा करते समय इस दृष्टि का उपयोग करे, विवेच्य वस्तु में निहित असंगतियों एवं अन्तर्विरोधों को पहचाने, अपने जीवन्त चिन्तन के सन्दर्भ में उनका विश्लेषण करे और तदनुसार निर्णयों और निष्कर्षों तक पहुँचे। समीक्षा अथवा मूल्यांकन का यही सही तरीका है। तोल्सतोय की समीक्षा के क्रम में लेनिन ने इस दृष्टि का व्यावहारिक आदर्श भी प्रस्तुत किया है। उन्होंने तोल्सतोय के व्यक्तित्व और कृतित्व पर अपनी निजी धारणाओं का आरोप नहीं किया वरन् युग की संगति में उन्हें देखने और परखने का प्रयास किया। उनकी वस्तुपरक दृष्टि ने उन्हें इस निष्कर्ष पर पहुँचाया कि तोल्सतोय की कृतियों में अभिव्यक्त लेखक के दृष्टिकोण अथवा चिन्तन की असंगतियाँ तथा अन्तर्विरोध, वस्तुतः उनके युग की असंगतियाँ तथा अन्तर्विरोध हैं। इन अन्तर्विरोधों तथा असंगतियों ने तोल्सतोय के कृतित्व को दुर्बल, यहाँ तक कि प्रतिगामी भी बनाया है, परन्तु उसका एक दूसरा महत्त्वपूर्ण पक्ष भी है, जहाँ वह युग के सम्पूर्ण यथार्थ को रचनागत समूची ईमानदारी, निष्ठा एवं

अनुभवगत प्रौढ़ता के साथ प्रस्तुत करता है, और इस अर्थ में रूसी क्रान्ति का दर्पण कहे जाने का अधिकारी बनता है। तोल्सतोय के चिन्तन की प्रतिगामिता पर निर्मम प्रहार करते हुए भी लेनिन उनके कृतित्व की इस महानता से अभिभूत हुए हैं। उन्होंने उनके कृतित्व के इस पक्ष को यथार्थवादी नयी पीढ़ी के लिए आदर्श माना है। दृष्टिकोण की यही समग्रता तथा वैज्ञानिकता है, मार्क्सवादी साहित्य-चिन्तन में जिसके लिए आग्रह किया गया है। मार्क्सवाद की मान्यता है कि बिना रचनाकार, उसकी कृति तथा उसके युग में गहराई से पैठे समीक्षक सही निर्णयों तक नहीं पहुँच सकता। रचना को न तो रचनाकार से काटकर देखा जा सकता है, और न युग और उसके यथार्थ से, उसे अतीत से भी जोड़ कर देखना आवश्यक है। ऐतिहासिक विवेक के साथ-साथ, चिन्तन की समूची वैज्ञानिकता तथा कृति, कृतिकार तथा उनके युग का समग्रता में ग्रहण ही सही समीक्षा-दृष्टि का निर्माण करता है, और मार्क्सवाद समीक्षक को इस प्रकार की दृष्टि सुलभ भी करता है। इन बातों के साथ-साथ कलागत नियमों तथा सौन्दर्यशास्त्रीय आधारों की समझ भी अनिवार्य है, कारण कला तथा साहित्य की अपनी विशिष्ट प्रकृति भी होती है। कलाकृति युग से परे नहीं होती परन्तु युग से जुड़ी रहकर भी उसकी रचना कलागत नियमों के अन्तर्गत ही होती है, तभी उसमें संवेदन और सम्प्रेषण की सही क्षमता आ पाती है। ये कला-नियम भी अन्ततः सामाजिक जीवन से परे नहीं हैं, परन्तु बिना उनकी अपनी प्रकृति को समझे और कृति के अन्तर्गत उनकी भूमिका को परखे, मात्र सामाजिक भूमिका का अवलम्बन भी एकांगी ही माना जायगा। समीक्षा दृष्टि की समग्रता इन्हीं सब बातों पर अवलम्बित है, जिनकी ओर मार्क्सवादी साहित्य-चिन्तन के अन्तर्गत प्रत्यक्ष-अप्रत्यक्ष रूप से विचार होता ही रहा है।

लूनाचरस्की और माओत्से-तुंग

इन बातों के अतिरिक्त 'समीक्षा की समस्याएँ' शीर्षक अपने निबन्ध में ए. बी. लूनाचरस्की ने भी कुछ अत्यन्त महत्त्वपूर्ण विचार व्यक्त किये हैं। समीक्षा से सम्बन्धित उनके विचारों का परिचय हम तीसरे खण्ड में दे चुके हैं। उन्हें दुहराना यहाँ आवश्यक नहीं है। माओत्से-तुंग के समीक्षा-सम्बन्धी निर्देशों का परिचय भी हम तीसरे खण्ड में दे चुके हैं, जिसके अन्तर्गत उन्होंने समीक्षा के राजनीतिक तथा कलात्मक, दो प्रकार के प्रतिमानों की चर्चा की है, और दोनों को आवश्यक बताया है। माओत्से-तुंग का कला-चिन्तन राजनीतिक दृष्टिकोण को प्रमुखता देता है। इस सम्बन्ध में उनके अपने तर्क हैं जिनसे तीसरे खण्ड में परिचित हुआ जा सकता है।

कला तथा साहित्य के मूल्यांकन की समस्या को लेकर यहाँ उन बातों की चर्चा की गयी है, जिन पर मार्क्सवादी साहित्य-चिन्तकों ने जब-तब प्रकाश डाला

है। इस सम्बन्ध में कुछ दीगर बातें एवं दृष्टिकोण भी हैं। तृतीय खण्ड में प्रमुख पुरस्कर्ताओं के साहित्य-चिन्तन को प्रस्तुत करने के क्रम में उनका उल्लेख हुआ है। अगले उपखण्ड में हमारा प्रयास जीवन के दूसरे बुनियादी मूल्यों के सन्दर्भ में साहित्य एवं कला के प्रति मार्क्सवादी दृष्टिकोण को प्रस्तुत करना होगा।

सन्दर्भ

1. देखिए—दी न्यू हंगेरियन क्वार्टर्ली, अंक—5, क्रम—14, 1964 ग्रीष्म।
2. देखिए—आर्ट एण्ड आइडियोलॉजिकल सुपर स्ट्रक्चर-मार्क्सिज्म टुडे—फरवरी 1964।

6

साहित्य और कला एवं साहित्येतर बुनियादी जीवन-मूल्य

मार्क्सवादी साहित्य-चिन्तन के अन्तर्गत कला और साहित्य को सामाजिक जीवन से कतई निरपेक्ष मानस-व्यापार के रूप में स्वीकार न कर, उन्हें एक सामाजिक पदार्थ के रूप में मान्यता दी गयी है। साहित्य एवं कला का सामाजिक जीवन से क्या सम्बन्ध है, इस सम्बन्ध का स्वरूप क्या है, रचनाकार और उसका कृतित्व एक स्तर पर, और सामाजिक जीवन दूसरे स्तर पर किस प्रकार एक दूसरे को प्रभावित, प्रतिबिम्बित और नियत करते हैं, इन तमाम प्रश्नों पर अपना अभिमत हम दे चुके हैं। हमने देखा है कि एक सामाजिक प्राणी होने के नाते रचनाकार जीवन के दूसरे बुनियादी प्रश्नों से न तो अपने को अलग ही कर सकता है, और न ही ऐसा वांछित भी है। एक सामाजिक क्रिया होने के नाते उसकी रचना जीवन के दूसरे पक्षों से जुड़कर, उनकी संगति में ही, अपनी मानवीय, सामाजिक आकृति का परिचय देती है, और इसी में उसकी सार्थकता तथा चरितार्थता भी निहित है। मार्क्सवादी विचार-दर्शन से अनुप्राणित रचनाकार कला मूल्यों और जीवन-मूल्यों को परस्पर-विरोधी अथवा एक दूसरे से असम्पृक्त न मानकर उन्हें एक ही वृहत् प्रक्रिया का अंग स्वीकार करता है। उसके लिए न तो किसी कला-मूल्य की एकान्त, निरपेक्ष स्थिति है, और न किसी जीवन-मूल्य की ही। ऐसी स्थिति में उसकी रचना हो अथवा चिन्तन, कला और जीवन की भूमिकाएँ एवं उपकरण, उनमें मिल-जुल कर अभिव्यक्ति पाते हैं। यही कारण है कि साहित्य एवं कला-सम्बन्धी बुनियादी प्रश्नों पर विचार करते हुए मार्क्सवादी कला-चिन्तकों एवं विचारकों ने ऐसे साहित्येतर बुनियादी जीवन-मूल्यों पर भी विचार किया है, जो किसी न किसी स्तर पर, अथवा किसी न किसी कोण से, साहित्य एवं कला-सृजन पर अपना प्रभाव डालते हैं, और साहित्य एवं कला भी जिनसे असम्पृक्त होकर जीवित नहीं रह सकते। इस प्रकार के साहित्येतर जीवन-मूल्यों की संख्या बहुत अधिक है। अगली पंक्तियों में हम कतिपय ऐसे प्रश्नों पर विचार करेंगे जो

साहित्य एवं कला-चिन्तन तथा उनकी सर्जना से आत्यन्तिक रूप से जुड़े हुए हैं, और मार्क्सवादी साहित्य एवं कला-चिन्तकों ने उन पर विस्तार से विचार भी किया है।

तीसरे खण्ड में प्रमुख पुरस्कर्ताओं के साहित्य एवं कला-चिन्तन को प्रस्तुत करते हुए हम इन प्रश्नों पर उनकी मान्यताओं को यथास्थल प्रस्तुत कर चुके हैं, अतः उनको संक्षिप्त रूप में नये तथ्यों तथा नये विश्लेषण के सन्दर्भ में एक स्थल पर प्रस्तुत करना ही यहाँ हमारा उद्देश्य है।

साहित्य एवं कला, स्वातन्त्र्य का प्रश्न

स्वातन्त्र्य-सम्बन्धी प्रश्न पर मार्क्सवादी साहित्य-चिन्तन के अन्तर्गत दो भूमियों पर विचार किया है—एक अपरिहार्य मानव-मूल्य या जीवन-मूल्य के रूप में, और दूसरे, अपने ऊपर गैर-मार्क्सवादी विचारकों द्वारा लगाए गये आरोपों के उत्तर के रूप में, जिनका सम्बन्ध और जिनका सारा जोर इस एक तथ्य को सिद्ध करने की ओर है कि मार्क्सवाद के अन्तर्गत व्यक्ति-स्वातन्त्र्य की इति नहीं, वरन् उसकी सच्ची सिद्धि है। हम इन दोनों भूमिकाओं को अलग-अलग न लेकर स्वातन्त्र्य-सम्बन्धी, रचनाकार अथवा व्यक्ति के स्वातन्त्र्य-सम्बन्धी मार्क्सवादी धारणा को उसकी समग्रता में प्रस्तुत करने का प्रयास करेंगे।

मार्क्सवाद मानव की मुक्ति का दर्शन है। वह मूलतः समाज तथा संसार को समझने और उन्हें बदलने का पथ-निर्देश करने वाली क्रान्तिकारी विचारधारा है, जिसका प्रधान लक्ष्य मानवीय शोषण पर आधारित अन्याय और अनाचारमूलक पूँजीवादी समाज-व्यवस्था तथा अन्यान्य अमानवीय स्थितियों का अन्त कर एक ऐसी समाज-व्यवस्था की स्थापना है जो मनुष्य द्वारा मनुष्य के शोषण पर आधारित न होकर, इस तमाम शोषण से उसकी मुक्ति, सच्ची मानव-स्वतन्त्रता, बन्धुत्व एवं सहयोग पर आधारित हो, वर्ग, वर्ण, जाति, धर्म, आदि-आदि मानव को बाँटने वाली शक्तियों का नाश कर एक मानवता और एक विश्व-व्यवस्था का शंखनाद करने वाली हो। अपने विचार-दर्शन के इस सन्दर्भ में मार्क्सवादी विचारकों एवं कला-चिन्तकों का सबसे पहला दावा तो यही है कि जो विचार-दर्शन मानव की मुक्ति को साध्य मानकर सामने आया हो, और जिसने विश्व की एक-तिहाई मानवता को पूँजीवादी-सामन्तवादी-साम्राज्यवादी शिकंजे से वास्तव में मुक्त किया हो, वह मानव-स्वातन्त्र्य, व्यक्ति-स्वातन्त्र्य अथवा रचनाकार के स्वातन्त्र्य का विरोधी कैसे हो सकता है? इन विचारकों के अनुसार मार्क्सवाद और प्रकारान्तर से मार्क्सवादी साहित्य और कला-चिन्तन में मानव-स्वातन्त्र्य का विरोध नहीं, वस्तुतः उसकी सच्ची सिद्धि है। अपने चिन्तन के क्रम में उन्होंने अपने इस मूलभूत निष्कर्ष को सतत अभिव्यक्ति दी है। मार्क्सवाद और मार्क्सवाद के प्रवर्त्तक-पुरस्कर्ताओं मार्क्स और एंगेल्स के मतानुसार स्वातन्त्र्य मानव की अनिवार्य स्थिति की स्वीकृति है, स्वातन्त्र्य

मानव-अस्तित्व की शर्त, उसकी अनिवार्यता है। मानव-जीवन एवं सामाजिक-जीवन के विकास-क्रम का अवलोकन और विश्लेषण करने के क्रम में जो तथ्य बार-बार उभर कर आता है, वह यही, कि अपने अस्तित्व को जानना, पहचानना और समझना ही मानव का प्रधान लक्ष्य रहा है, वह प्रकृति की शक्तियों से इसी कारण जूझता और लड़ता रहा है कि उनकी दासता से अपने को मुक्त कर सके, उसका समूचा संघर्ष, मनुष्यता का समूचा विकास-क्रम, सामाजिक जीवन की समूची परिवर्तित भूमिकाएँ, नाना प्रकार के बन्धनों एवं दासता से मानव द्वारा अपने को स्वतन्त्र किये जाने का ही प्रयास सूचित करती हैं। उसके समूचे संघर्ष को मुक्ति का संघर्ष कहा जा सकता है, और संघर्ष में मार्क्सवाद का वैज्ञानिक विचार-दर्शन अपने उद्भव के समय से ही उसका सबसे बड़ा सम्बल रहा है। इस विचार-दर्शन ने एक अस्त्र की भाँति उसको जकड़ने वाली कड़ियों को निर्ममतापूर्वक काटा है, और उसके स्वातन्त्र्य अभिमान को गति दी है। यही नहीं, मार्क्सवाद ने ही मनुष्य के समक्ष स्वतन्त्रता का सही अर्थ उद्घाटित किया है, ताकि वह झूठी स्वतन्त्रता की तुलना में अपने सच्चे स्वातन्त्र्य की प्राप्ति की ओर बढ़ सके। एक सामाजिक विचार-दर्शन होने के कारण मार्क्सवाद का लक्ष्य व्यक्ति की स्वतन्त्रता न होकर समूचे मानव-समुदाय की स्वतन्त्रता रहा है। उसने न केवल उसके समूचे प्रयासों को स्वतन्त्रता के व्यापक सन्दर्भ में विश्लेषित किया है, जैसा कि हमने कहा, उसे इस स्वातन्त्र्य की दिशा में संकल्पपूर्वक बढ़ने में गति भी दी है, उसके स्वातन्त्र्य को सम्भव भी बनाया है। समूची मानव-जाति को सॉश्लिष्ट रूप में ग्रहण करने के बावजूद उसने व्यक्ति की उपेक्षा नहीं की है। मार्क्स, एंगेल्स, प्लेखानोव आदि-आदि सम्पूर्ण मार्क्सवादी विचारकों ने इतिहारा गें व्यक्ति की भूमिका को निर्विवाद स्वीकृति दी है। उन्होंने मनुष्य को अपने इतिहास का निर्माता माना है, और सिद्ध किया है कि जीवन को बदलने के साथ-साथ वह किस प्रकार अपने को बदलता रहा है, और इस क्रान्तिकारी अभियान के फलस्वरूप ही आज वह अपना वर्तमान रूप प्राप्त कर सका है। मार्क्सवादी दर्शन का विवेचन करते हुए पहले खण्ड में हम इतिहास के निर्माण में व्यक्ति की इस भूमिका का संकेत कर चुके हैं। उक्त सन्दर्भ में भी मार्क्सवाद को मानव-स्वातन्त्र्य का शंखनाद करने वाला विचार-दर्शन ही माना जा सकता है, उसे अवरुद्ध, सीमित अथवा समाप्त करने वाला दर्शन नहीं। मार्क्सवाद के व्याख्याताओं और विचारकों ने अपने समूचे चिन्तन के दौरान इस तथ्य का प्रतिपादन और पुष्टि की है। एक वाक्य में पुनः कहना चाहें तो कह सकते हैं कि मार्क्सवादी विचारकों के अनुसार मार्क्सवादी विचार दर्शन का मूल चारित्र्य मानव-स्वातन्त्र्य के लिए उसके द्वारा किये गये प्रयासों एवं उसकी सिद्धि में निहित है।

प्रश्न है कि आखिर सच्चा मानव-स्वातन्त्र्य किस बात में निहित है? मार्क्सवादी विचारकों ने इस प्रश्न की विस्तार से चर्चा की है, और स्वातन्त्र्य-सम्बन्धी अपनी

धारणा को निर्भ्रान्त रूप में स्पष्ट किया है।

मार्क्सवादी विचारकों के अनुसार मनुष्य का सच्चा स्वातन्त्र्य इस बात में निहित है कि वह संसार तथा समाज के विकास-नियमों से परिचित हो, जिन नियमों के अनुसार मानव-जीवन गतिशील है, उन्हें जाने और समझे, दूसरे शब्दों में जीवन को गतिशील करने वाली समूची ऐतिहासिक-विकास-प्रक्रिया का ज्ञान प्राप्त करे, और इस समूचे विकास-क्रम के बीच अपनी स्थिति, अपनी भूमिका तथा अपने महत्त्व से अवगत हो। उसका स्वातन्त्र्य वर्तमान की कतिपय उन आर्थिक-सामाजिक बेड़ियों से मुक्ति में ही निहित नहीं है, जिन्हें वह भ्रमवश अपनी वास्तविक और पूर्ण स्वतन्त्रता मान लिया करता है, उसका वास्तविक स्वातन्त्र्य इस बात में निहित है कि वह अपने को और अपने जीवन को उसकी समग्रता में जान-समझ सका है, या नहीं। मनुष्य का केवल वर्तमान ही नहीं होता, उसके साथ एक लम्बे अतीत का इतिहास तथा उतने ही लम्बे, बल्कि अनन्त भविष्य की अनन्त सम्भावनाएँ भी जुड़ी हैं। वर्तमान के साथ-साथ अपने अतीत तथा भविष्य की इस समझ में ही उसका वास्तविक स्वातन्त्र्य है, और मार्क्सवाद यह विवेक और सामर्थ्य उसे प्रदान करता है वह खण्ड-समझ से ऊपर उठकर समग्रता में अपने को तथा अपने जीवन को समझ सके। स्वातन्त्र्य तभी उसकी आवश्यकता की स्वीकृति कहला सकता है, और मार्क्सवाद में इसी स्वातन्त्र्य की समझ और सिद्धि निहित है।

मार्क्स और एंगेल्स आदि ने तो स्वातन्त्र्य के इस सन्दर्भों को विस्तार से विश्लेषित किया ही है, क्रिस्तोफर काडवेल ने भी 'इल्यूज़न एण्ड रियलिटी' तथा 'स्टडीज़ इन ए डाइंग कल्चर' शीर्षक कृतियों में उन पर व्यापक प्रकाश डाला है। क्रिस्तोफर काडवेल का स्वातन्त्र्य-सम्बन्धी विवेचन स्वातन्त्र्य-सम्बन्धी बुर्जुआ धारणा के प्रतिवाद के क्रम में हमारे समक्ष आया है। तीसरे खण्ड में क्रिस्तोफर काडवेल के साहित्य-चिन्तन को प्रस्तुत करते हुए हम स्वातन्त्र्य-सम्बन्धी उनकी कुछ मान्यताओं का परिचय दे चुके हैं। यहाँ हम उन्हें विस्तार से विश्लेषित करने का प्रयास करेंगे।

क्रिस्तोफर काडवेल के अनुसार बुर्जुआ स्वातन्त्र्य-सम्बन्धी धारणा का मूल उत्स उसका व्यक्तिवाद है। इस व्यक्तिवाद का सीधा सम्बन्ध पूँजीवादी व्यवस्था की उन असंगतियों से है जो बुर्जुआ रचनाकार या कलाकार को शनैः-शनैः समाज से काटती हुई, आत्मकेन्द्रित कर देती हैं। अब वह उन असंगतियों और अन्तर्विरोधों में ही जीने लगता है, और फलस्वरूप उसका समूचा चिन्तन और सर्जन उन असंगतियों तथा अन्तर्विरोधों को अभिव्यक्त करता है। अपने को छलने और धोखा देने के अतिरिक्त उसके पास कुछ नहीं रह जाता। वह पूँजीवादियों के ही मूल्य-विवेचन को वास्तविक मूल्य-विवेचन समझ लेता है, और उन्हें ही वास्तविक मूल्य कहकर सबके समक्ष प्रस्तुत करता है। एक स्थिति वह आती है जब उसे यह अहसास होता है कि जिन धारणाओं एवं मूल्यों को वह अत्यन्त पवित्र एवं शाश्वत माने

बैठा था, वे धोखे की टट्टी के अतिरिक्त और कुछ नहीं हैं। यह मोह भंग एक ओर मूल्य-सम्बन्धी बुर्जुआ विचारों के खोखलेपन को स्पष्ट कर देता है, दूसरी ओर रचनाकार को सृजन की ऐसी अबूझ, अस्पष्ट गलियों में ढकेल देता है, जहाँ घुटने और आर्तनाद करने तथा एक निहायत प्रतिगामी कला को जन्म देने के अतिरिक्त उसके सामने कोई रास्ता नहीं बचता।[1]

काडवेल के अनुसार बुर्जुआ की स्वातन्त्र्य-सम्बन्धी धारणा एक भ्रम अथवा छलावा के अतिरिक्त और कुछ नहीं है। स्वातन्त्र्य उसके लिए महज़ एक घोषणा है, जिसे वह ऊँचे गले से सदैव किया करता है, जबकि वास्तविक स्वातन्त्र्य का अर्थ ही वह नहीं समझता। यही कारण है कि स्वातन्त्र्य-सम्बन्धी लम्बी-चौड़ी बातें करने के अतिरिक्त उसने कभी स्वातन्त्र्य को परिभाषित करने का साहस नहीं किया।[2] वह कुछ ऐसा समझता है, जैसे स्वातन्त्र्य कोई ऐसा शब्द हो जिसे स्पष्ट करने की कोई आवश्यकता न हो, वह इतना सरल हो कि सब लोग उसे अपने आप समझते हों। जाहिर है कि यह तथ्य बुर्जुआ-विचारकों की मूलभूत असमर्थता को ही इंगित करता है, जो कि वास्तव में उसका सत्य है।

बुर्जुआ विचारक के लिए स्वातन्त्र्य एक निरपेक्ष इकाई है, वह उसे मानवीय कर्म, दायित्व एवं संघर्ष से पृथक् मानता है। इस बुर्जुआ धारणा का खण्डन करते हुए काडवेल ने प्रतिपादित किया है कि बुर्जुआ-स्वातन्त्र्य मनुष्य मात्र का स्वातन्त्र्य नहीं है, वह मात्र एक वर्ग का स्वातन्त्र्य है, जो विशाल मनुष्यता की अस्वतन्त्रता द्वारा ही फलीभूत होता है। अपनी स्वतन्त्रता की उपलब्धि के लिए, अपने द्वारा हस्तगत राज्य, पूँजी, पुलिस, फौज आदि साधनों के बल पर वह अपने स्वातन्त्र्य के लिए संघर्ष करती शेष मनुष्यता से टकराता है, कारण शेष मनुष्यता को बेड़ियों में जकड़ कर ही वह अपने मनोनुरूप स्वातन्त्र्य की उपलब्धि कर सकता है। सामान्य मनुष्य जीवन की बुनियादी आवश्यकताओं की पूर्ति, एवं अपने जीवन को उदात्त बनाने वाली अपनी इच्छाओं की पूर्ति में ही अपना वास्तविक स्वातन्त्र्य समझता है और बुर्जुआ इस सिद्धि की राह में रोड़ा बनकर अपने स्वातन्त्र्य को उपलब्ध करता है। सर्वहारा-वर्ग उन बेड़ियों को तोड़ने में अपना स्वातन्त्र्य मानता है जो पूँजीवाद ने उसके पैरों में जकड़ रखी हैं, और पूँजीवादी विचारक उन्हें बरकरार रखकर ही अपनी स्वतन्त्रता भोग कर सकता है, ऐसी स्थिति में बुर्जुआ की स्वातन्त्र्य-सम्बन्धी धारणा की असलियत आप से आप स्पष्ट हो जाती है।

जैसा कि हम ऊपर कह चुके हैं अपने अपार साधनों के बल पर बुर्जुआ स्वातन्त्र्य-सम्बन्धी अपनी धारणा को समूचे युग के गले के नीचे से उतारना चाहता है, और बुद्धिजीवियों का एक बड़ा अंश, जिसमें रचनाकार एवं कलाकार भी शामिल हैं, उसकी चपेट में आ जाते हैं। उनकी क्या परिणति होती है, इसे हम बता चुके हैं। बहुत बाद में चलकर वे यह जान पाते हैं कि उनका स्वातन्त्र्य वस्तुतः उनका

अस्वातन्त्र्य है। वे अपने तथाकथित स्वातन्त्र्य को जितना ही हस्तगत करने का प्रयास करते हैं, पूँजीवादी व्यवस्था की असंगतियाँ इतनी प्रबल होती हैं कि वह स्वातन्त्र्य उनकी मुट्ठी से उतना ही अधिक सरकता प्रतीत होता है। पूँजीवादी व्यवस्था में सृजनरत और बुर्जुआ विचारधारा की असलियत को न पहचान सकने वाले रचनाकार या कलाकार की इससे अधिक दयनीय परिणति और क्या हो सकती है? काडवेल बड़े ही स्पष्ट शब्दों में घोषित करते हैं कि जब तक पूँजीवादी व्यवस्था है, तब तक कोई भी व्यक्ति, वह कितनी ही उन्मुक्त उद्घोषणाएँ क्यों न करे, वास्तविक रूप से स्वतन्त्र नहीं हैं, स्वतन्त्र नहीं हो सकता। बुर्जुआ विचारक का यह कथन है कि 'मनुष्य स्वतन्त्र पैदा हुआ है, और सब जगह बेड़ियों से बँधा है', अन्ततः एक भ्रान्ति है, कारण मानव-बन्धनों की उसकी समझ ही भ्रान्त है। उसे इतिहास की सही प्रक्रिया, समाज-विकास के सही नियमों एवं मानव-भविष्य की सही जानकारी ही नहीं है। वह अँधेरे में ही हाथ-पैर पटकने वाला एक निहायत अस्वतन्त्र और दयनीय प्राणी है।

अन्ततः काडवेल का कथन है कि स्वातन्त्र्य की कोई भी परिभाषा जिसमें निम्नलिखित तथ्यों की स्वीकृति नहीं है, अनर्गल एवं व्यर्थ मानी जायगी। अर्थात् मानव-समाज जो कुछ चाहता है, उसे करने और उसे प्राप्त करने में समर्थ हो। आकांक्षित की प्राप्ति और अनाकांक्षित के अस्वीकार का स्वातन्त्र्य ही सच्चा स्वातन्त्र्य है। मनुष्य सुखी होना चाहता है, अपनी जिन्दगी को सजाना-सँवारना चाहता है, जिन्दगी की उन सब सुविधाओं को प्राप्त करना चाहता है जो उसे एक अच्छा और भरा-पूरा जीवन दे सकें। वह सुरक्षा चाहता है, अपने साथियों से अच्छे सम्बन्ध कायम करना चाहता है। वह हत्या का हथियार बनने और हत्या का लक्ष्य बनने दोनों से ही मुक्ति चाहता है। वह विवाह करना चाहता है, सन्तान उत्पन्न करना चाहता है तथा दूसरों की मदद करना चाहता है, उन्हें पीड़ित करना नहीं। यदि उसे ये चीजें प्राप्त नहीं हैं, तो उसकी स्वतन्त्रता का क्या अर्थ, भले ही उसे मत देने का अधिकार प्राप्त हो, उसे अभिव्यक्ति-स्वातन्त्र्य मिला हुआ हो। इन तथ्यों के सन्दर्भ में सरलतापूर्वक समझा जा सकता है कि बुर्जुआ समाज-व्यवस्था में विराट् मनुष्यता को सही स्वातन्त्र्य उपलब्ध नहीं है। जिस समाज-व्यवस्था में करोड़ों मनुष्य जीवन की बुनियादी आवश्यकताओं तक से वंचित हों, भूख, बीमारी, हत्या, मृत्यु और महायुद्धों का ग्रास बनते हों, जिनके लिए विकास के समान अवसर तो क्या, आवश्यक बातें भी निषिद्ध हों, वह व्यवस्था और उसके प्रवक्ता स्वातन्त्र्य की बात तक करने के अधिकारी नहीं हैं। जीवन की बुनियादी आवश्यकताओं की प्राप्ति कर एवं अपने तमाम आकांक्षित को उपलब्ध करके ही मनुष्यता सही स्वातन्त्र्य का अनुभव कर सकती है और तभी वह विज्ञान, कला और संस्कृति के क्षेत्र में महान् उपलब्धियाँ कर सकती है। सच्चा स्वातन्त्र्य, काडवेल के मत से, अनायास ही उपलब्ध नहीं होगा, उसे उसी मेहनत के साथ रचना होगा जिस मेहनत से मनुष्य ने तमाम औज़ार और मशीनें बनायी हैं। सच्चे स्वातन्त्र्य को हमें यथार्थ के हृदय से खींचकर निकालना होगा, जिसके

अन्तर्गत मनुष्य के मन का आन्तरिक यथार्थ भी सम्मिलित है।[3]

कला एक साधन है जो मनुष्य को आकांक्षित की प्राप्ति करना सिखाती है, और इस प्रकार मानव-हृदय के सारतत्त्व को उद्‌घाटित करती है। बुर्जुआवाद कला और विज्ञान की वास्तविक सम्भावनाओं की ओर से आँख मूँदकर केवल पागलपन की दिशाओं की ओर बढ़ता है। वह पूँजी के सलीब पर सच्चे स्वातन्त्र्य का बलिदान कर देता है, और यदि उससे कोई पूछे कि उसने यह कार्य किसके नाम पर किया है, तो वह यही उत्तर देगा—व्यक्तिगत स्वातन्त्र्य के नाम पर।[4]

व्यक्ति-स्वातन्त्र्य की पूँजीवादी-बुर्जुआ धारणा पर लेनिन ने भी निर्ममतापूर्वक कुठाराघात किया है। रचनाकारों के रचना-स्वातन्त्र्य को स्वीकार करते हुए भी उन्होंने उन्हें स्वातन्त्र्य-सम्बन्धी 'परमधारणा' के प्रति सावधान किया है, और स्वातन्त्र्य की किसी भी ऐसी धारणा का विरोध किया है, जो दायित्व से मुक्त हो। रचनाकारों का सबसे बड़ा दायित्व उन्होंने मनुष्यता को पूँजीवाद के अभिशापों से मुक्त करने में माना है और इसी दिशा में उनकी सर्जनात्मक सक्रियता देखनी चाही है। इस दायित्व से जुड़ी उनकी सब प्रकार की रचनागत स्वतन्त्रता को उन्होंने स्वीकृति दी है। उन्होंने रचनाकारों को बुर्जुआ-स्वतन्त्रता के भुलावे में न पड़ सच्चे स्वातन्त्र्य की उपलब्धि करने की सलाह दी है, जो पूँजीवादी व्यवस्था के विनाश द्वारा ही सम्भव है। मनुष्यता के हित से कट कर स्वातन्त्र्य का नारा लगाने वालों की उन्होंने निन्दा की है। पूँजीवादी समाज-व्यवस्था में स्वातन्त्र्य एक छलावा या भ्रम है, लेनिन की मूल निष्पत्ति भी यही है। अर्न्स्ट फिशर ने भी इसी लोक पर पूँजीवादी, स्वातन्त्र्य-सम्बन्धी धारणा की वास्तविकता का उद्‌घाटन करते हुए सच्चे स्वातन्त्र्य की स्थिति उसके विनाश के उपरान्त सामने आने वाले वर्गहीन समाज में ही मानी है।

जैसा कि हमने कहा, स्वतन्त्रता के इन सही सन्दर्भों से जुड़कर, रचना के क्षेत्र में कलात्मक प्रयोगों के स्वातन्त्र्य को प्रत्येक मार्क्सवादी विचारक ने स्वीकार किया है। रचना स्वातन्त्र्य को उन्होंने तभी बाधित किया है, जबकि वह स्वातन्त्र्य की मूलभूत शर्तों की संगति में न हो।

साहित्य एवं कला; ह्रासशील जीवन-मूल्य बनाम आस्था का प्रश्न

मार्क्सवाद एक प्रगतिशील विचार-दर्शन है, जो संसार तथा समाज के पुनर्निर्माण की बात करता है। एक ह्रासशील, जर्जर और पतनोन्मुख समाज-व्यवस्था पर कुठाराघात कर वह एक ऐसी समाज-व्यवस्था की स्थापना का हिमायती है, जो संसार तथा समाज से दुःख, गरीबी, शोषण, अन्याय और अनाचार की समाप्ति कर मनुष्यता को सुख, शान्ति, समता एवं उदात्त सम्भावनाओं की उपलब्धि करा सके, जो मनुष्य को खण्ड-जीवन से एक समग्र जीवन की ओर अग्रसर कर सके, उसके व्यक्तित्व के विघटन को रोककर, उसे पूर्णता के शिखरों तक पहुँचा सके। मार्क्सवाद मनुष्य

को उस ऐतिहासिक विवेक से सम्पन्न करता है कि वह संसार तथा समाज के विकास-नियमों को समझ और परख सके, और उनके अनुरूप एक स्वस्थ और उदात्त सम्भावनाओं वाले संसार और समाज के निर्माण में सहायक बन सके। वह उसे संगठन और एकता का बीजमन्त्र देता है, ताकि वह विघटन और क्षय का सामना करते हुए सम्पूर्ण मानवीय क्षमताओं को रचनात्मक दिशाओं का अनुगामी बना सके। मार्क्सवाद क्षयी और ह्रासशील जीवन-मूल्यों के विपरीत उस आशा और आस्था का दर्शन है, जो अन्ततः मनुष्य और समाज की मुक्ति का माध्यम बनती हैं।

अपने विचार-दर्शन के इसी सन्दर्भ में मार्क्सवादी साहित्य-चिन्तकों ने कला एवं साहित्य में, ह्रासशील जीवन-मूल्यों के विरोध में, आशा और आस्था के प्रश्न को उठाया है।

उन्होंने सर्वप्रथम इस तथ्य को विश्लेषित किया है कि आखिर ह्रासशील जीवन मूल्य पनपते ही क्योंकर हैं? इस प्रश्न का उत्तर उन्होंने अपने मूल विचार-दर्शन का सन्दर्भ लेकर दिया है। मार्क्सवाद की स्थापना है कि संसार तथा समाज में प्रतिक्षण दो विपरीत और विरोधी शक्तियों का द्वन्द्व चला करता है, जिनमें से एक ह्रासोन्मुख होती है और दूसरी विकासोन्मुख। इस द्वन्द्व में निश्चित रूप से, विकासोन्मुख शक्तियों की विजय होती है और वे विकास के नये तत्त्वों से युक्त, जर्जर-पुराने तत्त्वों का विनाश कर, एक नये और प्रगतिशील निर्माण की सूत्रधार बन जाती हैं। परन्तु चूँकि संसार परिवर्तनशील है, और उसके अन्तर्गत कोई भी स्थिति, घटना अथवा तत्त्व स्थिर नहीं है, शनैः-शनैः, उभरने वाली नयी व्यवस्था अथवा नये निर्माण में भी असंगतियाँ तथा अन्तर्विरोध उत्पन्न होने लगते हैं, और फलस्वरूप ह्रासशील और विकासशील का द्वन्द्व पुनः प्रत्यक्ष हो उठता है। यह सिलसिला ही सदैव जर्जर-पुरातन के स्थान पर विकासोन्मुख नये को सामने लाता रहता है, और यही संसार तथा समाज की अब तक की प्रगति के मूल में निहित है। आज का द्वन्द्व पूँजीवाद और समाजवाद की शक्तियों के बीच चल रहा द्वन्द्व है। पूँजीवाद अपने दिन गिन चुका है, इतिहास उसके विनाश की उद्घोषणा कर रहा है, एक नयी समाजवादी व्यवस्था के द्वार उन्मुक्त हो चुके हैं, जिसका लक्ष्य साम्यवाद है। इतिहास की सारी शक्ति मनुष्यता को इसी दिशा की ओर अग्रसर करने में सक्रिय है।

मार्क्सवादी विचार-दर्शन की यह आधारभूत निष्पत्ति स्पष्ट करती है कि ह्रासशील तत्त्व लोकोत्तर भूमिकाओं से आख्यातित न होकर प्रकृति में होने वाले सतत परिवर्तन की प्रक्रिया की ही उपज हैं। दूसरे, ऐतिहासिक भौतिकवाद समाज-विकास की जिन दिशाओं का परिचय देता है, वे भी स्पष्ट करती हैं कि परिवर्तन की यह प्रक्रिया ही एक समय विशेष में किसी सामाजिक स्थिति अथवा व्यवस्था में निहित अन्तर्विरोधों को सतह में ला देती है, और वे ह्रासशील जीवन-स्थितियाँ हमारे समक्ष स्पष्ट हो उठती हैं जो पहले उसी विकास-प्रक्रिया में अन्तर्निहित थीं। कहने का तात्पर्य है कि सृष्टि का विकास-क्रम हो, अथवा सामाजिक जीवन का विकास-क्रम, ह्रासशील

भूमिकाएँ परिवर्तन को विकासमान प्रक्रिया का आत्यन्तिक अंग हैं, केवल उस दृष्टि या विवेक की आवश्यकता है जो हमें उनसे परिचित करा सके अर्थात् हमें दृष्टि तथा समाज विकास के नियमों की जानकारी दे सके। मार्क्सवाद यह दृष्टि तथा विवेक हमें देता है, वह हमारे समक्ष इन विकास नियमों को स्पष्ट करता है, और हम जान पाते हैं कि जो कुछ घटित हो रहा है, जो कुछ घटित हो चुका है, या जो कुछ घटित होने वाला है, वह आकस्मिक न होकर एक सतत विकासशील प्रक्रिया का अंग है। भाववादी दर्शन इस वैज्ञानिक विवेक से रहित लोकोत्तर भूमिकाओं पर अपनी दृष्टि टिकाता है, फलतः उसके लिए यह सब एक अपरिहार्य परिवर्तनशील प्रक्रिया का अंग न होकर लोकोत्तर कारणों की देन होता है, यही कारण है कि उसका अनुसरण हमें भाग्यवादी बनाता है, हम अपनी ही नियति के बारे में अन्धकार में रहते हैं, फलतः संसार तथा समाज की समस्याओं का निदान इस लोक और उसकी विकास-गतिविधि में न देख और खोज कर अमानवीय और अतिमानवीय स्थितियों और शक्तियों में खोजते हैं। इसका परिणाम हमारी अपनी असमर्थता, निरीहता और पराजय में स्पष्ट होता है। हम अपने को एक लोकोत्तर शक्ति के हाथों में सौंप देते हैं, अपने भाग्य के विधाता और ज्ञाता न होकर अदृश्य और अपरिचित के हाथ का खिलौना बन जाते हैं।

मार्क्सवाद हमें यह भी बताता है कि पिछली समाज-व्यवस्थाएँ क्योंकर मिटती चली गयीं, और उनके विनाश के कारण स्वतः उन्हीं के भीतर अन्तर्निहित थे। पूँजीवाद में आकर जिस श्रम-विभाजन को प्रश्रय मिला, जिस एकाधिकार का विकास हुआ तथा जिस अर्थ नीति का पोषण किया गया, पूँजीवादी व्यवस्था के अन्तर्विरोध उसी में निहित थे या हैं, और पूँजीवादी समाज-व्यवस्था जिन अभिशापों को सामने लायी है—वे युद्ध हों, साम्राज्यवाद हो, वर्ग-विषमता हो, मानव द्वारा विराट् मनुष्यता का आर्थिक-सामाजिक शोषण हो—वे भी पूँजीवादी व्यवस्था के अन्तर्गत निहित अन्तर्विरोधों का ही परिणाम हैं। अतएव आज हम जिन ह्रासशील जीवन-मूल्यों को देख रहे हैं, जिन अमानवीय स्थितियों से परिचित हैं, वे भी कहीं बाहर से आयातित नहीं, पूँजीवादी समाज-व्यवस्था तथा अर्थव्यवस्था से ही निःसृत और पोषित हैं। यदि हममें ऐतिहासिक और वैज्ञानिक विवेक है, हम आसानी से उनके आविर्भावमूलक कारणों से परिचित हो सकते हैं, अर्थात् उन अन्तर्विरोधों को पहचान और समझ सकते हैं, अन्यथा सब कुछ भाग्य के हाथों सौंपकर, सारे अभिशापों को मनुष्यता की नियति मानकर, झींखने, चिल्लाने, आर्तनाद करने और अन्ततः टुकड़े-टुकड़े होकर बिखर जाने के अतिरिक्त हमारे पास कोई रास्ता नहीं है। इस व्यवस्था के रक्षक या हिमायती अपने विनाश के प्रति सजग हैं, परन्तु चूँकि वे साधन-सम्पन्न हैं, अतः भाँति-भाँति की 'पवित्र' उद्घोषणाओं के द्वारा, प्रचार और प्रसार के द्वारा, व्यापक मनुष्यता को, जो दलित और पीड़ित है, भुलावे में रखने का प्रयास करते

हैं, ताकि वह अपनी दुर्दशा का स्रोत मुट्ठी भर साधन-सम्पन्न व्यक्तियों द्वारा प्रश्रय पाने वाली अर्थ तथा समाज-व्यवस्था में न खोजकर, अँधेरी गलियों में भटकती रहे। इसी में पूँजीवाद का स्वार्थ निहित है, और इसीलिए अपने विनाश के क्षणों में अपनी पूरी ताकत के साथ वह उन गिरते हुए खेमों को सहारा दे रहा है, जो अन्ततः उसके विनाश की उद्घोषणा कर देंगे। मनुष्य की सच्ची मुक्ति, उसका सच्चा स्वातन्त्र्य इस बात में निहित है कि वह अपने अतीत, वर्तमान और भविष्य को पहचान सके, वह उन विकास-नियमों को जान सके, उसके जीवन को परिचालित कर रहे हैं और पूँजीवाद की शक्ति आज इसी ओर सक्रिय है कि वह धोखे की दीवाल को जितना ज्यादा सुदृढ़ कर सकती है, करे, ताकि मनुष्य अपने इतिहास, अपने वर्तमान तथा अपने भविष्य से परिचित न हो पाये, जीवन की विकास-प्रक्रिया को न समझ पाये। पूँजीवाद द्वारा लगाये गये स्वतन्त्रता, समानता एवं बन्धुत्व के नारों का रहस्य यही है, जो धोखे की दीवाल के अतिरिक्त और कुछ नहीं हैं। इन नारों ने कितने ईमानदार, सृजनशील रचनाकारों को छला और दयनीय परिणति तक पहुँचाया, स्वातन्त्र्य-सम्बन्धी पूँजीवादी धारणा का परिचय देते हुए पिछले पृष्ठों में हम इसे स्पष्ट कर चुके हैं। ह्रासशील जीवन-मूल्यों की जो बाढ़ आज आयी हुई है, इस सारे विवेचन के सन्दर्भ में कदाचित् यह समझने में अब कोई कठिनाई न होगी, कि उसका कारण और कुछ नहीं राजतन्त्र, सामन्तवाद और पूँजीवाद द्वारा उत्पन्न परिस्थितियाँ हैं, जिन्होंने परम्परा से मनुष्यता को अभिशापों के जाल से मढ़ रखा है, उसके स्वस्थ और मानवीय विकास के सारे द्वार अवरुद्ध कर दिये हैं, और आज, जबकि उनके उन्मूलन की घड़ियाँ आ गयी हैं, उनके पोषक अपनी सारी शक्ति तथा साधनों के बल पर उन्हें बरकरार रखने के लिए प्राण-पण से जुटे हैं। जो भी निराशा, पस्त-हिम्मती, अनास्था, जीवन की क्षण-भंगुरता पर विश्वास, भाग्यवाद, कुण्ठाएँ, पलायन, पराजय, अजनबीपन, अकेलापन, आत्महत्या, व्यक्तिवाद, आज हमें समाज की सतह पर उतराता हुआ दिखायी पड़ रहा है, और जिसके आधार पर ही आज कला और साहित्य के तथाकथित आधुनिकतावादी कलावादी आन्दोलन खड़े हुए हैं, उनका स्रोत भी वे परिस्थितियाँ ही हैं, जो सीधे पूँजीवादी समाज-व्यवस्था तथा अर्थनीति की उपज हैं। जिस पूँजीवाद ने अपने अभ्युदय के लिए किसी समय सामन्तवादी युग-व्यवस्था का अन्त किया था, वही पूँजीवाद आज अनेक मध्यकालीन रूढ़ियों और अन्धविश्वासों का भी समर्थक बन रहा है, ताकि व्यापक मनुष्यता नये विवेक से वंचित होकर अपनी मुक्ति का उपाय न कर सके, मध्यकालीन प्रतिगामिता में पड़ी रहकर पूँजीवाद के पंजों को मजबूत होने दे।

मार्क्सवादी साहित्य तथा कला-चिन्तकों ने आज के ह्रासशील जीवन-मूल्यों को अपने वैज्ञानिक और ऐतिहासिक विवेक के आधार पर विश्लेषित करते हुए उनकी असलियत को स्पष्ट किया है। इन जीवन-मूल्यों से उनका विरोध इसी कारण है

कि उनकी दृष्टि में ये मनुष्यता के स्वस्थ विकास में सबसे बड़ी बाधा हैं। उन्होंने रचनाकारों एवं कलाकारों के समक्ष उनकी इस असलियत को उद्घाटित कर, उन्हें वह दृष्टि अपनाने की सलाह दी है ताकि वे स्वतः उनकी असलियत को भाँप सकें और रचनाशीलता के नाम को चरितार्थ कर सकें। कला तथा साहित्य यदि सच्चे अर्थों में सृजन का गौरव पाना चाहते हैं तो उन्हें दायित्व की नयी चेतना से युक्त होना चाहिए और जीवन को उसकी समग्रता में देखना और प्रस्तुत करना चाहिए। उन्हें उस वैज्ञानिक और ऐतिहासिक दृष्टि से आलोक ग्रहण करना चाहिए, जो उन्हें विकास के उच्चतर सोपानों की ओर अग्रसर कर सके। कला और साहित्य यदि वस्तुतः मानव-मुक्ति का पर्याय हैं, आत्मबोध का साधन हैं तो उन्हें मनुष्यता को ह्रासशील जीवन-मूल्यों से उबार कर स्वस्थ और साफ-सुथरे पथ पर अग्रसर करना है। संसार तथा समाज का पुनर्निर्माण यदि मार्क्सवादी दर्शन का अन्तिम लक्ष्य है, तो इस पुनर्निर्माण का एक बहुत बड़ा साधन कला और साहित्य भी है। मार्क्सवादी साहित्य-चिन्तकों ने इसलिए सदैव रचनाकारों एवं कलाकारों से दायित्व-चेतना की सच्ची निष्ठा से प्रेरित होकर ऐसे ही साहित्य एवं कला की रचना का आग्रह किया है जो निर्माणोन्मुखी हो, जिसमें ह्रासशील जीवन-मूल्यों के तिरस्कार के साथ नये जीवन-मूल्यों की प्रतिष्ठा हो। इसी भूमि से मार्क्सवादी साहित्य-चिन्तकों ने रचनाकारों को आस्था का दर्शन स्वीकार करने को कहा है। मार्क्सवाद ऐसा ही आस्थावादी दर्शन है, जो स्वतः तो लेखक को संसार तथा समाज की स्वस्थ सम्भावनाएँ देख सकने की दृष्टि देता ही है, देखे गये जीवन को, आस्था की इसी भूमिका से अभिव्यक्त करने की सलाह भी देता है ताकि उसके लक्ष-लक्ष पाठक भी उसमें अपने जीवन का प्रतिबिम्ब देख सकें और जीवन की समूची ह्रासशील भूमिकाओं का कारण समझकर, उसके स्वस्थ स्वरूप के प्रति अपनी आस्था को टिका सकें। उनमें यह बोध पैदा हो सके कि जीवन को इस नये रूप में लाने वाले वे स्वयं हैं, अपने भाग्यविधाता भी वे स्वयं हैं। वे इस तथ्य से भी परिचित हो सकें कि ह्रासशील जीवन-मूल्यों को प्रश्रय देकर पूँजीवादी समाज तथा अर्थव्यवस्था ने समाज की सतह पर जो विकृति फैला रखी है, मानव को खण्डित कर रखा है, मनुष्य को निरीह, बेगाना और दयनीय बना दिया है, वही समाज का एकमात्र यथार्थ नहीं है, एक दूसरा यथार्थ भी है जो भले ही सतह पर इतनी प्रगल्भता से न उतरा रहा हो, इसके इर्द-गिर्द और उसकी भीतरी पर्तों में अपनी सारी जीवन्त सम्भावनाओं के साथ आकृति ग्रहण कर रहा है और वस्तुतः जो उसका और शेष सारी मनुष्यता का भावी यथार्थ है।

कहने का तात्पर्य यह कि मार्क्सवादी साहित्य-चिन्तकों ने न केवल ह्रासशील जीवन-मूल्यों के आर्थिक-सामाजिक उद्गम स्रोत, उनकी अमानवीयता, निष्क्रियता एवं पतनशीलता का उद्घाटन कर, उन पर कठोर प्रहार ही किये हैं, अपनी निर्माणपरक मनोवृत्ति और आस्थावादी जीवन-दर्शन के सन्दर्भ में नये और प्रगतिशील जीवन-मूल्यों

की प्रतिष्ठा भी की है। ये नये और प्रगतिशील जीवन-मूल्य भी, जैसा कि अभी-अभी हमने इंगित किया, काल्पनिक नहीं हैं, इनकी स्थिति भी आज के ही उसी यथार्थ में है, जो एकबारगी ही हमें इतना विकृत, कुत्सित तथा विरूप दिखायी पड़ रहा है। यथार्थ को उसकी समग्रता में देखने की दृष्टि भी उन्हें अपने विचार-दर्शन से ही प्राप्त हुई है। इसी दृष्टि के सन्दर्भ में लूकाच ने अपनी प्रसिद्ध कृति 'स्टडीज़ इन यूरोपियन रियलिज़्म' की भूमिका में कहा है कि जो लोग सचमुच निराश ही होना चाहते हैं उन्हें आज की दुनिया में निराश होने के लिए सैकड़ों कारण मिल जायेंगे, परन्तु प्रश्न यथार्थ की विरूपता को देखकर निराश होने का नहीं, उस यथार्थ में ही छिपे उन तत्त्वों को देखने, समझने और ग्रहण करने का है, जिनमें एक नये संसार और नयी मनुष्यता को जन्म देने की क्षमता है। 'जहाँ अनास्था का दर्शन संस्कृति के विनाश तथा संसार के पतन पर आठ-आठ आँसू बहाता है, वहीं मार्क्सवादी रचनाकार एक नये संसार का जन्म होते देखता है, और उसमें सहायता प्रदान करता है।'[5]

अतएव आस्था का सवाल अपने मूलरूप में दृष्टिकोण का सवाल है, उस नयी दृष्टि को अपनाने का सवाल है जो संसार तथा समाज के विकास-नियमों से परिचित कराकर रचनाकार को विकृतियों से उबरने, समाज को उबारने और एक नये संसार तथा समाज के उद्‌भव को देखने की शक्ति देती है।

पूँजीवाद ने जहाँ विकृत और ह्रासशील जीवन-मूल्यों को जन्म दिया है, वहीं जाने-अनजाने उनके विनाश के साधन भी एकत्र कर दिये हैं। उसने एक क्रान्तिकारी मजदूर-वर्ग और उसकी क्रान्तिकारी विचारधारा को पनपने का अवसर प्रदान किया है, उसने विज्ञान और उद्योगों को जन्म देकर ऐसे तमाम साधनों को उपलब्ध कर दिया है जो उसके विनाश में मजदूर-वर्ग और जन सामान्य के हाथों के मजबूत हथियार बन गये हैं, उसने अनेक मध्यकालीन भ्रम जालों को तोड़कर जनता को ज्ञान का नया आलोक प्रदान किया है, उसने जनसामान्य को संगठित होने का अवसर भी प्रदान किया है, विश्व सर्वहारावाद को सम्भव बनाया है। पूँजीवादी व्यवस्था के अन्तर्गत विकसित इन शक्तियों का उपयोग फिर उसके विनाश के लिए क्यों न किया जाय? मार्क्स ने इस तथ्य को स्पष्ट शब्दों में कहा है कि पूँजीवादी व्यवस्था ने अपने विकास के साथ-साथ अपने विनाश के भी वे सारे साधन एकत्र कर दिये हैं, मजदूर वर्ग जिनका इस्तेमाल बखूबी अपने हित में कर सकता है। यह यथार्थ का दूसरा और अधिक जीवन्त पक्ष है, जो अनास्था के बीच आस्था को जन्म देता है, और आवश्यकता इसी को पहचानने की है। प्रत्येक मार्क्सवादी विचारक ने रचनाकारों और कलाकारों से आग्रह किया है कि वे यथार्थ के विरूप पक्ष को देखने और चित्रित करने के साथ-साथ अपनी सारी आत्मीयता यथार्थ के इस जीवन्त पक्ष को उभारने में दें ताकि नये यथार्थ के उद्‌भव में उनके साहित्य तथा कला की सक्रियता एवं योगदान स्पष्ट हो सके।

उदाहरण के लिए एलीनेशन (Alienation) या अजनबीपन की समस्या को ही लें, जिसे आज के तथाकथित आधुनिकतावादी रचनाकार एवं कलाकार आधुनिकता का प्रतिमान मानते हैं। मार्क्सवादी विचार-दर्शन की निष्पत्ति है कि यह अजनबीपन की समस्या पूँजीवादी अर्थ तथा समाज-व्यवस्था की देन है। श्रम-विभाजन, पूँजी के एकाधिकार, शोषणमूलक अर्थनीति से जिसका सीधा सम्बन्ध है। इस अर्थनीति ने आज मनुष्य को न केवल समाज से ही काटकर अलग कर दिया है, वह अपने से भी कटा हुआ अनुभव कर रहा है। विशाल पूँजीवादी संरचना में वह एक निहायत निरीह प्राणी बन बैठा है। जिन मशीनों का उत्पादन उसने किया, आज वह उन्हीं के बीच घिर कर रह गया है, वही उसे मशीन की भाँति परिचालित करने लगी हैं। एक अजीब प्रकार के मानसिक संत्रास और अनिश्चयता से वह आक्रान्त हो उठा है। आधुनिकतावादी दर्शन के हिमायती रचनाकार आधुनिक मानव के इस अकेलेपन, सन्त्रास और पीड़ा को गाढ़े रंगों में चित्रित कर अपनी रचना या कला को आधुनिक बोध का दावेदार घोषित करते हैं। वे इस संत्रास और अकेलेपन के चित्रण को ही साध्य मानते हैं और उसके आर्थिक-सामाजिक सन्दर्भ को देखने-परखने या विश्लेषित करने की जरूरत को नहीं समझते। मार्क्सवादी रचनाकार एवं विचारक इसके विपरीत इस समस्या को उसके आर्थिक-सामाजिक सन्दर्भों में देखते और प्रस्तुत करते हैं तथा इसे आधुनिक मानव की सार्वकालिक नियति मानने से इनकार करते हैं। उनका कहना है कि यह स्थिति चूँकि पूँजीवादी अर्थव्यवस्था एवं समाज-व्यवस्था का परिणाम है, अतः पूँजीवाद के विनाश के साथ ही इसका मिट जाना सुनिश्चित है। समाजवादी अर्थव्यवस्था और साम्यवाद के अन्तर्गत भी विज्ञान, उद्योग-धन्धे एवं मशीनें रहेंगी, परन्तु तब मनुष्य इस कारण अकेलेपन का, अजनबीयत का संत्रास नहीं ढोएगा कि तब एक ऐसी अर्थनीति और समाज-व्यवस्था सामने आयेगी जो शोषण पर आधारित न होकर मानवीय श्रम की गरिमा एवं मानव-समता पर आधारित होगी। जब शोषण का लक्ष्य ही न रहेगा, वर्ग-विभक्त मनुष्यता ही न होगी, सबको विकास के समान-साधन उपलब्ध होंगे, समाज हित में सभी भागीदार बनेंगे, तब अकेलेपन के संत्रास का कारण ही समाप्त हो जायेगा और मनुष्य अकेला मनुष्य न होकर अपने इतिहास का निर्माता बनकर उभरेगा। यह दृष्टि आस्था की दृष्टि है, जो हमें समूचे इतिहास से जोड़ती है, गत, वर्तमान और आगत सबमें हमें प्रतिष्ठित करती है। तात्कालिकता को ही शाश्वत मानकर संत्रास का ढोना हमारे लिए अनिवार्य बन जाता है, जबकि आस्था का दर्शन तात्कालिकता का दर्शन नहीं है।

बुर्जुआ विचारक तथा रचनाकार इस इतिहास-दृष्टि से वंचित हैं और इसीलिए अनास्था से पीड़ित हैं। उनकी कला तथा साहित्य, सबमें यही अनास्था दिखायी पड़ती है। उनके विकृत जीवन-मूल्य उन्हें विकृत कला-मूल्यों को प्रश्रय देने के लिए प्रेरित करते हैं, जिनके प्रति रचनाकार एवं कलाकार का सावधान रहना आवश्यक

है। मार्क्सवादी विचारकों ने रचनाकारों एवं कलाकारों को पल-पल पर बुर्जुआ जीवन-मूल्यों तथा कलागत अभिरुचियों के प्रति सचेत किया है और उन्हें आस्थावादी जीवन-दृष्टि प्रेरित कला और साहित्य के सृजन के प्रति उन्मुख किया है।

समग्रतः, हम इतना ही कहना चाहेंगे कि मार्क्सवादी विचारकों एवं कला-चिन्तकों ने आस्था के जिन दर्शन का प्रतिपादन किया है, वह कोई काल्पनिक अथवा यूटोपिया न होकर जीवन के वर्तमान यथार्थ से अद्‌भुत दर्शन की है, जिसके मूल में मार्क्सवाद की वैज्ञानिक इतिहास-दृष्टि निहित है। जीवन के समस्त ह्रासशील मूल्यों के विरोध में आस्था की यह मार्क्सवादी कला तथा साहित्य-दृष्टि इस कारण अपना महत्त्व रखती है कि इसका सम्बन्ध उस जीवन्त रचनाशीलता से है जो ह्रास तथा विनाश को स्थायी न मानकर प्रगति तथा निर्माण में अपनी चरितार्थता स्पष्ट करती है। आस्था की यह दृष्टि आधुनिक बोध को नकारने वाली न होकर, उसे स्वीकार करने वाली और उसे सही प्रगतिशील और वैज्ञानिक सन्दर्भ देने वाली दृष्टि है।

साहित्य एवं कला; नैतिकता का प्रश्न

नीति अथवा नैतिकता तथा साहित्य एवं कला के सन्दर्भों को लेकर साहित्य एवं कला-चिन्तकों के बीच प्रारम्भ से ही व्यापक चर्चा होती रही है। विशुद्ध सौन्दर्यवादियों या कलावादियों को छोड़ दिया जाय, जो साहित्य एवं कला का सम्बन्ध जीवन के दूसरे बुनियादी प्रश्नों से जोड़ना पसन्द ही नहीं करते, तो साहित्य एवं कला की सामाजिक भूमिका को थोड़ा भी स्वीकार करने वाले लोग, साहित्य एवं कला के नैतिक आधार को न्यूनाधिक रूप में सदैव ही स्वीकार करते हैं। नीति अथवा नैतिकता-सम्बन्धी धारणाओं से कला और साहित्य को सम्पृक्त रखने का उनका एक मात्र आधार साहित्य एवं कला की उनके द्वारा प्रतिपादित उस मूलभूत दायित्व-चेतना से सम्बन्ध रखता है, जहाँ वे मनुष्य और मनुष्य के बीच सम्पर्क का, संवाद का, साधन बनती हुई उसके भावबोध को नयी दिशा और नये आयाम देने वाली मानी गयी हैं।

जैसा कि स्पष्ट है, यह प्रश्न साहित्य की प्रयोजनीयता से सम्बन्ध रखने वाला प्रश्न है। पश्चिमी साहित्य-चिन्तन के विकास-क्रम का परिचय देते समय हमने स्पष्ट किया है कि प्लेटो से लेकर आधुनिक साहित्य तथा कला-समीक्षकों तक, यह प्रश्न बराबर घूम-फिरकर सामने आता रहा है कि साहित्य एवं कला का मूल प्रयोजन क्या है, उपदेश देना अथवा सौन्दर्य एवं आनन्द की सृष्टि करना। हमने यह भी देखा है कि इन प्रयोजनों की प्राथमिकता को लेकर जो भी विवाद उनके बीच उठे हों, विशुद्ध सौन्दर्यवादियों को छोड़, इस प्रश्न को किसी ने भी एकदम उपेक्षित नहीं किया। शास्त्रवादी, स्वच्छन्दतावादी, यथार्थवादी, समीक्षा के प्रत्येक युग के साथ हमारे इस कथन की सत्यता परखी जा सकती है। प्लेटो, अरस्तू, लौंजाइनस, दांते, गेटे, शेली, कीट्स, मैथ्यू आरनाल्ड, तोल्सतोय, रस्किन, वेलिंस्की आदि-आदि

की, कला-चिन्तन की समूची परम्परा इस तथ्य की साक्षी है कि नैतिक पक्ष को, साहित्य एवं कला के क्षेत्र से, विजातीय कहकर निष्कासित नहीं किया गया। महान् साहित्य एवं कला की महनीयता का प्रधान प्रतिमान ही इसे स्वीकार किया जाता रहा है कि देश और काल की सीमाओं का अतिक्रमण करते हुए कोई साहित्य एवं कला, अपने युग और अपने समाज के लिए ही नहीं, आने वाले युगों और आने वाले हर समाज के लिए कितनी प्रेरक बन सकी है, मनुष्यता को जीवन के उदात्त आदर्शों की ओर कितनी दूर तक उन्मुख कर सकी है? बीच-बीच में इस प्रकार के स्वर अवश्य सुन पड़े हैं कि साहित्य एवं कला की मूलभूत प्रकृति, सौन्दर्य तथा भावोद्बोधन की विशिष्ट भूमिका एवं अभिव्यक्ति के विशिष्ट ढंग की संगति में ही नैतिक पक्ष का सबसे अनुस्यूत रहना श्रेयस्कर है, कि साहित्य एवं कला को मात्र नैतिक तत्त्वों की प्रवक्ता बनकर ही नहीं रह जाना चाहिए, जहाँ तक उनके नैतिक-व्यापार को स्वीकृति देने का प्रश्न है, वह उसे सदैव मिली है। यूनानी काव्य-चिन्तन में सत्य, शिव और सुन्दर तत्त्वों की उपस्थिति को साहित्य एवं कला के आधारभूत चारित्र्य के रूप में स्वीकार किया गया, स्वच्छन्दतावादी कीट्स ने सौन्दर्य एवं सत्य को एक दूसरे का पर्याय मानकर उनके पृथक् अस्तित्व को ही समाप्त कर दिया। ये मान्यताएँ आगे के कला-चिन्तकों के लिए भी ग्राह्य हुई।

अब प्रश्न मार्क्सवादी साहित्य एवं कला-चिन्तन के अन्तर्गत नैतिक पक्ष की स्वीकृति का है। इसी से मिला-जुला प्रश्न है कि मार्क्सवादी साहित्य अथवा कला-चिन्तान में इस प्रश्न को किस रूप में स्वीकार किया गया है।

यहाँ स्पष्ट हो जाना चाहिए कि मार्क्सवाद आधारतः मानव-हित और मानव-कल्याण का दर्शन है, जो विराट् और व्यापक मनुष्यता के हित के लिए संसार और समाज को समझना ही नहीं, उसे बदलना भी चाहता है। वर्गबद्ध समाज में न तो वह मनुष्यता के उदात्त मूल्यों की ही सुरक्षा मानता है और न ही वास्तविक नैतिकता की अक्षत गुंजाइश देखता है। उसका विश्वास है कि सच्चे मानव-मूल्य एवं सच्ची नैतिकता के लिए, उनकी सम्पूर्ण सम्भावनाओं के साथ, एक वर्गहीन समाज-व्यवस्था में ही स्थान होगा, जिसकी स्थापना के लिए ही उसकी सारी सैद्धान्तिक एवं व्यावहारिक सक्रियता है। जब तक समाज में शोषण, अनाचार एवं अनीति को प्रश्रय प्राप्त है, जब तक मुट्ठी भर पूँजीवादी व्यापक मनुष्यता को महामारी, अकाल और महायुद्धों में झोंकने का हौसला रखते हों, जब तक सत्ता एवं शासन की बागडोर उनके हाथ है, सही नैतिकता सदैव संकट ग्रस्त रहेगी और नकली एवं झूठी नैतिकता को ही पवित्र आच्छदों में केन्द्रीयता प्राप्त रहेगी, उसे ही चालू सिक्का माना जायेगा। अतएव अन्य तमाम पूँजीवादी वास्तविकताओं के साथ, पूँजीवादी नैतिकता का पर्दाफाश मार्क्सवाद अपना प्रधान कर्त्तव्य मानता है। साहित्य एवं कला-चिन्तन के क्षेत्र में भी रचनाकारों तथा कलाकारों से उसका आग्रह पूँजीवादियों की कृत्रिम नैतिकता

का पर्दाफाश है। मार्क्सवादी विचारकों का कथन है कि मात्र पूँजी तथा धन के एकाधिकार पर आधारित समाज व्यवस्था और उसके कर्णधार नैतिकता की डींगें भले ही मारें, सच्ची नैतिकता से उनका दूर का भी रिश्ता नहीं है। उनकी नैतिकता तो साम्राज्यवाद, युद्ध, अकाल, बेकारी और यौनगत उच्छृंखलता में ही देखी जा सकती है, उसकी असलियत का गवाह वह लक्ष-लक्ष, करोड़-करोड़ जनता है, जो सदियों से पूँजीवादी जुए का बोझ लादे जीवन की बुनियादी आवश्यकताओं तक से वंचित है।

मार्क्स के अनुसार, 'पूँजीपति वर्ग ने पारिवारिक सम्बन्धों के ऊपर से भावुकता का पर्दा उतार फेंका है, और पारिवारिक सम्बन्ध को केवल पैसे के सम्बन्ध में बदल दिया है।'[6] आगे मार्क्स का कहना है कि पूँजीपति वर्ग 'हरेक देश को विनाश का भय दिखाकर उसे वह पूँजीवादी उत्पादन के तरीके को अपनाने के लिए मजबूर कर देता है। वह उन्हें मजबूर करता है कि वह जिसे सभ्यता कहता है, उसे वे भी स्वीकार करें, अर्थात् वे खुद पूँजीपति बन जायें।

'पूँजीपति अपनी औरत को उत्पादन के एक औजार के सिवा और कुछ नहीं समझता।...हमारे पूँजीपतियों को अपने अधीन मजदूरों की बहू-बेटियों को अपनी मर्जी के मुताबिक इस्तेमाल करने से ही सन्तोष नहीं होता, वेश्याओं से भी उनका मन नहीं भरता। इसलिए एक-दूसरे की बीवियों को उड़ाने में उन्हें विशेष आनन्द हासिल होता है। पूँजीवादी विवाह वास्तव में पंचायती पत्नियों की ही व्यवस्था है।'[7] आदि-आदि।

'कम्युनिस्ट पार्टी का घोषणा-पत्र' शीर्षक अपनी युग प्रवर्त्तक कृति में मार्क्स और एंगेल्स ने पूँजीवादी वर्ग-चरित्र का जो निर्मम एवं सत्य उद्‌घाटन किया है, उपर्युक्त उद्धरण केवल उसका संकेत मात्र देते हैं। इसी आधार पर लेनिन ने कहा है कि उनका इस भ्रष्ट नैतिकता से अवश्य कोई सम्बन्ध नहीं है। ईश्वर और धर्म के आदेशों पर आधारित नैतिकता—जो पूँजीवादी तथा दूसरी शोषणमूलक व्यवस्थाओं में सदैव जन सामान्य का शोषण करती रही है, तथा ऐसी नैतिकता को जो वर्ग-धारणा का अतिक्रमण करती हो, वे कतई स्वीकार नहीं करते।'[8] उनकी नैतिकता-सम्बन्धी धारणा सर्वहारा-वर्ग के हितों से जुड़ी है, और उसकी सुख-समृद्धि की भावना से ही उद्‌भूत हुई है। जिस प्रकार मार्क्सवाद 'सामान्य मानवता' जैसे शब्दों की असलियत को पहचानकर उसका विरोध करता है, और अपने को सामान्य मानवता का हिमायती न कहकर विशिष्ट मानवता अर्थात् पीड़ित, शोषित एवं दलित मानवता का ही पक्षधर मानता है, उसी प्रकार नैतिकता की भी किसी सर्व सामान्य आकृति को जो पूँजीपति वर्ग द्वारा गढ़ी गयी हो, वह स्वीकार नहीं करता। पूँजीपति वर्ग मार्क्सवाद पर अनैतिक होने का आरोप इसीलिए करता है कि वह उसकी नैतिकता को अस्वीकार करता है, परन्तु इससे मार्क्सवादी की मूलभूत दृष्टि में कोई अन्तर नहीं आता! उसकी दृष्टि में नैतिकता-सम्बन्धी उसकी धारणा का सम्बन्ध चूँकि व्यापक मनुष्यता के हित से जुड़ा हुआ है, इसलिए वही सच्ची नैतिकता है। उसकी इस नैतिकता

को युद्ध शोषण, अनाचार, अन्याय, अनीति, वर्ग-विषमता आदि-आदि के विरोध एवं समता, शान्ति, सर्वहारा-अन्तर्राष्ट्रीय भाई-चारे आदि में देखा जा सकता है।

निष्कर्षतः मार्क्सवाद पूँजीवादी-नैतिकता का कट्टर विरोधी एवं सर्वहारा अर्थात् व्यापक मनुष्यता के हित से जुड़ी नैतिकता का समर्थक है, जिसका लक्ष्य वर्गहीन समाज-व्यवस्था की स्थापना, एक नये मनुष्य और नयी मनुष्यता के निर्माण में देखा जा सकता है। मार्क्सवादी साहित्य-चिन्तकों ने अपने साहित्य-चिन्तन में नैतिकता के इसी सन्दर्भ को मान्यता दी है। लेनिन ने एकाधिक स्थलों में पूँजीवादी नैतिकता का पर्दाफाश करते हुए साम्यवादी नैतिकता के स्वरूप को स्पष्ट किया है। क्लारा जेटकिन के साथ उनके वार्तालाप का उल्लेख उनके साहित्य-चिन्तन का परिचय देते हुए हम कर चुके हैं जिसके अन्तर्गत उन्होंने प्रेम और विवाह जैसे प्रश्नों पर पूँजीपति वर्ग द्वारा फैलाई गयी मार्क्सवाद-सम्बन्धी भ्रान्त धारणाओं का खण्डन करते हुए मार्क्सवाद-साम्यवाद के इन प्रश्नों पर सही रुख को स्पष्ट किया है। 'स्वच्छ गिलास में स्वच्छ जल' वाले पूँजीवादी सिद्धान्त की भर्त्सना, जिसे पूँजीवादी लोग साम्यवादी सिद्धान्त कहकर प्रचारित करते हैं, इसका एक उदाहरण है। इसी प्रश्न पर 'कम्युनिस्ट पार्टी के घोषणा-पत्र' में मार्क्स ने भी मार्क्सवादी दृष्टिकोण को स्पष्ट किया है,[9] लेनिन का स्पष्टीकरण जिससे सीधे सम्बन्धित है। मार्क्सवाद की नैतिकता-सम्बन्धी दृष्टि, जिसका परिचय ऊपर हम दे चुके हैं, हावर्ड फास्ट की विवेचना का विषय भी बनी है, और उन्होंने भी यह स्वीकार किया है कि वर्गबद्ध समाज में वर्ग नैतिकता की ही बात हो सकती है, और मार्क्सवाद की नैतिकता सर्वहारा-वर्ग के हितों और उसके संघर्ष के साथ सम्बद्ध है।[10]

समग्रतः, मानव-कल्याण का दर्शन होने के नाते मार्क्सवाद जीवन के नैतिक पक्ष पर दृढ़तापूर्वक आधारित है। वर्गबद्ध समाज में उसकी नैतिकता-सम्बन्धी धारणा सर्वहारा-हित के साथ सम्बद्ध है, परन्तु चूँकि उसका लक्ष्य वर्गहीन समाज व्यवस्था की स्थापना है, जिसमें एक नये विश्व-दृष्टिकोण का विकास सम्भव हो सकेगा, अतएव उसकी नैतिकता सम्बन्धी दृष्टि भी इस वर्गहीन मानव-समाज में मानव-मात्र को आत्मसात करेगी। वह वर्गहीन सम्पूर्ण मनुष्यता की नैतिकता होगी। 'कम्युनिस्ट पार्टी के घोषणा-पत्र' एवं मार्क्सवादी विचारकों एवं साहित्य-चिन्तकों के कृतित्व में वर्गहीन समाज के स्वरूप का विशद् विवरण दिया गया है। जब तक वर्गहीन समाज की स्थापना नहीं हो जाती तब तक मार्क्सवादी रचनाकारों एवं कलाकारों से मार्क्सवाद का आग्रह है कि वे अपने साहित्य एवं कला को सर्वहारा-हित के साथ जोड़ें, उसके संघर्ष में सहायक बनें, पूँजीवादी-अनैतिकता का उद्‌घाटन करते हुए सही नैतिकता के स्वरूप को उजागर करें और संसार तथा समाज को उस दिशा में आगे बढ़ाने में सक्रिय हिस्सा लें। पश्चिम की बुर्जुआ सभ्यता, संस्कृति एवं नैतिकता सम्बन्धी धारणाओं के विरोध के साथ-साथ मार्क्सवादी साहित्य-चिन्तन में मार्क्सवादी आदर्शों

से प्रेरित नैतिकता को व्यापक आयामों में प्रस्तुत किया गया है। हम इस प्रसंग को अधिक विस्तार नहीं देना चाहते, कारण साहित्य और कला की प्रयोजनीयता पर विचार करते समय हम उन अनेक प्रश्नों को एवं तथ्यों को स्पष्ट कर चुके हैं, जिनका सम्बन्ध प्रस्तुत विषय से है। अस्तु!

साहित्य एवं कला; प्रतिबद्धता, पक्षधरता, राजनीति और प्रचार का प्रश्न

प्रतिबद्धता अथवा पक्षधरता के प्रश्न को, साहित्य एवं कला के सन्दर्भ में, मार्क्सवादी और गैर-मार्क्सवादी कला-चिन्तकों, दोनों ने ही उठाया है। जहाँ मार्क्सवादी साहित्य और कला-चिन्तकों ने इस प्रश्न का सम्बन्ध अपनी वैचारिक आस्था से जोड़ा है, और उसे एक वर्गबद्ध समाज में, साहित्य एवं कला की अपरिहार्य दायित्व-चेतना माना है, वहाँ गैर-मार्क्सवादी साहित्य-चिन्तकों ने उसे मार्क्सवादी साहित्य एवं कला-सर्जना तथा मार्क्सवादी साहित्य-चिन्तन की सीमा प्रदर्शित करने के हेतु उठाया है। जैसा कि हम आगे चलकर देखेंगे, राजनीति और प्रचार का प्रश्न भी उपर्युक्त व्यापक प्रश्न से ही अन्ततः जुड़ जाता है। हम प्रस्तुत प्रश्नों के कुछ खास मुद्दों पर ही यहाँ विचार करेंगे।

जहाँ तक मार्क्सवादी चिन्तन का प्रश्न है, इस प्रश्न पर उसकी मान्यताएँ एकदम स्पष्ट हैं। मार्क्सवाद के अनुसार चूँकि अब तक के समाज का सारा इतिहास शोषक और शोषित वर्गों में बँटे हुए समाज का इतिहास है, और मार्क्सवाद सर्वहारा-वर्ग अर्थात् शोषित वर्ग का क्रान्तिकारी दर्शन है, अतएव उसकी सम्पूर्ण और एक मात्र प्रतिबद्धता इस सर्वहारा-वर्ग और उसके हितों के प्रति है। सर्वहारा-वर्ग, जिसके अन्तर्गत मनुष्यता का अधिकांश आ जाता है, के लिए ही मार्क्सवाद संसार और समाज को बदलना चाहता है, उसी के लिए ही वर्गबद्ध वर्तमान समाज में उसकी सारी सक्रियता है। कला तथा साहित्य की प्रतिबद्धता से भी मार्क्सवादी विचारकों का आशय, वर्गबद्ध समाज में, सर्वहारा हितों के साथ ही उनकी प्रतिबद्धता से है। साहित्य एवं कला मूलतः इसी सर्वहारा-वर्ग के लिए ही हैं, उनकी सार्थकता एक वर्गहीन समाज व्यवस्था अथवा एक नये संसार की स्थापना के लिए छेड़े गये निर्णायक संग्राम में सर्वहारा-वर्ग के हाथों का मजबूत और प्रभावशाली शस्त्र बनने में है।

मार्क्सवादी विचारकों द्वारा उद्घोषित, साहित्य एवं कला की, सर्वहारा-वर्ग के प्रति इस प्रतिबद्धता को लेकर ही गैर-मार्क्सवादी साहित्य-चिन्तक और विचारक, मार्क्सवादी साहित्य-चिन्तन और साहित्य-सर्जना पर संकीर्णता का, मनुष्यता को बाँट कर देखने का आरोप लगाते हैं। उनके अनुसार साहित्य एवं कलाएँ मनुष्य-मात्र के लिए हैं, देश, काल और वर्गों से परे, मनुष्य-मात्र की संवेदनाओं के साथ उनका सम्बन्ध है, और मानव-मात्र के हृदय को स्पन्दित और झंकृत करने में ही उनकी सार्थकता है, आदि-आदि। जैसा कि पिछले पृष्ठों में हम कह चुके हैं, अपनी

खरी वर्ग-चेतना के सन्दर्भ में, वर्गबद्ध वर्तमान समाज में, मार्क्सवाद सामान्य मानवता जैसी किसी भी बात को एक फरेब के सिवा और कुछ नहीं मानता। उनके अनुसार वर्गबद्ध समाज में मानवता की इस प्रकार की बात की ही नहीं जा सकती। वर्गबद्ध समाज में साहित्य एवं कलाएँ वर्ग-हितों का ही प्रतिबिम्ब होती हैं, और उन्हीं का वे प्रतिनिधित्व करती हैं। चूँकि वर्गबद्ध समाज में केन्द्रीयता शासक-वर्ग की विचारधारा की होती है, प्रचार और प्रसार के सारे साधन भी उसके पास होते हैं, पैसों के बल पर वह सम्पूर्ण साहित्य, संस्कृति और कला को अपना पाकर बनाने की सामर्थ्य रखता है, अतएव भाँति-भाँति के साधनों द्वारा वह ऐसी ही विचारधाराओं का प्रचार करता है, ताकि उसका वर्गहित सुरक्षित रह सके, शोषित सर्वहारा वर्गहित उसे चुनौती न दे सके। सामान्य मानवता की जो बात आज विविध साहित्य-चिन्तकों एवं कला-विशेषज्ञों द्वारा सुनाई पड़ रही है, या वह जब भी सुनाई पड़ी है, उसके मूल में शासक वर्ग के हितों की रक्षा का प्रयास ही है, शेष मनुष्यता के प्रति व्यक्त की गयी उसकी सारी सहानुभूति एवं संवेदना एक भुलावे के अतिरिक्त और कुछ नहीं है। मार्क्सवादी विचारकों ने रचनाकारों एवं कलाकारों को इस तथाकथित 'सामान्य मानवतावाद' से सावधान रहने का आग्रह किया है, कारण उसके मूल में उनकी वर्ग-चेतना को कुण्ठित करने का दुष्प्रयास ही निहित है। जिस समाज और अर्थव्यवस्था में अधिकांश मनुष्यता महज़ अपने अस्तित्व की रक्षा के लिए संघर्षरत हो, साहित्य, कला एवं जीवन की दूसरी सुख-सुविधाओं की बात तो दूर, जीवन की बुनियादी आवश्यकताएँ भोजन, वस्त्र और आवास तक जिसे उपलब्ध न हों, और इसका प्रधान कारण मुट्ठी भर शोषक-वर्ग के अपने स्वार्थ, अपना वर्ग-हित हो, ऐसी समाज रचना में सामान्य मनुष्यता जैसी बात का क्या अर्थ हो सकता है, इसे आसानी से समझा जा सकता है। मार्क्सवादी विचारकों ने साहित्य एवं कला-सर्जना के सन्दर्भ में जहाँ भी मनुष्य अथवा मनुष्यता की चर्चा की है, उनका उद्देश्य इसी व्यापक और विराट् मनुष्यता से है, जो एक नये जीवन और नयी समाज रचना के लिए संघर्षरत है, और जिसके प्रति अपनी सम्पूर्ण शक्ति और क्षमताओं के साथ साहित्य एवं कला न केवल प्रतिबद्ध है, समर्पित भी हैं। अन्य मार्क्सवादी साहित्य एवं कला-चिन्तकों के अलावा इलिया एहरेन बुर्ग, लूकाच तथा अनर्स्ट फिशर तक (जिन्हें उदारतावादी कहा जाता है) ने साहित्य एवं कला की इस प्रतिबद्धता को स्वीकार किया है। सवाल है कि पूँजीवादी समाज-व्यवस्था में आखिर प्रतिबद्धता और किसके प्रति हो सकती है? मनुष्यत्व के श्रेष्ठ गुणों, उसकी उदात्त सम्भावनाओं, उसकी उज्ज्वल आकृति के प्रति ही प्रतिबद्ध हुआ जा सकता है। इनका पक्षधर बनकर ही साहित्यकार एवं कलाकार अपनी दायित्व चेतना की पूर्ति कर सकता है। वर्गबद्ध समाज की असलियत से अपरिचय, सिवा इसके कि उसकी कला-सर्जना को प्रभावहीन बनाये और कुछ नहीं कर सकता।

वर्गबद्ध समाज में मार्क्सवाद वर्ग-चेतना को अनिवार्य मानता है, किन्तु उसका वास्तविक लक्ष्य वर्गहीन समाज की स्थापना है। वर्गहीन समाज की स्थापना पूँजीवादी समाज-व्यवस्था के सम्पूर्ण विनाश के उपरान्त ही सम्भव है, अतएव जब तक पूँजीवादी व्यवस्था अपनी मृत्यु की अन्तिम घड़ियाँ नहीं गिन लेती, तब तक के लिए आवश्यक है कि सर्वहारा-वर्ग की चेतना को प्रखर से प्रखरतर बनाया जाय ताकि वह अपनी निर्णायक लड़ाई में अन्तिम विजय प्राप्त कर मनुष्यता के महान् लक्ष्य की पूर्ति कर सके। वर्गहीन समाज में चूँकि वर्ग न होंगे, वह समाज श्रम की गरिमा पर आधारित मानव-समता का समाज होगा, इसलिए, ऐसे समाज में ही साहित्य एवं कलाएँ वास्तविक अर्थों में समूची मनुष्यता, मानव-मात्र के प्रति प्रतिबद्ध हो सकेंगी, तब उनका लक्ष्य एक साथ सम्पूर्ण मानवता का हित चिन्तन होगा, और वे अपनी वास्तविक सम्पूर्णता भी प्राप्त कर सकेंगी।

मार्क्सवादी साहित्य अथवा कला-चिन्तन की प्रतिबद्धता सम्बन्धी इस धारणा के मूल में निहित उसकी क्रान्तिकारी चेतना से घबराकर, साहित्य एवं कलाओं की स्वतन्त्रता का नारा लगाने वाले गैर-मार्क्सवादी साहित्य एवं कला-चिन्तन जब-तब भ्रम और अस्पष्टता फैलाने के हेतु दूसरे उपायों का आश्रय भी लेते हैं। साहित्य एवं कला की स्वतन्त्र प्रकृति, रचना-स्वातन्त्र्य जैसी 'पवित्र' बातें करते हुए वे यह प्रतिपादित करते हैं कि प्रतिबद्धता चूँकि रचना की स्वतन्त्र प्रकृति को बाधित करती है, रचनाकार एवं कलाकार को कहीं न कहीं, किसी न किसी से जुड़ने को कहती है, और इस प्रकार उसकी स्वतन्त्र-चेतना पर अंकुश लगाती है, अतः प्रतिबद्धता की बात ही क्यों की जाय? यदि बात की भी जाय तो यही कि रचनाकार या कलाकार किसी के प्रति प्रतिबद्ध नहीं है; वह यदि प्रतिबद्ध है तो अपने प्रति, अपनी आत्मा के प्रति, अपनी आत्मा की आवाज के प्रति। प्रतिबद्धता एक तो बेमानी है, और यदि उसके कोई माने हो सकते हैं तो इसी अर्थ में। आदि-आदि।

मार्क्सवादी साहित्य-चिन्तकों एवं विचारकों ने इस तथ्य के प्रति भी अपनी पूरी सजगता व्यक्त की है, और इस प्रकार की दिग्भ्रम उत्पन्न करने वाली बातों के प्रति भी रचनाकारों एवं कलाकारों को सावधान तथा सचेत किया है।

जहाँ तक किसी के प्रति भी प्रतिबद्ध न होने की बात का प्रश्न है, उनका कथन है कि यदि किसी के प्रति प्रतिबद्ध होना एक खास दृष्टिकोण के प्रति अपने को समर्पित कर देना है, तो किसी के प्रति प्रतिबद्ध न होने की बात भी एक खास दृष्टिकोण के प्रति आत्मसमर्पण है। दोनों दृष्टिकोणों की अपनी एक अहमियत है, अतएव यह कहना कि प्रतिबद्ध होने में रचनाकार या कलाकार की स्वतन्त्र चेतना का ह्रास है, नितान्त असंगत है, कारण प्रतिबद्धता की भाँति अप्रतिबद्धता भी किसी न किसी स्थिति से जुड़ाव का ही नाम है और अप्रतिबद्धता की यह बात इसलिए खतरनाक बात है कि जहाँ प्रतिबद्ध कलाकार अपनी सम्पूर्ण पक्षधरता को स्पष्ट

कर देता है, वहाँ अप्रतिबद्धता की यह स्थिति, चूँकि वह प्रतिबद्धता के सन्दर्भ के विरोध में सामने आयी है, जान-बूझकर गोल-मोल रखी जाती है। परन्तु उसकी इस सारी अस्पष्टता के बावजूद एक प्रबुद्ध व्यक्ति को यह पहचानने में देर नहीं लगती कि अप्रतिबद्धता की चर्चा करने वाले लोग, इस अप्रतिबद्धता में भी कहाँ, किनसे और किस वर्ग के हितों से प्रतिबद्ध हैं।

रही बात अपने प्रति, अपनी आत्मा और उसकी आवाज के प्रति प्रतिबद्ध होने की बात, तो वह भी एक वाग्जाल के अतिरिक्त और कुछ नहीं है। आज जो कुछ भी संसार तथा समाज में घटित हो रहा है, मनुष्य चाहकर भी उससे असम्पृक्त नहीं रह सकता। उसकी विचारधारा, उसके व्यक्तित्व तथा उसके 'आत्म' के निर्माण में बाह्य संसार में घटने वाली घटनाओं की ही प्रधानता रहती है। बहुत कुछ वह अध्ययन के द्वारा भी प्राप्त करता है, जो दूसरों के विवेक का ही परिणाम होता है। उसके अपने निजी अनुभव भी बाह्य जीवन की सापेक्षता में ही बनते हैं। कहने का तात्पर्य यह कि आधुनिक विश्व में यदि कोई बाह्य घटनाओं, चिन्तनधाराओं एवं ज्ञान-विज्ञान से सर्वथा निरपेक्ष अपने स्वतः के विवेक का दावा करे तो यह उसका भ्रम ही होगा। उसके 'आत्म', उसके विवेक का अधिकांश बाह्योपजीवी होता है, ऐसी स्थिति में 'आत्म' के प्रति प्रतिबद्ध होने की बात कहाँ तक संगत मानी जा सकती है। इस प्रकार के उदाहरणों की कमी नहीं है कि जिन रचनाकारों अथवा कलाकारों ने आत्मा की आवाज का नारा सबसे अधिक जोर-शोर से लगाया है, वही संसार की प्रतिक्रियावादी, जनविरोधी भूमिकाओं के सबसे बड़े समर्थक और संरक्षक साबित हुए हैं। कारण स्पष्ट है कि आत्मा की आवाज का उनका नारा महज सामान्य जन के प्रति प्रतिबद्ध होने की बात के विरोध में उठा है, अन्यथा जन सामान्य शोषित-पीड़ित मनुष्यता तथा वर्ग-हीन समाज की स्थापना द्वारा एक नये संसार के निर्माण से जुड़ने की बात का आत्मा की सच्ची आवाज से बैर ही क्या हो सकता है? क्या इसमें भी दो मत हो सकते हैं कि आत्मा की सच्ची आवाज वही मानी जायेगी जो लक्ष-लक्ष मनुष्यता के हित से जुड़ी हो, उसकी अपनी आवाज हो। जहाँ तक रचनाकार एवं कलाकार की स्वतन्त्र चेतना का, और प्रतिबद्ध स्थिति द्वारा उसके बाधित होने का प्रश्न है, रचना-स्वातन्त्र्य का प्रश्न है, स्वातन्त्र्य की विवेचना करते समय पिछले पृष्ठों में हम स्वातन्त्र्य-सम्बन्धी बुर्जुआ पूँजीवादी धारणा की असलियत स्पष्ट ही कर चुके हैं। सच्ची स्वातन्त्र्य-चेतना क्या हो सकती है, इसका परिचय भी दिया जा चुका है।

प्रतिबद्धता की चर्चा के क्रम में गैर-मार्क्सवादी साहित्य-चिन्तकों ने सर्वहारा वर्ग के प्रति प्रतिबद्धता वाली बात के विरोध में कुछ अन्य अस्पष्ट तथा अमूर्त्त तथ्य भी प्रस्तुत किये हैं। अपने विवेक तथा अपनी आत्मा के प्रति प्रतिबद्धता वाली बात का जिक्र हम कर चुके हैं, एक नयी भूमिका है, सत्य के प्रति प्रतिबद्धता की। जहाँ तक इस भूमिका का सम्बन्ध है, 'विशुद्ध सत्य' अथवा 'परम सत्य' का

दावा कौन कर सकता है? जो लोग ऐसा दावा करते भी हैं, वे सारी चर्चा को मानवीय तथा लौकिक भूमिकाओं से काटकर अलौकिक तथा अमानवीय भूमिकाओं में ले जाते हैं, मार्क्सवाद जिन्हें स्वीकार नहीं करता। मार्क्सवाद जिस 'परम सत्य' की बात करता है, वह 'समग्र वस्तुगत सत्य' है। उसे यथार्थ का परम सटीक प्रतिबिम्ब माना जा सकता है, और सिद्धान्त रूप में मार्क्सवाद इस कारण उसकी प्राप्ति का दावा भी करता है कि कोई भी चीज़ अज्ञेय नहीं है और मानव-मस्तिष्क की संज्ञान-क्षमता भी निस्सीम है।[11] सत्य का दूसरा रूप 'सापेक्ष सत्य' है जिसे ज्ञान का यथार्थ से पूर्णतया मेल खाना कहा जा सकता है। सत्य सदा विशिष्ट होता है और उसकी कसौटी व्यवहार है। भाववादी सत्य को मनोगत मानते हैं जबकि मार्क्सवादी उसकी सत्ता को वस्तुगत स्वीकार करते हैं। सत्य उनके अनुसार 'किसी वस्तु का ऐसा ज्ञान है, जो उस वस्तु को सही-सही प्रतिबिम्बित करता हो, अर्थात् जो उस वस्तु के अनुरूप हो।[12] सत्य सम्बन्धी मार्क्सवाद की ये मान्यताएँ अपने व्यावहारिक निष्कर्षों में गैर-मार्क्सवादियों की सत्य-सम्बन्धी धारणा को काटती हुई, उन्हीं बातों को सामने लाती हैं, जिनके प्रति प्रतिबद्धता अपरिहार्य मानी गयी है। हावर्ड फास्ट ने सत्य को इन्हीं सन्दर्भों में पक्षधर घोषित किया है। उनके अनुसार पक्षधरता सत्य की नियति है। यदि हम अपने को सत्य से जोड़ते हैं तो हमें किसी असत्य की तुलना में उसका पक्षधर बनना ही पड़ेगा। ऐसी स्थिति में सत्य के प्रति प्रतिबद्धता या पक्षधरता का सवाल भी आज के युग में सर्वहारा हित के प्रति पक्षधरता या प्रतिबद्धता का ही सवाल है। यह वर्गबद्ध मानवता के विरुद्ध वर्गहीन मानवता, वर्ग-विषमता के विरोध में मानव-समता, शोषण, अनाचार, अन्याय, युद्ध आदि के विरोध में शान्ति, बन्धुत्व, अन्तर्राष्ट्रीय भाई-चारे, श्रम की गरिमा, विकास की समान सुविधाओं, एक शब्द में पूँजीवादी समाज तथा अर्थव्यवस्था के विरोध में समाजवादी-साम्यवादी समाज-व्यवस्था से जुड़ने का सवाल है।

कुल मिलाकर प्रतिबद्धता-सम्बन्धी मार्क्सवादी धारणा, मार्क्सवादी विचारकों के अनुसार युग-सत्य के गहन बोध पर आधारित है। उसे अमान्य ठहराने वाले इस युग-सत्य से आँख मूँदना चाहते हैं, भाँति-भाँति के शब्द-जाल में वास्तविकता को ढँकने का प्रयास करते हैं।

पार्टी-प्रतिबद्धता अथवा पार्टी-पक्षधरता का सवाल

प्रतिबद्धता अथवा पक्षधरता का एक पहलू पार्टी के प्रति प्रतिबद्धता या पक्षधरता से सम्बन्ध रखता है, बल्कि यदि कहें कि पार्टी-भावना से अनुशासित और प्रेरित मार्क्सवादी साहित्य-चिन्तकों एवं रचनाकारों के लिए प्रतिबद्धता या पक्षधरता का यही वास्तविक पहलू है तो कोई अत्युक्ति न होगी। मार्क्सवाद जिस सर्वहारा-वर्ग के हित से जुड़ा है, उस सर्वहारा-वर्ग के लिए एक पार्टी की अनिवार्यता मानता है,

जो मार्क्सवाद की सैद्धान्तिक समझ को व्यावहारिक रूप में लागू करती हुई, सर्वहारा-वर्ग का नेतृत्व कर, उसे इच्छित गन्तव्य तक पहुँचा दे। यह पार्टी अथवा दल साम्यवादी पार्टी अथवा साम्यवादी दल होगा, जो सर्वहारा संघर्ष की आशाओं-आकांक्षाओं का प्रतीक एवं प्रतिनिधि बनकर उसकी अगुवाई करेगा। अगुवाई ही नहीं, सर्वहारा-संघर्ष और सर्वहारा हितों के संरक्षण का दायित्व भी दल का ही होगा। मार्क्सवाद विचार-दर्शन की व्यावहारिक भूमि पर सर्वहारा वर्ग की पार्टी अथवा दल को केन्द्रीय महत्त्व प्राप्त है। पार्टी अथवा दल का विधान होगा, अपना रचनातन्त्र होगा, उसकी अपनी सदस्यता तथा कमेटियाँ होंगी, कहने का तात्पर्य यह कि दल एक सुसंगठित इकाई होगा, सर्वहारा वर्ग के समूचे संघर्ष का संचालन-सूत्र जिसके हाथ में होगा।

पिछले पृष्ठों में हमने सर्वहारा-वर्ग के प्रति जिस प्रतिबद्धता का उल्लेख किया है, पार्टी अथवा दल के उपर्युक्त महत्त्व के सन्दर्भ में उसका पार्टी अथवा दल के प्रति प्रतिबद्धता में बदल जाना स्वाभाविक है। यह वह बिन्दु है जहाँ सर्वहारा-हितों, पार्टी-हितों, सर्वहारा-पक्षधरता, पार्टी-पक्षधरता में कोई फर्क नहीं रह जाता, और यही वह बिन्दु है जहाँ प्रतिबद्धता अथवा पक्षधरता का प्रश्न एक प्रखर राजनीतिक शक्ल ग्रहण कर लेता है, लेखक और सर्वहारा-हितों के बीच पार्टी अथवा दल की भूमिका प्रमुख हो उठती है। कहना न होगा, मार्क्सवादी साहित्य-चिन्तन के अन्तर्गत उठाये जाने वाले प्रतिबद्धता अथवा पक्षधरता के प्रश्न पर जो भी विवाद उठा है, उसका बहुत बड़ा अंश पार्टी अथवा दल के प्रति प्रतिबद्धता की इस भूमिका से सम्बन्धित है। यह वह भूमिका है जिसका विरोध गैर-मार्क्सवादी साहित्य-चिन्तकों ने तो किया ही है, साहित्य एवं कला के क्षेत्र में मार्क्सवादी दर्शन से जुड़े और समर्पित विचारकों और चिन्तकों ने भी किया है। अर्न्स्ट फिशर, लूकाच, इलिया एहरेन बुर्ग आदि का नाम हम इस सन्दर्भ में भी ले सकते हैं। यहाँ यह स्पष्ट हो जाना चाहिए कि इस प्रश्न पर इनका विरोध पार्टी अथवा दल का, रचनाकारों अथवा कलाकारों का दल की सदस्यता से बँधने-न-बँधने का, सर्वहारा-संघर्ष के नेतृत्व में दल के शीर्ष महत्त्व का विरोध न होकर उन अहेतुक तथा अवांछित स्थितियों एवं परिणामों का विरोध है, दल द्वारा साहित्य एवं कलाओं के एकान्त अनुशासन से जिनका सीधा सम्बन्ध है।

इसके पहले कि हम दलीय प्रतिबद्धता अथवा साहित्य में दलगत भावना (Party-spirit in literature) से सम्बन्धित इन विचारकों के (जिन्होंने दलीय-भावना को अपरिहार्य माना है) मतों को प्रस्तुत करें, हम साहित्य एवं कला की दलीय प्रतिबद्धता के स्रोत, लेनिन के 'पार्टी-संगठन तथा पार्टी-साहित्य' शीर्षक उस निबन्ध की याद पाठकों को दिलाना चाहते हैं, जिसका उल्लेख लेनिन के साहित्य-चिन्तन को प्रस्तुत करते समय, तीसरे खण्ड में, हमने किया है। अपने इस निबन्ध में लेनिन के कथन का सारतत्त्व उनके इसी निर्देश को माना जा सकता है कि साहित्य एवं कला पार्टी-तन्त्र का अभिन्न अंग बनें, वे पार्टी-हित, पार्टी-नीतियों एवं

पार्टी-उद्देश्यों के साथ पूरी तरह घुल-मिल जायें। लेनिन का यह निर्देश स्तालिन-जदानोव युग में सर्जना और चिन्तनगत किन परिणामों को सामने लाया, उनका संकेत मार्क्सवादी साहित्य-चिन्तन की परम्परा का परिचय देते समय, दूसरे खण्ड के अन्त में, हम दे चुके हैं। सब पूछा जाय तो स्तालिन-जदानोव-युग में ही नहीं, आगे भी, और रूस तथा चीन में ही नहीं, दूसरे देशों में भी, लेनिन के मूल मन्तव्य को उसकी सही भूमिका में न समझ सकने के कारण, पार्टी-नेतृत्व के द्वारा साहित्य और कलाओं, रचनाकारों तथा कलाकारों को, पार्टी-तन्त्र से पूरी तरह अनुशासित करने की कोशिश की गयी, सर्वहारा-वर्ग से अधिक पार्टी-नीतियों का प्रवक्ता बनकर सामने आने में ही, रचना और रचना-धर्म की सिद्धि मानी गयी। साहित्य एवं कला की उस विशिष्ट प्रकृति की सर्वथा उपेक्षा की गयी, स्वतः लेनिन जिसे बखूबी समझते थे, और जिसके कारण ही उन्होंने गोर्की को एक पार्टी-पत्र का सम्पादन दिये जाने का विरोध किया था। पार्टी के प्रति साहित्य एवं कला की प्रतिबद्धता के समर्थकों में स्तालिन और उनके बाद के सोवियत राजनीतिक नेताओं--ख्रुश्चोव, ब्रेझनोव, आदि के साथ-साथ मेलंकोव माओत्से-तुंग, चाऊ-एन-लाई, कू-मो जो आदि चीनी नेताओं की गणना की जा सकती है। यही नहीं, अनेक समर्थ और अन्तर्राष्ट्रीय ख्याति प्राप्त रचनाकारों एवं कलाकारों ने भी पार्टी-सम्पृक्ति को ही जनता के प्रति सम्पृक्ति का प्रतिमान मानते हुए साहित्य एवं कला की पार्टी से अभिन्न हो जाने की बात का समर्थन किया है, पार्टी-प्रतिबद्धता को अनिवार्य माना है। शोलोखोव तथा फादयेव का नाम इस सन्दर्भ में लिया जा सकता है। इस सम्पृक्ति के अभाव में रचनाकारों एवं कलाकारों को लांछित और दण्डित भी किया गया है। पार्टी के प्रति रचनाकारों, कलाकारों, साहित्य एवं कला की सम्पृक्ति कैसी हो, उसका रूप क्या हो, आदि बातों का निर्णय भी पार्टी नेतृत्व पर ही छोड़ दिया गया, फलतः नेतृत्व के मनोनुरूप सम्पृक्ति के अभाव के फलस्वरूप भी लांछना और दण्ड की भूमिकाएँ सामने आयी हैं। पार्टी की केन्द्रीय समिति के प्रस्तावों द्वारा साहित्य एवं कला के लिए विषय तक निर्धारित किये गये हैं, साहित्य एवं कला की रचना-पद्धति तक को निश्चित किया गया है। ये सारी बातें, बावजूद इस तथ्य के कि साम्यवादी विचार-तन्त्र में पार्टी को सर्वहारा-हित का एक मात्र संरक्षक और पहरुआ माना गया है, साहित्य एवं कला के निष्ठावान उपासकों को एक अवांछित अतिवाद लगीं, और यही कारण है कि पार्टी से जुड़े रहने के बावजूद इस नौकरशाही अतिवाद के विरोध में उन्होंने आवाज उठायी। इस विरोध के मूल में, जैसा कि हम कह चुके हैं, पार्टी अथवा दल की अवमानना उतनी नहीं थी, जितनी साहित्य एवं कला की, परिणामतः सामने आने वाली सतही आकृति एवं उसके इस स्तर तक पहुँचे हुए नियन्त्रण के प्रति उनकी पीड़ा एवं सहजता। उनके लिए यह प्रश्न सच्ची कला एवं साहित्य बनाम प्रचार-साहित्य का रूप लेकर भी सामने आया, और प्रचार-साहित्य के विरोध में भी

उन्होंने अपनी आवाज उठायी। उनकी साहित्य एवं कला की समझ ने उनके गले के नीचे यह बात उतरने नहीं दी कि प्रचार-साहित्य ही एकमात्र साहित्य है, और पार्टी-आदर्शों के प्रचार-प्रसार में ही साहित्य एवं कला की सार्थकता है। साहित्य एवं कलाओं की सार्थकता का उन्होंने इससे कहीं अधिक व्यापक और गहरा सन्दर्भ स्वीकार किया। कहने का तात्पर्य यह कि वे किसी भी स्तर पर इस तथ्य के प्रति पूर्णतः आत्म-समर्पित नहीं हुए कि पार्टी-प्रतिबद्धता और उसके फलस्वरूप पार्टी द्वारा अनुशासित और नियन्त्रित रचना-धर्म ही एकमात्र सही रास्ता है, और साहित्यकारों एवं कलाकारों को उसी का अनुसरण करना चाहिए, अपनी पूरी रचनाशीलता के साथ पार्टी-आदर्शों एवं पार्टी-नीतियों के प्रचार में जुट जाना चाहिए। रचनाशीलता की दिशाएँ भी यदि स्वतन्त्र होतीं, तब भी कुछ बात थी, परन्तु विषय-वस्तु के साथ-साथ रचना-शिल्प के बारे में भी पार्टी-नेताओं के निर्देश, यह सब कुछ इतना अतिवादी था कि उन्हें ग्राह्य नहीं हुआ, और इसी का परिमाण है कि अपने साहित्य तथा कला-चिन्तन में, इस तथ्य के प्रति सजग रहते हुए कि कट्टरतावादियों के द्वारा उसे प्रामाणिक मार्क्सवादी साहित्य-चिन्तन के रूप में मान्यता न मिलेगी, उन्होंने अपने विरोध को व्यक्त किया और अपनी समझ के अनुरूप एवं कला के प्रति सही मार्क्सवादी दृष्टिकोण प्रस्तुत किया। अर्न्स्ट फिशर ने लिखा कि 'निर्णायक स्थितियों में कोई भी समाजवादी लेखक या कलाकार सही मानों में आवश्यकता पड़ने पर प्रचारक और आन्दोलनकारी होने से मुँह नहीं मोड़ेगा। किन्तु प्रचार और आन्दोलन को ही अपना सर्वाधिक महत्त्वपूर्ण कार्य समझ लेने का अर्थ होगा कला की असीम सम्भावनाओं और उद्देश्यों को असंगत रूप से सीमित कर देना। अगर समाजवादी कलाकार को केन्द्रीय समिति का प्रवक्ता और आन्दोलन और प्रचार-विभाग के दक्ष सदस्य से अधिक कुछ नहीं होना है तो परिणाम सिर्फ यही नहीं होगा कि वह कलाकार के रूप में निकृष्ट हो जायेगा बल्कि वह प्रचारक और आन्दोलनकारी के रूप में भी प्रभाव शून्य हो जायेगा। अगर समाजवादी कला वर्तमान युक्तिपूर्ण परिस्थितियों की आवश्यकताओं के साथ अपना तालमेल बिठाने को बाध्य है तो उस कला में कोई जान नहीं रह जायेगी। समाजवादी समाज में इसका महत् योग कार्यकर्त्ता का विवरण, आँकड़ा, प्रस्ताव और मुख्य लेखादि प्रस्तुत करने की सीमा से बहुत आगे जाकर कला के माध्यम से समस्याओं को मुखर करने, और यथार्थों को प्रकाश में लाने में है, जिनसे पार्टी के सचिव अब तक अनभिज्ञ रहे हैं।'

अपनी बात को बढ़ाते हुए आगे अर्न्स्ट फिशर का कहना है कि 'कला, कविता एवं साहित्य के रूप में ही यह समाजवादी समाज की सहायता करता है। कलाकार फैंटेसी और चेतना, कामना और दायित्व की एकरूपता में ही, समाज की सहायता करता है, न कि प्रबन्ध, प्रस्ताव और राजनीतिक माँग जैसे छद्म रूपों में। कलाकार का सामाजिक सन्देश प्रभावपूर्ण तथा सफल तभी हो सकता है, जब उसकी उपज

सन्दर्भ

1. देखिए–इल्यूज़न एण्ड रियलिटी, तीसरे खण्ड में काडवेल का साहित्य-चिन्तन।
2. देखिए–स्टडीज़ इन डाइंग कल्चर, पृ. 193-194।
3. स्टडीज़ इन डाइंग कल्चर, पृ. 226।
4. वही, पृ. 228।
5. 'Marxism has a grasp of the main lines of human development and recognizes its laws. Those who have arrived at such Knowledge know, inspite of all temporary darkness, both whence we have come and where we are going. And those who know this find the world changed in their eyes...where the Philosophy of despair weeps for the collapse of a world, and the destruction of culture, there marxists watch the birthpangs of a new world and assist inmitigating the pains of labour.
—Preface, p. 2—George Lukacs.
6. देखिए–कम्युनिस्ट पार्टी का घोषणा-पत्र, मार्क्स–एंगेल्स, पी.पी.एच., दिल्ली, पृ. 38।
7. देखिए–कम्युनिस्ट पार्टी का घोषणा-पत्र, मार्क्स–एंगेल्स, पी.पी. एच., दिल्ली, पृ. 40।
8. देखिए–लेनिन–ऑन लिटरेचर एण्ड आर्ट, पृ. 145।
9. देखिए–कम्युनिस्ट पार्टी का घोषणा-पत्र, मार्क्स-एंगेल्स, पृ. 40-41।
10. देखिए–हावर्ड फास्ट-लिटरेचर एण्ड रियलिटी, पृ. 92।
11. देखिए–मार्क्सवादी दर्शन–वि. अफनास्येव–पी.पी.एच., दिल्ली, पृ. 169-174।
12. देखिए–मार्क्सवादी दर्शन, पृ. 169-174।
13. देखिए–'कला और सैद्धान्तिक बाह्य संरचना' आलोचना–पूर्णांक 40, अक्टूबर-दिसम्बर।
14. देखिए–दी मीनिंग ऑफ कण्टेम्परेरी रियलिज़्म, पृ. 7-8।
15. देखिए–मार्क्स-एंगेल्स–लिटरेचर एण्ड आर्ट, पृ. 36।
16. देखिए–तीसरे खण्ड के अन्तर्गत माओत्से-तुंग के साहित्य-चिन्तन का विवरण।

समापन

❑ मार्क्सवादी साहित्य-चिन्तन; कुछ निष्कर्ष

बार उन्हें भौतिकवादी दृष्टिकोण से विवेचित और विश्लेषित करने का प्रयास किया गया। इस नयी दृष्टि से साहित्य एवं कला-सम्बन्धी प्रश्नों पर विचार करने के क्रम में ही जो निष्कर्ष सामने आये, मार्क्सवादी साहित्य अथवा कला-चिन्तन उन्हीं की समष्टि है। पश्चिम के भाववादी कला-चिन्तन द्वारा उपलब्ध निष्कर्षों के साथ इन निष्कर्षों को रखकर हम सरलतापूर्वक मार्क्सवादी साहित्य-चिन्तन की नव्यता का अनुमान लगा सकते हैं।

साहित्य एवं कला को विशिष्ट मानवीय उपलब्धि स्वीकार करते हुए मार्क्सवादी विचारकों ने, भाववादी कला-चिन्तकों के विपरीत, उनसे सम्बद्ध समस्त लोकोत्तर व्याख्याओं का खण्डन किया। उन्हें ईश्वर-प्रदत्त प्रतिभा का परिणाम अथवा ईश्वर-रचित सृष्टि का अनुकरण न मानकर उन्होंने समाज-विकास के अध्ययन के दौरान सामाजिक जीवन के विकास-क्रम के बीच ही उनके आविर्भाव मूलक कारणों की खोज की और सामाजिक जीवन के विकास के अनुरूप उनके विकास-क्रम का इतिहास निरूपित किया; कहने का तात्पर्य यह कि उनके जन्म और विकास की समूची व्याख्या मानव-जीवन और सामाजिक जीवन के विकास के सन्दर्भ में की। इस प्रकार पहली बार साहित्य एवं कलाओं का सम्बन्ध विशुद्ध मानवीय प्रयासों के साथ जुड़ा, वे विशुद्ध रूप से मानवीय सर्जना बनीं। साहित्य एवं कलाओं के निर्माण और उनकी निर्मिति के उपकरणों—इन्द्रियबोध, भाव और विचार, उनकी अभिव्यक्ति के माध्यमों—भाषा, बिम्ब और प्रतीक, सबका विवेचन सामाजिक जीवन के सन्दर्भों में हुआ और प्रमाणपूर्वक यह प्रतिपादित किया गया कि साहित्य एवं कलाओं का रग-रेशा इसी मानवीय और सामाजिक जीवन की उपलब्धि है। वे विशुद्ध रूप से मानवीय सर्जना तो हैं ही, इनका प्रयोजन, इनका लक्ष्य, सब कुछ मानवीय और सामाजिक जीवन से सम्बन्धित है। मनुष्य इनका निर्माता है, और ये मनुष्य के लिए ही हैं। अपने जीवन की रिक्तता को भरने के लिए, अपने जीवन को अधिकाधिक सम्पूर्ण बनाने के प्रयास में, उसे अधिकाधिक सम्पन्न और समृद्ध करने के हेतु उसने इनका निर्माण किया है। इस प्रकार साहित्य एवं कला से सम्बद्ध समस्त लोकोत्तर व्याख्याओं से—जिनका श्रेय भाववादी कला-चिन्तन को प्राप्त है, उन्हें मुक्त कर, प्रथम बार उन्हें विशुद्ध मानवीय और लौकिक भूमिकाओं में व्याख्यायित और विश्लेषित कर, मार्क्सवादी साहित्य अथवा कला-चिन्तन ने सौन्दर्यशास्त्रीय समझ की एक नयी लीक की स्थापना की; साहित्य और कला-चिन्तन को उसका सबसे महत्त्वपूर्ण प्रदेय यही माना जा सकता है।

मार्क्सवादी साहित्य और कला-चिन्तन का दूसरा महत्त्वपूर्ण प्रदेय साहित्य एवं कलाओं के मूल्यांकन के सामाजिक प्रतिमान से सम्बन्धित है। भाववादी कला-चिन्तन के विपरीत, जिसके अन्तर्गत साहित्य एवं कलाओं को जीवन की दूसरी बुनियादी जरूरतों से पृथक् एक स्वतन्त्र इकाई के रूप में मान्यता प्राप्त हुई है, तथा उनके मूल्यांकन के प्रतिमानों को उनके भीतर ही स्थित माना गया है, मार्क्सवादी साहित्य-चिन्तन सामाजिक प्रतिमान को सामने रखता है। विशुद्ध सौन्दर्य-नियमों अथवा विशुद्ध कला-नियमों जैसी किसी चीज़ को यह स्वीकार नहीं करता। उसके

मतानुसार साहित्य एवं कलाओं का अपना पुष्ट सामाजिक आधार है, और सारे सौन्दर्य-नियम अथवा सारे कला-नियम कोई स्वतन्त्र इयत्ता न रखते हुए अन्ततः इसी सामाजिक आधार द्वारा नियमित और निर्धारित होते हैं। ऐसी स्थिति में, उन्हें सामाजिक आधार से विलग, मूल्यांकन का स्वतन्त्र प्रतिमान नहीं माना जा सकता। उनकी अपनी सापेक्षिक स्वायत्तता का मार्क्सवादी साहित्य-चिन्तन में निषेध नहीं है, परन्तु जैसा कहा गया, यह स्वायत्तता सापेक्षिक है। इसे निरपेक्ष नहीं माना जा सकता। सौन्दर्य-नियमों अथवा कला-नियमों की निरपेक्ष स्वायत्तता की बात तभी सामने आती है, जब साहित्य एवं कलाओं को आर्थिक-भौतिक जीवन का यान्त्रिक प्रतिबिम्ब मानकर समीक्षक समाज-विकास के साथ उनका सीधा सम्बन्ध जोड़ने का प्रयास करते हैं, मार्क्सवाद की द्वन्द्वात्मक समझ का तिरस्कार कर सरलीकरण की पद्धति अपनाते हैं। यदि आर्थिक-भौतिक जीवन और उस पर आधारित बाह्य-संरचना के—जिसके अन्तर्गत साहित्य एवं कलाएँ आती हैं, सही द्वन्द्वात्मक सम्बन्धों को समझ लिया जाय, तो स्पष्ट होगा कि मात्र आर्थिक-भौतिक धरातल ही सदैव अपनी सक्रियता तथा प्रभुता सूचित नहीं करता, कभी-कभी साहित्य एवं कलाएँ भी अपनी सक्रियता एवं प्रभुता सूचित करती हैं, यह बात इस तथ्य को पूरी तरह स्पष्ट कर देती है कि कभी-कभी सौन्दर्य और कला-नियम हमें प्रधान क्यों लगने लगते हैं, जबकि अन्ततः, अपनी अन्तिम परिणति में, आर्थिक भौतिक धरातल ही निर्णायक साबित होता है। साहित्य एवं कलाओं के सामाजिक आधार की विवेचना करते समय, चौथे खण्ड के प्रारम्भ में, एवं मूल्यांकन की समस्या पर विचार करते समय, इसी खण्ड के मध्य में, हम इस प्रश्न पर चर्चा कर चुके हैं, अतः यहाँ इतना ही स्पष्टीकरण पर्याप्त है।

साहित्य एवं कलाओं के मूल्यांकन के सामाजिक प्रतिमान का वास्तविक महत्त्व इस बात में निहित है कि साहित्य एवं कलाएँ जीवन के दूसरे बुनियादी पक्षों से स्वतन्त्र नहीं, वरन् उनका ही एक अंग हैं, और जीवन के दूसरे बुनियादी प्रश्नों से काटकर उनके महत्त्व का एकान्त मूल्यांकन नहीं किया जा सकता। मानव जीवन तथा समाज से उनका सम्बन्ध जोड़े रहने के लिए आवश्यक है कि इस भ्रम का निराकरण किया जाय कि उनकी कोई स्वतन्त्र इयत्ता तथा महत्त्व के स्वतन्त्र आयाम हैं, और उनकी श्रेष्ठता या अ-श्रेष्ठता को मात्र उन्हीं के बीच से निपटाया जा सकता है। इस तथ्य का स्पष्टीकरण भी आवश्यक है, कि चूँकि मनुष्य ने सामाजिक जीवन के विकास-क्रम में उन्हें इस कारण अर्जित और उपलब्ध किया है कि उसके जीवन को भरा-पूरा और सम्पन्न बनावें, उसे अपनी वास्तविक मंजिल तक पहुँचाने में सहायता प्रदान करें, अतएव मात्र यह देखना ही पर्याप्त नहीं होगा कि वे अपने तथाकथित नियमों की कसौटी में ही कहाँ तक खरी उतरी हैं, वरन् इस बात की परीक्षा आवश्यक होगी कि साहित्य एवं कला के इन 'स्वतन्त्र' नियमों का स्रोत क्या है, और साहित्य एवं कलाएँ उस दायित्व की पूर्ति में कहाँ तक सफल हुई हैं,

कर, समूचे मानव जीवन को संकीर्ण तथा अँधेरी दिशाओं की ओर गतिशील करने के लिए तत्पर रहा है। वह मनुष्य और मनुष्य के बीच भेद उत्पन्न कर, समाज को वर्गों में बाँटकर, सदा-सदा के लिए सामूहिक-हित की भावना का अन्त कर देना चाहता है, कारण, इसी में उसका स्वार्थ है। साहित्य, कला, संस्कृति प्रत्येक क्षेत्र में उसकी सक्रियता इसी स्वार्थ से प्रेरित है। मार्क्सवाद और मार्क्सवादी साहित्य-चिन्तन ने इस स्वार्थ का रूप उजागर करते हुए न केवल उसके विकास को कुण्ठित किया है, उसे आगे के लिए पंगु भी बना लिया है। मार्क्सवादी विचारकों के अनुसार व्यक्तिवाद आज अपनी अन्तिम साँसें ले रहा है, साहित्य, कला और संस्कृति के क्षेत्र में भी उसकी आकृति स्पष्ट हो चुकी है। जिन पतनशील जीवन-मूल्यों को उसने प्रश्रय दिया था, प्रगतिशील जीवन-मूल्यों ने उन्हें प्रत्येक स्थान से अपदस्थ कर दिया है। उनके जो कुछ ध्वंस अभी अवशिष्ट हैं, प्रगतिशील साहित्य एवं कला-दृष्टि उनके प्रति पूरी तरह सजग है। साहित्य एवं कला का इधर का समूचा इतिहास इस तथ्य का साक्षी है कि दो महायुद्धों के बीच जन्मीं अधिकांश पतनशील कला-प्रवृत्तियाँ अल्प समय तक ही जिन्दा रह सकी हैं, युग की प्रगतिशील तथा साहित्य-चेतना ने उन्हें ठुकरा दिया है। अब वे मुट्ठी भर बीमार मस्तिष्क वाले लोगों तक ही सीमित रह गयी हैं। इस स्थिति का एक बहुत बड़ा श्रेय मार्क्सवादी साहित्य-दृष्टि को है, जिसने सामाजिकता को मानव-जीवन और कला के सबसे बड़े मूल्य के रूप में प्रतिष्ठित कर उसके विरोध में जाने वाली कला तथा साहित्य-दृष्टियों पर अंकुश लगाये, उन्हें व्यापक जन-जीवन की धारा से काटकर एकान्त में सीमित और निःशेष हो जाने को विवश कर दिया। यही नहीं, कला तथा साहित्य के क्षेत्र में स्वस्थ सामाजिक दृष्टिकोण का विकास कर उसने ह्रासशील जीवनदृष्टियों की भावी-सम्भावनाओं को भी क्षत-विक्षत कर दिया है। मार्क्सवादी साहित्य-चिन्तन के इस प्रदेय को भी अस्वीकार नहीं किया जा सकता।

जार्ज लूकाच के अनुसार यथार्थ को मार्क्सवाद में जो केन्द्रीयता प्राप्त है, वह अन्य किसी सौन्दर्यशास्त्रीय दृष्टि में नहीं। यथार्थ को केन्द्रीय महत्त्व देकर मार्क्सवादी साहित्य-दृष्टि ने साहित्य एवं कला-निर्माण को उस जीवन्त आधार तथा उस अक्षय प्रेरणास्रोत से परिचित कराया है जो कभी निःशेष अथवा स्खलित हो ही नहीं सकता। यदि साहित्य एवं कलाओं का निर्माण इन्द्रिय-बोध, भावों और विचारों से होता है, तो इन सबका स्रोत यह यथार्थ जगत् ही है। यथार्थ जगत् के सम्पर्क से ही मनुष्य के इन्द्रिय-बोध पर सान चढ़ती है, उसकी सौन्दर्य-चेतना जाग्रत और परिष्कृत होती है, उसका भाव तथा विचार जगत् सम्पन्न तथा समृद्ध होता है। यथार्थ जगत् का सम्पर्क ही उसे प्राणवान तथा जीवन्त अनुभवों की वह व्यापक राशि प्रदान करता है, जो उसकी कला तथा साहित्य को स्थायित्व प्रदान करते हैं। इसी आधार पर मार्क्सवादी साहित्य दृष्टि यह प्रतिपादित करती है कि वस्तुगत यथार्थ से जुड़कर ही महान् कला तथा साहित्य की रचना की जा सकती है, और जो साहित्य या

कला यथार्थ जीवन से जितना ही दूर तथा कटी हुई होती है, वह उतनी ही दुर्बल तथा काल्पनिक होती है तथा जीवन की सम्भावनाएँ भी उसमें उतनी ही क्षीण होती हैं। यथार्थ के प्रति आसक्ति ही रचनाकार या कलाकार में सत्य के प्रति निष्ठा उत्पन्न करती है, उसकी कलाकृति को प्रामाणिक बनाती है, उसे जीवन के जाग्रत स्पंदनों से युक्त रखती है। कल्पना जैसा तत्त्व भी यथार्थ की संगति में ही उत्कर्ष प्राप्त करता है, अन्यथा वह महज हवाई और चमत्कार बनकर रह जाता है। रचनाकार के आदर्श और स्वप्न भी यथार्थ जीवन से अनुप्राणित होकर ही महत्त्वपूर्ण बनते हैं, अन्यथा अप्रामाणिक बनकर रचना का बोझ ही साबित होते हैं, उसकी जीवन्तता को खण्डित करते हैं। सौन्दर्य का अजस्र स्रोत भी इसी यथार्थ जीवन में निहित है, और रचनाकार की प्रतिभा भी यथार्थ जीवन के सम्पर्क से ही प्राणवान होती है। बड़े से बड़े प्रतिभाशाली और सौन्दर्य-सजग कलाकार भी अपने परवर्ती जीवन में प्राणवान साहित्य तथा कला को जन्म देने में इसी कारण असमर्थ हो उठते हैं कि यथार्थ-जीवन से उनका सम्पर्क कट जाता है। यही कारण है कि मार्क्सवादी साहित्य-विचारकों ने रचनाकारों से सदैव ही लोक जीवन की गहराइयों में उतरने का आग्रह किया है, और निरन्तर उससे सम्बद्ध रहने पर बल दिया है। इस यथार्थ जीवन को अत्यन्त बहुरंगी, जटिल तथा संश्लिष्ट बताते हुए उन्होंने रचनाकारों से कहा है कि वे उसे उसकी पूरी समग्रता में पकड़ने तथा पहचानने का यत्न करें, सतह के अलावा सतह के नीचे पनपने वाले उसके रूप को भी देखें, उसके अन्तर्विरोधों की छानबीन करते हुए उसके ह्रासशील तथा विकासशील दोनों रूपों का साक्षात्कार करें। अपनी यथार्थ-दृष्टि के इसी सन्दर्भ में मार्क्सवादी साहित्य-चिन्तन ने 'समाजवादी यथार्थवाद' के प्रति रचनाकारों एवं कलाकारों से निष्ठा की माँग की है, और उसे साहित्य एवं कला के सर्वोच्च प्रतिमान के रूप में मान्यता दी है। मार्क्सवादी साहित्य-चिन्तन की यह एक अत्यन्त विशिष्ट उपलब्धि है। समग्रतः कहा जा सकता है कि साहित्य एवं कला की निर्मिति में ही नहीं, मूल्यांकन के सन्दर्भ में भी, यथार्थ को मार्क्सवादी साहित्य-चिन्तन के अन्तर्गत जो केन्द्रीयता प्राप्त है, वह दूसरी साहित्य-दृष्टियों से उसे विशिष्ट बनाती है। न केवल मनुष्य का अध्ययन वरन् उसके द्वारा रचित साहित्य एवं कला तथा सम्पूर्ण समाज का अध्ययन, यथार्थ तथा इसी केन्द्रीयता पर निर्भर करता है, और मार्क्सवादी साहित्य-चिन्तन उसका एकमात्र समर्थ दावेदार है। यथार्थ का सामाजिक यथार्थ एवं इन विषयों से सम्बद्ध दीगर प्रश्नों पर हमने अपने मूल विवेचन में पर्याप्त विस्तार से विचार किया है, अतएव इस सम्बन्ध में हमारा इतना कहना ही यहाँ अलम् है।

यथार्थ-विवेचन के सन्दर्भ में ही मार्क्सवादी साहित्य-चिन्तन के अन्तर्गत इतिहास दृष्टि का प्रश्न उठाया गया है, जिसे भी मार्क्सवादी साहित्य-चिन्तन की अत्यन्त महत्त्वपूर्ण उपलब्धि कहा जा सकता है। यह इतिहास-दृष्टि मार्क्सवादी दर्शन और मार्क्सवादी साहित्य-चिन्तन की मूलभूत प्रेरक दृष्टि है, कारण यह व्यक्ति को

समाज-व्यवस्था एक नयी जिन्दगी के लिए संघर्षरत और क्रियाशील मनुष्य की ही सत्ता मार्क्सवादी चिन्तन और सर्जना के केन्द्र में है। साहित्य एवं कलाएँ, मार्क्सवादी चिन्तन के अनुसार इसी संघर्षरत मनुष्य की सृष्टि हैं और उसी के लिए हैं। उनके द्वारा ही वह खण्ड से पूर्णता की ओर अग्रसर होता है, उनके सिंहासन पर नायक के रूप में वही प्रतिष्ठित है। मनुष्य के प्रति यह दृष्टि मार्क्सवादी साहित्य-चिन्तन की जनवादी-मानवतावादी आकृति का प्रमाण है, जो उसे दूसरी साहित्य-दृष्टियों से विशिष्ट बनाती है। मार्क्सवादी विचारकों के अनुसार पूँजीवादी समाज-व्यवस्था में मार्क्सवादी चिन्तन इसी मनुष्य के हित में वर्गवादी दृष्टि अपनाता है, वर्ग-चेतना की हिमायत करता है और वर्ग-संघर्ष को प्रखर बनाने की बात करता है—अपनी वर्गवादी भूमिका के कारण नहीं, वरन् इसलिए कि वह वर्गों को मिटाने का, वर्ग-संघर्ष को समाप्त करने का, वर्गहीन मानव-समाज की स्थापना का हिमायती है। मार्क्सवादी साहित्य-चिन्तन के वर्गवादी आधार को उसके सही सन्दर्भों में न समझ सकने के कारण तथा पूँजीवादी समाज-व्यवस्था को उसकी असलियत में न पहचान पाने के कारण, प्रायः गैर-मार्क्सवादी विचारक मार्क्सवादी साहित्य-दृष्टि पर एकांगिता या अपूर्णता का आरोप लगाते हैं, उस पर मनुष्यता को बाँटकर देखने का दोष पढ़ते हैं, जबकि वास्तविकता इसके बिल्कुल विपरीत है। मार्क्सवाद के अनुसार वर्गों की सृष्टि करने एवं वर्ग-संघर्ष को जन्म देने का दायित्व शोषण मूलक समाज-व्यवस्थाओं, सामन्तवाद, पूँजीवाद, आदि पर है। मार्क्सवाद तो इन वर्गों को समाप्त कर, वास्तव में ऐसी मनुष्यता के उद्भव को सम्भव बनाना चाहता है, जो एक ही वर्गों में बँटी न हो। जब तक इस प्रकार की वर्गहीन मानवता का जन्म नहीं हो जाता अर्थात् जब तक समाज वर्गों में बँटा है, उसकी असलियत को स्वीकार न करना, और उसे नजरअन्दाज कर काल्पनिक अखण्ड मानवता की बात करना कितनी बड़ी भ्रान्ति है, यह बताने की आवश्यकता नहीं। मार्क्सवाद की यथार्थ-निष्ठा उसे ऐसे किसी काल्पनिक जगत् में विचरण करने की सलाह नहीं देती। उसके अनुसार सत्य का साक्षात्कार कर, उसे उसके यही सन्दर्भों में विश्लेषित करते हुए, उसे बदलने का प्रयास ही शोषक मूलक समाज-व्यवस्थाओं में किसी भी दर्शन या चिन्तन की सार्थकता मानी जा सकती है, और इस सन्दर्भ में वह अपनी सार्थकता को प्रमाणित भी करता है। मार्क्सवादी विचारकों के अनुसार मार्क्सवादी चिन्तन पर अपूर्णता या एकांगिता का आरोप लगाने वालों का ही यह यथार्थ है कि परम्परा से सामान्य मानवता और सम्पूर्ण मानवता का राग अलापने के बावजूद उनका दर्शन और चिन्तन न तो शोषण समाप्त कर सका है, न वर्गों को खत्म कर सका है और न वर्ग-हीन मनुष्यता की स्थापना कर सका है। इन दर्शनों की ठीक नाक के नीचे मनुष्यता को क्षत-विक्षत कर देने वाले भीषण से भीषण कृत्य चलते रहे हैं, परन्तु क्षत-विक्षत मनुष्यता के प्रति कोरी सहानुभूति व्यक्त करने के अतिरिक्त उन्होंने कभी भी ऐसी सक्रिय भूमिका

अदा नहीं की कि शोषण का सदा-सदा के लिए अन्त हो सके। उल्टे भाग्यवाद और कर्मवाद जैसी बातों का प्रतिपादन करते हुए उनमें से अनेक ने यथास्थितिवाद को ही प्रश्रय दिया है, मनुष्यता की दुर्गति को इस लोक में नहीं, मानवेतर लोकों में विश्लेषित करना चाहा है। मार्क्सवादी विचारकों के अनुसार ऐसी स्थिति में सामान्य और सम्पूर्ण मानवता की बात मार्क्सवाद की वर्ग-चेतन दृष्टि को कहाँ तक काट पाती है, इसे आसानी से समझा जा सकता है। वर्ग-चेतन दृष्टि मार्क्सवादी साहित्य-चिन्तन की शाश्वत संगिनी नहीं है, परन्तु जब तक वर्गबद्ध समाज है, तब तक उसकी अनिवार्य संगिनी वह अवश्य है। यह वर्ग-चेतन दृष्टि भी मार्क्सवादी साहित्य-चिन्तन को दूसरी साहित्य-दृष्टियों से अलग करती है।

मार्क्सवादी साहित्य-चिन्तन पर मतवाद को प्रश्रय देने, परम्परा की अवमानना करने, आधुनिक कला-प्रयोगों को अस्वीकार करने, साहित्य के सौन्दर्य तथा कला-मूल्यों की उपेक्षा करने, कला-निर्मिति की प्रक्रिया तथा कलास्वाद जैसे गम्भीर सौन्दर्यशास्त्रीय प्रश्नों के स्थान पर उसके सामाजिक प्रभाव-प्रयोजन आदि पर केन्द्रित रहने जैसे आरोप भी लगाये गये हैं। इन प्रश्नों पर हम अपने मूल विवेचन के अन्तर्गत विचार कर चुके हैं, और इनके सम्बन्ध में मार्क्सवादी साहित्य-चिन्तन की स्थिति स्पष्ट कर चुके हैं। यहाँ हमारा इरादा विस्तार से इन आरोपों को परखने का नहीं है। हम दो-एक मुख्य बातें ही इस सन्दर्भ में कहना चाहेंगे। जहाँ तक सौन्दर्य तथा कला-मूल्यों, कला निर्मिति, कलास्वाद जैसी बातों का प्रश्न है, मार्क्सवादी साहित्य-चिन्तन के अन्तर्गत उन्हें महत्त्व प्रदान किया गया है। मार्क्सवादी साहित्य-चिन्तन के अन्तर्गत साहित्य एवं कलाओं के सामाजिक-आधार को प्रतिपादित किया गया है, उन्हें भौतिक-सामाजिक जीवन से नियत और निर्धारित माना गया है। दूसरी कला-दृष्टियाँ साहित्य एवं कलाओं को इस सन्दर्भ में न देखकर उन्हें स्वतन्त्र रूप से विवेचन और विश्लेषण का विषय बनाती हैं। यही कारण है कि जहाँ मार्क्सवादी साहित्य-चिन्तन के अन्तर्गत सौन्दर्य और कला-नियम, कला-निर्मिति और कलास्वाद के प्रश्न सामाजिक सन्दर्भों में ही विवेचित तथा विश्लेषित होते हैं, वहाँ दूसरी कला-दृष्टियों में उन पर स्वतन्त्र विचार होता है। ऐसी स्थिति में, साहित्य एवं कला के भाववादी दृष्टिकोण से परिचालित और उनके उसी प्रकार के सौन्दर्यशास्त्रीय विश्लेषण को ही, साहित्य एवं कला का एकमात्र सौन्दर्यशास्त्र मानने वाले विचारक, यदि मार्क्सवादी साहित्य और कला-चिन्तन पर एक प्रकार का आरोप लगायें, तो यह स्वाभाविक ही माना जायगा। मार्क्सवादी साहित्य-चिन्तन सौन्दर्यशास्त्र की एक दूसरी ही धारणा रखता है, और उसी के आधार पर साहित्य एवं कलाओं का विश्लेषण करता है। इस सन्दर्भ में मार्क्सवादी सौन्दर्यशास्त्र और भाववादी सौन्दर्यशास्त्रों का यह अन्तर दृष्टिकोण का अन्तर सिद्ध होता है। जिस प्रकार भाववादी सौन्दर्यशास्त्री कला-चिन्तन पर कला-मूल्यों की उपेक्षा का आरोप लगाते हैं, उसी प्रकार मार्क्सवादी साहित्य-चिन्तक भाववादी सौन्दर्यशास्त्र

पर सामाजिक मूल्यों की उपेक्षा का आरोप लगाते हैं। चूँकि भाववादी और भौतिकवादी दृष्टिकोण मिल नहीं सकते और न ही दोनों में समन्वय किया जा सकता है, इसलिए भाववादी और मार्क्सवादी साहित्य-दृष्टियों में भी अन्तर रहेगा ही। दोनों की कोई सम्मिलित आकृति प्रस्तुत करना मार्क्सवादी चिन्तकों के मत से, मार्क्सवादी साहित्य-चिन्तन को विकृत करना होगा, जिसके लिए वे कतई प्रस्तुत नहीं हैं। अतएव इस प्रश्न पर मतभेदों को मान कर ही चलना चाहिए।

हाँ, समग्रतः देखा जाय तो मार्क्सवादी साहित्य-चिन्तन में कला और सौन्दर्य-मूल्यों की एकान्ततः उपेक्षा नहीं हुई है। उन्हें आवश्यक महत्त्व प्राप्त हुआ है, और उनका गम्भीर विवेचन-विश्लेषण भी हुआ है। लूकाच का कृतित्व इस तथ्य का साक्षी है, और काडवेल आदि ने भी कविता के अन्तरंग पर विस्तार से चर्चा की है। नयी मार्क्सवादी समीक्षा में—विचारकों की प्रवृत्ति दिनों-दिन साहित्य और कला की गहराइयों में जाने की ओर दिखायी पड़ रही है, और मूल सामाजिक दृष्टि को न छोड़ते हुए भी उन सारे प्रश्नों पर गम्भीर विवेचन-विश्लेषण हो रहा है, जिनको लेकर मार्क्सवादी साहित्य-चिन्तन पर आरोप लगाये गये हैं। कहने का तात्पर्य यह कि मार्क्सवादी साहित्य-चिन्तन दिनों-दिन और भी गहरा होता जा रहा है। जार्ज लूकाच को यूरोपीय जगत् के गैर-मार्क्सवादी साहित्य-चिन्तकों एवं सौन्दर्यशास्त्रियों के द्वारा—क्रोचे के पश्चात् पश्चिमी जगत् का सबसे महान् सौन्दर्यशास्त्रीय चिन्तक घोषित करना और उन्हें सौन्दर्यशास्त्र के 'क्रोचे-पुरस्कार' से सम्मानित करना, इस तथ्य का प्रमाण है कि मार्क्सवादी साहित्य और कला-चिन्तन में सौन्दर्य और कला-मूल्यों की एकान्त उपेक्षा नहीं हुई है। जिन विचारकों अथवा रचनाकारों ने इस प्रकार का उपेक्षा-भाव प्रदर्शित किया है, उनकी आलोचना स्वतः मार्क्सवादी साहित्य-चिन्तकों ने ही की है। ऐसी स्थिति में मार्क्सवादी साहित्य-चिन्तन को उसकी समग्रता में उक्त आरोप का लक्ष्य बनाना ठीक नहीं होगा।

जहाँ तक परम्परा की अवमानना, आधुनिक कला-प्रयोगों के अस्वीकार तथा मतवाद (दलीय मतवाद भी) को प्रश्रय देने का सवाल है, इनमें से कुछ आरोप मार्क्सवादी-दृष्टि और मार्क्सवादी साहित्य-चिन्तन के वास्तविक रूप के प्रति आरोप कर्त्ताओं का अज्ञान सूचित करते हैं। परम्परा के सम्बन्ध में मार्क्सवादी दृष्टि को हम विस्तार से स्पष्ट कर चुके हैं, और हमारा विचार है कि उस दृष्टि के सन्दर्भ में यह आरोप कतई समीचीन नहीं जान पड़ता। लूकाच के अनुसार मार्क्सवादियों को परम्परा के सबसे बड़े संरक्षक के रूप में देखकर लोगों का आश्चर्यचकित होना स्वाभाविक है, परन्तु तथ्य यही है कि मार्क्सवादी उसके संरक्षक हैं।

आधुनिक कला-प्रयोगों का अस्वीकार भी मार्क्सवादी साहित्य-चिन्तन में नहीं है। जैसा कि मार्क्सवादी विचारकों का कथन है, उनका विरोध उन पतनशील, बुर्जुआ, आधुनिकतावादी कलाभिरुचियों एवं कला-दृष्टियों से है जो साहित्य तथा जीवन के स्वस्थ मूल्यों का तिरस्कार कर केवल कलागत और मनोगत ह्रास ही प्रत्यक्ष करती

हैं। लेनिन का 'नये-पुराने' के सवाल पर क्लारा जेटकिन से हुआ वार्तालाप इस तथ्य का साक्षी है। जहाँ तक फैशन के रूप में चल रहे आधुनिकतावाद का प्रश्न है, लूकाच ने 'दी मीनिंग ऑफ कण्टेम्परेरी रियलिज़्म' शीर्षक अपनी पुस्तक में उसे 'कला का अस्वीकार' (Negation of art) कहकर उसकी वास्तविकता को स्पष्ट कर दिया है। संयत, सन्तुलित तथा स्वस्थ आधुनिक प्रयोगों को प्रत्येक मार्क्सवादी सहित्य-चिन्तक ने अपनी स्वीकृति दी है। तीसरे खण्ड में, प्रमुख पुरस्कर्ताओं के साहित्य-चिन्तन के माध्यम से उनके इस प्रकार के विचारों से परिचित हुआ जा सकता है।

राजनीतिक और दलीय मतवाद को प्रश्रय देने वाले आरोप में बहुत कुछ सच्चाई है। परन्तु इस आरोप का सम्बन्ध, जैसा कि हमारे पिछले विवेचन से स्पष्ट होगा, मार्क्सवादी साहित्य-चिन्तन के कुछ खास पुरस्कर्ताओं से है। दूसरे मार्क्सवादी विचारकों का चिन्तन उसकी परिधि में नहीं लिया जा सकता। मार्गरेट हार्कनेस को लिखे गये, एंगेल्स के पत्र को पिछले पृष्ठों में हम उद्धृत कर चुके हैं, जिसके अन्तर्गत उन्होंने विचारधारा या मतवाद को कलाकृति में ऊपर से आरोपित करने का कड़ा विरोध किया है। ट्राटस्की, इलिया एहरेन वुर्ग, ए. वी. लूनाचरस्की, प्लेखानोव, राल्फ फाक्स, काडवेल, लूकाच, अर्न्स्ट फिशर सबने इस प्रवृत्ति के प्रति अपनी असहमति व्यक्त की है। वस्तुतः इस स्थिति को सामने लाने का श्रेय उन राजनीतिक-विचारकों को है, जिन्होंने साहित्य एवं कला-सम्बन्धी निर्देशों तक ही अपने को सीमित रखा है। उनका, इस सम्बन्ध में, मूल प्रेरणास्रोत लेनिन का 'पार्टी-संगठन तथा पार्टी साहित्य' शीर्षक निबन्ध रहा है, जिसका विवरण पिछले पृष्ठों में हम दे चुके हैं। हमने इस सम्बन्ध में लूकाच का आधार लेते हुए इस तथ्य का स्पष्टीकरण भी किया है कि लेनिन का उक्त निबन्ध वस्तुतः ललित कलाओं के रूप में साहित्य या कला से सम्बन्धित नहीं था, उसका लक्ष्य मात्र पार्टी-साहित्य था। परन्तु इस निबन्ध का आधार लेते हुए लेनिन के उपरान्त स्तालिन-जदानोव युग तथा उसके उपरान्त के रूसी साहित्य तथा कला-चिन्तन में एवं चीनी साहित्य तथा कला-चिन्तन में, जिस प्रकार अतिवादी भूमिकाएँ अपनायी गयीं तथा साहित्य एवं कला-सर्जना को जिन सँकरी गलियों में चलने के लिए प्रेरित किया गया, वे सचमुच अवांछित तथा अहेतुक मानी जायेंगी। दूसरे खण्ड में मार्क्सवादी साहित्य-चिन्तन की परंपरा का परिचय देते समय हम इन मतवादी भूमिकाओं तथा उनके दुष्परिणामों की ओर इंगित कर चुके हैं। मार्क्सवादी साहित्य-चिन्तन पर लगाये जाने वाले जिन आरोपों का उल्लेख पिछले पृष्ठों में हमने किया है, उनमें से अधिकांश का श्रेय उक्त राजनीतिक विचारकों तथा मतवाद-प्रेरित उनके साहित्य तथा कला-निर्देशों से है। अपवाद के रूप में केवल लेनिन का ही नाम लिया जा सकता है, जबकि विडम्बना यह है कि उन्हीं के एक निबन्ध को आधार बनाकर साहित्य तथा कला के क्षेत्र में संकीर्ण और सतही भूमिकाएँ अपनायी गयीं।

कदाचित् यह कहना अधिक संगत होगा कि मार्क्सवादी साहित्य-चिन्तन के अन्तर्गत जो कुछ भोंडापन तथा असाहित्यिकता जब-तब कुछ विचारकों द्वारा लायी गयी है, उसका मूल कारण मूल मार्क्सवादी दृष्टि की यान्त्रिक समझ तथा उसे सरलीकृत रूप में देखने और ग्रहण करने का प्रयास रहा है। यान्त्रिकता तथा सरलीकरण के खतरों के प्रति प्रत्येक सजग मार्क्सवादी साहित्य-चिन्तक ने, समय-समय पर अपने समानधर्माओं तथा रचनाकारों को सजग तथा सतर्क किया है। इसके बावजूद यदि कुछ लोग यान्त्रिकता और सरलीकरण का शिकार बने हैं, तो सिवा इसके कि उनके निष्कर्षों को गैर-मार्क्सवादी कहा जाय, और कुछ नहीं किया जा सकता। मार्क्सवादी साहित्य-चिन्तकों ने इसी बिन्दु से उनके इस प्रकार के चिन्तन को अस्वीकार किया है।

वस्तुतः मार्क्सवादी साहित्य-चिन्तन पर लगाये जाने वाले आरोपों का अधिकांश, समाजवादी अथवा गैर-समाजवादी देशों के समाजवादी-साम्यवादी राजनीतिक नेता वर्ग द्वारा किये गये साहित्य एवं कला-सम्बन्धी निर्देशों तथा रचनाकारों एवं कलाकारों द्वारा उन निर्देशों के अनुरूप सृजन करने अथवा न कर पाने से उत्पन्न स्थितियों से सम्बन्ध रखता है। जाहिर है कि इन निर्देशों के मूल में पार्टी-हित प्रधान रहता है, और राजनीतिक नेतागण माँग करते हैं कि साहित्यकार एवं कलाकार इस पार्टी-हित को सर्वोच्च मानें, जो उनके विचार से राष्ट्र हित और जन-हित का पर्याय है। इस सन्दर्भ में देखा जाय तो मूल प्रश्न साहित्य एवं कलाओं के दलीय अनुशासन का है। पिछले पृष्ठों में हमने इस प्रश्न पर विचार किया है और इस सम्बन्ध में विचार के सभी पहलू प्रस्तुत किये हैं। हमारा अपना विचार है कि यह प्रश्न इतना महत्त्वपूर्ण है कि इस पर मार्क्सवादी साहित्य अथवा कला-चिन्तन तथा मार्क्सवादी साहित्य और कला-सर्जना का समूचा भविष्य निर्भर करता है।

मार्क्सवादी साहित्य अथवा कला-चिन्तन के समक्ष प्रारम्भ से ही दो मुख्य खतरे उपस्थित रहे हैं। इनमें से एक को रूढ़िवाद अथवा कट्टरतावाद (Dogmatism) की संज्ञा दी जा सकती है और दूसरे को उदारतावाद अथवा संशोधनवाद (Revisionism) का नाम दिया जा सकता है। प्रथम का अतिवाद दूसरे को जन्म देता है, और दूसरा जब अति पर पहुँच जाता है तब प्रथम का उद्भव अनिवार्य हो जाता है। सच्ची मार्क्सवादी दृष्टि के अनुसार ये दोनों ही बातें नितान्त गैर-मार्क्सवादी हैं और समान रूप से मार्क्सवाद की शत्रु हैं। मार्क्सवादी चिन्तन अपने जन्मकाल से ही इन दो आन्तरिक खतरों के बीच से अपना पथ-प्रशस्त करता रहा है, बाहर की ओर से आने वाले खतरों की बात ही अलग है। मार्क्सवादी साहित्य-चिन्तन का जो भी परिचय हमने ग्रन्थ में दिया है, उसके अन्तर्गत रूढ़िवाद और संशोधनवाद दोनों का ही रूप न्यूनाधिक मात्रा में देखा जा सकता है। किन्तु मार्क्सवाद, साहित्य एवं कला तथा दूसरे क्षेत्रों में भी, व्यक्ति को वह विवेक प्रदान करता है कि वह

एक साथ इन दोनों खतरों का सामना करते हुए, अपनी आस्था तथा प्रयासों को उसके सही सन्दर्भों में स्थिर रख सके। मार्क्सवादी साहित्य-चिन्तन का अधिकांश मार्क्सवादी जीवन-दृष्टि तथा मार्क्सवादी कला-दृष्टि के जीवन्त तथा सही सन्दर्भों के प्रति रचनाकारों तथा चिन्तकों के इस जाग्रत विवेक का परिचायक है। इस विवेक के बूते पर ही वे अतिवादों के बीच से न केवल मार्क्सवादी साहित्य-चिन्तन की एक प्राणवान् तथा प्रामाणिक आकृति को सबके समक्ष प्रस्तुत कर सके हैं, दूसरी कला-दृष्टियों की तुलना में उसकी अपनी विशिष्टता तथा मौलिकता को भी प्रमाणित कर सके हैं। तभी मार्क्सवादी साहित्य-चिन्तन की परम्परा भी सतत गतिशील है। फिर भी, जिस प्रश्न का उल्लेख हमने ऊपर किया है, वह एक जीवित प्रश्न है, और उसे समुचित रूप से निपटाये बिना मार्क्सवादी साहित्य-चिन्तन और मार्क्सवादी कला-सर्जना का मार्ग निष्कंटक नहीं हो सकता।

सन्दर्भ

1. देखिए—उपन्यास और लोक जीवन, पी. पी. एच., दिल्ली, पृ. 144-145।

परिशिष्ट

हिन्दी में मार्क्सवादी साहित्य-चिन्तन

- प्रवेश
- पृष्ठभूमि
- भारतीय राष्ट्रीय आन्दोलन का प्रगतिशील दौर; भारत में मार्क्सवादी-समाजवादी विचारों का प्रवेश
- भारतीय साहित्य में मार्क्सवादी-समाजवादी चेतना का प्रवेश और प्रगतिशील आन्दोलन
- प्रगतिशील आन्दोलन और हिन्दी साहित्य
- हिन्दी में मार्क्सवादी साहित्य-चिन्तन; कुछ विशिष्ट प्रश्न
- रस-विवेचन और मार्क्सवादी दृष्टि
- निष्कर्ष

चाहिए। इससे हमारी दिमागी उलझन दूर होती है, और हमारे काम की कुछ उपयोगिता हो जाती है।'[17]

भारत के राष्ट्रीय आन्दोलन की विविध गतिविधियों का यह संक्षिप्त परिचय स्पष्ट कर देता है कि जहाँ सामान्य जनता साम्राज्यवाद के साथ-साथ देशी सामन्तवाद तथा पूँजीवाद की जड़ों को भी सदा-सदा के लिए नष्ट कर देना चाहती थी, वहाँ राष्ट्रीय आन्दोलन का दक्षिणपंथी नेतृत्व मात्र समझौतों के आधार पर ही अंग्रेजों से लड़ाई लड़ने का पक्षधर था। राष्ट्रीय नेतृत्व का वामपंथी अंश इतनी शक्ति प्राप्त न कर सका था कि संगठन के भीतर अपना अधिकार कायम कर जन-आकांक्षाओं को क्रान्तिकारी दिशा-निर्देश दे सकता। समाजवादी क्रान्ति की सफलता के पश्चात् अत्यन्त अल्प समय में रूस ने विविध क्षेत्रों में जो आश्चर्यजनक प्रगति की थी, उसके समाचार जन-मानस को समाजवादी विचारधारा के प्रति तेजी से आकर्षित कर रहे थे। राष्ट्रीय नेतृत्व जन-आकांक्षाओं एवं अपनी नीतियों में समन्वय स्थापित करने के लिए प्रतिक्षण दबाव अनुभव कर रहा था। जब-तब समाजवादी कार्यक्रमों को इसी कारण स्वीकार भी किया जाता परन्तु वस्तुस्थिति को जिस रूप में सामने आना चाहिए था, वैसा नहीं हो सका। इसी का परिणाम है कि न केवल संगठन के भीतर ही कांग्रेस समाजवादी दल जैसे समूह का विकास हुआ, नये संगठन तथा नयी संस्थाएँ भी बनीं, जिन्होंने जन सामान्य के नेतृत्व के प्रश्न को लेकर कांग्रेस संगठन से सीधी टक्कर ली।

देश की गरीबी पराकाष्ठा पर पहुँच चुकी थी, साम्राज्यवाद, सामन्तवाद और पूँजीवाद के तिहरे शोषण-चक्र से पीड़ित जनता, बावजूद अपनी विपन्नता के निर्णायक लड़ाई लड़ने के लिए कटिबद्ध थी। इस जनता को राजनीतिक नेताओं के अतिरिक्त देश के प्रगतिशील बुद्धिजीवी वर्ग से भी सहयोग तथा समर्थन प्राप्त हुआ। बुद्धिजीवियों के बीच समाजवादी चेतना का प्रसार और भी तेजी से हुआ। नोबुल पुरस्कार पाने के उपरान्त रवीन्द्रनाथ टैगोर को रूस तथा पूर्वी यूरोप के देशों का दौरा करने का सुअवसर प्राप्त हुआ। वे सन् 1930 में रूस गये और वहाँ उन्होंने जो कुछ देखा, उससे न केवल अभिभूत हुए, उनके मन में भी यह विश्वास जम गया कि उनके देश की सर्वतोमुखी मुक्ति का एक मात्र रास्ता समाजवादी विचारधारा का ग्रहण ही है। रूस से भारत, अपने मित्रों को, उन्होंने जो पत्र लिखे, वे इस तथ्य के साक्षी हैं कि रूस की समाजवादी व्यवस्था और वहाँ की प्रगति ने उनके मन को कितना अधिक प्रभावित किया था।

जैसा कि हम कह चुके हैं, देश के बुद्धिजीवी वर्ग साहित्यकारों, कवियों, विचारकों आदि ने, रूसी क्रान्ति का, उसके सफलतापूर्वक सम्पन्न होने के तुरन्त बाद ही स्वागत किया था। कालान्तर में वे अपने तरीकों से समाजवादी चेतना के प्रचार-प्रसार के प्रति सक्रिय हुए। उनके इस अभियान में भी सन् 1930-31 के पश्चात् गति

परिशिष्ट

हिन्दी में मार्क्सवादी साहित्य-चिन्तन

हिन्दी में मार्क्सवादी साहित्य-चिन्तन

प्रवेश

मार्क्सवादी साहित्य-चिन्तन का हमारा अब तक का सम्पूर्ण-विवेचन, चीन के मार्क्सवादी साहित्य-चिन्तन को छोड़कर, एकान्त रूप में पश्चिमी-जगत् का सन्दर्भ लिये हुए है। मार्क्सवादी विचार-दर्शन का जन्म अवश्य पश्चिम (यूरोप) की धरती पर हुआ, वहीं उसका वास्तविक विकास और पल्लवन हुआ, वहीं उसे बार-बार व्यावहारिक कसौटी पर कसने की कोशिश हुई, और अन्ततः वहीं (अर्थात् रूस में) उसे सर्वप्रथम व्यावहारिक सिद्धि प्राप्त हुई; परन्तु जैसा कि मार्क्सवादी विचार-दर्शन का अनुशीलन करते हुए हमने देखा, वह मूलतः एक अन्तर्राष्ट्रीय विचार-दर्शन है, जिसका लक्ष्य संसार-भर के सर्वहारा-वर्ग की मुक्ति के लिए संसार को समझना और उसे बदलना है। मार्क्रावादी विचार-दर्शन की इस अन्तर्राष्ट्रीय आकृति तथा संसार-भर के सर्वहारा-वर्ग के हित से जुड़ी उसकी मूलभूत प्रकृति का ही परिणाम है जैसे-जैसे पूर्व और पश्चिम में वैचारिक सम्पर्क के नये-नये आयाम स्पष्ट होते गये, मार्क्सवादी विचार मात्र पश्चिम में ही सीमित न रहकर पूर्व के देशों में भी फैलते गये। मार्क्सवादी विचार-दर्शन से प्रेरित रूस की सन् 1917 की समाजवादी क्रान्ति ने इस प्रक्रिया को एकबारगी बहुत तेज कर दिया और सर्वप्रथम, एशिया महाद्वीप और विश्व के दो सर्वाधिक जन-संकुल राष्ट्रों--चीन और भारत में उनकी स्पष्ट अभिव्यक्ति दिखायी पड़ी। इन दो राष्ट्रों के अतिरिक्त एशिया महाद्वीप के दूसरे राष्ट्र भी मार्क्सवाद-समाजवाद के इस प्रभाव से न बचे, और कालान्तर में चीन तथा सुदूर-पूर्व के कुछ हिस्सों में मार्क्सवादियों-साम्यवादियों की सत्ता भी कायम हुई। हमारा इरादा यहाँ समाजवादी मार्क्सवादी चेतना के, एशिया में प्रचार-प्रसार को, उसके समूचे विस्तार से चित्रित करना नहीं है, हम मूलतः यही बताना चाहते हैं कि किस प्रकार पश्चिम के साथ-साथ पूर्व को भी अपनी परिधि में लेते हुए मार्क्सवादी विचार-दर्शन ने अपनी अन्तर्राष्ट्रीय आकृति को प्रमाणित किया।

मार्क्सवादी साहित्य-चिन्तन का परिचय देते हुए हमने चीन देश के सन्दर्भ को ग्रहण किया है, अगली पंक्तियों में हमारा उद्देश्य भारतीय साहित्य मूलतः हिन्दी साहित्य के अन्तर्गत उसकी स्थिति का निरूपण करना है। भारतीय साहित्य सर्जना एवं चिन्तन में मार्क्सवादी समाजवादी विचारों का प्रवेश, एक साथ, एक काल-विशेष में हुआ, जबकि हमारे देश की सम्पूर्ण परिस्थितियाँ इतनी परिपक्व हो चुकी थीं कि मार्क्सवादी विचारों को साहित्य तथा जीवन के दूसरे क्षेत्रों में, अपने पैर जमाने में, विशेष कठिनाई नहीं हुई।

विस्तार में न जाकर, हम अपने अगले विवेचन में, मूलतः हिन्दी साहित्य के क्षेत्र में केन्द्रित रहते हुए, हिन्दी साहित्य के अन्तर्गत मार्क्सवादी-चिन्तन का परिचय प्रस्तुत करेंगे। चूँकि हिन्दी के मार्क्सवादी चिन्तन पर पर्याप्त कार्य किया जा चुका है, अतएव हमारा विवेचन अत्यन्त संक्षेप में होगा, और वह भी प्रस्तुत ग्रन्थ को समग्र बनाने के हेतु।

पृष्ठभूमि

हिन्दी साहित्य के अन्तर्गत मार्क्सवादी-समाजवादी विचारों का प्रवेश यों तो सन् 1930 के आस-पास हुआ, परन्तु मार्क्सवाद अथवा उससे प्रेरित समाजवाद, सामाजिक-चिन्तन की जिन मूलवर्ती दृष्टियों को लेकर सामने आया, उससे मिलती-जुलती विचार-भूमिकाएँ आधुनिक-साहित्य के उद्भव के साथ ही, सर्जना तथा समीक्षा दोनों ही क्षेत्रों में स्पष्ट होने लगी थीं। भारतेन्दु-युग का साहित्य-चिन्तन एवं सर्जना हमारे इस कथन की साक्षी है। भारतेन्दु-युग में, प्रथम बार साहित्य के अन्तर्गत वास्तविक जीवन-स्थितियों को प्रवेश मिला, फलतः हमारे साहित्य में यथार्थ-चित्रण की एक नयी परम्परा का सूत्रपात हुआ। इस युग में ही प्रथम बार साहित्यकारों को इस तथ्य की अनुभूति हुई कि साम्राज्यवाद का सर्वाधिक विकृत रूप पराधीन देश का आर्थिक-शोषण है, तभी उस युग की अन्तर्विरोधी मनोवृत्तियों के सन्दर्भ में जहाँ रचनाकारों और विचारकों ने एक स्तर पर 'अंग्रेज-राज' को स्वीकार किया है, वहीं दूसरी ओर देश के आर्थिक-शोषण पर गहरी चिन्ता व्यक्त की है। पराधीनता से मुक्ति का अर्थ, उनके लिए, प्रधानतः आर्थिक-शोषण से मुक्ति रहा है। आर्थिक-शोषण ही नहीं, जैसा कि हमने संकेत किया, वास्तविकता के दूसरे जीवित सन्दर्भ भी इस युग की सर्जना और चिन्तन में हमें दिखायी पड़ते हैं। इस युग के रचनाकारों और विचारकों की सर्वाधिक जीवन्त वास्तविकता उनके प्रगतिशील सामाजिक दृष्टिकोण में स्थित है, जिसके सन्दर्भ में ही उन्होंने अपनी सर्जना तथा चिन्तन को सक्रिय किया है। पश्चिम की ज्ञान और विज्ञान की नयी उपलब्धियों ने उनके इस सामाजिक दृष्टिकोण को और भी निखारा है तथा उनमें ज्ञान और विज्ञान के नये आलोक में देश और देशवासियों का नया संस्कार करने की प्रेरणा

उत्पन्न की है। भारतेन्दु हरिश्चन्द्र, प्रतापनारायण मिश्र, बालकृष्ण भट्ट जैसे लेखकों के कृतित्व में हमें इस जीवन्त प्रेरणा का भरा-पूरा परिचय मिलता है। भारतेन्दु-युग में ही, प्रथम बार साहित्य के सम्बन्ध में, हमें इस प्रकार के विचार सुन पड़ते हैं कि साहित्य जन समूह के हृदय का विकास है (बालकृष्ण भट्ट) या कि साहित्य की सार्थकता या चरितार्थता जन-समूह की आशाओं-आकांक्षाओं के चित्रण में ही मानी जा सकती है।

समग्रतः, यदि कहा जाय कि सामाजिक परिप्रेक्ष्य में साहित्य एवं कलाओं पर विचार करने का बीज-मन्त्र हमें, सर्वप्रथम, भारतेन्दु-युग के लेखकों ने दिया तो कोई अत्युक्ति न होगी। इस युग की ही प्रेरणा तथा प्रभाव-स्वरूप आधुनिक साहित्य, सर्जना तथा चिन्तन, दोनों आयामों पर प्रशस्त सामाजिकता के पथ पर अग्रसर हुआ, जिसे कालान्तर में नये-नये सन्दर्भ प्राप्त होते गये।

साहित्य का सामाजिक जीवन से सम्बन्ध, द्विवेदी-युग में भी, स्थिर रहा। भारतेन्दु-युग की जीवन्त तथा मुक्त भूमिकाएँ तो इस युग की सर्जना में नहीं देख पड़ीं, किन्तु सामाजिकता के सन्दर्भ व्यापक और सन्तुलित अवश्य किये गये। देश तथा जाति का सामाजिक-नैतिक अभ्युत्थान साहित्य का मूल दायित्व माना गया, और रचनाकारों के प्रयास भी इसी ओर सक्रिय हुए। सर्जना के क्षेत्र में प्रगतिशील-सामाजिक दृष्टिकोण की प्रखरता के अभाव को इस युग के परवर्ती चिन्तन में ब्याज के साथ पूरा किया गया, जबकि आचार्य रामचन्द्र शुक्ल के रूप में हिन्दी का एक अत्यन्त तेजस्वी, तथा प्रखर व्यक्तित्व हमें प्राप्त हुआ। आचार्य शुक्ल का महत्त्व जितना उनकी अद्भुत काव्य-मर्मज्ञता एवं प्रखर मेधा पर आधारित है, उतना ही उनके प्रगतिशील-सामाजिक दृष्टिकोण पर—जिसे एक अर्थ में क्रान्तिकारी भी कह सकते हैं। आचार्य शुक्ल ने न केवल पूर्ववर्ती साहित्य-चिन्तन को एक अधिक ठोस आधार दिया, अपने समय के तथा आगे के भी साहित्यिक बुद्धिजीवियों को वह दृष्टि भी दी, जिसका उपयोग करते हुए वे अच्छे और बुरे साहित्य में भेद कर सकें, श्रेष्ठ साहित्य की वास्तविक प्रभाव क्षमता को पहचानते हुए पाठकों को भी उससे परिचित करा सकें। साहित्य के स्वरूप, उसके प्रयोजन और उसके सामाजिक प्रभाव के सम्बन्ध में आचार्य शुक्ल की दृष्टि काफी दूर तक वैज्ञानिक और बिल्कुल साफ थी। उनके बुद्धिवाद ने उन्हें यह भलीभाँति समझा दिया था कि 'मनुष्य लोकबद्ध प्राणी है। उसका अपनी सत्ता का ज्ञान तक लोकबद्ध है।' उनकी इस लोकोन्मुखी बौद्धिक चिन्तना का ही परिणाम है कि उन्होंने पहली बार बड़े ही निर्भ्रान्त रूप में इस तथ्य का प्रतिपादन किया कि 'लोक के भीतर ही कविता क्या, किसी भी कला का प्रयोजन और विकास होता है।' साहित्य के प्रभाव-पक्ष का विश्लेषण करते हुए उन्होंने उसका सम्बन्ध रस से स्थापित किया था और इस रस तत्त्व की व्याख्या भी, परम्परागत अलौकिक व्याख्याओं के विपरीत इस ढंग से

की थी कि—'लोक हृदय में हृदय के लीन होने की दशा का नाम 'रस-दशा' है।'[1] अपने काव्य-चिन्तन में उन्होंने यह भी प्रतिपादित किया कि रस की सृष्टि कवि लोक जीवन की गहराइयों में उतरकर लायी गयी भाव-सम्पत्ति के माध्यम से ही कर सकता है। कोरी कल्पना, कोरा चमत्कार, कोरा अलंकारवाद या कोरी अभिव्यंजना, कविता को वाहवाही के स्तर तक भले ही पहुँचा दे, उस भूमिका तक नहीं पहुँचा सकती जहाँ पहुँच कर ही वह मनोवृत्तियों का परिष्कार करती हुई लोक मंगल की साधक बनती है, और अपनी वास्तविक चरितार्थता प्राप्त करती है। उनके काव्य-चिन्तन से स्पष्टतः घोषित होता है कि रस की भूमि सामाजिक भूमि है, और सच्ची कविता की भूमि भी वही है।

काव्य के प्रयोजन के सम्बन्ध में भी उनका मत एकदम स्पष्ट था। काव्य रस की सृष्टि द्वारा सहृदय को आनन्द प्रदान करता है, इसे वे स्वीकार करते थे, परन्तु आनन्द को ही साध्य मानने वाली भारतीय काव्यशास्त्रियों की मान्यता उन्हें स्वीकार न थी। भारतीय काव्यशास्त्रियों के लोकोत्तर रसवाद के विपरीत उनका मत था कि आनन्द का तत्त्व कविता का साध्य नहीं है, वरन् कविता को उसके वास्तविक प्रयोजन तक पहुँचाने का एक मार्ग-मात्र है। 'मार्ग को ही अन्तिम गन्तव्य मान लेना', उनके विचार से, कविता को उसके मूलवर्ती धर्म से च्युत करना ही माना जायगा। उनका विचार था कि कविता की वास्तविक सार्थकता आनन्द के पश्चात् सहृदय के मन में कर्म की उत्तेजना जगाने में, उसे लोकमंगल के लिए सक्रिय करने में है। सच्चा आनन्द वह है जो कर्म की उत्तेजना दे, न कि अपने में ही उसे लीन किये रहे। इसी दृष्टिकोण के सन्दर्भ में उन्होंने लोकमंगल का साधन करने वाले काव्य तथा साहित्य को ही श्रेष्ठ काव्य तथा साहित्य के रूप में मान्यता दी। मानव-जाति तथा समाज के लिए सच्ची प्रेरणा उन्हें इसी प्रकार के काव्य तथा साहित्य में दिखायी पड़ी।

'काव्य में रहस्यवाद' शीर्षक अपने निबन्ध में उन्होंने रहस्यवाद की आड़ में कृत्रिम अनुभूतियों से काव्य-जगत् को भरने वालों और इस प्रकार लोक जीवन से कविता तथा साहित्य का सम्बन्ध-विच्छेद करने वालों का कड़ा विरोध करते हुए, न केवल साहित्य या काव्य की स्थिति इस लोक में बतायी, इस चारों ओर फैले अनन्त-रूपात्मक जगत् से सम्बन्ध रखने वाले काव्य को ही सही मानों में साहित्य या कविता-संज्ञा का अधिकारी माना। सौन्दर्य की व्याख्या करते हुए उन्होंने भाववादी विचारकों की इस मान्यता का सप्रमाण खण्डन किया कि सौन्दर्य की स्थिति मनुष्य के मन में है। इस धारणा के विपरीत उनका मत था कि सौन्दर्य की सत्ता वस्तुगत है, सुन्दरता को सुन्दर वस्तु से पृथक् नहीं किया जा सकता है। क्रोचे के अभिव्यंजनावाद का खण्डन करते हुए उन्होंने 'कला के लिए कला' जैसी मान्यताओं पर भी कड़े प्रहार किये, और लोक-जनित अनुभूतियों से पुष्ट, लोकजीवन की भूमिका पर रचे गये, लोक मंगल के साधक काव्य तथा साहित्य को ही सच्चे तथा समर्थ काव्य का महत्त्व दिया। उन्होंने अनेक स्थानों पर परम्परागत भारतीय काव्यशास्त्र की लोकोत्तर

मान्यताओं के प्रति अपनी असहमति व्यक्त की, अनेक स्थलों पर, अन्धे परम्परामोह तथा रूढ़िवाद की भर्त्सना की। उन्होंने उन काव्यों में जीवन और मनुष्य का सच्चा सौन्दर्य देखा जिनमें कर्म की सच्ची प्रेरणाएँ निहित थीं। इसके विपरीत अध्यात्मवादियों एवं मानवता के दुःख-निवारण के लिए परलोक पर दृष्टि लगाये रखने वाले तोल्सतोय जैसे रचनाकारों तक की कड़ी आलोचना की। वे तो 'अध्यात्म' शब्द को ही काव्य तथा कलाओं के क्षेत्र से बाहर निकाल देने के हिमायती थे।

शुक्लजी का यह सारा कार्य काव्य की सर्जना तथा मूल्यांकन सम्बन्धी उनकी मौलिक दृष्टि का सूचक था। इस कार्य के बल पर ही वे हिन्दी काव्य-चिन्तन को एक सुदृढ़-वैज्ञानिक आधार दे सके। यदि कहा जाय कि शुक्लजी ने अपने समय की साहित्यिक अराजकता को दूर कर सर्जन तथा चिन्तन दोनों ही क्षेत्रों में युग की साहित्यिक मनीषा को सन्तुलित रूप से आगे बढ़ने का पथ सुझाया, तो कोई अत्युक्ति न होगी। यही उनका मौलिक, साहित्यिक आचार्यत्व था, जिसे युग ने हर्ष और कृतज्ञता के साथ स्वीकार किया।

शुक्लजी की इन साहित्यिक मान्यताओं को देखते हुए यदि कहा जाय कि आगामी मार्क्सवादी साहित्य-चिन्तन के लिए, हिन्दी में उन्होंने अनुकूल जमीन तैयार की, तो अधिक संगत होगा। इस सन्दर्भ में उनका योगदान उसी प्रकार का है, जिस प्रकार रूस में मार्क्सवादी विचारों के प्रवेश के पहले वेलिंस्की जैसे समीक्षक एक अनुकूल वातावरण निर्मित कर चुके थे। हमारा आशय यहाँ शुक्लजी की समीक्षा-दृष्टि से मार्क्सवादी समीक्षा-दृष्टि की अभिन्नता प्रदर्शित करना नहीं है, कारण साहित्य-सम्बन्धी शुक्लजी के चिन्तान तथा मार्क्सवादी साहित्य-चिन्तन में आधारभूत भिन्नताएँ भी हैं। हमारा प्रतिपाद्य यहाँ यही है कि शुक्लजी के चिन्तन की ये वे भूमियाँ हैं, जिनसे मार्क्सवादी साहित्य-चिन्तन का नैकट्य प्रमाणित होता है, और जिन्हें हिन्दी के मार्क्सवादी साहित्य-चिन्तकों ने साभार ग्रहण किया है। हिन्दी का मार्क्सवादी साहित्य-चिन्तन अपनी मौलिक विचार-दृष्टि के साथ-साथ आचार्य शुक्ल की इस स्वस्थ, प्रगतिशील विरासत को भी सँभालते हुए आगे बढ़ा है।

आचार्य शुक्ल के अनन्तर हिन्दी के मार्क्सवादी साहित्य-चिन्तन के समानान्तर आचार्य नन्ददुलारे वाजपेयी तथा आचार्य हजारी प्रसाद द्विवेद्वी जैसे स्वच्छन्दतावादी समीक्षक भी सक्रिय हुए, जिनके साहित्य-सम्बन्धी अनेक विचारों से हिन्दी के मार्क्सवादी साहित्य-चिन्तन का पक्ष समर्थित हुआ।

आचार्य वाजपेयी की विचारणा के जो अंश उन्हें मार्क्सवादी साहित्य-चिन्तन के निकट लाते हैं, उनमें सबसे महत्त्वपूर्ण उनकी मानवीय-लौकिक दृष्टि है। साहित्य एवं कला की लोकोत्तर भूमिकाओं का उन्होंने भी शुक्लजी की परम्परा में ही खण्डन किया है, और उन्हें मानवीय जीवन की अनुभूतियों से निर्मित और पुष्ट माना है। रहस्यवाद तथा उसकी अस्पष्ट अबूझ दिशाओं को उन्होंने भी अपनी स्वीकृति नहीं

दी। साहित्य एवं कला को उन्होंने मानवीय जीवन के बीच की वस्तुएँ मानते हुए उनके लोकोत्तर प्रभावों का भी विरोध किया। बड़े ही स्पष्ट शब्दों में उन्होंने कहा कि 'जीवन-निरपेक्ष कला के लिए कला भ्रान्ति है, जीवन-सापेक्ष कला के लिए कला सिद्धान्त है।'[2] अपनी रस-दृष्टि को भी उन्होंने शुक्लजी की भाँति मानवतावादी भूमियों में सक्रिय किया। कहने का तात्पर्य यह कि साहित्य एवं कला की मानवीय-लौकिक व्याख्या करते हुए आचार्य वाजपेयी ने साहित्य-चिन्तन और साहित्य-सर्जना दोनों को एक सुस्पष्ट मानवीय और लौकिक आधार प्रदान किया।

आचार्य वाजपेयी के साहित्य-चिन्तन का दूसरा महत्त्वपूर्ण पक्ष मूल्यांकन के सामाजिक प्रतिमान को महत्त्व देना है। यह सही है कि आचार्य वाजपेयी ने आचार्य शुक्ल के लोकमंगलवाद के प्रति अपनी असहमति व्यक्त की और साहित्य एवं कला के विश्लेषण में साहित्येतर तत्त्वों की निर्णायक स्थिति स्वीकार नहीं की, परन्तु बावजूद इसके उन्होंने साहित्य एवं कला-सर्जना में रचनाकार के सामाजिक दृष्टिकोण अथवा दूसरे शब्दों में साहित्य एवं कला की सामाजिक आकृति को अपना मुक्त समर्थन दिया। सामाजिक जीवन से रस न ग्रहण करने वाली कविता तथा साहित्य के महत्त्व पर प्रश्नचिह्न लगाते हुए उन्होंने स्पष्ट शब्दों में इस तथ्य को प्रस्तुत किया कि यद्यपि साहित्य का निर्माण व्यक्ति करता है, व्यक्ति की ही प्रेरणा और उद्भावना साहित्य में निहित रहती है, पर इसका अर्थ यह नहीं कि हमारा साहित्यिक निर्माण भी व्यक्ति-केन्द्रित बन जाये और हम केवल वैयक्तिक प्रतिक्रियाओं को ही साहित्य में मूल्य और महत्त्व देने लगें। उनका सम्पूर्ण समीक्षा-कार्य इस तथ्य का साक्षी है कि मात्र वैयक्तिक संवेदनाओं पर आश्रित साहित्य एवं काव्य को उन्होंने कभी महत्त्व नहीं दिया।

मूल्यांकन के सामाजिक प्रतिमानों की आवश्यक स्वीकृति देने के परिणामस्वरूप ही उन्होंने साहित्य एवं कला की व्यक्तिवादी और कलावादी प्रवृत्तियों की तीखी आलोचना प्रस्तुत की। इस सम्बन्ध में उनका दृष्टिकोण पूर्णतः मार्क्सवादी साहित्य-चिन्तकों की अनुकूलता में देख पड़ता है। यदि कहा जाय कि व्यक्तिवाद और कलावाद के विरोध का स्वर आचार्य वाजपेयी की समीक्षा का प्रधान स्वर है, तो अत्युक्ति न होगी। मार्क्सवादी साहित्य-चिन्तकों की ही भाँति उन्होंने भी पश्चिम की बुर्जुआ आधुनिकतावादी कला-दृष्टियों एवं विचारधाराओं का सशक्त प्रतिवाद किया एवं जीवन के स्वस्थ सामाजिक मूल्यों को महत्त्व देने वाली सर्जना को महत्त्व दिया। आधुनिकता के सम्बन्ध में अपना दृष्टिकोण स्पष्ट करते हुए अपनी 'राष्ट्रीय साहित्य तथा अन्य निबन्ध' पुस्तक में उन्होंने लिखा कि 'आधुनिकता और युगबोध के नाम पर किन्हीं ह्रासोन्मुख और पराजयशील भावनाओं का शिकार होना न तो अभीष्ट है, और न अनिवार्य। आज के कवि जिस मात्रा में सामाजिक जीवन संस्पर्श से दूर होकर आत्मलीन हो गये हैं और मानवीय जीवन की भूमिका को छोड़कर नितान्त वैयक्तिक भूमि पर पहुँच गये हैं, उन्हें मैं आधुनिकता और युगबोध से वंचित मानता हूँ।'[3]

पश्चिम के ह्रासशील जीवन-मूल्यों के विरोध में उन्होंने आस्था और विश्वास की वाणी उच्चरित की। आधुनिक साहित्य की परम्परा को आस्था और जीवन्त क्रियाशीलता की परम्परा स्वीकार करते हुए उन्होंने ऐसे लेखकों की निष्ठा और साहस की सराहना की जो 'अवसाद भरे वातावरण में उलझने या खो जाने को किसी प्रकार तैयार नहीं हैं,' जो 'परिस्थितियों से टक्कर लेने वाले हैं।' तथा अपने इस जीवित अभियान में 'न तो समाज के किसी अधिकारी-वर्ग की अनुचित चिन्ता करते हैं और न शासन-सत्ता के हाथों बिक जाने को तैयार हैं।' ऐसे ही लेखकों को उन्होंने उस 'साहित्यिक परम्परा का अग्रिम प्रतिनिधि' माना है, जो 'भारतेन्दु-युग से लेकर आज तक विकसित होती आयी है।' रचनाकार या कलाकार की स्वाधीन चेतना के अन्यतम समर्थक होते हुए भी उन्होंने पश्चिम की प्रगति-विरोधी विचारणा से प्रेरित स्वातन्त्र्य की माँग को रचना के लिए सर्वथा अहेतुक और राष्ट्रीय प्रगति के लिए घातक बताया। इस सम्बन्ध में उन्होंने स्पष्टतः कहा कि 'जो लेखक वस्तुतः असामाजिक और व्यक्तिमुखी होते जा रहे हैं, वे ही अधिकतर लेखक के स्वातन्त्र्य और उसकी आस्था जैसे प्रश्नों को उठाया करते हैं।'[4] यही नहीं, वे आगे कहते हैं कि जब तक आज के नवीन लेखक 'सामाजिक जीवन में ओत-प्रोत न होकर केवल दूर से ही अपने साहित्यिक कर्त्तव्य की पूर्ति करते रहेंगे, तब तक उनकी रचनाएँ एक आन्तरिक असंगति से ग्रस्त रहेंगी और उनकी कृतियाँ भी रक्तहीन शरीर की भाँति किसी के काम न आ सकेंगी।' साहित्य एवं कला में 'वस्तु और रूप' का जो विवाद परम्परा से चलता आ रहा है, उसके सम्बन्ध में ही आचार्य वाजपेयी ने अपना निर्भीक मत व्यक्त किया। उनके अनुसार 'जहाँ तक कला और साहित्य के वैशिष्ट्य का प्रश्न है, मेरी यह दृढ़ धारणा है कि उसका वैशिष्ट्य मूलतः वस्तु पर आधारित है, और वस्तु ही अपने लिए रूप और अभिव्यक्ति का वह सर्वोत्तम मार्ग ढूँढ़ निकालती है, जो किसी लेखक या कवि की कलम उसे दे सकती है।'[5]

कहना न होगा कि आचार्य वाजपेयी के ये विचार मार्क्सवादी साहित्य-चिन्तन की अपनी दिशाओं की न केवल अनुकूलता में है, उनका महत्त्व इस बात में भी निहित है कि हिन्दी साहित्य के अन्तर्गत विद्यमान व्यक्तिवादी-कलावादी विचारणाओं एवं प्रगति-विरोधी प्रतिक्रियावादी जीवन-मूल्यों के विरोध में सक्रिय हिन्दी की मार्क्सवादी-साहित्य समीक्षा को, उन्होंने बाहर से शक्ति पहुँचाई और इस प्रकार प्रतिक्रियावादी-दृष्टियों को जड़ से उखाड़ फेंकने के उसके अभियान में आवश्यक और अत्यधिक मूल्यवान् सहयोगी भूमिका निभाई।

आचार्य वाजपेयी के साथ ही, इस भूमिका को निबाहने वालों में मानवतावादी विचारक आचार्य हजारी प्रसाद द्विवेदी का नाम भी अग्रिम पंक्ति में उल्लेख है।

आचार्य द्विवेदी ने साहित्य, संस्कृति, कला, समाज, जीवन आदि की जो भी विवचेना की है, सबके केन्द्र में मनुष्य को ही प्रतिष्ठित किया है। मनुष्य को सुखी

बनाना, उसे सब प्रकार की आर्थिक और राजनीतिक गुलामी से मुक्त करना और उसे रोग-शोक के चंगुल से छुड़ाना, उनके मत से, सब प्रकार के शास्त्रों और विद्याओं का लक्ष्य है। इसीलिए साहित्य एवं कला के प्रयोजन को लेकर उन्होंने इतने स्पष्ट शब्दों में अपना यह मत प्रस्तुत किया है कि 'मैं साहित्य को मनुष्य की दृष्टि से देखने का पक्षपाती हूँ। जो वाग्जाल मनुष्य को दुर्गति, हीनता और परमुखापेक्षिता से न बचा सके, जो उसकी आत्मा को तेजोद्दीप्त न बना सके, जो उसके हृदय को पर दुःख कातर और संवेदनशील न बना सके, उसे साहित्य कहने में मुझे संकोच होता है।'[6] समष्टि-मानव के कल्याण के आकांक्षी होने के नाते, आचार्य द्विवेदी ने, इसी भूमि से व्यक्तिवादी जीवन-मूल्यों एवं निरर्थक वाग्जाल को प्रश्रय देने वाले साहित्य की कठोर आलोचना की है। उनकी स्वस्थ, सामाजिक, मानवतावादी दृष्टि ने ह्रासशील जीवन-मूल्यों का तिरस्कार करते हुए सर्वत्र मनुष्य, मानव-जीवन, साहित्य एवं कला की ऐसी ही आकृति का समर्थन किया है, जो प्राणवान् हो, जीने योग्य हो, जिसमें जीवन के उदात्त मानवीय मूल्यों को प्रश्रय दिया गया हो तथा जो संसार तथा जीवन के प्रति हमारी आस्था को दृढ़ करने वाली हो। द्विवेदीजी का मानवतावाद भी मनुष्य की मुक्ति अथवा मानव-पीड़ाओं का उपचार मानवेतर दिव्य-लोकों में नहीं खोजता, उनके लिए, मनुष्य को इसी लोक में सुखी बनाना, उसे इसी वस्तु जगत् में तन और मन की सच्ची मुक्ति का अनुभव कराना ही वास्तविक मानवतावादी दृष्टि है। रचनाकारों एवं कलाकारों से उन्होंने सदैव यही आग्रह किया है कि वे मानव-जीवन की गहराइयों में उतरकर उससे परिचित हों, मनुष्यता के दुःख-दर्द पहचानें एवं अपनी साहित्य एवं कला में उन्हें अभिव्यक्ति दें। सामाजिक जीवन से अपरिचय, उनके अनुसार, श्रेष्ठ साहित्य एवं कला का निर्माण नहीं कर सकता।

मनुष्य की ही भाँति, संस्कृति और साहित्य की परम्परा को भी आचार्य द्विवेदी ने एक अजस्त्र एवं गतिशील प्रवाह माना है, जो अवरोधों के बावजूद, क्षय के बावजूद, अपनी मूलवर्ती जीवन्त प्रेरणा के फलस्वरूप पुनः शक्ति ग्रहण कर, नये-नये रूपों में उभरता, आज तक सतत गतिशील है। साहित्य और संस्कृति की समूची जीवन्त परम्पराओं का सर्जक मनुष्य को मानते हुए उन्होंने उसकी अप्रतिहत कर्म निष्ठा, जिजीविषा तथा विकासशील आकांक्षा को उसके केन्द्र में स्वीकार किया है। समग्रतः, आचार्य द्विवेदी का मानवतावादी चिन्तन साहित्य एवं कला को एक नये परिप्रेक्ष्य में देखने के कारण मौलिक तो है ही, ज्ञान-विज्ञान के नव्यतम सन्दर्भों से दीप्त, उच्चतम सामाजिक मूल्यों से भलीभाँति परिपुष्ट वह पूरी तरह वैज्ञानिक और आधुनिक अर्थों में प्रगतिशील भी है। उनके चिन्तन के इन सन्दर्भों ने भी हिन्दी के मार्क्सवादी साहित्य-चिन्तन के समानान्तर गतिशील होते हुए, न केवल बाहर से ही उसे अपना समर्थन तथा सहयोग दिया है, अनेक प्रश्नों पर सीधे ही उसका नाम लेकर उसकी ऐतिहासिक अनिवार्यता और सही-दृष्टि को स्वीकार किया है।

इन साहित्य-विचारकों के अतिरिक्त अन्य विचारक भी हैं, जिन्होंने मार्क्सवादी-समाजवादी विचारों के भारत में प्रवेश के पूर्व अपनी प्रगतिशील विचारणा के माध्यम से उनके लिए भारत में अनुकूल पृष्ठभूमि निर्मित की और उनके भारत में आविर्भूत हो जाने के उपरान्त भी तमाम बुनियादी प्रश्नों पर उनका समर्थन किया, उनके समानान्तर अपनी वैचारिक सक्रियता सूचित की। प्रतिक्रियावादी और प्रतिगामी जीवन-मूल्यों तथा कला-मूल्यों का विरोध करते हुए प्रगतिशील जीवन-मूल्यों एवं स्वस्थ सामाजिक कला-मूल्यों की प्रतिष्ठा में मार्क्सवादी साहित्य-विचारकों और इन प्रगतिशील चिन्तकों का यह सहयोग और सम्मिलित प्रयास इतिहास का अमिट अंश बन चुका है।

भारतीय राष्ट्रीय आन्दोलन का प्रगतिशील दौर; भारत में मार्क्सवादी-समाजवादी विचारों का प्रवेश

भारतीय राष्ट्रीय आन्दोलन की समूची विकास-यात्रा का परिचय देना न तो यहाँ सम्भव है, और न ही वह हमारा प्रतिपाद्य है। हिन्दी का मार्क्सवादी साहित्य-चिन्तन चूँकि मार्क्सवादी-समाजवादी विचारों के आलोक में ही निर्मित और पल्लवित हुआ, यही कारण है कि उसे प्रस्तुत करने के पूर्व हमारे लिए यह आवश्यक हो जाता है कि हम भारत में मार्क्सवादी-समाजवादी विचारों के प्रवेश पर दृष्टिपात करें। चूँकि यह दृष्टिपात भारत के राष्ट्रीय आन्दोलन की विकास-यात्रा का मुखापेक्षी है, अतएव इसी हेतु, हम अत्यन्त संक्षेप में, भारत के राष्ट्रीय-आन्दोलन के उसी पहलू पर, उसी मात्रा में कुछ विचार करेंगे जितना हमारे मूल प्रयोजन को स्पष्ट करने के लिए आवश्यक होगा। अस्तु–

भारत में मार्क्सवादी-समाजवादी विचारों का प्रवेश सही सन्दर्भों में उस समय से प्रारम्भ होता है, जबकि सन् 1917 में, रूस में, लेनिन के नेतृत्व में महान् समाजवादी क्रान्ति सफल होती है, और उसके परिणामस्वरूप विश्व में पहली बार किसी राष्ट्र में मजदूर-किसानों की वास्तविक सत्ता कायम होती है। यह समाजवादी क्रान्ति विश्व की वह महान् ऐतिहासिक घटना थी जिसने रूस का तो काया पलट किया ही, विश्व भर की शोषित-पीड़ित मानवता के समक्ष सर्वतोमुखी मुक्ति के द्वार खोल दिये। चूँकि इस क्रान्ति की मूलवर्ती शक्ति तथा प्रेरणा के स्रोत मार्क्सवादी-समाजवादी विचार-दर्शन था, अतएव स्वाभाविक था कि विश्व की पीड़ित और पददलित मनुष्यता अपनी मुक्ति के लिए इस विचार-दर्शन की ओर देखती और उससे परिचित होने का प्रयत्न करती। भारत में मार्क्सवादी-समाजवादी विचारों के प्रवेश और भारतीय जन-मानस की उसके प्रति जिज्ञासा का वास्तविक और ठोस सन्दर्भ यही है।

समाजवादी क्रान्ति की सफलता को देखकर विश्व के सम्राज्यवादी-पूँजीवादी शासक न केवल आतंकित हो उठे थे, उन्हें अपना सिंहासन डगमगाता हुआ दिखायी पड़ने लगा था। यही कारण है कि उन्होंने अपनी शक्ति भर जन सामान्य के बीच

मार्क्सवादी-समाजवादी विचारों के प्रचार-प्रसार को रोकने का प्रयास किया। समाजवाद और समाजवादी क्रान्ति के झूठे विवरण देकर उन्होंने जन-मानस को उनसे विरत करने की भी चेष्टा की, परन्तु लाख प्रयत्नों के बावजूद वे सच्चाई को दबा नहीं पाते। क्रान्ति की सही खबरें अनेक स्रोतों से सम्पूर्ण विश्व में फैलीं और भारत में भी आयीं। भारत जैसे पराधीन देश की जनता और उसके प्रबुद्ध प्रतिनिधियों ने इस क्रान्ति का हृदय से स्वागत किया। इस स्थिति का सीधा प्रभाव हमारे राष्ट्रीय आन्दोलन पर पड़ा और आन्दोलन का नेतृत्व करने वालों के बीच एक नये गरम दल का अभ्युदय हुआ। साम्राज्यवाद के विरुद्ध छेड़े गये अभियान के साथ-साथ देशी पूँजीवाद और सामन्तवाद के शोषक स्वरूप पर भी लोगों की निगाहें उठीं। किसान तथा मजदूर आन्दोलनों को नयी शक्ति प्राप्त हुई। साम्राज्यवादी शासकों ने जन-आन्दोलनों के उभार को दबाने की बहुत कोशिशें कीं परन्तु उसमें सफल नहीं हो सके। जितना ही सरकार का दमनचक्र तीव्र हुआ, उतनी ही तेजी से जनता स्वातन्त्र्य-अभियान में सामने आयी।

सच पूछा जाय तो भारत की सामान्य जनता राष्ट्रीय आन्दोलन के समझौतावादी नेतृत्व से ऊब उठी थी। राष्ट्रीय आन्दोलन के कर्णधारों से वह क्रान्तिकारी दिशा-निर्देश चाहती थी, जबकि पुराना नेता वर्ग अहिंसा, शान्ति और समझौतों के रास्ते से हटने को तैयार नहीं था। जन-मानस की आकांक्षाओं को पूरा करने के हेतु परिवर्तन आवश्यक था। नये गरम दल का अभ्युदय इसी आवश्यकता की पूर्ति की ओर उठा पहला साधारण कदम था। सन् 1927 के अन्त में पं. जवाहरलाल नेहरू अपनी यूरोप यात्रा से वापस लौटे। चूँकि यूरोप में उन्होंने सीधे ही समाजवादी विचारों से सम्पर्क स्थापित किया था, अतएव उनका अपना मानस समाजवादी विचारों से परिपूर्ण था। भारत लौटकर स्थान-स्थान पर उन्होंने अपनी समाजवादी आस्था को सूचित किया, और समाजवाद को ही ऐसे प्रकाश स्रोत के रूप में मान्यता दी जो अन्धकर में भटकते देश को नया मार्ग दिखा सके। इस सन्दर्भ में उनके शब्द थे—'चाहे समाजवादी सरकार की स्थापना सुदूर भविष्य की ही बात क्यों न हो, और हम में से बहुत से लोग अपने जीवन में उसे भले ही न देख पावें, लेकिन समाजवाद वर्तमान में वह प्रकाश है, जो हमारे पथ को आलोकित करता है।'[7]

सन् 1927 के अन्त में मद्रास में हुए अधिवेशन में कांग्रेस ने पूर्ण स्वाधीनता के अपने लक्ष्य की घोषणा की। कांग्रेस ने अन्तर्राष्ट्रीय साम्राज्य-विरोधी लीग में भी शामिल होना स्वीकार किया। लोगों के मन में आशा बँधी कि शायद स्वतन्त्रता बहुत दूर नहीं है। परन्तु बात ऐसी नहीं थी। राष्ट्रीय नेतृत्व का मुख्य चरित्र समझौतावादी था, और यही कारण है कि उसके अन्तर्गत समय-समय पर वामपंथी प्रवृत्तियों के उभार के बावजूद, अन्ततः समझौतावाद ही सामने आता था। जनता मुक्ति की नयी आकांक्षा के लिए उभर कर मैदान में आती थी, और बार-बार नेताओं

की समझौता परस्त नीति उसे पीछे की ओर फेंक देती थी। सरकार का दमन चक्र तेज गति से चल रहा था। झूठे षड्यन्त्र-केस चला-चलाकर मजदूर नेताओं को अमानुषिक यातनाएँ एवं दण्ड दिये जा रहे थे। इन सारी स्थितियों से जन-मानस का असन्तुष्ट हो उठना स्वाभाविक था। इस असन्तोष को दूर करने के हेतु ही सन् 1929 के लाहौर अधिवेशन में कांग्रेस ने व्यापक जन-आन्दोलन चलाने का फिर से फैसला किया। लोगों में एक नयी आशा का संचार हुआ, परन्तु जब उन्होंने देखा कि आन्दोलन का नेतृत्व संगठन के समझौतावादी नेताओं ने अपने हाथ में ले लिया है, तो उन्हें कड़ा आघात लगा। अपने विक्षोभ को व्यक्त करते हुए सुभाषचन्द्र बोस ने लिखा—'वामपक्ष की ओर से मैंने यह प्रस्ताव रखा था कि कांग्रेस को देश में एक समानान्तर सरकार कायम करना चाहिए, और उसके लिए मजदूरों-किसानों और नौजवानों का संगठन करना चाहिए। यह प्रस्ताव गिर गया और उसका यह परिणाम हुआ कि कांग्रेस ने पूर्ण स्वतन्त्रता का ध्येय तो स्वीकार कर लिया, परन्तु उसे प्राप्त करने की कोई योजना नहीं बनायी गयी, और न ही आगामी वर्ष के लिए कोई कार्यक्रम तैयार किया गया। इससे अधिक हास्यास्पद दशा और क्या हो सकती थी।'[8] जवाहरलाल नेहरू ने भी स्थिति पर लगभग ऐसी ही टिप्पणी की—'हालाँकि काँग्रेस अधिवेशन में बड़ा जोश दिखायी देता था, मगर कोई नहीं जानता था कि लड़ाई के कार्यक्रम का देश कहाँ तक साथ देगा? हम इतने आगे बढ़ गये थे कि अब पीछे नहीं लौट सकते थे। लेकिन आगे का रास्ता कैसा है, इसका हमें लगभग तनिक भी ज्ञान न था।'[9]

कुल मिलाकर जो निर्णायक लड़ाई लड़ी जानी चाहिए थी, वह नहीं लड़ी गयी। गाँधीजी ने नमक कानून तोड़ा, परन्तु वे गिरफ्तार नहीं किये गये। जनता तो जूझने के लिए तत्पर थी ही, नेताओं की अहिंसा नीति के बावजूद वह मैदान में कूद पड़ी। भयानक दमन चक्र चला। गाँधीजी भी गिरफ्तार किये गये। अन्ततः फिर समझौता हुआ, जो गाँधी-इरविन समझौते के नाम से प्रसिद्ध है। सन् 1931 के कराची अधिवेशन में कांग्रेस ने सर्वसम्मति से इस समझौते को स्वीकार कर लिया। वामपंथी सुभाष और नेहरू मन मसोस कर रह गये, कारण वे जानते थे कि अधिसंख्य बहुमत समझौते के पक्ष में है। अपने 'आत्म चरित' में पं. जवाहरलाल नेहरू ने अपने मन का विक्षोभ मार्मिक शब्दों में अभिव्यक्त किया।[10] परन्तु कराची अधिवेशन में वामपंथियों को खुश करने के लिए दक्षिणपंथी नेताओं ने कुछ नये संकल्प भी किये, जिनका तात्कालिक उद्देश्य कुछ भी हो, राष्ट्रीय नेतृत्व के बीच बढ़ते हुए समाजवादी प्रभाव भी एक झलक उनमें अवश्य मिलती है। सच पूछा जाय तो कराची के कांग्रेस अधिवेशन में पहली बार समाजवाद का स्वर स्पष्ट होकर गूँजा—जबकि 'मौलिक अधिकारों' से सम्बन्धित निम्न प्रस्ताव पास किया गया—'इस कांग्रेस की राय है कि कांग्रेस जिस प्रकार के 'स्वराज्य' की कल्पना करती है, उसका जनता

के लिए क्या अर्थ होगा, इसे वह ठीक-ठीक जान जाय, इसलिए यह आवश्यक है कि कांग्रेस अपनी स्थिति इस प्रकार स्पष्ट कर दे, जिसे वह आसानी से समझा सके। साधारण जनता की तबाही का अन्त करने के उद्देश्य से यह आवश्यक है कि राजनैतिक स्वतन्त्रता में लाखों भूखे मरने वालों की वास्तविक आर्थिक स्वतन्त्रता भी निहित हो... ।'[11] मौलिक अधिकारों वाले इस प्रस्ताव में मुख्य उद्योगों, यातायात आदि के राष्ट्रीयकरण, मजदूरों के अधिकारों, कृषि के सुधार आदि-आदि बातें शामिल थीं। इस प्रस्ताव पर टिप्पणी करते हुए कांग्रेस के इतिहास-लेखक पट्टाभि सीतारमैया ने लिखा है–'इसके पहले कांग्रेस पूँजीपतियों, जमींदारों और मजदूर-किसानों के बीच किसी संघर्ष का अवसर आने पर कोई पक्ष ग्रहण करने में कतराती थी। अब पहले कांग्रेस ने देश के शोषित मजदूर-किसानों का पक्ष ग्रहण करने की भावना व्यक्त की और इस प्रकार उसकी नीति स्पष्टतया समाजवाद की ओर उन्मुख हुई। प्रस्ताव में मजदूर किसानों के हित के अनेक कार्यों के लिए संघर्ष का वादा किया गया तथा उन्हें विस्तार से निर्देशित भी किया गया।'[12]

गाँधी-इरविन समझौते की स्याही भी न सूखी थी कि सन् 1932 में सरकार की ओर से पुनः भयानक दमन-चक्र चला दिया गया। नेता गिरफ्तार कर लिये गये, परन्तु जनता अकेले ही संघर्षरत रही। सामान्य जनता अर्थात् मजदूर-किसानों को विश्वास-सा हो गया कि उन्हें अपने संघर्ष का मार्ग स्वयं चुनना होगा। यदि वे ऐसा नहीं करेंगे तो उनके स्वप्नों का समाजवादी भारत कभी उसके समक्ष साकार न हो सकेगा।[13]

सन् 1934 तक पहुँचते-पहुँचते सामान्य जन का मोह भंग इस सीमा तक पहुँच गया कि उसने कांग्रेस-नेतृत्व से भिन्न नये नेतृत्व के अन्तर्गत अपने अभियान प्रारम्भ भी कर दिये। सन् 1920 में अखिल भारतीय ट्रेड यूनियन कांग्रेस की स्थापना हो ही चुकी थी, सन् 1927 तक उस पर वामपंथी समाजवादियों का प्रभुत्व बढ़ गया और सन् 1928 तक इस संगठन के भीतर एक ऐसा नया और क्रान्तिकारी नेतृत्व उभर जिसका मजदूरों ने हृदय से स्वागत किया। सरकार ने मजदूर आन्दोलन को दबाने के लिए दमन चक्र का आसरा लिया। सन् 1929 में मजदूरों के 31 शीर्ष नेता पकड़ लिए गये और उन पर मेरठ में मुकदमा चलाया गया, जो मेरठ षड्यन्त्र-केस के नाम से प्रसिद्ध है। बाद में लेस्टर हचिंसन नामक एक अंग्रेज़ पत्रकार को भी अभियुक्तों में शामिल कर उनकी संख्या बत्तीस कर दी गयी। इन अभियुक्तों में अनेक तो भारत में मजदूर आन्दोलन के जन्मदाता थे। अधिकांश का सम्बन्ध भारत के साम्यवादी दल से था, जिसकी स्थापना कुछ वर्ष पूर्व हो चुकी थी। मेरठ षड्यन्त्र-केस पर लिखते हुए रजनी पामदत्त का कहना है–

'अभियुक्तों में तीन अंग्रेज़ थे। इंग्लैण्ड के मजदूर आन्दोलन के ये तीन प्रतिनिधि जब भारतीय मजदूरों के साथ अदालत के कठघरे में खड़े हुए और बाद को उनके साथ कैद काटने गये तो दुनिया ने मजदूर वर्ग की अन्तर्राष्ट्रीय एकता का एक

ऐसा ऐतिहासिक प्रदर्शन देखा, जिसने पुरानी दीवारों को तोड़ दिया।'[14]

सन् 1934 में सरकार ने भारत के साम्यवादी दल को गैर कानूनी घोषित कर दिया, परन्तु इससे मजदूर-किसान वर्ग में समाजवादी-मार्क्सवादी विचारों का प्रचार रुक न सका। इसी समय एक साथ ऐसे अनेक नये संगठन सामने आये जिन्होंने जन-जीवन में समाजवादी विचारों के प्रचार-प्रसार में महत्त्वपूर्ण भूमिका अदा की। सन् 1934 में कांग्रेस-संगठन के भीतर ही समाजवादी विचारधारा के लोगों ने कांग्रेस-समाजवादी दल की नींव डाली, और किसान-मजदूरों के बीच सक्रिय हुए। साम्यवादी दल और कांग्रेस समाजवादी दल द्वारा मजदूर-किसानों का नेतृत्व लिए जाने के प्रश्न पर टिप्पणी करते हुए पट्टाभि सीतारमैया ने लिखा है—'दोनों दल जनता में एक-से सुपरिचित हो गये।...थोड़े से समय में समाजवादी दल कमजोर पड़ गया और सन् 1940 में तो करीब-करीब, गायब-सा हो गया और मैदान साम्यवादियों के हाथ में आ गया।'[15]

मजदूर-आन्दोलन के साथ-साथ किसान-आन्दोलन ने भी सन् 1934 के आस-पास गति पकड़ी। 'किसान-सभा' नामक किसानों के अखिल भारतीय संगठन की सन् 1936 में स्थापना के साथ किसान-आन्दोलन का भी मुख्यांश साम्यवादियों के नेतृत्व में चला गया। डॉ. पट्टाभि-सीतारमैया के शब्दों में—'जहाँ एक तरफ जीवन भर रक्त की होली खेलने वाले अहिंसा की तरफ आकर्षित हो रहे थे, या कम से कम हिंसा से मुँह मोड़ते जा रहे थे, वहाँ दूसरी तरफ असंख्य किसान सैकड़ों मील चलकर गाँवों में आते थे और अपने संगठन अलग कायम करते थे। ये नये संगठन कम या अधिक मात्रा में कांग्रेस के विरुद्ध होते थे। इसके लिए उन्हें एक उद्देश्य, एक झण्डा और एक नेता मिल गया था। किसानों की हिमायत कोई नयी बात न थी, लेकिन अब तक ऐसा कांग्रेस ही करती आयी थी। इस बार उन्होंने लाल रंग का सोवियत झण्डा अपनाया, जिसमें हँसिया और हथौड़ा के चिह्न अंकित थे। किसानों और कम्युनिस्टों में यह झण्डा अधिकाधिक चल पड़ा। किसानों के नेताओं ने देहातों में दूर-दूर तक दौरे किये।...इस प्रकार दल की शक्ति और संगठन में वृद्धि हुई और वह कांग्रेस के मुकाबले पर डट गया।'[16]

ऐसी स्थिति में आवश्यक था कि कांग्रेस-संगठन में समाजवाद की विचारधारा को सही रूप से सक्रिय प्रवेश मिले। सन् 1936 ई. में लखनऊ में कांग्रेस का अधिवेशन हुआ। कांग्रेस के समाजवादी रूप को उभारने के लिए इस अधिवेशन के अध्यक्ष पं. जवाहरलाल नेहरू चुने गये, जिन्होंने अध्यक्ष पद से, साफ शब्दों में समाजवाद का नारा दिया। अगले वर्ष फैजपुर में हुए कांग्रेस अधिवेशन में उन्होंने अपना जो सन्देश भेजा, उसमें भी अपनी समाजवादी आस्था को ही दुहराया—

'जैसा कि आप लोगों को मालूम है, मुझे हर समस्या के प्रति समाजवादी दृष्टिकोण में वही भारी दिलचस्पी है। इस पद्धति के पीछे जो सिद्धान्त है, उसे हमें समझना

चाहिए। इससे हमारी दिमागी उलझन दूर होती है, और हमारे काम की कुछ उपयोगिता हो जाती है।'[17]

भारत के राष्ट्रीय आन्दोलन की विविध गतिविधियों का यह संक्षिप्त परिचय स्पष्ट कर देता है कि जहाँ सामान्य जनता साम्राज्यवाद के साथ-साथ देशी सामन्तवाद तथा पूँजीवाद की जड़ों को भी सदा-सदा के लिए नष्ट कर देना चाहती थी, वहाँ राष्ट्रीय आन्दोलन का दक्षिणपंथी नेतृत्व मात्र समझौतों के आधार पर ही अंग्रेजों से लड़ाई लड़ने का पक्षधर था। राष्ट्रीय नेतृत्व का वामपंथी अंश इतनी शक्ति प्राप्त न कर सका था कि संगठन के भीतर अपना अधिकार कायम कर जन-आकांक्षाओं को क्रान्तिकारी दिशा-निर्देश दे सकता। समाजवादी क्रान्ति की सफलता के पश्चात् अत्यन्त अल्प समय में रूस ने विविध क्षेत्रों में जो आश्चर्यजनक प्रगति की थी, उसके समाचार जन-मानस को समाजवादी विचारधारा के प्रति तेजी से आकर्षित कर रहे थे। राष्ट्रीय नेतृत्व जन-आकांक्षाओं एवं अपनी नीतियों में समन्वय स्थापित करने के लिए प्रतिक्षण दबाव अनुभव कर रहा था। जब-तब समाजवादी कार्यक्रमों को इसी कारण स्वीकार भी किया जाता परन्तु वस्तुस्थिति को जिस रूप में सामने आना चाहिए था, वैसा नहीं हो सका। इसी का परिणाम है कि न केवल संगठन के भीतर ही कांग्रेस समाजवादी दल जैसे समूह का विकास हुआ, नये संगठन तथा नयी संस्थाएँ भी बनीं, जिन्होंने जन सामान्य के नेतृत्व के प्रश्न को लेकर कांग्रेस संगठन से सीधी टक्कर ली।

देश की गरीबी पराकाष्ठा पर पहुँच चुकी थी, साम्राज्यवाद, सामन्तवाद और पूँजीवाद के तिहरे शोषण-चक्र से पीड़ित जनता, बावजूद अपनी विपन्नता के निर्णायक लड़ाई लड़ने के लिए कटिबद्ध थी। इस जनता को राजनीतिक नेताओं के अतिरिक्त देश के प्रगतिशील बुद्धिजीवी वर्ग से भी सहयोग तथा समर्थन प्राप्त हुआ। बुद्धिजीवियों के बीच समाजवादी चेतना का प्रसार और भी तेजी से हुआ। नोबुल पुरस्कार पाने के उपरान्त रवीन्द्रनाथ टैगोर को रूस तथा पूर्वी यूरोप के देशों का दौरा करने का सुअवसर प्राप्त हुआ। वे सन् 1930 में रूस गये और वहाँ उन्होंने जो कुछ देखा, उससे न केवल अभिभूत हुए, उनके मन में भी यह विश्वास जम गया कि उनके देश की सर्वतोमुखी मुक्ति का एक मात्र रास्ता समाजवादी विचारधारा का ग्रहण ही है। रूस से भारत, अपने मित्रों को, उन्होंने जो पत्र लिखे, वे इस तथ्य के साक्षी हैं कि रूस की समाजवादी व्यवस्था और वहाँ की प्रगति ने उनके मन को कितना अधिक प्रभावित किया था।

जैसा कि हम कह चुके हैं, देश के बुद्धिजीवी वर्ग साहित्यकारों, कवियों, विचारकों आदि ने, रूसी क्रान्ति का, उसके सफलतापूर्वक सम्पन्न होने के तुरन्त बाद ही स्वागत किया था। कालान्तर में वे अपने तरीकों से समाजवादी चेतना के प्रचार-प्रसार के प्रति सक्रिय हुए। उनके इस अभियान में भी सन् 1930-31 के पश्चात् गति

आयी। वस्तुतः यह वह समय था जबकि समाजवादी विचारधारा एकबारगी सीमाओं को तोड़ती हुई जनमानस की सतह पर उतराने लगी थी। रवीन्द्रनाथ के अतिक्ति देश के दूसरे प्रतिभाशाली साहित्यकारों एवं बुद्धिजीवियों ने भी समाजवाद को अपना खुला समर्थन दिया। इस समर्थन का प्रमाण उस युग के वे पत्र तथा पत्रिकाएँ हैं, जो समाजवादी आकांक्षा को मूर्त्त रूप देने के हेतु ही प्रकाशित हुईं, और सच पूछा जाय, तो पढ़े-लिखे जन-समुदाय के मन में समाजवाद की आकृति स्पष्ट करने और उसे गाढ़ा रंग देने में, जिनका सर्वाधिक योग रहा। विस्तार में न जाकर हम यहाँ 'जागरण' तथा 'हंस', इन दो पत्रिकाओं का उल्लेख करना चाहेंगे। 'जागरण' पत्र के सम्पादकों में जहाँ श्री सम्पूर्णानन्द, आचार्य नरेन्द्र देव जैसे प्रसिद्ध समाजवादी नेताओं के साथ, हिन्दी के प्रख्यात कथाकार मुंशी प्रेमचन्द भी थे, वहाँ 'हंस' विशुद्ध रूप से प्रेमचन्द की समाजवादी आकांक्षाओं का प्रतिफल था। इस पत्र ने देश भर के प्रगतिशील साहित्यकारों के लिए समाजवाद का मंच प्रस्तुत किया, और कहने की आवश्यकता नहीं कि साधनों के अभाव में हिन्दी लेखकों की जो प्रगतिशील आकांक्षा अभी तक छिटपुट रूप में ही अभिव्यक्ति पा सकी थी, विविध पत्र और पत्रिकाओं का सम्बल पाकर अपनी समूची शक्ति और प्रभाव के साथ सामने आ गयी। अहिंसात्मक सत्याग्रह, सविनय अवज्ञा, जैसे कार्यक्रमों के प्रति प्रेमचन्द का विश्वास यूँ तो काफी पहले से डिगने लगा था, सन् 1933-34 में तो जैसे जन-आकांक्षाओं का प्रतीक बनते हुए उन्होंने साफ-साफ शब्दों में अपनी पक्षधरता स्पष्ट कर दी। 'जागरण' के सम्पादकीय वक्तव्य में उन्होंने सीधे साम्यवाद का पक्ष समर्थन करते हुए लिखा—'साम्यवाद का विरोध वही तो करता है जो दूसरों से ज्यादा सुख भोगना चाहता है, जो दूसरों को अपने अधीन रखना चाहता है। जो अपने को भी दूसरों के बराबर समझता है, जो अपने में कोई सुर्खाव का पर लगा हुआ नहीं देखता, जो समदर्शी है, उसे साम्यवाद से विरोध क्यों होने लगा।'[18] उनकी प्रखर सामाजिक दृष्टि अब तक इस तथ्य को पूरी तरह भाँप चुकी थी कि पूँजीवाद के उन्मूलन के बिना देश को गरीबी तथा शोषण से मुक्ति नहीं मिल सकती। साम्राज्यवाद के साथ-साथ आवश्यकता पूँजीवाद और उसकी नीतियों पर भी कठोर प्रहार करने की है। भारत में ही नहीं, समूचे विश्व में अन्याय, अत्याचार और अज्ञान का दोषी यही पूँजीवाद है। 'जागरण' पत्र में उन्होंने लिखा—'संसार में जितना अन्याय और अत्याचार है, जितना द्वेष और मालिन्य है, जितनी मूर्खता और अज्ञानता है, उसका मूल रहस्य यही विष की गाँठ है। जब तक सम्पत्ति पर व्यक्तिगत अधिकार रहेगा, तब तक मानव-समाज का उद्धार नहीं हो सकता।'[19] 'महाजनी सभ्यता' शीर्षक से लिखे गये 'हंस' के सम्पादकीय वक्तव्य में उन्होंने पूँजीपति वर्ग द्वारा नयी समाजवादी व्यवस्था पर लगाये गये अनर्गल आरोपों का उल्लेख करते हुए समाजवादी व्यवस्था की वास्तविक आकृति पाठकों के समक्ष स्पष्ट की और अत्यन्त

आस्था-विश्वास से युक्त होकर समाजवाद की विजय की घोषणा की—'धन्य है वह सभ्यता जो मालदारी और व्यक्तिगत सम्पत्ति का अन्त कर रही है, और जल्दी या देर से, दुनिया उसका पदानुसरण अवश्य करेगी। यह सभ्यता अमुक देश की समाज-रचना अथवा धर्म-मजहब से मेल नहीं खाती, या उस वातावरण के अनुकूल नहीं है—यह तर्क नितान्त असंगत है। छोटी-छोटी बातों में अन्तर हो सकता है, पर मूल स्वरूप की दृष्टि से सम्पूर्ण मानव जाति में कोई भेद नहीं। जो शासन-विधान और समाज-व्यवस्था एक देश के लिए कल्याणकारी है, वह दूसरे देशों के लिए भी हितकर होगी। हाँ, महाजनी सभ्यता और उसके गुरगे अपनी शक्ति भर उसका विरोध करेंगे—पर जो सत्य है, एक दिन उसकी विजय होगी, और अवश्य होगी।'[20]

प्रेमचन्द के ये वक्तव्य इस तथ्य को प्रमाणित करते हैं कि सन् 1936 तक देश में मार्क्सवादी-समाजवादी विचार दूर तक प्रचारित-प्रसारित हो चुके थे। राष्ट्रीय नेता, बुद्धिजीवी वर्ग, जन सामान्य, सब, समाजवादी विचारधारा के ही आलोक में देश की विविध समस्याओं का समाधान चाहते थे। सन् 1936 के पश्चात् राष्ट्रीय आन्दोलन तो क्रमशः वामपंथी मुद्राएँ ग्रहण ही करता गया, देश ने साहित्यिक रंगमंच में भी महत्त्वपूर्ण परिवर्तन हुए। साहित्यिक गतिरोध, जड़ता तथा पस्ती को दूर करने तथा समाज और साहित्य को एक स्वस्थ और प्रशस्त सामाजिक धरातल पर प्रतिष्ठित करने के हेतु 'प्रगतिशील लेखक संघ' नामक एक अखिल भारतीय संस्था का जन्म इस परिवर्तन की पहली मुखर अभिव्यक्ति था। 'प्रगतिशील लेखक संघ' के नेतृत्व में हिन्दी भाषी प्रदेशों में ही नहीं, समूचे देश में एक नये प्रगतिशील आन्दोलन की शुरुआत हुई, जिसे भारतीय साहित्य में मार्क्सवादी-समाजवादी चेतना के प्रचार और प्रसार का पहला संगठित प्रयास मानना चाहिए।

भारतीय साहित्य में मार्क्सवादी-समाजवादी चेतना का प्रवेश और प्रगतिशील आन्दोलन

जिस प्रकार देश के राष्ट्रीय जीवन में मार्क्सवादी-समाजवादी विचारों के प्रचार-प्रसार का मुख्य सन्दर्भ देश की तत्कालीन आर्थिक-राजनीतिक, सामाजिक तथा सांस्कृतिक परिस्थितियों में देखा जा सकता है, उसी प्रकार भारतीय साहित्य में भी मार्क्सवादी-समाजवादी चेतना का प्रवेश इन्हीं परिस्थितियों की देन है। उपर्युक्त परिस्थितियों की विकरालता अथवा युग के यथार्थ ने जिस प्रकार राष्ट्रीय आन्दोलन के नेताओं के समक्ष यह विकल्प प्रस्तुत किया था कि या तो वे जनमानस की आकांक्षाओं के अनुरूप राष्ट्रीय आन्दोलन को क्रान्तिकारी भूमिकाओं की ओर अग्रसर करें या जन-समर्थन अथवा जन-सम्पृक्ति से कट जाने का खतरा उठावें, उसी प्रकार युग जीवन के इस यथार्थ ने देश के साहित्यकारों के समक्ष भी इस विकल्प को प्रस्तुत किया। विकल्प या तो साहित्य को निराशा, पस्त हिम्मती, जड़ता तथा कल्पना

और सौन्दर्य की कृत्रिम रंगीनियों से बाहर निकाल कर, उसे जनमानस की आकांक्षाओं के अनुरूप यथार्थ के प्राणवान् सन्दर्भों में ढालते हुए एक प्रगतिशील-समाजवादी आकृति दी जाय, या फिर उसे जन-जीवन से काटकर स्वतः जन-जीवन से कट जाने, और जीवन के क्षयी मूल्यों को प्रश्रय देते हुए क्रमशः उसे और अपने को पूरी तरह निःशेष कर देने का खतरा उठाया जाय। विकल्प बिल्कुल साफ था, अतः निर्णय लेने में भी विलम्ब नहीं हुआ। उभरते हुए फासिज्म तथा बढ़ते हुए सार्वत्रिक क्षय का सामना करने के हेतु यूरोप में, सन् 1935 ई. में 'प्रगतिशील लेखक संघ' नामक संस्था की नींव, समान परिस्थितियों में, लगभग समान विकल्प से प्रेरित होकर डाली जा चुकी थी',[21] इस संस्था से प्रेरणा लेकर इंग्लैण्ड में शिक्षा प्राप्त कर रहे कतिपय प्रबुद्ध भारतीय युवा साहित्यकारों और विद्यार्थियों ने, भारत के लिए भी ऐसी ही एक संस्था के गठन का निश्चय किया। इन प्रगतिशील बुद्धिजीवियों ने जिनमें डॉ. मुल्कराज आनन्द, सज्जाद जहीर, भवानी भट्टाचार्य, इकबाल सिंह, राजा राव, मुहम्मद अशरफ के नाम प्रमुख हैं, तुरन्त प्रस्तावित संस्था की रूपरेखा बनाकर भारत में अपने मित्रों तथा शुभचिन्तकों के पास भेजी, जिसका व्यापक रूप में स्वागत हुआ। परिणामस्वरूप 'भारतीय प्रगतिशील लेखक संघ' नामक संस्था का जन्म हुआ। सन् 1935 के अन्तिम चरणों में इस संस्था का घोषणा-पत्र प्रकाशित हुआ, जिसमें इस संस्था के जन्म की ऐतिहासिक अनिवार्यता का प्रतिपादन किया गया। घोषणा-पत्र में कहा गया था–

'पुरानी संस्कृति टूट जाने के साथ हमारे साहित्य में हर रोज के जीवन की वास्तविकता से हट जाने की एक आत्मघाती इच्छा ने जन्म लिया है। हमारा नया साहित्य वास्तव और प्राकृतिक को छोड़कर अवास्तव और आध्यात्मिक की ओर जा रहा है। जमीन का आश्रय छोड़ कल्पना का आश्रय खोज रहा है। इस कारण उसकी रचना-शैली अन्धे नियम के भयानक जाल में फँस गयी है। उसकी भावधारा शून्य और विकार ग्रस्त हो रही है। हमारा समाज जो नया रूप धारण कर रहा है, उसको साहित्य में प्रतिबिम्बित करना और वैज्ञानिक युक्तिवाद की साहित्य में प्रतिष्ठा करना, प्रगतिशील चिन्ताधारा को वेगवती करना यही हमारे लेखकों का कर्त्तव्य है। हम लोग जन-साधारण के जीवन से हर प्रकार की कला का मिलाप चाहते हैं, हम चाहते हैं कि साहित्य हर रोज के जीवन के चित्रों को अंकित करे, और भविष्य की जो परिकल्पना हम कर रहे हैं, उसको पूरा करने में सहायता प्रदान करे। जो कुछ हमारे विचार और बुद्धि को साफ करेगा, समाज की व्यवस्था और रीतियों की युक्ति के साथ परीक्षा करके, उस समाज को कर्मशील और नियमशील समाज में बदलने में हमारी सहायता करेगा, उसको हम प्रगतिशील कहकर ग्रहण करेंगे।'[22]

सन् 1936 ई. में, लखनऊ में, इस संस्था का प्रथम अधिवेशन सम्पन्न हुआ, जिसके प्रथम सभापति हिन्दी के प्रख्यात कथाकार मुंशी प्रेमचन्द थे। संयोग की

बात है कि यह अधिवेशन ठीक उसी समय हुआ, जब लखनऊ में ही भारतीय राष्ट्रीय कांग्रेस का अधिवेशन हो रहा था। उधर देश के राजनीतिक मंच से राष्ट्रीय कांग्रेस के सभापति पं. नेहरू समाजवाद की उद्घोषणा कर रहे थे, इधर देश के साहित्यिक मंच से मुंशी प्रेमचन्द साहित्यकारों को समाजवादी विचारधारा से नया आलोक ग्रहण करने की सलाह दे रहे थे। अध्यक्ष पद से अकर्मण्य और कुण्ठित साहित्य तथा कला की तीव्र भर्त्सना करते हुए प्रेमचन्द ने कहा—'हमारे लिए कविता के वे भाव निरर्थक हैं जिनसे संसार की नश्वरता का आधिपत्य हमारे हृदय पर और दृढ़ हो जाय, जिनसे हमारे हृदयों पर नैराश्य छा जाय।...हमें उस कला की आवश्यकता है जिसमें कर्म का सन्देश हो।...अतः हमारे पथ में अहंवाद अथवा अपने व्यक्तिगत दृष्टिकोण को प्रधानता देना वह वस्तु है जो हमें जड़ता, पतन और लापरवाही की ओर ले जाती है और ऐसी कला की आवश्यकता हमारे लिए न व्यक्ति-रूप में उपयोगी है, न समुदाय रूप में।'[23]

प्रगतिशीलता की कसौटी निर्धारित करते हुए उन्होंने स्पष्ट किया—'हमारी कसौटी पर केवल वही साहित्य खरा उतरेगा जिसमें उच्च चिन्तन हो, स्वाधीनता का भाव हो, सौन्दर्य का सार हो, सृजन की आत्मा हो, जीवन की सच्चाइयों का प्रकाश हो, जो हममें गति, संघर्ष और बेचैनी पैदा करे, सुलाये नहीं, क्योंकि अब और ज्यादा सोना मृत्यु का लक्षण है।'[24]

इस अधिवेशन में भारत भर के लेखकों एवं बुद्धिजीवियों ने भाग लिया, जिनमें सुमित्रानन्दन पन्त, यशपाल, रशीदजहाँ, फैज अहमद 'फैज' तथा सज्जाद जहीर के नाम प्रमुख हैं। रवीन्द्रनाथ टैगोर और शरत चटर्जी ने सम्मेलन को अपने आशीर्वाद भेजे। 3 सितम्बर, 1936 ई. में ब्रुसेल्स में एक विश्व शान्ति सम्मेलन का आयोजन किया गया। भारतीय प्रगतिशील लेखकों ने भी, भारत की ओर से, इस सम्मेलन के लिए एक घोषणा-पत्र भेजा जिसमें हस्ताक्षर करने वालों में रवीन्द्रनाथ टैगोर, शरत चटर्जी, प्रफुल्लचन्द्र राय, प्रमथ चौधरी, प्रेमचन्द, जवाहरलाल नेहरू, रामानन्द चट्टोपाध्याय, नरेशचन्द्र सेनगुप्त, व नन्दलाल बोस जैसे उच्च कोटि के कवि, कथाकार, विचारक, कलाकार एवं विद्वान् थे। घोषणा-पत्र में स्पष्ट रूप से फासिज्म का विरोध और उसके विनाश के लिए व्यापक कदम उठाने का संकल्प किया गया था।

—'उन्मत्त प्रतिक्रिया और फासिस्टवाद आज सभ्यता के भाग्य को लेकर खेल रहा है, और संस्कृति को नष्ट करने जा रहा है। इस समय हमारा चुप रहना अपराध है, समाज के लिए हमारा जो कर्त्तव्य है, उसका पालन न करना है।'[25]

इस प्रकार कहा जा सकता है कि सन् 1936 का वर्ष देश के प्रगतिशील साहित्यिक आन्दोलन का एक महत्त्वपूर्ण वर्ष है।

प्रगतिशील लेखक संघ का द्वितीय अधिवेशन सन् 1938 में कलकत्ता के आशुतोष मेमोरियल हाल में सम्पन्न हुआ। इस सम्मेलन के अध्यक्ष रवीन्द्रनाथ टैगोर थे।

अस्वस्थता वश वे सभा-मंच पर उपस्थित नहीं हो सके। उनका सन्देश पढ़कर सुनाया गया। इस सम्मेलन के पूर्व प्रकाशित किये गये घोषणा-पत्र में अन्य तमाम बातों के साथ यह भी स्पष्ट किया गया कि लेखकों के लिए कौन-सी प्रवृत्तियाँ प्रगति या प्रतिक्रिया की सूचक हैं।

'जो भी हमें परमुखापेक्षी, निष्क्रिय और तर्कहीन बनाता है, वह सभी हमारे लिए प्रतिक्रियात्मक है और जो भी हममें आलोचनात्मक प्रवृत्ति जगाता है, बुद्धि और तर्क के प्रकाश में संस्थाओं और परम्पराओं की समीक्षा करता है, जो भी हमें सक्रिय बनाता, परस्पर संगठित करता है, हमें बदलकर समुन्नत करता है, उस सबको हम प्रगत्यात्मक मानते हैं।'[26]

प्रगतिशील लेखक संघ के तृतीय और चतुर्थ अखिल भारतीय सम्मेलन द्वितीय महायुद्ध के दौरान हुए। मई 1942 में हुए तृतीय सम्मेलन को अखिल भारतीय फासिस्ट-विरोधी लेखक सम्मेलन की संज्ञा दी गयी, जिसमें फासिज्म-विरोधी सभी लेखकों को आमन्त्रित किया गया। यह सम्मेलन उस समय हुआ जब फासिज्म अपनी विजय-यात्राएँ करता हुआ समूची दुनिया को पद-दलित करने का स्वप्न देख रहा था। भारतीय लेखकों ने इस सम्मेलन में फासिज्म के विरोध के अपने संकल्प को दुहराया और इस हेतु सक्रिय कदम उठाने का संकल्प किया। इस सम्मेलन के साथ ही प्रगतिशील लेखकों का अलग से भी एक सम्मेलन हुआ जिसके अध्यक्ष डॉ. अलीम थे। मई 1943 में होने वाले चतुर्थ अधिवेशन के सभापति श्रीपाद अमृत डाँगे थे। यह सम्मेलन बम्बई में हुआ। युद्ध की छाया में होने वाले इस सम्मेलन में भी लेखकों ने मानवता के शत्रु फासिस्टों के प्रति अपनी तीव्र विरोध भाव को दुहराया, साथ ही ब्रिटिश साम्राज्यवाद के दमन-चक्र की भी कठोर शब्दों में निन्दा की गयी। इस सम्मेलन में जोश मलीहाबादी, मामा वरेरकर, वकुलेश, विष्णु दे, नरेन्द्र शर्मा जैसे देश भर के प्रसिद्ध साहित्यकार सम्मिलित हुए। प्रगतिशील लेखक संघ के आगे भी अखिल भारतीय अधिवेशन होते रहे, जिनमें लेखकों को उनके सामाजिक दायित्व से सतत परिचित कराया जाता रहा। अखिल भारतीय रूप के अतिरिक्त देश भर में 'प्रगतिशील लेखक संघ' की प्रान्तीय, जिला एवं नगर-समितियाँ भी गठित हुईं। सन् 1947 तक 'प्रगतिशील लेखक संघ' की विविध कार्यवाहियाँ तीव्र गति से चलती रहीं।

प्रगतिशील आन्दोलन के साथ समूचे देश में प्रगतिशील साहित्य-चेतना का जो ज्वार उठा, उसकी समता आचार्य हजारीप्रसाद द्विवेदी ने मध्यकाल के भक्ति आन्दोलन से की है। वस्तुतः देश भर के साहित्यकारों का एक अभूतपूर्व मंच बनते हुए 'प्रगतिशील लेखक संघ' ने साहित्य तथा सामाजिक जीवन के भयानक संकट के दिनों में अपनी अत्यन्त महत्त्वपूर्ण तथा ऐतिहासिक भूमिका अदा की। भारतीय साहित्य को मार्क्सवादी-समाजवादी विचारों के आलोक में एक नयी और जीवन्त

आकृति प्राप्त हुई, कल्पनाओं, स्वप्नों एवं रस-रंग की वह दुनिया बहुत पीछे छूट गयी, जिसमें जीते हुए पूर्ववर्ती साहित्य युग-जीवन और उसकी समस्याओं से अपनी निर्मम तटस्थता सूचित कर रहा था।

जहाँ तक हिन्दी साहित्य का प्रश्न है, समूचे देश के साहित्य में आने वाले पुनर्जागरण के इस युग के साथ, हिन्दी साहित्य में भी इस युग ने दृढ़तापूर्वक अपने चरण रोप दिये।

प्रगतिशील आन्दोलन और हिन्दी साहित्य

कथा-साहित्य के क्षेत्र में प्रेमचन्द पहले ही युग-जीवन के यथार्थ की संगति में साहित्य की प्रगतिशील-सामाजिक भूमिका स्पष्ट कर चुके थे, आवश्यकता मार्क्सवादी विचारों के प्रकाश में उनकी परम्परा को नया रूप देने की थी, और यह कार्य नये कथाकारों ने सम्पन्न किया। 'प्रगतिशील लेखक संघ' के तत्वावधान में 'जन-नाट्य संघ' जैसी संस्था ने जन्म लेकर नाटकों के क्षेत्र में एक नये युग-प्रवर्त्तन को सम्भव बनाया। कविता के क्षेत्र में इस नये दिशा-परिवर्तन का स्पष्ट आभास छायावाद की रूमानियत और अतिशय कल्पना-प्रियता के स्थान पर सामाजिक यथार्थ की प्रतिष्ठा से मिला। महादेवी वर्मा 'छायावाद' के क्षेत्र में विलम्ब से आयी थीं, अतः वे तो आत्मा और परमात्मा के मिलन और विरह के गीत गाती रहीं, निराला और पन्त जैसे उसके समर्थ कवियों ने युग की माँग के अनुरूप साहस के साथ अपना पथ-परिवर्तन किया। प्रसाद दिवंगत हो चुके थे। 'पल्लव' की भूमिका के रूप में छायावाद की कोमल कल्पना के कवि जिन सुमित्रानन्दन पन्त ने कभी छायावादी कविता का घोषणा-पत्र प्रस्तुत किया था, नये युग-प्रवर्त्तन के सन्दर्भ में उन्हें ही 'प्रगतिवाद' का सन्देश प्रसारित करते सुना गया। अपने द्वारा सम्पादित 'रूपाभ' पत्र के प्रथम सम्पादकीय वक्तव्य में उन्होंने इस पथ-परिवर्तन के ठोस कारण प्रस्तुत किये। उनके अनुसार—'हमारा विचार 'रूपाभ' में सम्पादकीय देने का नहीं था।...किन्तु कविता के स्वप्न-भवन को छोड़कर हम इस खुरदुरे पथ पर क्यों उतर आये, इस सम्बन्ध में दो शब्द लिखना आवश्यक हो जाता है। इस युग में जीवन की वास्तविकता ने जैसा उग्र आकार धारण कर लिया है, उससे प्राचीन विश्वासों में प्रतिष्ठित हमारे भाव और कल्पना के मूल हिल गये हैं। श्रद्धा-अवकाश में पलने वाली संस्कृति का वातावरण आन्दोलित हो उठा है और काव्य की स्वप्न-जड़ित आत्मा जीवन की कठोर आवश्यकता के उस नग्न रूप में सहम गयी है। अतएव, इस युग की कविता स्वप्नों में नहीं पल सकती। उसकी जड़ों को अपनी पोषण-सामग्री ग्रहण करने के लिए कठोर धरती का आश्रय लेना पड़ रहा है, और युग-जीवन ने उसके चिर-संचित स्वप्नों को जो चुनौती दी है, उसे स्वीकार करना पड़ रहा है।

'...हमारा उद्देश्य उस इमारत में थूनियाँ लगाने का कदापि नहीं है, जिसका

कि किग गिरना अवश्यम्भावी है। हम तो चाहते हैं, उस नवीन के निर्माण में सहायक होना, जिसका प्रादुर्भाव हो चुका है। वह नवीन समाज वैज्ञनिक विचारों और आदर्शों से पुष्टि पाता हुआ असंख्य जनता के कल्याण को ही अपना ध्येय मानता है। यदि हममें सत्य के प्रति वास्तविक उत्साह है, तो हम अपने महान् उत्तरदायित्व की अवहेलना नहीं कर सकते।...हमारा निश्चित ध्येय प्रगति की शक्तियों को सक्रिय सहयोग देना ही होगा।'[27]

प्रगतिशील सामाजिक चेतना ने अपने दायित्व का निर्वाह करते हुए केवल 'छायावाद' की रोमानियत अथवा कल्पना-प्रियता पर ही प्रहार नहीं किया, उसने युग जीवन की वास्तविकताओं से घबराये हुए ऐसे युवा-रचनाकारों की गति पर भी अंकुश लगाया जो क्षयी रोमांस, निराशा, पराजय और पलायन के गीत गाने में ही अपने कवि-कर्म की सार्थकता समझ रहे थे। ऐसे ही रचनाकारों और उनकी प्रवृत्तियों को लक्ष्य करते हुए सितम्बर 1936 के 'हंस' में प्रेमचन्द जी ने लिखा था–'वस्तुतः हमारे साहित्य ने वह विवेचनात्मक अन्तर्दृष्टि प्राप्त ही नहीं की जो जीवन के प्रसंगों, और सत्य को यथा विधि परख सके। अभी तक वह उस आलोचनात्मक विवेक को प्राप्त न कर सका जो जीवन की मूल समस्याओं पर प्रतिबिम्बित प्रतिमुखी तथा पुनर्भवात्मक धारणाओं को हरा सके और वर्गवाद, जातीय विद्वेष, विषय उच्छृंखलता तथा मनुष्य-मनुष्य की लूट-खसोट की साहित्य-सृष्टि की मनोरेखाओं का विध्वंस कर सके।...हमारे साहित्य को जनता के हृदय के साथ एक कर देने की अत्यन्त आवश्यकता है, जिससे वह सार्वजनिक जीवन से प्रेरित जनता की आत्मा के साथ जी सके।'[28]

इस नये साहित्यिक युग-प्रवर्त्तन ने रचना के ही क्षेत्र में नहीं, चिन्तन और मूल्यांकन के क्षेत्र में भी नयी मान्यताओं की सृष्टि की। मार्क्सवादी-समाजवादी विचारों के प्रकाश में साहित्य एवं कलाओं पर नये ढंग से दृष्टिपात किया गया। उनके स्वरूप और चारित्र्य के सम्बन्ध में इस नयी दृष्टि के फलस्वरूप जो निष्कर्ष सामने आये, साथ ही उनके ग्रहण और मूल्यांकन के जो प्रतिमान स्पष्ट हुए, उन्हीं की समष्टि हिन्दी का मार्क्सवादी साहित्य-चिन्तन है। जैसा कि हम प्रारम्भ में स्पष्ट कर चुके हैं, पूर्ववर्ती चिन्तन से इस नये चिन्तन को अनेक प्रश्नों पर आवश्यक सहयोग एवं समर्थन भी प्राप्त हुआ। परन्तु चूँकि पूर्ववर्ती साहित्य-चिन्तन मूलतः भाववादी दृष्टिकोण से अनुशासित चिन्तन था, जबकि इस नये चिन्तन में मार्क्सवाद के भौतिकवादी दृष्टिकोण की मूलवर्ती प्रेरणाएँ निहित थीं, इसलिए साहित्य एवं कला सम्बन्धी आधारभूत प्रश्नों पर मतभेद और विरोध स्वाभाविक थे। इन मतभेदों और विरोधों में ही हिन्दी के मार्क्सवादी साहित्य-चिन्तन की मौलिकता तथा वैशिष्ट्य के दर्शन किये जा सकते हैं। सन् 1936 से प्रारम्भ होकर मार्क्सवादी साहित्य-चिन्तन की यह परम्परा, हिन्दी में, आज भी पूरी सप्राणता के साथ गतिशील है।

हिन्दी में मार्क्सवादी साहित्य-चिन्तन, कुछ विशिष्ट प्रश्न

हिन्दी में मार्क्सवादी साहित्य-चिन्तन प्रगतिवादी अथवा प्रगतिशील समीक्षा के नाम से ख्यात है। हिन्दी की यह प्रगतिशील अथवा प्रगतिवादी समीक्षा अपनी पूर्ववर्ती आदर्शवादी तथा स्वच्छन्दतावादी समीक्षा-दृष्टि से एक ओर तथा अपनी समकालीन मनोवैज्ञानिक एवं आधुनिकतावादी समीक्षा-दृष्टियों से दूसरी ओर अपनी मूलवर्ती मार्क्सवादी-समाजवादी चेतना के कारण विशिष्ट है। हिन्दी के जिन समीक्षकों ने अपने कृतित्व और विचारों के द्वारा इस प्रगतिवादी अथवा मार्क्सवादी समीक्षा को आकार देते हुए उसे सम्पुष्ट किया है उनमें डॉ. रामविलास शर्मा, शिवदानसिंह चौहान, प्रो. प्रकाशचन्द्र गुप्त, डॉ. रांगेय राघव, अमृतराय, गजानन माधव मुक्तिबोध, चन्द्रबली सिंह, नामवरसिंह, डॉ. विश्वम्भर नाथ उपाध्याय, मार्कण्डेय एवं डॉ. रमेश कुंतल मेघ का विशिष्ट स्थान है। इन नामों के अलावा नयी पीढ़ी के प्रतिभाशाली समीक्षकों की एक पूरी की पूरी पंक्ति है, जो मार्क्सवादी-समाजवादी दृष्टि से अनुप्राणित, साहित्य एवं कला को मूलतः एक सामाजिक वस्तु मानते हुए सामाजिक सन्दर्भों में ही उन्हें मूल्यांकित करना पसन्द करती है, गो, सौन्दर्य मूल्यों तथा कला-मूल्यों को भी उपेक्षणीय नहीं मानती।

चूँकि हिन्दी की प्रगतिवादी अथवा मार्क्सवादी समीक्षा पर काफी कुछ लिखा जा चुका है अतः विस्तार में न जाकर, सार रूप में, हम मात्र इसी तथ्य को प्रस्तुत करना चाहेंगे कि जहाँ तक मूलवर्ती आकृति अथवा आधार भूत सैद्धान्तिक मान्यताओं का प्रश्न है, वह उस मार्क्सवादी साहित्य-चिन्तन से अपनी अभिन्नता सूचित करती है, जो दूसरे देशों में, एक लम्बे विकास-क्रम के दौरान, सामने आया है, और प्रस्तुत ग्रन्थ में हमारा मूल प्रतिपाद्य बना है। इस अभिन्नता का प्रधान कारण चिन्तन के स्रोत की समानता है। मार्क्सवादी विचार-दर्शन और मार्क्स, एंगेल्स तथा लेनिन की साहित्य एवं कला-सम्बन्धी स्थापनाएँ ही मूल रूप से पश्चिमी मार्क्सवादी साहित्य-चिन्तकों की साहित्य तथा कला-सम्बन्धी विचारणा का आधार एवं स्रोत बनी हैं, और उन्हें ही हिन्दी के मार्क्सवादी समीक्षकों ने मूलवर्ती प्रेरणा के रूप में स्वीकार किया है। यही कारण है कि साहित्य एवं कला-विषयक अपनी धारणाओं में उनका सम्बन्ध काव्य अथवा कला के स्वरूप, तत्त्व, उपकरण, प्रयोजन, उद्भव, सामाजिक-आर्थिक जीवन से उनके सम्बन्ध आदि-आदि किन्हीं प्रश्नों से भी क्यों न हो, वे प्रायः समान निष्कर्षों पर ही पहुँचे हैं। हिन्दी के मार्क्सवादी समीक्षकों की यथार्थ, सौन्दर्य, वस्तु और रूप-तत्त्व, उपयोगिता, साहित्य एवं कला के वर्गीय आधार, उनके मूल्यांकन, तथा साहित्येतर बुनियादी मूल्यों-सम्बन्धी धारणाओं में भी, पश्चिमी मार्क्सवादी साहित्य-चिन्तन की अनुरूपता को देखा जा सकता है। जिस प्रकार रूस और पश्चिम का नया मार्क्सवादी साहित्य-चिन्तन बुनियादी प्रश्नों पर दृढ़ रहते हुए भी साहित्य तथा कला-विवेचन की नयी भूमियाँ खोजने के लिए तत्पर

है, लगभग वही सक्रियता हिन्दी की उस नयी पीढ़ी में भी दिखायी पड़ रही है, जो मार्क्सवादी-समाजवादी आदर्शों से प्रेरित, साहित्य एवं कला के मूल्यांकन को अधिक नये आयाम देना चाह रही है। विदेशों के मार्क्सवादी साहित्य-चिन्तन के समक्ष प्रारम्भ से ही प्रस्तुत, रूढ़िवाद तथा संशोधनवाद के जिन दो खतरों का उल्लेख ग्रन्थ के समापन में हमने किया है, हिन्दी का मार्क्सवादी साहित्य-चिन्तन भी उनकी स्थिति की सूचना देता है। उसके अन्तर्गत भी अतिशय रूढ़िवाद और अतिशय उदारतावाद की लगभग वैसी ही स्थितियाँ प्रारम्भ से विद्यमान रही हैं, और उन्हीं के बीच से उसे अपना मार्ग तय करना पड़ा है। यान्त्रिक दृष्टि और सरलीकरण का आश्रय लेते हुए हिन्दी के कुछ मार्क्सवादी समीक्षकों ने भी जब-तब वही गलतियाँ की हैं, जिनका उल्लेख हमने विदेशों के मार्क्सवादी साहित्य-चिन्तन का परिचय देते हुए किया है। सतही मतवाद और सौन्दर्य तथा कला-मूल्यों की अवमानना के आरोप हिन्दी के मार्क्सवादी साहित्य-चिन्तन पर भी लगाये गये हैं।

हमारे कहने का तात्पर्य मात्र इतना ही है कि तत्त्वतः हिन्दी का मार्क्सवादी साहित्य-चिन्तन पश्चिम के मार्क्सवादी साहित्य-चिन्तन से भिन्न और स्वतन्त्र कोई वस्तु न होकर, मार्क्सवादी साहित्य अथवा कला-चिन्तन की समग्रता का ही एक अंश है। मार्क्सवादी साहित्य अथवा कला-चिन्तन की एक समग्र-आकृति के निर्माण में अपनी शक्ति तथा दुर्बलताओं के साथ उसका अपना भी प्रधान योगदान है।

पश्चिम के मार्क्सवादी साहित्य-चिन्तन का परिचय देते हुए यथा स्थान हमने यह भी प्रदर्शित किया है कि साहित्य एवं कला-सम्बन्धी अनेक प्रश्नों पर पश्चिम के मार्क्सवादी साहित्य-चिन्तकों में परस्पर मतभेद रहा है। इस मतभेद का एक मुख्य सन्दर्भ मूल स्थापनाओं की अपनी निजी व्याख्याओं में है। प्रायः मूल स्थापनाओं को उनके वास्तविक और सही आशय में न ग्रहण कर पाने के कारण भी वैचारिक भिन्नताएँ सामने आयी हैं। मार्क्सवादी-दृष्टि की अपनी संकीर्ण अथवा प्रशस्त समझ ने भी उनके अपने विवेचन को उथला या गहरा बनाया है। साहित्य-विचारकों की अपनी प्रतिभा तथा मेधा भी सोचने-समझने के तरीकों में तथा उससे प्राप्त निष्कर्षों में अपनी छाप सूचित करती रही है। लगभग यही स्थितियाँ हमें हिन्दी के मार्क्सवादी साहित्य-चिन्तन तथा उसके पुरस्कर्ताओं में देख पड़ती हैं। बल्कि कहना चाहिए कि मूल मार्क्सवादी दृष्टि की सही अथवा गलत समझ, उसकी प्रामाणिकता अथवा अप्रामाणिकता को लेकर हिन्दी के मार्क्सवादी समीक्षकों में जो उग्र वाद-विवाद चला है, वैसा पश्चिम के मार्क्सवादी साहित्य-चिन्तन में हमें नहीं दिखायी पड़ता। इस वाद-विवाद-मूलक ध्वंसात्मक मनोवृत्ति का ही परिणाम है कि न केवल साहित्य एवं कला-सम्बन्धी मूल प्रश्नों एवं व्यावहारिक मूल्यांकन से प्राप्त निष्कर्षों के सम्बन्ध में हिन्दी पाठकों के समक्ष यह प्रश्न उपस्थित हुआ है कि सही मार्क्सवादी दृष्टि क्या है, हिन्दी के मार्क्सवादी साहित्य-चिन्तन की अपनी आकृति (image) भी क्षत-विक्षत

हुई है। पारस्परिक-दोषारोपण की तो एक समय बाढ़ सी-ही आ गयी थी, और यह वह समय था जबकि हिन्दी के मार्क्सवादी साहित्य-चिन्तन को पूरी शक्ति तथा क्षमता के साथ उभरने के लिए पूरे अवसर विद्यमान थे। हिन्दी के मार्क्सवादी साहित्य-चिन्तन का यह एक सर्वाधिक दुर्बल पक्ष है, जिस पर काफी से ज्यादा कहा जा चुका है।

समग्रतः, अपनी अनेक दुर्बलताओं और सीमाओं के बावजूद हिन्दी के मार्क्सवादी साहित्य-चिन्तन ने पश्चिमी मार्क्सवादी साहित्य-चिन्तन की अनुरूपता में विकसित होते हुए, न केवल मार्क्सवादी साहित्य अथवा कला-चिन्तन की समग्रता में अपना योगदान दिया है, भारतीय काव्य-चिन्तन की परम्परा में भी उसने एक नयी कड़ी जोड़ी है। हिन्दी के प्रख्यात स्वच्छन्दतावादी समीक्षक आचार्य नन्ददुलारे वाजपेयी ने उसके इस योगदान को मुक्त कण्ठ से स्वीकार किया है—

हिन्दी समीक्षा को उसने दो वस्तुएँ मुख्य रूप से दी हैं—प्रथम यह कि काव्य-साहित्य का सम्बन्ध सामाजिक वास्तविकता से है, और वही साहित्य मूल्यवान् है जो उक्त वास्तविकता के प्रति सजग तथा संवेदनशील है। द्वितीय, यह कि जो साहित्य सामाजिक वास्तविकता से जितना ही दूर होगा, वह उतना ही काल्पनिक और प्रतिक्रियावादी कहा जायेगा। न केवल सामाजिक दृष्टि से वह अनुपयोगी होगा, साहित्यिक दृष्टि से भी हीन और ह्रासोन्मुख होगा।

कहने की आवश्यकता नहीं कि मार्क्सवादी साहित्य-चिन्तन के प्रदेय का यह सन्दर्भ साहित्य एवं कला सम्बन्धी मूल मार्क्सवादी दृष्टि की स्वीकृति है।

साहित्य एवं कला के सैद्धान्तिक प्रश्नों पर हिन्दी के मार्क्सवादी-चिन्तकों की मान्यताएँ अवश्य पश्चिमी मार्क्सवादी साहित्य-चिन्तन से अपनी सामान्य अनुरूपता सूचित करती हैं—जिसका कारण भी हम निर्देशित कर चुके हैं—किन्तु इसके अर्थ यह नहीं हैं कि हिन्दी के मार्क्सवादी साहित्य-चिन्तकों का, मार्क्सवादी सौन्दर्य चिन्तन अथवा साहित्य-चिन्तन को अपना कोई सैद्धान्तिक प्रदेय नहीं है। मार्क्सवादी चिन्तन के प्रामाणिक पुरस्कर्ताओं के कृतित्व को मूल वैचारिक आधार के रूप में ग्रहण करते हुए जिस प्रकार पश्चिम के मार्क्सवादी साहित्य-चिन्तकों ने साहित्य एवं कलाओं के सैद्धान्तिक स्वरूप, अथवा उनसे सम्बन्धित मूलभूत प्रश्नों पर अपने विचार प्रकट किये हैं, वही बात हिन्दी के मार्क्सवादी साहित्य-चिन्तकों के बारे में कही जा सकती है। उनके विचारों में समानता भले ही हो जहाँ तक समान निष्कर्षों तक पहुँचाने वाली व्याख्या एवं चिन्तन का सम्बन्ध है, उनकी दृष्टिगत मौलिकता को अनेक स्थलों पर देखा जा सकता है। हिन्दी के कतिपय समीक्षकों के सन्दर्भ में तो यह बात विश्वास से कही जा सकती है। इन समीक्षकों ने कतिपय ऐसे विषयों को भी उठाया है, जिन पर पश्चिम के मार्क्सवादी साहित्य-चिन्तकों ने उतनी केन्द्रीयता से विचार नहीं किया। डॉ. रामविलास शर्मा, शिवदानसिंह चौहान, नामवर सिंह, अमृतराय, मुक्तिबोध, विश्वम्भरनाथ उपाध्याय, रमेश कुंतल मेघ, जैसे समीक्षकों का नाम इस

सन्दर्भ में लिया जा सकता है। हिन्दी का मार्क्सवादी साहित्य-चिन्तन प्रस्तुत ग्रन्थ का प्रतिपाद्य नहीं है, अन्यथा हमें अपने कथन को प्रमाणित करने का अवसर मिलता।

हिन्दी के मार्क्सवादी साहित्य-चिन्तन की मौलिकता का एक अन्य प्राणवान् सन्दर्भ, उसके द्वारा प्रस्तुत वह व्यावहारिक विवेचन है, जिसके अन्तर्गत समूचे भारतीय साहित्य की रचनात्मक परम्परा को मार्क्सवादी विचार-दृष्टि के आधार पर विश्लेषित और पुनर्मूल्यांकित किया गया है। यह सही है कि मूल्यांकन और पुनर्मूल्यांकन के इस क्रम में हिन्दी के समीक्षकों ने भी अब तक वही गलतियाँ की हैं, जिनके प्रति मार्क्सवादी विचार-दृष्टि प्रारम्भ से ही रचनाकारों और विचारकों को आगाह करती रही है—अर्थात् यान्त्रिकता, सरलीकरण, एकांगिता, मतवादी आग्रह, सौन्दर्य तथा कला-मूल्यों की अवमानना, आदि-आदि—परन्तु बावजूद इन गलतियों के, उनके इस महान् कार्य को, और उसके महत्त्व को अस्वीकार नहीं किया जा सकता। उनके इस कार्य ने हमारे समक्ष, हमारी अपनी समूची रचनात्मक परम्परा का एक नया अर्थ स्पष्ट किया है, उसके महत्त्व के नये आयामों के साथ, उसके उस रूप से भी हमें परिचित कराया है, जिसे उसका अंश न मानना ही श्रेयस्कर है।

हिन्दी के मार्क्सवादी-साहित्य-चिन्तन-सम्बन्धी अपने प्रस्तुत विवेचन का समापन हम भारतीय आचार्यों के रस-विषयक चिन्तन पर, हिन्दी के मार्क्सवादी विचारकों की मान्यताओं को प्रस्तुत करते हुए करेंगे। उनकी ये मान्यताएँ भारतीय काव्य-परम्परा के पुनर्मूल्यांकन के साथ-साथ भारतीय काव्य-चिन्तन को भी अपनी दृष्टि के नये आलोक में देखने-परखने के क्रम में सामने आयी हैं। मार्क्सवादी साहित्य तथा कला-चिन्तन को, हिन्दी की मार्क्सवादी साहित्य-चिन्तना का यह एक विशिष्ट प्रदेय है, और इसकी मौलिकता भी निर्विवाद है। हिन्दी के मार्क्सवादी साहित्य-चिन्तन पर प्रस्तुत ग्रन्थ में कुछ भी कह न पाने की हल्की-सी क्षति-पूर्ति कदाचित् इस प्रस्तुति के फलस्वरूप हो सके।

रस-विवेचन और मार्क्सवादी दृष्टि

भारतीय काव्यशास्त्र के अन्तर्गत रसवादी आचार्यों ने रस को काव्य की आत्मा माना है। रस सिद्धान्त के प्रवर्त्तक आदि काव्याचार्य भरत मुनि थे, जिन्होंने वस्तुतः नाट्य-विश्लेषण के सन्दर्भ में रस-तत्त्व की चर्चा की थी। बाद में आचार्यों ने उसे काव्य-मात्र की आत्मा घोषित करते हुए, काव्य के सर्वोच्च प्रतिमान अथवा सर्वोच्च काव्य के आधारभूत प्रतिमान के रूप में प्रतिष्ठित कर दिया। भरत मुनि से प्रारम्भ होकर रस-सम्बन्धी-चिन्तन अब तक हजारों वर्षों के कालखण्ड को अपनी परिधि में ले चुका है। जाहिर है कि उसके दीर्घकाल तक चलने वाले उसके विवेचन में एकरूपता नहीं हो सकती। समय-समय पर न केवल इस विवेचन में नयी बातें जुड़ती रही हैं, बहुत-सी पुरानी मान्यताओं और स्थापनाओं को छोड़ा भी जाता रहा

है। परन्तु इस सारी प्रक्रिया के बावजूद रस-विवेचन की मूलभूत स्थापनाओं पर सभी आचार्य प्रायः सदैव ही एकमत रहे हैं। एक एकमत्य का प्रधान कारण रस-विवेचन का वह भाववादी दार्शनिक आधार है, जो भरत मुनि के बाद सम्पूर्ण रस-विवेचन में बराबर बना रहा है। उदाहरण के लिए रस को काव्य की आत्मा के रूप में सभी आचार्यों ने अपनी स्वीकृति दी है, और सभी ने उसे आनन्द स्वरूप माना है। रस-विवेचन के अन्तर्गत सहृदय की स्थिति को सभी ने स्वीकार किया है, और यह भी सभी ने माना है कि काव्य साधारणीकरण की प्रक्रिया के द्वारा ही सहृदय को रस प्रतीति कराता है। स्थायी भावों के चिरन्तन स्वरूप और परिपुष्ट होकर रस रूप में उनकी परिणति पर भी कभी कोई विवाद नहीं हुआ। विवाद और मतभेद वस्तुतः दूसरे मुद्दों पर हुआ है, और वह भी मूल स्थापनाओं की व्याख्या को लेकर।

रस-विवेचन के सम्बन्ध में भरत का मुख्य सूत्र है–'विभानुभाव संचारि-संयोगाद्रसनिष्पत्तिः'। रस-विवेचन का प्रारम्भ इसी सूत्र की व्याख्या से हुआ, और विवाद तथा मतभेद भी इसी क्रम में सामने आये। मुख्य विवाद 'संयोग' और 'निष्पत्ति' शब्दों की व्याख्या को लेकर खड़ा हुआ जिसने कई मतवादों और सम्प्रदायों को जन्म दिया।

यदि हम रस सिद्धान्त के समूचे विकास-क्रम पर एक दृष्टि डालें तो हमें उसकी स्पष्टतः कई मंजिलें दिखायी पड़ेंगी। भरत मुनि से लेकर भट्ट नायक-अभिनवगुप्त के पहले तक उसकी एक मंजिल है। अभिनवगुप्त से लेकर आनन्दवर्द्धन तक दूसरी मंजिल, आनन्दवर्द्धन के बाद समूचे मध्यकाल को अपनी परिधि में लपेटते हुए पंडितराज जगन्नाथ तक तीसरी मंजिल और आधुनिक युग के रसवादी समीक्षकों में उसकी चौथी मंजिल को देखा जा सकता है। इन सभी मंजिलों एवं सोपानों में रस-विवेचन का स्वरूप नये तत्त्वों से युक्त हुआ। पहली मंजिल तक वह पूर्णरूपेण एकाध अपवादों को छोड़कर लौकिक भूमिका पर स्थित दिखायी देता है, भट्टनायक और अभिनवगुप्त उसे एक दार्शनिक आधार तो देते ही हैं, उसे अध्यात्मवाद और अलौकिक भूमिकाओं की ओर गतिशील कर देते हैं। भाववादी दर्शन की एक अन्यतम उपलब्धि के रूप में रस-सिद्धान्त की आकृति यहीं स्पष्ट और पुष्ट होती है। मध्यकाल के काव्यशास्त्री रस-विवेचन को नियमों के जाल में मढ़ते हैं, और यहीं उसका सम्बन्ध नायक-नायिका भेद और रसराज से जुड़ता है। आधुनिक युग में उसे मनोविज्ञान के सन्दर्भ में जानने-पहचानने और एक बार फिर से लौकिक और मानवीय भूमिका पर प्रतिष्ठित करने की कोशिश होती है।

सच पूछा जाय तो रस-सिद्धान्त के सम्बन्ध में मार्क्सवादी समीक्षकों की मूलभूत आपत्ति उसके दार्शनिक तथा नियम विजड़ित रूप के प्रति ही है, जिनका पल्लवन दूसरी और तीसरी मंजिलों के अन्तर्गत हुआ है। मार्क्सवादी समीक्षक न तो भरत की मूल स्थापनाओं से आधारतः असहमत हैं, और न रस-विवेचन के आधुनिक

मनोवैज्ञानिक-मानवीय प्रयास से। आधुनिक युग में, सच पूछा जाय, तो रस-सम्बन्धी चिन्तन को दुहराया ही गया है। आचार्य रामचन्द्र शुक्ल ही आधुनिक युग के एकमात्र व्यक्ति हैं जिन्होंने उसे परम्परागत रूप में न स्वीकार कर उसकी नये सिरे से व्याख्या की है। अपनी अनेक मौलिक निष्पत्तियों से उसे सम्पन्न किया है, और उस पर पड़े अनेक अवैज्ञानिक आवरणों को उतार फेंका है। वे आधुनिक युग के प्रथम रसवादी समीक्षक हैं जिन्होंने उसकी समस्त अलौकिक व्याख्याओं का खण्डन कर, उसे एक मानवीय, काव्यास्वाद के सहज-लौकिक सिद्धान्त के रूप में, सच पूछा जाय तो, पुनरुज्जीवित किया है। यही कारण है कि हिन्दी के मार्क्सवादी समीक्षकों ने आचार्य शुक्ल के रस-सम्बन्धी चिन्तन को न केवल अनेक प्रश्नों पर, अपना समर्थन दिया है, उनकी अनेक मान्यताओं में मार्क्सवादी विचार-दर्शन की पुष्टि भी देखी है।

भाव-विवेचन

आनन्दवर्द्धनाचार्य ने रस को एक 'विशेष चित्तवृत्ति' माना है,[29] और इस प्रकार उसे मूलतः एक मानस-व्यापार सिद्ध किया है। रसास्वादन है भी एक मानस-व्यापार ही, जिसके एक छोर पर सहृदय है, और दूसरे छोर पर आस्वाद्य वस्तु। आस्वाद्य वस्तु तभी रस की प्रतीति करा सकती है जब वह अनुभूति से युक्त और पुष्ट हो। अनुभूति का क्षेत्र मानव मन है। इस अनुभूति, या अनुभूतियों की ही मन में जो स्थिति है, उन्हें ही रस के आचार्यों ने भाव कहा है और 'भावों' में भी जो बहुल रूप पाये जाते हैं, वही उनके मत से स्थायी भाव हैं।[30] स्थायी भावों को मूलतः नौ माना गया है। ये स्थायी भाव ही परिपुष्ट होकर रस में परिणत होते हैं, इसीलिए रसों की संख्या भी नौ मानी गयी है। कालान्तर में इस संख्या में एक या दो की वृद्धि हुई है, परन्तु उससे हमारे उक्त कथन में कोई अन्तर नहीं आता। रसवादी आचार्यों ने इन स्थायी भावों को शाश्वत और अपरिवर्तनीय माना है, और उन्हीं के आधार पर मानव मात्र में समानता के आधारभूत तत्त्व की कल्पना की है। मार्क्सवादी समीक्षकों का रस शास्त्रियों से पहला मतभेद इसी बिन्दु पर है। उनके अनुसार भाव अपरिवर्तनशील अथवा शाश्वत न होकर परिवर्तशील होते हैं।[31] यह सही है कि भाव-जगत् में होने वाला परिवर्तन बहुत दीर्घकालीन होता है, और उसे आसानी से परखा नहीं जा सकता, परन्तु इसके अर्थ यही नहीं हैं कि मानव-भावों को स्थायी या अपरिवर्तनशील मान लिया जाय। चूँकि रसशास्त्रियों ने भावों को अपरिवर्तनीय माना है, यही कारण है कि 'वे पुरानी समाज व्यवस्था और तदनुगत सामाजिक और पारिवारिक सम्बन्धों को भी अपरिवर्तनीय समझने के लिए बाध्य हुए हैं।'[32] मार्क्सवादी मान्यता भावों का सम्बन्ध सामाजिक जीवन से जोड़ती है, और सामाजिक-जीवन के विकास-क्रम के साथ उन्हें भी विकसित होता हुआ मानती है। दीर्घकालीन विकास-क्रम में न केवल भावों का रूप परिवर्तित होता है, नये

भावों और नयी अनुभूतियों का जन्म भी होता है। ऐसी स्थिति में, मार्क्सवादी समीक्षक रसवादियों के सम्पूर्ण काव्य या साहित्य को नौ रसों के अन्तर्गत सीमित कर देने के प्रयास को स्वीकार नहीं कर पाते। डॉ. रामविलास शर्मा के अनुसार 'चूँकि भावनाएँ चिरन्तन नहीं हैं, अतएव 'साहित्य की विषय-वस्तु नौ रसों के साँचे से ढलने का विरोध करती है।'[33] महेश चन्द्र राय के अनुसार, 'रति आदि वासनाओं को अनादि और स्थायी मानकर उन्हें सम्पूर्ण बाह्य-वास्तव-सत्ता निरपेक्ष आध्यात्मिक वस्तु समझने के कारण हमारे देश के आलंकारिक इस बात को बिलकुल भूल गये हैं कि इन भावों का ऐतिहासिक रूपान्तर और क्रमिक विकास भी निरन्तर होता जा रहा है। उनकी दृष्टि में इसलिए भाव का 'प्रकटित' अथवा 'अभिव्यक्त' होना ही सम्भव है, उनका रूपांतर बिल्कुल असम्भव है। इस देश के वैष्णव और सहजिया आदि रसपंथी साधकों के लिए इसीलिए भाव का शाश्वत रूप ही सत्य है, उस रूप की कोई भी ऐतिहासिक क्रमाभिव्यक्ति नहीं है। नित्य वृन्दावन की जीवन-लीला इसीलिए 'चिरन्तन' गोप बालक-बालिकाओं की अथवा गोप युवक-युवतियों की प्रेम चर्चा के अलावा और किसी रूप में विकसित नहीं हुई। और भी लक्ष्य करने की बात यह है कि रस पंथियों की रस साधना में केवल रति अर्थात् नर-नारी की यौन-कामना पर आधारित भाव के आश्रय से ही चरम और परम रसोपलब्धि की चेष्टा की गयी है, अन्य किसी प्रकार के भाव को रस साधना में विशेष स्थान नहीं मिला है। और यही कारण है कि क्या साहित्यिक अलंकार शास्त्रों में, क्या 'उज्ज्वल नीलमणि' जैसे भक्ति शास्त्र में नायक-नायिका भेद की, और नाना प्रकार के यौन-सम्भोग की प्रक्रियाओं की इतनी भरमार है।'[34] भावों को शाश्वत, समाज-निरपेक्ष और अपरिवर्तनीय मानने का ही परिणाम, जैसा कि हम आगे चलकर देखेंगे, उनसे उद्भूत रस तथा आनन्द की ऐसी ही समाज-निरपेक्ष व्याख्याओं में स्पष्ट हुआ है।

भाव का मूलभूत चारित्र्य, रस और आनन्द

रस-शास्त्रियों से मार्क्सवादी समीक्षकों का दूसरा आधारभूत मतभेद भावों के चारित्र्य को लेकर है। मार्क्सवादी समीक्षक इस बात में रस-शास्त्रियों से सहमत हैं कि भाव ही परिपुष्ट होकर रस-रूप में परिणत होते हैं, अर्थात् काव्यानुभूति की सार्थकता रसानुभूति के रूप में परिणत होने में ही है। वे यह भी मानते हैं कि रस आनन्द स्वरूप होता है अर्थात् सरस काव्य को पढ़ने पर सहृदय आनन्द का अनुभव करता है, किन्तु रस-शास्त्रियों ने रस-सृष्टि अथवा आनन्द को ही काव्य का साध्य भी घोषित किया है। उनके अनुसार रसानुभूति एकदम निर्वैयक्तिक आनन्द चर्वण है। काव्य या साहित्य की यही सिद्धि है। मार्क्सवादी समीक्षकों ने एक स्वर से इस स्थापना का विरोध किया है। जैसा कि हम कह चुके हैं, इस स्थापना का मूल भावों को स्थिर तथा अपरिवर्तनशील मानने वाली रसवादी मान्यता में निहित है। रसवादी

इस तथ्य को अस्वीकार करते हैं कि अभिव्यक्त होने पर भाव सामाजिक सम्पर्क के फलस्वरूप मनुष्य को अनिवार्यतः कर्म में प्रवृत्त करते हैं। इस सन्दर्भ में भावों का एक सामाजिक चारित्र्य भी है। अनुभावों की चर्चा के क्रम में भी रसवादियों ने कतिपय निष्क्रिय भावाभिव्यक्तियों को ही अनुभाव के रूप में स्वीकार किया है, परन्तु जैसा कि महेश चन्द्र राय का कथन है—'रसानुभूति के मुहूर्त में भले ही किसी अनुभूति की निष्क्रिय (Passive) अभिव्यक्ति क्यों न हो, ये अनुभूतियाँ ही फिर वास्तव में जीवन में मनुष्य को सामाजिक कर्म की प्रेरणा देती हैं।...अनुभूति मात्र के अन्तर्गत जो सामाजिक कर्म प्रवृत्ति अनिवार्य रूप से अनुस्यूत है, उस ओर विशेष ध्यान न देकर रसवादी साहित्यिक ने अनुभूति को कर्म के दायित्व से मुक्त स्वयं-सम्पूर्ण वस्तु समझकर उसी को जीवन की चरम साधना का विषय बना लिया है, और साहित्य को सामाजिक कर्त्तव्य से मुक्त कर उसे 'अलौकिक' रस-साधना में नियुक्त किया है।'[35] रसवादी आचार्य होते हुए भी आचार्य शुक्ल की रसानुभूति अथवा आनन्दानुभूति सम्बन्धी मान्यताएँ, जैसा कि हम बता चुके हैं, मार्क्सवादी समीक्षकों के अनुरूप हैं, इसीलिए उन्हें उनका मुक्त समर्थन मिला है। जिस प्रकार शुक्लजी ने 'आनन्द' को 'गन्तव्य' न मानकर मात्र 'मार्ग' माना है, इसी प्रकार डॉ. रामविलास शर्मा का कथन है कि 'साहित्य से आनन्द मिलता है, यह अनुभव सिद्ध बात है, लेकिन साहित्य-शास्त्र यहीं समाप्त नहीं होता, बल्कि यहीं से उसका श्रीगणेश होता है।'[36] डॉ. शर्मा इसी क्रम में साहित्य या काव्य जनित आनन्द का सम्बन्ध उपयोगिता के तत्त्व से जोड़ते हुए उनकी द्वन्द्वात्मक एकता में ही साहित्य तथा कला की सृष्टि स्वीकार करते हैं। उनके शब्दों में 'साहित्य-शास्त्र की उपयोगिता यह होगी कि साहित्य और जीवन के सम्बन्ध की वास्तविकता प्रकट कर दे, जनता के लिए अहितकर साहित्य और अहितकर साहित्य-शास्त्र से भ्रम का पर्दा उठा दे।'[37]

कहने का तात्पर्य यह कि रसवादी आचार्यों द्वारा प्रस्तुत भाव-सम्बन्धी चारित्र्य का विरोध करते हुए प्रथमतः, मार्क्सवादी समीक्षकों ने उनकी सार्थकता सामाजिक कर्मों की उत्तेजना में मानी है, और द्वितीय, रस और आनन्द को अपने में साध्य न मानकर 'कर्ममय जीवन की प्रेरणा' में ही उनका रसत्व और आनन्दत्व देखा है। डॉ. रामविलास शर्मा के अनुसार—काव्य जनित रस या आनन्द से पाठक के कर्ममय जीवन पर किस तरह का प्रभाव पड़ता है, किस तरह के संस्कार उसके मन पर बनते-बिगड़ते हैं, ये तमाम समस्याएँ साहित्य-शास्त्र की ही समस्याएँ हैं।[38]

रस तथा आनन्द का स्वरूप

रसवादी आचार्यों ने रस तत्त्व, आनन्द तत्त्व, अथवा रसानुभूति या आनन्दानुभूति की जो व्याख्या की है, उसके अन्तर्गत उसे 'अलौकिक', 'लोकोत्तर', 'अतीन्द्रिय', 'ब्रह्मानन्द सहोदर' आदि-आदि कहकर उसे सामान्य जीवनानुभूति से एकदम अलग

कर देना चाहा है। रस तथा आनन्द तत्त्व के साथ इस 'अलौकिक' 'आध्यात्मिक' अथवा ब्रह्मानन्दी भूमिका का सम्बन्ध वस्तुतः अभिनवगुप्त के समय से जुड़ा, जबकि लौकिक जीवन की अनुभूतियों से उसका विशेषत्व दिखाने के हेतु तथा अद्वयवादी दर्शन से उसकी संगति जोड़ने के लिए, उसे इस प्रकार व्याख्यायित किया जाना अनिवार्य हो गया। महेश चन्द्र राय ने इसका एक और कारण माना है। उनके अनुसार—'रासानुभूतिं के अन्दर यह जो 'परस्य न परस्येति ममेति न ममेति च' ('अन्य की है भी, मेरी है भी, नहीं भी') ऐसा भाव विद्यमान है, इस द्वान्द्विकता को, इस आत्म-विरोध को, द्रष्टा-दृश्य को भिन्नता के बावजूद जो एकात्मता है, उसको साधारण तर्क-युक्ति के द्वारा समझाया नहीं जा सकता, इसीलिए आलंकारिकों ने रसानुभूति को अलौकिक बनाने के अलावा और कोई उपाय न देखा।'[39] शिवदानसिंह चौहान का कहना है कि भरत की रस-सम्बन्धी व्याख्या रस की अलौकिक नहीं, वस्तुगत सत्ता को स्वीकार करती है। उन्होंने कहीं भी रस को अलौकिक नहीं बताया, वरन् प्रश्नों के उत्तर में उसका जो भी रूप निर्देशित किया है, वह साधारण जीवन से ही उदाहरण लेकर दिया है। शिवदानसिंह चौहान का कहना तो यहाँ तक है कि रस-चर्चा कलास्वाद से सम्बन्ध न रखकर कला-निर्मिति से सम्बन्ध रखती है। यह तो परवर्ती आचार्यों ने न केवल उसे आस्वाद की चर्चा बना दिया, उसे अलौकिक, ब्रह्मानन्द सहोदर, न जाने क्या-क्या कह डाला।[40] कहने का तात्पर्य यह कि मार्क्सवादी समीक्षकों को रस अथवा आनन्द तत्त्व की कोई भी 'अलौकिक' भूमिका मान्य नहीं है। वे रसानुभूति, काव्यानुभूति अथवा सौन्दर्यानुभूति को सामान्य जीवन की अनुभूति से भिन्न स्वीकार करते हैं परन्तु उसका आध्यात्मिक अथवा अलौकिक चरित्र कतई नहीं मानते हैं। साहित्य एवं कला, उनके लिए सामाजिक पदार्थ हैं, जिनका जन्म, विकास, सब कुछ सामाजिक जीवन अथवा लोक के भीतर ही होता है। मनुष्य की अपनी सत्ता भी उनके अनुसार लोकबद्ध है। ऐसी स्थिति में साहित्य एवं कला जन्य सौन्दर्य, रस अथवा आनन्द की स्थिति भी लोकबद्ध ही होगी। रसानुभूति या सौन्दर्यानुभूति को जीवन-निरपेक्ष अथवा लोक-निरपेक्ष मानना, उसे 'अलौकिक' या 'ब्रह्मानन्द-सहोदर' कहना उसकी मानवीय भूमिका को खण्डित करना है। डॉ. रामविलास शर्मा ने तो इस तथाकथित 'ब्रह्मानन्द सहोदरवाद' को मध्य युग की सामन्ती व्यवस्था की देन माना है, और उसे मध्यकालीन नायिका भेद वाली शृंगार-परम्परा तथा कतिपय 'भक्ति-सम्प्रदायों' में पायी जाने वाली निर्बाध यौन-भावना का दोषी ठहराया है।[41]

आधुनिक युग में रस सिद्धान्त के कतिपय समर्थकों ने रस तथा आनन्द की लोकोत्तरता सम्बन्धी आचार्यों की मूलदृष्टि को, लोकोत्तर (लोक की दूसरी अनुभूतियों से विशिष्ट, परन्तु वास्तव में लोक के भीतर की ही) कहकर समझने की चेष्टा की है[42] परन्तु इससे मूल मान्यता की लोकपरकता सिद्ध नहीं हो पाती। मार्क्सवादी

विचारकों ने स्वभावतः प्रश्न उठाया है कि यदि रसानुभूति या आनन्दानुभूति से आचार्यों का वास्तविक आशय उन्हें लोक के भीतर की ही अनुभूति सिद्ध करना था, तो फिर उन्होंने रसानुभूति या आनन्दानुभूति को मात्र आस्वाद-रूप कहकर ही क्यों मौन साध लिया, जबकि लोकपरक अनुभूतियों का मूल चारित्र्य ही उनका कर्ममयता में परिणत होना है। इससे सिद्ध है कि आचार्यों का मूल आशय रस तथा आनन्द को लोकोत्तर बताना ही था।

महेन्द्र चन्द्र राय के अनुसार प्राचीन आचार्यों का उक्त विश्लेषण उनके भाववादी चिन्तन की सीमा सूचित करता है। मार्क्सवाद की भौतिकवादी दृष्टि के लिए रसानुभूति की द्वान्द्विकता (परस्य न परस्येति...ममेति च) कदापि पहेली नहीं है। उसके अनुसार 'गतिशील, परिवर्तनशील वस्तुमात्र के अन्तर्गत यह द्वान्द्विकता और अन्तर्विरोध विद्यमान है : गतिशील वस्तुमात्र हो किसी मुहूर्त में है भी और नहीं भी। यह परस्पर विरुद्ध व्यापार साधारण मुक्ति के लिए अनधिगम्य होने पर भी, वास्तव-सत्य के क्षेत्र में इससे साधारण और प्राकृत व्यापार सम्भवतः और कुछ भी नहीं है। अब तक गतिशील वस्तु-जगत् के किसी भी व्यापार को हम लोगों ने (मार्क्सवादियों ने) 'अलौकिक' नहीं बताया है। भाव के क्षेत्र में भी यदि भाव के द्वान्द्विक स्वरूप को मान लिया जाता, तो रस निष्पत्ति को लेकर इतने तर्कों की कोई आवश्यकता नहीं होती।'[43]

साधारणीकरण, सामूहिक भाव

भारतीय आचार्यों ने स्थायी भावों की रस रूप में परिणति के लिए साधारणीकरण की प्रक्रिया को अनिवार्य माना है। इस साधारणीकरण की प्रक्रिया को परिभाषित करते हुए अभिनवगुप्त ने कहा है—'लौकिक जगत् के साथ सम्बन्ध-विहीन, देश कालादि सम्बन्ध विहीन और किसी व्यक्ति-विशेष के अनुभव के सम्बन्ध से रहित होकर केवल विभावादि द्वारा वर्णित व्यापार का चित्त में जो साधारण प्रतिबिम्ब पड़ता है, उसी का नाम साधारणीकरण है।'[44] कहने का तात्पर्य यह कि अनुभूति का देश-काल निरपेक्ष रूप में आस्वादन करना ही साधारणीकरण का मूल तत्त्व है। आचार्य शुक्ल ने साधारणीकरण को दार्शनिक भूमिका से अलगाते हुए विशुद्ध मानवीय भूमिका पर ग्रहण किया है, और इसीलिए उनकी परिभाषा भी अधिक सहज है। उनके अनुसार—'जब तक किसी भाव का कोई विषय इस रूप में नहीं लाया जाता कि वह सामान्यतः सबके उसी भाव का आलम्बन हो सके तब तब उसमें रसोद्बोधन की पूर्ण शक्ति नहीं आती। इसी रूप में लाया जाना हमारे यहाँ साधारणीकरण कहलाता है।'[45] जहाँ तक रस-दशा' का प्रश्न है शुक्लजी ने 'लोक हृदय में हृदय के लीन होने की दशा को 'रसदशा'[46] माना है। साधारणीकरण का यह सिद्धान्त भारतीय काव्यशास्त्र की एक अत्यन्त महत्त्वपूर्ण प्रस्तुति है।

अपने सम्पूर्ण रस-सम्बन्धी विवेचन में हमने इस तथ्य की ओर बराबर संकेत किया है कि मार्क्सवादी समीक्षकों का रस-सिद्धान्त से मूल मतभेद उसकी भाववादी चिन्तना, उसकी दार्शनिक परिणति और उसकी लोकोत्तर व्याख्याओं से है। काव्यानुभूति और काव्यास्वाद से मानवीय धरातल पर उसकी अनेक निष्पत्तियाँ मार्क्सवादी विचारकों को स्वीकार हैं। यही बात साधारणीकरण के लिए भी सत्य है। रांगेय राघव ने साधारणीकरण को 'काव्य साहित्य का मानवीय मूल्यांकन' कहा है।[47] अमृतराय ने तो बहुत आगे बढ़कर काडवेल के 'सामूहिक भाव' (Collective emotion) और आचार्य शुक्ल के 'साधारणीकरण' में अभिन्न सम्बन्ध प्रतिपादित किया है। अमृतराय ने दोनों सिद्धान्तों में समानता के अनेक सूत्र देखे हैं। अमृतराय के अनुसार, 'सामूहिक भाव से काडवेल का अभिप्राय उस भाव कोष से है जो परिस्थितियों और संस्कारों के कारण किसी देशकाल में विशाल जन-समाज के हृदय में अपनी स्थिति बना लेता है।'[48] दूसरे शब्दों में सामूहिक भाव जन मन पर निरन्तर पड़ने वाले प्रभावों का पूँजीभूत रूप है। अमृतराय के अनुसार—काडवेल उसी को कला मानता है जिसमें समाज के विशाल जन साधारण वर्ग के ये सामूहिक भाव यथार्थ रूप में प्रतिबिम्बित हों। ऐसा तभी हो सकता है जब कलाकार जनता से अभिन्न होकर अपनी कला की रचना करेगा। इस कारण काडवेल ने कलाकारों से सर्वहारा-वर्ग का नेतृत्व करने को कहा है।

काडवेल के इन विचारों को अमृतराय ने शुक्लजी के साधारणीकरण सम्बन्धी विचारों से मिलता-जुलता पाया है। उनके अनुसार शुक्लजी भी 'लोक हृदय की पहचान' की बात कहते हैं, 'लोक-हृदय में हृदय को लीन कर देने' की आवश्यकता का प्रतिपादन करते हैं, ऐसी स्थिति में उनके विचारों को काडवेल की मान्यता से भिन्न समझना ठीक नहीं है। अमृतराय के अनुसार, 'विशेष को सामान्य' बनाने की समस्या ही साधारणीकरण की मूल समस्या है, और इस स्थिति का भी काडवेल की मान्यताओं से विरोध नहीं है। इन दोनों दृष्टियों में जो विरोध दिखायी पड़ता है। उसे भी अमृतराय ने अमहत्त्वपूर्ण माना है। कहने का तात्पर्य यह कि अमृतराय का मुख्य प्रयास 'साधारणीकरण' तथा 'सामूहिक भाव' को यथासम्भव एक दूसरे के निकट लाना रहा है। उन्हें इस कार्य में बाधा नहीं दिखायी पड़ी है जहाँ रस और साधारणीकरण को भारतीय आचार्य मानव सुलभ विचार और अनुभूति से हटाकर लोकोत्तर जगत् की वस्तु बना देते हैं।[49]

'साधारणीकरण' तथा 'सामूहिक भाव' के एकीकरण के इस प्रयास में भले ही कुछ असंगतियाँ हों, इतना तो निश्चित ही है कि साधारणीकरण की मानवीय और लौकिक व्याख्या को मार्क्सवादी समीक्षकों ने स्वीकार किया है।

निष्कर्ष

समग्रतः रस-सिद्धान्त से मार्क्सवादी समीक्षकों का मुख्य विरोध उसकी 'अलौकिक' अथवा 'लोकोत्तर' व्याख्याओं, उसके मध्यकालीन नियम-विजड़ित स्वरूप एवं उसकी उस सीमा से है जहाँ वह आनन्द को ही साध्य मानकर साहित्य या काव्य की मूलभूत दायित्व चेतना से अपने को पृथक् कर लेता है। अन्यथा, रस-विवेचन की अनेक भूमिकाओं के प्रति उनकी सहमति है। डॉ. रामविलास शर्मा ने तो सौन्दर्य विवेचन और रस-विवेचन में परस्पर मौलिक सम्बन्ध दर्शाते हुए रस-चिन्तन को और भी व्यापक आयाम देने की कोशिश की है।[50] रस-निष्पत्ति-सम्बन्धी विविध वादों को भी उन्होंने एक-दूसरे का विरोधी न मानकर पूरक माना है।[51] आठ रसों की मूल भारतीय मान्यता एवं दो कोटियों के अन्तर्गत उनके विभाजन में भी उन्होंने भारतीय आचार्यों की द्वन्द्वात्मक चिन्तना देखी है।[52] शिवदानसिंह चौहान ने बहुत आगे बढ़कर रस-सम्बन्धी चिन्तन को प्राचीन भारतीय मेधा की उपलब्धि कहा है।[53] ये सारी बातें प्रकारान्तर से रस की मानवीय व्याख्या के प्रति मार्क्सवादी विचारकों की अनेकांश स्वीकृति का ही संकेत देती हैं।

परन्तु इस स्वीकृति को उपर्युक्त सन्दर्भ में ही ग्रहण करने की आवश्यकता है। उसे आत्यन्तिक स्वीकृति अथवा समग्र स्वीकृति मानकर चलना भयानक भूल होगी। रस-सिद्धान्त और मार्क्सवादी चिन्तन दो नितान्त विरोधी दार्शनिक दृष्टियों का परिणाम हैं, फलतः एक सीमा से आगे जाकर दोनों का अलग-अलग रास्तों पर चले जाना अनिवार्य है। विशुद्ध मानवीय और सामाजिक भूमि के अलावा, दोनों में साम्य देखने का प्रयास अथवा समन्वय स्थापित करने का प्रयास, मार्क्सवाद की दृष्टि रो रांशोधनवाद को प्रश्रय देना होगा, जो एक गैर-गार्क्सवादी ही नहीं, मार्क्सवाद-विरोधी प्रवृत्ति है। निष्कर्षतः महेश चन्द्र राय के शब्दों में–

'मार्क्सीय दर्शन केवल चिन्तनात्मक दर्शन नहीं है, बल्कि एक क्रान्तिकारी कर्मात्मक दर्शन है। कर्म से ही मानव-मन में नाना भाव, भावना और मनोवेग मनुष्य को नवीन कर्मों में प्रेरित कर केवल बाह्य परिस्थिति में ही परिवर्तन नहीं ला रहे हैं, बल्कि मनुष्य को अर्थात् उसकी भावना-वासनाओं को भी रूपान्तरित कर रहे हैं। इसीलिए साहित्य केवल निष्क्रिय मानसिक रसास्वादन की वस्तु नहीं हो सकता; साहित्य का भी सामाजिक उत्तरदायित्व है, और वह दायित्व केवल 'श्रुति-स्मृति सदाचार' की रक्षा करने का दायित्व नहीं है, केवल प्रचलित श्रेणी विशेष द्वारा प्रतिष्ठित आदर्श के अनुगमन का दायित्व नहीं है, वरन् समाज के ढाँचे को आमूल बदल देने का दायित्व है।'[54]

मार्क्सवादी चिन्तक 'साहित्य में रस सृष्टि को अस्वीकार नहीं करना चाहते, कलागत सौन्दर्य की भी वह उपेक्षा करना नहीं चाहते, किन्तु साहित्य के क्रान्तिकारी उद्देश्य को भी वह किसी भी कारण से भी भूलना नहीं चाहते।'[55]

सन्दर्भ

1. देखिए—चिन्तामणि, भाग 1, पृ. 227।
2. देखिए—नया साहित्य, नये प्रश्न, पृ. 18।
3. देखिए—राष्ट्रीय साहित्य और अन्य निबन्ध।
4. देखिए—राष्ट्रीय साहित्य और अन्य निबन्ध
5. दखिए—वही, प्रस्तावना।
6. देखिए—अशोक के फूल, पृ. 169।
7. देखिए—नेहरू, भारत में अट्ठारह महीने, पृ. 41।
8. देखिए—भारत, वर्तमान और भावी, पी. पी. एच., दिल्ली, जून 1956, पृ. 171।
9. देखिए—वही, पृ. 172।
10. "Was it for this that our people had behaved so gallantly for a year? Were all our brave words and deeds to end in this? The Independence resolution of the congress, the pledge of Jan 26—So often repeated? So I lay and pondered on that March night and in my heart there was a great emptiness as of something precious gone, almost beyond recall."
11. पट्टाभि सीतारमैया, कांग्रेस का इतिहास, भाग 1, पृ. 468-469।
12. पट्टाभि सीतारमैया, कांग्रेस का इतिहास, भाग 1, पृ. 470-471।
13. "...while the other classes of contemporary Indian society desired a free India, Indian labour dreamt of a free socialist India"—A. R. Desai—"The Sociological Background of Indian Nationalism." p. 183.
14. देखिए—भारत, वर्तमान और भावी, पृ. 215।
15. देखिए—कांग्रेस का इतिहास, भाग 2, पृ. 7।
16. देखिए—कांग्रेस का इतिहास, भाग 2, पृ. 73, 76।
17. वही।
18. जागरण, 28 फरवरी, 1934।
19. वही, 27 फरवरी, 1933।
20. हंस—सम्पादकीय—1936, प्रेमचन्द द्वारा लिखा गया अन्तिम सम्पादकीय वक्तव्य।
21. सन् 1935 ई. में यूरोप में जन्म लेने वाले 'प्रगतिशील लेखक संघ' के प्रथम अधिवेशन के सभापति अंग्रेजी के प्रसिद्ध उपन्यासकार श्री ई. एम. फार्स्टर थे। यह अधिवेशन पेरिस में हुआ था।
22. देखिए—डॉ. हीरेन्द्र मुखर्जी—'प्रगतिशील आन्दोलन का प्रारम्भ' नया साहित्य, सितम्बर 1951।
23. देखिए—प्रेमचन्द—साहित्य का उद्देश्य, पृ. 10-11।
24. देखिए—वही, पृ. 19।

25. देखिए—हीरेन्द्र मुखर्जी—वही।
26. देखिए—भगवतशरण उपाध्याय—'प्रगति का ऐरावत' 'संकेत' सम्पादक—उपेन्द्रनाथ अश्क, पृ. 248।
27. देखिए—रूपाभ सम्पादकीय-वर्ष 1, अंक 1, जुलाई, 1938।
28. देखिए—सम्पादकीय, 'हंस वाणी'।
29. चित्तवृत्ति विशेषा हि रसादयः।
30. बहूनां चित्तवृत्तिरूपाणां भावानां मध्येयस्य बहुलं रूपं यथोपलभ्यते स स्थायी भाव--काव्य दर्पण।
31. देखिए—डॉ. रामविलास शर्मा, लोक जीवन और साहित्य, पृ. 198।
32. देखिए—महेश चन्द्र राय, मार्क्सवाद और साहित्य, पृ. 198।
33. देखिए—डॉ. रामविलास शर्मा, लोकजीवन और साहित्य, पृ. 12।
34. देखिए—महेश चन्द्र राय, मार्क्सवाद और साहित्य, पृ. 186।
35. देखिए—महेश चन्द्र राय, मार्क्सवाद और साहित्य, पृ. 174।
36. देखिए 'लोकजीवन और साहित्य,' पृ. 7।
37. वही, पृ. 8।
38. देखिए—मार्क्सवाद और साहित्य, पृ. 184।
39. देखिए—आलोचना के सिद्धान्त।
40. वही।
41. देखिए—संस्कृति और साहित्य, पृ. 198।
42. देखिए—निर्मला जैन : रस सिद्धान्त और सौन्दर्य-शास्त्र, पृ. 112।
43. देखिए—मार्क्सवाद और साहित्य, पृ. 184।
44. देखिए—काव्य विचार : सुरेन्द्रनाथ दारागुप्त : 'गार्क्सबाद और साहित्य' से उद्धृत।
45. देखिए—चिन्तामणि भाग 1, पृ. 227।
46. वही, पृ. 309।
47. देखिए—आलोचना—9, अक्टूबर, 1953, पृ. 64।
48. देखिए—नयी समीक्षा, पृ. 22।
49. देखिए—नयी समीक्षा, पृ. 24।
50. 'सौन्दर्य वस्तुतः कलाकृति का उत्कर्ष है, और रस उस उत्कर्ष की सहृदयजन्य प्रतीति।'—जनभारती, रस विशेषांक।
51. देखिए—लोकजीवन और साहित्य, 14।
52. देखिए—वही।
53. देखिए—आलोचना के सिद्धान्त।
54. देखिए—'मार्क्सवाद और साहित्य' पृ. 197-198।
55. देखिए—वही, पृ. 198।

आधार-ग्रन्थों की सूची

लेखक	पुस्तक
1. K. Marx and F. Engels	— **Literature and Art.** Current Book House, Bombay, 1956.
2. V. I. Lenin	— **On Literature and Art.** Progress Publishers, Moscow. 1967.
3. Mao-Tse-Tung	— **On Literature and Art.** Foreign Languages Publishing House, Peking, 1960.
	Talks at the Yenan Forum on Art and Literature. 1956.
4. G. V. Plekhanov	— **Art and Social life.** Peoples Publishing House, Pvt. Ltd., New Delhi, 1953.
5. A. V. Lunacharsky	— **On Literature and Art.** Progress Publishers Moscow, 1965.
6. Maxim Gorky	— **On Literature.** Foreign Languages Publishing House, Moscow.
7. Cristopher Caudwell	— **Illusion and Reality.** Peoples Publishing House, Pvt. Ltd., New Delhi, 1956.
	— **Studies in a Dying Culture.** John Lane, The Bodley Head, London. 1951.
	— **Further Studies in a Dying Culture.** John Lane, The Bodley Head London. 1950.

8. Ralph Fox — **The Novel and The people.** Foreign Languages Publishing House, Moscow, 1954.

9. Howard Fast — **Literature and Reality.** Peoples Publishing House, Pvt. Ltd., New Delhi, 1955.

10. George Lukacs — **Studies in European Realism.** Hillway Publishing Co. Ltd., London, 1950.
— **The Meaning of Contempo-rary Realism.** Merdin Press. London. 1963.

11. Ernst Fischer — **The Necessity of Art.** Penguin Books, 1963.

12. Chou Yang — **China's New Leterature and Art.** Foreign Languages Publishing House, Peking, 1954.

13. Richard Ellmann and Charles Feidelson Jr. (Editors) — **The ModernTradition.** Oxford University Press New York, 1965.

प्रमुख सहायक ग्रन्थों की सूची–1

(अंग्रेजी)

लेखक	पुस्तक
1. K. Marx and F. Engels	— **Selected Works. Vol. I.** Lawrence and Wishart Ltd., London, 1945.
2. V. I. Lenin	— **Selected Works. Vol. XXXVIII.** International Publishers, New York, 1943.
	— **Selected Works Vol. XI.** International Publishers, New York, 1943.
3. J. V. Stalin	— **Dialectical and Historical Materialism.** F. L. P. Moscow, 1952.
4. G. Kursanov	— **Fundamentals of Dialectical Materialism.** F. L. P. H. Moscow, 1967.
5. Clemens Dutt (Editor)	— **Fundamentals of Marxism Leninism.** Second Impression. F. L. P. H. Moscow. 1961.
6. G. Glezermen	— **The Laws of Social Development** F. L. P. H. Moscow.
7. N. S. Khruschev.	— **The Great mission of Literature and Art.** Progress Publishers, Moscow, 1964.
8. George Thompson	— **Marxism and Poetry.** People's Publishing House, Pvt. Ltd., New Delhi, 1946.
9. V. J. Jerome	— **Culture in a changing world.** New Century Publishers, New York, 1947.

10. Edmund Wilson — **Axel's Castle.** Charles Scribner's Sons, New York, 1950.

11. Chou-en-Lai and, others — **The peopl's New Literature.** Cultural Pres, Peking, 1950.

12. Walter Sutton — **Modern American Criticism.** Prentice-Hall, Inc, Englewood Cliffs, New Jersey, 1963.

13. Katherine Hunter — **Review of Soviet Literature.** Blair. Siddhartha Publications Pvt. Ltd., Delhi, 1966.

14. William. K. Wimsatt Jr. and Cleanth Brooks. — **Literary Criticism; A short History.** Oxford and Inh. Publishing Company. 1964.

15. Maxim Gorky — **Culture and the People.** India Publishers, Allahabad.

16. Vivian-De-Sola Pinto — **Crisis in English Poetry, 1955.**

17. Jean Paul Sartre — **Existintialism and Humanism**

18. Ilya. Ehrenburg — **The Writer and His Craft.**

19. Roger Garaudy — **Literature of the Graveyard.** International Publishers, New York, 1948.

20. A. R. Desai. – **The Sociological Background of Indian Nationalism.**

21. J. L. Nehru. — **The Discovery of India.**

प्रमुख सहायक ग्रन्थों की सूची–2

(हिन्दी)

	लेखक	पुस्तक
1.	कार्ल मार्क्स	पूँजी; खण्ड 1
2.	कार्ल मार्क्स और फ्रेडरिक एंगेल्स	कम्युनिस्ट पार्टी का घोषणा-पत्र संकलित रचनाएँ, खण्ड 2
3.	वी. आई. लेनिन	संगृहीत रचनाएँ, खण्ड 14
4.	मारिस कार्नफोर्थ	मार्क्सवादी दर्शन
5.	वि. अफनास्येव	मार्क्सवादी दर्शन
6.	ई. ख्ल्याविच	दर्शन के इतिहास की रूपरेखा
7.	व. पोदोसेतनिक तथा अ. स्पीर्किन	ऐतिहासिक भौतिकवाद पर एक दृष्टि
8.	क्लारा जेटकिन	लेनिन के संस्मरण
9.	ओमप्रकाश आर्य	मार्क्सवाद और मूल दार्शनिक प्रश्न
10.	महेशचन्द्र राय	मार्क्सवाद और साहित्य
11.	नरोत्तम नागर (अनु.)	दर्शन, साहित्य और आलोचना
12.	शिवदानसिंह चौहान	आलोचना के सिद्धान्त
13.	रामविलास शर्मा	लोकजीवन और साहित्य; संस्कृति और साहित्य
14.	अमृतराय	नयी समीक्षा
15.	नरोत्तम नागर (अनु.)	उपन्यास और लोक जीवन
16.	जगदीशचन्द्र जैन	पाश्चात्य समीक्षा दर्शन
17.	दीवान चन्द्र	पश्चिमी दर्शन
18.	चन्द्रधर शर्मा	पाश्चात्य दर्शन
19.	पट्टाभिसीतारमैया	कांग्रेस का इतिहास—भाग 1,2

20.	रजनी पामदत्त	भारत, वर्तमान और भावी
21.	शिवकुमार मिश्र	नया हिन्दी काव्य
		प्रगतिवाद
		आधुनिक कविता और युग दृष्टि
22.	मक्खनलाल शर्मा (सं.)	पाश्चात्य काव्यशास्त्र, मार्क्सवादी परम्परा
23.	लक्ष्मीसागर वार्ष्णेय	पश्चिमी आलोचना शास्त्र
24.	मैक्सिम गोर्की	चुनी हुई कहानियाँ
25.	पं. रामचन्द्र शुक्ल	चिन्तामणि–1
26.	पं. नन्ददुलारे वाजपेयी	नया साहित्य; नये प्रश्न
27.	पं. हजारीप्रसाद द्विवेदी	राष्ट्रीय साहित्य तथा अन्य निबन्ध
		अशोक के फूल

प्रमुख पत्र-पत्रिकाएँ : (अंग्रेजी)

1. Soviet Literature.
2. Chinese Literature.
3. Encounter.
4. The new Hungarian Quarterly.
5. Marxism Today.

प्रमुख पत्र-पत्रिकाएँ : (हिन्दी)

1. आलोचना
2. हंस
3. जागरण
4. नया साहित्य

❑❑❑